増尾伸一郎著

道教と中國撰述佛典

汲古書院

目　次

道教と中國撰述佛典

序章　日本と朝鮮における道教と佛教の傳播

日本文化の形成と展開過程における道教の位相については、これまでに多くの研究が積み重ねられてきた。その内の主要な論考は、一九九六年から翌年にかけて刊行された『選集　道教と日本』全三卷（野口鐵郎責任編集、雄山閣出版）に收錄され、古代から近世までの諸問題を概觀できる。また同書の解說には多數の關連文獻が紹介されており、戰後における關心の擴がりを具體的に知ることができる。とくに第一卷には、古代日本の統治者の稱號としての〈天皇〉は中國起源の漢語で、七世紀初期の推古天皇の時代に、それまでの〈大王〉に代わる稱號として採用されたとみて、その典據を中國の諸文獻に博搜した津田左右吉「天皇考」(1)をはじめ、日本古代の諸文獻にみえる神仙思想關係の傳承を幅廣く紹介し、『日本書紀』雄略天皇條や齊明天皇條の記事に基づいて、大和國周邊の生駒山、葛城山、多武峰や金峰山に道觀が設けられ、道士の存在をも推考した黑板勝美「我が上代に於ける道家思想及び道教について」(2)や、道教を構成する諸要素を個別に段階的に攝取し、日本的な變容が加えられた過程を、古代から近世に亙って通觀した妻木直良「日本に於ける道教思想」(3)などの先驅的な論考が竝ぶ。

津田の論說をめぐっては多方面から檢討が加えられ、〈天皇〉號の成立年代に關する論據となった法隆寺金堂藥師如來像の光背銘が七世紀初期のものではなく、後期の天武、持統朝まで下ることや、『日本書紀』や金石文の史料批判などを通じて、七世紀後半とみるのが有力である。

黑板が推論した大和とその周邊地域における道觀や道士の存在については、那波利貞「道教の日本への流傳に就きて」[4]や、下出積與「齊明紀の兩槻宮について」[5]によってはほぼ否定されており、朝鮮半島とは異なって道觀や道士が存在した形跡は、現在のところ確認できない[6]。

また妻木は九世紀末頃までに日本に舶載された約千六百部一萬七千餘巻を著錄する藤原佐世『日本國見在書目錄』[7]に注目し、多數の道教關係書のうち、經典類はさほど多くないのに對して、延年益壽のための醫方術や術數關係書がかなりの數を占めることから、これらを通じた道術の受容について論じた。さらに平安初期に天臺宗の安然が最澄や空海ら入唐僧の請來目錄を整理した『八家祕錄』[8]に記載された典籍の中から、符呪、妙見鎭宅、太山府君など密教と陰陽道に關連するものを擧げて道教との關連を考察し、道教の呪文「急々如律令」の流布や、近世における『太上感應篇』など多數の善書や『道藏』の舶載、和刻本の出版と流通にも言及したのち、「古代および平安時代に傳來した道教思想が、密教の型に入り、または陰陽道の名において民間に傳播し普及した」と總括したが、これはその後の諸研究の基本的な枠組みとなった。

これらの成果を集約しつつ、『神仙思想』[9]から『日本古代の道教・陰陽道と神祇』[10]に至る一連の著作[11]を通じて、日本古代宗教思想史に占める道教の意義を精力的に考究した下出積與は、日本が受容したのは道士や道觀を擁する教團（成立）道教ではなく、これらを伴わない民間（民衆）道教であるとして、佛教のような公傳ではなく、流傳がふさわしいと指摘した。だが、中國の王朝と結びついた教團（教會、成立）道教と、宋代以後の全眞教や淨明道など、農民や民衆の社會的集團を主體とした、三教合一的性格をもつ民間（衆）道教とを、對比的に把えようとする概念を[12]、古代日本の道教受容史にそのまま適用するのは問題があるだろう。

日本學の立場から、道教の日本における受容を論ずる場合、中國の民衆文化としての道教の全體像ではなく、その骨子を形成した部分、しかもそれが道教の全體系のなかにとりこまれる以前の個々の部分をとりあげて、それを道教と捉えて論ずることが多い、と指摘した野口鐵郎は、道教全體のなかに融化する以前の神仙思想のみを取りあげて道教といい、それの日本への傳播を道教の傳播と捉えることや、中國の道教を組成する一要素である知識人の圖緯の思想などで用いられる語句が、日本で異なった意味を包含して用いられるとき、その現象を十分な考證を經ずに、そのまま道教の傳播としてうけとめ、理解しようとする姿勢にも、疑問を呈している。[13]

その一例とされた『道教と日本文化』[14]の著者である福永光司は、近年、精力的にこの課題を追求した一連の著書において、[15]『無上祕要』や『雲笈七籤』を中心に、諸種の道教經典の章句と、記紀などの日本古代の諸文獻との比較を試み、その影響關係を論述しているが、道教經典の傳來過程や、『藝文類衆』『初學記』『修文殿御覽』など、古代の知識層が用いた類書の存在は、[16]ほとんど顧慮されていない。

近年の研究の中では、道教を體系的に受容しなかった日本においては、なぜ道教を受容しなかったのか、という視點こそが重要であるとし、いかに受容してきたか、という觀點に立つ從來の研究に根本的な見直しを迫る新川登龜男『道教をめぐる攻防』[17]が、とくに注目される。

本書では、これらの論點をふまえながら、東アジアの、とくに日本と朝鮮を中心とする宗教文化の展開過程に占める道教の意義について、佛教との重層性に注目しながら考察したいと思う。

一、律令制の形成と道教

（1）百濟との文化交渉

道教を構成する諸種の技術や思想が日本に傳えられたのは、『日本書紀』の所傳では六世紀初期まで溯る。繼體天皇七年（五一三）六月に百済から五經博士の段楊爾《だんようじ》が派遣されたとあるのが最初で、同十年九月には漢高安茂《あやのこうあんも》が段楊爾と交代した。さらに欽明天皇十四年（五五三）六月には、百濟に對して醫博士、易博士、曆博士らの交代と、卜書、曆本や種々の藥物の送附を要請したところ、翌十五年二月に五經博士の固德馬丁安《ことくめちょうあん》の後任として王柳貴が派遣されたほか、易博士、曆博士、醫博士、採藥師も來日した。

五經博士は『易經』『書經』『詩經』『春秋』『禮記』を講じ、民政の教化も擔う儒官として、中國では漢の武帝が最初に任命したが、とくに前漢の董仲舒によって『易經』を中心に陰陽五行説との折衷が進められた。日本では、五經の中に『易經』（周易）が含まれているにもかかわらず、別に易博士も要請しており、占術への關心が高かったことを示唆する。

これらはいずれも百濟を通じて行なわれたが、『周書』巻四九・百濟傳には、「陰陽五行を解し、宋の元嘉曆を用い、建寅の月を以て歳首（正月）と爲す。また醫藥、卜筮、占相の術を解す」と記されており、『北史』や『隋書』などにも同様の記事がみえるように、百濟では早くからこうした諸技術を受容していたが、「僧尼、寺塔甚だ多し。而るに道士無し」とも傳えられることから、これらの多くは僧尼によって擔われていたものと思われる。

七世紀に入ると百濟を介しての受容は、さらに本格化する。推古十年（六〇二）に來日した百濟僧の觀勒によって、曆本、天文地理書、遁甲（五行・占星關係書）、方術書類がもたらされ、各部門毎に書生を選抜して修學させ、それぞれ業を成したという。漢籍を知識として理解するだけでなく、實踐を目的とした教習が積極的に圖られている。

觀勒は推古三十二年（六二四）に、ある僧が祖父を斧で毆打した事件が起った際、統制機關の設置を上表して僧正に任じられた。(18) 蘇我氏の支援を受けて飛鳥寺に止住し、教學の普及につとめたが、最近、飛鳥寺の東南に位置する飛鳥池遺跡から出土した七世紀後期、天武朝頃の木簡の中に「觀勒□」と書かれたものが含まれており、この時期になお想起される存在であったことが窺える。[19]
『日本書紀』天武天皇即位前紀には、「天文・遁甲を能くす」という一節があり、これらの技藝への關心の高さを物語る。その後、持統五年（六九一）十二月に、醫博士の徳自珍《とくじちん》と呪禁博士の木素丁武《もくそていむ》、沙宅萬首《さたくまんしゅ》が銀二十両を賜與されたのに續いて、翌六年二月には陰陽博士の沙門法藏と道基の二名も同様の褒賞を受けている。このうち法藏は、天武十四年（六八五）十月に美濃に赴き、白朮《おけら》を採取して天皇に煎じたことがあるが、この白朮は梁代の道士陶弘景の『本草集注』でも草木藥の上品に分類される仙藥として知られていた。[20] 法藏はこの時には觀勒と同様に「百濟僧」と記されているが、その法藏が沙門のままで陰陽博士を務めたということは、持統朝の初期には、まだ陰陽關係の技藝や思想の傳授が主に僧侶らによって擔われ、專門の技藝部門として分立していなかったことを示す。

（2）敕命還俗と陰陽寮

『續日本紀』文武四年（七〇〇）八月に、僧通徳と惠俊を敕命により還俗させ、通徳に陽侯史久尓曾《やこのふひとくにそ》、惠俊には吉宜《きつぎ》（のち吉田連宜）の俗名と位階を授けて、その「藝《わざ》」を用いることにしたとあるのをはじめとして、大寶三年（七〇三）十月には、僧隆觀を還俗させ、俗名を金財《こんたから》としたが、彼は「頗る藝術に渉り、兼ねて算暦を知る」人物であったという。また和銅七年（七一四）三月に還俗した沙門義法は、俗名を大津連意毗登《おびと》（首）というが、その目的は「占術を用ゐむが爲」とされる。

この他にも七世紀末の持統朝から八世紀初の元明朝にかけて、敕命により僧尼を還俗させた例が集中的にみられる。これらはいずれも律令國家が彼らの保持する陰陽、天文、醫藥、暦學などの「藝（技術）」を獨占する一方で、專門官人として次代への繼承をはかるよう企圖したものである。[21] 六六〇年に百濟が滅んだ後は、遣唐使の派遣も約三十年

間にわたって途絶し、専ら新羅を通じてこれらの技藝や思想の導入が進められた。(22)

この間、持統三年（六八九）に飛鳥浄御原令が施行されたのに續いて、大寶元年（七〇一）には大寶律令が制定され、陰陽、暦、天文、漏剋の四部門からなる陰陽寮と、醫藥を專當する典藥寮を設置して、僧尼身分との分離をはかったのである。

（3）僧尼令と「道術符禁」

こうした動向と軌を一にして、僧尼令では僧尼の行動を規制した條文のなかで、とくにこれらの技藝に攜わることを禁じている。

その第一條では、

凡《およ》そ僧尼、上づかた玄象《げんぞう》を觀、假《いつは》りて災祥を說き、語國家に及び、百姓を妖惑し、并せて兵書を習い讀み、人を殺し、奸し、盜し、及び詐《いつは》りて聖道得たりと稱せらば、竝に法律に依りて、官司に附けて罪科せよ。

とし、僧尼が「玄象」すなわち天文現象の觀候をもとに「災祥」を說くことを嚴禁する。

續く第二條は、

凡そ僧尼、吉凶を卜《うらな》ひ相《はか》り、及び小道、巫術して病療《いや》せらば、皆還俗。其れ佛法に依りて、呪を持して疾を救はむは、禁《いさ》むる限りに在らず。

これは七一八年に藤原不比等が大寶令を修補した養老令の條文だが、ここでは僧尼が龜卜や相地を行なうことや、厭符、呪禁、祓などの「小道、巫術」による治療行爲を禁ずる。また、もう一つの禁制事項の「卜相吉凶」は、母法である唐の道僧格(23)の「占相」を改めたものである。

この條文については大寶令と養老令の條文の異同が問題にされてきた。『續日本紀』養老元年（七一七）四月二十三日附の敕は、行基とその弟子等を名指しで攻撃し、私度僧たちの布教活動を嚴しく規制することで知られるが、その一節に僧尼が「佛道に依りて神呪を持し」「湯藥を施して痼病を療する」ことは大寶令の規定通りに認める、とある。『令集解』所引の「古記」や「令釋」の記事などを總合すると、大寶令には「道術符禁、湯藥に依りて救療せらば」という文言が含まれていたが、養老令では削除されたことがわかる。

大寶令條文の復原案は諸說に分れるものの、この文言は、末尾の「禁むる限りに在らず」の前に插入するのが妥當であろう。少なくとも大寶令段階では、僧尼が「道術符禁」や「湯藥」を用いて「持呪救疾」することは容認されていたのだが、おそらくは民間の私度僧集團の布教活動において、道術符禁による呪術的な治病法が重要な役割を果し、百姓らを「妖惑」している狀況を、律令國家が警戒しはじめたことを物語る。

その十年後には、さらに嚴重な統制令が出された。天平元年（七二九）四月三日の敕は、

内外の文武の百官と天下の百姓と、異端を學び習ひ、幻術を蓄へ積み、厭魅《おんみ》呪咀して百物を害《そこな》ひ傷《やぶ》る者有らば、首は斬、從は流。

と始まり、賊盜律の厭魅條や毒藥條、造妖書條などの文言を隨所に散りばめながら、次のようにのべる。

もし山林に停《とどま》りて住み、詳りて佛法を道《い》ひ、自ら教化を作し、傳へ習ひて業を授け、書符を封印し、藥を合せて毒を作り、萬方に恠を作《な》し、敕禁に違ひ犯す者有らば、罪亦此《か》くの如くせよ。（以下、略）

律の條文を反復するかのような内容をもつこの敕が發令された理由は、わずか二ヶ月前に長屋王の變が起ったことを考えれば、「左道」[24]に對する恐怖と嚴戒とであることがわかる。

律令國家は、唐の僧尼と道士や女冠を對象とした道僧格の内容を、僧尼に限定して繼受することによって、中國の

諸王朝の長期にわたる農民叛亂の經驗を定式化した、宗教と呪術と民衆についての嚴しい法制を先取りする形になったが[25]、少なくとも大寶律令制定段階までは、道術に關して比較的寛容な姿勢を示してきた律令國家も、養老初年には道術符禁に對する認識をかなり消極化し、天平初年の長屋王の變を契機に、明確に國家的問題として把握した時點で、これを否定したといえよう。

二、中國撰述經典と道教の傳播

（1）道教關係書の舶載

九世紀末頃までに舶載された漢籍、約一五八六部一七一六〇巻餘りを藤原佐世が著錄した『日本國見在書目錄[26]』の〈道家〉の部には、六十二部四八七巻を載せるが、『老子』關係の注疏類二十五部の中に、『老子化胡經』十巻と『太上老君玄元皇帝聖化（記）經』十巻がある他に、道經は『抱朴子』內篇二十一巻、『本際經』一巻、『太上靈寶經』一巻、『淆（消）魔寶眞安志經』一巻など十部程度であり、それ以外では『莊子』『列子』關係の注疏類が目立つくらいである。

それに對して、延年益壽を目的とした道教の構成要素である醫方術や術數關係の漢籍は、かなりの數にのぼる。同書の〈醫方家〉の部には、醫針、合藥、仙法關連書一六五部、一一〇一巻を載せ、『大清神丹經』一巻、『仙藥方』一巻、『神仙服藥食方經』一巻、『五嶽仙藥法』一巻、『神仙入山服藥方』一巻、『神仙新藥方』一巻、『老子神仙服藥經』一巻、『老子孔子枕中雜藥方』一巻、『太一神丹精治方』一巻、『延年祕錄方』四巻、『老子教人服藥循常住仙經』一巻、『赤松子試（誡）』一巻といった書名が見える。また、呪禁、符印、五行、六壬、雷公、太一、易、遁甲式、相仙術關係書一五四部、五一六卷が載る〈五行家〉の部には、『三甲神符經』一卷、『三五大禁呪禁決』一卷、『六甲左右上符』一卷、『大道老君六甲祕符』一卷、『赤松子玉曆』一卷、『玉女返閉』四卷、『印書禹步』一卷なども含まれており、様々な方術が、必要に應じて個別に受容されたものと考えられる。

だが、これらの方術と密接に關連する神仙說や道家思想の受容については、〈道家〉の部に著錄されたような典籍だけでなく、中國における佛教が、道教、儒教や民間信仰とも重層的な相剋と融合を展開する過程で撰述された、多數の疑僞經典類を通じて、間接的に行われた側面にも注目する必要がある。

（2）　中國撰述の疑僞經典とその研究

梵文や胡語から翻譯された經律論三藏以外の、中國で撰述された漢文佛典は、疑僞經典として早くから峻別されてきた。

四世紀後期、東晉の道安が撰錄した『綜理衆經目錄』（『出三藏記集』所引）の「新集安公疑經錄」では、二十六部三十卷、[27]次いで梁の僧祐が五一五年に撰錄した『出三藏記集』の「安公疑經錄」では、四十六部五十六卷を數えたが、[28]隋の法經らによる『衆經目錄』（五九四年成立）では、疑惑、僞妄經合わせて一九六部三八二卷、[29]唐の靜泰らの『衆經目錄』（六六三年成立）では、二〇八部四九六卷、[30]唐の明佺らの『大周刊定衆經目錄』（六九五年成立）では、二二八部四一九卷、[31]唐の智昇による『開元釋教錄』（以下『開元錄』）では、疑惑再詳十四部十九卷、僞妄亂眞三九二部一〇五五卷にのぼった。[32]

『開元錄』の入藏錄總計が、一〇七六部五〇四八卷であることを考えれば、六朝末から唐初にかけて成立した疑僞經典が、とくに著しいことが推知される。

歴代の大藏經では、主に『開元錄』に依據したため、これらの疑僞經典類は、『安宅神呪經』[33]などいくつかを除いて、大半が入藏されなかったが、明治三十八年（一九〇五）から大正元年（一九一二）にかけて、中野達慧が編纂した『大日本續藏經』[34]に、はじめて『淨度三昧經』『佛說天地八陽神呪經』『佛說預修十王生七經』『大藏正教血盆經』『像法決疑經』など約二十部が收錄された。

さらに、大正時代に數次に亙って、大英博物館所藏のスタイン蒐集敦煌寫本の調査を行った矢吹慶輝により、『鳴沙餘韻』[35]と『大正新脩大藏經』第八十五巻〈古逸部・疑似部〉[36]が相次いで刊行され、より多くの疑僞經典に接することが可能になった。

また、近年では、名古屋市の七寺一切經（平安末期書寫）の中から、道安の『綜理衆經目錄』にみえる『毘羅三昧經』ほか、十數部の新出疑僞經典が見出され、廣く關心を集めている。[37]

これらの中には、道教的性格をもつものが少なからず含まれており、約四十種の敦煌出土經典の內容、ならびにその成立と背景について概觀した矢吹慶輝は、延年益算の利益を誇說し、道家の思想と混淆したものが多いことを指摘している。[38]

『四天王經』『灌頂經』『淨度三昧經』などを中心に、道教の司命、司過說や續命說との關係を詳說したのは望月信亨であり、[39]『提謂經』の思想史的分析を通じて、北魏における道佛二教の習合を考察した塚本善隆[40]や、密教經典における呪符、巫術、陰陽五行思想の影響を論じた那須政隆[41]などの諸研究を踏まえて、中國佛教史における疑僞經典の宗教思想的意義を總合的に考究した牧田諦亮は、敦煌本を主體として、日本の古寫本や朝鮮本なども視野に置きつつ、『觀世音三昧經』『高王觀世音經』『大通方廣經』をはじめとする典型的な疑僞經典十餘種の精細な考證を展開し、正倉院文書中の諸經典についての解說も行っている。[42]

疑僞經典撰述の意圖について、牧田が試みた分類によれば、

㈠　主權者の意に副おうとしたもの（『大雲經』など）。

㈡　主權者の施政を批判したもの（『薩婆若陀眷屬莊嚴經』『梵網經』『仁王般若波羅蜜經』など）。

㈢　中國の傳統思想との調和や優劣を考慮したもの（『父母恩重經』『盂蘭盆經』『須彌四域經』『清淨法行經』『正化內外經』『首羅比丘經』など）。

㈣　特定の教義、信仰を鼓吹したもの（『像法決疑經』『佛說般泥洹後比丘十變經』『大通廣方經』『觀世音三昧經』『地藏菩薩經』『十王生七經』、三階教關係經典など）。

㈤　現存した特定の個人の名を標したもの（『高王觀世音經』『僧伽和尚欲入涅槃說六度經』など）。

㈥　療病、迎福などのための單なる俗信・迷信に類するもの（『天地八陽神呪經』『佛說大藏正教血盆經』『延壽命經』『佛說七千佛神符經』など）。

となるが、この內、道教思想と最も關係が深いのは、㈢と㈥に分類される諸經典である。

本書では、こうした先論に示唆を受け、日本古代に舶載されたことが確實な道教的疑僞經典のいくつかについて、日本の古寫本と敦煌本や朝鮮本との比較も試みながら、それぞれが包含する道教的要素を析出することにより、道教思想が傳播する上での媒體となった可能性を檢討したい。

（3）　舶載された疑僞經典とその古寫本

文獻史料にみえる疑僞經典關係記事としては、『日本書紀』、孝德天皇の白雉二年（六五一）十二月晦日條に、

味經宮に、二千一百餘の僧尼を請せて、一切經を讀ましむ。是の夕に、二千七百餘の燈を朝庭內に燃やして、

安宅、土側等の經を讀ましむ。

とあるのが早いが、『土側經』の經錄上の初見は、六九五年に撰錄された『大周刊定衆經目錄』に「側土經、一卷」[43]とあることから考えると、成立後、程なく請來されたものと思われる。正倉院文書、天平十三年（七四一）閏三月二十一日附の「經卷勘注解」には、『安宅墓土側經』とも記され[44]、天平三年（七三一）八月から翌年九月にかけての寫經目錄には、『安宅要抄神呪經』と『土側經』が竝記されている。[45]

また、齊明紀三年（六五七）七月十五日條に、飛鳥寺の西に須彌山像を作って「盂蘭盆會」を設けたとあるのに續いて、同五年同日條には、

群臣に詔して、京內の諸寺に、盂蘭盆經を勸講かしめて、七世父母に報いしむ。

とある。[46]〈盂蘭盆〉關係の經典としては、『佛說盂蘭盆經』（傳、竺法護譯、大正藏一六卷）、『佛說奉恩奉盆經』（同前所收）と、敦煌本『佛說淨土盂蘭盆經』[47]の三種が知られるが、いずれも梵本からの譯經ではなく、中國撰述の疑僞經典の一つに數えられる。[48]

一切經の傳來と書寫に關しては、天武紀二年（六七三）三月條に、

書生を聚へて、始めて一切經を川原寺に寫したまふ。

とあり、同四年十月條の、

使を四方に遣して、一切經を覓めしむ。

あるいは、同六年八月條の、

大きに飛鳥寺に設齋して、一切經を讀ましむ。便ち天皇、寺の內側に御して、三寶を禮ひたまふ。（下略）

など一連の記事を通して、天武天皇が尊崇した飛鳥の川原寺（弘福寺）における一切經書寫の遂行を知ることができ

るが、その具體的内容はわからない。(49)

國家的な規模の一切經書寫は、奈良時代、天平年間に入って本格化し、聖武天皇の敕願一切經（天平六年）を皮切に、東院一切經（同十一年）、藤原夫人願經（同十二年）、光明皇后願經〈五月一日經〉（同前）、福壽寺一切經（同十三年）、皇后宮一切經（同十四年）などが相次ぐが、これらの契機となったのは、天平七年（七三五）に唐から歸國した玄昉、翌八年に來日した道璿、菩提僊那（婆羅門僧正）らがもたらした膨大な經典であろう。とくに玄昉の場合は、『續日本紀』天平十八年六月十八日條の卒傳によれば、「經論五千餘卷と諸の佛像を賷ち來れり」とあり、これは、開元十八年（七三〇）に智昇が編纂した『開元釋教錄』に基づく玄宗朝の欽定大藏經（一〇七六部、五〇四八卷）とみられてきた。(50)だが、近年の研究では玄昉将來の一切經には缺本のあることが判明したため、『開元釋教錄』の入藏錄以外の別生・疑僞經や章疏なども選別せずに全て書寫の對象とすることになった經緯も明らかにされている。(51)

天平十一年（七三九）一月十三日附の「寫經司啓」(52)には、

合依開元目錄應寫一切經伍仟肆拾捌卷

（內譯略）

見寫大小乘經論幷律貳仟貳伯拾捌卷

（內譯略）

未寫大小乘經論幷律貳仟捌伯參拾卷

（內譯略）

とあり、翌年四月十五日附の「寫經司啓」(53)にも、

合依開元目錄、應寫大小乘經幷律論集傳等伍仟肆拾捌卷、

今所寫參仟伍伯參拾壹巻　二千二百十八巻十一年七月以往所寫　一千三百十三巻七月十二日以來所寫

（内譯略）

未寫壹仟伍伯拾漆巻

という記錄があって、『開元釋教錄』に依據した一切經書寫の進捗狀況を知ることができるが、奈良時代には、巻十八の〈疑惑再詳錄〉や〈僞妄亂眞錄〉に編入された疑僞經典も多數書寫されたことは、天平寶字五年（七六一）四月四日附の「奉寫一切經所解」(54)において、造東大寺司主典の安都宿禰雄足が、一切經を收納する塗韓櫃などの諸物品を坤宮官に請求した際に、

合奉寫大小乘經律論賢聖集別生疑僞幷目錄外經惣五千三百卅巻四百九十五帙

と記していることからも明らかである。

正倉院文書の精査を通じて奈良時代における寫經の實態を總合的に論究した石田茂作は、奈良時代の一切經の内容は、『開元錄』所載の經典全部と、それ以後に翻刻された經典、およびその他の中國撰述經典を含むものとみたうえで、合計二九七九部にのぼる〈奈良朝現在一切經疏目錄〉を復原し、約四十部を疑僞經典としたが(55)、今、『開元錄』の〈疑惑再詳錄〉と〈僞妄亂眞錄〉に列擧された經典のうち、正倉院文書に同一もしくは類似の經名が見えるものをあげると(56)、本章末尾の一覽のようになる。

九世紀初期に藥師寺僧景戒が撰錄した『日本靈異記』では、『冥報記』『金剛般若經集驗記』などの說話集の他、『涅槃經』『法華經』をはじめとする四十種餘りの經典を引用しており、必ずしも原典によらずに、『諸經要集』『經律異相』『法苑珠林』などの類書、あるいは『衆經要集金藏論』や『梵網經古迹記』などに依據した場合も多いが、それらの中には『大通方廣經』『像法決疑經』『善惡因果經』などの疑僞經典も含まれていて、その受容形態を考えるう

えでの手がかりとなる。(57)

奈良時代に請來され、寫經所などを通じて流布した疑僞經典類の多くは、平安時代以降も、畿內を中心とする各寺院において書寫され、樣々な儀禮の場で讀誦されたらしく、平安初期に天台宗の安然が、最澄、空海など入唐八家の請來目錄や、粟田院、梵釋寺その他の藏經をも參酌してまとめた『諸阿闍梨眞言密教部類總錄』（『八家祕錄』(58)）をはじめ、『大正藏』別卷『昭和法寶總目錄』に所載の古藏經目錄類の內、

『正倉院御物聖語藏一切經目錄』二卷
『神護寺經藏一切經目錄』二卷
『東寺一切經目錄』二卷
『東寺觀智院聖教目錄』一卷
『東寺寶菩提院經藏諸儀軌目錄』一卷
『石山寺藏中聖教目錄』一卷
『仁和寺御經藏聖教目錄』三卷
『高山寺聖教目錄』二卷
『高山寺法鼓臺聖教目錄』三卷

などには、諸種の疑僞經典とその作法書類を見出すことができる。これらの中には、明治初期の廢佛毀釋前後に失われたものも少なくないが、(59)近年、多くの古逸經典が發見された名古屋市の七寺の場合のように、今後の調査によっては、新たな古寫本が出現する可能性も殘されている。

奈良時代に請來され、寫經所などを通じて書寫され、廣く流布した疑僞經典類の多くは、平安時代以降も、畿內を

中心とする各地の諸寺で書寫され、讀誦されて新たな祭儀を生む契機ともなった。東寺、神護寺、石山寺、高山寺、仁和寺、醍醐寺をはじめとする諸寺に傳存する聖教類の中には、こうした奈良朝寫經の系譜を引く疑僞經典とその作法書（事相書）を多數見出すことができ、平安時代以降の受容形態を具體的に把握し得るのである。

これらの疑僞經典類は、いずれも難解な教理を説くのではなく、民衆層の現世利益的な志向に即應した内容の上に、比較的短いものが多いこともあって、西域をはじめ、朝鮮や日本など中國周邊諸地域に廣く傳播したのである。

（4）朝鮮の道教受容と疑僞經典

朝鮮では、七世紀前期の高句麗に、唐から道士と天尊像が傳えられ、十二世紀初期には、高麗王朝によって道觀福源宮も創設されるなど、日本とは異なる、より直接的な受容をみた。李朝時代になると、道佛二教は統制され、昭格殿（のちに昭格署）だけが唯一の醮所となったが、その三清殿には、天皇上帝、太上老君、普化天尊、梓潼帝君などを祀っている。

道藏の傳來は、高麗中期頃とされるが、最も流布した道經は、雷神信仰を基調とする『九天應元雷聲普化天尊説玉樞寶經』（道藏、洞眞部、第二十五册所收）と、北斗信仰に基づく『太上玄靈北斗本命延生眞經』（道藏、洞神部、第三四一册所收）であり、後者は、各寺院に設けられた七星閣で、護法神を祀る神衆作法の所依經典としても、重視された。[60]

民間では、讀經による祈禱や卜占を行なう盲覡《パンス》（經匠、經文匠、經師とも呼ばれた）が、安宅、豫防、延壽、招魂などを祈願する〈救命《クミョン》〉において、さまざまな道教的疑僞經典を讀誦した。[61]これらを合聚した『佛説廣本太歲經』には、『天地八陽神呪經』『安宅神呪經』『救護身命經』その他諸種の疑僞經典が収められているが、『度厄經』と題する小經は、『太上靈寶天尊説禳災度厄經』（道藏、洞玄部、第一七九册所收）に經名を求めながら、その前半部は、『益算經』

（『佛説七千佛神符經』）からの抄出である。[62] また、『地心陀羅尼經』は、九州を中心とする西日本各地で、土公神や竈神を祀る荒神祓を行なった盲僧が、琵琶を彈奏しつつ讀誦した『地神陀羅尼經』と、同一の經典であることが知られている。[63]

このような、道佛二教と巫俗の交渉を通じて、重層的な展開をみた、朝鮮本疑僞經典や道經の流布は、日本における受容形態を考える上にも示唆的であり、敦煌本や日本の古寫本と、本文の他に跋文や連寫の状況なども勘案しながら比較検討することによって、それぞれの地域への傳播と歴史的な展開過程を明らかにし得るものと考える。

注

（1）『東洋學報』十卷三號、一九二〇年、東洋協會調査部。『津田左右吉全集』第三卷、一九六三年、岩波書店。
（2）『史林』八卷一號、一九二三年、史學研究會。『虚心文集』第三、一九四〇年、吉川弘文館。
（3）『龍谷學報』三〇六、三〇八號、一九三三年。
（4）『東方宗教』二號、四・五合併號、一九五二〜五四年、日本道教學會。
（5）坂本太郎博士古稀記念會編『續日本古代史論集』上卷、一九七二年、吉川弘文館。
（6）福永光司・千田稔・高橋徹『日本の道教遺跡』（一九八七年、朝日新聞社）のように、那波や下出らの先行研究を無視して、黑板説を〝定説化〟しようとする論説もあるが、從えない。
（7）矢島玄亮『日本國見在書目錄――集證と研究――』（一九八四年、汲古書院）參照。
（8）『大正藏』五十五卷所收。以下、『大正新脩大藏經』を『大正藏』と略稱する。
（9）一九六八年、吉川弘文館。
（10）一九九七年、吉川弘文館。
（11）他に『道教――その思想と行動』（一九七一年、評論社）、『日本古代の神祇と道教』（一九七二年、吉川弘文館）、『道教と日本人』（一九七五年、講談社）、『古代神仙思想の研究』（一九八六年、吉川弘文館）などがある。
（12）民衆道教と教團（成立、教會）道教の概念については、酒井忠夫・福井文雅「道教とは何か」（『道教』第一巻、一九八三年、平河出版社、『選集　道教と日本』第一巻、再錄）など。
（13）野口鐵郎・松本浩一「最近日本の道教研究」（『道教』第三巻、一九八三年、平河出版社）。
（14）一九八二年刊、人文書院。
（15）『道教と日本思想』（一九八五年、德間書店）、『道教と古代日本』（一九八七年、人文書院）など。
（16）記紀や萬葉集、風土記などの古代の文學作品における類書の利用については、小島憲之『上代日本文學と中國文學』全三巻（一九六二～六四年、塙書房）をはじめ、近年では瀬間正之『記紀の文字表現と漢譯佛典』（一九九四年、おうふう）が、『經律異相』の受容を詳論している。
（17）一九九九年、大修館書店。
（18）新川登龜男『日本古代文化史の構想』（一九九四年、名著刊行會）に詳細な分析がある。
（19）寺崎保廣「奈良・飛鳥池遺跡」（『木簡研究』二十一號、一九九九年）。
（20）仙薬としての白朮については、新川登龜男『道教をめぐる攻防』（注（17））參照。
（21）橋本政良「敕命還俗と方伎官僚の形成」（『陰陽道叢書』一、一九九一年、名著出版）。
（22）關晃「遣新羅使の文化史的意義」（『關晃著作集』第三巻、一九九六年、吉川弘文館）。
（23）この條文は、『大唐六典』祀部郎中員外郎條所引の道僧格佚文による。仁井田陞『唐令拾遺』（一九三三年、東方文化學院）、池田溫編『唐令拾遺補』（一九九七年、東京大學出版會）參照。
（24）長屋王が自死を迫られた理由は「私かに左道を學び、國家を傾けんと欲す」（『續日本紀』天平元年二月十日條）とされ、「左道」とその方法は、この敕の内容が具體的に示している。
（25）石母田正「國家と行基と人民」（『日本古代國家論』第一部、一九七三年、岩波書店）。
（26）小長谷惠吉『日本國見在書目錄解說稿』（一九五六年、小宮山書店）、矢島玄亮『日本國見在書目錄――集證と研究――』

（一九八四年、汲古書院）参照。

(27)『大正藏』五十五巻、三十八頁。

(28)同前、三十九頁。

(29)同前、一一五～一五〇頁。

(30)同前、一八〇～二一八頁。

(31)同前、四七二～四七六頁。

(32)同前、六七一～六八〇頁。

(33)『大正藏』二十一巻、所收。

(34)全一五〇套七五一冊、一七五七部七一四八巻、藏經書院刊。河村孝照主編『新纂大日本續藏經』（國書刊行會）。

(35)影印篇は一九三〇年、解説篇は一九三三年、岩波書店刊。

(36)一九三二年、同刊行會刊。

(37)牧田諦亮監、落合俊典編『七寺古逸經典研究叢書』全六巻（一九九四年～二〇〇〇年、大東出版社）。

(38)矢吹慶輝「道家の僞經に就いて」（『宗教界』十四巻九號、一九一八年）、同「燉煌出土疑僞古佛典に就いて」（『宗教研究』三巻十號、一九一九年）、同『鳴沙餘韻』解説篇（前掲注(35)）、第二部「疑僞佛典及び燉煌出土疑僞古佛典に就いて」など。

(39)望月信亨「僞似經と僞妄經」（一）～（四）（『佛書研究』三十二號～三十五號、一九一七年）、同「道教思想に影響せられたる僞經」（『大正大學學報』一號、一九二七年）、同『淨土教の起源及發達』（一九三〇年、共立社、山喜房佛書林復刊）第四章「支那撰述の疑僞經」、同『佛教經典成立史稿』（一九四六年、法藏館）第八章「道教及び俗信關係の疑僞經」などの諸論。

(40)塚本善隆「支那の在家佛教特に庶民佛教の經典――提謂波利經の歴史――」（『東方學報（京都）』十二―三　一九四二年、『支那佛教史研究　北魏篇』（一九四二年、東方文化學院京都研究所、『塚本善隆著作集』第二巻、一九七四年、大東出版社）。

(41)那須政隆「中國密教における道教思想の受容」（『印度學佛教學研究』六巻一號、一九五八年）。

（42）牧田諦亮『疑經研究』（一九七六年、京都大學人文科學研究所、臨川書店復刊）。
（43）『大正藏』五十五卷、四七四頁上段。
（44）『大日本古文書』七卷、五〇一頁。
（45）同前、十八頁。
（46）推古紀十四年（六〇六）七月十五日に、寺毎に設齋を行なったとあるのが、盂蘭盆會の初見とされる。
（47）スタイン本二五四〇、三一七一、四二六四、五九五九、六一六三號、ペリオ本二〇五五、二一八五號、北京本・字七十五號。
（48）岡部和雄「盂蘭盆經類の譯經史的考察」（『宗教研究』三十七卷三號、一九六四年、日本宗教學會）、吉岡義豊「中元盂蘭盆の道教的考察」（『道教と佛教』第二、一九七〇年、豊島書房）など參照。
なお、祖靈觀念を包括する〈七世父母〉は、とくに六朝以降の中國において、儒教的家族道德に基づく祖先信仰と佛教とが結合した、一種の民間信仰として盛行したものが、日本にも傳えられたと考えられる。竹田聽洲「七世父母攷」（『佛教史學』三號、一九五〇年、『葬送墓制研究集成』第三卷、一九七九年、名著出版、所收）。また、この問題については、拙稿「〈七世父母〉と〈諸神誓願〉」（あたらしい古代史の會編『東國碑文の古代史』（一九九八年、吉川弘文館）で、朝鮮の事例を含めて檢討した。
（49）小野玄妙「川原寺一切經に就いて」（『佛書研究』四十號、一九一八年）。
（50）石田茂作『寫經より見たる奈良朝佛教の研究』（一九三〇年、東洋文庫、一九八二年、原書房復刊）、福山敏男「奈良朝に於ける寫經所に關する研究」（『史學雜誌』四十三卷二號、一九三二年、『福山敏男著作集』第二卷、一九八二年、中央公論美術出版）、堀池春峰「光明皇后御願一切經と正倉院聖語藏」（『古代學』三卷三號、一九五四年、『南都佛教史の研究』上卷、一九八〇年、法藏館）、竹內理三「我國の一切經書寫事業」（『九州史學』八號、一九五九年）、皆川完一「光明皇后願經五月一日經の書寫について」（坂本太郎博士還曆記念會編『日本古代史論集』上卷、一九六二年、吉川弘文館）をはじめとする近年の論考については、榮原永遠男編「正倉院文書研究文獻目錄」㈠～㈢（『正倉院文書研究』一～三冊、一九九五年、吉川弘文館）參照。

(51)　山下有美「日本古代國家における一切經と對外意識」（『歴史評論』五八六號、一九九九年）、同「五月一日經における別生・疑僞・錄外經の書寫について」（大阪市立大學史學會『市大日本史』三號、二〇〇〇年）。

(52)　『大日本古文書』二卷、一五七～一五八頁。署名は、史生高屋連赤麿と小野（朝臣國堅）。

(53)　同前、七卷、四八五～四八六頁。

(54)　同前、十五卷、五十二～五十三頁。

(55)　石田茂作、前揭注(50)。なお、牧田諦亮「正倉院文書に見える疑經類」（『疑經研究』、前揭注(42)）に、各個解説がある。

(56)　正倉院文書の檢索には、木本好信『奈良朝典籍所載佛書解説索引』（一九八九年、國書刊行會）を參照した。

(57)　拙稿「『日本靈異記』の女性觀にみる『父母恩重經』の投影――〈疑僞經典〉受容史の一面――」（『東方宗教』六十九號、一九八七年、日本道教學會。總合女性史研究會編『日本女性史論集』第五卷〈女性と宗教〉所收、一九九八年、吉川弘文館）に、關連文獻の紹介がある。本書、第十三章所收。

(58)　『大正藏』五十五卷、『大日本佛教全書』二卷、所收。

(59)　現存狀態に關しては、杉本一樹「聖語藏經卷紀年銘集成㈠」（『正倉院年報』七、一九八五年）、「神護寺一切經調書」（一九四八年、國立博物館調査課、稿本）、『東寺觀智院金剛藏聖教目錄』全二十册（一九七五年、京都府教育委員會）、「東寺寶菩提院三密藏聖教」（マイクロフィルムカード目錄、大正大學圖書館所藏）、『石山寺の研究』校倉聖教・深密藏聖教篇（石山寺文化財綜合調査團編、一九八一～九三年、法藏館）、『高山寺經藏典籍文書目錄』全五册（高山寺典籍文書總合調査團編、一九七五～八五年、東京大學出版會）などに詳しい。

(60)　拙稿「朝鮮の北斗信仰と所依經典――朝鮮本『太上玄靈北斗本命延生眞經』覺書――」（『豐田短期大學研究紀要』四、一九九三年）。本書、第十五章所收。

(61)　李圭景『五洲衍文長箋散稿』卷三十九「道教仙書道經辨證說」（一九五九年、ソウル、東國文化社）、徐大錫「經巫攷」（『韓國文化人類學』第一輯、一九六八年）、伊藤亞人「韓國民間信仰における道教の傳統」（『朝鮮文化研究』第一號、一九九

四年、東京大學文學部朝鮮文化研究室）などの諸論がある。

（62）拙稿「朝鮮本『佛説廣本太歳經』考」（『第十屆　中國域外漢籍國際會議論文集』一九九八年、臺北、國學文獻館）、ならびに拙稿「朝鮮における道佛二教と巫俗の交渉」（『東京成德大學研究紀要』第五號、一九九八年）に、朝鮮本『佛説廣本太歳經』の寫本を影印した。本書、第十六章所收。

（63）荒木博之「盲僧の傳承文藝」（〈講座・日本の民俗宗教〉第七卷『民間宗教文藝』一九七九年、弘文堂）。

〈正倉院文書〉所載の疑僞經典類

凡　例

・『開元錄』巻十八〈疑惑再詳錄〉〈僞妄亂眞錄〉所載の經典の內、正倉院文書に關係記事が見えるものを列擧し、存否などを注記した。
・末尾の〈參考〉は、類似の經名が載るものである。
・正倉院文書の檢索には、木本好信『奈良朝典籍所載佛書解說索引』（一九八八年、國書刊行會）を參看した。
・文獻の略號は、次の通りである。

大：『大正新脩大藏經』（巻數、通し番號）
續藏：『大日本續藏經』
敦：敦煌寫本、王重民『敦煌遺書總目索引』（一九八三年新版、中華書局）、黃永武主編『敦煌遺書最新目錄』（一九八六年、新文豐出版公司）他。
中村不折：『禹域出土墨法書法源流考』（一九二七年、西東書房）
龍谷：『西域文化研究』第一〈敦煌佛教資料〉（一九五八年、法藏館）
京博：『守屋孝藏氏蒐集　古經圖錄』（一九六四年、京都國立博物館）
大谷：『大谷大學所藏　敦煌古寫經』（一九六五、七二年、大谷大學東洋學研究室）
朝鮮：大韓民國國會圖書館編『韓國古書綜合目錄』（一九六八年）、鄭亨愚・尹炳泰編『韓國册板目錄總覽』（一九七九年、韓國精神文化研究院）、朴相國『全國寺刹所藏木板集』（一九八七年、韓國文化財管理局）
矢吹：矢吹慶輝『三階敎之研究』（一九二七年、岩波書店）

七寺：牧田諦亮監、落合俊典編『七寺古逸經典研究叢書』（一九九四年〜刊行中、大東出版社）
牧田一：『六朝古逸觀世音應驗記の研究』（一九七〇年、平樂寺書店）
牧田二：『疑經研究』（一九七六年、京都大學人文科學研究所）
日本：『昭和法寶總目錄』所載の古藏經目錄（本章、注（59）參照。この注記は一部にとどまる。）

毘羅三昧經　七寺一
央堀魔羅經　大二―一二〇、敦（北呂七五）
譬喩經　大四―二一七
小法滅盡經　大八十五―一八七四、敦（S二一〇九）、cf.佛説法滅盡經（大十二―三九六）
父母恩重經　大八十五―一八八七、敦（北號十四、S一一八九、P二一八五他多數）、朝鮮
慧定（上）普通遍（國土）上神通苦菩薩經
阿秋那（三昧）經
法本（齋）經　cf.法王本記內傳（敦S五九一六、P二三五二）、法王本記東流傳錄（敦P三三七六）、佛説諸法本經
（李盛鐸一八三）
灌頂度星招魂斷絕復連經（招魂（魄）經、灌度星經、佛説度星經）　七寺二、東寺寶菩提院
決（定）罪福經　大八十五―一八六八、敦（中村不折）
安墓（呪）經（安宅墓土側經）　七寺二
提謂波利經　敦（S二〇五一、P三七三二、提謂五戒經、北霜十五）、牧田二

寶車經　大八十五―二八六九、敦（中村不折、佛說妙好寶車經）
菩提福藏法化（華）三昧經
益意經
高王觀世音經　大八十五―二八九八、敦（S三九二〇）、朝鮮、續藏（一―八十七―四）
像法決疑經（新像法決疑經、決疑經）大八十五―二八七〇、敦（S二〇七五、P二〇八七、P三〇三五、京博他）、
　續藏一乙―二十三―四、聖語藏、朝鮮（像法滅義經）
清淨法行經　七寺二
觀世音三昧經　敦（S四三三八、京博、北日六十二、餘八十、他）牧田一、二
照明菩薩經　佛說照明菩薩經（敦、李氏鑒藏二七〇）
照明菩薩方便譬喩治病經（照明菩薩方便治病經）
首羅比丘見月光童子經　大八十五―二八七三（首羅比丘經、敦S二六九七、P二四六四他）
華嚴十惡經（大方廣華嚴十惡品經）大八十五―二八七五、敦（S一三二〇、S五六一二、北芥四十五、李五十九他）
魔化（訶）比丘經（迦葉禁戒經）大二十四―一四六九、敦（S四五四〇）
善信（魔訶）神呪經
救護身命濟人病苦厄經（救護身命經、護身經）大八十五―二八六五、七寺二、敦（P二三四〇、北日四十六、京博）、
　朝鮮
安宅（神呪）經　大二十一―一三九四、敦（S二一一〇、P三九一五他）、朝鮮、cf.佛說安宅陀羅尼呪經（大十九―
　一〇二九）

修行方便經

齋法清淨經　大八十五―一九〇〇、敦（龍谷、S四五四八、五六四五、六二六九、P二一〇九、三一九五、四五〇〇）

呪媚（魅）經　大八十五―一〇八二、敦（S四一八、P三六八九、北劍六十三他）、京博、七寺二

法社經（法社罪福報應經）

閻羅王經（閻羅王東太山經、閻羅王說免地獄經）　敦（S四八〇五、佛說閻羅王經）、他に授記經多數、cf.閻羅王五大使者經（大一―四十三）

七寶經　增一阿含經（大二―一二五）の抄出か　cf.佛說輪王七寶經（大一―三十八）

救護衆生惡疾經（救疾經、惡疾經）　大八十五―一八七八、佛說救疾經（敦S二四六七、S六二八五、P四五六三、大谷地）、惡疾經（S一一九八、一九七八）、cf.救諸衆生一切苦難經（大八十五―一九一五）

孤兒孤女經（孤思經）

般若得道經

蒺蔾園經（鋳梨經）

方廣滅罪成佛經（大通方廣經）（大通方廣懺悔滅罪莊嚴成佛經）　大八十五―一八七一、敦（大谷、北果六十九、S一八四七）、知恩院、續藏一乙―二十四―四、七寺二

法句經　大八十五―一九〇一、敦（S二〇二一、P二三〇八他多數）

頭陀經　七寺

罪報經（罪報應經）　大十七―七四七（佛說罪福報應經、佛說輪轉五道罪福報應經）

乳光經　大十七―八〇九（佛說乳光佛經）

寶印經　cf.佛說法印經（大二―一〇三）、佛說聖法印經（大二―一〇四）

優波離經（優波離問經）　大二十四―一四六六、敦（北柰八十七）

滿子經（滿願子經）大二―一〇八

心王菩薩頭陀經（頭陀經）　七寺

勝德長者所問菩薩觀行經

本事經　大十七―七六五

大乘無盡藏經　cf.無盡藏略說（敦、S一九〇、二一三七）

梵天（王）經　cf.梵天王問佛決疑經（續藏一―八七―四）、佛說灌頂梵天神策經（大二十一―一三三一）

側土經（土側經）

彌勒下山（生）經（彌勒下生救度苦厄經）　大十四―四五三、敦（北結三十二、菜十二、宙九十二、昃六十七、生五十二、鱗四十二）

菩薩決定（要）經

延壽經（壽延經、延壽命經）　大八十五―二八八八、敦煌（多數）、日本（醍醐寺他）

益算經（七千佛神符經）　大八十五―二九〇四、敦（S二七〇八、P二五五八、三〇二二、四六六七）

寶登王太子經

天宮經　cf.天公經（大八十五―二八七六、敦S二七一四）

太子成道經　敦（P二九九九、北推七九他）、變文（P三四九六）、俗文（P二二九九）

五戒經（優婆塞五戒經）　大二十四―一四七六（佛說優婆塞五戒相經）、大二十四―一五〇三（優婆塞五戒威儀經）

三階佛法（明三階佛法）　敦（S二六八三、P二〇五九）、日本（聖語藏、法隆寺）、矢吹
淨度三昧經　續藏一—八十七—四、敦（北結六十五、昃二、結六十三、霜五十一、S二三〇一、二七五二、五九六〇、四五四六）、牧田二、七寺二（淨度經）
淨土盂蘭盆經　敦（P二一八五）、cf.佛說盂蘭盆經（大十六—六八五）、佛說奉恩奉盆經（大十六—六八六）
妙法蓮華度量天地經　大八十五—一八七二、敦（S一二九八）
最妙初教經　cf.大谷（最妙勝定經）、牧田二
佛名經（一六卷）　七寺三、敦（北、帝六他）
禪門經　佛說禪門經（敦S五五三二、P四六四六、北露九十五、鳥三十三）
目蓮問經　大二十四—一四六八（佛說目蓮所問經）、敦（目蓮經、S四五六四、佛說鬼門目蓮經、S五六一二、P二〇八七）
天地八陽神呪經（貞元錄所載）　續藏一乙—二十三—四、大八十五—一八九七、敦煌本多數、ウイグル、朝鮮、日本（東寺、眞福寺、高山寺、叡山文庫）
善惡因果經（日本靈異記所引）　大八十五—一八八一、敦（中村不折、北玉三十八、盈五十八、辰六十、冬七十九他多數）、ソグド語、チベット語

〈參考〉
地獄經　cf.罪業應報教化地獄經（大十七—七二四）
定行三昧經　cf.定意三昧經（大十—三〇九、最勝問菩薩十住除垢斷結經卷四の抄出）

大阿育王經　cf.阿育王經（大五十―二〇四三）
五無經　cf.五無返復經（大十七―七五一、七五二）
大乘蓮華馬頭羅刹經　大乘蓮華經？　cf.大乘蓮華寶達菩薩問答報應沙門品（敦、南京中央圖書館六十一）
福田報應經　cf.諸德福田經（大十六―六八三）

Ⅰ　道術符禁と所依經典

第一章　『七千佛神符經』と呪符木簡・墨書土器

緒　言

古代日本においては、道士や道觀の存在は確認できず、請來された道教經典の數も限られていることから、道教の體系的な傳來はなかったと考えられる。

だが、道教を構成する諸要素は、さまざまな形で間接的に受容されたようであり、呪符を伴なう方術についても、各地の遺跡から發掘が相次いでいる呪符木簡や墨書土器が、その樣相を具體的に物語る[1]。

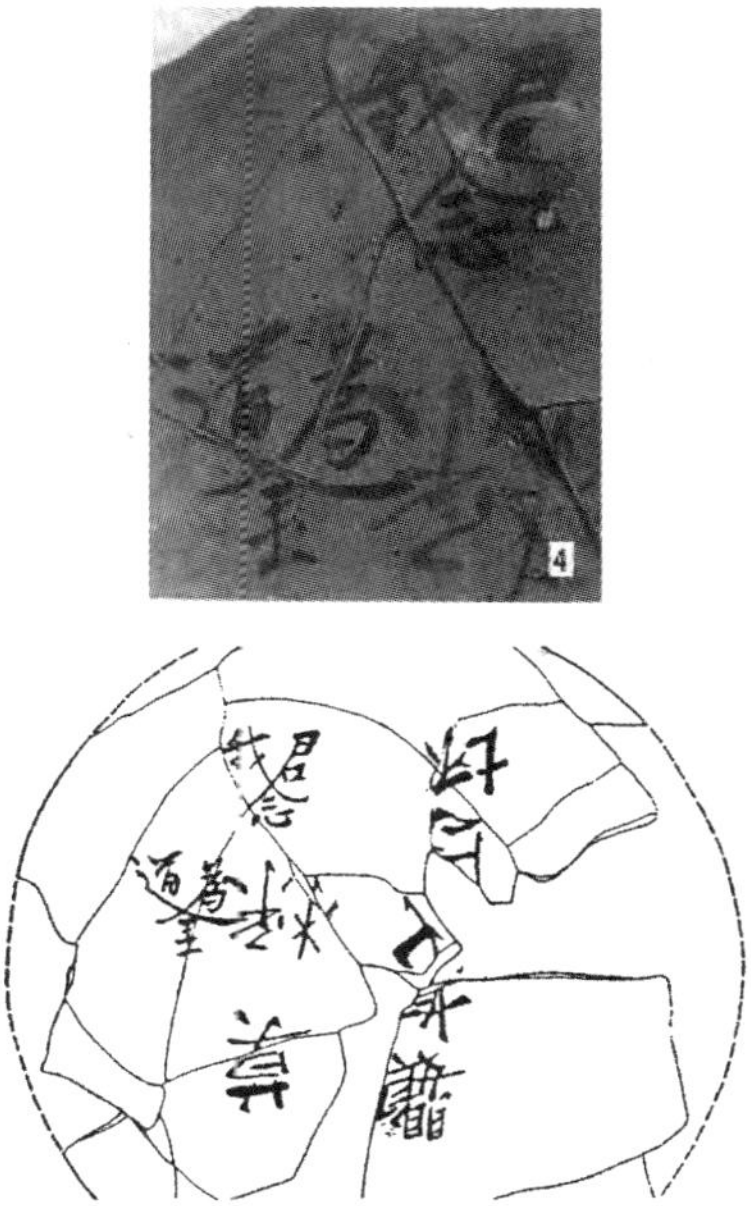

圖1
平城宮出土土師器（奈良文化財研究所）

新たに出土した呪符木簡の概要は、木簡學會の年報『木簡研究』に順次掲載され[2]、墨書土器に關しても、出土數の多い遺跡や地域ごとに、資料の集成が進められつつあるが[3]、これらは、呪術に關わるだけに、記載內容の難解なものが多い。

一九六三年に、平城宮の第二次內裏北方官衙地域東邊部の土壙から出土した土師器の坏の底

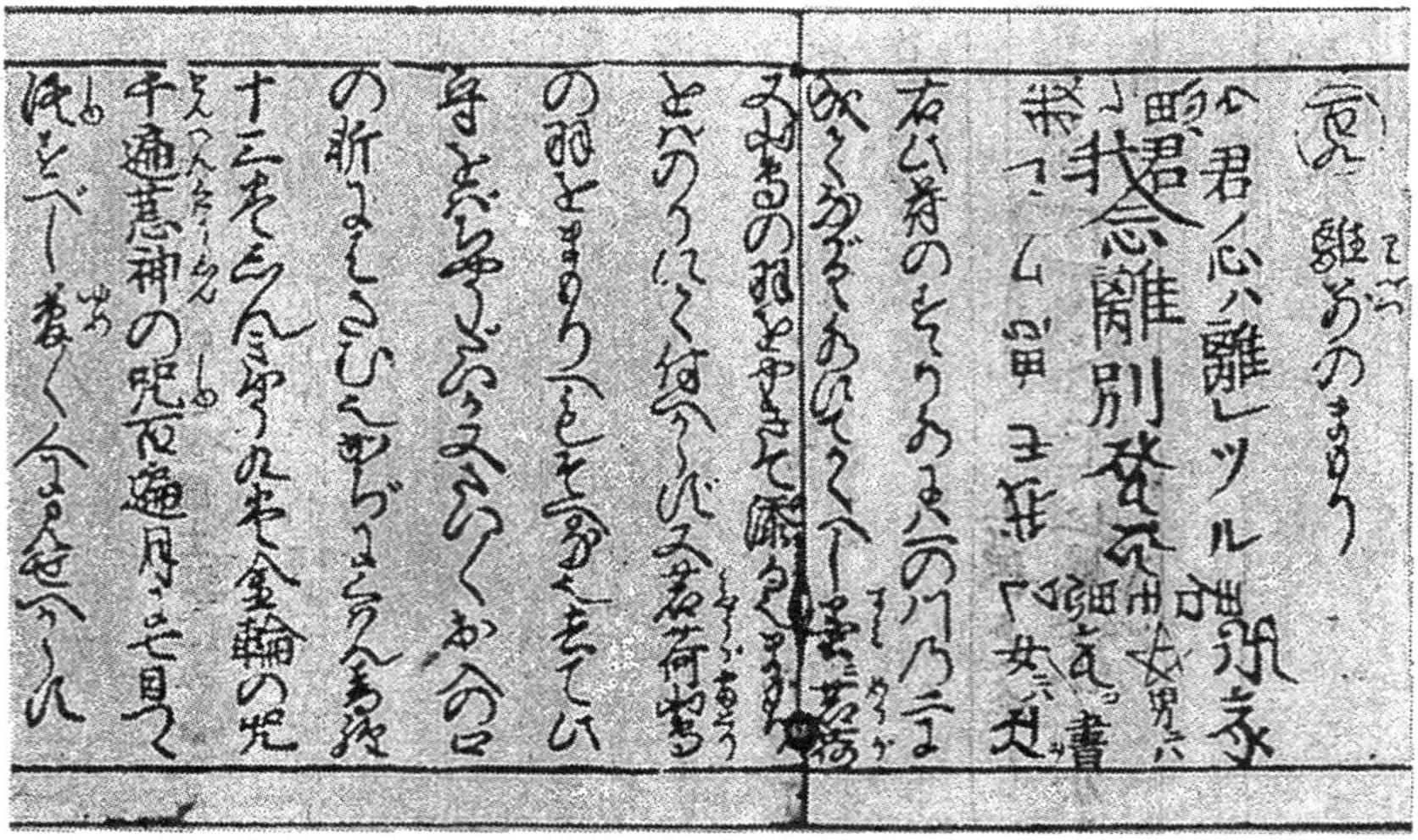

圖２　『呪咀重寶記』〈離別の守り〉（『近世文學資料類従　重寶記集』）

部外面には、「君我念」と「爲道金」の三文字を組み合せた呪句が墨書されていた（圖１）[4]。

藤澤一夫によって、「君我念」が江戸時代の『呪咀重寶記』[5]第一〇九番目に載る〈離別の守り〉（圖２）に契合することが指摘されてからは[6]、主に近世の呪法書類[7]が呪術關係資料の解釋に援用されてきた[8]。

民間の陰陽師や修驗道の山伏たちによって流布した呪法書類は[9]、出土文字資料の大半を占める中世後期から近世にかけてのものを釋讀する上には、きわめて有效だが、古代の用例については、〈離別の守り〉のように、古代的呪法をほぼそのまま踏襲する部分も含むとはいえ、出來るだけ同時代の文獻に基づいて檢討する必要があるだろう。

本章では、日本古代の木簡や墨書土器にみられる符呪について概觀したうえで、それらが依據した可能性のある史料として、『佛說七千佛神符經』もしくは『佛說益算經』を取りあげ、奈良時代に船載、書寫されたことが確實なこの經典の敦煌寫本に基づいて、これが道經『太上老君說長生益算妙經』を拔粹し、部分的に佛教的な改變を加えたものであることを確認することにより、中國撰述の道教的な疑僞經典を通じての、道教思想受容の一面について、試考したいと思う。

一、古代の木簡と墨書土器にみる〈符呪〉

これまでの報告で最も早い時期に屬する呪符木簡としては、七世紀代まで溯るものが數點ある。

○大阪市東住吉區・桑津遺跡

大阪上町臺地の東縁部に位置し、四天王寺とも近い桑津遺跡の、飛鳥時代の掘立柱建物群に附設する井戸から、七世紀前半と考えられる次のような呪符木簡が出土している（圖3）。

・（符呪）文田里　募之乎 道意白加之

・各家客等之

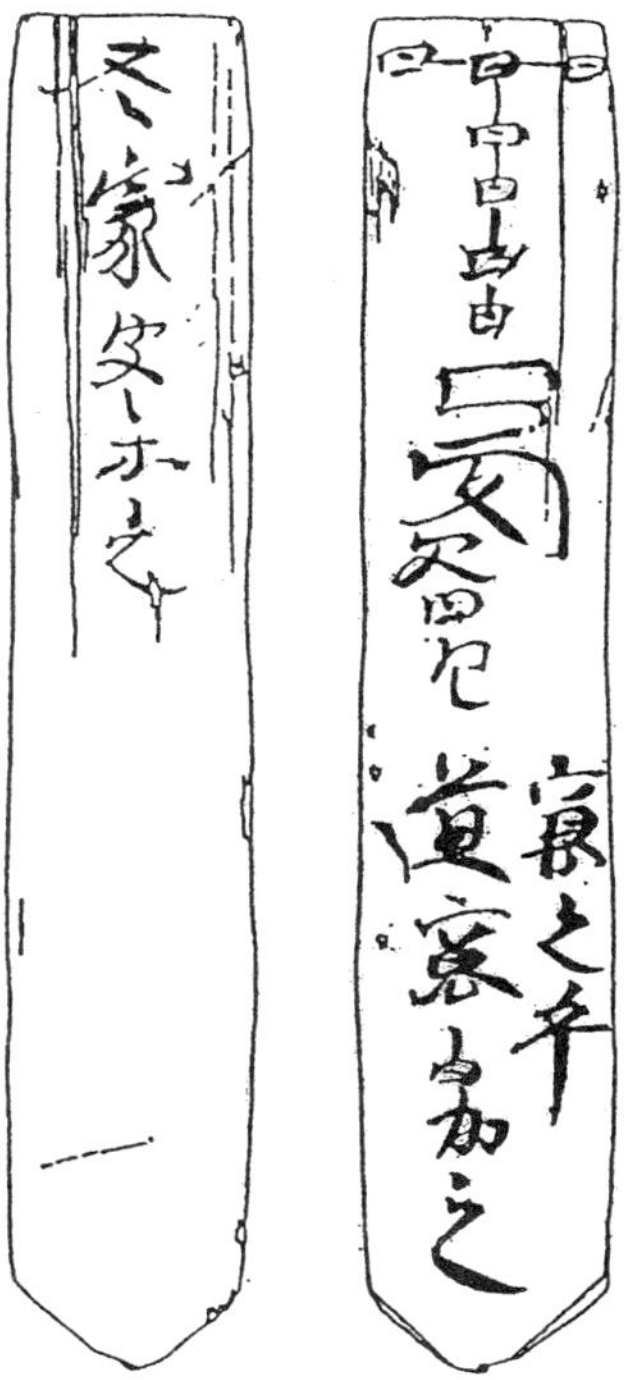

圖3

木簡上部の、「日」字をT字形に結び、「口」と「安」を崩したような字形の部分までが符呪とみられる。他の文字も判讀し難いものが多いが、人名と考えられる「白加」は、『日本書紀』崇峻元年（五八八）是歳條に、百濟から佛舍利が獻上された際、派遣された多くの人々の中の「畫工、白加」と同一であることや(10)、「募之乎」の「之」のような置字が用いられていること、また遺跡に近接して、渡來系氏族の田邊氏の氏寺跡（田邊廢寺）があり、攝津國百濟郡に屬していたことなどから、百濟系の渡來人によって用いられた可能性もある(11)。

○奈良縣橿原市・藤原京右京五條四坊

古代の幹道である下ツ道の東面に位置し、藤原京五條條間小路と下ツ道とが交差する地點の、下ツ道東側溝から出土した七世紀後期の木簡三十七點の中に、次の二點が含まれていた。

・（符呪）　今戌日死人　（第六號）

・（符呪）　鬼急々如律令　（第十一號）

圖 4

前者の第六號木簡は厚みがあり、頭部は圭頭狀ではなく、刀子でやや斜めに整形し、下端部も尖らせていない（圖4）。裏面は樹皮を剝いだままの狀態で、表の上端部中央と「今」字の下に薄く朱が施されている。

後者の第十一號木簡は、上端部がやや圭頭狀に整形され、遺構面に突き刺った狀態で檢出された。符呪は「日」字を四字三行に書き、その下に「尸」「鬼」と續け、「日」を橫に三字、さらに鬼が書かれている[12]。「急々如律令」は、律令に規定されている事項を、詔書で行下する場合に、末尾を「如律令」と結ぶ漢代の法制用語を、後漢末頃から、道士が「呪の威力を速やかに傳えよ」という意味の呪言として轉用したものである[13]。

伴出遺物には、人形、齋串、馬形、鳥形などの木製祭祀具や、祭祀用土器、金屬製人形その他が多數見られ、臨時の大祓や道饗祭のような祭祀との關連が推測されている[14]。

○藤原京・本藥師寺西南隅

本藥師寺金堂跡の西南約百メートルの水田で、寺域の西南隅に比定され、藤原京の八條大路と西三坊大路が交差する位置にあたる。

八條大路の北側溝から出土した、七世紀代に屬する三點の木簡の內、一點に「日」字を線で組合せたような符呪が墨書されていたが、損傷が大きく、判讀は困難である（圖5）[15]。

圖5

○埼玉縣行田市・小敷田遺跡

荒川扇狀地の東側氾濫原の自然堤防地域に形成された、彌生時代中期から平安初期にかけての複合遺跡で、掘立柱建物群附近の二つの土壙から出土した、七世紀末~八世紀初期の木簡十點の中に、次の一點がある（圖6）[16]。

・□　鬼鬼鬼　口口口口口口口口口　□

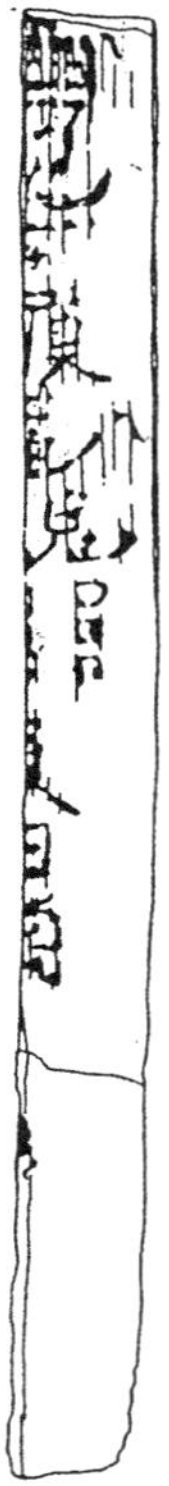

圖6

左半分を缺損しており、判讀し難いが、中央部には「鬼」字が三字、その下に「口」字を三字ずつ三列竝べたもののようで、後述の秋田城跡出土の呪符との類似が指摘されている。また、反對面には「直上疊廿五絞薦八五薦二枚合百廿枚」とあって、疊や薦の枚數を記すことから、最初にこれらの物品の收納か貢進に用いられた後、呪符として二次利用されたことも考えられる[17]。

次に八世紀中期から九世紀にかけての出土例をみたい。

○靜岡縣濱松市・伊場遺跡

繩文中期から鎌倉初期に及ぶ複合遺跡で、奈良~平安時代を通じて機能したらしい大溝から多數の木簡が檢出されており、呪符木簡は二點とも、大溝の奈良時代包含層（第Ⅴ層）から出土している[18]。

・若倭部小刀自女病有依　（六一號）

圖7

・百恠呪符百々恠宣受不解和西恠□亡令疾三神宣□□
宣天罡直符佐□當不佐亡急々如律令

（龍の繪）弓龍神
人山龍
人山龍　急々如律令

・戊戊戊
蛇子ロロロ
弓ヨヨヨ弓　急々如律令

（三九號）

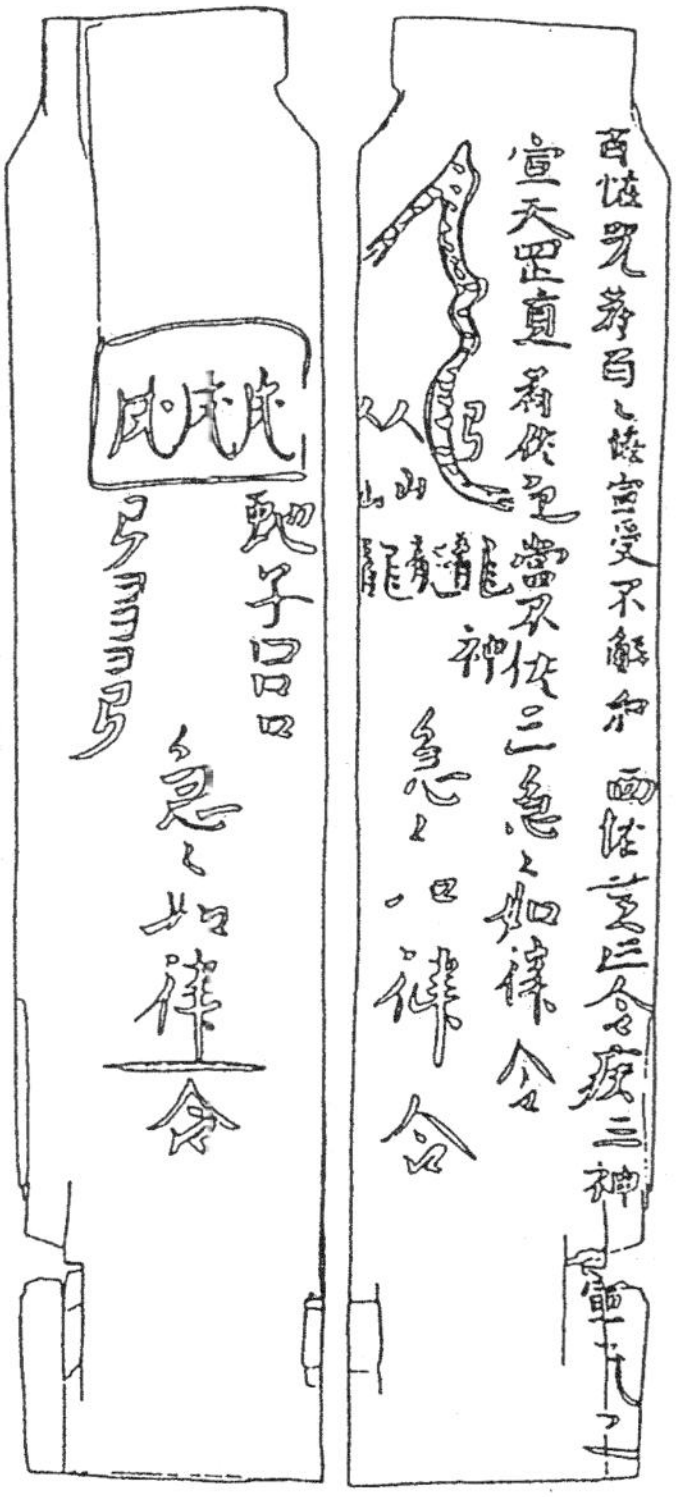

圖8

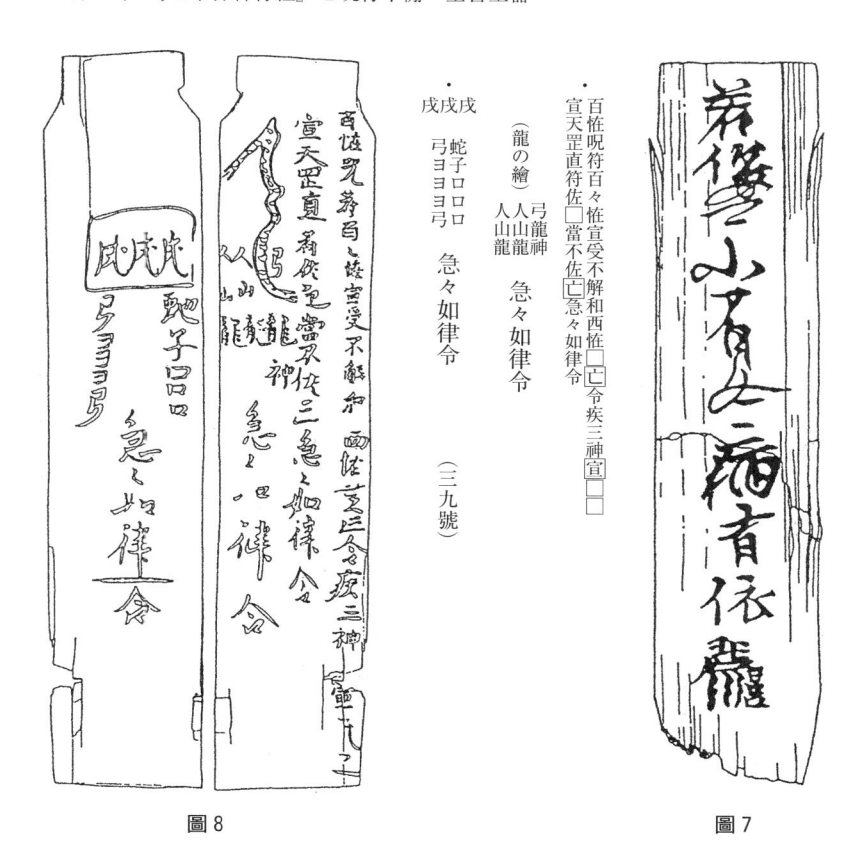

六一號木簡（圖7）の「若倭部」は、一一九名を記載する天平十二年（七四〇）の「遠江國濱名郡輸租帳」[19]には一人もみえないが、伊場木簡では斷簡も加えると二十四例を數える。

三九號木簡（圖8）は、〈百恠呪符〉として著名なもので、[20]「百恠」「戌」「急々如律令」が書かれた例は、後述のように宮城縣多賀城跡出土の呪符にも一例ある。

○石川縣金澤市・戸水大西遺跡

金澤市街西方の大野川と犀川に挾まれた低微高地に位置する、八世紀後半から九世紀にかけての官衙遺跡とみられ、掘立柱建物四十棟、井戸八基を數える他、墨書土器も約三百點にのぼる。九點出土した木簡の内、呪符は次の一點である（圖9）。

・（符呪）　急々如律令

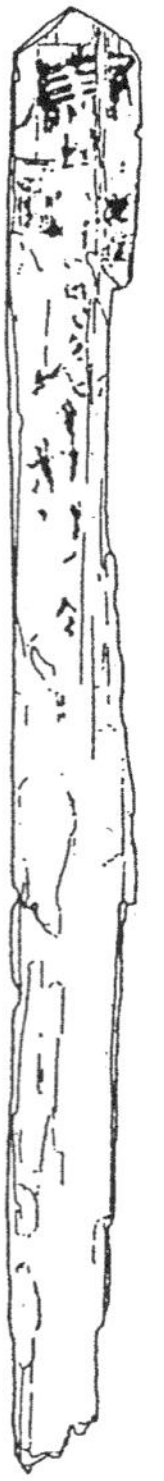

圖9

符呪の部分は判讀しにくいが、冒頭に大きく書かれているのは、「尸」「口」「鬼」の組み合わせか。上部は圭頭で、下部は折損しているが、長さ五十センチを越えると推定される大型の木簡である。[21]

○東京都八王子市・多摩ニュータウン遺跡群

多摩丘陵北邊部の、多摩川支流の大栗川と太田川の合流地點に張り出した河岸段丘上に位置する。多摩川對岸には武藏國府があり、周邊には古墳時代から平安時代にかけての遺跡が集中する地域である。

木簡は四點で、奈良時代後期から平安初期の集落に附隨する水利施設（水場跡）から、二百點餘りの木製品、須惠器とともに出土した。

呪符は兩端を缺損しており、墨書も不鮮明だが、下部の三箇所に鳥の繪が描かれ、兩面に文字が認められる。[22] 上部の符呪は、「日」「月」字を組み合せたものだろうか（圖10）。

圖10

○石川縣松任市・横江莊遺跡

手取川扇狀地の北部扇端附近に位置する横江莊莊家跡近邊の傾斜地から、約二百點の加工木片などと一緒に出土した。木製品の中には人形や刀形も數點含まれている。

横江莊は、桓武皇女で平城皇妃の朝倉内親王が、伊勢齋宮を辭した後の延暦十七年（七九八）頃に、前齋宮賜田として成立したと推定され、弘仁九年（八一八）には、遺言により東大寺に寄進された。[23]

呪符木簡は、伴出土師器の年代から九世紀初頭のものとみられ、表裏に符呪が書かれている（圖11）。

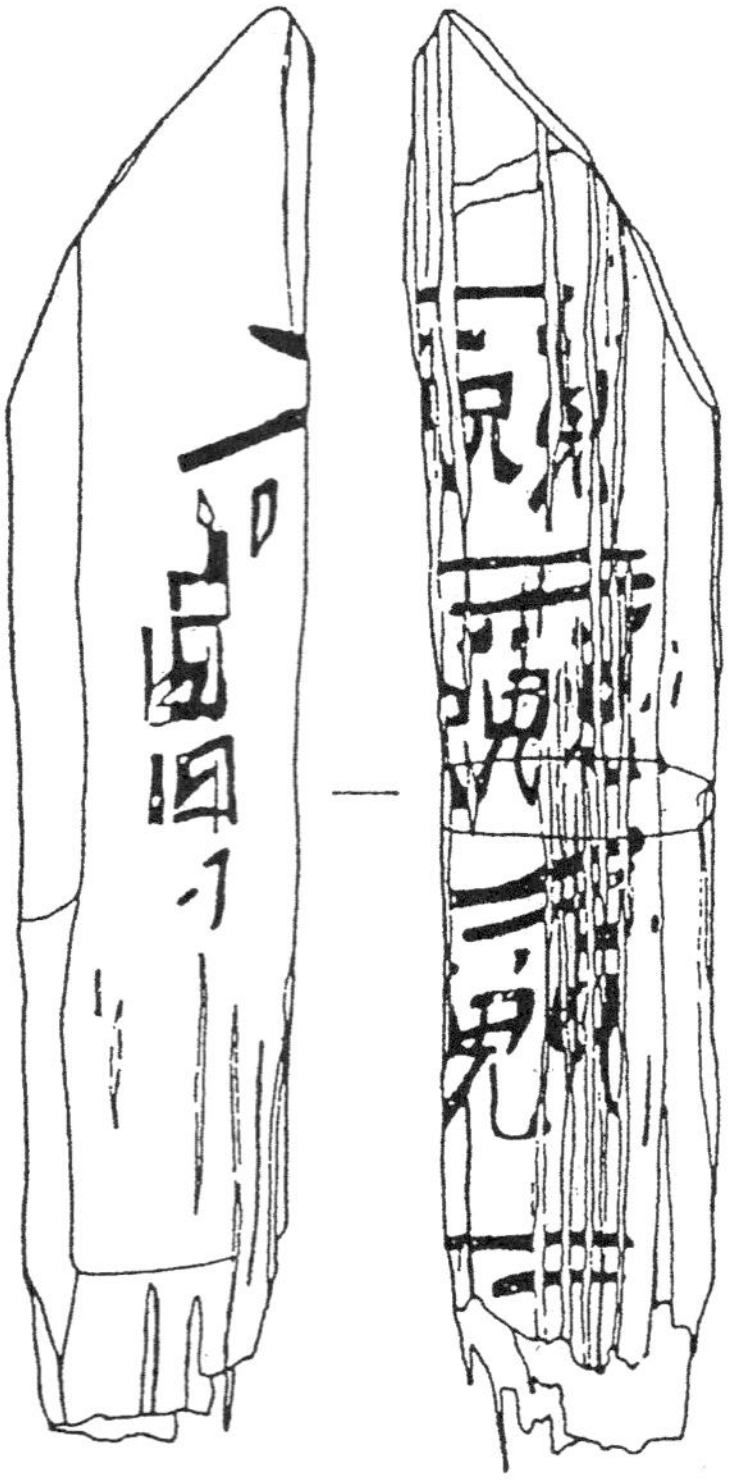

圖11

○秋田市・秋田城跡

秋田城の東外郭線の外に位置する沼澤の西岸附近から、齋串や人形その他さまざまな木製品や、人面墨書土器五點を含む多數の墨書土器とともに出土した、平安中期の木簡六點の内の一つである。

・□□□□加（符呪）□離　嶋如使人

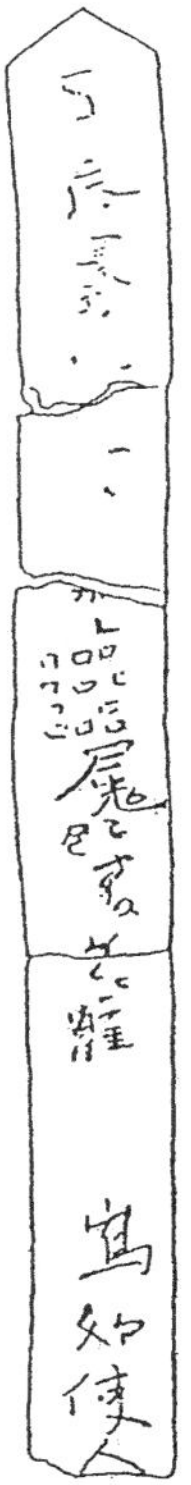

圖12

秋田城の外郭東門の推定地に近く、祭祀關係の遺物がまとまって出土したことから、古代出羽國における呪的祭儀との關連が推測される。(24) 符呪は「口字」を横に三つ、縦に四列連ね、その下に「尸」「鬼」を配したもののようである（圖12）。

○宮城縣・多賀城跡

多賀城南邊築地西半部の南に鄰接した一畫の、砂押川左岸の低地から發掘された。伴出土器の年代から、十一世紀のものと推定される。

・□　百恠平安符未申立符

・□戌□□ 平□ 　奉如實急々如律令

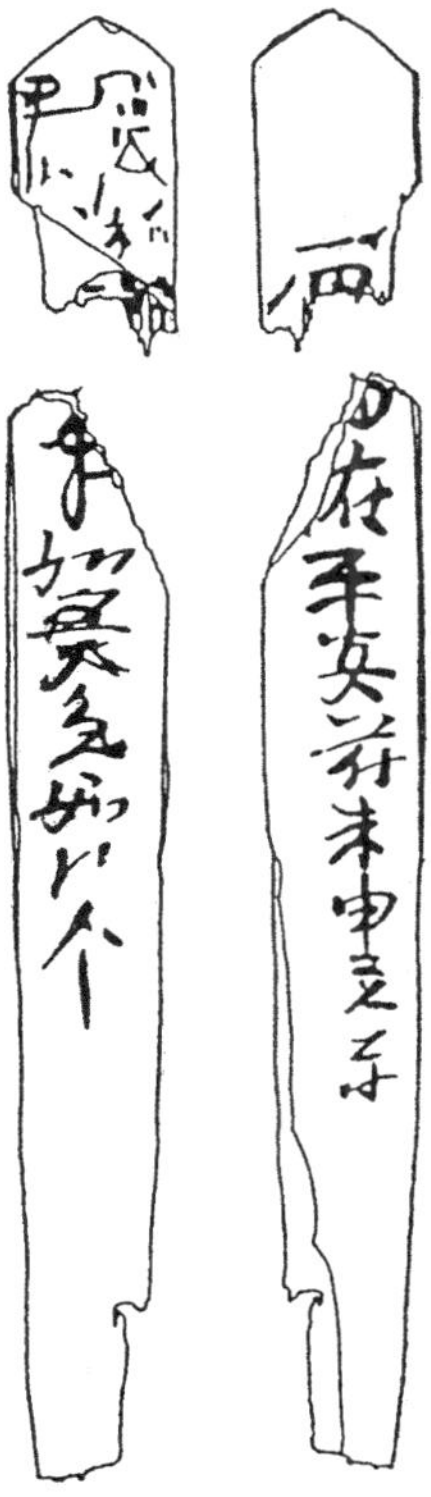

圖13

伊場遺跡の〈百恠呪符〉と同様に「百恠」の句が含まれ、その上には「尸」「鬼」が配されていたか。「未申」の方角に立てるという通り、出土地は多賀城跡の西南（未申）の方角にあたることから、道饗祭、四角四堺祭のような祭祀において用いられたものかも知れない(25)（圖13）。

これらに續く平安後期、十二世紀前後に書かれた呪符木簡は、

兵庫縣出石町・袴座遺跡(26)（兵庫縣豐岡市出石町）
京都市伏見區・鳥羽離宮遺跡(27)
滋賀縣大津市・東光寺遺跡(28)
神戸市東灘區・森北町遺跡(29)
長野縣長野市・石川條里遺跡(30)
福岡縣豐津町・豐前國府跡(31)（福岡縣京都郡みやこ町）
岩手縣平泉町・柳之御所跡(32)
山形縣八幡町・堂の前遺跡(33)（山形縣酒田市）

から出土している。

また、奈良縣大和郡山市の平城京右京八條一坊十一坪にあたる區域の井戸から出土した土師器には、蓋の內外兩面に（圖14）のような符呪が墨書されていた。

この地區では中世に大規模な土取りが行なわれたため、遺構の大半が損壞していたが、小規模な掘立柱の建物に附設された井戸からは、漆の詰った須恵器甕や曲物容器、漆をのばすのに用いた土師皿などが出土し、坪の東邊を流れる西一坊坊間大路の西側溝からも、平城京の廢絶に際して投棄されたとみられる漆容器が大量に出土しているので、この建物は漆器工房であった可能性もある。

大路の西側溝は、道路側溝としては破格の規模で、遺跡の西約四百メートルの位置に平城京西市があったことから、東堀河と同樣に、市から平城宮內に諸物資を運搬する運河として機能したことが推定されている。この側溝からは、人形をはじめとする木製品や、人面墨書土器、竈型、鏡や鈴などの祭祀關係遺物が大量に出土しており、平城京にお

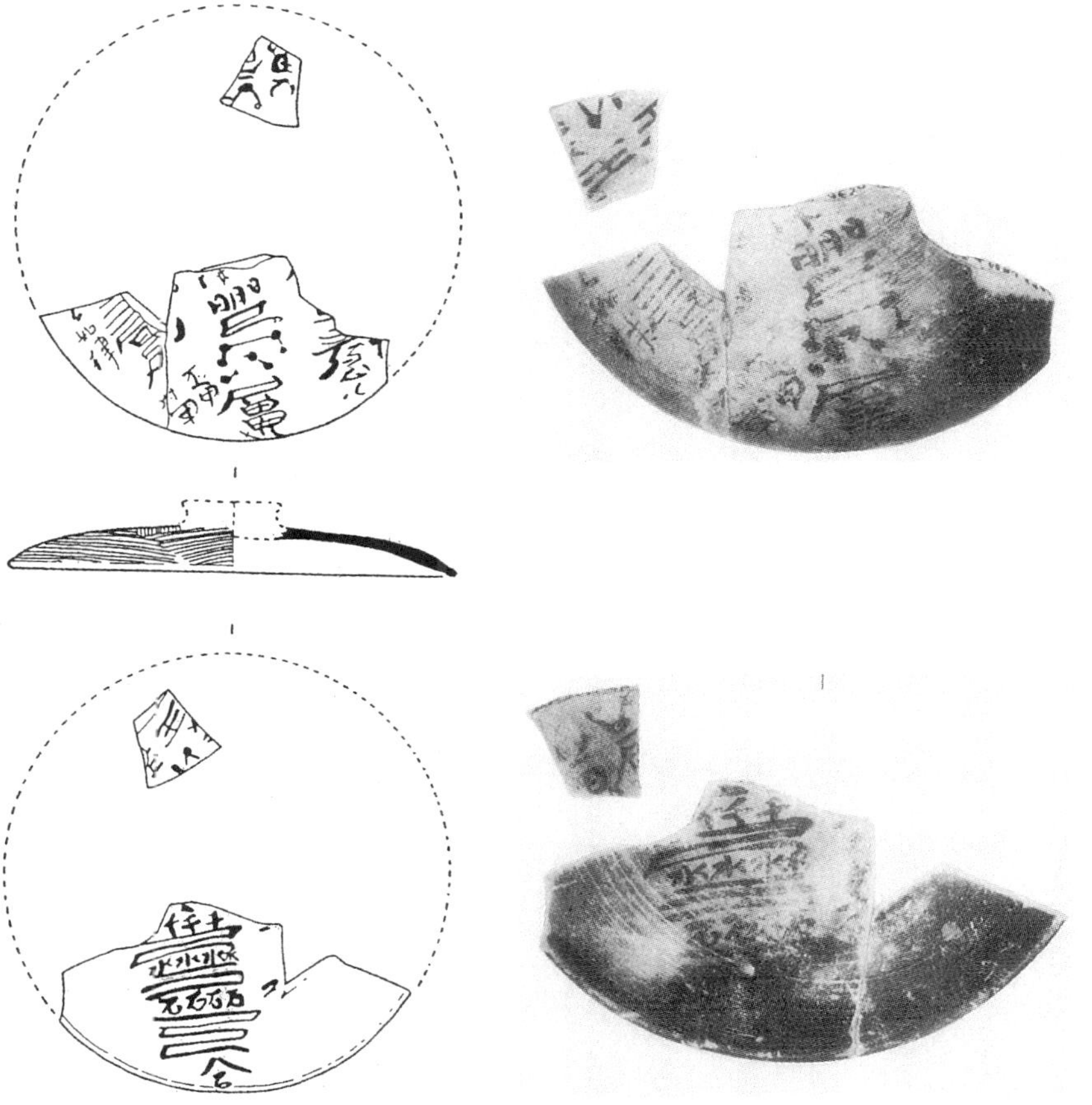

圖14　平城京右京八條一坊出土土師器（奈良文化財研究所）

ける祓所の一つでもあったようだ。[34]

このような呪符木簡や墨書土器の符呪に關する文獻史料として、和田萃は『抱朴子』十七、登涉篇の〈入山符〉と呼ばれる護身符と、『道藏』所收の神符類の中から、洞眞部の『太上老君混元三部符』三卷に注目し、後者には二四〇點餘りの〈百怪符〉が載ることや、呪句「急々如律令」が隨處に用いられていることなどを指摘し、中國道教における呪符の系譜に連なるものと位置附けた。[35][36]

四世紀初期に葛洪が撰述した『抱朴子』は、天平五年（七三三）に晩年の山上憶良がまとめた「沈痾自哀文」（『萬葉集』卷五）に引用されており、奈良時代前期までには日本に請來されたことが確實だが、道教經典の傳來については、ほとんど記録が殘らず、不明な點が多い。藤原佐世撰『日本國見在書目錄』によれば、九世紀末期頃までに舶載された道經としては、『老子』關係の注疏類二十五種、『莊子』『列子』とその注疏類を別にすると、『本際經』『靈寶經』など十種類ほどにすぎず、同書、五行家の冒頭に呪禁符印關係書として載る、[37][38]

三甲神符經　一卷

が、あるいは『道藏』所收の神符類と何らかの關連をもつかも知れない。

また、前述の平城京右京八條一坊十一坪の發掘調査にあたった鬼頭清明は、その報告書の中で、符呪を墨書した土師器と同時代の關連史料として、敦煌寫本、スタイン本（以下、Sと略記）五七七五號と、ペリオ本（以下、Pと略記）二一五三號に言及している。[39]

S五七七五號は、松本榮一『燉煌畫の研究』圖像篇にも、〈呪符圖卷〉という假題で紹介されているように、表裏に人面や虎豹を交えた符呪が二十種類ほど記され、呪言や符の用い方なども竝記した斷簡である。[40]

P二一五三號も首部を缺くが、後半に十七種類の符印を擧げて、それぞれに説明を付す。符印には「世尊」「觀世音」「三昧」「釋迦牟尼」などの佛教語が散見し、王重民編『敦煌遺書總目索引』は「殘佛書」としたが、[41] 黄永武主編『敦煌遺書最新目錄』では、『觀世音菩薩如意輪陀羅尼』とする。[42] この寫本の末尾には別行法があり、その最後に附載された「七千佛名神符」については後述する。

次いで東野治之は、日本古代の呪符の源流の一例として、スタインが敦煌から請來した呪符木簡[43]に言及した後、松本、鬼頭兩氏が言及した以外の關連史料として、P二七二三號、同三三五八號と、『醫心方』所引の『產經』『黄帝蝦蟇經』に載る符呪などを紹介した。[44]

この内、P二七二三號については、王重民が「殘佛經（有符）」としたのに基づいてか、[45] 本文中では「佚名書」とし、圖版の説明では「道書殘卷」とするが、これは、後述するようにP二一五三號末尾の「七千佛名神符」と同樣、『佛説七千佛神符經』もしくは『佛説益算經』と題する疑僞經典の斷簡である。[46]

また、P三三五八號は『護宅神曆卷』と題され、諸種の符呪を書き連ねたものであるが、東野も指摘したように、前述のS五七七五號と同一の符呪がいくつか散見するので、同類のものと思われる。

『醫心方』所引の『產經』は、『隋書經籍志』五行ならびに、『日本國見在書目錄』醫方家に著錄され、[47]『黄帝蝦蟇經』は、正倉院文書や『日本國見在書目錄』には見えないが、『隋書經籍志』醫方に、『黄帝明堂蝦蟆忌』と『明堂蝦蟆圖』が載り、『開元釋教錄』卷十八には『蝦蟇經靑呱品』一卷も著錄されているから、[48] 奈良時代には傳來していた可能性もあるだろう。だが、主に典藥寮の醫家たちが用いたこれらの醫方書所收の符には、「呑レ之。」と注記されているものが多く、木簡ではなく紙片に朱書したと考えられるので、各地の遺跡から出土する呪符木簡の典據としては、やはりP二一五三號のような道教的な經典類を想定する方が良いと思われる。

二、敦煌本『佛説七千佛神符經』『佛説益算經』とその傳來

第一節で言及したように、Ｐ二一五三號の末尾に附載の「七千佛名神符」と同じ符呪は、Ｐ二七二三號にも見える（圖15・16）。これは首部を缺き、尾題も無いが、次の三本も同一經典の寫本である。

(1)　Ｓ二七〇八號、卷首缺、尾題『佛説七千佛神符經』（圖17）。

(2)　Ｐ三〇二二號、卷尾一部缺、首題『佛説七千佛神符經』（圖18）。

(3)　Ｐ二五五八號、卷首一部缺、尾題『佛説七千佛神符益算經』一卷（圖19）。

(1)は矢吹慶輝によって『鳴沙餘韻』に影印版が收錄され、『大正藏』八十五卷、一四四六頁に翻刻されているが、(49)卷首の缺失部、約十行分餘りは、(2)によって復原することができる（圖18・19）。

(3)は經名が(1)(2)とはやや異なるうえ、續けて『佛説益算經』と題する一本が連寫されている。この『佛説益算經』は、末尾の十七種の符呪を缺くだけで、本文は『佛説七千佛神符經』と同一であって、末尾に〈神符〉を附さないものが『佛説益算經』とよばれたと考えられる（圖19）。

この經典の經錄上における初見は、則天武后の天册萬歲元年（六九五）に、明佺らが撰集した『大周刊定衆經目錄』である。卷十五の疑經目錄に著錄する計二三八部四一九卷の中に、

佛説益算經　一卷
佛説七佛神符經　一卷
佛説益算神符經　一卷

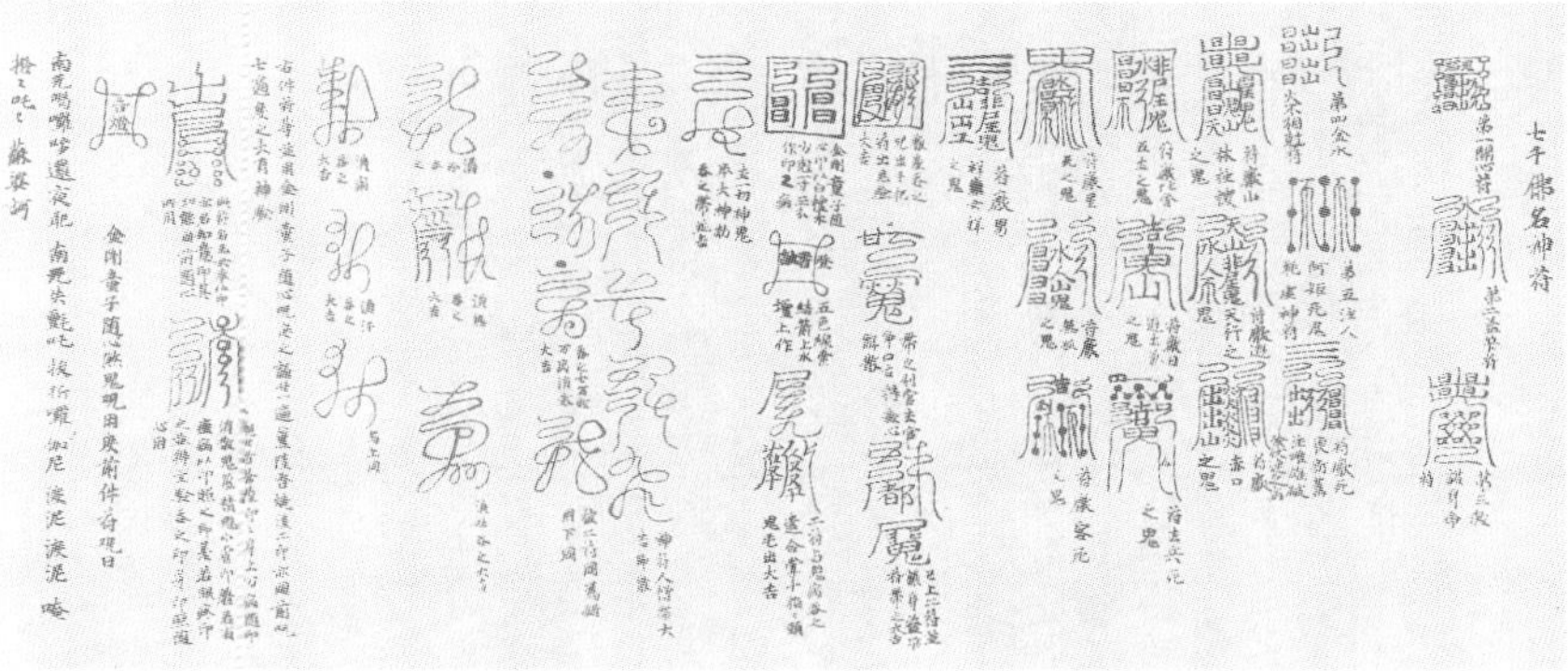

圖15　P 2153號卷尾（フィルム：公益財團法人東洋文庫所藏、以下同）

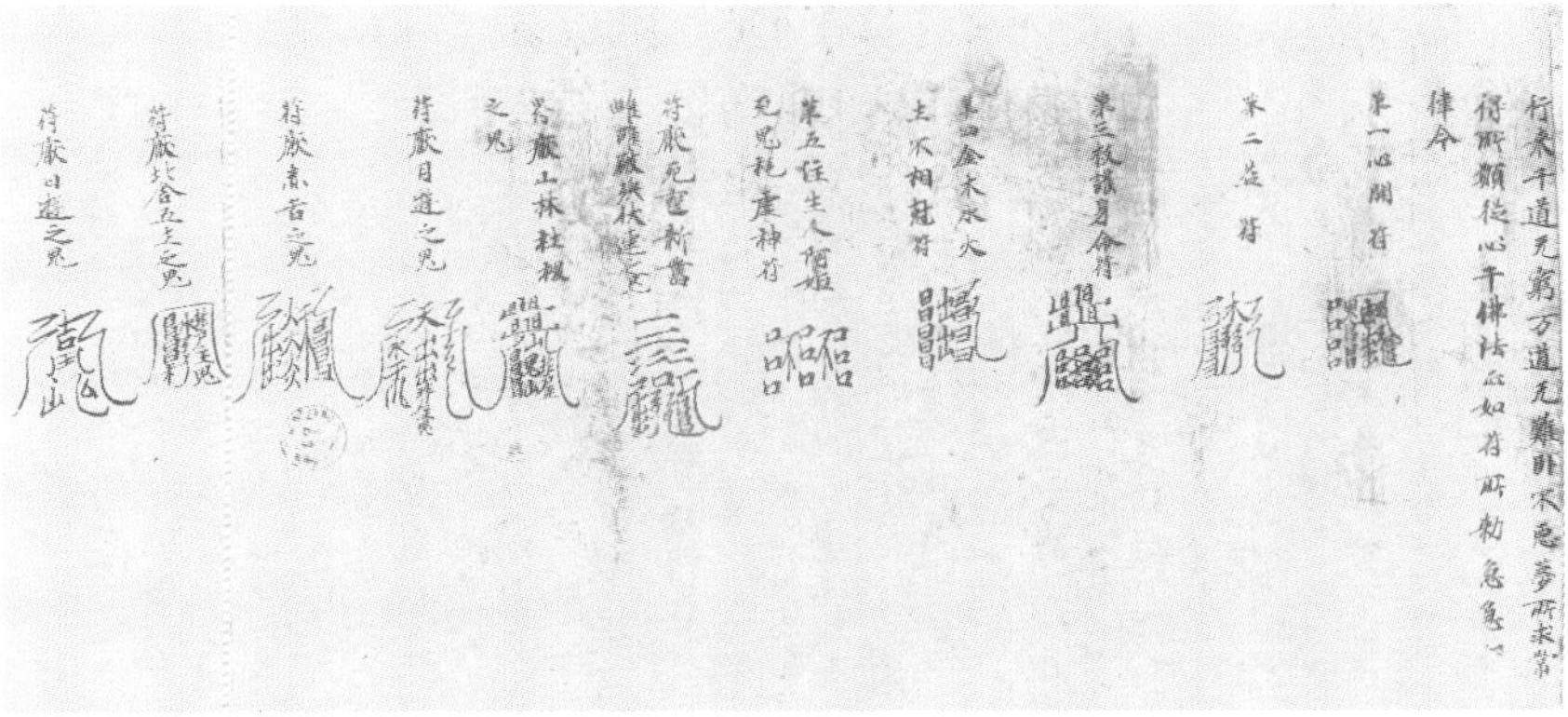

圖16　P 2723號卷尾

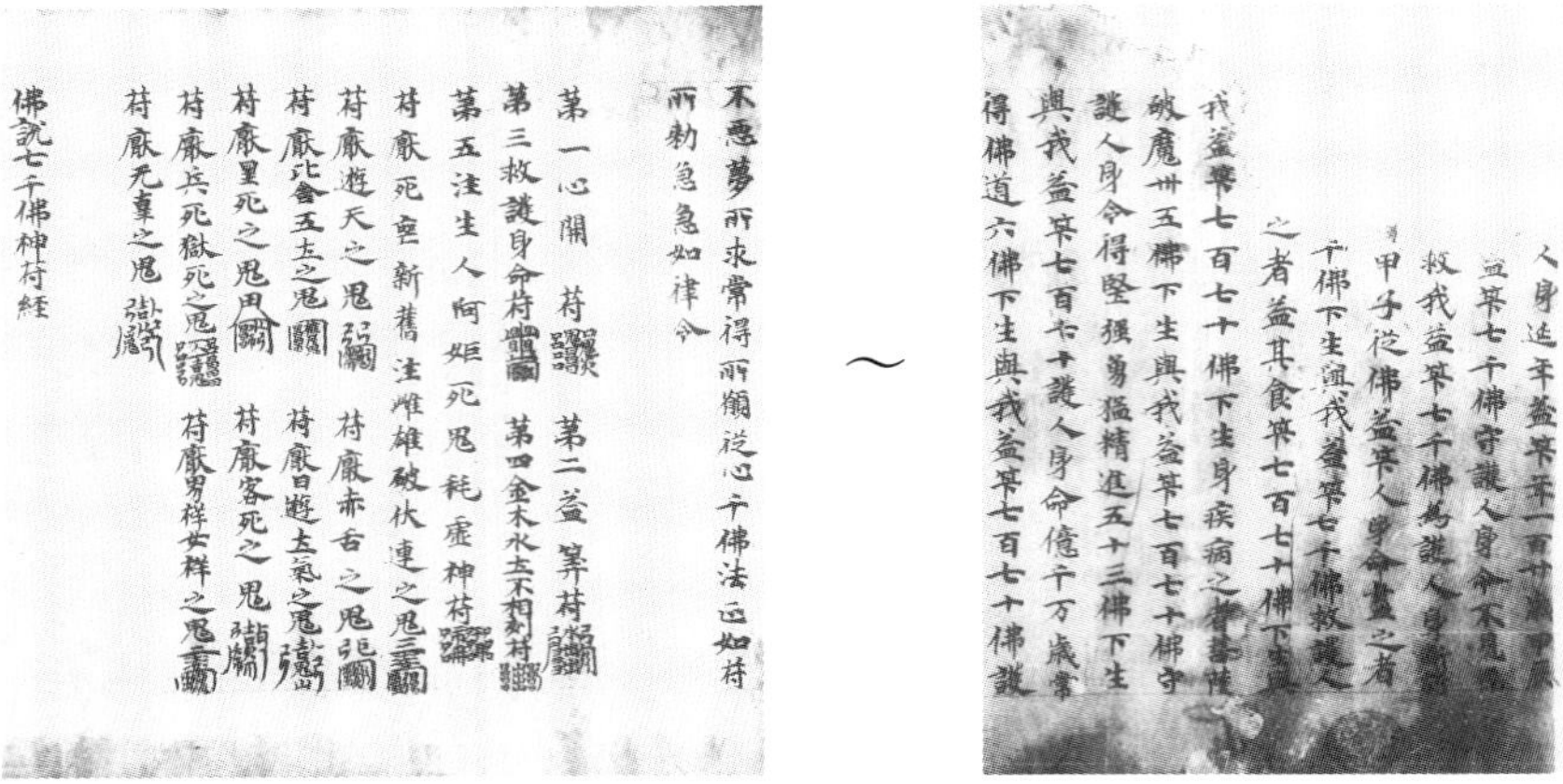

圖17　S 2708號首部、卷尾

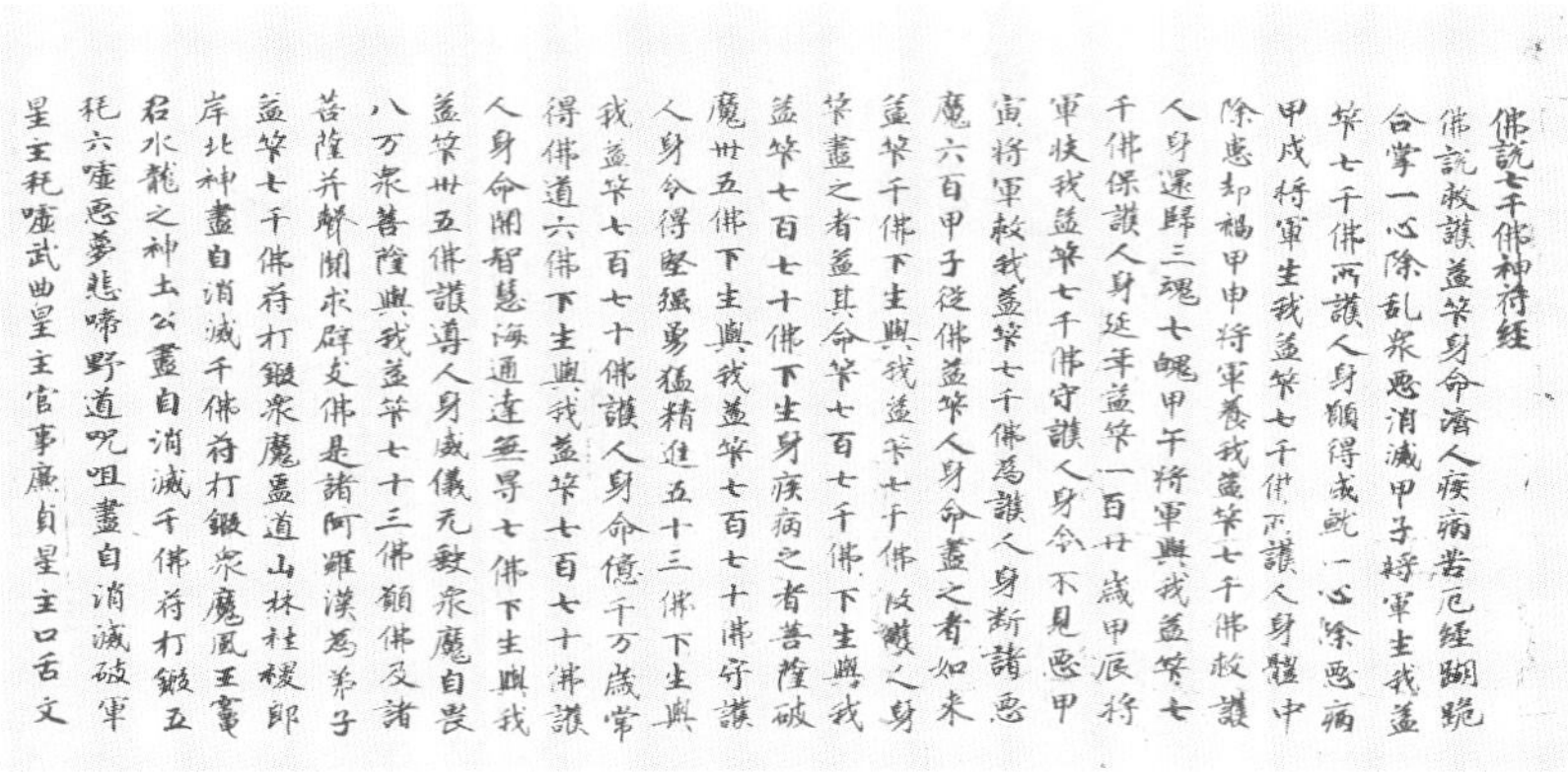

圖18　P 3022號卷首

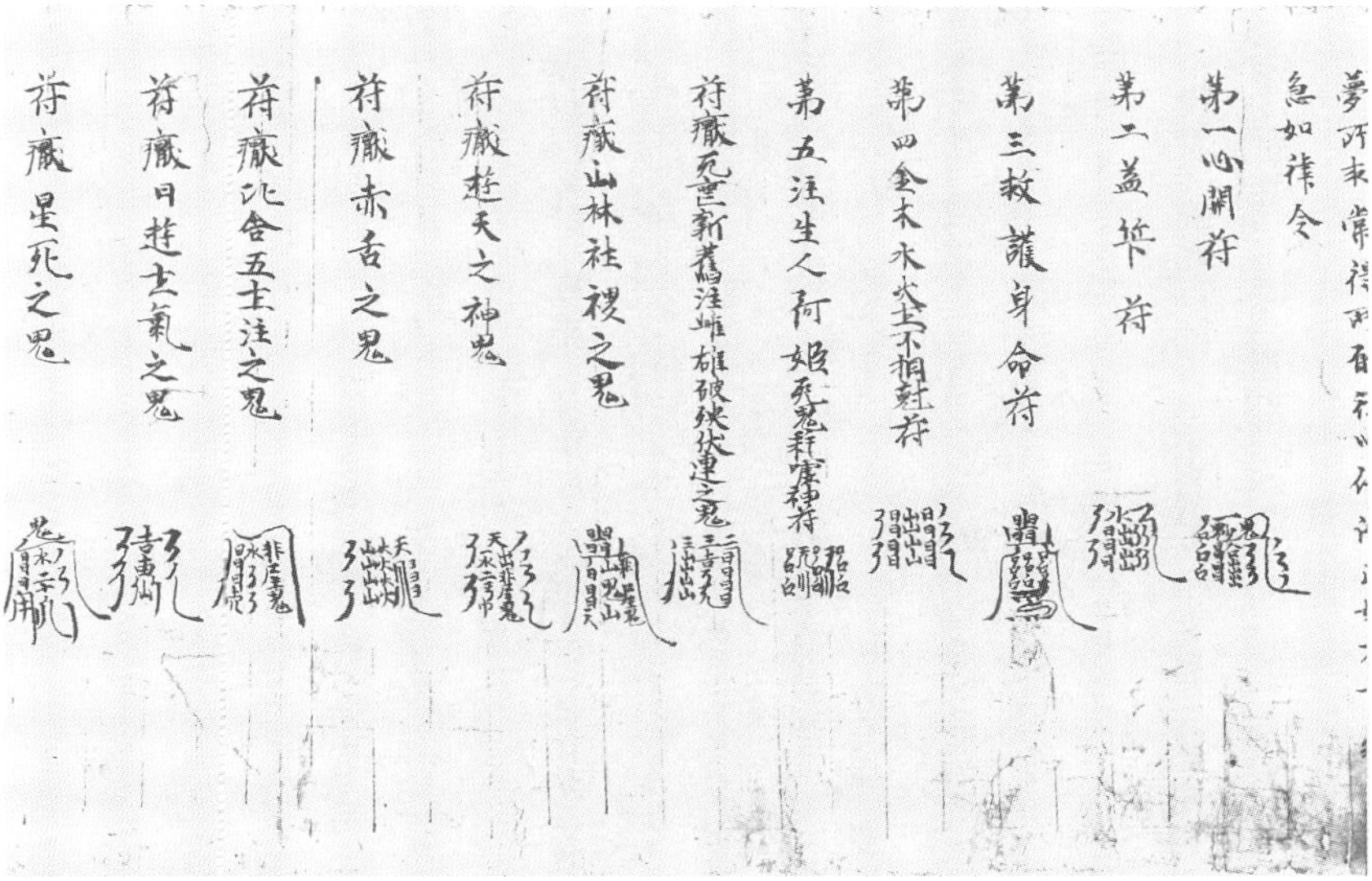

夢所求常得所自

急如律令

第一心開符

第二益算符

第三救護身命符

第四金木水火土不相尅符

第五注生人阿娘産死鬼耕害神符

符厭死亡新舊注雌雄破殃伏連之鬼

符厭山林社稷之鬼

符厭遊天之神鬼

符厭赤舌之鬼

符厭化合五土注之鬼

符厭日遊土氣之鬼

符厭星死之鬼

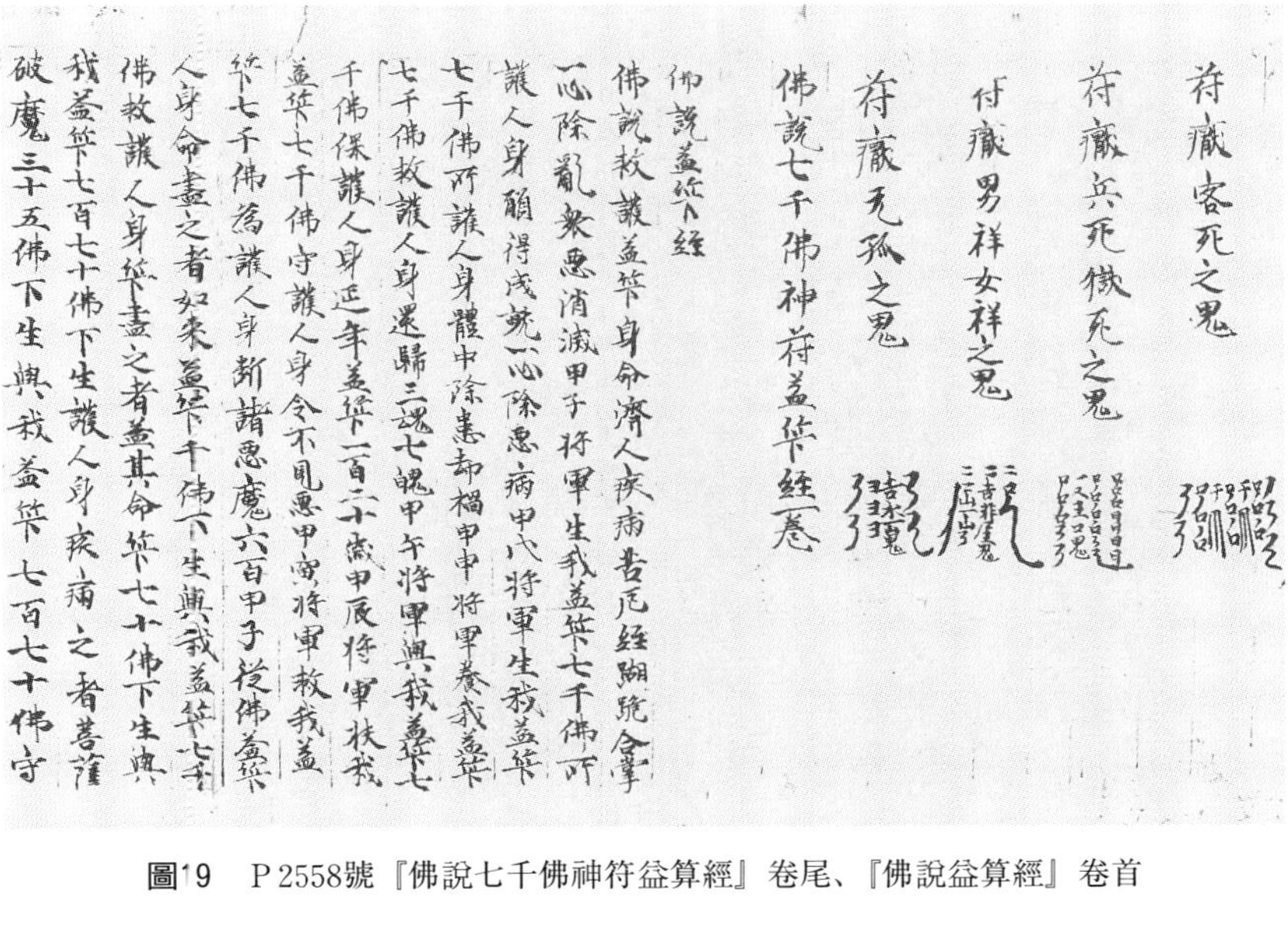

符厭客死之鬼

符厭兵死獄死之鬼

付厭男祥女祥之鬼

符厭无孤之鬼

佛說七千佛神符益算經一卷

佛說益算經

佛說救護益算身命濟人疾病菩尼經謝號合掌

一心除亂衆惡消滅甲子将軍生我益算七千佛所

護人身願得成就一心除患病甲戌将軍生我益算

七千佛所護人身體中除患刼禍甲申将軍養我益算

七千佛救護人身還歸三魂七魄甲午将軍興我益算七

千佛保護人身延年益算一百二十歲甲辰将軍扶我

益算七千佛守護人身令不見悪甲寅将軍救我益

算七千佛為護人身斬諸悪魔六百甲子從佛益算

人身命盡之者如來益算千佛下生興我益算七千

佛救護人身算盡之者益其命算七十佛下生興

我益算七百七十佛下生護人身疾病之者菩薩

破魔三十五佛下生興我益算七百七十佛守

圖19　P2558號『佛說七千佛神符益算經』卷尾、『佛說益算經』卷首

の三部を擧げているが、[50] 開元十八年（七三〇）に智昇が撰録した『開元釋教録』巻十八の疑妄亂眞録では、三九二部一〇五五巻にのぼる疑僞經典を列擧し、「益算經　一巻」については、

亦云、七佛神符經。亦云、盜（益）算神符經。大周爲（僞）録、分爲三經者誤也。

と注記しているように、[51]『大周録』の三經は、同一經典と見做してよいだろう。兩目録とも『七佛神符經』と記すが、敦煌寫本によれば『七千佛神符經』であり、これが『益算經』と同本であることは、P二五五八號によっても明らかである。

この經典は、『大周録』以前の『靜泰録』や『大唐内典録』などにはみえないので、七世紀後期頃に成立したものと思われるが、程なく日本にも請來されたようである。

正倉院文書に残る寫經關係の記録によれば、天平二十年（七四八）八月四日の「經律奉請帳」に、

益算經　一巻

とあり、[52] 寶龜五年（七七四）十月十七日に類收の「雜經目録」に、

益算經　一複壽延經

とある他、[53] 天平十年（七三八）の「經巻納櫃帳」にみえる、[54]

神符經　一巻　縹紙　紫表　綺緒　朱軸　金銀交字

ならびに、天平勝寶三年（七五一）八月三日に造東大寺司から出された「借奉請經疏目録」に、

佛說神符經　一巻　紺紙金銀字赤紫綾表黒縁綾裏綺帶□

とあるのも、[55] 同様に考えてよいだろう。

この『神符經』には、贅を盡した裝潢が施され、殊に珍重された様子が窺える。

『壽延經』と連寫されたものもあるように、(56)この經典の主旨は、多數の佛神とその神符による延年益壽を說く點にある。

經文は、「佛說救護益算身命濟人疾病苦厄經、踋跪合掌、一心除亂、衆惡消滅」と始まるが、冒頭の經名から「益算」を除いた、傍點○の部分は、『救護身命經』のことである。『護身經』ともいうこの經典は、七佛と二十五菩薩の功德による、惡魔や蠱道からの救濟を說くもので、六朝末期頃の成立と考えられ、敦煌をはじめ、朝鮮や日本にも廣く流布した。(57)

冒頭の章句は、ほぼ同時期に『救疾經』や『呪魅(媚)經』その他、類似の疑僞經典が相次いで成立するなかで、(58)『救護身命經』とも關連しながら、この經典が撰述されたことを示唆する。

續いて「①甲子將軍、生我益算。七千佛所護人身、②願得成就、一心除惡病」とあるが、以下、傍線①の「將軍」の干支は六甲とし、②の功德の內容も、「甲戌—體中除惡、却禍」「甲申—還歸三魂七魄」「甲午—延年益算、年一百二十歲」「甲辰—令不見惡」「甲寅—斷諸惡魔」というように相關させながら敍述してゆく。

次に「七百七十佛」による諸功德が、同樣の形式で述べられ、「七千佛符打鍛、衆魔轟道、山林社稷、郎岸北神、盡自消滅」以下では、「七千佛」が打鍛する衆邪を列記する。

さらに「破軍星」以下の北斗七星による消災延命について記し、呪言「急々如律令」を唱えた後、「第一、心開符」から「第五、注生人阿姫死鬼耗嘘神符」までの五種の符名を擧げ、「所生之注、一切惡物、見符散滅、急々如律令」と結ぶ。ここまでが前段である。

「將軍在子」以下の後段では、前段とほぼ同樣の文言によって、「七千佛符」を身に佩帶して祈願することで、諸災厄の攘去と延年益壽がもたらされることを繰り返し强調し、最後に「第一、心開符」以下、十六種類の符呪を記す。

前章に例示した符呪の中でも、とくに圖14の平城京八條一坊十一坪出土の墨書土器の場合は、「日」「月」「尸」「鬼」「千」「水」などを組み合せた符呪の他、北斗七星の圖形や、

□申
□（大カ）將軍

あるいは「急々如律令」などの文字も記されており、この經文の內容にかなり近い要素が看取される。

三、『太上老君說長生益算妙經』との關係

次に問題となるのは、道教經典との關連である。經名と神符を主な手がかりにして『道藏』にあたったところ、ほぼその原據になったと考えられる道經を見出すことができた。洞神部本文類所收の『太上老君說長生益算妙經』一卷がそれである。[59]

兩經を比較すると、後揭の對照表上段『太上老君說長生益算妙經』の傍線部が、『七千佛神符經』に對應する箇處であるが、「萬二千道」「太上神符」「六甲神符」などの呼稱を、佛教的な「七千佛」「七千佛符」に置き換えただけで、ほぼ全文が『太上老君說長生益算妙經』からの拔粹によって構成されていることは明らかだろう。ただ、末尾の神符は、名稱が同一のものや若干異なるもの、全く別のものもあるが、符形は全て異っている。（章末の對照表參照）『道藏』には、もう一種、內容と經名の類似する『太上老君說益算神符妙經』も載るが、[60]これは主に北斗七星符による消災延命を說く。

『抱朴子』十九、遐覽篇に列擧された多數の道經の中には、『厭禍經』『收山鬼老魅治邪精經』『斷虎狼禁山林記』

『召百里蟲蛇記』等とともに、

　『立功益算經』一巻

があり、續く諸符の中にも、「延命神符」「消災符」「治百病符」「厭怪符」などの他、

　「六甲通靈符」十巻

も見える。

『太上老君說長生益算妙經』は、おそらくこうした『立功益算經』や「六甲通靈符」などの系譜を引くものと思われるが、それを佛教側が攝取し、若干の改變を加えたものが、『佛說七千佛神符經』もしくは『佛說益算經』に他ならないのである。

結語

日本に請來されたことが確實な道教經典の數はさほど多くはないが、今回取り上げた『佛說七千佛神符經』もしくは『佛說益算經』のような、中國撰述の道教的な疑僞經典は多數傳來し、書寫や讀誦が廣く行なわれた。

近年、出土例がふえつつある呪符木簡や墨書土器は、そうした疑僞經典類を通じての道教思想の受容を、具體的に物語るものといえよう。

ちなみに、朝鮮で流布した『佛說廣本太歲經』[61]には、諸種の疑僞經典が收載されているが、その中の『度厄經』は、經題は『太上靈寶天尊說禳災度厄經』に據りながら、經文は、この『佛說益算經』をさらに節略したものと考えられる。[62]

とくに道佛二教が統制された李朝時代の朝鮮においても、こうした道教的な疑僞經典が、寺院のほか、經巫などと呼ばれる民間の宗教者たちによって傳承されてきた問題と併せ考える必要があるだろう。(63)

注

（1）關係文獻については、和田萃「呪符木簡の系譜」（『木簡研究』四號、一九八二年、『日本古代の儀禮と祭祀・信仰』中卷、一九九五年、塙書房）、拙稿「〈天罡〉呪符の成立」（『陰陽道叢書』四、一九九三年、名著出版、佐野賢治編『星の信仰』一九九四年、渓水社、本書第二章參照）ならびに、坂出祥伸「道教の呪符について」（『關西大學　文學論集』四十二卷三號、一九九三年）參照。

（2）一九九五年十一月で十七號を數える。

（3）近年までの成果と主要文獻については、『季刊考古學』十八號、特集〈考古學と出土文字〉（一九八七年、雄山閣）、『古代文化』四十一卷十二號、特集〈日本古代の文字資料〉（一九八九年、古代學協會）、『月刊文化財』三六二號、特集〈墨書土器の世界〉（一九九三年、第一法規）等參照。

（4）「平城宮發掘調査報告　Ⅶ」（『奈良國立文化財研究所學報』第二十六册、一九七五年）、『平城宮出土墨書土器集成　Ⅰ』（一九八三年、奈良國立文化財研究所）。

（5）元祿十二年（一六九九）初刊。近世文學書誌研究會編『近世文學資料類從　重寶記集』（一九七九年、勉誠社）所收。

（6）藤澤一夫「古代の呪咀とその遺物」（『帝塚山考古學』一、一九六八年、帝塚山大學考古學研究室）。なお、水野正好「想靑籬記　初叢」（『文化財學報』三、一九八四年、奈良大學）には、同じ坏の墨書「鸎鵡鳥」に關する考證がある。

（7）〈離別の守り〉は、『呪咀重寶記』に先行する『邪兇呪禁法則』（貞享元年（一六八四）初刊、前掲注（5）所收）にも見える（和田萃、前掲注（1））。また、その他の類似の呪法書には、『呪咀祕傳書（諸祕符）』（慶長四年（一五九九）書寫、國立國會圖書館新城新藏文庫）。

『まじない祕傳』〔慶長十六年（一六一一）書寫、國立國會圖書館〕。
『呪咀早合點』〔東北大學附屬圖書館狩野亨吉文庫〕。
『まじなひ傳』〔同前〕。
『呪咀之聞書』〔西尾市立圖書館岩瀬文庫、無窮會圖書館神習文庫〕。
『まじない三百箇條』〔東洋大學圖書館哲學堂文庫〕。
『永代大雜書萬暦大成』〔天保十三年（一八四三）初刊〕。
などがある。

（8）水野正好「鬼神と人とその動き」（『文化財學報』四、一九八六年）ほか一連の論考、ならびに廣島縣立歴史博物館特別展圖錄『中世の民衆とまじない』（一九九〇年）等參照。
（9）修驗道の呪符は、中野達慧編『修驗深祕行法符呪集』（『日本大藏經』〈修驗道章疏〉第二卷所收）に集成されている。
（10）「白加」は、「元興寺塔露盤銘」では「百加」と記されている。
（11）高橋工「大阪・桑津遺跡」（『木簡研究』十四號、一九九二年）、同「桑津遺跡から日本最古のまじない札」（『葦火』三十五號、一九九一年、大阪市埋藏文化財研究會）。
（12）竹田政敬・和田萃「奈良・藤原京右京五條四坊」（『木簡研究』十五號、一九九三年）、ならびに『廣報かしはら』一九九二年八月二十日號に、第六號の寫眞が掲載されているが、あまり鮮明ではなく、二點とも墨書のトレースは、未公表である。
（13）瀧川政次郎「急々如律令」（『律令の研究』、一九三一年、刀江書院）。
（14）和田萃「下ツ道と大祓」（前揭注（12）の後半部を改題し、『日本古代の儀禮と祭祀・信仰』中卷、前揭注（1）に收載）。
（15）奈良文化財研究所「本藥師寺西南隅の調査」（『飛鳥・藤原宮發掘調査概報』六、一九七六年）。なお、呪符木簡の寫眞版は、同所編『平城京右京八條一坊十一坪發掘調査報告書』（一九八四年、大和郡山市）のPL14に〈參考〉として掲載。
（16）田中正夫「埼玉・小敷田遺跡」（『木簡研究』七號、一九八五年）の段階では、この符呪の存在は不明だったが、その後の保存處理に伴なう再調査で、はじめて確認された。宮瀧交二「小敷田遺跡出土の木簡について」（『小敷田遺跡』遺構遺物篇

第一分冊、一九九一年、埼玉縣埋藏文化財調査事業團）。

（17）宮瀧交二、前掲注（16）。

（18）濱松市立鄕土博物館編『伊場木簡　伊場遺跡發掘調査報告書　第一册』（一九七六年、濱松市教育委員會）、竹内理三編『伊場木簡の研究』（一九八一年、東京堂出版）。

（19）『大日本古文書』正倉院文書、一卷所收。大山誠一「大化前代遠江國濱名郡の史的展開」（『日本歴史』三二一號、一九七五年）參照。

（20）芝田文雄「百怪呪符」（『伊場木簡の研究』前掲注（18）所收）。拙稿「〈天罡〉呪符の成立」（前掲注（1））でも言及した。

（21）出越茂和「石川・戸水大西遺跡」（『木簡研究』十六號、一九九四年）。

（22）石井則孝・竹花宏之「東京・多摩ニュータウン遺跡群」（『木簡研究』十二號、一九九〇年）。

（23）金山弘明「石川・横江莊遺跡」（『木簡研究』十號、一九八八年）。

（24）日野久「秋田・秋田城跡」（『木簡研究』八號、一九八六年）、秋田城跡調査事務所研究紀要Ⅱ『秋田城出土文字資料集Ⅱ』（一九九二年）。

（25）平川南「宮城・多賀城跡」（『木簡研究』三號、一九八一年）、『多賀城市史』第四卷、三六四頁。同第五卷、九〇頁參照。

（26）『木簡研究』十三號（一九九一年）。

（27）同前、十號（一九八八年）。

（28）同前、六號（一九八四年）。

（29）同前、十二號（一九九〇年）。

（30）同前、十四號（一九九二年）。

（31）同前、八號（一九八六年）。

（32）同前、十三號（一九九一年）。

（33）同前、一號（一九七九年）。

(34)『平城京右京八條一坊十一坪發掘調査報告書』、前掲注(15)。
(35)涵芬樓版『正統道藏』第三五二―三五三冊(藝文印書館版、第十九卷)所收。
(36)和田萃、前掲注(1)。ただし『道藏』所收の符呪について、古代日本の呪符の源流となったのは、盛唐以前の神符類に限定する旨を注記するが(注(89))、『道藏』所收・神符類の成立年代を區分するのは、相當に困難であろう。
(37)拙稿「「沈痾自哀文」の史的位置」(『史境』八號、一九八四年、『萬葉歌人と中國思想』、一九九七年、吉川弘文館)において、『抱朴子』への依據とその史的意義について言及した。
(38)東野治之「上代文獻と敦煌文獻」(『萬葉集研究』十五集、塙書房、一九八七年、『遣唐使と正倉院』、一九九二年、岩波書店)、拙稿「日本古代における『天地八陽神呪經』の受容」(道教文化研究會編『道教文化への展望』、一九九四年、平河出版社)參照。本書、第五章所收。
(39)鬼頭清明、前掲注(34)、三十一頁。
(40)松本榮一『燉煌畫の研究』圖像篇、一九三。同書本文篇、第Ⅶ章第二節、第Ⅷ章第一節(一九三七年、東方文化學院東京研究所、臨川書店復刊)。
(41)一九八三年版、中華書局、二五七頁。
(42)一九八六年版、新文豐出版公司、六四二頁。
(43)張鳳『漢晉西陲木簡彙編』(民國二十年、上海有正書局)、陳槃「敦煌木簡符籙試釋」(中央研究院歴史語言研究所專刊六三『漢晉遺簡識小七種』、一九七〇年)參照。なお、近年、大庭脩編『大英圖書館藏　敦煌漢簡』(一九九〇年、同朋舍)、ならびに甘肅省文物考古研究所編『敦煌漢簡』(一九九一年、中華書局)の二著によって、資料の整理集成がなされた。
(44)東野治之「木簡雜識」(『長岡京古文化論叢』一九八六年、同朋舍)。
(45)王重民、前掲注(41)、二七一頁。
(46)黄永武、前掲注(42)、六七九頁。
(47)興膳宏、川合康三『隋書經籍志詳攷』(一九九五年、汲古書院)、矢嶋玄亮『日本國見在書目錄　集證と研究』(一九八四年、汲古書院）參照。

(48)『開元釋教錄』（『大正藏』五十五卷、六七三頁上段）。本書の成立と思想に關しては、坂出祥伸「『黃帝蝦蟇經』について」（『關西大學　文學論集』文學部創設七十周年記念特輯號、一九九五年）に詳考がある。

(49)矢吹慶輝『鳴沙餘韻』影印篇（一九三〇年、岩波書店、臨川書店復刊）。また、牧田諦亮『疑經研究』八三～八四頁（一九七六年、京都大學人文科學研究所、臨川書店復刊）にも翻刻されている。

(50)『大正藏』五十五卷、四七四頁上段、下段。

(51)同前、六七七頁下段。『貞元新定釋教目錄』卷二十八でも、『開元錄』の注記をそのまま踏襲している（『大正藏』五十五卷、一〇二二頁中段）。なお『開元錄』の引用部の（　）内は、『貞元錄』による補訂である。

(52)『大日本古文書』正倉院文書、十卷、三二二頁。

(53)同前、二十三卷、一六〇頁。

(54)同前、七卷、二二一頁。

(55)同前、十二卷、三十九頁。

(56)日本における『壽延經』の受容については、拙稿「『壽延經』の行方」（菅原信海編『神佛習合思想の展開』、一九九六年、汲古書院）で考察した。本書、第六章所收。

(57)拙稿「『救護身命經』の傳播と〈厭魅蠱毒〉」（牧田諦亮監、落合俊典編、七寺古逸經典研究叢書第二卷『中國撰述經典（其之二）』、一九九六年、大東出版社）參照。本書、第四章所收。

(58)矢吹慶輝『鳴沙餘韻』解説篇、第二部「疑僞佛典及び燉煌出土疑僞古佛典について」（一九三三年、岩波書店）、ならびに『大正藏』八十五卷參照。

(59)涵芬樓版『正統道藏』第三四三册（藝文印書館版、第十九卷）所收。

(60)同前、洞神部神符類、第三五二册（第十九卷）所收。

(61)同前、洞玄部本文類、第一七九册（第十卷）所收。

(62) 拙稿「朝鮮本『佛說廣本太歲經』考——朝鮮における道教受容と疑僞經典——」(『第十屆中國域外漢籍國際學術會議論文集』、一九九六年、中華民國、國學文獻館)。本書、第十六章所收。

(63) 徐大錫「經巫攷」(『韓國文化人類學』創刊號、一九六八年)、伊藤亞人「韓國民間信仰における道教の傳統」(『朝鮮文化研究』一號、一九九四年、東京大學文學部朝鮮文化研究室)。

〔附記〕

文獻史料調査に際してお世話になった、神奈川縣立埋藏文化財センター、奈良縣立橿原考古學研究所、東洋文庫、早稻田大學圖書館の關係各位に、篤くお禮申し上げたい。

なお蕭登福『道教星斗符印與佛教密宗』第一篇三章「敦煌所見受道教星斗崇拜影響之佛經」(一九九三年、新文豐出版公司)、竝びに同『道教與密宗』下篇三章「道教符籙呪印對佛教密宗之影響」(一九九三年、同前)、『道家道教影響下的佛教經典』上・下二卷(二〇〇五年、新文豐出版公司)に、關連文獻が列擧され、『佛說七千佛神符經』と『太上老君說長生益算妙經』の類似についても指摘がある。

また、關西大學の坂出祥伸先生から、高國藩が敦煌文書の符呪について論じていることをご教示いただいた。『中國民俗探微——敦煌古俗與民俗流變』第三章「符呪風俗」(一九八九年、河海大學出版社)では、一三〇頁餘りに亙って包括的な解説がなされ、『敦煌民俗資料導論』(一九九〇年、新文豐出版公司)においても『佛說七千佛神符經』を紹介しているので、併せ參照されたい。

『太上老君說長生益筭妙經』『佛說七千佛神符經』對照表竝びに校異

『太上老君說長生益筭妙經』

（道藏洞神部三四三冊）

太上老君昔在禪黎國土碧落天中見有男女
抱病困厄壽不以理便當夭化筭未應全太上
老君以他心智洞究玄妙垂顏顧視卽召十方
天官五嶽眞君長生司命侍從左右同會七寶
琉璃之座諸天宮主筭六甲符圖天神地祇無
鞅數衆俱來稽首長跪作禮端簡恭肅受命教
誨

道言下界之人信道者稀不知求生爲惡日積
其來以久不識眞君致招衆禍恆嬰六疾太上
哀念兆庶卽命東極長生眞君以召六甲主筭
神人各有無量騎乘遊行國界持經教誨命受
天人示其愚蒙賜其符籙佩服身中轉經益筭
齋戒爲常冀續年命免脫諸難若有至心男女

『佛說七千佛神符經』

（大正藏八十五卷＝S二七〇八號）

〔校異〕

A＝P三〇二二號
B＝P二五五八號
C＝P二七二三號
D＝P二五五八號（『佛說益算經』）

受持供養燒香灑掃情無猒倦晝夜翹勤尊敬
三寶大慈廣濟救護危厄苦毒蒙原除魔消患
滅惡澄淸甲子將軍王文卿從官一百三十九
人生我益筭萬二千道所護人身得蒙成就眞
神鎭心除其惡疾甲戌將軍展子江從官一百
三十五人生我益筭萬二千道所護人身體中
除患却禍甲申將軍扈文長從官一百三十一
人養我益筭萬二千道救護人身還魂復魄甲
午將軍衞上卿從官一百三十九人與我益筭
萬二千道保護人身一百二十歲之期甲辰將
軍孟非卿從官一百三十五人扶我益筭萬二
千道守護人身不令見惡甲寅將軍明文章從
官一百三十一人救我益筭萬二千道衞護人
身斷諸惡魔六十甲子三元道泰君萬生益筭
君若有命盡者大聖之恩能益其壽萬道下生
與我增筭道能覆愛道能救護道能生成道能
育養若人筭盡者是道能益一萬二千九百九
十九筭與道齊堅天地合德萬物滋榮其道能

佛說救護益竿身命濟人疾病苦厄經、跏
跪合掌、一心除亂、衆惡消滅。甲子將
軍、生我益竿。七千佛所護人身。願得
成就、一心除惡病。甲戌(1)將軍、生我益
竿、七千佛所護人身、體中除患却禍。
甲申將軍、義(2)我益竿。七千佛救護人身、
還歸三魂七魄。甲午將軍、與我益竿、
七千佛保護人身延年益算。年一百二十
歲。甲辰將軍扶我益算。七千(3)佛守護人
身。令不見惡甲寅將軍救我益算。七千
佛爲護人身斷諸惡魔六百甲子。從佛益
算人身命盡之者。如來益竿(4)千佛下生與
我益算。七千佛救護人身竿盡之者。益
其食(5)算七百七十(6)佛下生。與我益算。七
百七十佛下生身(7)。疾病之者菩薩破魔。

☆底本（S二七〇八號）＝一行目～六行目までと、七行目～十一行目の上部缺佚。
（1）戌＝B子、D戊
（2）義＝B、D養
（3）千＝Bナシ
（4）千佛下生與我益算＝Bナシ
（5）食＝ABD命
（6）十＝A千
（7）身＝D護人身

生眞君下世與我長生益我壽筭稟氣長存一萬二千七百種道下生護人若疾病之者韓君丈人明醫玉女直符小吏四萬八千人倶來救治若有魔邪祅魅侵姪者大慈耀明等三千五百眞人倶時破魔剪罰殃殀百禍崩消道化無窮與我益筭三千道守護人身命得堅彊勇猛精進五百諸仙下生與我益筭萬道護人身命九億萬歲常得正道敷生大聖興隆益我年筭我壽自然百千萬道常護人身開智慧門通達無礙萬道下生爲我益筭三萬五千道保護人身威儀備足衆魔摧闕九千萬衆眞人神童與我益筭乘三千聖道救我所願爾時

太上老君及諸眞人仙道文始先生德然等同趣眞宗普爲益筭衛護我身萬二千道神符打鍜衆魔蠱毒山林社稷倚託形聲假稱神勢盡令收滅

太上神符打鍜衆魔風王竈君殘殂水龍之神土公害氣咸使銷亡六甲神符打鍜五魑六耗

三十五佛下生。與我益算。七百七十佛守護人身。令得堅強勇猛精神五十三佛下生。與我益算。七百七十(8)護人身命億千萬歲常得(9)佛道。六佛下生。與我益算。七百七十佛護人益(10)身命。開智慧憑(11)通達無礙(12)。七佛(13)下生與我益算。三十五佛護導(14)人身。威儀無缺。衆魔自畏。八萬衆菩薩與我益算。七十三佛願(15)佛及諸菩薩竝

聲聞求辟支佛。是諸阿羅漢爲弟子益算。七千佛符打鍜衆魔蠱道山林社稷郎岸北神盡自消滅。七佛符打鍜衆魔風王竈(16)君水龍(17)之神土公盡自消滅。千佛符打鍜五

(8)十＝ABD十佛
(9)得＝D得佛
(10)益＝BDナシ　(11)憑＝A BD海　(12)礙＝AB导
(13)七佛＝D闐　(14)導＝BD道　(15)願＝D救我願
(16)竈＝D雷
(17)龍＝B神

惡夢歌吟野道呪詛魑魅魍魎血氣之鬼盡令
除蕩此經尊妙威力難稱衆經之王降魔滅僞
最爲第一勒修至理德流一乘大福普帀愼勿
輕宣行之如法祕而奉焉心當存念道不虛言
能依命者諸惡莫干毀削罪錄解散怨讎身康
宅寧萬災絶源貪狼星主惡氣巨門星主茾屍
祿存星主百鬼文曲星主口舌廉貞星主惡夢
武曲星主官事破軍星主魖耗左輔斗星主人
命筭右弼斗星主鬼神三台星護人身命
第一惡星第二良星第三辟星第四熒惑星第
五危星銷災度難辟除天下疫氣疾病奸非媢
妒妨亂之鬼速去千萬里之外急急如太上老
君律令
第一開心符第二益筭符第三護身命符第四
金木水火土不相剋符第五主生人阿姫死鬼
虛耗神符所生之法一切惡物見符當自散滅
急急如律令
六甲將軍在上元甲子正月一日

耗六噓惡夢悲啼野道呪咀盡自消滅。

破軍星主(18)耗虛。武曲星主官事。廉貞星主口舌。文曲星主惡夢祿存星主百鬼。巨門星注非尸(19)。貪狼(20)星主(21)惡氣。在(22)北斗星注(23)生命。在(24)北斗星注(25)百鬼。三台(26)星主護身命。第一怨星第二良星。第三辟星。第四熒惑星第五危星能消災受難(27)。辟除天下疫(28)氣疾病。姦(29)非魍魎訪(30)。亂(31)鬼皆去千萬(32)里之外。急急如律令。
第一心(33)開符。第二益算符。第三救護身命符。第四金木水火土不相刻(34)符。第五注生人阿姫死(35)鬼耗噓神符。所生之注一切惡物見符。散滅急急如律令
將軍在子。六月壬子朔二十日癸丑開白(36)。

(18)主＝BCD＝注（以下同ジ）
(19)尸＝D屍　(20)狼＝A郎
(21)主＝B亡　(22)在＝ABD左　(23)注＝A主　(24)在＝ABD右　(25)注＝A主
(26)台＝B胎　(27)消災受＝ABD＝消災度、B＝過灾度
(28)疾病＝Aナシ　(29)姦＝BCD姧　(30)訪＝B妨、C如　(31)亂＝B之、CD亂之　(32)萬＝Cナシ、D里萬　(33)心開＝BCD開心　(34)刻＝BCD剋
(35)死鬼＝C死鬼耗噓神符〜散滅マデナシ　(36)白＝BCD曰

太上老君與天師以漢安元年於蜀都五月壬午在赤石城崖舍之中折石爲信奉道之民若有壽終筭盡年衰月厄當自沐浴燒香齋戒存心聞我

太上神符保護萬姓百年無闕若歲月日時衰忌當佩神符無有衰厄大道眞符授與其人過災度厄增年益筭受符之後壽命延長九億萬道符護身命願壽登一百二十歳筭得備足三宮丹田眞氣充滿身有光明諸仙生我諸經載我日月照我玉光映我陰陽長我四時養我五芝蔭我五雲蓋我五眞護我六甲生我五帝助我五音樂我五兵翼我星辰覆我眞聖衛我仙人扶我玉女侍我青龍引我白虎俠我公侯吏人愛我百姓敬我萬民營我長者順我鄉里欽我弓箭刀兵盜賊離我虎狼蚖蛇蟲獸避我五毒蠱道避我弟子佩符之後天開四通百鬼伏從墮水不溺履火不燒出入吉慶不逢禍殃四海五嶽將軍所護天道備衞萬法俱宣

千佛神符保請(37)百年。若月衰日衰。若歲衰時衰。日忌當佩符之後無有衰忌千佛(38)符厭(39)令其人過災度難延年益算。受符以後壽命延長(40)。七千佛神(41)符請(42)命(43)。願受(44)一百二十歳。得算備足符。生之身。佩(45)符之後。諸佛生我。諸經載我。光明照我。陰陽長我。四時養我。五大(46)將我。五雲蓋我。菩薩護我。六百甲子覆我。五帝助我。五音樂我。五兵衞我。星辰格我。五絲依我。五香薫(47)我。金床(48)臥我。錦被覆我。仙人扶(49)我。玉(50)女侍我。青龍引我。白虎狹(51)我。守公候使(52)人受(53)我。五(54)姓敬我。萬姓榮我。長者順我。鄉里媚我。弓箭刀兵盜賊離我。虎狼蚖(55)蛇避我。五毒蠱道避我之身。佩符之後天開四通。百鬼不從。墮水(56)不沒。刀兵不傷(57)。出入吉良。不逢禍殃。四方五岳將軍所護(58)。無道備具。保冝在前。賢懷敬我。良藥與我。

(37)請＝ACD護
(38)佛＝Cナシ
(39)厭＝A魘
(40)長＝A身　(41)神＝BCDナシ　(42)請＝BCD護
(43)命＝Aナシ　(44)受＝BCD壽　(45)佩＝Dナシ
(46)大＝ABCD天
(47)薫＝A動　(48)床＝BD林
(49)扶＝A扰　(50)玉＝BD王
(51)狹＝ABD俠　(52)使＝ABC吏、D史　(53)受＝D愛
(54)五＝BCD百　(55)蚖＝B黿、C龜、竈
(56)水＝B木　(57)傷＝C侵
(58)無＝ABCD天

太上神經賢聖衞我良藥餉我洞究吉凶神符
護我百鬼避我仙道念我天門通我地戶閉我
淸泉飲我神人達我風伯送我雨師除道當吾
符者死背吾符者亡符猒娟妒耗害田蠶之鬼
符猒死喪新舊哭泣雌雄破殃復連之鬼符猒
山林社稷田君殘殂之鬼符猒遊光精魅百怪
之鬼符猒赤舌呪詛盟誓之鬼符猒比舍起屋
動土尸疰之鬼符猒日遊土氣禁忌之鬼符猒
腥血傷亡客死之鬼符猒兵死獄死之鬼符猒
男女殀殜之鬼符猒無辜枉殺人之鬼弟子今
受
大道神符行流動靜四道開通寢不惡夢善瑞
日臻所求所願皆得遂心千道萬法正眞之威
如符所勑急急如
太上道君律令

神符護我。百鬼避我。百神愛我。天門
開我。地戶出我。涼泉飲我。風霜雨師
除道。當符前者死。逆符者亡。符厭(59)死
喪新舊注(60)雌雄破殃伏連之鬼。符厭山(61)林
社稷之鬼。符厭遊天之鬼。符厭赤舌之(62)
鬼。符厭比舍五土注之鬼。符厭日遊土
氣之鬼。符厭星死之鬼。符厭客死之鬼。
符厭兵死獄死之鬼(63)。弟子佩千佛符之後。
四出行來。千道無窮。萬道無難。臥不
惡夢。所求當得。所願從心。千佛法正
如符。所敕急急如律令。

(59)符厭＝C符厭～符厭兵死獄死之鬼マデナシ。(60)注＝D災住　(61)山＝B上　(62)之＝D呪咀之

(63)鬼ノ後ニ、次ノ句ガ入ル
A＝□□□□□祥之鬼符魘無孤之鬼　BD＝符厭男祥女祥之鬼符厭无孤(D＝古手)之鬼

第一開心符

第二益筭符

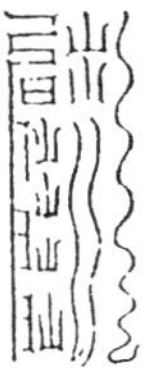

第三護身命符

符猒山林之鬼

第四金木水火土不相剋符

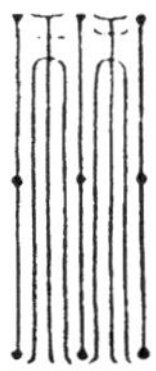

第五主人生阿姫死鬼魖耗神符

符猒遊光之鬼

符猒五土之鬼

第(64)一心開符

第二益算(65)符

第三救護身命符

第四金木(66)水土不相(67)刻符

第五注生人阿姫死鬼耗虚神符

符厭死喪新舊(68)注雌雄破(69)伏連(70)之鬼三世

符(71)厭遊(72)天之之鬼(73)

符厭赤舌之鬼

(64)第一心開符以下ノ符＝Dナシ
(65)算＝Cナシ
(66)水＝BC水火　(67)刻＝B剋
(68)注＝Cナシ　(69)伏＝A殃、BC殃伏　(70)之鬼三世＝A符、C之鬼
(71)符厭＝BC山林社稷之鬼（符呪）ガ入ル　(72)天之＝C月遊
(73)鬼＝B祥鬼

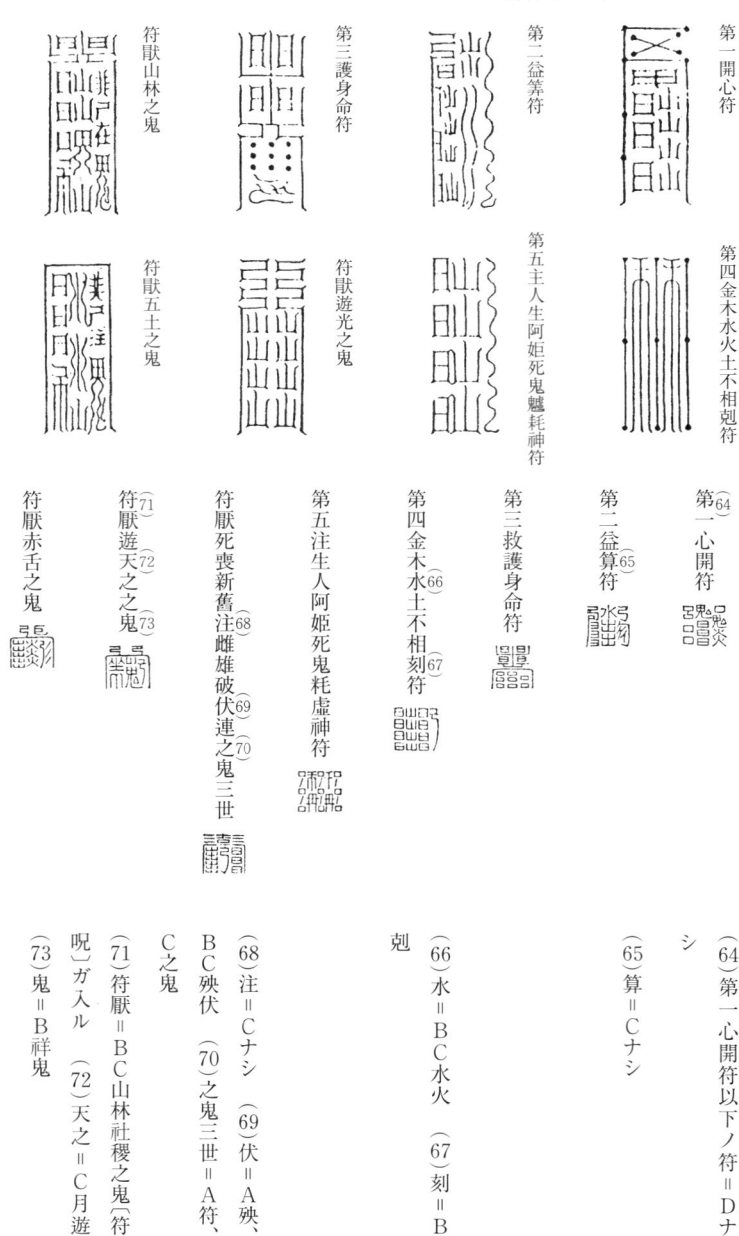

符獣遊止土氣之鬼

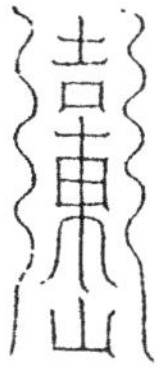

符獣客死之鬼

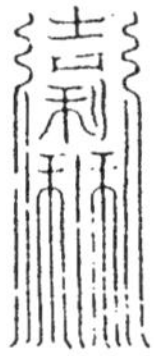

符獣獄死之鬼

符獣無辜之鬼

符獣赤舌之鬼

符獣雌雄之鬼

符獣腥死之鬼

符厭比舎五土(74)之鬼

符厭日遊土(75)氣之鬼

符厭星死之鬼

符厭客死之鬼

符厭兵死獄死之之鬼

符厭界(76)祥女祥之鬼

符厭無辜(77)之鬼

(74)土＝A注土、B土注

(75)土氣＝Cナシ

(76)界＝B男

(77)辜＝B孤

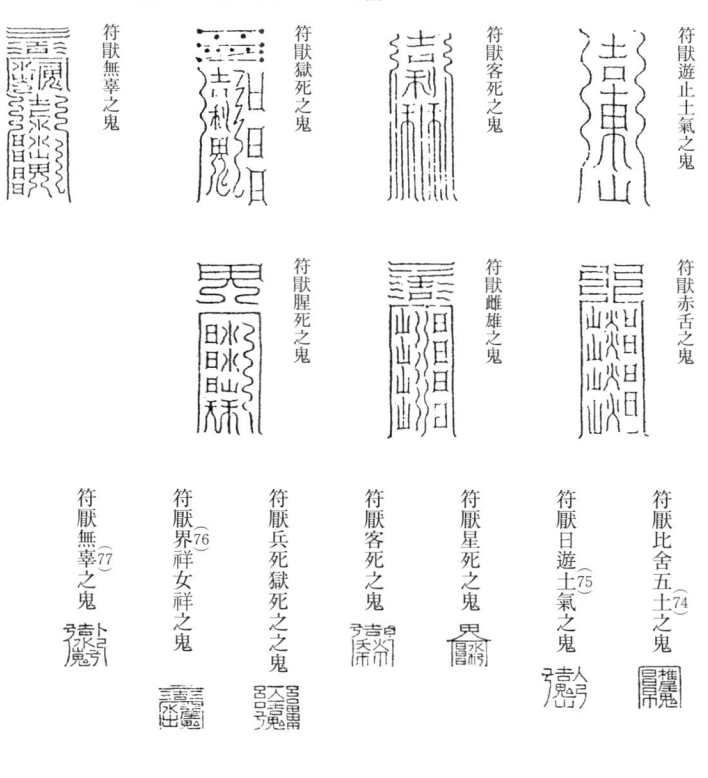

第二章　〈天罡〉呪符と北辰・北斗信仰

緒　言

全國各地から出土している木簡の内、呪語や符號あるいは神佛名などの記された呪符もしだいに數がふえつつある。[1]これらの形狀や記載內容は一樣ではなく、いずれも何らかの宗教的な祭儀に關連したことが推測されるものの、年代や機能の明確な例はさほど多くない。

その中には〈天罡《テンコウ》〉という語句のあるものがいくつかみられるが、〈天罡〉は古來中國において北辰あるいは北斗、また十二月將の八月將を意味した。十二月將は日月の相會するところの十二神で、主に陰陽家によって使用される。〈天罡〉と北辰・北斗に關しては、種々の論議があるが、新城新藏によれば、辰の字義は季節の早晩を示すために觀測する標準のもの、卽ち觀象授時の對象の謂であり、具體的には、中國天文學の發達に伴って觀象の內容も順次、參（オリオン）、大火（蝎座の第一星）、北斗、日月之交會點（十二辰）、日（太陽）と變遷をたどった。特に北斗は三～四千年前には現在に較べて著しく北極點に近く終夜觀測でき、北方の天空にみえる辰なるが故に北辰、また北方の究極にあるが故に北極とも稱えた、とされる。[2]

近年、日本古代における道教の受容形態に關する問題が多くの關心を集めているが、[3]本章では、この〈天罡〉呪符に注目し、その成立と性格の檢討を通じて、古代日本における北辰・北斗信仰の展開過程を跡付けることにより、[4]道教受容史の一端を考察したいと思う。

一、〈天罡〉呪符について

各地の出土木簡に關する情報は、從來、平城宮跡や藤原宮跡などを例外として、それぞれの遺跡發掘調査報告書等によって得る他はなかったが、昭和五十四年（一九七九）三月に發足した木簡學會の機關誌『木簡研究』が、年報の形で刊行されはじめてからは、全國で進められている調査の成果が、容易に把握できるようになった。

本章でも、主に『木簡研究』誌上の報告に據りながら、まず、個々の〈天罡〉呪符を概観しておきたい。

（1）靜岡縣濱松市伊場遺跡

伊場遺跡からは、昭和四十六年（一九七一）にその冒頭句によって「百怪呪符」と呼ばれる著名な呪符が出土している。(5)

百恠呪符百々恠宣受不解和西恠□□（亡カ）令疾三神□□□（宣カ）
宣天罡直符佐□當不佐□（亡カ）急々如律令
（龍の繪）　弓　龍神　急々如律令
人山龍
人山龍

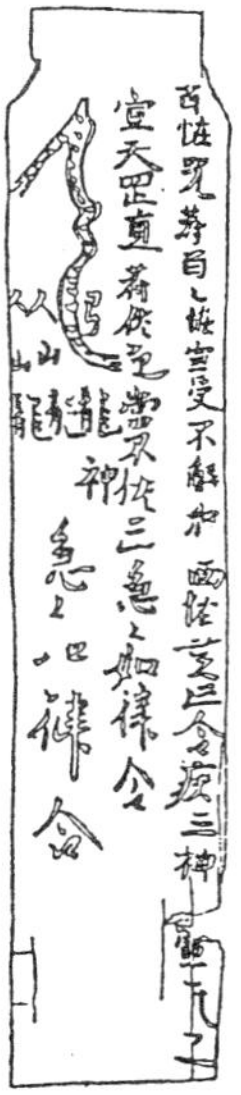

・
戌戌戌
蛇子ロロロ
弓ヨヨヨ弓
急々如律令

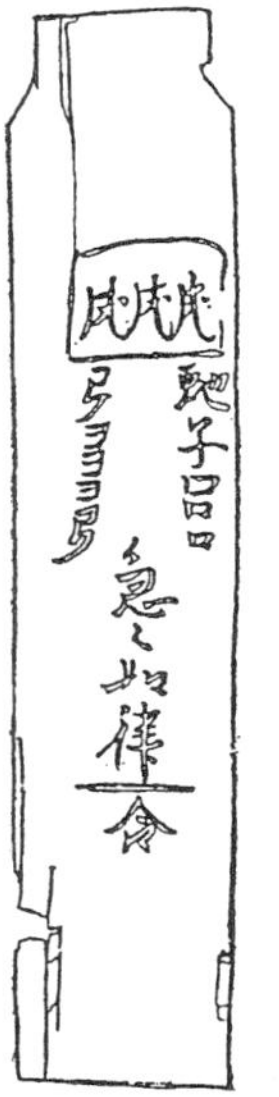

長さ三二二ミリメートル、幅六十七ミリメートル、厚さ四ミリメートルで、一部に欠損があるものの、ほぼ完形に近い。上端部兩側には切り込みがある。墨書部分は薄く、消えかかっているところもあるが、長い間、風雨に晒されていたらしく、字畫が浮きあがっていて判讀できる。

伊場遺跡は、縄文中期から鎌倉初期にいたる長期間にわたって存續した複合遺跡であり、遺跡は東西二地區に大きくわかれる。木簡が出土した西部地區には、古墳時代後期頃から使用されはじめたらしい大溝があるが、奈良・平安時代を通じて機能していたようである。

遺構の西側には、建物群の存在も確認されており、地方官衙としての性格を備えているが、より具體的には、㈠遠江國敷智郡衙跡説、㈡栗原驛家跡説、㈢津跡説、㈣敷智廚跡説、などの諸説にわかれて見解は一致しない。

しかし、木簡の中に郡衙で管掌すべきものが含まれ、地名關係資料が舊敷智郡域にほぼ一致すること、墨書土器に「郡」「布知廚」「郡鎰取」とあることなどから㈠の敷智郡衙跡説が、また、驛制關係の木簡が多數あり、墨書土器中にも「栗原驛長」「驛長壹」の例があることなどから㈡の栗原驛家跡説が、それぞれ有力視されている。現狀では、この雙方に關連した官衙施設が存在したとみるのが妥當であろう[6]。

この呪符は、大溝の奈良時代包含層（Ⅴ層）を上層から下層まで貫ぬいて倒立する狀態で出土し、その上に平安前期の包含層（Ⅳ層）が堆積していたことから、當初は奈良時代の比較的新しい時期のものとされ[7]、最古の呪符の一つとして廣く注目を集めてきた。けれども、昭和五十二年（一九七七）に行なわれた第十一次調査において、奈良時代層中の上部に平安時代の遺物を包含することが明らかとなり、その理由は大溝の改修に求められたものの、その後、改修を示すような斷面は確認されず、改修が及んでいないと推定される箇所においても、奈良時代層中に平安時代の遺物が混入していることが判明した。

このため、層位の年代觀が必ずしも出土遺物の年代觀と一致するとは限らず、從來、奈良時代層と規定したⅤ層の年代幅も八世紀後半から十世紀中期までの長期間にわたるもので、この呪符も、その範圍内で把える必要がある、という新見解が出されるにいたった(8)。だが、このような動向に對しては、長く伊場遺跡保存運動を推進してこられた芝田文雄によって、詳細な反論がなされている(9)。

芝田の論點は多岐にわたっているが、まず、この呪符の「書三」を、いわゆる原始道教としての五斗米道の教法である〝三官手書〟――信者に、自己の過去の罪過を反省させた後、天・地・水の三神への誓約を三通自書させ、一通は山上に置いて天官に、一通は地中に埋めて地官に、一通は水中に沈めて水官に捧げる(10)――に該當すると解し、止雨を祈願して大溝に插し込んだものとされた。

その時期は、Ⅴ層中位から出土した第十四號木簡が靈龜元年（七一五）の郷里制施行以前のもの、また、同層下位から出土した第七號木簡には「辛卯年」＝持統五年（六九一）の年紀があることから、七世紀末から八世紀初頭と推定されている。

さらに、第十一次調査に基づく報告書の斷面圖は、大溝最北端部の距離約八メートル間のもので、圖は整合堆積を示しているが、その南に續く約八十メートル間の斷面圖は不整合であり、大溝は改修の必要な部分だけを改修したのであって、この呪符の出土地點は改修部にあたる、という指摘もなされている。

年代觀の問題に關しては、今後の調査の進展を俟って、總合的な視點からの研究が行なわれなければならないが、本章では、記載内容の面からの史的位置付けを試みたいと思う。

ちなみに、この呪符の場合には、片面に龍のような繪と「龍神」の語句がみえており、水神との關連も考えられるが、「疾三神」の語もあることから、和田萃も指摘したように、疾病の除去等の僻邪招福に關する可能性も充分にある。(11)また、多賀城跡から出土した平安初期の、

・□(魔カ)　百恠平安符未申立符

・□(平)戊□□奉如實急々如律令

と書かれた木簡(12)との共通點にも注目する必要があるだろう。

（2）　大阪府藤井寺市國府遺跡

大阪府藤井寺市惣社一丁目の國府遺跡は、河内國府に比定されているが、遺跡自體は舊石器時代から江戸期にわたる複合遺跡である。

木簡出土地點の遺構は一般集落ではなく、官衙の施設、あるいは莊所、屋敷地などが想定されており、木簡はいずれも平安時代後期とみられる三つの池から出土した。

①・　天罡□□(歳德カ)

②・　急々如律□

③・　□□（梵字）

この三片は、三つの池のうち、最も古い池の同一地點から出土し、同じ材質の木板に墨書されているので、本來は同一のものらしい。

三片のうち〈天罡〉の文字のみえる破片①は上部に半圓形の面取りがあり、曲物の底を再利用した可能性があるという。表面は、やはり風化がすすみ、墨痕がかなり浮きあがっている。

他の新しい池から「承安二年」（一一七二年）の紀年のある木簡が出土していることから、十一世紀後半頃のものとみられる[13]。

（3）石川縣小松市漆町遺跡

石川縣小松市の漆町遺跡は、市街地の東方約一キロメートル、標高三メートルほどの低地にあり、彌生時代後期から中・近世にわたる複合遺跡である。ここから東に約一、五キロメートルほど離れたところに加賀國府推定地が位置する。呪符は一點で、兩面に同一の語句が記されている。

・　依里物忌固物忌天罡急々如律令

・　依里物忌固物忌天罡急々如律令

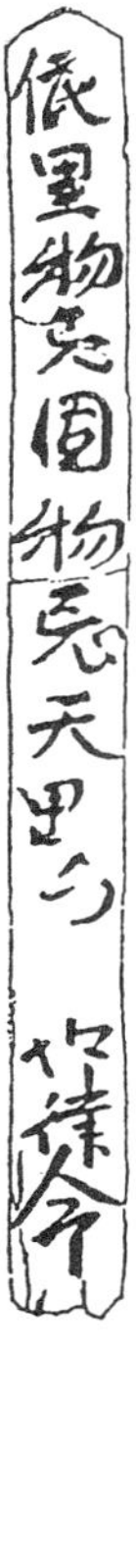

下部が缺損しているが、現在の長さは三五七ミリメートル、幅三十二ミリメートル、厚さ四ミリメートルで、ヒノ

キ材である。

ほぼ南北に伸びる河川遺構と推定される低濕地の東岸より約一メートルの傾斜地で、先端を河川中央に向けて出土した。須恵器轉用硯が伴出していることから、平安後期に比定されている。(14) なお、これも墨書部分が浮き出ており、長期間、風雨に晒されていたようである。(15)

以上、平安時代を降らない時期の〈天罡〉呪符は、この三點である。

伊場遺跡・國府遺跡はともに地方官衙であり、漆町遺跡の場合には「里物忌」とあって、民間での使用を示唆するが、遺構が廣範圍に及んでいるので、近接の加賀國府との關連性も考慮に入れる必要があろう。(16) わずかな例ながら、少なくとも平安中期までの〈天罡〉呪符の使用には、何らかの形で官衙が關與しているとみてよいのではなかろうか。

記載内容については、まず、三例ともに「急々如律令」の語句を有する點に注目したい。

この「急々如律令」は、早く瀧川政次郎氏が論じられたように、道教の呪文として廣く用いられてきたものである。(17)

元來は法制用語で、漢代においては律令に明定されていない事項を行下する場合には、文末を「如詔書」と結び、すでに明文化されている場合には、「如律令」と結ぶのが詔書行下の書式であった。

漢代の木簡にはこの實例が多いが、これを道教の徒が、「呪の威力を速やかに傳えよ」、という意味の呪文として使用しはじめたのは、後漢末期頃からのようである。

中國・朝鮮における「急々如律令」の用例については、芝田および和田により詳論されているのでそれに讓り、ここでは若干の補足を附記するにとどめる。

日本においては、元旦の宮廷行事としての四方拜の際、天皇が屬星を拜した後に唱える呪文が、「急々如律令」で終るが、後述するように四方拜の成立は平安初期になってからのようである。これより早い時期としては、『續日本紀』養老元年（七一七）五月十七日條に載る詔において、大寶令文を前提に浮浪・逃亡を禁じた文末が「如律令」で結ばれた例がある。

また、奈良時代以降廣く尊重された『文選』[18]の、巻二十二（李善注本では巻四十四）に載る陳孔璋（陳琳）の「爲袁紹檄預州」や「檄呉將校部曲文」の末尾は、それぞれ「如律令」「如詔律令」となっており、陳琳が袁紹、曹操のために檄文を草した故事は、『蒙求』にも「陳琳書檄」として引かれて著名であったことを考えれば、この書式および呪言自體は、少なくとも奈良時代の官人層には未知のものではなかったかも知れない。

これらの呪符の管掌者については、陰陽師とみるのが一般的であるが、芝田のように伊場遺跡の呪符を七世紀末から八世紀初期の成立とし、さらに陰陽師が本來の職掌である天文・暦法・式占の他に、祓などの祭祀に關與するようになるのは九世紀以降であるという野田幸三郎や小坂眞二の説[19]を援用して、陰陽師以外の者とする見解もある。しかし、伊場の呪符が奈良時代とは斷定出來ず、平安初期まで降る可能性もあることは前述した通りであり、内容の點からも、これはやはり陰陽道系のものと推定し得るように思われる。というのは、芝田も一部引用するように、隋の蕭吉撰『五行大義』巻五、論諸神篇の記事と合致する部分がみられることによる。

又玄女拭經云、六壬所レ使十二神者、神后主レ子水神、大吉主レ丑土神、功曹主レ寅木神、太衝主レ卯木神、天剛主レ辰土神、太一主レ巳火神、勝先主レ午火神、小吉主レ未土神、傳送主レ申金神、從魁主レ酉金神、河魁主レ戌土神、微明主レ亥水神。（中略）辰天剛者、當二斗星之柄一、其神剛强也。（中略）戌河魁者、河當レ首也、當二斗魁首一也。（中略）天剛主二殺伐一。（中略）河魁主二疾病一。

ここでは〈天罡〉が「天剛」と表記されているが、『玄女拭經』に據りながら、十二月將について述べるこの部分は、伊場の呪符の兩面に書かれた内容に通じる點が多く、その性格を推測する上での手懸りとなる。

『五行大義』は、『續日本紀』天平寶字元年（七五七）十一月九日の敕において、『周易』『新撰陰陽書』『黃帝金匱』とともに、陰陽生の教習書として採擇されているし、この部分の典據となった『玄女拭經』についても、早く佚書となったようではあるが[20]、藤原佐世撰『日本國見在書目錄』五行家の項に、「玄女經　一卷」と著錄されており、寛平三年（八九一）までには日本に傳來していたことは確實である[21]。

けれども、これらの書籍はかなり特殊な内容で、廣く一般に讀まれたものとは思われず、伊場の呪符がこれらを前提にして書かれたとすれば、それはやはり陰陽を學んだ者を措いて他にはないのではなかろうか。

ただ、陰陽を含む、專門諸學の傳習は、當時の日本では、中央においてすら容易ではなく、地方ではさらに困難な狀況にあったことには留意しなければならない[22]。

〝遠の朝廷〟大宰府の場合は、養老職員令に、
　陰陽師一人、掌占筮相地。

と規定されているが、『萬葉集』卷五所收の天平二年（七三〇）正月十三日の「大宰帥大伴卿（旅人）宅宴梅花歌三十二首」に、當日の參會者の一人として「陰陽師　礒氏法麻呂」の名がみえ、『續日本紀』天平寶字二年（七五八）六月四日條には「大宰陰陽師從六位下餘益人」が「百濟朝臣姓」に改賜姓したという記事があることなどから、規定通りに一應は陰陽師の配置があったとみてよい。しかし、これは例外的であって、他の地域において、その存在を確認できる例は少ない。

例えば、陸奥・出羽の場合には、『類聚三代格』卷五「加減諸國官員幷廢置事」に載る次の二通の太政官符がその事情をよく傳えている。

應レ置二陰陽師一員一事

右得二出羽國解一偁。太政官去年六月十一日符偁。國解偁。邊要之事備レ豫爲レ本。不虞之儲知レ機爲レ先。此國與二陸奥一共爲二邊戎一。雖下復國有二大少一官員有中降差上。而至レ決二嫌疑一何彼有此無也。假令國内非レ無二恠異一。占二候吉凶一曾無二其人一。望請。永減二史生員一殊置二陰陽師一。謹請二官裁一者。右大臣宣。奉レ勅。依レ請者。而今雜務繁多官員減少。望請。不レ省二史生一殊置二件員一。但考選俸料准二博士醫師一者。同宣。奉レ勅。依レ請。

嘉祥四年二月廿一日

應レ置二鎭守府陰陽師一事

右得二陸奥國解一偁。鎭守府牒偁、軍團之用卜筮尤要。漏剋之調亦在二其人一。而自レ昔此府無二陰陽師一。毎レ有二恠異一向レ國令レ占。往還十日僅決二吉凶一。。若月二機急一何知二物變一。請被二言上一將レ置二件職一者。國加二覆覈一事誠可レ然。望請。始置二其員一令レ備二占決一。謹請二官裁一者。大納言正三位兼行民部卿藤原朝臣冬緒宣。奉レ勅。依レ請。

元慶六年九月廿九日

陸奥國の官符には「自レ昔此府無二陰陽師一」というが、弘仁十一年（八二〇）成立の「弘仁式」主税國司處分公廨差法には、

其博士醫師准二史生一。但、陸奥國博士醫師陰陽師竝准レ目。

という一節があって、すでにこの時期において陰陽師の配置があったことが知られる。だが、後續はなく、ほどなく途絶えたようである。

この他、軍團の統轄をはかるために派遣された節度使の一行に陰陽師が随行した例があるものの（『續日本紀』天平

四年〈七三二〉八月十七日條など）、これは常置の官ではなく、一時的なものにすぎない。このような状況では、少なくとも平安初期までの段階で、地方官衙における呪符の使用と陰陽師との關連性を想定することはいささか困難であるかも知れない。

しかし、陰陽師の性格を、必ずしも陰陽寮に所屬して正式に技藝を修得した者だけに限定せず、渡來系の氏族などで陰陽を家學に近い形で傳習した者をも含めて考えれば、その可能性はないわけではない。伊場遺跡の場合には、そうした存在として津守氏が擧げられる。

伊場と津守との關連は、菊地康明が指摘するように、まず『延喜式』神名帳の遠江國敷智郡六座の内に、

津毛利神社

とあるのが注目される。(23)「津毛利」は奈良時代に陰陽の家系として盛名のあった津守氏のことであろう。『藤氏家傳』（藤原武智麻呂傳）には、天平元年（七二九）頃のこととして、諸藝に通曉した人物を賞揚した中に、陰陽關係では前に觸れた「餘益人」と竝んで、

津守連通

津守首谷

の二名がみえるし、『續日本紀』寶龜六年（七七五）五月十七日條の「從四位上陰陽頭兼安藝守大津連大浦」の卒傳は、

大浦者世習二陰陽一。仲滿（藤原仲麻呂）甚信レ之。問以二事之吉凶一。

と始まっている。

なお、やはり大溝から、胴部に「津」と墨書された陶質土器が、「得」と墨書された土器群に混って一點出土しているが、祭祀の一環として投棄された可能性があり、年代は平安時代に入って遺跡の盛期を過ぎた十世紀中期頃と推

定されるという[24]。これらはいずれもこの地域における津守の存在とその活動を示唆するものであろう。

伊場遺跡を中心に、平安時代までの〈天罡〉呪符をめぐって、記載内容と出土狀況を含め、若干の檢討を試みたが、鎌倉期以降になると、呪符の數がふえるとともに、內容や遺跡の性格もやや異なってくるようである。

（4）　靜岡縣燒津市道場田遺跡

靜岡縣燒津市小川の道場田遺跡は、大井川水系によって形成された沖積平野上に位置し、附近には中世居館址・小川城跡があって、これとの關連が指摘されている。この遺跡の井戸から出土した木簡の中には次のような呪符がある。

・（梵字）咄呎哫鬼地鎭鬼除☆

これは伴出遺物の年代から推して、鎌倉期から室町期にかけてのものとみられる[25]。

（5）　廣島縣尾道市市街地遺跡

廣島縣尾道市久保二丁目の集落跡は西國寺の門前にあたり、尾道の中心的な一角と考えられている地域に位置する。遺跡の年代は鎌倉期から江戸期にわたるが、ここからは次の呪符が出土している。

永永永　火火火鬼鬼
・永永永　火□□□□(火火鬼鬼カ)急々如律□(令カ)天岡八萬四千神□(王カ)
永永永　火火火鬼鬼

材の一端を尖らせてあり、磨滅が著しいことからみて、埋沒以前にやはり風雨に晒されていたようである[26]。

（6）　廣島縣福山市草戸千軒町遺跡

廣島縣福山市の草戸千軒遺跡は、蘆田川の川底に埋沒した中世の港町・市場町として著名であるが、ここから發掘された多數の木簡の中には、やはり道教の神「天刑星」をさすと思われる「天形星」と記した呪符などとともに、次の一點がある。

・（梵字）□□咄呋罡□（鬼カ）急□（々如律令カ）

長方形の材の上端を圭頭にし、左右に切り込みがあり、下部は缺損している。出土地點は中洲東側の中央部で、この地域が最盛期を迎えた室町前期の頃のものであろうか。(27)

（7）　岡山縣邑久町助三畑遺跡　（岡山縣瀨戸內市邑久町）

岡山縣助三畑遺跡は、吉井川下流域東岸に形成された自然堤防上に位置する、彌生時代から近代に及ぶ複合遺跡で、集落跡とみられ、呪符は遺構中央部を南北に流走する大溝から出土している。

① ・　咄天罡

鬼急々如律令

・　ミつまた

② ・咄天罡律令鬼急々

・　ミつまさ

③・咄天罡令律鬼急々如律令
・ミ□□□

④・咄天罡律令鬼急々
・□

⑤・□□（咄天カ）罡□□□（令律鬼カ）急々如律令
・　　律

⑥・罡喼喼

これらの呪符と同時に出土した五輪卒塔婆に「應永三十□年」の年紀があるので、十五世紀前半頃のものとみられている。[28]

このように鎌倉期以降のものになると、〈天罡〉の語句も「咄呋罡」などと記され、梵字を伴う例がふえるなど、佛教との習合を示す傾向が顕著になる。遺跡の性格も集落遺跡が多くなり、〈天罡〉呪符の民間への傳播をものがたる。

個々の呪符の記載内容や形態は多様であるが、河川および大溝、池、井戸などの水邊から出土している點では共通しており、いずれも攘災儀禮の場において使用されたものと思われる。

『枕草子』上巻には、「心ゆくもの」として、

　ものよく言ふ陰陽師して、川原に出でて、呪咀の祓したる。

を擧げ、

法師陰陽師の、紙冠して、祓へしたる。

は、「見ぐるしきもの」としているが、これらの呪符は、『新猿樂記』や『今昔物語集』などに描かれたような〝法師陰陽師〟あるいは〝僧陰陽師〟と呼ばれた民間陰陽師たちによって使用されたものとみてよいだろう。

二、北辰・北斗信仰受容の端緒

前節で概観した〈天罡〉呪符の成立が、奈良時代まで溯り得るのかどうか、という點をめぐって、本節では奈良時代以前における北辰・北斗信仰の受容について考察し、歴史的背景からその可能性を検討することにしたい。

（1）記・紀・萬葉と星

日本神話においては、中國の場合と異なって星への關心がほとんどうかがえないことは周知の通りで、わずかに『日本書紀』神代巻下に次の記事があるにすぎない。

一書曰、天神遣㆓經津主神・武甕槌神㆒、使㆑平㆓定葦原中國㆒。時二神曰、天有㆓惡神㆒。名曰㆓天津甕星㆒。亦名天香香背男。請先誅㆓此神㆒、然後下揆㆓葦原中國㆒。

ここでは「天津甕星（天香香背男）」は「惡神」の一つとして位置付けられるにとどまっており、星に對する意識は、記・紀にみる限りではかなり稀薄といわざるを得ない。

また約四五〇〇首に及ぶ『萬葉集』の中には「七夕」の題詞を有する歌が一三二首、「彦星」の語のみえる一首（一六八六番歌）を加えて一三三首にのぼる七夕歌が収められているが、これら以外ではわずかに、

北山に　たなびく雲の　青雲の　星離れ行き　月を離れて（一六一）

天の海に　雲の波立ち　月の船　星の林に　漕ぎ隠る見ゆ（一〇六八）

の他、柿本人麻呂と山上憶良の長歌の中に、「夕星」（一九六・九〇四・二〇一〇）、「明星」（九〇四）などが散見する程度であって、北辰・北斗に觸れるものはないようである。

（2）古墳の星宿圖

文獻史料における星への關心が顯著でないだけに、昭和四十七年（一九七二）三月に發見された奈良縣高市郡明日香村の高松塚古墳の星宿圖は、極彩色の壁畫とともに多くの注目を集めた(29)。石槨内の天井には、直徑約一センチメートルの圓形の金箔を貼った星を赤い線で結んで星宿が表現されており、天極五星と四輔を中心にして周邊を二十八宿が圍んでいる。しかし、この中に北斗七星はみえず、南方七宿など剝落している部分もあるとはいえ、中國や朝鮮、特に高句麗の壁畫古墳とは異なって、その痕跡さえ確認されていない。

この星宿圖は、『史記』天官書などに述べられた世界觀(30)を基調にしており、

中宮、天極星。其一明者、太一常居也。旁三星、三公。或曰屬。後句四星。末大星、正妃。餘三星、後宮之屬也。環之匡衞十二星、藩臣。皆曰紫宮。

というその冒頭の部分は、有坂隆道によって提起されたように、地上の王宮を中心とする政治的組織を天空に反映させたものと思われる。

北斗七星については、

所謂旋璣玉衡、以齊七政。杓攜龍角。衡殷南斗。魁枕參首。用昏建者杓。杓、自華以西南。夜半建者衡。衡、殷中州河濟之間。平旦建者魁。魁、海岱以東北也。斗爲帝車。運于中央。臨制四鄕、分陰陽、建四時、均五行、移節度、定諸紀、皆繋於斗。

というように、天帝の車として常に中央をめぐって四方を統一する役を擔う、とされていることから、高松塚の星宿は、天帝による全天の支配を明示し、それは同時に地上において天皇が全國土を支配することとの具體的象徴であって、北斗七星は天帝の車にすぎないために敢えて描くまでもなかったのではないか、と有坂は解釋している。もし北斗七星が意圖的に排除されたのならば、北辰・北斗信仰とは別箇の意義を考える必要があるかも知れない。

ちなみに、昭和四十九年（一九七四）四月に石川縣羽咋郡志雄町の寺山古墳群の第十八號横穴古墳の玄室天井部に北斗七星らしい點刻のあることが報道され[31]、高松塚より約一世紀溯る六世紀末期のものとして注目されたが[32]、調査を擔當された吉岡康暢氏の御敎示によると、これは開口墳のため時代の限定が困難であり、內壁には丸釘狀工具による點刻や線刻の抽象圖形が認められ、北斗七星かどうかについても問題を殘している、とのことである[33]。

（3）　七星劍とその周邊

美術工藝の分野においては、確實に北斗七星を取り入れた作例がいくつか傳存している。古代の刀劍の中には、刀身の部分に日・月・北斗七星を含む星辰・雲文・山川などの圖形を刻んだものがあって、通例〝七星劍〟と呼ばれている[34]。

法隆寺金堂の持國天が右手に持つ銅劍の兩面には、先端から雲文を交えて、北斗七星・日・月・山嶽の文様が刻まれている。『聖德太子傳古今目錄抄[35]』には、

持國天御大刀者、太子七歳已前之御守也。爲末世衆生濟度令持此天、或爲國家安穩令持此天云々。其太刀長、金銅也。雲形七星形裏面打氣、柄卷銅。拜見此大刀之輩者、辟除兵杖之難云々。

とあり、聖德太子の守刀とされたこの劍は、四天王像と同様に飛鳥時代の作とみられている。四天王寺の七星劍は、鐵製の直刀で、兩面に北斗七星その他の星辰と龍頭が刻まれ、やはり飛鳥時代の作とされる。これも太子の佩刀と傳えられている。

正倉院の吳竹鞘杖刀にも、兩面に雲文と北斗七星を含む刻文があり、この他にも、天平勝寶八年（七五六）六月二十一日に光明皇后が聖武天皇遺愛の品々を東大寺盧舍那佛に奉獻した際の目錄「東大寺獻物帳」[36]には、「御大刀壹佰口」の中に、日・月・星・龍・雲形などを刻んだ大刀八口が含まれている。

また、四天王寺には前述の七星劍とともに太子佩刀の所傳を持つ丙子椒林劍があるが、この劍には星雲等の刻文はないものの、刀身に「丙子椒林」の四文字が金象嵌されている。新井白石『本朝軍器考』卷八は、

丙子トハ、此大刀造レル年ヲ誌シ、椒林ハ刀ヲ造レル工ノ姓名ナルモ知ルベカラス。椒姓ハ『姓苑』ニモ見エテ侍ルメリ。

とするが[37]、吉田光邦氏の指摘されたように、緯書『春秋運斗樞』には、

玉衡星散、爲雞、爲鵰、爲兔、爲鼠、又散爲李、爲桃、爲椒、爲荊、爲楡、又爲菖蒲。

とあって、「椒」は玉衡星が地上に降下し散って生じたものとされる[38]。同書にはまた、

北斗七星、第一天樞、第二璇、第三機、第四權、第五玉衡、第六開陽、第七瑤光。第一至第四爲魁、第五至第七爲杓、合而爲斗。居陰布陽、故稱北斗。

とあることから、これは北斗七星を意味するようである[39]。

刀劍類にこのような日月星辰等の刻文を施すことは、いうまでもなく中國に源流がある。漢の趙曄撰『呉越春秋』には、

伍子胥過江、解劍與漁父曰此劍中有七星北斗文、其直千金。

とあり、[40] 梁の陶弘景『古今刀劍錄』には、

夏禹子帝啓在位十年、以庚戌八年、鑄一銅劍長三尺九寸、後藏之秦望山腹上。刻二十八宿文、有背面、面文爲星辰、背記山川日月。

などの記事がみえているが[41]、中國道教における劍と鏡の意義とその系譜を跡付けた福永光司によれば、陶弘景はこの『古今刀劍錄』において、道教の根源的な眞理である〝道〟を象徴する神劍の靈威を説くとともに、その靈威が地上の帝王權力をも象徴することを説いて、その根據づけを傳統的な占星術的天文學とその上に展開した神仙讖緯思想によって行なっている、とされる[42]。

陶弘景が私淑した葛洪の『抱朴子』においても劍に關する記事が散見するが、その特性の認識は若干異なるようである。道意篇には、

要於防身却害、當修守形之防禁、佩天文之符劍耳。祭禱之事無益也。

とあり、雜應篇にも、

或問辟五兵之道。抱朴子曰、吾聞、呉文皇帝曾從介先生受要道云、但知書北斗字及日月字、便不畏白刃。帝以試左右數十人、常爲先登鋒陷陣、皆終身不傷也。

といい、また、遐覽篇に、

凡爲道士求長生、志在藥中耳。符劍可以却鬼辟邪而已。

とあるように、ここで强調されているのは帝王の權力を象徴する神劍の靈威よりも、むしろ辟邪に有效な護身劍としての側面である。

この他、『淮南子』天文訓に、

北斗所擊不可與敵。

といい、『後漢書』天文志に、

北斗主殺。

あるいは、前揭の『五行大義』に、

天罡主殺伐。

とされるように、軍事的な意味から刀劍の刻文となった側面があり、七星劍の圖樣の分析を試みられた杉原たく哉氏のいわれるように、七星劍の思想的背景には、大よそ以上の三つの要素を看取できるだろう(43)。

しかし、古代の日本において、これらの七星劍が實際にはどのように認識されていたのかとなると、前述のような製作と傳來の事情からみて、『抱朴子』などにいう辟邪・護身の側面もあるにせよ、多くの場合には、權力の象徴として位置付けられていたのではなかろうか。

『續日本紀』には、元正天皇の養老六年（七二二）十一月十九日條と、同七年（七二三）二月十四日條に、「北辰」に關する次の記事がある。

詔曰。朕精誠弗レ感。穆卜罔レ從。降二禍彼蒼一。閔凶遄及。太上天皇奄棄二普天一。誠冀。北辰合レ度。永庇二生靈一。南山協レ期。遠常承二定省一。何圖。一旦厭レ宰二萬方一。白雲在レ馭。玄猷遂遠。瞻二奉寶鏡一。痛酷之情纏レ懷。敬二事衣冠一終身之憂永結。然光陰不レ駐。儵忽及レ期。汎愛之恩。欲レ報無レ由。不レ仰二眞風一。何助二冥路一。（下略）

詔曰。乾坤持施。燾載之德以深。皇王至公。亭毒之仁斯廣。然則居二南面一者。必代レ天而闡レ化。儀二北辰一者。亦順レ時以涵育。（下略）

ともに儒教的な修辞による詔であって、『論語』爲政篇の冒頭に、

子曰、爲政以德、譬如北辰居其所、而衆星共之。

というような觀念が作用しているように思われる。これは、高松塚古墳の星宿圖や七星劍などが基調とする思惟にも通じる性格のものではあるが、攘災招福を主眼とする〈天罡〉呪符の成立を直接に促すものとは見做し得ないであろう。

三、妙見信仰の傳播

本節では、やや視點を變えて、より社會的な擴がりを持つ佛教の中にその要素をさぐることにしたい。

（1）「七佛所説神呪經」の受容

佛教、特に密教においては妙見菩薩が北斗星の本地とされる。この妙見菩薩信仰の根本經典は「七佛八菩薩所説大陀羅尼神呪經」[44]（以下「七佛所説神呪經」と略記）であるが、

我北辰菩薩名曰妙見。今欲説神呪擁護諸國土。所作甚奇特故名曰妙見。處於閻浮提。衆星中最勝。神仙中之仙。菩薩之大將。光目諸菩薩。曠濟諸群生。

という一節にもうかがえるように、道教あるいは神仙説の影響が著しい經典である。

　若能修行上來諸德。我時當率諸大天王。諸天帝釋伺命都尉天曹都尉。除死定生滅罪增福益算延壽。白諸天曹差諸善神一千七百。還衞國界守護國土。除其災患滅其姦惡。風雨順時穀米豐熟。疫氣消除無諸強敵。人民安樂稱王之德。

「諸國土ヲ擁護」し、「廣ク諸群生ヲ濟ク」という功德については、また、とも述べられている。

正倉院文書の中の、寫經生高屋赤萬呂による天平八年（七三六）九月の「寫經請本帳」には多くの經典に混って「七佛所說神呪經　四卷」もみえ、[45]福井縣の西福寺には、光明皇后の願經として著名な天平十二年（七四〇）の〝五月一日經[46]〟の斷簡である巻三の部分が傳存している。[47]この他にも、正倉院文書、天平勝寶四年（七五二）の「佛像彩色料注文」には「藥師像」「千手千眼菩薩」とともに「妙見菩薩　一軀」の着彩に必要な顏料が擧げられている。[48]

いわゆる南都六宗に代表される奈良時代の佛教は、經典研究を主旨とする傾向が強いとはいえ、石田茂作の調査したところでは、善無畏・金剛智・不空以前の古密教を中心に現存大藏經密部の約四分の一にあたる一三〇部にものぼる密教經典が傳來しているという。[49]この中には「北辰菩薩經　一卷[50]」なども含まれ、上層社會における妙見信仰のあり方を檢討する上での手がかりを與えてくれる。ただ、こうした國家的規模による本格的な寫經や造寺造佛等を通じて佛教に歸依し得たのは、皇室をはじめ一部の貴・豪族層を中心とする人々であり、その目途はやはり「鎭護國家」に集約されるかと思われる。しかし、同時代の民衆社會における妙見信仰となると、いくぶん様相を異にするようである。

（2）　民衆社會と妙見信仰

奈良時代から平安初期の民間における佛教の在り方をよく傳える『日本靈異記』（景戒撰。三卷。弘仁十三年〈八二二〉頃成立か）には、妙見菩薩の功徳を説く話が三編載っている。

「令レ盗二絹衣一歸二願妙現菩薩一修二得其絹衣一縁」と題する上巻第三十四は、紀伊國安諦郡の私部寺の前に住む者が、絹の衣一疋を盗まれたので、一心に妙見菩薩に祈ったところ、無事に手許にもどった、という話であり、「妙見菩薩變化示二異形一顯二盗人一縁」と題する下巻第五も、妙見菩薩が靈力によって盗人を顯らかにする話である。その冒頭部には、

　河内國安宿郡部内、有二信天原山寺一。爲下妙見菩薩獻二燃燈一處上。畿内每レ年、奉二於燃燈一。帝姫阿倍天皇代、知識縁依レ例、獻二於燃燈菩薩一、竝室主施二於錢財物一。

とあるが、「帝姫阿倍天皇」は後に孝謙天皇（在位七四九～五八年）、重祚して稱徳天皇（在位七六四～七〇年）のことで、この頃、畿内近邊には年每に妙見菩薩に燈明を奉獻する人々のいたことが知られる。

もう一編の下巻第三十二は「用レ網漁夫値二海中難一憑二願妙見菩薩一得レ全レ命縁」と題する話で、漁に出た大和國高知郡波多里の呉原忌寸名妹丸は大風のために舟が壞れ、波にもまれながら、「我ガ命ヲ濟ヒ助ケタマハバ、我ガ身ヲ量ベテ、妙見ノ像ヲ作ラム」と祈ったところ、仲間は皆溺死した中で一人だけ助かったので、發願通りに等身の像を作って崇敬した、といい、『靈異記』所載の他の説話の多くと同様に、專ら延命招福といった現世利益的な効驗が強調されている。

また、『續日本紀』寶龜八年（七七七）八月十五日條には、

　上野國群馬郡戸五十烟。美作國勝田郡五十烟捨二妙見寺一。

とあるが、これは『日本後紀』大同三年（八〇八）九月十六日條の、

敕。權入食封。限立二令條一。此年所レ行。甚違二先典一。其招提寺封五十戶。荒陵寺五十戶。妙見寺一百戶。神通寺卅戶。宜三目納二穀倉院一。

および『新抄格敕符抄』第十巻、寺封部の、

妙見寺二百卅戶　百戶返納依二大同三年九月十六日敕符一。寶龜十一年施二常陸五十戶近江卅戶讚岐五十戶美作五十戶一。

と同様に、河内國石川郡春日村（現、南河内郡太子町春日）の妙見寺[51]にあたる、とみられている。[52]

さらに熊本縣下益城郡豊野村下郷寺村に傳存する「延曆九年二月廿三日」の「淨水寺碑文」[53]には、正面に前掲の「七佛所説神呪經」を踏まえたと思われる「妙見菩薩及一千七百善神等」云々の語句が、左側面には「妙見之院」とあって、延曆期における九州地方での妙見信仰の受容を傳える。

特に浸透がすすんでいるのは、やはり畿内とその周邊地域であって、平安初期には禁制の對象となるほどになっている。『類聚國史』巻十所收の延曆十五年（七九六）三月十九日付の敕によれば、

禁レ祭二北辰一。朝制已久。而所司悔慢。不レ事二禁止一。今京畿吏民。每レ至二春秋季月一。棄レ職忘レ業。相二集其場一。男女混殽。事難二潔清一。□祐。反招二其殃一。自今以後。殊加二禁斷一。若不レ獲レ已。每レ人異レ日。莫レ令二會集一。若乖二此制一。法師者送二名綱所一。俗人者処二違敕罪一。

とされるが、「朝制已ニ久シ」とあることから、禁令は以前から出されていたようである。

「若シ已ムヲ獲ザレバ、人每ニ日ヲ異ニシ、會集セシムルナカレ」という條りにうかがえるように、「北辰ヲ祭ルコトヲ禁ズ」とはいうものの、「今京畿ノ吏民、春秋季月ニ至ル每ニ職ヲ棄テ、業ヲ忘レ、其ノ場ニ相集リテ、男女混殽、事潔清シ難シ」という状況を前にして、もはや北辰祭祀自體を禁止することは出來ず、個人的には容認しながらも多數の民衆が一同に會集する状態への警戒を改めて促すにとどまっている。

『類聚三代格』巻十九、禁制事條には、この前後、民衆の夜祭歌舞、歌垣、群飲等の行爲を重ねて統制する太政官符が載せられているが、これら一連の禁令にはいずれも「男女混淆、事潔淸シ難シ」の部分と同様に社會風俗の紊亂を非難する條りがあるとはいえ、禁制の要因に關しては、むしろこうした行爲がともすると政治批判の場となり、不穩な言動を伴いがちであった點に注意する必要があるだろう。[54] このように、民衆社會における北辰崇拜は妙見信仰を基調とし、上層社會のそれよりも現世利益的な傾向が強いことから、攘災招福を主旨とする〈天罡〉呪符とはかなり近い性格を有するといってよい。しかし、呪符の使用が妙見信仰の傳播を擔った私度僧たちによるものかどうかについては、なお検討の餘地が殘る。

（3）　私度僧の教法とその性格

民間で佛教の布教活動を續ける私度僧たちの教法は、『日本靈異記』にあざやかに描かれているが、特に彼らが陀羅尼・神呪を驅使したことは、堀池春峰氏が整理された「優婆塞貢進解」にみえる讀經・誦經・誦呪の内容に關する記事からも裏付けられる。[55]

彼らの布教活動に對しては、律令國家によるさまざまな統制が加えられたことは周知の通りで、『續日本紀』神龜六年（七二九）四月三日の勅[56]には、

内外文武百官及天下百姓。有㆘學㆓習異端㆒蓄㆓積幻術㆒。Ⓐ厭魅呪咀害㆓傷百物㆖者㆖。首斬徒流。如有㆘停㆓住山林㆒詳道㆓佛法㆒。自作㆓教化㆒。傳習授㆑業。Ⓐ封㆓印書符㆒。Ⓑ合㆑藥造㆑毒。萬方作㆑恠。違㆓犯勅禁者㆒。罪亦如㆑此。Ⓒ其妖訛書者。勅出以後五十日内首訖。若有㆓限内不㆑首後被㆓糾告㆒者。不㆑問㆓首從㆒。皆咸配流。其糾告人賞㆓絹卅疋㆒。便徵㆓罪家㆒。

とある。ここではまず「内外文武ノ百官及ビ天下ノ百姓」に對して「異端ヲ學習シ、幻術ヲ蓄積シ、厭魅呪咀シテ百物ヲ害傷スル」ことを禁ずるが、その主たる目的は「山林ニ停住シテ佛法ヲ詐リテ道ウ」私度僧の統制にあったとみてよい。

傍線部Ⓐは賊盗律厭魅條、Ⓑは毒藥條、Ⓒは造妖書條の文言をそれぞれ踏まえており、律の規定を反復する内容は、重ねて出された禁令の中でも、とりわけ嚴しいものとなっている。

特にⒶの前提となる賊盗律厭魅條は、

凡有レ所二憎惡一。而造二厭魅一。及造二符書呪咀一。欲二以殺人一者。各以二謀殺一論。減二二等一。

とはじまるが、この部分には唐律の疏に依據した次のような注記がある。

謂。有レ所レ憎二嫌前人一。而造二厭魅一。厭事多方。罕二能詳悉一。或刻二作人身一。繋レ手縛レ足。如レ此厭勝。事非二一緒一。魅者。或假二託鬼神一。或妄行二左道一之類。或呪。或詛。欲二以殺人一者。

前引の赦が出されたのは長屋王事件後わずか二ケ月に満たない時期であり、事件に呼應してのものであることはほぼ確實であって、この前後から厭勝あるいは符書による呪咀が急速に社會問題化したものと思われる。また、大寶僧尼令卜相吉凶條においては容認されていたとみられる僧尼の「道術符禁、湯藥ニ依ル救療」行爲が、養老令條文においては削除されたことも、これと軌を一にする(57)。

これらの法令で特に問題にされているのは、他者の殺害を企圖しての厭魅呪咀に關わる行爲であるが、隨所にみえる「封印書符」「造符書呪咀」「道術符禁」などの内容を具體的に把握することは困難であるとしても、いわゆるワラ人形を思わせるような木釘の打ちこまれた人形や(58)、「重病受死」と墨書された人形なども平城宮跡から出土しており(59)、さまざまな種類の呪符類が使用されたことは想像に難くない。

しかし、奈良時代のものであることが確實な伊場木簡のひとつに、

・若倭部小刀自女病有依[60]（呪語）

と書かれた例があるのをはじめ、他に斷片ではあるが大宰府木簡に、

・□□疾病爲依

・□日下部牛□（容カ）
　里長日下部牛容

と兩面に墨書されたものがあり、[61]平城宮跡出土の人形にも、

・病有依

とある例[62]などが報告されているが、この段階の、私度僧が關與した可能性のある療病に關わる呪符には、「天罡」「急々如律令」等の文字がみえていない點に注意したい。

『靈異記』を撰集した景戒は、行基を敬慕し、私度僧に對しても深い理解を示しているが、彼の身邊を傳える唯一の記録といってよい『靈異記』下巻第三十八の末尾近くには、彼の周邊に起った不幸な出來事を列擧した後、

是以當知、災相先兼表、後其實災來也。然景戒未レ推二軒轅黃帝之陰陽術一。未レ得二天臺智者之甚深解一。

と述懷する。「未ダ軒轅黃帝ノ陰陽ノ術ヲ推ネズ」といって陰陽學への關心を明らかにしているように、この時期の佛徒の間に、道教あるいはその構成要素としての陰陽道的世界への傾斜があったことは確實だが、官衙地域を中心とする〈天罡〉呪符の使用と私度僧とは、やはり直接には結びつかないであろう。

四、宮廷儀式の變容と陰陽道祭の形成

前節までの考察を踏まえて、本節では陰陽寮が星辰祭を中心とする祭祀を管掌していく過程の中に〈天罡〉呪符を位置付けてみたい。

（1）大祓詞と桓武朝の郊祀

大祓は特に重視された宮廷儀式の一つであり、「神祇令」には、

凡六月十二月晦日大祓者。中臣上二御祓麻一。東西文部上二祓刀一。讀二祓詞一。訖百官男女。聚二集祓所一。中臣宣二祓詞一。卜部爲二解除一。

と規定されるが、中臣氏や卜部と竝んで東西文部によって行なわれる解除の呪詞は、『延喜式』巻八祝詞に「東文忌寸部獻二横刀一時呪西文部准レ此」として次のように傳えられている。

謹請、皇天上帝、三極大君、日月星辰、八方諸神、司命司籍、左東王父、右西王母、五方五帝、四時四氣、捧以二祿人一、請レ除二禍災一。捧以二金刀一。請レ延二帝祚一。呪曰、東至二扶桑一。西至二虞淵一。南至二災光一、北至二弱水一、千城百國、精治萬歲、萬歲萬歲。

「皇天上帝」「三極大君」以下、道教における神々が列擧されており、『令集解』の諸注がいうように、漢語で讀唱されたこの呪詞は、祝詞の中でも特異なものとして知られているが、殊に「皇天上帝」は桓武朝における郊祀の祭文においても祝禱の對象とされている。

前年からはじまった長岡京造営が進むさなかの延暦四年（七八五）十一月十日、新京の南郊で「天神」が祀られた。『續日本紀』には、

壬寅祀二天神於交野柏原一。賽二宿禱一也。

とあるだけだが、二年後の同六年（七八七）十一月五日に再び「天神」を祀った際には次のように傳えられている。

十一月甲寅。祀二天神於交野一。其祭文曰。維延暦六年歳次二丁卯一十一月庚戌朔甲寅。嗣天子臣謹遣二從二位行大納言兼民部卿造東大寺司長官藤原朝臣繼繩一。敢昭告二于昊天上帝一。臣恭膺二睠命一。嗣二守鴻基一。幸頼二穹蒼降レ祚覆燾騰一徵。四海晏然萬姓康樂。方今大明南至。長晷初昇。敬采二燔祀之義一。祗修二報德之典一。謹以二玉帛犧齋粢盛庶品一。備二茲禋燎一。祗薦二潔誠一。高紹天皇配神作主尙饗。
又曰。維延暦六年歳次二丁卯一十一月庚戌朔甲寅。孝子皇帝臣諱謹遣二（官位同前）藤原朝臣繼繩一。敢昭告二于高紹天皇一。臣以二庸虚一忝承二天序一。上玄錫レ祉率土宅レ心。方今履長伊始。肅事二郊禋一。用致二燔祀于昊天上帝一。高紹天皇慶流二長發一。德冠二思文一。對越昭升。永言配レ命。謹以制二幣犧齋粢盛庶品一。式陳二明薦一。侑神作主尙饗。

この祭文によって、再度にわたる「天神」祭は、日本固有の「天津神」ではなく、「昊（皇）天上帝」を祀る儀禮であったことがわかる。

福永光司によれば、「昊天上帝」の初見は『詩經』大雅の「雲漢」で、「昊天」は天の大號、「上帝」は天上世界の皇帝を意味する、という。その一方で紀元前三世紀、戰國末期頃から盛行した占星術的な天文學を基盤としながら、陰陽五行、律暦術數の思想と結合し、さらに儒家の易學や道家の神仙思想、民俗信仰をも雜多に取りこむことによって成立した讖緯書の中において、北辰すなわち北極星を神格化した「天皇大帝」が顯在化する。そこで、鄭玄のように、儒家の經典にみえる「昊天上帝」を緯書説によって折衷し、「天皇大帝」と同一視しようとする見解も出され、

宗教的な信仰の對象としては「天皇大帝」が、帝王の行なう國家祭祀の對象としては「昊天上帝」が、それぞれ一體の最高神として重んぜられたが、六世紀頃にいたって、道教における最高神として新たに「元始天尊」が創出されてくる、といわれる(63)。

この祭文が『大唐郊祀録』や『大唐開元禮』における冬至の祭祀の祝文をほぼそのまま踏襲していることは、早く狩野直喜により指摘された通りであって(64)、唐の場合には、「昊天上帝」に對して、王室の始祖としての高祖、あるいはその父、太祖景帝を配主にしたものの、桓武朝の場合には高紹（光仁）天皇を配した點がやや異なるようだが、郊祀を行なった桓武は、天武系の皇統が稱德で途絶え、光仁から再び天智系が復活したことにより、新たな王統儀禮として意識していたのではないか、とするむしゃこうじみのるの説は傾聽に値しよう(65)。

（2）元旦四方拜と御燈

郊祀のようにきわめて中國的な祭祀の實施とほぼ時期を同じくして、より具體的に道教的な星辰崇拜を取り込んだ宮廷儀式が定着する。その一つが元旦四方拜である。

四方拜の祭儀の次第を傳える史料としては『内裏儀式』が最も古く、その冒頭に収める「正朔拜二天地四方屬星及二陵一式」によれば、着座した天皇は、まず北に向かって屬星の名字を稱し、再拜して呪を唱える。次いで天を再拜し、西北を向いて地を拜し、四方を順拜する。そして二陵（兩親の陵）を遙拜して儀を終える、という(66)。その時、最初に稱唱される屬星と呪文の内容は『江家次第』によって知られる(67)。

次皇上、於下拜二屬星一座上端レ笏、北向稱二御屬星名字一（七遍、是北斗七星也。）

子年　貪狼星（字司希神子）

丑亥　巨門星　字貞文子

寅戌　祿存星　字祿會子

卯酉　文曲星　字微惠子

辰申　廉貞星　字衛不鄰子

巳未　武曲星　字賓大惠子

午年　破軍星　字持大景子

次再拜、呪曰若無二暗誦一者、注二折紙一可二稱御一。（下略）賦寇之中過度我身、毒魔之中過度我身、毒氣之中過度我身、毀厄之中過度我身、五急六害之中過度我身、五兵六舌之中過度我身、厭魅呪咀之中過度我身、萬病除愈、所欲隨心、急々如律令。

干支を北斗七星に配した屬星については、『五行大義』第十六、論七政篇においても「黄帝斗圖」や「孔子元辰經」「遁甲經」などの諸書に據って詳述されているし、「北斗本命延生經」や「北斗二十八章經」「七星移度經」などにも具體的に述べられており、[68] 四方拜の場合もこれらの説に基づいて行なわれたのであろう。呪文は諸災厄の攘去を願うものであり、「急々如律令」で結ばれている點が興味深い。

四方拜に關する史料と諸説を整理・詳論した所功によれば、屬星および天地四方、父母二陵の祭儀の構成要素は奈良時代にはそれぞれ別箇の形で行なわれていたらしいが、嵯峨朝の弘仁年間、遲くとも『内裏儀式』が成立したとみられる弘仁九年（八一八）頃までには、元旦の宮廷行事として統合・立制されたようである。[69]

この他に星辰崇拜に基づく宮廷行事としては御燈が擧げられる。これは三月三日と九月三日に北辰に燈火を奉祭するもので、『延喜式』巻十五、内藏寮に、

　春御燈料秋亦同

として、「銭三百文。調布六尺已上御燈料」以下種々の祭料を載せるのが初見記事である。

このように、元旦四方拜、御燈はともに史料上確認されるのが弘仁期以降であることから、奈良末期に盛行した妙見信仰を基調とする民間の北辰祭の影響を受けて成立したものとみてよいだろう。(70)

（3）陰陽道の星辰祭

平安初期前後の、郊祀および元旦四方拜や御燈の實施などにみられる宮廷儀式の動向とほぼ同様の傾向が、陰陽寮の職掌についても認められるようになる。

令制下の陰陽寮は、職員令に、

　頭一人。掌。天文。暦數。風雲氣色。有レ異密奏聞事。

　助一人。允一人。大屬一人。少屬一人。陰陽師六人、掌。占筮相レ地。（下略）

とあり、考課令に、

　占候醫卜。效レ驗多者。爲二方術之最一。十得レ七爲レ多。

と規定される通り、主として天文・暦・式占などを管掌するにとどまっていたが、平安初期にいたって諸種の祭祀・祓に關與しはじめる。(71)

すでに奈良時代後半の天平寶字から神護景雲年間にかけて、當時造營中の石山寺や東大寺において陰陽師による用地鎭祭が行なわれており、以後、鎭祭關係の記事は諸種の史料に散見するが、『文德實錄』仁壽三年（八五三）十二月八日條に、

陰陽寮奏言、使下諸國郡及國分二寺、據二陰陽書法一、毎年鎮中害氣上、從レ之。

とあるように、「陰陽書法」に據る「害氣鎮メ」を「諸國郡及ビ國分二寺」で毎年實施することが認められたのに續いて、『三代實錄』貞觀元年（八五九）八月三日條には、

遣二（中略）外從五位下陰陽權助兼陰陽博士滋嶽朝臣川人等於大和國吉野郡高山一、令レ修二祭祀一。董仲舒祭法云。螟螣賊二害五穀一之時、於二害食之州縣内清淨處一、解レ之攘レ之、故用二此法一、前年命二陰陽寮一、於二城北船嶽一、修二此祭一今亦於レ此修レ之蓋擇二清淨之處一。

とあり、「董仲舒祭法」に據る蟲害攘災が行なわれた。これは貞觀五年（八六三）二月と同八年七月にも實施され、祭祀實修の地名に因んで高山祭と稱せられている。

また、『三代實錄』貞觀九年一月二十六日には、

神祇官陰陽寮言。天下可レ憂二疫癘一。由レ是。令下二五畿七道諸國一。轉二讀仁王般若經一。幷脩中鬼氣祭上。

とあって、疫病流行に際して「鬼氣祭」が行なわれ、以後、『延喜式』陰陽寮に祭料が詳細に規定された庭火幷平野竈神祭、御本命祭、三元祭をはじめ、屬星祭、河臨解除、五龍祭などの、さまざまな陰陽道祭が實施されるようになる。

中でも屬星祭については、『政事要略』巻九十五、至要雜事條所引の、三善清行『善家異記』佚文「弓削是雄式占有二徵驗一事」の冒頭部に、

内竪伴宿禰世繼。貞觀六年。爲二穀倉院交易使一。歸來之次。宿二近江國介藤原有蔭館一。時有蔭招二陰陽師弓削是雄一。令レ祭二屬星一。

とあることから、すでに貞觀六年（八六四）には豪貴族層の間で私的にも實施されていたことが知られるのである。(72)

この他にも、本命祭や玄宮北極祭など陰陽師による星辰祭は多様であるが、陰陽道祭の分類を試みられた野田幸三郎によると、天文・暦・相地などの知識に起因する諸観念に基づくこれらの儀禮は、最も〝陰陽道的〟な性格を持つ、とされている。(73)

結　語

本章でとりあげた〈天罡〉呪符は、奈良末期の民衆社會における、妙見信仰を基調とした北辰崇拜の盛行に對應する形で、奈良末から平安初期以降、官衙を中心に、上層社會で公私にわたって行なわれるようになった陰陽道の星辰祭において成立し、中期以降、民間陰陽師の輩出に伴って、廣く一般に普及した、とみてよいのではなかろうか。

注

（1）呪符に關しては、和田萃「呪符木簡の系譜」（『木簡研究』四號、一九八二年）において、古代から中世にわたる用例を列擧した上で人形や齋串等と比較しつつ形態や機能が詳細に檢討され、中國・朝鮮における關連資料の紹介もなされている。また、主として中世の呪符については、奧野義雄「物忌札とその世界」、同「大乘院寺社雜事記にみる物忌札とその周邊」、木下密運「鎭宅棟札の呪文」、水野正好「まじないの考古學・事始」、同「七鬼神の信仰とその呪符」、同「五大力菩薩の呪句とその世界」（以上『どるめん』十八號、一九七八年、ＪＩＣＣ出版局）、水野正好「八萬四千六百五十四神王呪符の語り」、奧野義雄「祭文にみる呪文『唸急如律令』をめぐって」（ともに『古代研究』十八號、一九七九年、元興寺文化財研究所）、水野正好「まじない札の世界に」（『月刊文化財』二一九號、一九八一年十二月）、木下密運「歴史考古資料にみる道教の影響」（『歴史公論』七卷五號、一九八一年、雄山閣）、水野正好「中世――まじない世界の語りかけ」『日本學』二號、一九八三年、名著刊行會）などの諸論に詳しい。

（2）新城新藏「支那思想　科學（天文）」（岩波講座『東洋思潮』、一九三五年）。

（3）主要なものだけを擧げれば、窪德忠『庚申信仰』（一九五七年、山川出版社）以下の諸論、下出積與『日本古代の神祇と道教』（一九七二年、吉川弘文館）以下の諸論、福永光司・上山春平・上田正昭『道教と古代の天皇制』（一九七八年、德間書店）、福永光司『道教と日本文化』（一九八二年、人文書院）、松田智弘『道教受容の研究』（一九八二年、人間生態談話會）など。

研究史については、和田萃「藥獵と『本草集注』」（『史林』六十一巻三號、一九七八年、京都大學史學研究會）、下出積與「日本の道教研究八十年」（『宗教史研究年報』二號、一九七九年、佼成出版社）、野口鐵郎・松本浩一「最近日本の道教研究」（『道教』第三巻、一九八三年、平河出版社）等參照。

（4）北辰・北斗信仰の受容に關する論考としては、清原貞雄「日本に於ける北辰北斗の信仰」（『史林』一巻二號、一九一五年、『神道史』、一九三二年、厚生閣、所收）、窪德忠「庚申信仰と北斗信仰」（『民族學研究』二十一巻三號、一九五七年）、廣畑輔雄「日本古代における北辰崇拜について」（『東方宗教』二十五號、一九六五年）、吉田光邦『星の宗教』（一九七〇年、淡交社）、金指正三『星占い・星祭り』（一九七四年、青蛙房）、吉野裕子『陰陽五行思想からみた日本の祭』（一九七八年、弘文堂）などがある。この內、特に吉田および金指の著書からは多くの示唆を得た。

（5）濱松市立鄕土博物館編『伊場木簡　伊場遺跡發掘調査報告書第一册』（一九七六年、濱松市教育委員會）の木簡番號では第三十九號。

（6）『伊場遺跡遺物篇二　伊場遺跡發掘調査報告書第四册』（一九八〇年、濱松市教育委員會）五十二～五十三頁。

（7）前揭注（5）。

（8）前揭注（6）十～十三頁。

（9）芝田文雄「百怪呪符」（竹內理三編『伊場木簡の研究』、一九八一年、東京堂出版所收）。この論文は、同氏「伊場遺跡出土の『百怪呪符』木簡」（『日本の考古學』Ⅵ附錄、一九七三年、河出書房新社）を發展させたものであり、見解の異なる點は前者に據った。

(10) 五斗米道の教法、また太平道との關係等については、福井康順『道教の基礎的研究』(一九五二年、理想社、一九五八年再版、書籍文物流通會)に詳しい。

(11) 和田萃「呪符木簡の系譜」前掲注(1)。

(12) 平川南「東北地方出土の木簡について」(『木簡研究』創刊號、一九七九年)。

(13) 佐久間貴士「大阪・國府遺跡」(『木簡研究』二號、一九八〇年)、および『國府遺跡發掘調査槪要Ⅹ』(一九八〇年、大阪府教育委員會)。

(14) 小村茂「石川・漆町遺跡(C地區)」(『木簡研究』四號、一九八二年)、および『漆町遺跡』(一九八二年、石川縣埋藏文化財センター)。

(15) 前掲注(11)に同じ。

(16) 小村茂「石川・漆町遺跡」(『木簡研究』三號、一九八一年)。

(17) 瀧川政次郎「急々如律令」(『律令の研究』、一九三一年初版、一九六六年再刊、刀江書院)。

(18) 日本古代における『文選』の受容については、東野治之「奈良時代における『文選』の普及」(大阪歴史學會編『古代國家の成立と展開』、一九七六年、吉川弘文館)、のち『正倉院文書と木簡の研究』(一九七七年、塙書房)參照。

(19) 野田幸三郎「陰陽道の成立」(『宗教研究』一三六號、一九五三年)、同「陰陽道の一側面」(『歴史地理』八十六巻一號、一九五五年)、および小坂眞二「九世紀段階の怪異變質にみる陰陽道形成の一側面」(竹内理三編『古代天皇制と社會構造』、一九八〇年、校倉書房)。

(20) 『隋書』經籍志の五行部に「玄女式經要法　一卷」、『新唐書』藝文志に「玄女式經要訣　一卷」が著錄されているにすぎない。

(21) 『五行大義』の受容については、中村璋八『五行大義』(一九七三年、明德出版社)、同『五行大義の基礎的研究』(一九七六年、同前)に詳しい。

(22) 持統朝から和銅年間にかけて、渡來系氏族の僧侶を中心に科罪としての還俗とは別の、敕命による還俗を行ない、陰陽や曆算・天文・占術・醫術などの專門家を養成しているが、この問題については、橋本政良「敕命還俗と方技官僚の形成」(『史學研究』一四一號、一九七八年)參照のこと。
(23) 菊地康明「古代の海上交通路と伊場遺跡」(『文化財を守るために』二十號、一九七九年)。
(24) 前掲注(6)。
(25) 原川宏・山口和夫「靜岡縣・道場田遺跡」(『木簡研究』五號、一九八三年)、および『燒津市埋藏文化財調査報告 三』(一九八三年、燒津市教育委員會)。
(26) 志田原重人「廣島・尾道市街地遺跡」(『木簡研究』創刊號、一九七九年)、および『尾道――市街地發掘調査概要――一九七八』(一九七九年、尾道市教育委員會)。
(27) 『草戸千軒――木簡一――』(一九八二年、廣島縣草戸千軒町遺跡調査研究所)第二四二號木簡。
(28) 馬場昌一「岡山・助三畑遺跡」(『木簡研究』五號、一九八三年)。
(29) 關連論文は多數あるが、主要なものをあげると、吉田光邦「高松塚の星象・四神圖について」(『佛教藝術』八十七號、一九七二年、毎日新聞社)、能田忠亮「高松塚古墳の天井星宿」(末永雅雄・井上光貞編『高松塚古墳と飛鳥』、一九七二年、中央公論社)、藪内清「東洋天文學と高松塚古墳」(末永雅雄編『高松塚古墳』、一九七二年、創元社)、有坂隆道「高松塚の壁畫とその年代」(『高松塚論批判』、一九七四年、創元社)、藪内清「壁畫古墳の星宿圖」(『天文月報』六十八巻九號、一九七五年)、有坂隆道「高松塚の星」(横田健一・網干善教編『飛鳥を考える』Ⅱ、一九七七年、創元社)など。
(30) 清水嘉一「史記天官書恆星考」(『東方學報』京都、十四册―三、一九四四年)參照。
(31) 『サンケイ新聞』昭和四十九年四月二十六日付夕刊、第六面。
(32) 所功「『元旦四方拜』の成立」(『名古屋大學日本史論集』上卷、一九七五年、吉川弘文館)、および前掲注(29)の有坂論文などに言及がある。
(33) 筆者宛の私信による。

（34）松本榮一「法隆寺金堂四天王と七星劍」（『國華』三十七巻八號、一九二七年）、末永雅雄『日本上代の武器』（一九四一年、弘文堂）、辻本直男「法隆寺の七星劍について」（『美術史』十五・十六號、一九五五年）、佐藤貫一「法隆寺傳來の七曜劍及び銅劍」（『MUSEUM』九十六號、一九五九年）、たなかしげひさ「丙子椒林・七星劍と法隆寺の日月劍」（『佛教藝術』五十六號、一九六五年）、野尻抱影「七星劍の星文考」（『星と東方美術』、一九七一年、恆星社厚生閣）、福永光司「道教における鏡と劍」（『東方學報』京都、四十五冊、一九七三年）、杉原たく哉「七星劍の圖様とその思想」（『美術史研究』二十一號、一九八四年、早稲田大學美術史學會）など。とくに杉原氏の論では七星劍に關する諸説を踏まえた上で、『晉書』張華傳所載の寶劍譚を手がかりにした興味深い分析が試みられている。

（35）荻野三七彦『聖德太子傳古今目錄抄の基礎的研究』（一九三七年、法隆寺刊）による。

（36）『大日本古文書』正倉院編年文書、四巻、および竹内理三編『寧樂遺文』中巻、所收。

（37）『新井白石全集』第六巻、『故實叢書』所收。前掲注（34）、末永・たなか論文參照のこと。

（38）『古徵書』巻十九、所收。

（39）吉田光邦前掲注（4）參照。

（40）『漢魏叢書』二十、『古今逸史』十八、『四部叢刊』二八三・二八四に所收。

（41）『漢魏叢書』所收。

（42）福永光司前掲注（34）參照。

（43）杉原たく哉前掲注（35）參照。

（44）『大正藏』二十一巻、No.一三三三所收。

（45）『大日本古文書』七巻、六十八頁。

（46）この寫經に關しては、皆川完一「光明皇后願經五月一日經の書寫について」（坂本太郎博士還暦記念會編『日本古代史論集』上巻、一九六二年、吉川弘文館）に詳しい。

（47）『重要文化財』二十、書跡・典籍・古文書Ⅲ（文化廳監修、一九七五年、毎日新聞社）。八十一頁に願文の部分の寫眞版を收載。

(48)『大日本古文書』十二卷、二五六～二五七頁。

(49)石田茂作『寫經より見たる奈良朝佛教の研究』（一九三〇年初版、一九六六年再版、東洋文庫、一九八三年復刊、原書房）。

(50)『大日本古文書』七卷、五〇一頁。

(51)この寺域からは、延曆三年（七八四）の紀年のある「紀吉繼墓誌」が出土している。『平安遺文』金石文篇、第一號。

(52)村尾元融『續日本紀考證』（國書刊行會版、九一二頁）、金指正三前揭注（4）など。

(53)『平安遺文』金石文篇、第二號。丹邊總次郎・松本雅明「淨水寺延曆碑の研究」（『熊本史學』六號、一九五三年）、松本雅明「淨水寺の四碑」（『熊本縣文化財調查報告』三、一九六二年）等參照。

(54)拙稿「古代都市社會における〈歌垣〉の變容」（『立正史學』五十六號、一九八四年）參照。

(55)堀池春峰「奈良時代佛教の密教的性格」（『西田先生頌壽記念日本古代史論叢』、一九六〇年、のち『南都佛教史の研究』下卷、一九八二年、法藏館）の第一表參照のこと。

(56)同年八月五日に「天平」に改元。

(57)僧尼令大寶令條文の復原に關しては、砂川和義・成瀬高明「大寶令復原の研究の現段階㈡——僧尼令——」（『神戸學院法學』十三卷二號、一九八二年）に詳しい。拙稿「『沈痾自哀文』の史的位置」（『史境』第八號、一九八四年、筑波大學歷史人類學會）においても若干言及した。

(58)『平城宮發掘調查報告書』Ⅳ（奈良國立文化財研究所編、一九六六年、眞陽社）。

(59)『月刊文化財』一九八一年十一月號。

(60)前揭注（5）。

(61)『大宰府史跡出土木簡概報㈠』（一九七六年、九州歷史資料館）。

(62)水野正好「まじない札の世界に」前揭注（1）。

(63)福永光司「昊天上帝と天皇大帝と元始天尊」（『中哲文學會報』二號、一九七六年）。

(64) 狩野直喜「我朝に於ける唐制の模倣と祭天の禮」(『讀書簒餘』、一九四七年、弘文堂)。
(65) むしゃこうじみのる「幻影の唐から」(『國文學　解釋と教材の研究』二十一巻七號、一九七六年)。
なお、この問題については、瀧川政次郎『京制竝に都城制の研究』(一九六七年、角川書店)、林陸朗『長岡京の謎』(一九七二年、新人物往來社)、同「長岡・平安京と郊祀圓丘」(『古代文化』二十六巻三號、一九七四年)、高取正男『神道の成立』第三章神道の自覺過程(一九七九年、平凡社)等參照のこと。
(66)『故實叢書』所收。
(67) 同前。
(68) 福永光司「日本の古代史と中國の道教」(『道教と日本文化』、一九八二年、人文書院)。
(69) 所功「『元旦四方拜』の成立」前掲注(32)。なお、この論文において屬星祭拜の先例として擧げられた論據の内、寺山古墳七星圖と伊場木簡は、本章で述べたように一應除外して考えた方がよく、屬星祭拜は時期的にやや下って四方拜の成立期に近いものと思われる。
(70) 金指正三前掲注(4)參照。
(71) 前掲注(19)の諸論、および山下克明「陰陽師考」(『古代文化史論攷』創刊號、一九八〇年、奈良・平安文化史研究會)。
(72)『善家異記』に關しては、益田勝實『說話文學と繪卷』(一九六〇年、三一書房)、今野達「善家祕記と眞言傳所引散佚物語」(『國語と國文學』三十五巻十一號、一九五八年)、大曾根章介「漢文學における傳記と巷說」(『國文學　言語と文藝』第六十六號、一九六九年)等參照。
(73) 野田幸三郎「陰陽道の一側面」前掲注(19)。

〔附記〕

本章發表後に〈天罡〉呪符が出土した遺跡を『木簡研究』誌上の報告によって摘記しておく。末尾の數字は『木簡研究』の號數である。

静岡縣焼津市・小川城遺跡⑥
静岡縣焼津市・道場田遺跡⑥
滋賀縣大津市・東光寺遺跡⑥
鳥取縣八頭郡河原町・前田遺跡⑥
京都府長岡京市・今里遺跡⑦
兵庫縣神戸市西區・新方遺跡⑦
静岡縣静岡市・神明原・元宮川遺跡⑦
兵庫縣多紀郡丹南町・初田館遺跡⑨
徳島縣徳島市・中島田遺跡⑨
京都府京都市伏見區・鳥羽離宮跡⑩
兵庫縣神戸市長田區・長田神社境内遺跡⑩
神奈川縣鎌倉市・小町一丁目遺跡⑩
滋賀縣彦根市・妙樂寺遺跡⑩
兵庫縣出石郡出石町・袴狹遺跡⑪
滋賀縣坂田郡近江町・高溝遺跡⑪

これらのうち、大半は平安初期以降、特に鎌倉期前後のものとみられるが、最後の高溝遺跡から出土した一點（咄⿰口天⿰口罡□」）だけは、伴出した須恵器から八世紀中期頃か、と推定されている。

なお、右記の舊行政地名の中で、合併等により變更されたものは次のようである。鳥取縣八頭郡河原町→鳥取縣鳥取市河原町、兵庫縣出石郡出石町→兵庫縣豊岡市出石町、滋賀縣坂田郡近江町高溝→滋賀縣米原市高溝、兵庫縣多紀郡丹南町初田→兵庫縣篠山市初田。

第三章　『呪媚經』と〈人形〉祭儀

緒　言

各地の遺跡から出土する人形（ヒトガタ）については、金子裕之によって資料的整理がなされており、その使用をめぐっては、七世紀後半の天武・持統朝の祭祀政策において、新たに中國的な要素を附加する形で再編成され、大寶令に基づく律令制神祇祭祀のなかでも、とくに大祓と深く關連しながら、主として都城や地方官衙の祭場である祓所において用いられたことが、詳細に論じられてきた(1)。

金子は人形を中國傳來のものとし、藤原宮中心部の運河跡から出土した遺例をもとに、律令制祭祀の中に取り込まれた時期を七世紀後半と見做したが、その後、静岡市の神明原・元宮川遺跡から、六世紀後半～七世紀初頭に遡る人形の出土が報じられたことにより、律令制祭祀ないしはその先驅的形態がこの時期まで遡及するか、あるいは、本來人形は律令制祭祀とは別のもので、地方に早く傳わったのち、七世紀後半になって律令制祭祀に取り込まれたのか、という二つの解釋の可能性を示すとともに、人形に關する記述を多く含む道教經典『赤松子章暦』と、日本古代の人形との關連をも指摘した(2)。

これに對して、人形を含む古代の木製祭祀遺物の再檢討を試みた泉武は、八世紀中頃までの祭祀遺物は、木製人形と數種の木製品、土馬などが中心で内容的にも豐富とはいえず、その始期も藤原京以前、古墳時代後期から七世紀前半まで遡るため、律令制の導入という政治的契機とは別に考える必要があること、祭祀遺物の出土地や内容は、八世紀後半から九世紀初頭にかけて一擧に擴大し、都城またはその周邊に限定されないことから、律令國家の中央での祭祀から地方へという擴大現象を國家主導型で説明するのは一義的でありすぎること、さらに祭祀料等について詳細に規定する『延喜式』の記事が反映する祭祀遺物は、九世紀初期を遡るものではないことなどを指摘している。(3)

金子のいう律令制祭祀の概念は、沖ノ島の祭祀遺跡に關する井上光貞の考察に基づいて、大寶神祇令に規定され、實施された國家的祭祀で、その具體的内容は『延喜式』によって一應知り得る、とするものだが、九二七年に成立した『延喜式』にみられる施行細則は、七〇一年に撰進された大寶令以後、いくつかの變遷を經たのちの要素を包括している點に、より留意する必要があると思われる。(4)(5)

人形の成立と展開に關しては、今後の考古學的な調査の成果によって、さらに具體的な知見が得られるであろうが、本章では、その思想的前提をめぐって、從來論じられてきた道經『赤松子章曆』の他に、やはり人形と關連する内容をもつ中國撰述の道教的な疑僞經典である『呪媚經』に注目し、その受容史を通じて、人形呪儀の性格について檢討したい。

一、人形の出土例と『延喜式』

これまでに人形が出土した遺跡は、全國で一二〇〇近くにのぼる。秋田城跡から大宰府跡に及ぶ各地の都城、國衙、郡衙とその周邊をはじめ、集落遺跡や寺院址、河川、水路などの祭祀遺跡のようにさまざまな場所において檢出されている。(6)

一九八〇年に、平城宮朱雀門の東鄰りにあたる壬生門前の外濠（二條大路北側溝）から出土した二〇七點の人形は、[7]『法曹類林』所引の「式部記文」に、大祓を大伴門（朱雀門）と壬生門間の大路で行なう、とある記事や、[8]伴出した紀年銘木簡などによって、天平末年（七四五）頃の大祓に際してのものと考えられる。[9]また、兵庫縣豊岡市出石町の袴狹遺跡群の八世紀代の溝からは、四萬點を越える木製祭祀具が出土し、人形だけでも一萬點を數えるが、[10]第一次但馬國府推定地の出石神社に近接するところから、但馬國全體に關わる祓所の可能性が想定されるように、[11]その多くは、六月と十二月の晦日に行なわれた大祓や諸國大祓[12]において用いられたものであろう。

なかには、人名などを墨書したものも見られるが、これらは、治病や呪咀に關わる性格をもつと思われる。

藤原宮跡の内裏北方の排水路から、典藥寮關係の木簡とともに出土した二點の人形の一つは、丸く描いた左目を塗りつぶし、胸部に縦の二本線が墨書されているが[13]（圖1）、平城宮の内裏東方を流れる東大溝から出土した、八世紀前半の長さ十一、三センチの小型の人形の裏面に、「左目病作今□（今日）」と墨書された例があり[14]（圖2）、ともに治病を祈願して作成されたものとみられている。

また、平城宮の南面東門（壬申門）前の二條大路北側溝から出土した長さ十五、二センチの人形には、表面の胴部に呪句のような文字があり、「女　依　死廿」などが判讀できるが、裏面には肩部に墨痕があり、腰部に「重病受死」と墨書された例がある[15]（圖3）。これは治病よりは呪咀に伴うものかも知れない。

平城宮跡大膳職の井戸から發見された、八世紀後半の人形には、口髭を生やした顏と「坂部秋□（近カ）」という名前らしい文字が胴體に墨書され、兩眼と胸部に木釘が打ち込まれており[16]（圖4）、平城宮若犬養門北の薗地からは、胸部に鐵釘が打ち込まれた、八世紀後半の圓頭の人形（圖5）が發見された他、[17]東院小子部門附近の東一坊大路西側溝からは、やはり八世紀後半の、顏面に刺突痕のある人形が出土しているが[18]（圖6）、これらはいずれも『賊盜律』厭魅條

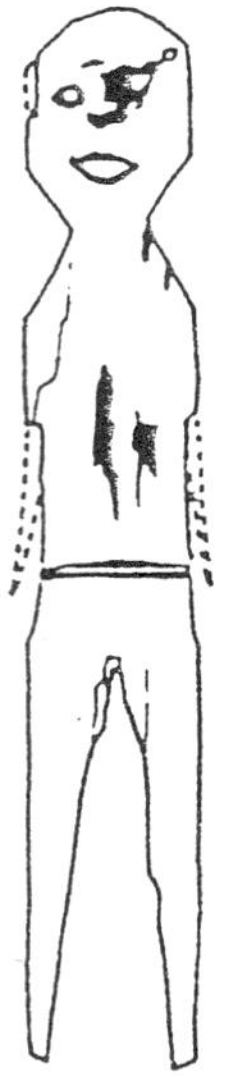

圖 1

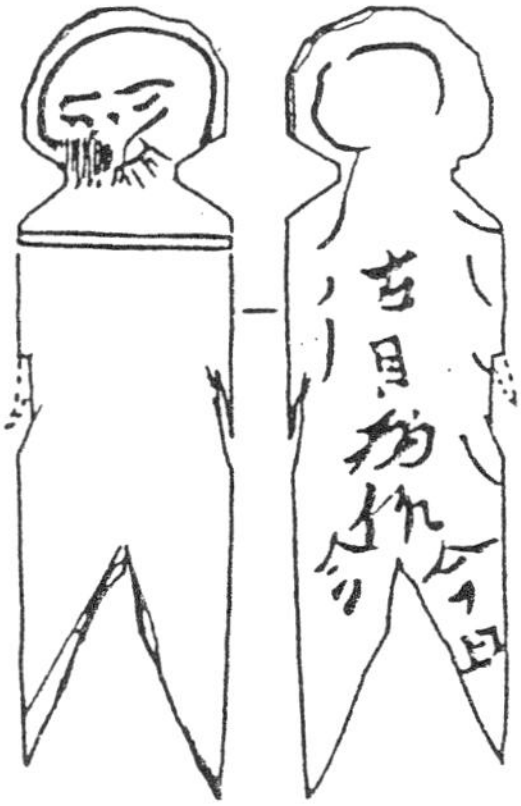

圖 2

圖 3

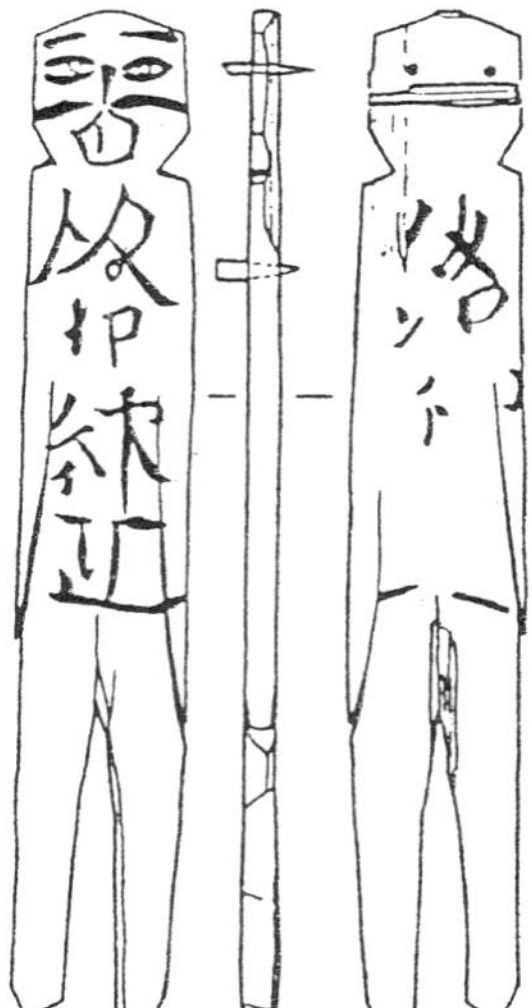

圖 4

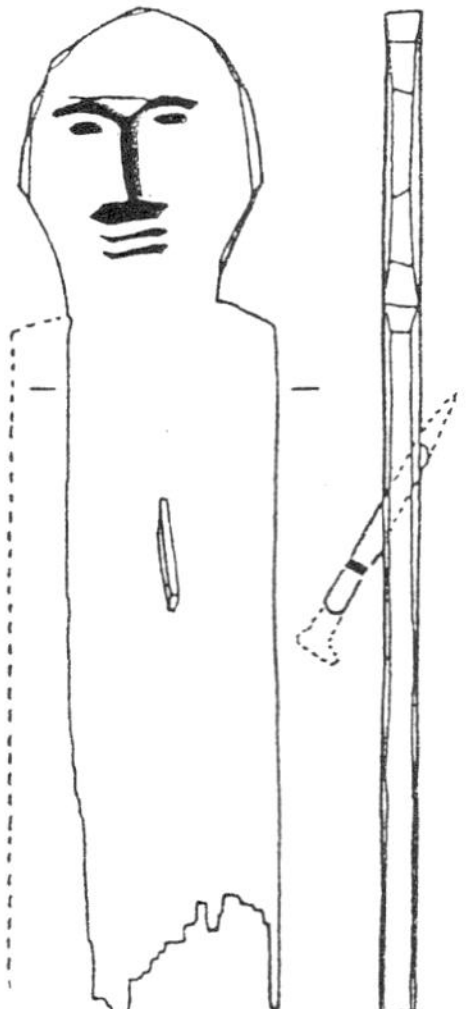

圖 5

圖 6

に、

凡有レ所二憎惡一。而造二厭魅一。及造二符書呪咀一。欲二以殺一レ人者。各以二謀殺一論。減二二等一。

と規定され、『唐律疏議』に、

厭事多レ方、罕二能詳悉一。或圖二畫形像一、或刻二作人身一、刺レ心釘レ眼、繋レ手縛レ足。如レ此厭勝、事非二一緒一。魅者、

或假二託鬼神一、或妄行二左道一之類。

と注記されたような、(19) 厭魅呪咀に關わるものと考えられる。(20)

その他にも、「新羅□直」（平城京右京八條一坊附近の西一坊々間路側溝）、「山□□《下倉》人豆主」（同、左京五條五坊七坪の井戸）、「檜女」（群馬縣前橋市元總社町、寺田遺跡）などのように、人名とみられる文字が記された例があり、(21) 類似する性格をもつ可能性もある。

こうした人形とその呪儀については、『延喜式』に具體的な記載がみえる。いま、泉武によって整理されたものを援用すると、(22) 次のようになる。

巻一　神祇一、四時祭式上

六月晦日大祓（同十二月）	金銀人像二枚
御贖	鐵人像　二枚
中宮御贖（同東宮）	鐵人像　二枚

巻二　神祇二、四時祭式下

毎月晦日御麻（除六月・十二月）	鐵人像　四枚
中宮晦日御麻（同東宮）	鐵人像　四枚

毎月晦日御贖（同中宮・東宮、除六月・十二月）　金銀人像三十二枚（東宮各八枚）

巻三　神祇三、臨時祭式

八十嶋神祭（同中宮）　金銀人像各八十枚

東宮八十嶋祭　金銀人像各三十枚

畿内堺十處疫神祭　金銀人像各一枚

巻四　神祇四、伊勢太神宮式

鉏鍬柄採祭　鐵人像八十枚

山口神祭（度會宮半減）　鐵人像八十枚

採正殿心柱祭　鐵人像四十枚

造船代祭　鐵人像四十枚

巻五　神祇五、齋宮式

河頭祓祭　鐵人像　二枚

晦日解除（同野宮・齋宮）　鐵人像　二枚

御贖料　鐵人像　二枚

祓料　鐵人像　二枚

六處堺川供奉御禊　鐵人像十二枚

齋内親王參三時祭　鐵人像十八枚

十月晦日祓料　鐵人像十八枚

巻十五　内藏寮式
　晦日御贖（同中宮・東宮）　金銀人像十六枚
巻十六　陰陽寮式　童子像
巻十七　内匠寮式　土偶人十二枚
巻三十一　宮内省式
　月別晦日御贖料　金銀人各二十四枚
　鐵人二十八枚

一見して明らかなのは、金、銀、鐵の金屬製人形が大半を占めることであろう。延喜木工寮式の人形の製作に關する一節には、

金銀人像一枚（長一尺、廣一寸）料鐵四兩金薄銀薄各三枚

とあり、鐵を素材として、金や銀の箔を貼ったようで、

木人像（長八寸、廣八分其面餝以金銀）

ともあるので、鐵の他に、木製の素材も用いられたことがわかるが、こうした金屬製の人形の使用は、いつ頃まで遡り得るのだろうか。

延喜神祇式の六月十二月晦日御贖條には、「中宮御贖（東宮准㆑比）」として、「鐵人像二枚」をはじめとする諸種の祭料を列擧した後、祭式の次第を記す。その中にみえる、東西文部が横刀を捧獻する際の呪は、祝詞式に載る。

謹請、皇天上帝、三極大君、日月星辰、八方諸神、司命司籍、左東王父、右西王母、五方五帝、四時四氣、捧以㆓祿人㆒、請㆑除㆓禍災㆒。捧以㆓金刀㆒、請㆑延㆓帝祚㆒。呪曰、東至㆓扶桑㆒、西至㆓虞淵㆒、南至㆓炎光㆒、北至㆓弱水㆒、千城百國、

圖7

精治萬歲、萬歲萬歲。

「皇天上帝、三極大君」以下、「司命・司籍」や「東王父・西王母」「五方五帝」などの、道教的世界を構成する諸神を謹請し、「捧ぐるに銀人を以てし、禍災を除かんことを請う。捧ぐるに金刀を以てし、帝祚を延べんことを請う。」と敍べて、「銀人」と「金刀」を捧げ、除災招福と天皇の延壽を祈願するが、東西文部による祭儀そのものは、『續日本紀』大寶二年（七〇二）十二月三十日條に、

廢㆓大祓㆒。但東西文部解除如㆑常。

とあるので、それ以前から行なわれていたとしても、その法的な制度化は大寶令段階とみるのが妥當であろう。(23)

その當初から「銀人」を伴ったかどうかは不明だが、前述の二季晦日の御贖物については、『本朝月令』六月晦日大祓事條所引の『弘仁式』逸文に、(24)ほぼ同文の呪（ただし、「横刀」ではなく「御麻」を獻ずる時の呪であり、「銀人」も「綠人」となっている）が殘るので、『弘仁式』の完成した弘仁十一年（八二〇）以前には、祭儀の中に位置付けられていたことは確實であるとしても、(25)『延喜式』の規定で「金銀人像各八十枚」と、最も多く使用する八十嶋祭においては、九世紀末頃から始まる幣物投供の風習や招靈儀禮などを通じて、禊祓の祭儀と見做されるようになった段階で、新たに祓具として「金銀人像」などが付け加えられたものと考えられることなどから、(26)『延喜式』にみられるような金屬製人形の使用が定着するのは、九世紀以降のことではなかろうか。

とはいえ、これまでに出土した金屬製人形は、平城宮とその周邊を中心に、銅製人形三十二點（內、一點に銀箔を留

める)、鐵製人形十八點を數えるが(圖7)、金銅製のものは未發見であり、主に八世紀にみられる銅製人形は、『延喜式』成立前後の九世紀後半から十世紀初期にかけて、銅生産の衰退を契機として、鐵製に統一されたらしく、[27]金屬製のものは、木製品に較べて土中で殘存しにくいとしても、長岡京以降、とくに平安京からの出土例がないことは、『延喜式』の記載が、どの程度實態を反映したものか、疑問がないわけではない。

二、『赤松子章曆』と人形

日本古代の人形呪儀が依據した可能性のある史料として注目されてきたものに、『正統道藏』洞玄部表奏類所收の『赤松子章曆』[28]がある。

これは正一派(天師道)の道士による救濟儀禮としての〈上章〉に關する諸種の章奏類を集成した文獻の一つで、[29]卷一には國家や個人、眷屬、先亡などの爲に消災度厄を祈願する際に用いられる供物が、章祭ごとに列擧され、卷二には書符式、書章法や封章、斷章の方法などの説明があり、卷三から卷六にかけて、六十七通の章奏文を載せる。

卷一では全一三五章のうち、供物の内譯が詳記されているのは、約半數の六十二章だが、その中で、人形を含むのは次の六章である。

青絲拔命章　錫人五身
驛馬章　金人一身
解五墓章　錫人五形
疾病破棺章　金人一形

病死不絶銀人代形章　　銀箔人（一人一形）[30]

久病大厄金紫代形章　　金人一形

これらの章において祈願の對象とされる神格は、昊天上帝、日月五星、五方五帝、司祿司命、東王父、西王母など、東西文部による解除の呪と共通するものが多く、祭儀の目的や方法にも類似點が多いことは、これまでに指摘されてきた通りであろう[31]。

『赤松子章暦』では、その冒頭部で太上老君が張天師に、『正一盟威籙』一二〇階と、『千二百官儀』『三百大章法文祕要』などを與えて、人々を救治させたと述べ、卷一の「論三等章」でも『千二百官儀』と「三百大章」に言及するが、章の例文集ともいうべき『千二百官儀[32]』は、齊―梁代、六世紀初期前後に上清派道教を確立した陶弘景が、得道の祕訣を集成した『登眞隱訣[33]』卷下の、上章や書符などによって、天官の官將を呼び降し治病を行なう方法について述べる部分にみえるものである。また、『赤松子章暦』卷五に載る二種の「大冢訟章」は、やはり陶弘景の著書『眞誥[34]』に收められた「冢訟章」と關連すること[35]、あるいは、『赤松子章暦』卷四の「上清言功章」の「賜署治籙、進叨老君道德五千文尊經洞神洞玄洞淵洞眞等法」という一節は、五世紀中期の陸修靜による〈三洞說〉の成立以後の表現であることなどから、本書の成立は、六朝末期頃とみられている[36]。

本書の日本への傳來を示す記録は殘らないが、藤原佐世『日本國見在書目錄』には、五行家の部に、

『赤松子玉暦』一卷

が載り、醫方家の部には、

『赤松子試（誡カ）』一卷

がある。前者については、天平二十年六月十日附の正倉院文書「寫章疏目錄[37]」に、「黃帝太一天目經　二卷」「太一決

口　二卷」などを含む、天文、藥方、兵學關係の漢籍類を列擧したなかに、

　玉曆　二卷

とみえるものと同一かも知れないが、本書との關係については確證がない。

また、後者は「赤松子試」が「誡」の誤字とすれば[38]、あるいは『赤松子中誡經』[39]と關連する可能性もあるだろう。『赤松子中誡經』は、『宋史』藝文志の道家に、

　赤松子中誡篇　一卷

と著錄されているものと同じであろうか。吉岡義豐氏によれば、これは軒轅黃帝が、人の命運の不同、幸不幸の原因などについて質問したのに對して、赤松子が答えたもので、四世紀前期、西晉の葛洪『抱朴子』内篇卷六、微旨篇[40]に、ある人が、長生の道を修める上での禁忌を尋ねたのに對して、

　按、易内戒及赤松子經、及河圖記命符、皆云、天地有司過之神、隨人所犯輕重、以奪其算、算減則人貧耗疾病、屢逢憂患、算盡則人死、諸應奪算者、有數百事、不可具論。

と述べるような、功過思想の系譜に連なり、善惡行爲の計數的取り扱いなどに關する要素を附加しながら、南宋初期頃に成立したものと推定される、という[41]。

ともに『赤松子章曆』の請來とは、直接結びつかないが、假に『赤松子章曆』にみられる「金人」「銀箔人」「錫人」などが、『延喜式』所載の金屬製人形の典據の一つとして想定し得るとしても、平安初期以前の人形の大半を占める木製人形の思想的前提に關しては、別に求める方が良いと思われる。

三、『呪媚經』とその受容

（1）敦煌寫本

中國では、佛典の漢譯が進められる過程で、道教、陰陽五行説や讖緯思想、あるいは儒教思想などの諸要素を取り込んだ、さまざまな疑僞經典が撰述された。(42) これらの疑僞經典類は、東晉の道安『綜理衆經目錄』や梁の僧祐『出三藏記集』をはじめとする歷代の經錄(43)において、〈衆經僞妄〉〈衆經疑惑〉として峻別されたものの、民衆層の生活や信仰を色濃く反映する內容の、比較的短い經典が多いこともあって、アジア諸地域に廣く流布した。

とくに六朝末期から隋代にかけて撰述された疑僞經典の多くは、敦煌藏經洞から發見された古寫本をもとに、『大正新脩大藏經』第八十五卷〈疑似部・古逸部〉にはじめて翻刻されたが、(44) それらの中で、とくに人形呪儀に關わるものとして注目したいのは、『呪媚經』(45) である。

『呪魅經』もしくは『呪魔經』とも呼ばれたこの經典の、經錄上の初見は、隋の法經等が五九三年に撰錄した『衆經目錄』で、卷四の〈衆經疑惑〉五(46)に、

呪媚經一卷

とあるので、六世紀後期までに成立したことは確實だが、近年、落合俊典、牧田諦亮らによって、名古屋市・七寺所藏の平安後期書寫の一切經の中から、新たに確認された古寫本(47)をもとに、敦煌出土の諸本との校合と注解を試みた宮井里佳によれば、四〇六年に鳩摩羅什が譯出した『妙法蓮華經』(48) の影響を受けており、『六字神呪王經』(49) や『灌頂經』(50)、道經『太上洞淵神呪經』(51) などとも共通する內容が見られることなどから、これらとほぼ同時期の、東晉末から劉宋代

にかけての成立と推定されている[52]。

敦煌寫本には、大英圖書館藏スタイン本七種[53]、フランス國立圖書館藏ペリオ本一種[54]、北京圖書館藏本五種[55]、臺灣國立中央圖書館藏本一種[56]、京都國立博物館藏守屋孝藏氏收集本[57]のほか、天津市藝術博物館にも一本がある[58]。

この内、十世紀頃と推定されるスタイン本二五一七號には、

令狐進子一心供養

という識語があり[59]、天津市藝術博物館本は、後周の顯德五年（九五八）三月に、翟奉達という下級官人が、亡くなった妻馬氏の追福のため、沒後七日目に『無常經』、十四日目に『水月觀音經』、二十一日目に『呪魅(媚)經』、二十八日目に『天請問經』、三十五日目に『閻羅王授記經』、四十二日目に『護諸童子經』、四十九日目（七七齋）に『般若心經』、百日目に『盂蘭盆經』、一年目に『佛母經』、三年目に『善惡因果經』を書寫した際の最初の一卷で[60]、『無常經』から『天請問經』までが連寫されており、『呪魅經』の末尾には、

廿一日三七齋、以家母馬氏追福、寫經功德、一々領受福田、永充供養。

という識語があるように、追善供養のために書寫する例も見られるが、死者を對象とするよりは、生者にとっての攘災招福や呪咀を退ける場合などに讀誦されることの方が多かったのではないかと思われる。

（2）七寺本とその內容

日本で書寫されたことが確實な古寫本としては、現在、七寺一切經中の一本が知られるだけである（圖8）。

七寺一切經は、尾張權守・大中臣安長が、早逝した愛娘の供養のために發願し、治承三年（一一七八）に奉納したもので、四九五四卷が現存する。その書寫には、主に尾張地方に傳わる奈良朝以來の古寫本に依據したが、不入藏錄

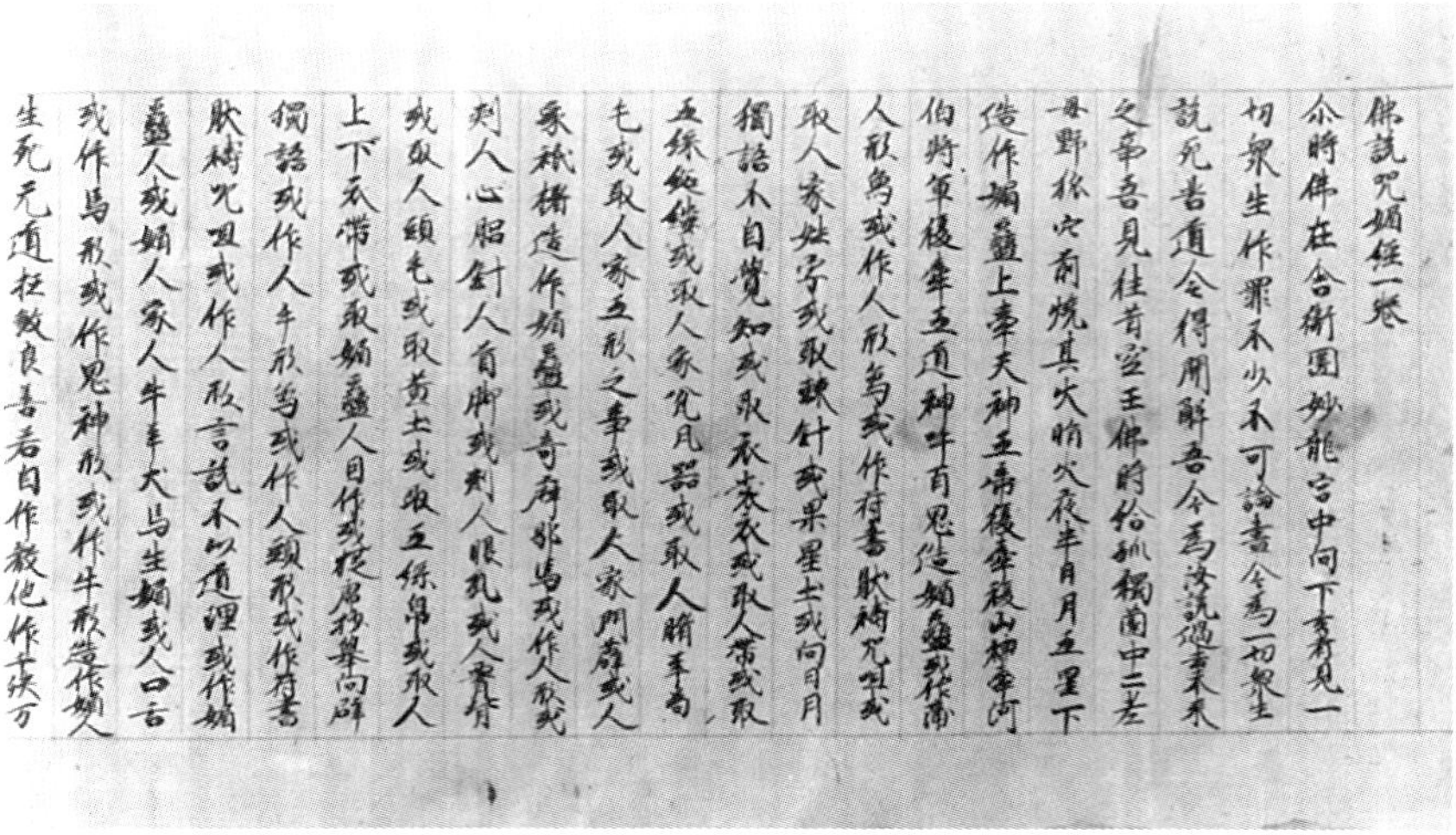

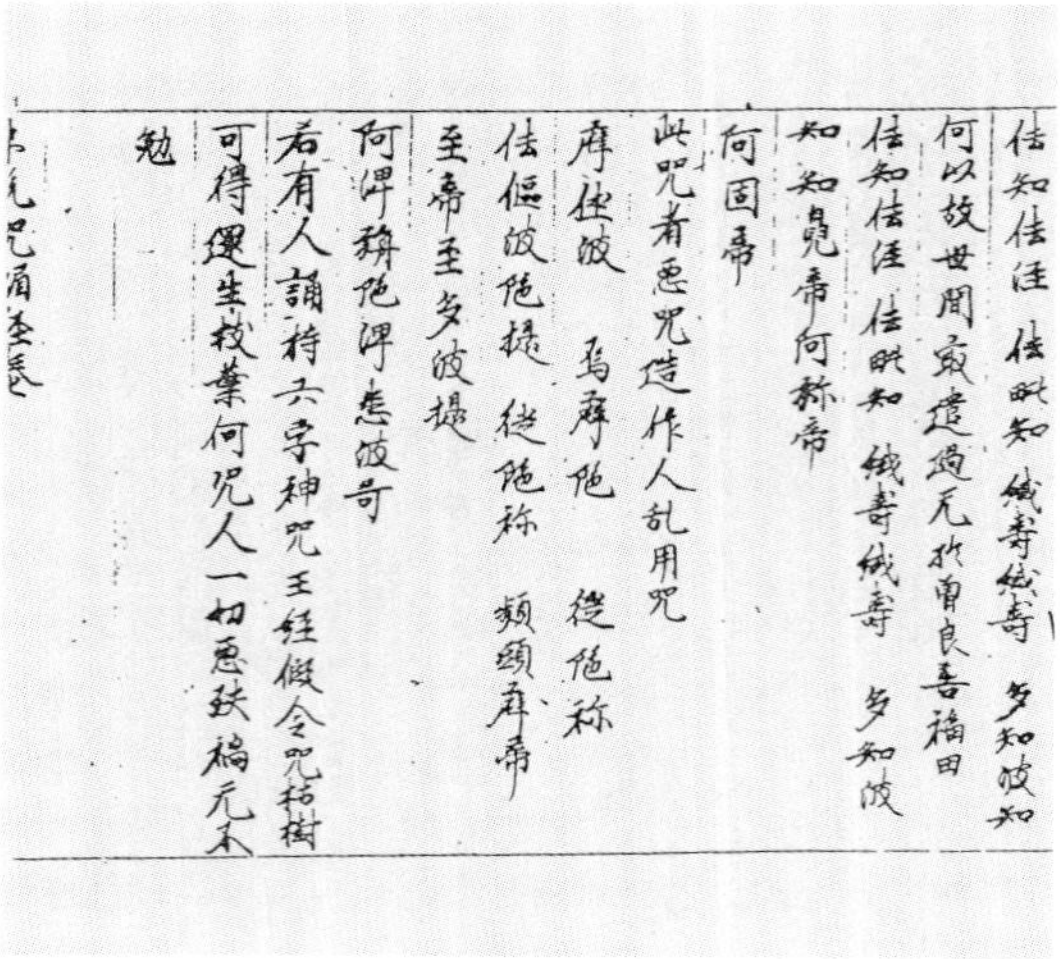

圖 8　七寺本『呪媚經』巻首（上段）・巻尾（下段）

所載の經典を書寫の範圍に入れたこともあって、京都の法勝寺所藏本にも多くを負うことが明らかにされている。(61)

七寺本に基づいて、その內容を概觀すれば、第一行～四行目の序では、佛が舍衛國の妙龍宮において、一切の衆生に死苦の道を説き、開解を得させよう、と述べる。

第四行～二十六行目の第二段では、佛が、嘗て空王佛であった時に給狐獨園で見たことを語る。野狐の穴の前で一人の老母が行なっていたという媚蠱についての具體的な敍述がみられる。

第二十六行～九十二行目の第三段では、聽衆の一人であった大力菩薩が、天の受樂も地獄の憂苦も知らず、良善を媚蠱するような衆生のために法を説いて、度脱させて欲しいと願ったのに應えて、さまざまな呪を交えた説法を展開する。媚人の名前を明らかにし、退却を命じたうえで、もし媚蠱を作したり、作させたりしたら、四天神王、婆羅門、牛頭阿滂、月光菩薩以下の十五菩薩を勸請し、佛の大呪によって、媚人の頭を「阿梨樹枝」のように七つに破碎するぞ、と言い、五方五帝、日月五星、二十八宿を請來して、媚人に卽座に千里の外に去れ、と命ずる。さらに東方の大獸、南方の蜈蚣、西方の白象、北方の黑鳥、中央の黃龍に、媚人の身體の各部分を來食せよ、といい、再度、媚蠱に退却を命ずる。

第九十三行～一〇四行目の第四段は、この經典の功德を説く流通分にあたり、『呪媚經』が善男子善女人のために作られたもので、須彌山の龍花樹の下に十方の諸佛諸神が參集して、衆生の度脱をはかろうとし、この經典を受持して七遍讀誦すれば、媚蠱を退けられる、と説く。

敦煌寫本の大半はここまでで終わっているが、京都國立博物館所藏の守屋本と、七寺の二本には、以下、十三行ほどに亙って、『六字神呪王經』の、悪呪咀による一切の悪殃禍を免れるための陀羅尼の部分が、抄錄されている。

人形をめぐる呪儀との關連から、とくに注目に値するのは、第二段に見られる次のような媚蠱の方法と、媚人が勸請する諸神についての具體的な描寫である。宮井里佳による訓讀文によって引用したい。

吾（佛）見るに、往昔の空王佛の時、給孤獨園中に一老母有り。野狐の穴の前に其の脂火を燒き、夜半に日月・五星の下、媚蠱を造作す。上は天神を牽き、下は五帝を牽き、復た山神を牽き、復た、河伯將軍を牽き、復た五道神を牽き、百鬼を呼び、媚蠱を造る。

或は蒲人を作り、或は人の形象を作り、或は符書を作り、厭禱・呪咀し、或は人家の姓字を取り、或は棘針を取り、或は黄土を裹み、或は日月に向いて獨語して自ら覺知せず、或は衣裳を取り、或は人の帶を取り、或は五綵綖縷を取り、或は人家の瓫瓦器を取り、或は人の豬羊狗の毛を取り、或は人家の五形の事を取り、或は人家の門の薜を取り、或は人家の匙箸を取り、媚蠱を造作す。或は麻鄒の馬に騎り、或は人形を造り、或は人の心脂を刺し、或は人の首脚を針し、或は眼孔を刺し、或は人の腰背を針し、或は人の頭毛を取り、或は黄土を取り、或は五綵の帛を取り、或は人の上下の衣帶を取り、或は人の田作を媚蠱し、或は裙を据えて抄擧し、壁に向いて獨語し、或は人の手の形象を作り、或は人の頭形を作り、或は符書を作り、厭禱・呪咀し、或は人形を作りて、言說するに道理を以てせず。

或は人を媚蠱し、或は人家の牛羊犬馬を媚し、或は人の口舌を作生し、或は馬形を作り、或は鬼神形を作り、或は牛形を作り、媚人を造作するに、生死無道にして、良善を枉殺す。

類似することがらを繰り返し重ねて、疊みかけるように表現する手法は、中國の民衆層を主な對象として撰述された疑僞經典類に廣く見うけられるものである。

冒頭部で「一老母」が、媚蠱を造作するために、自身の側に牽き寄せようとした「日月・五星」「天神」「五帝」「山神」「河伯將軍」「五道神」「百鬼」などは、續く第三段では、佛が媚蠱を退けることを命じて勸請した諸神とほぼ共通しており、媚蠱を造作する側もそれを退ける側も、ともにこれらの諸神を驅使すれば、目的が遂げられると考えたようである。[62]東西文部の呪詞に見える「日月星辰」「八方諸神」「五方五帝」などもまた、こうした思惟を前提とするものと考えられる。

ここに語られた媚蠱の方法は、人形だけではなく、伴出することが多い墨書人面土器や土馬などの祭祀關係遺物の性格を解釋するうえでも、手掛かりの一つとなるであろう。これらの出土遺物と中國の媚道との關連について考察した藤澤一夫氏は、『周禮』や『史記』『漢書』などにみえる記事から、古代中國の「媚道」は、木偶を作って地中に埋め、相手の呪殺を計ったもので、女性が關わる巫蠱に限って媚道という、と述べているが、[63]この經典の場合も「一老母」に假託して、媚蠱の方法を詳述し、次いで諸佛諸神の呪によって媚蠱を退ける、という體裁をとる。

（3）　奈良時代における書寫と讀誦

『呪媚經』が日本に傳來した時期は明らかではないが、正倉院文書、天平十年（七三八）の「經巻納櫃帳[64]」に、『神符經[65]』や『雜呪』などとともに、

呪媚經一巻　白紙　黄表　綺緒　花軸

とあるのを初めとして、同、天平十三年（七四一）閏三月二十一日附の「經巻勘注解[66]」には、『決罪福經』『安宅墓土側經』『北辰菩薩經』などの疑僞經典類の中に、

呪媚經

とある他、天平勝寶八年（七五六）七月二日に類收の「圖書寮經目錄[67]」によれば、第七櫃に收められた經典の中に、

救護身命經八巻一帙

呪媚經廿巻一帙

護諸童子經十九巻一帙

が竝記されており、ともに護身に係わる經典として同様に扱われた形迹が窺える。

これらの記事を通じて、『呪媚經』が天平年間までには請來され、多數書寫されたことが知られるが、圖書寮のような公的機關に所藏されただけでなく、民間にも流布したようである。天平十四年十一月十五日に類收の「優婆塞貢進解」の一通[68]には、

百濟連弟麻呂年十六 左京五條五坊戶主百濟連弟人戶口

讀經　法華經一部音

最勝王經一部音

方廣經一部音

本願藥師經一巻音

七佛藥師經一巻音

呪媚經一巻音

理趣經一巻音

誦經　最勝王經第八巻

唱禮一具倭

淨行六年

願主　元興寺僧平攝

とあり、左京出身の百濟連弟麻呂という十六歳の青年が、『呪媚經』を音讀できたという。

竹内理三編『寧樂遺文』中卷には、天平四年（七三二）三月二十五日附の秦公豊足以下、寶龜三年（七七二）十月二十三日附の日奉蟲女までの、年紀を缺くものも含めて一〇四通の優婆塞貢進解を載せるが、同書下卷の解説で指摘するように、天平十七年（七四五）からは大佛造立の勞働力編成のために、佛典の修行をせずとも、造佛事業に奉仕した者には得度を容認することになったため、貢進解の内容は著しく簡略化する。この百濟弟麻呂の貢進解は、年紀こそ缺くものの、形式は整っており、讀誦し得た經典名も明記されている内の一通である。天平四年から十六年までの貢進文に見える經典の累計が、中村明藏、鬼頭清明兩氏によって作成されているので對比してみると、弟麻呂が讀經の最初にあげている『法華經』と『最勝王經』は、それぞれ三十二件と三十一件で、陀羅尼關係を除いた單獨の經典としては最も多く、『藥師經』『方廣經』も二十件と十四件にのぼる。『理趣經』も十四件を數え、この他には『涅槃經』と『彌勒經』がともに十件あるものの、『呪媚經』は他に類例がなく、この一例に留まる。となれば、さほど廣く普及していたとはいえないかも知れないが、一件だけの經典の中には『仁王經』『華嚴經』なども含まれるので、特異な例と見做す必要はないであろう。この點に關しては、在家の優婆塞が沙彌として國家から認められるために提出した貢進文には、律令政府が望んでいた國家的佛教の視點を考慮に入れて、各自の修養の結果を記したものである、という鬼頭により提起された見解に從いたい。

（69）（70）（71）（72）（73）（74）

四、古代寺院跡出土の人形

優婆塞たちも讀誦した『呪媚經』のような道教的疑僞經典に依據して、人形呪儀が行なわれた一面があるとすれば、古代の寺院跡とその周邊からも人形が出土する可能性は高いだろう。

これまでに人形が出土した遺跡は、宮殿・都城・官衙や河川と側溝が大半を占めるが、少數ながら寺院跡からの出土例も、次の四遺跡で報告されている。

（1）奈良市・西隆寺跡

西隆寺は、神護景雲元年（七六七）に稱德天皇の敕願によって造營が始まり、寶龜二年（七七一）までには完成したと考えられる尼寺で[75]、西大寺の北方、平城右京一條二坊に位置した。元慶四年（八八〇）に西大寺の管下に入り、鎌倉時代には廢絕したとみられる。

人形は、東門地區の南發掘區西端北側の井戸（ＳＥ〇一〇）から検出された。この井戸は、一邊五・七〇メートルの掘りかたを有し、ほぼ中央部に井桁に組んだ井戸枠が殘存する。井戸内部からは、瓦・土器・木製品が出土し、奈良末期から平安初期まで存續したものと考えられている。

人形は、短册型の薄板に切り込み・切り缺きなどの加工を施して、人の形にしたもので、檜の柾目材の全面を削って作られているが、胴と足の一部を留める殘片で、長さは七・三センチ、幅一・四センチ、厚さ〇・四センチである[76]（圖9）。

（2）京都市・西寺跡

西寺は、延曆十五年（七九六）頃から、平安京羅城門の西に、朱雀大路をはさんで東寺と相對する形で造營されたが、東寺とは對照的に程なく衰退し、鎌倉時代頃まで存續した官寺で、平安右京九條一坊に位置する。

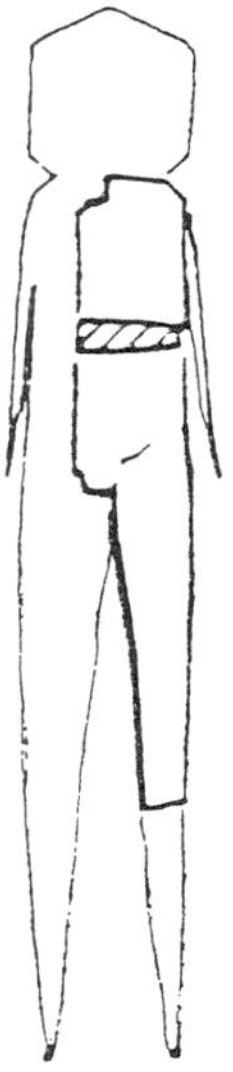
圖 9

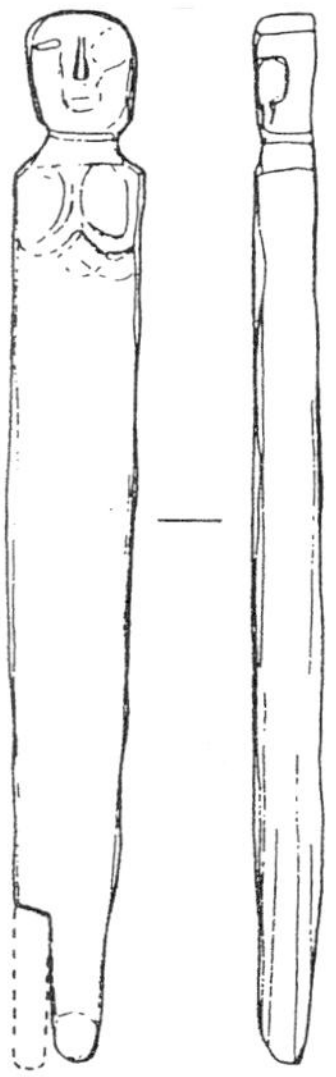
圖10

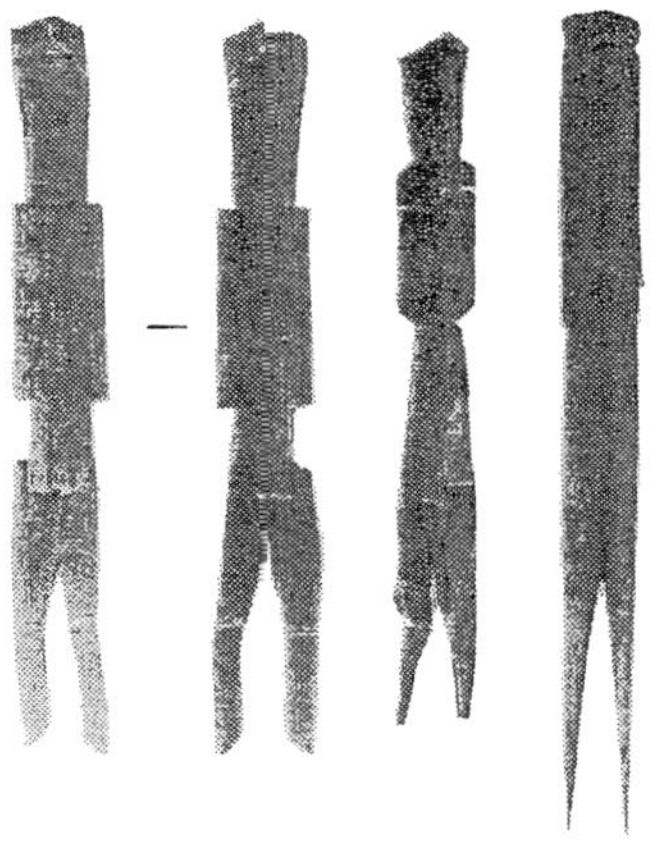
圖11

人形が出土したのは、食堂（大炊殿）の北東部で發掘された一邊が二・四メートルに及ぶ井戸跡からで、獨樂・櫛・箸その他大量の木製品が出土したが、これらは井戸が廢絶する以前の、使用期に屬する堆積層から検出された。

人形は、頭部および首部の側面を丹念に削って、目、鼻、口、耳などは彫り込んで表現してあり、胸部で合掌しているような彫り込みも認められるが、磨滅しているため詳細は不明とされる。全長十五・三センチ、厚さ〇・八センチである(77)（圖10）。

（3）　愛知縣春日井市・勝川廢寺跡

勝川遺跡は、庄内川右岸の八田川と地藏川の合流域の段丘部（上屋敷地區）から沖積部（苗田地區）に位置する、彌生時代から江戸時代にかけての複合遺跡である。

苗田地區には、八世紀初期に造營された勝川廢寺と官衙跡が含まれるが、寺地に南接する大溝の二地點から、人形が六點出土している。伴出遺物には、須恵器や灰釉

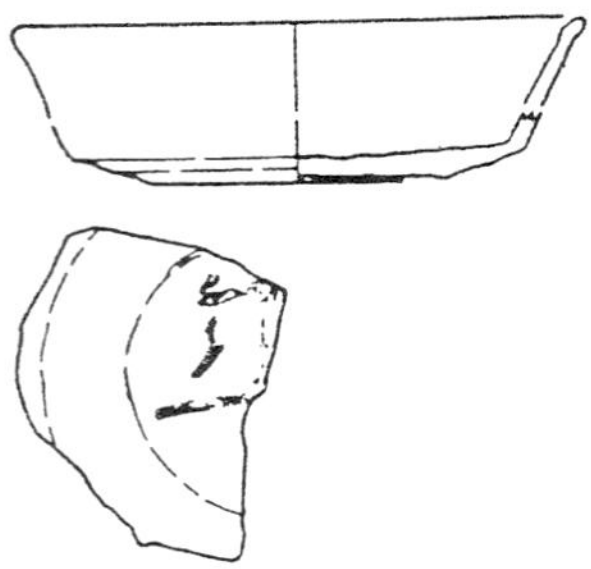

圖12

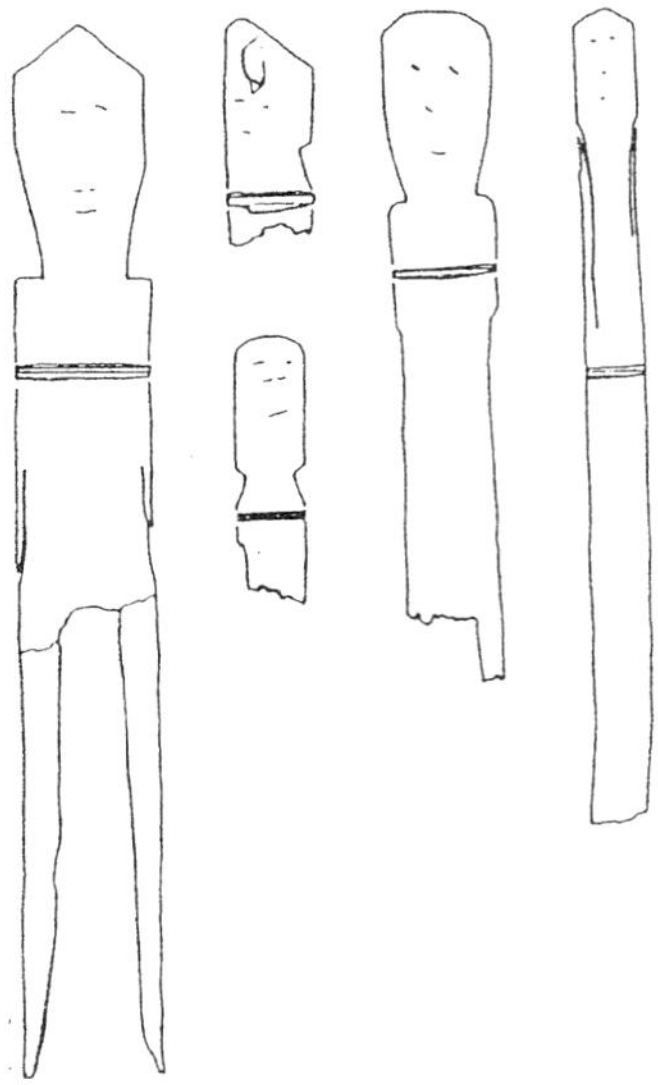

圖13

釉陶器、墨書土（陶）器や木製品が多數ある。

人形は二箇所から出土した。同位置から出土した二點は、同型同大で、一體は胸部に、一體は背部にそれぞれ一字ずつ文字が墨書されているが、樹種は異なる（圖11）。

墨書土器の中に、「巫」字の左半分が殘存する例があり（圖12）、奈良後期から平安前期を中心とする時期に行なわれた祓などの祭祀との關連が想定されている[78]。

（4）兵庫縣城崎郡日高町・但馬國分寺跡

（兵庫縣豊岡市日高町）

但馬國分寺は、これまでの調査から金堂と中門を回廊で結び、金堂の西に塔を配置していたことが判明している。推定寺域の東限附近において、寺域の東南隅を畫すると思われるL字型の溝と、その外側をなだらかに傾斜する溝状の落ち込みが確認され、その間を築地が廻っていたことがわかっているが、人形は外側を廻る溝の下層部から馬形、舟形、齋串などとともに、六點出土した（その内の一點は、齋串の上端部に刃物で目、鼻、口を刻んで表現する）（圖13）。

人形は、頭部を圭頭状もしくは梯形に削り、首から肩にかけては、撫で肩状のものと、怒り肩状のものとの二種類がある。手は胴部中央附近で下方から上へ切り込みを入れるが、この形の切り込みは一例で、股部は下方からの切り込みと水平に切り込んだ後に折り取り、く形ではなく、冂形を呈している。

近接する川岸遺跡、但馬國府推定地深田地區、禰布ヶ森遺跡、姫谷遺跡など、いずれも伴出遺物や遺構の特徴から、延暦二十三年（八〇四）に移轉された第二次但馬國府に關連する、九世紀前期のものと考えられている[79]。

ちなみに、第一次但馬國府か、出石郡衙と推定される出石町の袴狭遺跡群からも、人形や馬形など約四萬點にものぼる厖大な量の木製祭祀具が出土しており[80]、兩者の關係が注目される。

以上の四例のうち、前半の二遺跡は井戸、後半の二遺跡は溝からの出土で、他の遺跡と同じく、祓や鎭井祭[81]のような〈水邊の祭祀〉において使用されたものと思われるが、これらが宮城や官衙などではなく、寺院とその周邊から發掘されたことは、『呪媚經』のような道教的疑僞經典に基づいて、人形呪儀が行なわれた側面もあるのではないか、という本章での推定を、間接的ではあるが、裏附けるのではなかろうか。

結語

本章では、『延喜式』に詳細な記事が載る人形とその呪儀について、それが反映するのは九世紀前後のもので、大寶令の成立に伴う、いわゆる律令制祭祀の内容とは差異を含むものであることを確認した。次いで『延喜式』の段階で顯著になる金屬製人形の思想的前提として注目されてきた道教經典『赤松子章曆』についても再考し、もし人形呪儀が中國に起源するならば、奈良時代以前の人形の大半が木製であることからみて、日本への傳來が確實な『呪媚經』のような中國撰述の道教的疑僞經典に依據した可能性が、より高いことを推考してきた。

日本における道教思想の受容史については、近年さまざまな側面から考察されているが、(82)とくに祭祀・儀禮とその所依經典をめぐる問題に關しては、經典の成立と傳來の時期をできるだけ明確にしておく必要があると思われる。

注

(1) 金子裕之「古代の木製模造品」(奈良國立文化財研究所學報第三十八冊『研究論集Ⅵ』、一九七〇年)、「歴史時代の人形」(『神道考古學講座』第三卷、一九八一年、雄山閣)、「平城京と祭場」(『國立歴史民俗博物館研究報告』七集　一九八五年　第一法規)など。

(2) 金子裕之「日本における人形の起源」(東アジア基層文化研究會『道教と東アジア』、一九八九年、人文書院)。

(3) 泉武「律令祭祀論の一視點」(『道教と東アジア』、前掲注(2))。

(4) 井上光貞「古代沖の島の祭祀」(『日本古代の王權と祭祀』、一九八四年、東京大學出版會)。

(5) 金子裕之「平城京と祭場」(前掲注(1))。

(6) 奈良國立文化財研究所史料第二十七冊『木器集成圖錄　近畿古代篇』(一九八四年)、ならびに金子裕之「律令制祭祀遺物集成」(菊地康明編『律令制祭祀論考』、一九九一年、塙書房)に、總合的な整理がなされている。

(7) 奈良國立文化財研究所「南面東門(壬生門)の調査(第一二二次)」(『昭和五十五年度　平城宮跡發掘調査部發掘調査概報』、一九八一年)、金子裕之「平城京と祭場」(前掲注(1))參照。

(8) 國史大系二十八、三十八～三十九頁。「六月十二月二晦。百官會集。大祓儀。(中略)於㆓大伴壬生二門間大路㆒各有㆓常儀㆒。神祇官主典。馬寮陳㆓祓物祓馬㆒。」

(9) 金子裕之「平城京と祭場」(前掲注(5))では、平安宮應天門が大伴(朱雀)門の轉訛であることからも、平城宮に關する記事とみる。
(10) 大平茂「袴挾遺跡群」(『水邊の祭祀』、一九九六年、日本考古學協會三重縣實行委員會)。
(11) 金子裕之「水邊の祭祀――律令期――」(『水邊の祭祀』、前揭注(10))。
(12) その展開過程と史的意義については、三宅和朗「古代大祓儀の基礎的考察」「諸國大祓考」(『古代國家の神祇と祭祀』、一九九五年、吉川弘文館)參照。
(13) 岡幸二郎・猪熊兼勝「木器・木製品」(奈良縣史蹟名勝天然記念物調査報告第二十五冊『藤原宮』、一九六九年、奈良縣教育委員會)。
(14) 奈良文化財研究所「第二次大極殿院・內裏東方官衙の調査　第一五四次」(『昭和五十八年度　平城宮跡發掘調査部發掘調査概報』、一九八四年)。
(15) 平城宮遺跡發掘調査部「平城宮跡と平城京跡の發掘調査」(『奈良國立文化財研究所年報一九八一』)。
(16) 奈良文化財研究所學報第十七冊『平城宮發掘調査報告Ⅳ』(一九六六年)。
(17) 平城宮跡發掘調査部「平城宮大極殿後殿・若犬養門の調査」(『奈良國立文化財研究所年報一九八二』)。
(18) 平城宮跡發掘調査部「昭和四十一年度平城宮發掘調査概報」(『奈良國立文化財研究所年報一九六七』)。
(19) 瀧川政次郎・島田正郎監修『官版唐律疏議』(一九七五年、汲古書院)、律令研究會編『譯注日本律令』第五卷、第七卷(一九七九年、八七年、東京堂出版)。
(20) 八世紀後半の政治的動向と厭魅・呪咀をめぐる諸問題については、拙稿「『救護身命經』の傳播と〈厭魅蠱毒〉」(牧田諦亮監、落合俊典編〈七寺古逸經典研究叢書〉第二卷『中國撰述經典(其之二)』、一九九六年、大東出版社)で言及した。本書第四章を參照されたい。
(21) 巽淳一郎『まじないの世界Ⅱ(歷史時代)』(〈日本の美術〉三六一、一九九六年、至文堂)。
(22) 泉武「人形祭祀の基礎的考察」(橿原考古學研究所紀要『考古學論攷』第八冊、一九八二年、齋藤忠編『日本考古學論集』三〈呪法と祭祀・信仰〉、一九八六年、吉川弘文館、再錄)。金子裕之「歷史時代の人形」(前揭注(1))にも同樣の整理がなされている。

(23) 新川登龜男「東西文部の文化――楯節儛と大祓を中心に――」(『早稲田大學大學院文學研究科紀要』三十九輯　哲學・史學編、一九九三年)は、東西文部の氏族形成や、神祇令集解大祓條の令釋と義解に大祓詞を「漢音」「漢語」で讀む、とあることの意味の検討を緒口として、法制上は大寶令を以て發足したと推定し、彼らが擔った文化の性格を詳考している。

(24) 虎尾俊哉編『弘仁式貞観式逸文集成』(一九九二年、國書刊行會)、神祇八、祝詞。

(25) 野口剛「御贖物について」(『延喜式研究』五號、一九九一年)。

(26) 岡田精司「卽位儀禮としての八十嶋祭」(『古代王權の祭祀と神話』、一九七〇年、塙書房)。なお、同氏「八十嶋祭の機能と本質」(『古代祭祀の史的研究』、一九九二年、塙書房)では、八十嶋祭を文徳朝に成立した陰陽道の禊祓儀禮とする瀧川政次郎「八十嶋祭と陰陽道」(『國學院雜誌』六十七卷一~三號、一九六六年、『律令と大嘗祭』、一九八八年、國書刊行會)に對する反論を展開するとともに、人形の性格をめぐって、祓具以外に、祭具・呪物としての用途への注目を促す。

(27) 巽淳一郎『まじないの世界Ⅱ(歴史時代)』(前揭注(21))、ならびに松村惠司「平城宮出土金屬製人形」(『奈良國立文化財研究所年報一九八四』)。

(28) 全六卷。涵芬樓版道藏、第三三五~六册所收。

(29) 丸山宏「正一道教の上章儀禮について」(『東方宗教』六十八號　一九八六年、日本道教學會)、同「上章儀禮より見たる正一道教の特色」(『佛教史學研究』三十卷二號、一九八七年、佛教史學會)、R・A＝スタン「宗教的な組織をもった道教と民間宗教との關係」(川勝義雄譯、酒井忠夫編『道教の總合的研究』、一九七七年、國書刊行會)參照。

(30) 「銀無、用錫人。」とあり、銀人に代えて錫人を用いることもあった。

(31) 泉武「人形祭祀の基礎的考察」(前揭注(22))、高山繁「日本古代の道教」(『古代史研究の最前線』文化篇上卷、一九八七年、雄山閣)、金子裕之「日本における人形の起源」(前揭注(2))、福水光司「道教における「醮」と「章」」(東アジア基層文化研究會『道教と東アジア』、一九八九年、人文書院)など。

(32) 『千二百官儀』は、『魏書』釋老志にいう『天官章本千有二百』と不可分の關係にあり、五斗米道の教法〈三官手書〉にも連なることの考證が、福井康順『道教の基礎的研究』第一章三節「「天官章本千有二百」考」（一九五二年、理想社）にある。

(33)『正統道藏』洞玄部玉訣類、涵芬樓版第一九三冊、所收。

(34)同前、太玄部、第六三七～六四〇冊所收。

(35)丸山宏、前掲注（29）に詳細な分析がある。

(36)丸山宏、前掲注（29）。なお、福水光司、前掲注（31）にも、ほぼ同様の指摘がある。

(37)『大日本古文書』三卷、九頁（東京大學出版會）。

(38)矢嶋玄亮『日本國見在書目錄　集證と研究』（一九八四年、汲古書院）。

(39)『正統道藏』洞眞部戒律類、涵芬樓版第七十八冊、所收。

(40)同前　太清部、第八六八～七〇冊（內篇）、所收。

(41)吉岡義豊「赤松子中誡經と功過思想」（『福井博士頌壽記念東洋思想論集』、一九六〇年、同刊行會）。

(42)牧田諦亮『疑經研究』（一九七六年、京都大學人文科學研究所、一九八九年、臨川書店復刊）參照。

(43)『大正藏』五十五卷、目錄部所收。

(44)その原史料については、矢吹慶輝『鳴沙餘韻』全二卷（一九三一、三三年、岩波書店）參照。

(45)『大正藏』八十五卷、№二八八二。翻刻は、大英圖書館所藏、スタイン本第四一八號と第二五一七號。

(46)前掲注（43）、一七四頁中段。

(47)新出、古逸、稀覯書が多く、牧田諦亮監、落合俊典編『七寺古逸經典研究叢書』全六卷（一九九四～二〇〇〇年、大東出版社）に、影印と翻刻、解題ならびに研究と索引が収められる。

(48)『大正藏』九卷、№二六〇所收。

(49)『大正藏』二十卷、№一〇四四、一〇四五所收。

(50)『大正藏』二十一卷、№一三三一所收。

(51)『道藏』洞玄部本文類、涵芬樓版第一七〇～七三冊所收。

(52) 宮井里佳「『呪媚經』解題」（前掲注（47）第二巻　一九九六年）。本章の第三節は、宮井の翻刻と注釋、解題に負うところが大きい。

(53) 第四一八號、二〇八八號、二五一七號、三八五二號、四三一一號、四五二四號、六一四六號。

(54) 第三六八九號。

(55) 第八二六五號、八二六六號、八二六七號、八二六八號、八二六九號。注（53）～（54）は、黄永武主編『敦煌寶藏』所收。

(56) 『敦煌卷子』（一九七六年、臺灣・石門圖書公司）第六卷所收。

(57) 京都國立博物館『守屋孝藏氏蒐集古經圖録』（一九六四年）に解題がある。

(58) 劉國展、李桂英「天津市藝術博物館所藏敦煌卷子及社會文書目録」（『敦煌研究』一九八七年第二期、甘肅人民出版社）に識語の抄録がある。津一七五（館藏番號では四五三二號）。なお、上海古籍出版社から近く刊行豫定の『天津市藝術博物館敦煌文獻』に收録されるものと思われる。

(59) 池田溫『中國古代寫本識語集録』（一九九〇年、東京大學東洋文化研究所、大藏出版）二四八〇號。

(60) 池田溫、前掲注（59）、一三五三號～一三五九號、ならびに解説「寫本識語について」參照。

(61) 落合俊典「七寺一切經と古逸經典」（前掲注（47）、第一卷所收）、ならびに近藤喜博・大山仁快・山本信吉編『尾張史料七寺一切經目録』（一九六八年、七寺保存會刊）參照。

(62) 小田義久「五道大神攷」（『東方宗教』四十八號、一九七六年、日本道教學會）に、敦煌文書に基づいた史的性格の分析がある。

(63) 藤澤一夫「古代の呪咀とその遺物」（『帝塚山考古學』創刊號、一九六八年、帝塚山大學考古學研究室）。この問題に關する論考に、李卉「説蠱毒與巫術」（中華民國、中央研究院『民族學研究所集刊』第九期、一九六〇年）、瀧川政次郎「蠱毒の源流とその傳播」（『福井博士頌壽記念東洋文化論集』、一九六九年、早稲田大學出版部）、澤田瑞穂「蠱毒」（『中國の呪法』、一九八四年、平河出版社）、孫家洲「巫術の盛行と漢代社會」（『古代文化』四十七卷八號、一九九五年、古代學協會）などがある。

(64) 續修後集二十三帙、『大日本古文書』七卷、二一一頁。

(65) 拙稿「日本古代の呪符木簡、墨書土器と疑僞經典」(『東洋の思想と宗教』十三號、一九九六年、早稲田大學東洋哲學會)において、これは『佛說七千佛神符經』で、『佛說益算經』と同一經典であり、古代日本における呪符の典據の一つとみられることを考察した。本書、第一章を參照されたい。

(66) 續々修十四帙七、『大日本古文書』七卷、五〇一頁。

(67) 續々修十二帙七、『大日本古文書』十三卷、一八六頁。

(68) 小杉榲邨舊藏本、『大日本古文書』二卷、三一七頁。

(69) 續修十六帙、『大日本古文書』一卷、四四七頁。

(70) 續修別集四十七、『大日本古文書』六卷、四〇六頁。

(71) 訂正新版、一九六〇年、東京堂出版。なお、この内の優婆塞貢進解とは見做せないものについての検討が、鬼頭清明「天平期の優婆塞貢進の社會的背景」(坂本太郎博士古稀記念『續日本古代史論集』中卷、一九七二年、吉川弘文館、『日本古代都市論序說』、一九七七年、法政大學出版局)にある。

(72) 中村明藏「優婆塞について」(『續日本紀研究』七卷十一號、一九六〇年)は、形式の完全な三十二通を對象とし、鬼頭清明「奈良時代民間寫經についての二三の問題」(『南都佛教』三十一號、一九七四年、『日本古代都市論序說』、前掲注(71))は、斷簡も含めて集計しているので、數字に若干のズレがある。本章では主として鬼頭論文に據った。

(73) ただし、『佛頂陀羅尼』『羂索陀羅尼』を初めとする陀羅尼經典が最も多く、合計で九十七件に及ぶ。

(74) 鬼頭清明、前掲注(72)。

(75) 『續日本紀』神護景雲元年八月二十九日條に、從四位上・伊勢朝臣老人を造西隆寺長官に、また同九月四日條に、從五位下・池原公禾守を造西隆寺次官に、それぞれ補任する記事がある。また、寶龜二年八月八日條の南都の諸大寺に寺印を頒布した記事の中に、西隆寺も含まれている。

(76) 『西隆寺發掘調査報告書』(一九七六年、西隆寺發掘調査委員會)。

(77) 『京都市埋藏文化財研究所概報集』一九七八年Ⅱ、Ⅶ西寺井戸跡(西寺跡第十二次調査)。

（78）『愛知縣埋藏文化財センター年報　昭和六十二年度』（一九八八年）「勝川遺跡」。

（79）加賀見省一「但馬國府と祓所」（高井悌三郎先生喜壽記念論集『歴史學と考古學』、一九八八年、眞陽社）、同氏編著『但馬國分寺展』圖録（一九九四年、日高町）。

（80）鄰接する砂入遺跡、荒木遺跡、田多地小谷遺跡、入佐川遺跡、此隅山遺跡、宮内堀脇遺跡、宮内黑田遺跡などの總稱。大平茂「袴挾遺跡群――木製人形の祭祀――」（『水邊の祭祀』、前掲注（10））參照。

（81）水野正好「鎭井祭の周邊」（『奈良大學紀要』十號、一九八一年、『陰陽道叢書』第四卷、一九九三年、名著出版）など。

（82）野口鐵郎主編『選集　道教と日本』全三卷（一九九六～九七年、雄山閣）參照。

第四章　『救護身命經』と〈厭魅蠱毒〉

緒　言

近年、牧田諦亮、落合俊典、諏訪義純によって、『七寺古逸經典研究叢書』第二巻に影印と翻刻が紹介された七寺本『救護身命經』は、現在のところ日本で書寫された唯一の古寫本である。他には敦煌本と朝鮮本とが知られるが、とくに朝鮮では、經巫あるいは經匠などと呼ばれる民間の巫者によって、今もなお傳承されている。

本章では、まず中國の經錄における關係記事を手がかりにして、他の經典との內容的な關連を檢討する。次いで朝鮮本の翻刻と諸本の校異を試み、經文の隨處で繰り返し强調される「蠱毒」の呪法と律令法との關係や、この經典が盛んに書寫された、奈良時代の政治的背景などについて考察することにより、『救護身命經』の宗教思想的特性と、日本古代における疑僞經典受容史の一面を明らかにしたいと思う。

一、歷代經錄の記載

中國の經錄における『救護身命經』の初見は、五九四年に隋の文帝の敕命を受けて法經らが撰集した『衆經目錄』〈法經錄〉巻四で、〈衆經疑惑〉計二十九部三十一巻の中に、

救護身命濟人病苦厄經　一卷

とあり、節の末尾には、

右二十九經、多以題注參差、衆錄致惑。文理複雜、眞僞未分。事須更討。且附疑錄。

と注記されている。(1) また、續く〈衆經僞妄〉には、『梵天神策經』『天皇梵摩經』『安墓經』『安塚經』『安宅經』をはじめ、『提謂經』『呪媚經』『照魄經』など合計五十三部九十三卷にのぼる疑僞經典を列擧したのち、

前五十三經、竝號乖眞、或首掠金言。而末申謠讖、或論世術、後託法詞、或引陰陽吉凶、或明神鬼禍福。諸如此比、僞妄灼然、今宜祕寢以救世患。

とのべている。(2) 梁の僧祐が六世紀初期に撰集した『出三藏記集』に、東晉の道安『綜理衆經目錄』が擧げた二十六部三十卷に加えて、四十六部五十六卷の疑僞經典を著錄したのと較べると、(3) かなり增加しており、六朝末期から隋初にかけて、陰陽五行、讖緯思想などを取り込んだ諸種の疑僞經典が相衣いで撰述されたことがわかる。(4)

隋の仁壽二年（六〇二）に、やはり敕命をうけて彥琮等が撰集した『衆經目錄』（仁壽錄）卷四では、〈五分疑僞〉の項に、「名は正に似ると雖も、義は人造に涉る」經典、二〇九部四九一卷を列擧した中にみえ、(5) 唐の龍朔三年（六六三）から麟德二年（六六五）にかけて、大敬愛寺に書寫入藏された一切經を靜泰が撰錄した『衆經目錄』（靜泰錄）卷四でも、『法經錄』の分類と注記が踏襲されているが、(6) 貞觀二十二年（六四八）に、唐の太宗が創建した大慈恩寺の翻經堂の壁畫に描かれた譯經圖を縮寫した繪卷に、靖邁が玄奘までの歷代の譯經者の小傳と、譯出經典を記載した『古今譯經圖紀』卷二では、西域の沙門曇無蘭が、東晉の孝武帝の治世、太元六年（三八一）から同二十年（三九五）にかけて、楊都謝鎭西寺で譯出したという一一一部一一二卷の中に、「救護身命經　一卷」も含まれている。(7)

これは、建德三年（五七四）から五年間ほど續いた北周の廢佛によって、還俗を餘儀なくされた費長房が、護教を

意圖して隋の開皇十七年（五九七）に私撰した『歴代三寶紀』の所説に基づく。[8]『歴代三寶紀』は、從來の『出三藏記集』や『法經錄』などが査定し得なかった經典の大部分について、譯者もしくは譯出年代を明示した點に特色があるものの、その內容は獨斷的で、ほぼ全てが否認されている。[9]

『歴代三寶紀』の後に成立した『仁壽錄』や『靜泰錄』でも、その所説は顧慮されなかったが、唐の道宣が、西明寺の輪藏造營に際して、麟德元年（六六四）に撰集した『大唐內典錄』では、前後して成った『古今譯經圖紀』と同様に、『歴代三寶紀』に依據した部分が大きい。[10]

また、則天武后の天册萬歳元年（六九五）に、明佺等七十餘名が敕命を受けて撰集した『大周刊定衆經目錄』も、『歴代三寶紀』を踏襲した。[11]

だが、開元十八年（七三〇）に西崇福寺の沙門智昇が撰集した『開元釋教錄』では、前半の〈總括群經錄〉（卷一～十）において、二二七五部七〇四六卷を一七六名の譯經者ごとに整理し、『救護身命經』は卷三に載るが、譯者とされる竺曇無蘭について、

晉云法正、西域人也。以孝武帝太元六年辛巳、至太元二十年乙未、於楊都謝鎭西寺、譯採蓮違王等經六十一部、見長房錄。又長房等錄更有四十八經、亦云法正所譯。今以竝是別生抄經、或是疑僞。故竝删之、如後所述。

と述べて、『歴代三寶紀』の所説を再考した後に、

救護身命經　亦云、救護身命濟人病苦厄經。周錄編入正經、舊錄云僞。今依舊編。

と注記する。[12]さらに卷十八の〈疑惑再詳錄〉では、

救護身命濟人病苦厄經一卷　與救疾經文勢相似、一眞一僞將爲未可。

とし、[13]續く〈僞妄亂眞錄〉では、

救護身命濟人病救厄經一卷（亦直云救護身命經、亦云護身經。）

右此經更有一本。題云大佛頂陀羅尼經。初云婆羅門三藏流支譯。加呪一首餘文大同。（撰錄者曰、經題流支未詳何者。若其流支再譯經、語與舊全殊今乃呪異餘同。未能令人除惑推尋無據不可妄編。故依舊錄列之於此。）

といい、はじめて、『救疾經』との類似や、別本『大佛頂陀羅尼經』の存在に言及した(14)。

さらに卷二十の中でも、『淨度三昧經』『法社經』『毘羅三昧經』『決定罪福經』『益意經』『最妙勝定經』『觀世音三昧經』『清淨法行經』『高王觀世音經』とともに、『救護身命經』を擧げて、

淨度經下十部一十五卷、竝是古舊錄中僞疑之經。周錄雖編入正文理竝涉人謀。故此錄中除之不載。

とのべて、不入藏としている(15)。

この見解は、貞元十六年（八〇〇）に西明寺の圓照が、德宗の敕命により撰述した『貞元新定釋教目錄』卷五(16)、卷二十八(17)、卷三十(18)でもそのまま踏襲され、以後、一九三二年に矢吹慶輝によって『大正藏』八十五卷〈疑似部・古逸部〉に、敦煌出土寫本ペリオ本二三四〇號（フランス國立圖書館所藏）が翻刻されるまで、歷代の大藏經に編入されたことはなかった。

二、他の經典との關係

この『救護身命經』は、三段から構成される。第一段は七寺本の三十四行目までで、まず佛は多くの信者を前に、對告衆の阿難に向って、次のように說く（圖1）。

我（佛）が滅度後は五濁の悪世となり、一切の衆生は、悪魔や衆邪、蠱道などに精氣を奪われ、横死する者が續出

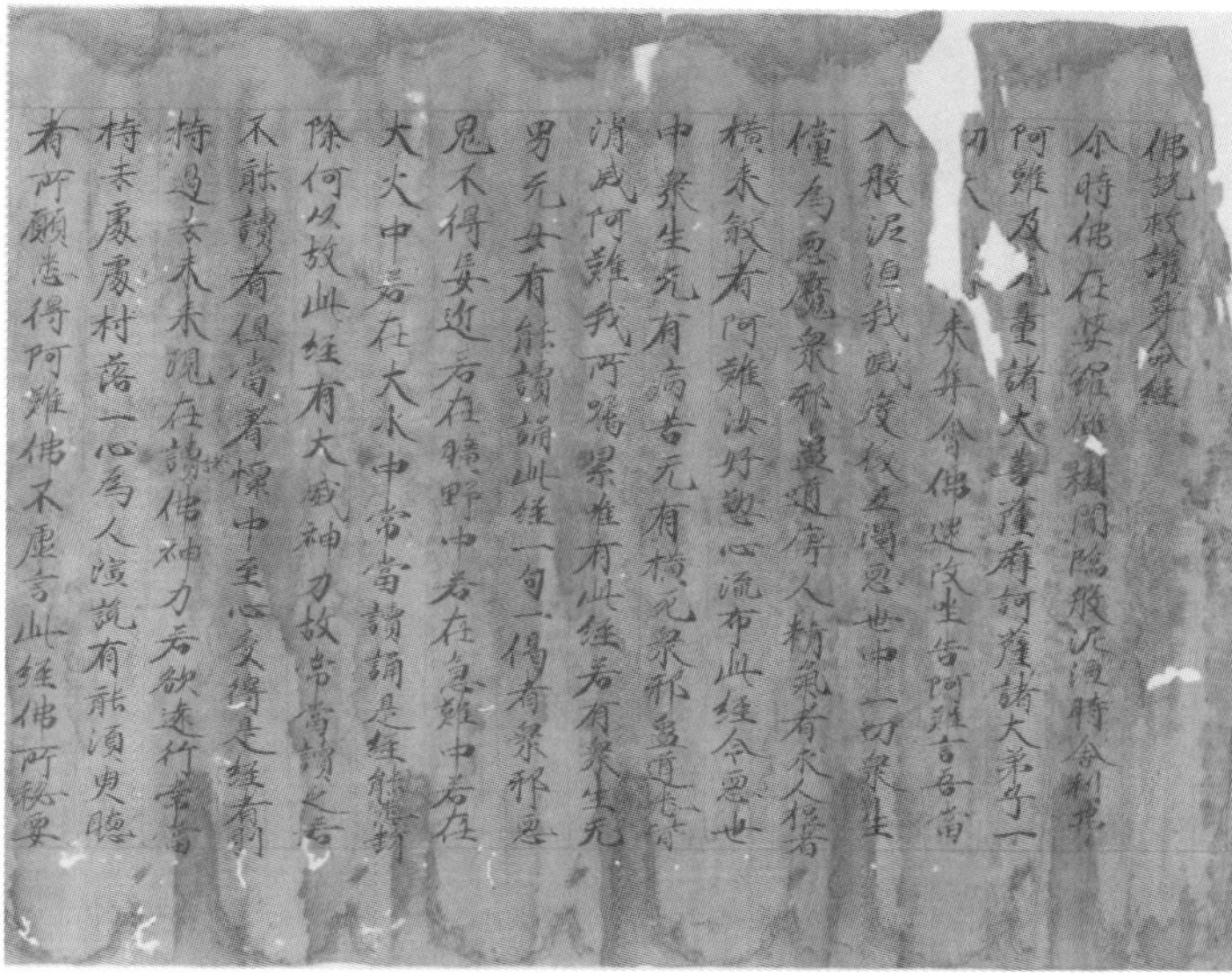
佛說救護身命經
尒時佛在娑羅雙樹間臨般泥洹時舍利弗
阿難及无量諸大菩薩摩訶薩諸大弟子一
切大　來集會佛從坐告阿難言吾當
入般泥洹我滅度後五濁惡世中一切衆生
僮為惡魔衆邪蠱道傷人精氣者不人擾者
横來殺者阿難汝好勉心流布此經令惡世
中衆生无有病苦无有横死衆邪蠱道悉皆
消滅阿難我所囑累唯有此經若有衆生无
男无女有能讀誦此經一句一偈者衆邪惡
鬼不得妄近若在曠野中若在急難中若在
大火中若在大水中常當讀誦是經能得
除何以故此經有大威神力故常當讀之若
不能讀者但當著懷中至心受持是經者亦
持過去未來現在諸佛神力若欲遠行常當
持去處處村落一心為人演說有能須臾聽
者所願悉得阿難佛不虛言此經佛所秘要

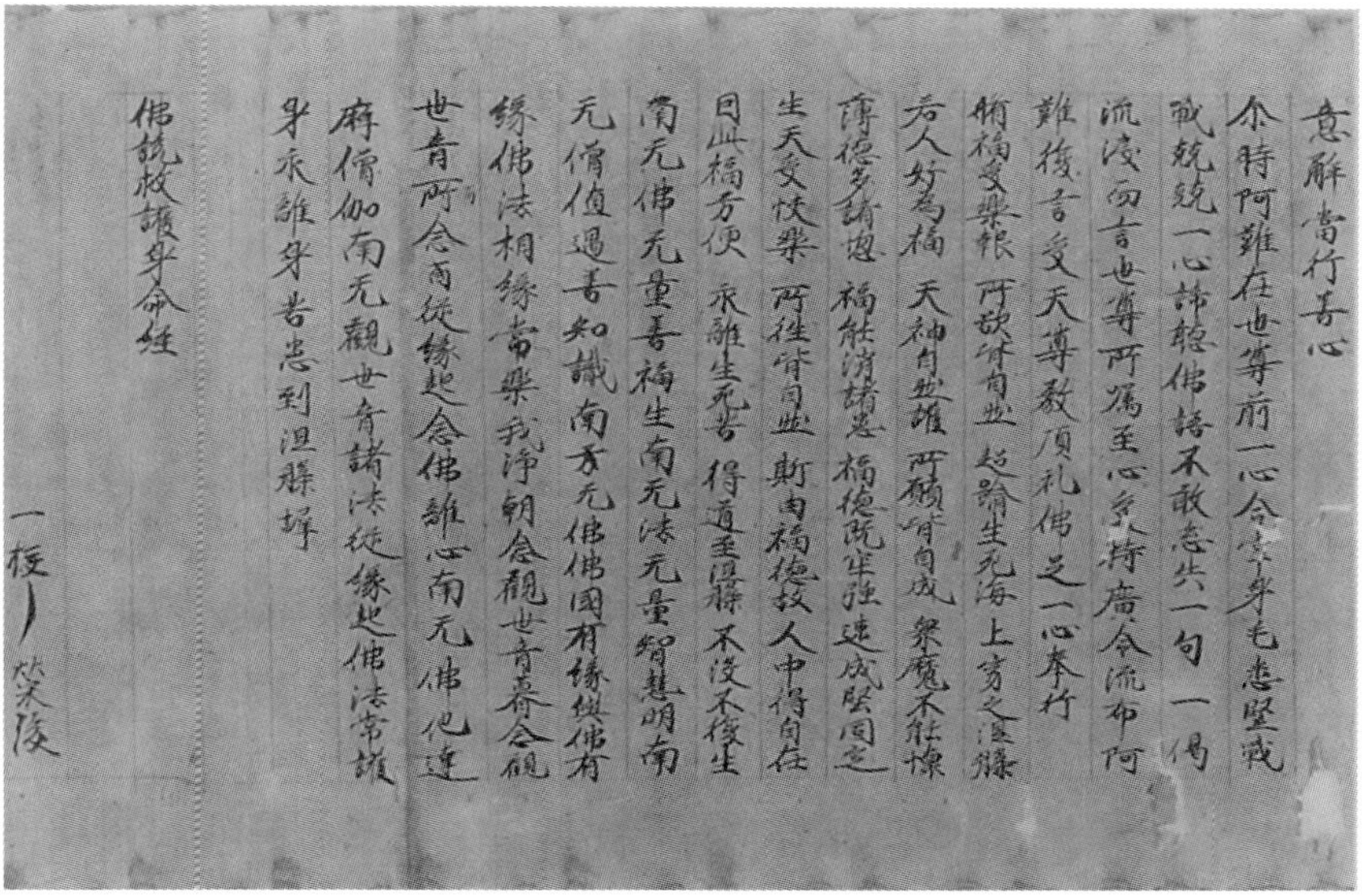
意解當行善心
尒時阿難在世尊前一心合掌身毛悉堅戒
戒兢兢一心諦聽佛語不敢忘失一句一偈
流淚而言世尊所囑至心受持廣令流布阿
難復言受天尊教頂礼佛足一心奉行
脩福受樂報　所欲皆自然　超踰生死海　上芳之涅槃
若人好為福　天神自然擁　所願皆自成　衆魔不能擾
薄德多諸惱　福能消諸患　福德既牢強　速成堅固定
生天受快樂　所往皆自然　斷肉福德故　人中得自在
因此福方便　永離生死苦　得道至涅槃　不沒不復生
南无佛无量壽福生南无法无量智慧明南
无僧值遇善知識南方无佛佛國有緣與佛有
緣佛法相緣常樂我淨朝念觀世音暮念觀
世音所念而從緣起念佛離心南无佛也達
摩僧伽南无觀世音諸法從緣起佛法常護
身永離身苦忠到涅槃城
佛說救護身命經
一校

圖１　七寺所藏『救護身命經』卷首・卷尾

するだろう。だが、阿難が精魂込めてこの經典を流布すれば、衆生の病苦や横死、大火、大水などの諸災厄は、經典のもつ大威神力で攘去することができる。衆生は一句一偈を書寫し、讀誦すべきだが、もしそれが出來ぬ者は、經文を懷中に受持するだけでよい。そうすれば、三世に亙って諸佛の神力の加護を得られよう。もし惡魔や蠱道が我（佛）の語に隨わなければ、唯衞佛をはじめとする七佛の名號を、さらには波奈良以下の六神の名號を唱誦すれば、卽座に惡魔や蠱道は消除するにちがいない、と。

次いで七十四行目までが第二段で、無量無邊の菩薩摩訶薩や天神王、一切の天人などに對して、佛はまず、汝等はこの經法を誦持する者を常に擁護せよ、と說く。そこで文殊師利菩薩が二十五菩薩を率いて、この經典に歸依した人々を衆邪や魍魎から守り、安穩を保つよう努める、と決意をのべると、佛は文殊師利菩薩を讚え、重ねて我が百千萬億劫の間に、阿耨多羅三藐三菩提心を修集せよ、と言った。次に、四天神王が一心に合掌しながら、各々の眷屬を將いて國界を巡行し、この經典の流布をはかって、歸依した者を擁護することを誓うと、乾達婆王、阿修羅、伽樓羅などの天人たちもまた、この經典を信持する人を、それぞれの眷屬とともに訪ねて、その身に振りかかるあらゆる災厄を悉く除滅させることを明言したので、佛は彼らを讚えた。

七十五行目以下が第三段となるが、對告衆は再び阿難となり、佛は更めて阿難にこの經典の功德を再說する。一句一偈をも疎かにすることなく、書寫讀誦することを强調した後に、教說を集約した二十句の偈讚を附して終る。

『開元錄』〈疑惑再詳錄〉には、前述のように『救護身命經』が『救疾經』と文勢が相似すること、また同書〈僞妄亂眞目錄〉には、別本に『大佛頂陀羅尼經』があることを指摘するが、第一段の「七佛」についての記事（七寺本二十四～二十六行目）が、『救疾經』とほぼ一致する。(19)

『救疾經』は、「痒瘡」に苦しむ三人の「幽厄之子」が、佛に病因を問うと、阿難が招集した眷屬たちが、三人の業病の原因を説明し、その治癒にはこの經典の功德が絶大であることを説くもので、眷屬の最初に「七佛」が登場する。ちなみに、『大正藏』八十五巻所收の『救疾經』では「第一唯衞佛、第二式佛、第三隨葉佛、第四拘樓秦佛、第五拘那含牟尼佛、第六迦葉佛、第七釋迦文佛（牟尼）」となっているが、「第一唯衞佛」は、敦煌寫本中、北京本に二本（光八號、霜八十號）、『救護身命經』と同様に「維衞佛」とするものがある。

この經典も、經錄上の初見は『法經錄』で、巻四〈衆經僞妄〉に、

　救護衆生惡疾經　一巻　一名救疾經

とあり[20]、『大唐内典錄』巻十では、『救護身命經』と竝記されていることから[21]、矢吹慶輝のいうように、ともに六朝末期の成立とみてよいだろう[22]。

スタイン本中に四本[23]、北京本中に六本[24]の他、大谷大學所藏敦煌寫本中にも一本[25]があるが、短い經典でありながら、これらの寫本はいずれも首部を缺佚しており、よく讀誦されたことをものがたる。

次に、『開元錄』が別本という『大佛頂陀羅尼經』については、般剌蜜諦譯『大佛頂如來密因修證了義諸菩薩萬行首楞嚴經』巻七に、『救護身命經』の内容を要約したような、次の一節がある[26]。

　阿難我今爲汝更説此呪。救護世間得大無畏。成就衆生出世間智。若我滅後末世衆生。有能自誦若教他誦。當知如是誦持衆生。火不能燒水不能溺。大毒小毒所不能害。如是乃至龍天鬼神。精祇魔魅所有惡呪。皆不能著心得正受。一切呪咀厭魅蠱毒。金毒銀毒草木蟲蛇萬物毒氣。入此人口成甘露味。一切惡星幷諸鬼神磣毒心人。於如是人不能起惡。毘那夜迦諸惡鬼王幷其眷屬。皆領深恩常加守護。

また、『大佛頂廣聚陀羅尼經』巻一、二には、類似の表現を含むだけでなく、七寺本四十二〜四十三行目の無上の

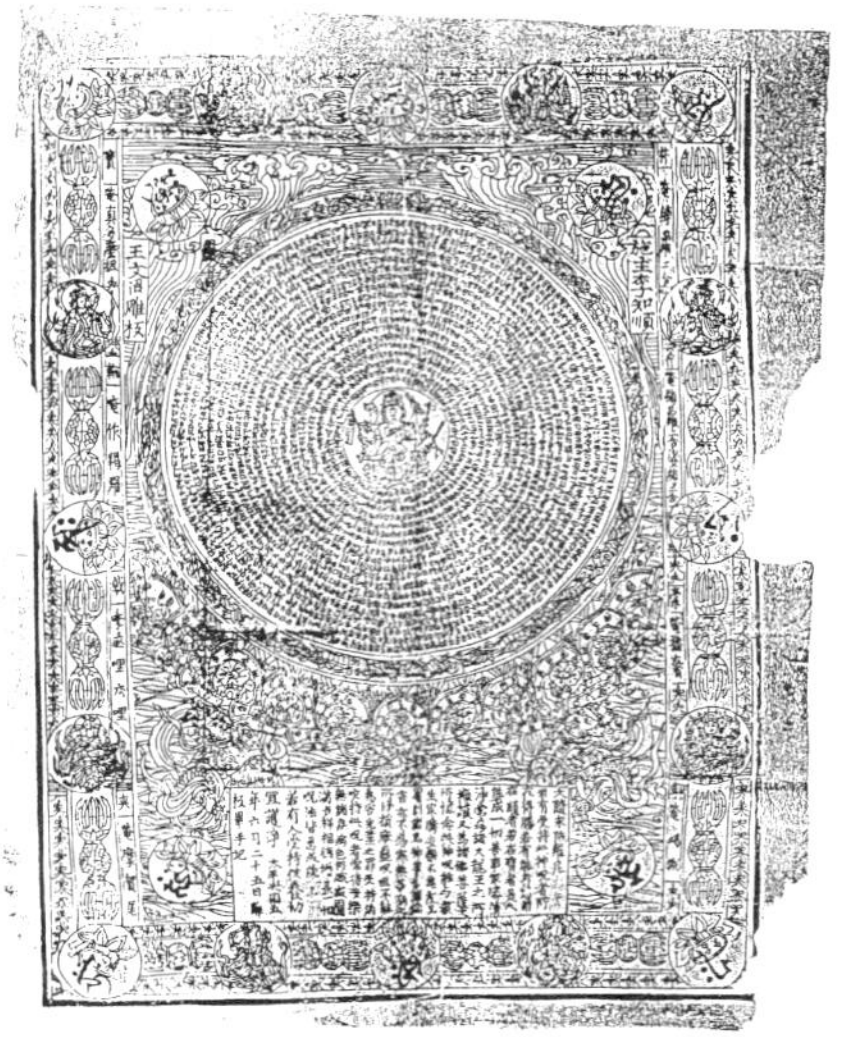

圖2　版經『大隨求陀羅尼』（インド國立博物館所藏）

眞正な悟達を意味する「阿耨多羅三藐三菩提」の語や、同五十二〜五十三行目の諸天人「乾闥婆、阿修羅、伽樓羅、緊那羅、摩睺羅伽、人非人」などが、隨處に繰り返し用いられている。[27]

『救護身命經』では、「二十五菩薩」（七寺本三十八行目）に言及しながら、その具體名は擧げていないが、矢吹慶輝によれば、『十往生經』（『大日本續藏經』、第一輯八十八帙四冊所收）や『山海慧經』（『大正藏』八十五卷所收）の思想を混じたもので、八十二〜八十四行目にかけてこの經典の功德を强調した、

現在安吉、將來往生無量壽國、卽生蓮華。軀體金色、身相具足、智惠勇健。如上章者、功德如是、不可稱計。

という一節は、『無量壽經』に基づく、と指摘されている。[28]

「厭魅蠱毒」からの護身は『救護身命經』の主眼の一つだが、この點をより詳細に敍述する疑僞經典に『呪魅經』がある。[29]『呪媚經』とも表記され、北京本中に五本、[30]スタイン本中に七本、[31]ペリオ本中に一本の他、[32]七寺にも一本がある（本書揭載）。さまざまな厭魅蠱毒を斥けるために、大力菩薩の招請をうけた四天神王や、普賢以下の諸菩薩、五方五帝や日月星辰、二十八宿などによる呪咀の驅除の方法を說いており、『救護身命經』の內容との類似からも注目される。この經典も『法經錄』が初見で、やはり六朝末から隋初頃の成立と推定される。[33]

ちなみに、インド國立博物館所藏の版經『大隨求陀羅尼』〔宋・太平興國五年（九八〇）六月、施主、李知順〕にも、

厭魅呪咀の攘去と壽福增長を祈願した次のような刊記があって、[34] こうした問題が諸種の經典を通じて祈願されたことがわかる（圖2）。

大隨求陀羅尼

若有受持此神呪者、所在得勝。若有能書寫帶在頭者、若在臂者、是人能成一切善事、最勝淸淨。常爲諸大龍王之所擁護、又爲諸佛菩薩之所憶念。此神呪能與衆生最勝安樂、不爲夜叉羅刹諸鬼神等、爲諸惱害。亦不爲寒熱等病之所侵損、厭魅呪咀不能爲害。先業之罪、受持消災。持此呪者、常得安樂、無諸疾病。色相熾盛、圓滿吉祥、福德增長、一切呪法、皆悉成就。若有人受持供養、切宜護淨。太平興國五年六月二十五日、雕板畢手記。

なお、『正統道藏』には、これと經名が類似する『太一救苦護身命經』（洞玄部本文類、第一七七册所收）と、『洞玄靈寶上師說救護身命經』（洞玄部本文類、第一七九册所收）の二經が收められており、本經が、道教經典との密接な關連のうえに成立したことを端的にものがたっている。[35]

三、諸本の概要と校異

（1）敦煌本三種

敦煌出土寫本の中には、これまでに次の三本が確認されている。

ペリオ二三四〇號本は、『大正藏』八十五卷の底本ともなった一卷で、紙背に經題と「界　比丘道眞」の署名がある。書寫の年次は未詳だが、池田溫氏によれば、十世紀中期頃と推定されている。[36]

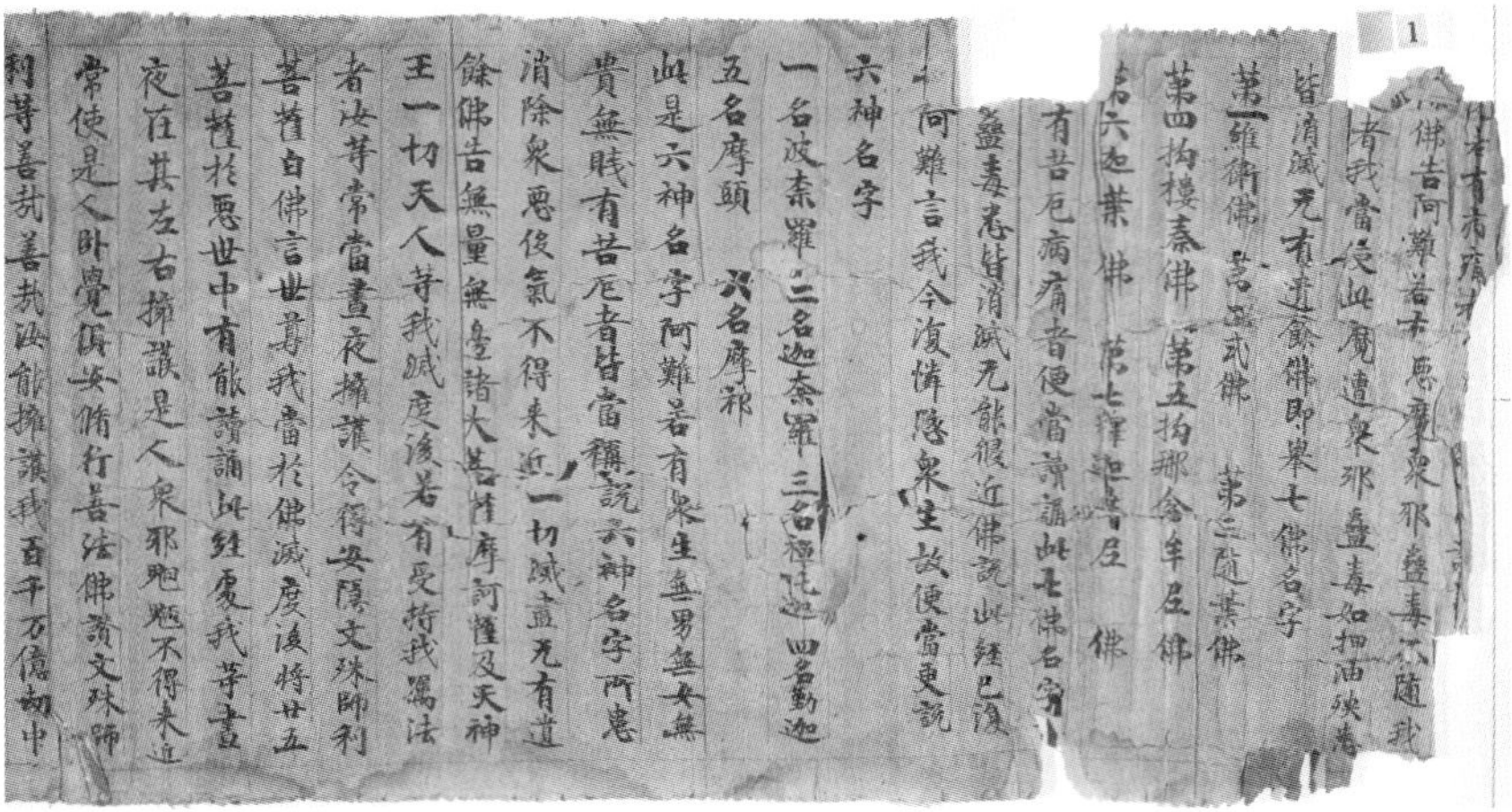

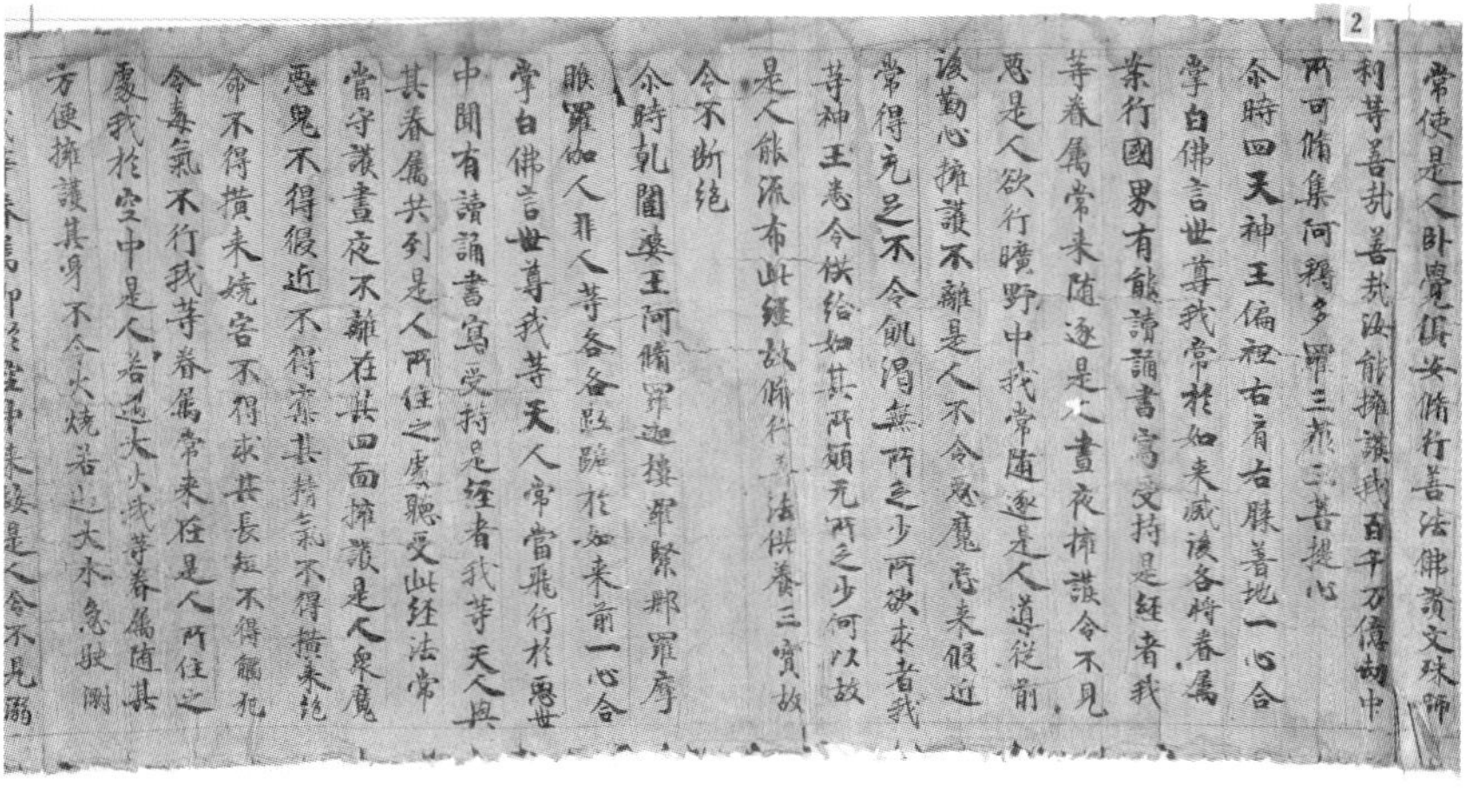

圖３　守屋孝藏氏舊藏・敦煌本『救護身命經』斷簡（京都國立博物館所藏）

北京本・日四十六號本は、六紙一〇三行で、首題、尾題ともに、『佛說救護身命經』。冒頭から二十五行目までは下半部を缺損している。

このほか、現在、京都國立博物館所藏の守屋孝藏氏舊藏本中に、もう一本がある。[37] これも首部が缺佚しており（七寺本の第二十一行目までの部分）、四紙分が現存する。尾題「佛說救護身命經　一卷」に續けて、末尾に小字で「禪定持誦」と識語があり、九世紀前期頃かと推定されている。[38] ただ、この守屋氏舊藏敦煌寫經の大半については眞僞が疑問視されており、[39] 參考に留めた方が良いのかも知れないが、本經の場合は傳本が少ないので全くの贋作と見做すよりは、年次未詳の寫本に準ずるものとして扱い、寫眞版によって校異を試みた（圖3）。

（2）朝鮮本と『佛說廣本太歲經』

朝鮮に、いつ頃『救護身命經』が傳わったのかは明らかではないが、李朝時代、十七世紀には漢文だけでなく、ハングル譯を附記したものも盛んに書寫、板行された。だが、この經典だけが單獨で扱われることは少なかったようで、多くの場合、他の短い疑僞經典類とともに、『佛說廣本太歲經』中の一編として流布した。

韓國國立中央圖書館所藏の寫本[40]は、『佛說廣本太歲經』『佛說地心陀羅尼經』『天地八陽神呪經』『佛說竈王經』『佛說救護身命經』『佛說百煞神呪經』の六經から成り（圖4を參照）、東國大學校中央圖書館所藏の寫本[41]は、これらの他に、『佛說龍王三昧經』『佛說度厄經』『佛說明堂神經』『佛說安宅神呪經』『佛說陀羅尼經』『佛說歡喜竈王經』『佛說金神七煞經』『佛說敗目神呪經』『佛說堗堀經』『佛說三災經』が合綴されているように（圖5を參照）、その内容にはかなり異同が認められる。

刊年の明らかな板本としては、

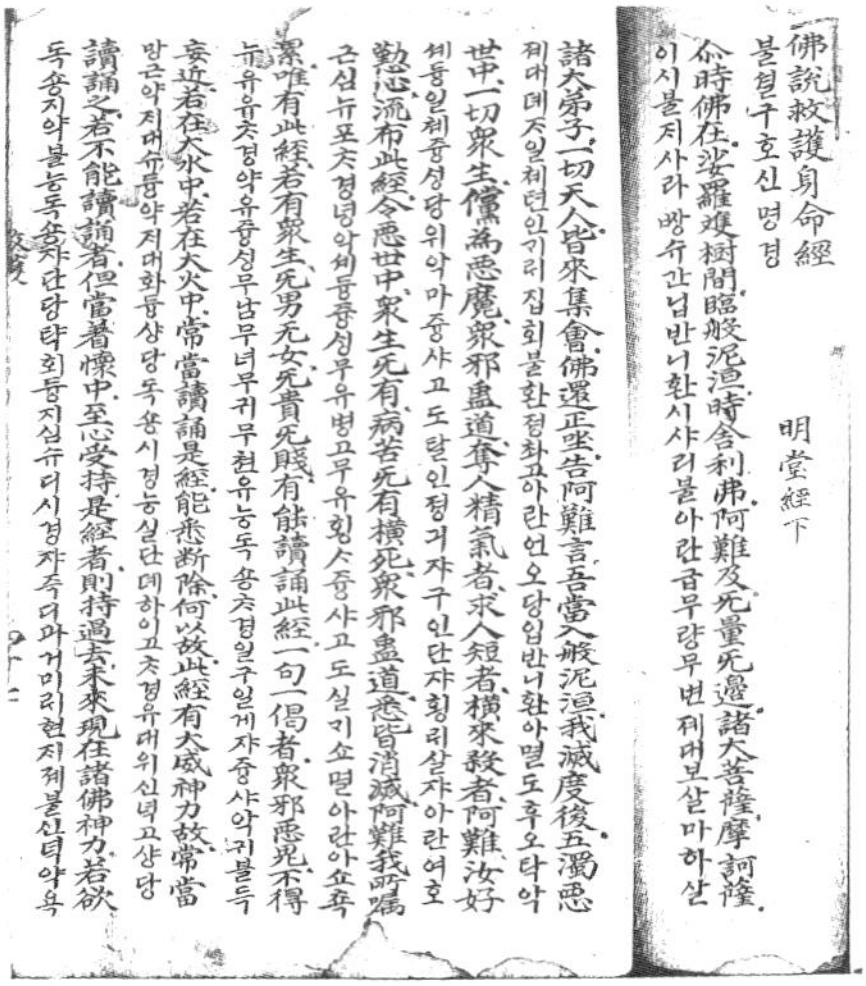

圖４　寫本『佛說救護身命經』卷首（韓國・國立中央圖書館所藏）

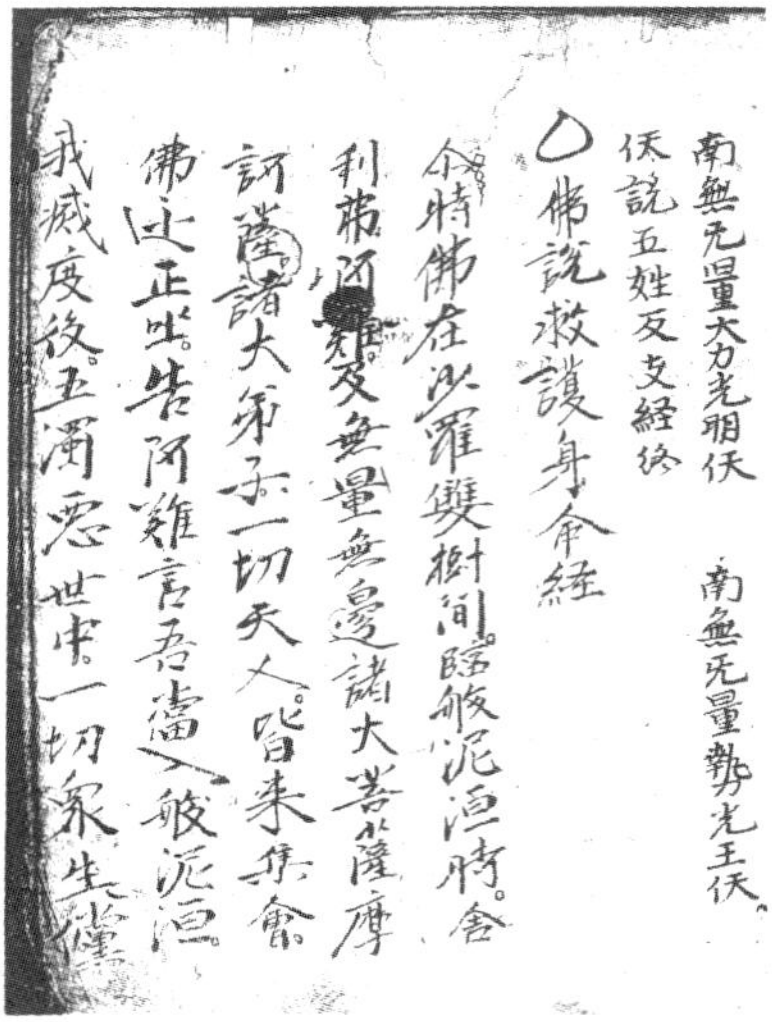

圖５　寫本『佛說救護身命經』（韓國・東國大學校中央圖書館所藏）

。崇貞八年（一六三五）　全羅南道・龍藏寺板ほか七種ほどが確認されており、(42) 國立中央圖書館にも、年次、場所とも不詳の一本がある（圖６）。こうした經文は、朝鮮各地の寺院に屬する僧侶だけでなく、民間の經巫によって、現在もなお廣く讀誦され、安宅、延壽、招魂、講經など、諸種の儀禮において用いられてきた寫本類には、同樣の經文を多數含むことが報告されている。(43)

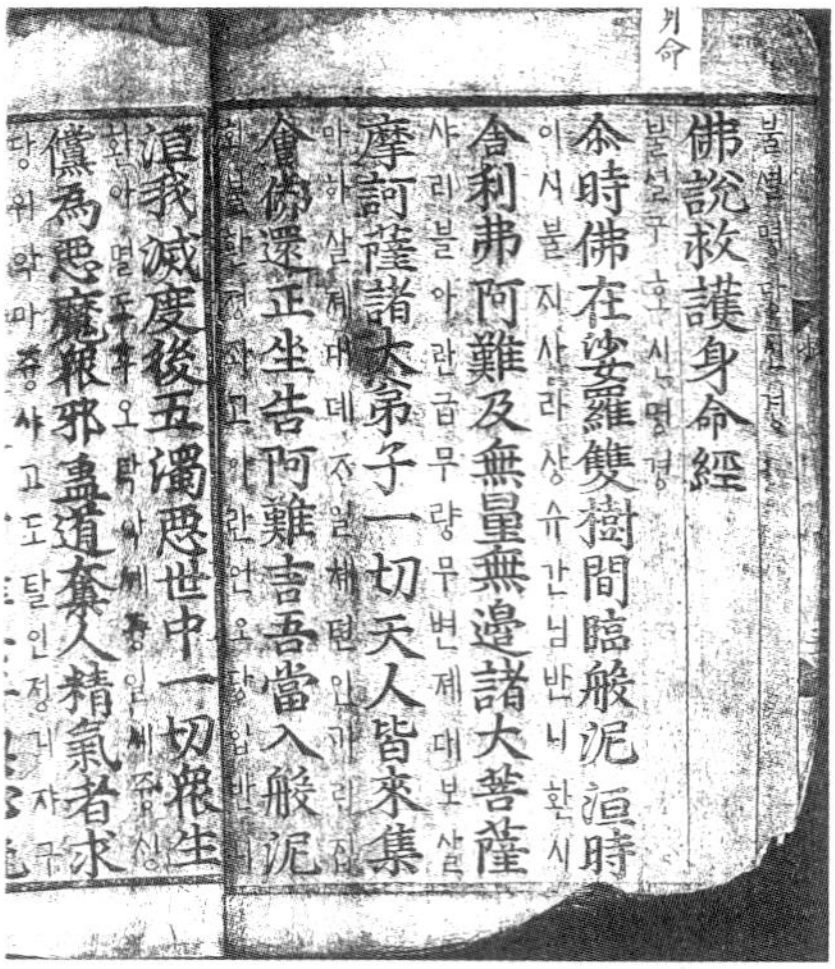

圖６　版本『救護身命經』（年次不詳、韓國・國立中央圖書館所藏）

（3）　日本への傳來と七寺本

日本における『救護身命經』の受容を示す記事としては、『正倉院文書』天平三年（七三一）八月十日の「寫經目錄」に、

大乘　救護身命經　一卷　　用四

とあるのが初見で[44]、天平五年（七三三）と推定される「寫大小乘經目錄」（假題）にも、

救護身命經　一卷

とあり[45]、天平十二年（七四〇）七月八日の「寫經所啓」には、八一五卷にのぼる經典を所藏者ごとに記載した中に、「大官寺本」として、

救護身命經　一卷

がみえる[46]。また、天平十三年（七四一）閏三月二十一日の「經卷勘注解[47]」や、天平十八年（七四六）三月四日の「後一切經校帳[48]」にも、それぞれ同様の記載があるが、その後には、東大寺造營に關わる大量の書寫についての記録が續く。

(1)　天平十九年（七四七）五月二十九日「寫一切經紙檢定帳[49]」

救護身命經一百卷料紙五百五十五張 四百六十九張自宮來者 八十六張先一切經料紙便用

五百張正用料　五十張表紙料　五張破

天平廿年七月十六日　　他田水主

伊福部

(2)　同年十二月十五日「間經校帳[50]」

救護身命經一百卷　用紙一千張

上馬甘五百卌五張　　既母辛建萬呂百八十張

下道主二百八十五張

天平廿年七月十六日他田水主

伊福部

(3)　同二十年（七四八）五月二日「寫一切經所裝潢紙充帳」(51)

六月廿六日納色紙八十九張救護身命經百卷且來所

又自宮來松染紙十張表料

又七月二日納麻紙三百七十張　又黃紙卌張

又卌五張表料自政所來十張　已上卌五張（八十六）先一切經料便用

右、廿年六月廿七日、依大倭少掾佐伯（今毛人）宿禰宣、所奉寫料、

即充裝潢能登忍人

知伊福部「男依」

他田水主

志斐「萬呂」

(4)　同年六月二十七日「寫紙充紙帳」(52)

救護身命經一百卷料紙充

丸マ嶋守八十張　爪工家萬呂卅張　釆女國嶋卌張

賀陽田主一百張　　大鳥祖足卌五張　　大鳥高人十張
馬　道　足十張　　古　能　善十五張　　志紀久比萬呂卅張
薏原人萬呂廿張　　山邊諸公五十五張　　忍海廣次十五張
錦マ公萬呂十張　　杖マ子蟲廿五張
天平廿年六月廿七日他田水主

(5)　同年七月十三日「經師校生手實帳」(53)
賀陽田主解　寫奉救護經事
幷廿卷々別用紙五張　　惣所用紙壹佰張
天平廿年七月十三日
丸部嶋守寫　　十六卷用八十張
廿年七月十四日
爪工家萬呂　六卷用卅張一卷二張岡屋　采女國嶋八卷用卌張
救護身命經奉校事
二度合二百卷　用紙二千張
上馬養百七卷用五百卌五枚（異筆）「爲一度二百三十八張」
既母建萬呂卅六卷用百八十枚「爲一度九十張」
下道主五十七卷用二百八十五枚「爲一度百卌二張」
七月十六日道主

馬甘

（異筆）「装潢

能登忍人八百廿五張

春日蟲萬呂百九十張」

(6)

同年七月（推定）「寫救護身命經注文」（假題）(54)

救護身命

大鳥祖足九卷 冊五　大鳥高人二卷 用十枚　題卌三卷

馬道足二卷 用紙十張　古能善三卷 用紙十五張　杖部子蟲五卷 用廿五枚

志紀久比麻呂八卷 用冊枚　薏原人末呂四卷 用廿

山邊諸公十一卷 用五十五張　題六十七卷 忍海廣次三卷用十五

錦公萬呂二卷 用十張

(7)

同年十二月（推定）「未分經目錄(55)」

虚空藏井問持注得機福經一卷

一切施王所行檀波羅蜜經一卷

大方廣如來性起微密藏經二卷

隨願往生經一卷　　蜜迹金剛力士經二卷

增一阿含經一卷　　十二因緣經一卷

戒相應法經一卷　　比丘問佛多優婆塞命終經一卷

有衆生三世作悪經一巻　淨度三昧經三巻
虚空藏井所問經八《九」》巻」
毗羅三昧經二巻　　　　益意經二巻缺一
救護身命經《濟》人病苦厄經一巻
右《「十三」》十三經十九巻、同帙、「缺二」

(8)　同二十一年（七四九）三月「經師布施申請帳案」(56)

東大寺寫一切經所解　申請經師等布施事
合奉寫《間》經八百九十巻
救護身命經一百巻依去天平廿年六月廿七日造東大寺司次官佐伯宿禰今毛人　宣所奉寫

（中略）

經師十六人（拔粹）
大鳥祖足　寫紙二百三張冊五張救護　十張灌頂梵二張理趣百冊張心經六張十一面　布五端三尺
志紀久比萬呂　寫紙百　七《六十》十一張冊張救護十一張灌頂梵天百廿張心經　布四端一丈一尺
山邊諸公　寫紙六《八十》十張五十五張救護諸公五十五枚古乎萬呂五枚五張十一面道足十五萬昆公萬呂五枚　布一端二丈
丸部嶋守　寫紙八十張救護　布二端
爪工家萬呂　寫紙冊九張廾張救護九張浴像　布二《一端》丈九尺
古　能　善　寫紙冊三張十五張救護八張十一面　布二《一端》丈三尺
賀陽田主　寫紙百廿張救護　布三端

杖部子蟲　　寫紙卌二張廿五張救護二張理趣十五張　　布一端二尺

薏原人萬呂　　寫紙卌張救護十枚錦公萬呂十枚高人廿人萬呂　　布一端

(9)　天平勝寶元年（七四九）八月十三日「經疏間校帳(57)」

救護經百卷　用紙五百張　一校船守　二校大舍人眞萬呂

上馬廿《五百卌五》百七張　既母建萬呂百八十張　下道主二百八十五張

(10)　同年八月十九日「檢定經幷雜物等帳(58)」

依間仰給奉寫經納横

（中略）

隨願藥師經一卷　　救護身命經一卷

壽延經一卷　　童子經一卷已上小橋史生私經奉請了

(11)　同二年（七五〇）七月十八日「經紙幷表紙用帳(59)」

用經紙幷表紙事

八月廿九日二枚黄表紙依阿刀史生狀用者受大宅家長　廿三日四枚橡　着間法花又阿刀史生一枚半橡　又着番（蕃）玄宮（市原王）御書一枚橡　九月八日四枚橡着雀部

案主經者九月二日五枚橡着基法疏者　又九月十日廿八張黄紙着疏表紙受村山　十四日二枚黄紙者　之中二枚破半員矣又二枚橡着目錄者　又六枚經黄

紙田邊（眞人）判官救護經料者（師脫）

（中略）

借用事着目錄四卷六尺　又着伴（判）官救護一卷

(12)　同年十一月十三日「寫疏裝潢造紙上帳(60)」

（前略）

離垢經一卷用七　比丘聽施經一卷用四　救護身命經一卷五

合卅卷　用紙五百六十三張　以三年八月廿九日充裝潢能登忍人

充他田水主

三嶋

吳原（自署下同ジ）「生人」

鴨「書手」

⒀同三年（七五一）十二月十二日「寫書所布施文案」(61)

勝廣前

大集經第卅卷十九張　廾行方便經一卷十六張　離垢慧廾經一卷七張

比丘聽施經一卷四張　救護經一卷五張　悲華經第一二三四五卷百十一張

合百六十二張「既經」　錢八百十文

⒁天平神護三年（七六七）二月二十二日「造東大寺司移」(62)

合大小乘經律論集傳等惣帙一千八百十七卷　綵帙一百九十一枚　牙籤百六十枚　納辛樻九合之中六合塗赤漆 三合白木竝敷布

居白木榻足机「坤宮官一切經之內」

（中略）

爲疑經廿三卷

毗羅三昧經二卷

救護身命經一卷已上雜一帙

大通方廣經三卷

妙法蓮華經度量天地經一卷已上第二帙无籤

佛名經十六卷一帙无籤

これらの一連の史料を通じて、天平十九年頃に太政官の直轄下に創設された造東大寺司では、玄蕃頭の市原王が造東大寺司知事を兼任し、大倭少掾に兼ねて次官に任じられた佐伯今毛人を中心に、東大寺造營事業の一環として厖大な量の經典が書寫されたことや、中國の歴代の經錄で疑僞經とされたものも、眞經とほぼ區別なく書寫が進められ、『救護身命經』百卷もその中に含まれていた様相を看取できる[63]。

寫經事業の責任者は、寫後書所知事の伊福部宿禰男依と、經師で後に紫微中臺舍人、造東大寺司主典を務めた他田水主、寫經所や一切經所の案主などを歴任した志斐連痲呂らで、書寫を擔當した經師の氏名や用紙、布施料などの具體的な内譯も詳細に記錄されている。

とくに、(8)の經師らの布施に關しては、この他に天平二十一年三月[64]、天平勝寶二年十二月二十三日[65]、同二十九日[66]、同三年二月八日[67]の「造東大寺司解」にもみえる。

また、(14)の「坤宮官一切經[68]」については、天平勝寶五年（七五三）五月七日と推定される「寫經納櫃目錄[69]」にも關連記事がある。

さらに、天平勝寶八年（七五六）七月二日に比定される「圖書寮經目錄[70]」の第七櫃に、

救護身命經　八卷一帙

とある他、寶龜五年（七七四）十月十七日と推定される「雜經目錄[71]」においては、「別生經」に續けて、

淨度三昧經二卷綵帙　　法社經二卷
益意經一卷　　救護身命經十部十卷麁帙
觀世音三昧經三部三卷一卷漆軸色紙一卷紫綾表　　清淨法行經一卷
高王觀世音經二部二卷
右七經、竝是古舊錄中僞疑之經、周錄雖編入、正文理竝涉人謀、故此錄中除之不載。

というように、従前の目録とはやや異なって、「僞疑經」を區別する姿勢も窺える。

東大寺の造營に際して、これだけ多數の書寫がなされながら、現存が確認できるものは、今のところ一點も無い。奈良時代には盛んに書寫、讀誦された『救護身命經』も、平安時代以降になると、ごく一部でしか用いられなかったようである。

その内のわずかな例外として注目に値するのは、天臺宗の安然が、最澄や空海をはじめとする入唐八家の請來目録に、近江の梵釋寺や粟田院圓覺寺などの藏書を併せて、九世紀後期に撰錄した『諸阿闍梨眞言密敎部類總錄』（『八家祕錄』）の十一〈除病法〉に、(72)

救護身命濟人病苦厄經　一卷　貞元疑錄中載之

という記事だが、この行方もつかめない。

その後は平安末期、久安元年（一一四五）十月の奥書をもつ『東寺一切經目錄』卷下に、(73)

救護身命濟人病苦厄經　一卷　五紙
觀世音三昧經　一卷　八紙

清淨法行經　一卷　六紙
高王觀世音經　一卷　一紙
上四經四卷　同帙
右四經竝舊錄中僞疑經

とあるが、これもまた散佚したようである[74]。

七寺一切經は、この東寺一切經の三十年後に成立したが、ともに『貞元錄』に基づきながら、不入藏目錄所載の疑僞經典類をも書寫しており、主に奈良時代以來の傳存寫經に依據したことが判明している[75]。

七寺本は奈良時代初期に日本に傳來し、東大寺造營前後を中心に盛んに書寫讀誦された『救護身命經』の系譜を引く、唯一の貴重な遺例といえる。

四、古代社會と〈厭魅蠱毒〉

（1）　律令法と蠱毒

『救護身命經』が、敦煌や朝鮮、日本などアジア各地に廣く流布した背景には、經文中に繰り返し强調される「惡魔、衆邪、蠱道〔毒〕」からの護身という側面に、さまざまな期待が寄せられたことが作用していると思われる。

とくに蠱毒は、中國では早くから政爭と結びついて警戒され、律令法にもこれを用いた場合の刑罰規定が盛り込まれた。

『唐律疏議[76]』卷一・名例の〈十惡〉には、

五曰、不道（謂殺一家非死罪三人、及支解人。造蓄蠱毒、厭魅。）

疏議曰、安忍殘賊、背違正道、故曰不道。

とあって、大量の殺人や、ことに殘虐な方法による殺害とともに、蠱毒の造蓄と厭魅を、人道に背く犯罪の中でも最たるものとし、「造蓄蠱毒、厭魅」について、次のように注記する。

疏議曰、謂造合成蠱。雖非造合、乃傳畜堪以害人者皆是。卽未成者、不入十惡。厭魅者、其事多端、不可具述。皆謂邪俗陰行不軌、欲令前人疾苦及死者。

ここでは、蠱毒や厭魅の具體的な方法にはふれずに、「皆、邪俗陰かに不軌を行ない、前人をして疾苦し及び死せしめんと欲する者を謂ふ」と總論するだけだが、同書巻十八、賊盜の造蓄蠱毒條には、その處罰について、

諸造蓄蠱毒、（謂造合成蠱堪以害人者。）及敎令者絞。造蓄者同居家口、雖不知情、若里正（坊正村正亦同）知而不糾者、皆流三千里。

と規定した後、蠱毒に關する解釋が示される。

疏議曰、蠱有多種。罕能究悉。事關左道、不可備知。或集合諸蟲、置於一器之內。久而相食、諸蟲皆盡。若蛇在、卽爲蛇蠱之類。造、謂自造。畜、謂傳畜、可以毒害於人。（下略）

蠱毒は多様で、その詳細は把握し難いが、さまざまな毒蟲を一つの容器に入れ、他を全て食い殺して、最後に生き殘った强力な一匹を用いて、人を殺害しようとすることだという。

こうした呪法は秦漢時代から行なわれ、ことに苗族など西南少數民族の、主に女性が傳承したとされる(77)。『唐律疏議』では、造蓄蠱毒條に續けて、以毒藥人條や憎惡造厭魅條においても、「厭魅を造り、符書を造りて呪咀して以て人を殺」すような類似の呪法に關する刑罰規定を明記する。

とくに厭魅條では、蠱毒と同様に多端に亙るため詳悉することは困難としながらも、「或は形象を圖畫し、或は人

身を刻作して、心を刺し、眼に釘し、手を繫ぎ、足を縛る。此の如き厭勝、事は一緒に非ず。魅とは、或は鬼神に假託し、或は妄りに左道を行うの類」と述べて、呪法の性格や方法を區別している。

中國の律令法を繼受した、日本の大寶・養老律の條文（名例律・八虐條の不道、賊盜律の造畜條、毒藥條、厭魅條）でも、これらの內容はほぼそのまま踏襲されているが[78]、日本では、蠱毒と厭魅の區別は律條文の規定上に留まったようである。

（2）　奈良時代の政治と巫蠱

日本における厭魅蠱毒についての記錄としては、『日本書紀』用明天皇二年（五八六）四月二日條に、病氣になった天皇が佛教に歸依することを群臣に語ったところ、かねて反目していた物部大連守屋と蘇我大臣馬子との溝がさらに深まり、物部守屋に追隨する中臣勝海連が、「逆に太子彥人皇子の像と、竹田皇子の像を作りて厭ふ」とあるのが最も早い例だろう。

平城京遷都後二十年近く經った天平元年（七二九）四月三日には、內外の文武百官と百姓に對して、「異端を學び習ひ、幻術を蓄へ積み、厭魅呪咀して、百物を害ひ傷る者有らば、首は斬、從は流。（後略）」に始まる、賊盜律の規定を一部修正する敕が出されたが（『續日本紀』、以下同じ）、これは二ヶ月前に「私かに左道を學びて國家を傾けむとす」という嫌疑で自盡に追い込まれた長屋王の變に呼應しての施策である[79]。

天平勝寶六年（七五四）十一月二十四日條には、「藥師寺僧行信と、八幡神宮の主神・大神多麻呂らと、意を同じくして厭魅す」とあり、行信は下野藥師寺へ、大神多麿と社女は位階剝奪のうえ、多麿は多褹島、社女は日向にそれぞれ遠流となった。

行信は當時、僧綱首座として行基亡き後、僧尼を統轄した大僧都とみられ、大神多麿と社女の兩名は、東大寺の盧舍那大佛造立に際して旺盛な活動を展開し、宇佐八幡の地位向上を推進した人物である。この事件の眞相をめぐっては、八幡神職集團が中央政界の謀略に加擔したという說[80]や、藤原仲麻呂（惠美押勝）と對立する橘奈良麻呂と結託した社女・多麿による呪咀とみる說[81]、あるいは大佛建立が難局に直面した時期に出された、八幡神が事業を援護するという僞託が露見したとみる說[82]など諸說あるが、いずれにせよ、この事件は、長屋王の變とはちがって謀計による政敵の排斥とはやや性格を異にする。

天平神護元年（七六五）八月一日には、舍人親王の孫、和氣王が「己が怨男女二人」の殺害を企て、紀益女に「巫鬼を以て」呪咀させた容疑で謀叛の罪に問われた。和氣王も紀益女も絞首刑に處せられたが、紀益女は、神護景雲元年（七六七）八月に陰陽頭に任じられた紀益麿（もと紀寺の奴益人）と同族であろう。また和氣王が呪咀を圖った「男女二人」は、弓削道鏡と稱德天皇をさすと思われる[83]。

これらの記事において、「厭」「厭魅呪咀」「厭魅」「巫鬼」などと表現される呪法の內容は明確ではないが、次の神護景雲三年（七六九）五月の事件では、初めて「巫蠱」という語が用いられ、やや具體的な記述がみえる。

二十九日に縣犬養姉女らが、「巫蠱に坐して配流」となった。同日條の宣命によれば、「逆心」を懷いた縣犬養姉女は、忍坂女王や石田女王らと謀って、不破內親王（廚眞人廚女）の許に通い、氷上鹽燒王と不破內親王の子である志計志麿を皇位に就けるべく、「朝廷を傾け奉り、國家を亂」すことを畫策した。そして、稱德天皇の髮を盜み[84]、「きたなき佐保川の髑髏に入れて、大宮の內に持ち參入り來て、厭魅すること三度」に及んだ、という。

『續日本紀』では、これに先立って二十五日條に、不破內親王が「積惡止まず、重ねて不敬を爲す。その犯す所を論ふに罪八虐に合へり」として、廚眞人廚女と改名のうえ京外に追放、氷上志計志麿も土佐に遠流となったことを傳えている。

その後、寶龜二年（七七一）八月八日になって、これが丹比宿禰乙女の「誣告」によることが判明、乙女は外從五位下の位記を破棄された。長屋王の變と同樣に、仲麻呂の亂後の動搖と道鏡の臺頭が顯著になる中で行なわれた、皇位繼承をめぐる政治的暗鬪の結果とみてよいだろう。

寶龜三年（七七二）三月二日には、聖武皇女で光仁皇后の井上内親王が、やはり「巫蠱に坐せられて」廢位となった。謀叛は裳咋足嶋という男の密告によって發覺し、計畫に關與したという粟田廣上、安都堅石女も遠流。五月には、光仁と井上内親王の子、他戸親王が「其の母井上内親王と厭魅大逆の事、一二遍のみに在らず、遍まねく發覺れぬ」という理由により、皇太子を廢されて庶人となった。さらに翌四年八月十四日に、光仁天皇の同母姉にあたる難波内親王が亡くなると、直後の十九日には、内親王の死は井上内親王の「厭魅」によるとして、井上内親王と他戸親王を大和國宇智郡に幽閉。二人は二年後の寶龜六年四月二十七日に死亡した[85]。

事件の實相は不明な部分が多いが、『公卿補任』寶龜二年條所載の藤原百川傳の一節に、

于時庶人他部在儲弐位、公數出奇計、遂廢他部、桓武天皇爲皇太子。

とあることなどから、山部親王（のちの桓武）を皇太子に擁立するために、井上廢后から他戸廢皇子を強行した藤原百川の策謀による可能性が高い[86]。

前述の縣犬養姉女らの事件と同樣に、『續日本紀』における一連の記錄では、「巫蠱」と「厭魅」が混用されており、律の規定とは異なって、現實には兩者の區別はさほど明確ではなかったことが推測される[87]。

奈良時代末期になると、こうした呪法は政權の中樞だけでなく、民間にも浸透したらしく、寶龜十一年（七八〇）十二月十四日に左右京に出された敕は、そうした風潮を反映する。

此來無知百姓、構合巫覡、崇淫祀、蒭狗之設、符書之類、百方作怙、塡溢街路。託事求福、還渉厭勝。非唯不畏朝憲、誠亦長養妖妄。自今以後、宜嚴禁斷。（下略）

中國における本來の蠱毒とは意味がやや異なって、むしろ厭魅の方に近いが、その實態はともあれ、こうした呪法に對する恐怖と警戒、そして護身への切實な希求が、『救護身命經』のような中國撰述の疑僞經典への、廣範な信仰を促したと考えてよいだろう。

結　語

「衆邪蠱道（毒）」の「悉皆消滅」と「護身」への功德を繰り返し說く『救護身命經』が、先ず西域の敦煌地方に流布したのは、秦漢時代から始まった蠱毒の流行が少なからず影響していると思われる。

朝鮮半島への傳來時期は不明だが、李朝時代には、ほぼ全道の諸寺院で書寫、板行が續けられた。類似の疑僞經典を合綴し、ハングル譯も附した『佛說廣本太歲經』のような、一種の經文集も作られ、寺院のみならず民間の經巫たちによって現在まで傳承されているのはこの地域だけの特色である。「蠱毒」は古代に限られるものではなく、中國の少數民族の中には今もなおこの習俗を傳える例もあるようだが、(88) 現代の朝鮮では、毒蛇や毒蟲、傳染性の疾病などからの護身、延命といった側面が意識されているものとみられる。

日本では、奈良時代の中期から後期にかけて、東大寺造營や皇位繼承をめぐる政治的對立を背景に、律令國家による大量の書寫が行なわれた。七寺本もこうした奈良時代の寫經の系譜に連なるものと考えられるが、日本においては中世以降、その命脈は途絶えた。

『救護身命經』と同様に、道教的な延年益壽を説く疑僞經典である『壽延經』が、醍醐寺理性院を中心とする東密の諸寺において、延命法の所依經典となったり、[89] アジア各地に廣く流布したことで知られる『天地八陽神呪經』が、やはり東密系の土公供において讀誦されたような例もあるが、[90]『救護身命經』の場合、『大佛頂廣聚陀羅尼經』などの密教經典と併用されることはなかったようである。

注

（1）『大正藏』五十五卷、一三八頁。
（2）『大正藏』五十五卷、一三八～一三九頁。
（3）『大正藏』五十五卷、三十八～三十九頁。
（4）牧田諦亮「中國佛教における疑經の研究」、（『疑經研究』、一九七六年、京都大學人文科學研究所、臨川書店復刊）十八頁。
（5）『大正藏』五十五卷、一七三頁上段。
（6）『大正藏』五十五卷、二一二頁上段。
（7）『大正藏』五十五卷、三五六頁中段九行目。
（8）『大正藏』四十九卷、七十頁上段～中段。
（9）林屋友次郎『經錄研究』前篇、第一部第三章、第三部第二章以下（一九四一年、岩波書店）に精細な考證がある。
（10）『大正藏』五十五卷、二四五～二四六頁。ただし總計は百十一部ではなく、百九部となっている。
（11）『大正藏』五十五卷、四一一頁下段。
（12）『大正藏』五十五卷、五〇四頁中段。
（13）『大正藏』五十五卷、六七一頁中段。
（14）『大正藏』五十五卷、六七六頁上段。

(15)『大正藏』五十五卷、六九九頁中段～下段。
(16)『大正藏』五十五卷、八〇一頁中段。
(17)『大正藏』五十五卷、一〇一五頁下段、ならびに一〇二〇頁中段～下段。
(18)『大正藏』五十五卷、一〇四八頁上段。
(19)『大正藏』八十五卷、一三六一頁下段。
(20)『大正藏』五十五卷、一三八頁下段。
(21)『大正藏』五十五卷、三三五頁下段。
(22)矢吹慶輝『鳴沙餘韻』解說篇、第二部、一九六頁（一九三三年、岩波書店）。
(23)スタイン一一九八、一四五一、一九七八、二四六七號。
(24)芥八十三、光八、人四、衣十四、字十、霜八十號。
(25)野上俊靜編『大谷大學所藏　敦煌寫經』〔乾〕（一九六五年、大谷大學東洋學研究室）所收。
(26)『大正藏』十九卷、一三七頁上段。
(27)『大正藏』十九卷、一五五頁以下。
(28)矢吹慶輝、前揭注（22）、二二九頁。
(29)『大正藏』八十五卷、一三八三～一三八四頁、所收。
(30)劍六十三、月八十、乃二十、號六十三、荒九十七。
(31)スタイン四一八、二〇八八、二五一七、三八五二、六一四六號。四三一一、四五二四號は「呪魔經」。
(32)ペリオ三六八九號。
(33)矢吹慶輝、前揭注（22）、二〇一頁。本書、第三章を參照されたい。
(34)池田溫『中國古代寫本識語集錄』（一九九〇年、大藏出版）五一〇～五一一頁、二四二八號。典據の寫眞版（圖2）は、スタインの報告書 Serindia, vol. Ⅳ pl. cii, Oxford 1921. 所載。

(35)　青木隆「護身命思想と道教」(『印度學佛教學研究』四十二巻一號、一九九三年)は、中村不折舊藏(現、書道博物館所藏)『護身命經』(『大正藏』八十五巻所收)の內容と、他の經典との關連などについて考察したうえで、本章で取り上げた『救護身命經』についても言及し、敦煌本『元陽上卷超度濟難經』(スタイン四八二號)や、道藏本『洞玄靈寶上師說救護身命經』は、これを改變したものである、と指摘している(青木論文の注6參照)。

(36)　池田溫、前揭注(34)、五二二頁、二四九八號。

(37)　京都國立博物館編『守屋孝藏氏蒐集古經圖錄』(一九六四年)解題五十五頁、二四七號。

(38)　池田溫、前揭注(34)、三六八頁、一三四七號。

(39)　藤枝晃「『德化李氏凡將閣珍藏』印について」(『學叢』七號、一九八五年、京都國立博物館)。

(40)　整理番號、古〇一—二二六—一(一七四九—三)。

(41)　整理番號、二一三、一九九—븝五三。東國大學校中央圖書館編『古書目錄』(一九八一年)二一七頁の解題では、朝鮮朝後期から末期の書寫とみている。

(42)　東國大學校佛教文化研究所編『韓國佛教撰述文獻總錄』(一九七六年、東國大學校出版部。邦譯は國書刊行會刊)、鄭亨愚・尹炳泰編『韓國冊板目錄總覽』(一九七九年、韓國精神文化研究院)、朴相國編『全國寺刹所藏木板集』(一九八七年、韓國文化財管理局)。また、小倉進平『朝鮮語學史』(增訂版、一九六四年、刀江書院)二七一頁、江田俊雄編『朝鮮佛教史の研究』(一九七七年、國書刊行會)三三七頁にも言及がある。

(43)　赤松智城・秋葉隆編著『朝鮮巫俗の研究』下卷、第九章「巫歌と巫經」(一九三八年、大阪屋號書店)、徐大錫「經巫攷」(『韓國文化人類學』一號、一九六八年、韓國文化人類學會)、伊藤亞人「韓國の民間信仰における道教の傳統」(『朝鮮文化研究』一號、一九九四年、東京大學文學部朝鮮文化研究室)など參照。

(44)　『大日本古文書』正倉院編年文書、七卷、十二頁。

(45)　『大日本古文書』二十四卷、十九頁。

(46)　『大日本古文書』七卷、四八七頁。

(47)『大日本古文書』七巻、五〇一頁。
(48)『大日本古文書』二十四巻、三四五頁。
(49)『大日本古文書』九巻、三七六頁。
(50)『大日本古文書』九巻、六三八頁。
(51)『大日本古文書』十巻、二六八頁。
(52)『大日本古文書』三巻、一〇四〜一〇五頁。
(53)『大日本古文書』十巻、三一二〜三一三頁。
(54)『大日本古文書』二十四巻、五一七頁。
(55)『大日本古文書』二十四巻、五三七頁。
(56)『大日本古文書』十巻、五八九〜五九一頁。
(57)『大日本古文書』十一巻、十七頁。
(58)『大日本古文書』十一巻、四十六頁。
(59)『大日本古文書』十一巻、三三〇〜三三一頁。
(60)『大日本古文書』十一巻、四二六頁。
(61)『大日本古文書』三巻、五二八頁。
(62)『大日本古文書』十七巻、四十六頁。
(63)市原王、佐伯今毛人の經歴と、造東大寺司創設の歴史的背景については、角田文衞『佐伯今毛人』(一九六三年、吉川弘文館)參照。
(64)『大日本古文書』十巻、五九七、六〇二、六〇四、六〇九、六一二頁。
(65)『大日本古文書』三巻、四七一頁。
(66)『大日本古文書』三巻、四七九頁。

(67)『大日本古文書』十一巻、四七八頁。
(68)天平勝寶元年（七四九）に皇后宮職を改組した紫微中臺を、さらに天平寶字二年（七五八）に改稱して坤宮官とした。
(69)『大日本古文書』十二巻、四五一頁、四六二頁。
(70)『大日本古文書』十三巻、一八六頁。
(71)『大日本古文書』二十三巻、一二八頁。
(72)『大正藏』五十五巻、一一二二頁中段。
(73)『大正藏』別巻、昭和法寶總目錄　第一册、一〇一六頁、上段。
(74)京都府立總合資料館編『東寺觀智院金剛藏聖教目錄』全二十一册（一九七五～八五年、京都府教育委員會）、ならびに大正大學圖書館所藏「東寺寶菩提院マイクロフィルム目錄」（カード）中にはみえない。
(75)落合俊典「七寺一切經と古逸經典」（『七寺古逸經典研究叢書』第一巻、一九九四年、大東出版社）。
(76)瀧川政次郎・島田正郎監修『官版唐律疏議』（一九七五年、汲古書院）、律令研究會編『譯註日本律令』第五巻、第七巻（一九七九年、八七年、東京堂出版）等參照。
(77)李卉「說蠱毒與巫術」（中華民國、中央研究院『民族學研究所集刊』九期、一九六〇年）、澤田瑞穗『中國の呪法』第三章「蠱毒」（一九八四年、平河出版社）、孫家洲「巫術の盛行と漢代社會」（『古代文化』四十七巻八號、一九九五年、古代學協會）等參照。
(78)日本では「十惡」ではなく、「八虐」とした。日本思想大系『律令』（一九七六年、岩波書店）。現存の『唐律疏議』は、開元二十五年（七三七）の律に基づいて修訂されたもので、大寶、養老律の直接の母法となった永徽二年（六五一）の律によるものではないが、律自體は貞觀十一年（六三七）の本文がほぼ踏襲され、疏も、永徽律成立後の永徽四年（六五三）に長孫無忌らが編纂したものを基礎とする。
瀧川政次郎『律令の研究』（一九三一年、刀江書院）、仁井田陞、牧野巽「故唐律疏議製作年代考」（『東方學報』東京、第一、二册、一九三一年）、利光三津夫『律の研究』（一九六一年、明治書院）、井上光貞「日本律令の成立とその注釋書」（日本思想大系『律令』解説）、律令研究會編『譯注日本律令』律本文篇上・下（一九七五年、東京堂出版）、國學院大學日本文化研究所編『日本律復原の研究』（一九八四年、國書刊行會）、高鹽博『日本律の基礎的研究』（一九八七年、汲古書院）等參照。

(79) 以下、日本古代の厭魅・蠱毒と律令法に關する主な論考には、近江昌司「井上皇后事件と厭魅について」（『天理大學學報』三十九輯、一九六二年）、神居敬吉「天平勝寶六年の「厭魅」彈壓事件」（『歴史評論』二三九號、一九七〇年）、水本浩典「『續日本紀』における律適用の一例――行信厭魅事件――」（『續日本紀研究』二〇〇號、一九七八年）、瀧川政次郎「賊盜律厭魅條をめぐって」（瀧川政次郎記念『律令制の諸問題』、一九八四年、汲古書院）、吉田一彦「行信厭魅事件における法の適用」（『續日本紀研究』二四二號、一九八五年）、同「日本律の適用と效用」㈠～㈢（『名古屋市立女子短期大學研究紀要』四五・四八集、一九九〇～九三年）などがある。

(80) 横田健一『道鏡』（一九五九年、吉川弘文館）。

(81) 中野幡能『八幡信仰史の研究』（一九七五年、吉川弘文館）、北山茂夫『女帝と道鏡』（一九六九年、中央公論社）など。

(82) 神居敬吉、前掲注（79）。

(83) 角田文衞「紀寺の奴」（『律令國家の展開』一九六五年、塙書房）、中川收「天平神護元年における和氣王の謀叛」（『奈良朝政治史の研究』一九九一年、高科書店）など參照。

(84) 天平寶字六年（七六二）六月に出家した稱德天皇は、藤原仲麻呂の亂後、道鏡を大臣禪師とすることを表明した天平寶字八年九月二十日の宣命の中で、「朕は髮を剃りて佛の御袈裟を着て在れども、國家の政を行はずあること得ず」とのべている。

(85) 母子二人が同時に死亡するのは不自然であり、自殺か暗殺かによるものと考えられる。新日本古典文學大系版『續日本紀』四（一九九五年、岩波書店）、四五〇頁、脚注十、參照。

(86) 角田文衞「寶龜三年の廢后廢太子事件」（『律令國家の展開』、前掲注（83））、林陸朗「奈良朝後期宮廷の暗雲」（『上代政治社會の研究』、一九六九年、吉川弘文館）、中川收「光仁朝の成立と井上皇后事件」（『奈良朝政治史の研究』、前掲注（83））など參照。

(87) 日本思想大系『律令』、四九〇頁、補注「蠱毒と厭魅」。
(88) 丸山宏「納西族の民俗宗教に關する諸問題」(『比較民俗研究』十一號、一九九五年、筑波大學比較民俗研究會)。
(89) 拙稿「『壽延經』の行方——疑僞經典の受容と密教修法——」(菅原信海編『神佛習合思想の展開』、一九九六年、汲古書院)。
本書、第六章所收。
(90) 拙稿「日本古代における『天地八陽神呪經』の受容」(道教文化研究會編『道教文化への展望』、一九九四年、平河出版社)。
本書、第五章所收。

『佛說救護身命經』朝鮮本翻刻竝びに校異

ここには、諸傳本の中では比較的目にふれ難い朝鮮本（韓國國立中央圖書館所藏寫本）を翻刻し、併せて七寺本と敦煌本三種との異同を注記した。

朝鮮本は、末尾の數行分が入れ換っているうえ、他の寫本に較べて時代が下るだけに、轉寫を經たための誤字と思われる部分や、

80　而白佛言。
82　如來滅度後。
87　令得安穩。
97　阿修羅王。
104　不得横來。
158　則化生蓮華中。
168　我今憐愍衆生故。

などのように、他の寫本には見えない字句が加えられている例も少なくない。

敦煌本のうち、Bのペリオ本とDの京博本は、兩者のみ共通する部分が二十二箇所（53、55、72、78、85、83、99、107、109、110、112、115、134、144、155、167、171、176、177、181、182、186）にのぼることから、ほぼ同じ系統に屬するものと考えられる。

それに對して、Aの七寺本とCの北京本の共通點も十二箇所（66、75、76、85、91、120、148、163、166、179、180、181）を數え、敦煌寫本三種の中では、北京本が比較的七寺本に近いとみてよいだろう。

佛說救護身命經（韓國國立中央圖書館所藏寫本）

尒時佛在、娑羅雙[1]樹間、臨般泥洹[2]時。舍利弗、阿難、及无量无邊、諸大菩薩[3]、摩訶薩[4]、諸大弟子、一切天人[5]、皆來集會。佛還正坐、告阿難言。吾當入般泥洹[6]、我滅度後、五濁惡世中。一切衆生、儻爲惡魔、衆邪盅道[7]、奪[8]人精氣者、求人短[9]者、横來殺者[10]。阿難汝好懃心[11]、流布此經。令惡世中、衆[12]生无有病苦、无有横死、衆邪盅道[13]、悉皆消[14]滅。阿難、我所囑累[15]、唯有此經。若有衆生[16]、无男无女、无貴无賤[17]、有能讀誦此經一句一偈者、衆邪惡鬼、不得妄[18]近。[19]若在大水[20]中、若在大火[21]中、常當讀誦是[22]經。能悉斷除、何以故。此經有大威神力故、常當[23]讀[24]誦之。若不能讀誦[25]者、但當着[26]懷中、至心受[27]持。是經者、則持過去未來現在、諸[28]佛神力。若欲遠行者[29]、當[30]持去。[31]處[32]々村落、一心爲人演說。有能須臾[33]聽者、所願悉得。阿難、佛不虛言。此經佛所祕要、甚難可得。譬如妙藥、能愈毒病、能辟惡氣、能斷惡毒。有人持行[34]、諸[35]惡毒虫。衆邪[36]盅[37]道、欲來侵[38]害。聞此藥[39]氣、四向[40]散去、不敢

〈校異〉

A＝七寺本
B＝敦煌本ペリオ二三四〇號（大正藏八十五卷）
C＝敦煌本北京本・日四十六號
D＝敦煌本京都國立博物館（守屋孝藏氏舊藏本）

1ABC雙。2B涅槃。3A者八菩薩、C諸天菩薩。4Bナシ。5B諸天。6B涅槃。7B惡鬼嬈擾。8A㩲、B吸、C棄。9A裋、B長短。10B殺人。11Bナシ。12B一切衆。13B毒。14C銷。15B囑消者。16Bナシ。17ABナシ。18B忌。19ABC在曠野中、若在急難中アリ。20A火。21A水。22Cナシ。23Bナシ。24Bナシ。25Bナシ。26B書寫安着。27A得。28A讀。29Aナシ、C常。30AB常當。31Aナシ。32A未處、B諸惡毒獸無能近者、若到。33B申。34A持行者、B將行者。35Aナシ。36A耶。37B蠱毒。38A諍。39A

廻視。此經亦復如是。[41]有[42]疾病者、當淨洗浴、一心讀誦、[43]衆患[44]除愈。佛告阿難、若有惡魔[45]盂道、不隨我語者、我當使此魔[46]曹、衆[47]邪盂[48]道。如押油、殃悉皆消滅、无有遺餘。佛卽舉七佛名字。第一維衞佛、第二式[49]棄佛、第三隨葉佛、第四拘樓[50]孫佛、第五拘那含牟尼佛。第六迦葉佛、第七釋迦牟尼佛。若有苦厄病痛者、[51]當使讀誦此七佛名字。諸[52]邪盂道、[53]悉得消滅、无能侵近。佛說此經已。復告阿[54]難、我[55]今憐愍[56]諸衆生故、便當更說、六神名字。一[57]名波奈羅、二名迦奈羅、三名禪吒[58]迦、四名[59]勤迦、五名摩頭、六名摩祁、此是六神名字。阿難、若有衆生、无男无女、无貴无賤、有苦厄者、[60]皆當[61]偁說六神名字。所患[62]消除、衆[63]疫惡氣、[64]不得來近、[65]一切滅盡、无有遺餘。

佛告、无量无邊、[66]諸大菩薩、摩訶薩、及天神王、一切天[67]人。我滅度後、若有受持我所囑法者、汝等、常當晝夜擁護、今得安[68]穩。文殊師利菩薩白佛言、世尊、我當於佛滅度後、將二十五菩薩、於惡世中、[69]有讀[70]誦此經處、我等晝夜。在其左右、擁護是人。衆邪魍魎、不得來近。常[71]使是人、臥[72]安覺安、修行善法。佛[73]讚文殊師利[74]等。善哉〻〻。汝能擁護、我百千萬[75]億劫中[76]、[77]所可修集、阿耨多羅三藐三菩[78]提。

爾時、四天神王、偏祖右[79]肩、右膝着地、一心合掌、[80]而白佛言。世尊、我[81]當於如來滅[82]度後、各將眷屬、案行國界、[83]有能讀誦、書寫、受持是經[84]者、

惡毒藥。40Ａ何。41Ｂ若有。42Ｂ病痛。

43Ａ疾病悉。44Ｂ消除、Ｄここまで缺佚。

45ＢＣＤ衆邪蠱道。46Ｂ遭。47Ａ耶。48ＢＤ毒。49ＡＢＣＤナシ。Ｃここまで下半部缺佚。

50ＡＢＣＤ秦。51ＡＢＤ便當。52Ｂ惡蠱毒。

53ＢＤ皆。54ＢＣＤ難言。55ＢＤ今復。56ＢＤナシ。57Ａ第一。58Ａナシ。

59Ａ懃迦、Ｃ勤迦吒。

60Ａナシ。61Ｂ稱。62Ｃ銷。63Ｂ惡疫。64Ａ皆不盡、Ｃ皆不得近。65Ａナシ。

66ＡＣナシ、Ｂ惡疫。67Ｃ屬。

68ＡＢ隱。

69Ｄ有能。70Ｃナシ。

71Ａ又。72ＢＤ覺俱。

73Ｃ語。74Ｃナシ。75ＡＣナシ。

76ＡＣナシ。77Ａナシ。78Ａ提心者、ＢＤ提心、Ｃ提者。79ＢＣＤ右。80ＡＢＣＤナシ。

81Ｂ常。82ＡＢＣＤナシ。83Ｃ若有人。84Ａ

我等眷屬、常來隨逐是人。晝夜擁護、令不見惡。是人欲行曠野中、我常隨逐[85]導從。[86]懃心擁護、[87]令得安隱、[88]不难是人、[89]不令惡鬼妄來侵近。[90]常得充足、不令飢渴、[91]无所乏少。[92]所欲求者、我等神王、悉令供給、如其所願、无所[93]乏少。何以故、是人能[94]令流布此經、修行善法、供養三寶、[95]令不斷絶故。爾時、[96]乾闥婆王、阿修羅[97]王、伽樓羅、[98]緊那羅、摩睺羅伽、人非人等、各々胡[99]跪於如來前、一心合掌、白佛言。世尊、我等天人、常當飛行[100]於惡世中。聞[100]有讀誦書寫、受持是經者、我等天人、與其眷屬[102]共、到是人所住之處、聽受此經法。常當守護、晝夜不[103]难、在其四面、擁護是人。衆魔惡鬼、不得侵近、不得[104]横來、奪其精氣。不得横來絶[105]命、不得横來嬈害、[106]不得求其[107]短、不得[108]横來觸[109]壓、[110]令毒不行。我等眷屬、常[111]來在是人所住之處。[112]於虛空中、是人若[113]遇大火、我等眷屬、隨[114]其方便、[115]救[116]護其身、不令火燒。若遇大水、急駃濔去、我等眷屬、則於[117]虛空中、來接是人、令不見溺水。則還在[118]岸、得度水難。若遇大賊、我等[119]眷屬、在其四面、救護是人。能[120]令賊心、刀杖不擧、[121]則發慈心、[122]不令殺害。若遇官法、繫縛枷鏁、晝夜[123]愁苦、我等眷屬、於虛空中、能令其官心生[124]欢喜、悉令放[125]赦、皆得鮮脫。我等眷屬、一心救護、不令他[126]緣、而得[127]擾亂。[128]无量无邉劫中、常念[129]此經。何以故、此經、世尊慇懃、所[130]屬之法。[131]久住流布、佛復讚[132]諸天人[133]等、善哉々々。汝等眷屬、曾於阿僧祇劫中、値遇百千萬億[134]諸佛、今乃擁護我百千萬億劫中

ナシ。
85 AC導、BD導從前。86 ABD勤。87 AB CDナシ。88 Aナシ、BD不離。89 Aナシ、B妄ナシ。90 Aナシ。91 ACナシ、B乏＝之。92 B可。93 B之。94 ABナシ。95 AD故ナシ、B故不令斷絶。96 AD乹。97 ABCDナシ。98 Cナシ。99 BD跓。100 Aナシ。101 A有能、CD聞有。102 C倶共。103 ABD離。104 ABCDナシ。105 A其命根。106 A其身不。107 BD長短。108 BCDナシ。109 BD犯。110 B D毒氣。111 C當。112 BD我於。113 A過。114 A文。115 BD擁。116 C濟。117 ABCナシ。118 ABCD停。119 ACD於、Bナシ。120 AC使。121 A卽。122 ABDナシ、C道而去。123 苦者。124 AB歡。125 A煞、B流。126 Aナシ、BCD人。127 B嬈。128 ACD於无。129 C是。130 D囑。131 ABCD令久。132 Aナシ。133 C言。134 Aナシ、BD今乃＝復能。

弟子、能令流布此[135]經。讀誦書寫、方便救[136]濟、不令見惡、常行善心。爾時[137]乾闥婆[138]等、各與[139]眷屬、頂禮佛足、一心奉行。佛告阿難。吾以右手、摩汝頂上、汝好用心。吾所囑累、唯有此[140]經。阿難、[141]汝好懃心、流布此法。今一切衆生、[142]悉得聞知。阿難、汝最是[143]吾心中弟子、我所出法、悉附囑[144]汝。吾今、[145]復以憐愍一切衆生、[146]故欲令鮮[147]脫。[148]佛還正座、附囑此[149]經。阿難、此經[150]尊猛、極有威神。勸令一切族姓男女、[151]供養香華雜綵、[152]燃燈、續明。復能、轉讀[153]誦習、[154]救人疾[155]病、苦厄之者。[156]現在安吉、將來[157]往生、无量壽國。則[158]化生蓮華[159]中、軀体金色、身相具足、智慧勇[160]健。如上[161]輩者、功德如是、不可稱計。[162]阿難、當用好紙、[163]好筆、好墨、[164]至心書寫我所出法。上下句偈、如佛所說、[165]至心受持。无令忘[166]失、[167]一句一偈、一點一畫。阿難、我今[168]憐愍衆生故、唯[169]囑此經。皆令[170]一切有形之類、悉得聞知。心開意鮮、常行善[171]心。

[172]爾時世尊、而說偈言。修福受樂[173]報、所欲皆自然、超[174]踰生死[175]流、上[176]寂眞涅槃、若人好爲福、天神自然護、處願皆自成、衆魔不能[177]壞、薄福多諸惱、福能消[178]諸患、福德既牢强、速成堅固定、生天受快樂、人中亦自在、斯由[179]功德故、所[180]住皆自然、因此福方便、永雄生死苦、得道至涅槃、不得[181][182]不復生。（※）

爾時、阿難在世尊前、一心合掌。身毛悉竪、戰々兢々、一心諦聽。佛[183]語、不[184]敢忘失一句一偈。流淚而言、世尊所囑之[185]法、至心受持、廣令流布。[186]阿

135 C法。136 A療。137 A乹。138 Aナシ、CD王。

139 A其眷。

140 A經法。141 ABDナシ。

142 A皆悉。143 Aナシ。144 BD汝等。145 BCDナシ。146 Cナシ。147 A脫故。148 ACナシ、D故佛。149 CD法。150 Aナシ。151 Cナシ。

152 C禮拜、供養ハイル。153 A大乘、B習ナシ。

154 B皆。155 BD病ナシ。156 C衆邪灾恠悉令徵滅在所、D現世。157 C住。158 ABCDナシ。

159 ABCナシ。160 A楗、C猛。161 A章。162 D佛告ハイル。163 ACナシ。164 C好手至心。

165 A囑、CDナシ。166 ACナシ。167 A一盡一治、BD一畫一點、C一點一畫。168 ABCDナシ。169 A此法、B汝法、C此法令、D法。

170 Cナシ。171 BD法。172 ABCDナシ。以下ここから「不得不復生」までの部分（Aでは93～97行目）は、ABCDともに、末尾の「頂禮佛足、一心奉行」の後に續く。

173 A根。174 D越。175 A海。176 A家之、BD言至、C寂之。177 BD得壞。178 C銷諸、D消衆。

179 AC福。180 AC＝前の行の「生天受快樂」

難復言、受天尊教。頂禮佛足、一心奉行。

佛說救護身命經終

の次に入る（C然＝當）。181ＡＣ沒、ＢＤ滅。182ＢＤ復不。183Ａ言。184Ｃ妄。185ＡＢＣＤナシ。186ＢＤ此經ハイル。

（※）Ａ＝この後に次の偈讚が續く。「南无佛无量善祢生、南无法无量智慧明、南无僧値過善知識、南方无佛佛國有緣、與佛有緣緣佛法相緣、常樂我淨、朝念觀世音、暮念觀世音、所（百）念百從緣起、念佛離心、南无佛他達摩僧伽、南无觀世音、諸法從緣佛法常護身、永離身苦患、到涅槃䢖」。

Ⅱ 密教と陰陽道の修法

第五章　『天地八陽神呪經』と土公神祭祀

緒　言

日本古代における道教の受容は、佛教の場合のような公傳の記錄が殘らず、道觀や道士の傳來も確認されていないことから、道教を構成する諸要素が、順次、部分的に傳えられたものと考えられる。

道教經典の傳來についても、大淵忍爾編『敦煌道經』によれば、敦煌寫本の中に、

靈寶經類　四十二種　二五二點
上淸經類　九種　十五點
道德經類　十三種　六十五點

を中心として、約五百點、九十餘種にのぼる道經が傳存するのに對し[1]、日本の場合は、藤原佐世撰『日本國見在書目錄』第二十五、道家の部にみる限りでは、平安時代前期、九世紀末頃までに舶載された道經は、『老子』關係の注疏類二十五種や、『莊子』『列子』とその注疏類を別にすると、

『本際經』（太元眞一本際經）　一卷
『太上靈寶經』　一卷
『淆魔寶眞安志經』　一卷

『鶡冠子』　三巻
『粥亭子』（『鬻子』）　一巻
『文子』　十二巻
『幽求子』　二十巻
『廣成子』　十二巻
『符子』　六巻
『抱朴子』内篇　二十一巻

程度にとどまり、[2] 古寫本も『老子』河上公注の數本以外は現存しない。[3]

平安後期、十二世紀前半の藤原頼長の日記『台記』には、彼が讀了した多數の典籍が、年毎に記錄されており、たとえば久安二年（一一四六）に、

『太上老君説常清淨經』　一巻

とみえるように、[4] この他にもいくつかの道經が舶載された可能性はたかいが、全般的に道經の普及、播讀が盛んであったとはいえないことから、日本古代における道教の影響については、消極的にみるむきもある。[5]

だが、この問題に關しては、對象を道教經典だけに限定せず、中國において、佛教と道教や儒教との交渉がすすむ過程で、神仙思想や陰陽五行說、讖緯思想あるいは道教思想などの諸要素を、さまざまな形で包攝しながら、相次いで撰述された、諸種の疑僞經典類を通じての受容、という側面からも、考察する必要があるだろう。

本章で取りあげる『天地八陽神呪經』は、そうした中國撰述佛典の中でも、アジア各地に最も廣く分布したものの一つである。

一、『天地八陽神呪經』とその請來

『天地八陽神呪經』の「譯者」については、敦煌スタイン本五三七三號や、北京本・收七九號のように、「玄奘譯」とするものや、七世紀末の則天武后の治世に皇甫という人物が撰述したという、江戸時代の運敞『寂照堂谷響集』[6]の説のほか、この經典をはじめて入藏した中野達慧主編『大日本續藏經』[7]においては、草稿本の段階では、當初「慈恩大乘基師」（玄奘の弟子の基窺）としたものを消して、朱筆で「唐三藏法師義淨」譯と改めているが[8]、いずれもその根據は明らかではない。**圖1**參照。

その成立時期については、經錄上の初見が唐の圓照撰『貞元釋教錄』（八〇〇年成立）[9]であること、經名や八菩薩名が、吳の支謙譯とされる『佛説八吉祥神呪經』[10]や、西晉の竺法護譯とされる『佛説八陽神呪經』[11]を踏まえていること、また、やはり僞經の『佛説呪土經』[12]の一節を抄出したり、東晉の帛尸梨密多羅譯とされる『灌頂經』[13]や、東晉の竺曇無蘭譯とされる『摩尼羅亶呪經』[14]の陀羅尼呪に基づく呪言を含むことなどから、小田壽典は七世紀後半から八世紀前半の成立とし[15]、牧田諦亮も八世紀前半、玄宗朝頃かと推定している[16]。

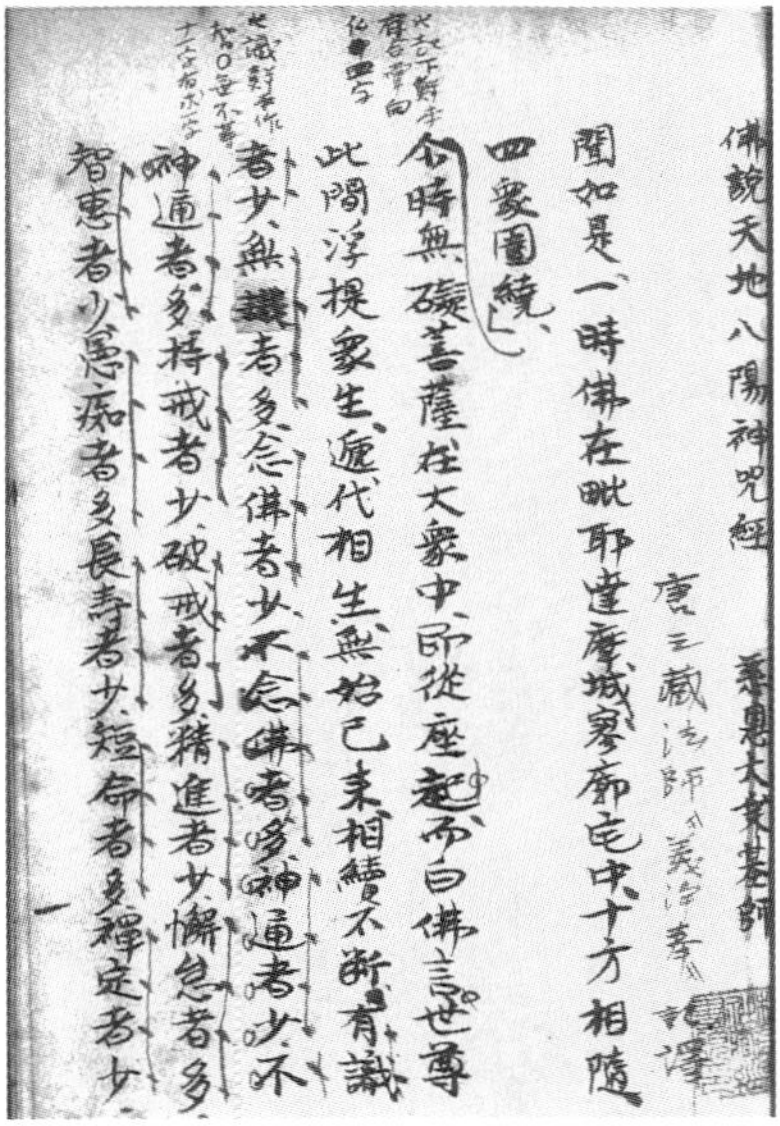
佛説天地八陽神呪經
唐三藏法師義淨奉譯
聞如是一時佛在毗耶達摩城寥廓宅中十方相隨
四衆圍繞
尒時無礙菩薩在大衆中即從座起而白佛言世尊
此閻浮提衆生遞代相生無始已來相續不斷有識
者少無識者多念佛者少不念佛者多神通者少不
神通者多持戒者少破戒者多精進者少懈怠者多
智慧者少愚癡者多長壽者少短命者多禪定者少

圖1　『大日本續藏經』草稿本
（京都大學附屬圖書館所藏）

佛が無礙菩薩に對して、現世の窮状からの救濟を説く『天地八陽神呪經』の内容を要約すると、[17] この經典を三遍讀誦すれば悪鬼は消滅し、疾病は快癒し、愚癡は除滅する。家屋新築の時にも三遍讀誦すると、朱雀、玄武、靑龍、白虎、六甲禁諱、十二諸神、土府伏龍など一切の鬼魅は、悉く隱れて害をなさない。臨終する父母が、もし墮地獄の罪を犯していても、その子が七遍讀誦すれば、父母は罰を免かれて天上に生まれ、成佛できる。また、出產、結婚、殯葬の時にもこの經文を三遍讀誦すると、無事安產、子孫は繁榮し、墓内に安置すれば、永く災障はない。さらに任官の日、新宅に入る日にこの經を讀めば、吉利甚大、善神が加護して延年益壽、福德具足する、という。

その讀誦の利益は、現世における人事の全般にわたっており、『貞元釋教錄』巻二八〈僞妄亂眞錄〉が指摘するように、「陰陽吉凶禳災除禍の法」そのものといってよい。

それだけにこの經典は、中國では疑僞經として斥けられたためか、開板、入藏はされなかったようだが、敦煌藏經洞からは百本近い寫本が確認されているのをはじめ、漢文からウイグル（トルコ）語、モンゴル語、チベット語に飜譯され、チベット大藏經や蒙古大藏經にも譯本が収められたほか、[18] 朝鮮では漢文にハングル譯を竝記したものが、繰り返し板行され、現在でもさかんに用いられるなど、[19] アジア各地に廣く傳播した。

日本へも奈良時代に請來され、書寫されたことは、二通の正倉院文書によって知られる。一つは、續々修正倉院文書第三帙第四巻の「奉寫一切經所解牒案等帳」に収められた、天平寶字五年（七六一）二月十五日付の〈請經文案〉で、

奉寫一切經所
天地八陽經　以三月十一日返送使山守豊涏（庭）（追筆）

右爲用本經　奉請如件
（追筆）
廿六日案主上
天平寶字五年二月十五日　造東大寺司主典　安都宿禰

とある[20]。圖2參照。これは、東大寺の寫經所で「天地八陽經」を書寫するにあたり、他所から「本經」を借用した際に出された要請書の案文で、二月十五日に依賴し、同月二十六日に入手、三月十一日に返却したものとみてよいだろう[21]。

造東大寺司主典の「安都宿禰」は、名を雄足といい、藤原仲麻呂が政權の中樞を占めて平城京の大規模な改作を行ないつつあった八世紀中期、天平寶字年間に、東大寺の寫經事業を推進しただけでなく、法華寺阿彌陀堂金堂や近江國石山寺の造營にあたって別當をつとめ、越前國の東大寺領莊園の經營にも活躍した人物である[22]。

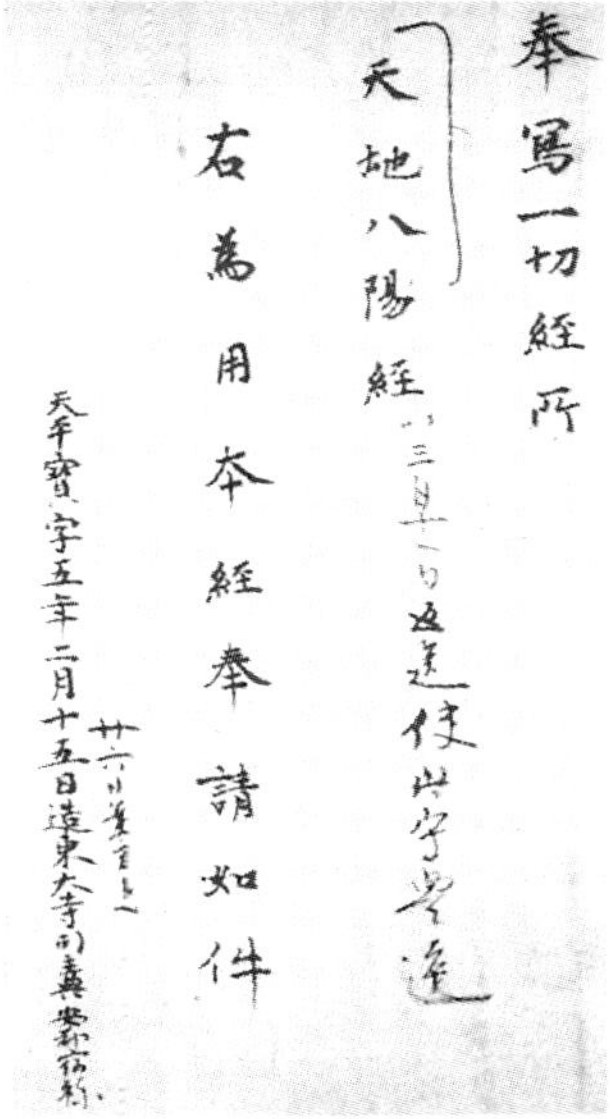
奉寫一切經所
天地八陽經
右爲用本經奉請如件
廿六日案主上
天平寶字五年二月十五日造東大寺司主典安都宿禰

圖2　正倉院正倉天平寶字5年「奉寫一切經所解牒案等帳」（『正倉院展目録』1980年、宮内廳正倉院事務所藏版）

安都雄足の右側に追筆で「案主上」とあるのは、當時、東大寺寫經所の事務を執行していた上馬養をさすとみられる。上馬養は河內國大縣郡の出身で、天平年間に金光明寺寫經所ないし東大寺寫經所の校生などをつとめた後、天平寶字六年（七六二）からは東大寺の石山寺造營事業に參與し、寶龜年間以降は東大寺奉寫一切經所の運營にあたった[23]。

また、三月十一日に「本經」を返送した山守豐庭は、前年の天平寶字四年九月からこの年の四月

にかけて、毎月、東大寺寫經所の使いをつとめた舍人である。(24)

「本經」の所藏者は明らかではないが、この時に書寫された『天地八陽神呪經』は、三年後の天平寶字八年（七六四）にも、再び書寫されている。續々修正倉院文書第四帙第十九卷所收の八月十六日付「大般若經料紙充帳」の一節に、

間用紙五十　十八枚天地八陽經二卷料　廿一觀世音三卷心經三卷料　六枚阿彌陀經一卷料　四枚童子經一卷料　破一

という記録が殘っており、(25)『觀世音』（『法華經』觀世音菩薩普門品）、『心經』（『般若心經』）や『阿彌陀經』『童子經』（『長壽滅罪護諸童子陀羅尼經』）などとともに、二卷書寫されたことがわかる。(26)

二、『天地八陽神呪經』の書寫と傳本

平安初期に天台宗の安然が、最澄・空海をはじめとする入唐八家の請來目錄や、圓覺寺（粟田院）、梵釋寺などの藏書をも參照してまとめた『諸阿闍梨眞言密教部類總錄』（『八家祕錄』）では、「除病法」の項目に著錄されているが、(27)以後、この經典は主に眞言宗系の寺院で書寫・讀誦が行なわれたようである。『大正新脩大藏經』別卷一から三冊の〈昭和法寶總目錄〉所收の古藏經目錄類などを通覽すると、久安元年（一一四五）十月の書寫という奥書のある『東寺一切經目錄』卷下(28)に、

天地八陽神呪經　一卷

とあり、『東寺寶菩提院經藏諸儀軌目錄』𑖀部(29)に、

　　天地八陽神呪經

とあり、『東寺觀智院聖教目録』第十二[30]には、

　　佛説天地八陽神呪經　一巻

とみえる。また『神護寺經藏一切經目録』甲[31]に、

　　天地八陽神呪經　一巻

とある他、『仁和寺經藏聖教目録』の本經部[32]に、

　　天地八陽經　一巻

とある。

鎌倉中期、建長年間（一二四九～五六）の成立とみられる高山寺『法皷臺聖教目録』上巻[33]にも、

　　佛説天地八陽神呪經　一巻

と著録されている。

ちなみに、延久四年（一〇七二）三月に入宋した天台僧、岩倉大雲寺主成尋の旅行記『參天台五臺山記』の巻一、熙寧五年（一〇七二）五月十三日條[34]に、

　心賢、古經の中より療痔病經、八陽、地藏十王經を撰び取る。

という一節があり、成尋に同行した五人の弟子僧の一人心賢が、『八陽經』を入手したことが記されているが、ここではただ「八陽」とあるだけなので、これが『天地八陽神呪經』なのか、それとも竺法護譯の『佛説八陽神呪經』をさすのかは、にわかに判斷しがたい[35]。だが、同書の巻六、熙寧六年（一〇七三）一月二日條、同二十三日條には、佛典だけでなく、

『太上老君枕中經』一帖(36)

のような道經も購入し、日本に送ったことが記されているので、『天地八陽神呪經』を求めた可能性もあるとみてよいだろう。

これらの諸寫本のうち、現存するのは東寺観智院と東寺寶菩提院の二本だけで、他は散佚したようである。(37)

観智院本は、昭和四十八・四十九年度に京都府立總合資料館が行なった調査に基づく『東寺観智院金剛藏聖教目錄』(38)の第二冊の記錄(39)と、小田壽典氏から提供していただいた寫眞版の複寫によれば、外題は「天地八陽神呪經」、内題と尾題は「佛說天地八陽神呪經」とあり、縱十六・六センチ、横十四・九センチの枡型粘葉装で、楮交りの斐紙十六紙からなる。奥書はないが、假名墨點と假名朱點からみて、鎌倉中期の書寫と考えられる。圖3・4參照。

本文は一行十五字、十四紙二十八面（一面八行）の册子本だが、

延享三年丙寅季春七日加修飾了

僧正賢賀俗壽六十三歲

という末尾の識語から、延享三年（一七四六）に現在の體裁に改修されたことがわかる。圖5參照。

なお、文中には異本との校合を追記した箇所がみられ、そのいくつかは『大日本續藏經』本とも符合する。

また、東寺寶菩提院の經典類は、大正大學文學部史學研究室によって昭和三十六年（一九六一）以降、十數年間、撮影・調査が行なわれ、數年前からマイクロフィルムが公開されたことにより、はじめてその全容に接することが可能になった。

寶菩提院本は、縱十七・五センチ、横十五・五センチの枡型粘葉装で、本文は十八紙。やはり奥書を缺くが、表紙の裏に「梵釋」とあるので、梵釋寺本を書寫した可能性もある。(40)圖6參照。（追記）

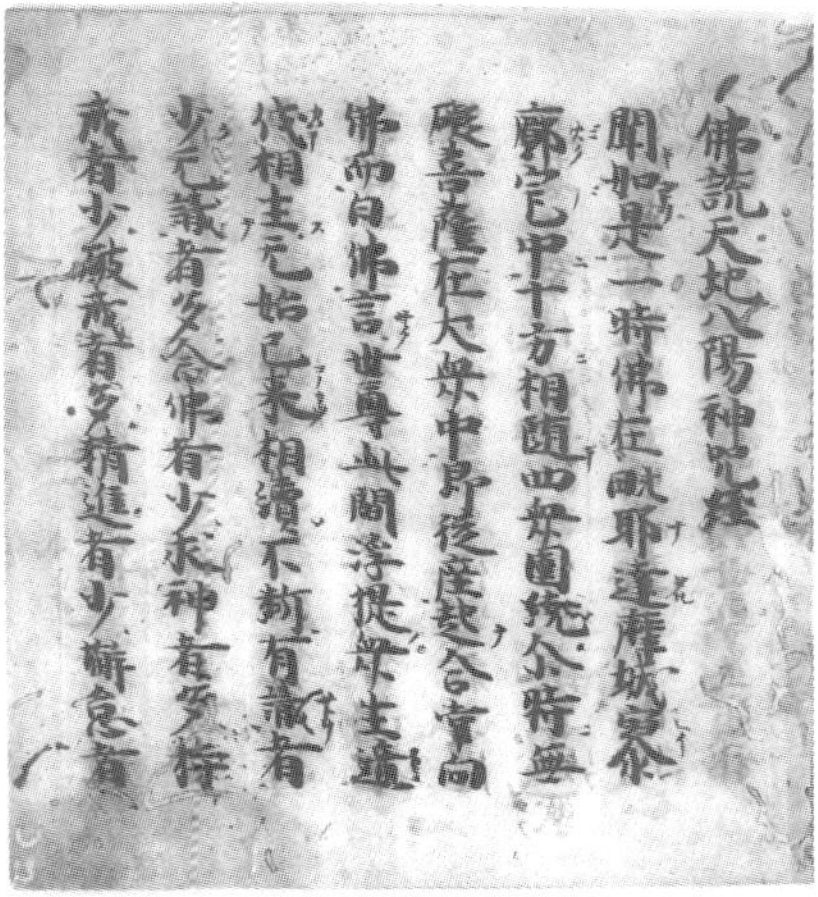

圖 3　東寺觀智院本　首題

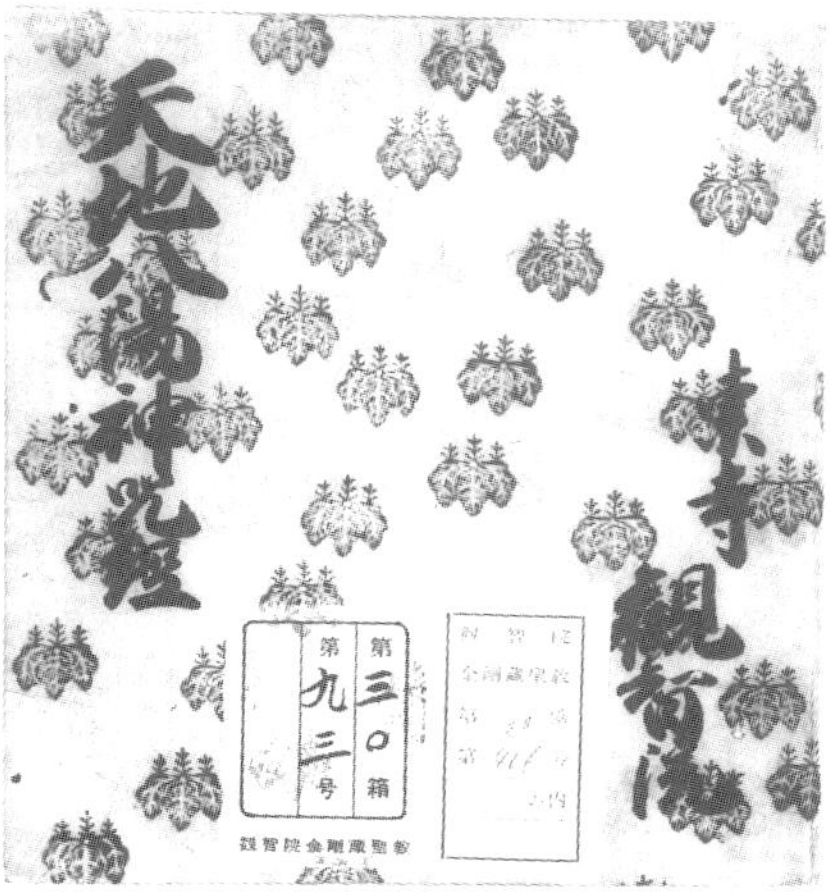

東寺觀智院本　表紙

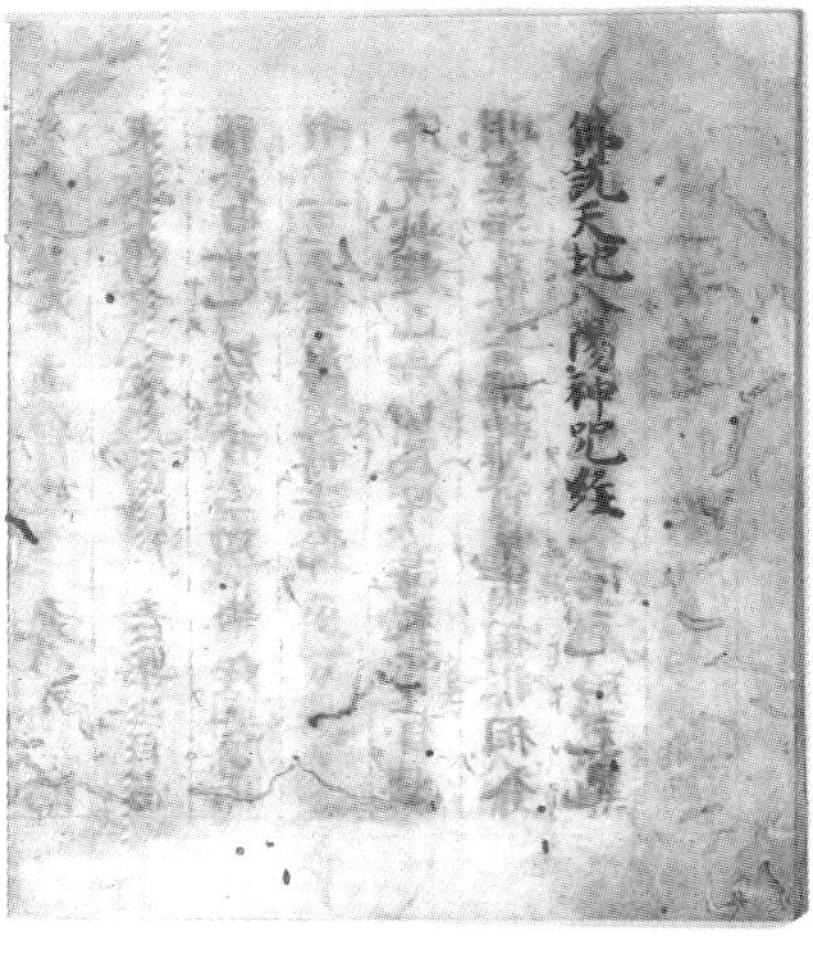

圖 4　東寺觀智院本　尾題

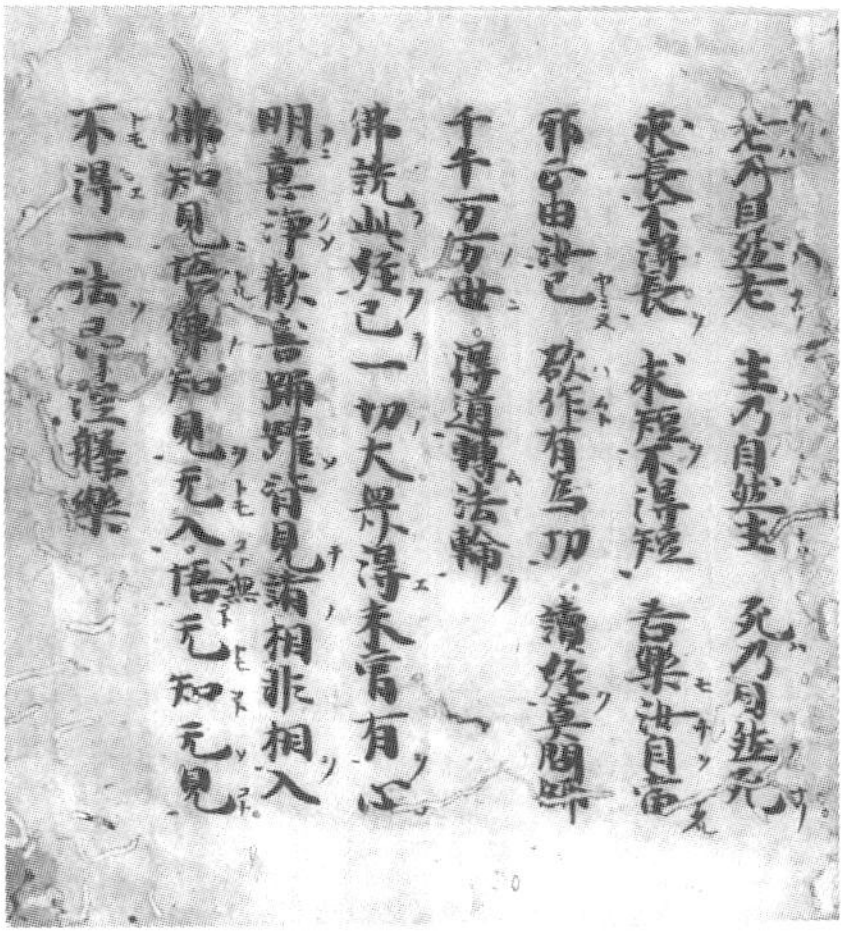

東寺觀智院本　卷尾

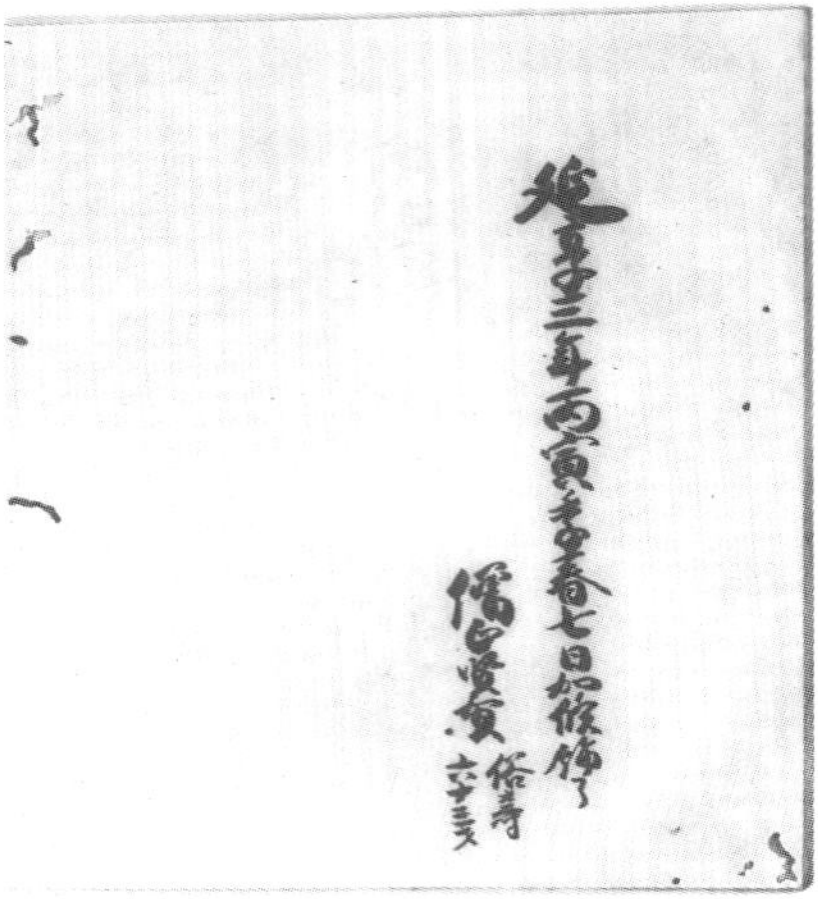

圖5　東寺觀智院本　奥書

本文は觀智院本とほぼ同一で、訓假名は觀智院本よりもかなり詳しく施されているが、脱字もやや多く、補訂がなされており、現存本の書寫年代は近世まで下るかも知れない。

これまでに知られていたのは、東寺觀智院本だけであるが、今回、この寶菩提院本に加えて、新たに、國寶『古事記』『琱玉集』『翰林學士詩集』などをはじめ、約一五〇〇〇點にのぼる和漢の古典籍、古文書類を所藏することで著名な、名古屋市中區の眞福寺寶生院にも、古寫本がもう一本現存することを確認し得た(41)。整理番號、第五十四函三十四號の卷子本一卷がそれである。全部で十一紙を繼いであり、一紙の縱は二十八・一センチ、横は四十四・二センチ。卷首の上部に圖7のような朱の方印が、また各繼目の紙背上部には、同樣に朱の圓印が押捺されているが(42)、これは文政四年（一八二一）に、尾張藩寺社奉行所が藏書の點檢と修補を行なった際に施したものである(43)。

一行十七字で、一紙に二十行、本文は第十紙までで、最後の十一紙めは尾題だけが記されている。外題、内題、尾題はいずれも「佛說天地八陽神呪經」であるが、内題に次いで、

西晉　三藏竺法護　第二譯

とあり、『佛說八陽神呪經』の譯者・竺法護の「第二譯」とするのは、他に例をみない。

これも東寺觀智院本や寶菩提院本と同樣に奥書を缺くが、正平五年（一三五〇）頃に宥惠が編纂した『聖教目錄(44)』

には記載がなく、室町期の經藏の內容をまとめた『經藏目錄稿本』(45)に、

一、天地八陽神呪經　一卷

とあり、その正本である『大須經藏目錄』(46)にも、

一、佛說天地八陽神經《（ママ）》　西眞《（ママ）》法護譯　一卷

と記されているので、おそらくはこの間、十四世紀の後半頃に書寫されたものと考えてよいだろう。

眞福寺本と觀智院本の本文の異同はごく少なく、「譯者」を竺法護とする點でも共通しているので、同系統の寫本とみられる。また眞福寺本は、觀智院本に較べて、訓點や送り假名が多く、保存狀態も良好なため、觀智院本の難讀部分を補う點でも貴重である（附載の翻刻參照）。

この經典は、北宋勅版大藏經やその流れを汲む高麗版大藏經などには收められず、前述のように二十世紀初期の

圖7　眞福寺寶生院本　檢印（再現圖）

『大日本續藏經』においてはじめて入藏したが、主編の中野達慧氏が、どのような漢文寫本を用いて翻刻したのかは明らかでない[47]。観智院本や眞福寺本と較べると、かなりの差異が認められることから、別系統のものと考えられる。同書では、朝鮮本を對校に用い、その校異を「鮮本云々」と逐一注記しているので、朝鮮本系のものとも異なる漢文寫本に依據したのかも知れない。圖1參照。

その後、大正四年（一九一五）に、大谷探險隊の一員、橘瑞超がトルファン近傍のヤルホ（雅兒湖）から請來した、全四〇五行に及ぶ長卷のウイグル語寫本[48]の研究を發表した羽田亨が、その釋讀にあたって『大日本續藏經』所收本、佛教大學（現、龍谷大學）所藏の朝鮮版通行本[49]とともに、東寺観智院本を對校に用いたことにより、その内容の一端が知られるようになった[50]。羽田論文の校異を通覽すると、観智院本と朝鮮本は共通する點が多く、兩者がかなり近い系統のものであることが看取される。

さらに近年、中國からアジア各地に傳播した『天地八陽神呪經』のウイグル（トルコ）語、チベット語、モンゴル語の諸本と、敦煌、朝鮮、日本の漢文寫本との詳密な比較検討を試みられた小田壽典の所説によると[51]、總數九十二點にのぼる敦煌出土漢文寫本のうち[52]、スタイン本五〇〇號以外のものと、チベット語寫本は、ほぼ同一系統の寫本であり、敦煌を中心とする派生的な漢文寫本に基づいて、九世紀前半から十世紀にかけての時期に、チベット語に翻譯されたと考えられる。

それに對して、敦煌本の中では例外的なスタイン五〇〇號漢文寫本とチベット音譯寫本、ウイグル語寫本[53]は、東寺観智院本と共通點が多く、失なわれた漢文原本の内容に近いものと斷定できる、という。

また、朝鮮本については[54]、後者の系統に近いが、前者の系統とも共通する部分を含むことから、傳本の收集と校訂を經た可能性のあることを示唆された。

『天地八陽神呪經』は、朝鮮で最も流布した經典の一つであり、李朝時代だけでも十數回にわたって、全道の寺院などで開板されているので、[55] この段階で敦煌本系のものを部分的に攝取したことは充分に考えられる。

この經典が、朝鮮にいつ頃傳來したのかは明らかではないが、現存する諸寫本のなかでは、最も原本に近いとされる東寺觀智院本が、前述のような奈良時代寫本の系統を引くとすれば、[56] それは朝鮮本の祖本と同系に屬し、半島を經由して請來されたものと推定することもできるだろう。

三、陰陽道系の鎭祭と『天地八陽神呪經』

現世の生活全般にわたる功德を說く『天地八陽神呪經』は、日本では、どのような場において讀誦されたのだろうか。

眞言密教（東密）の修法に關する口傳・圖像を集成した『覺禪抄』天等部の地天法に載る〈土公供法〉や〈土神祭〉では、「八陽呪」「八陽經眞言」を唱えることになっており、[57] 同書、卷七九〈不動法〉下には、[58] 久安二年（一一四六）六月に、法住寺の伊豫守藤原忠隆の新邸において、眞言僧（勸修寺の智海）が執行した宅鎭祭の次第が記錄されているが、そこでは、中尊の四臂靑色不動を十二天が圍む圖樣の不動曼荼羅を懸け、大壇、護摩壇、十二天壇の三壇を設けて、開白と結願日に『天地八陽神呪經』と『安宅神呪經』を讀誦している。[59]

また、平安末期に東寺長者をつとめた覺成の『澤抄』卷六〈不動鎭宅〉の項や、[60] 鎌倉前期、勸修寺の榮然による『師口』卷三の〈不動鎭法〉[61] などでも、『天地八陽經』を讀誦することが明記されている。

十三世紀中期に、台密の諸作法・口傳を集成した『阿娑縛抄』[62] 卷二二二〜二二五の『安鎭法日記集』には、應和元年（九六一）から建長三年（一二五一）の間に、内裏や貴族の邸第で天台僧によって行なわれた三十五回にのぼる安鎭祭の内容が記録されているが、そのなかでとくに『天地八陽神呪經』が讀誦された形迹はなく、これは主に東密の方で用いられたようである。

東密では、土地を拓いて基壇を築き、堂宇を建築する過程で、土地神を鎭め、建物の安寧を祈願して、地鎭、鎭壇、結界、土公供、鎭宅、安鎭などのさまざまな修法を行なった。(63)

なかでも東密の土公供の作法に關する史料は、『中院流星供及土公供集　全』(64)ならびに『土公供作法集　中院』(65)にほぼ收録されているが、諸本を検討された木下密運の所説によれば、(66)九世紀後期に藤原良房と貞觀寺を創建した眞雅が相承した〈地天供作法〉をもとに、土公供の名を冠した『土公供　貞觀寺僧正口傳』(67)に始まり、十二世紀中期に元海が、より具體的な内容を盛り込んで再構成した廣本などを經て、天正十五年（一五八七）には、冒頭に中臣祓を加え、淨土變なども含んだ諸次第の集成本が成立した。

その内の『土公供　石山』と題する一本に載る作法次第では、まず祭處に蹲踞し、年月日を唱えた後に、中臣祓（大中臣祭文）を讀む。次いで水壇を作し、金剛合掌して地を加持し、逆三遍、順三遍これを旋って「阿羅吽娑縛賀」と三遍、「𑖀𑖨𑖮𑖽・𑖭𑖿𑖪𑖮𑖯《アラハンスヴァハー》」と七遍唱える。(68)續いて不動眞言の劍印加持を二十一遍行なうが、これは水を灑ぎながら鋤で方三尺に掘り、如來慈護眞言を二十一遍唱えるもので、一切の土を動かす場所において行なわれる作法とされる。その次に唱えるのが「八陽經眞言」で、「阿《ア》可《カ》你《ニ》尒《ニ》哥《カ》尼《ニ》阿《ア》毘《ビ》羅《ラ》摩《マ》隸《レイ》曼《マン》荼《ダ》隸《レイ》」(69)と二十一遍もしくは一〇八遍、明瞭に讀誦することになっており、この「八陽經眞言」は、のちに粥散供を行なってから、もう一度唱えられた。

また、『鎭土法』と題する別本では、(70)「（弘法）大師御作」と稱する五帝龍王勸請の祭文を讀誦した後、金剛合掌に續けて、

年年大好年　　月月大好月
日日大好日　　時時大好時

という「天地八陽經文」の一節を誦ずることになっている。[71]

この『鎮土法』は、陰陽家による大土公祭の祭式を意識して作られた、五帝龍王の祭文を中心とするもので、陰陽道と密教との融合を端的に示しており、室町期以降は、陰陽師に代って主に密教僧が、地鎮祭祀をはじめ土公の祟りと判斷された諸種の凶事や病氣の除災儀禮にあたったと考えられる。[72]

律令制下の陰陽師が管掌した祭祀は、十世紀初期成立の『延喜式』[73]巻十六、陰陽寮條に規定されたものとしては、儺祭、庭火幷平野竈神祭、御本命祭、三元祭などがあり、新年には鎮害氣の呪儀を行なった。また、同書巻三の神祇、臨時祭條に列擧された諸祭祀の中には、鎮土公祭、鎮新宮地祭をはじめ、鎮御在所祭、鎮竈鳴祭、御竈祭、鎮水神祭、御井祭や宮城四隅疫神祭、畿內堺疫神祭など類似のものがかなり見られ、これらの祭祀においては、神祇官だけでなく、必要に應じて陰陽師も分掌したと思われる。[74]

こうした鎮祭に關連する記錄として最も早いものは、『日本書紀』巻二十五、孝德天皇の白雉二年（六五一）十二月晦日條で、攝津の味經宮から難波長柄豐碕宮への遷都に際して、二一〇〇餘人の僧尼を勸請して一切經を讀誦させ、朝廷內に約二七〇〇の燃燈を行なった後、『安宅經』や『土側經』などを讀ませた、という。[75]

『土側經』は、唐の明佺らが撰集した『大周刊定衆經目錄』（武周錄）[76]巻十五の僞經目錄に「側土經　一巻」とあるもので、『安宅墓土側經』とも呼ばれたらしい。[77]

『安宅經』は、奈良時代にたびたび書寫されており、[78]天平三年（七三一）八月から翌年九月にかけての二十八部にのぼる寫經目錄に、『土側經』とともにみえる『安宅要抄神呪經[79]』、あるいは天平十一年（七三九）七月十七日の「寫經請本帳[80]」その他にみえる『安宅神呪經[81]』と同一の經典と考えられるが、隋代の『衆經目錄[82]』などが僞妄としたにもかかわらず、後漢代失譯として宋代以後入藏している。[83]この經典も、家屋を建て、竈や門を構築し、庭園などを造る際に、靑龍・白虎・朱雀・玄武の四神や六甲禁諱などを犯さぬよう、その除災の功德を說く疑僞經典であり、『天地八陽神呪經』との關連が注目される。

次いで『日本書紀』巻三十、持統天皇五年（六九一）十月二十七日條に、

使者を遣して、新益京を鎭め祭らしむ。

とあり、翌年五月二十三日條には、

淨廣肆難波王等を遣して、藤原の宮地を鎭め祭らしむ。

とあるように、造營中の藤原京と內裏の鎭祭が行なわれている。[84]

また、『續日本紀[85]』和銅元年（七〇八）十二月五日條に、

平城宮の地を鎭め祭る。

とみえ、藤原京と同樣に、平城京でも新都の造營に先立って宮城の鎭祭を行なっているが、その具體的な內容は、ともに明らかではない。

こうした鎭祭は、都城や內裏の造營のほか、寺院の造營などに際しても實施され、陰陽師が關與したことが確認されている。[86]

神護景雲四年（七七〇）九月二十九日の「奉寫一切經所告朔解[87]」の一節には、

調布一端　　　盡

葛野蓆五枚　以上二種用盡院内鎭神座幷陰陽師布施料　竝八月十九日請

とあって、「院内の鎭祭」を陰陽師が行ない、布施料を支給された。

また、天平寶字五年（七六一）初頭に、法華寺阿彌陀淨土院建立に際して書かれたと推定される(88)「造寺雜物請用帳」斷簡(89)の、租の交易布の使用内譯を記した部分には、

一段　院中鎭祭陰陽師淨衣料　單衣袴

とあり、やはり陰陽師が鎭祭を主宰し、淨衣（單衣の袴）の料として租布一段を給付されている。

さらに、天平寶字六年（七六二）の「造石山院所錢用帳(90)」には、

（四月）十四日

廿文　鎭祀地陰陽師布施料

又下錢二貫、右、充田上山作所、附玉作子綿、主典　安都宿禰　領上「馬養」

とあり、同年の石山寺「造金堂所解案」とみられる斷簡にも(91)、

「止」三百卅六文買時々鎭祭五穀直

とあって、石山寺の造營が進行する過程で、必要に應じてその都度、陰陽師が鎭祭を行なったことがわかる。

となれば、第一節で言及した、天平寶字五年と同八年に、東大寺奉寫一切經所で書寫された『天地八陽神呪經』は、その時期と、書寫を管掌した安都雄足、上馬養らの立場からみて、法華寺あるいは石山寺の造營にあたり、陰陽師による鎭祭で讀誦するために用意されたもの、と考えてよいだろう。

結　語

奈良時代に、おそらくは朝鮮半島を經て請來された『天地八陽神呪經』は、日本では、土を掘り動かして垣を築き、庭を造り、家を建てて竈や倉を構え、畜舎を設けるまでの、あらゆる災厄を禳去するのに功德がある、という〈土地神〉の祭祀をめぐる部分がとくに信仰され、陰陽師や密教僧（とくに東密）による鎮祭の場で讀誦された。

陰陽道系の祭祀の典據としては、『董仲舒祭法』『葛仙公祭法』や『洛書斗中圖』『新撰陰陽書』などの、緯書を含む陰陽關係書の存在が指摘されているが[92]、そうした漢籍に加えて、『天地八陽神呪經』のような、中國において撰述された陰陽五行、讖緯思想などをも包攝した疑僞經典類にも、注目する必要があると思われる。

また近年、古代から中世にかけての鎮土公祭や土公供などの祭祀に關わるとみられる遺構や遺物が、各地で出土しており[93]、それらの分析を通じて、一層具體的な把握が可能になるはずである。さらに近世以降になると、修驗道の山伏や盲僧らによる土公供や地神供祭文に引き繼がれていった[94]。

それに對して、中國や朝鮮における受容形態には、やや異なる側面がみうけられる。

敦煌寫本に散見する跋文や[95]、朝鮮本の刊記などにみる限り、中國では、主に兩親や祖先の供養を祈願して書寫されたが、朝鮮では祖先祭祀に加えて、民間に浸透した風水信仰の說く諸災厄を消除するために、巫覡だけでなく、寺院においても重用され、書寫、開板が繰り返し行なわれて、現在でも廣く流布しているのである[96]。

注

（1）大淵忍爾『敦煌道經』目錄篇（一九七八年、福武書店）。

（2）狩谷棭齋『日本見在書目證注稿』（日本古典全集版『狩谷棭齋全集』所收）、小長谷惠吉『日木國見在書目錄解説稿』（一九五六年、小宮山出版）、矢島玄亮『日本國見在書目錄――集證と研究――』（一九八四年、汲古書院）參照。

（3）拙稿「日本古代の知識層と『老子』」（『豐田短期大學研究紀要』第一號、一九九一年、『萬葉歌人と中國思想』、一九九七年、吉川弘文館）に概略を紹介した。

（4）『台記』久安二年條の末尾。『增補史料大成』（臨川書店版）所收。川口久雄『平安朝日本漢文學史の研究』三訂版、下卷、「藤原賴長と經史の研究」（一九八八年、明治書院）參照。

（5）東野治之「上代文獻と敦煌文獻」（『萬葉集研究』十五集、一九八七年、塙書房、のち『遣唐使と正倉院』一九九二年、岩波書店）など。

（6）『寂照堂谷響集』續集卷五、寬政四年（一七九二）刊、『大日本佛教全書』一四九所收。

（7）全一五〇套、七五一冊に一七五七部、七一四八卷の佛典を收める。日露戰爭を記念して、明治三十八年（一九〇五）から大正元年（一九一二）にかけて、正藏に未收の中國撰述になる章疏や經典類を集成したもので、『天地八陽神呪經』は第一輯第二篇乙、第二十三套四冊に所收（國書刊行會復刊の洋裝版では第一卷）。『大正藏』八十五卷でも、これを底本とし、スタイン本一二二七號を對校に用いている。

（8）京都大學附屬圖書館所藏〈藏經書院文庫〉の稿本「圓覺經佚文他八種合綴」（全十二丁、整理番號、藏9―エ―9）。

（9）『貞元釋教錄』卷二十八（『大正藏』五十五卷所收）。

（10）『大正藏』十四卷所收。

（11）『大正藏』十四卷所收。

（12）『陀羅尼雜集』卷五（『大正藏』二十一卷所收）。

（13）『大正藏』二十一卷所收。

(14)『大正藏』二十一巻所收。
(15) 小田壽典「僞經本「天地八陽神呪經」の傳播とテキスト」(『豐橋短期大學研究紀要』三、一九八六年)。
(16) 牧田諦亮「中國における疑經研究序說」(『東方學報(京都)』三十五、一九六四年、京都大學人文科學研究所、のち『疑經研究』、一九七六年、京都大學人文科學研究所、臨川書店復刊、所收)。
(17) 要約は主として牧田諦亮、前揭注(16)による。
(18) 羽田亨「回鶻文の天地八陽神呪經」「同補遺」(『東洋學報』五―一・二、五―三、一九一五年、のち『羽田博士史學論文集』言語・宗教篇、一九五八年、東洋史研究會刊に收載、同朋舍復刊)をはじめ、馮家昇「刻本回鶻文佛說天地八陽神呪經研究」(『考古學報』九、一九五五年、中國科學院考古研究所)、山田信夫「ウイグル文天地八陽神呪經斷片」(『東洋學報』四十―四、一九五八年)、小田壽典「トルコ語本　八陽經寫本の系譜と宗教思想的問題」(『東方學』五十五、一九七八年)、庄垣内正弘「中村不折氏舊藏ウイグル語文書斷片の研究」(『東洋學報』六十一―一・二、一九七九年)、西岡祖秀「チベット譯『佛說天地八陽神呪經』の敦煌寫本」(『印度學佛教學研究』三十―一、一九八一年)、高田時雄『敦煌資料による中國語史の研究』(一九八八年、創文社)の他、小田壽典氏に「龍谷大學圖書館藏ウイグル文八陽經の斷片拾遺」(護雅夫編『内陸アジア・西アジアの社會と文化』、一九八三年、山川出版社)、「ウイグル文八陽經「大谷氏所藏斷片」追考」(『豐橋短期大學研究紀要』一、一九八四年)、「龍谷大學圖書館藏ウイグル文八陽經の版本斷片」(同前四、一九八七年)、「ウイグル文八陽經寫本のS／Š字形に關する覺書」(同前五、一九八八年)など一連の論考がある。
(19) 高橋亨「朝鮮墳墓の齋宮と天地八陽經」(『宗教研究』新八巻一號、一九三一年、同文館、および『朝鮮佛教』八十一、八十二號、一九三一年)、拙稿「朝鮮本『天地八陽神呪經』小考」(『韓國農村調査報告』一九九三年、豐田短期大學韓國傳承文化調査團)、同「朝鮮本『天地八陽神呪經』とその流傳」(朝鮮學會第四四回大會(天理大學)報告)で、その要旨をのべた。本書、第十七章を參照されたい。
(20)『大日本古文書』正倉院編年文書、十五巻十四～十五頁所收。**圖2**は、奈良國立博物館編『正倉院展目錄』(一九八〇年)四十頁掲載(宮内廳正倉院事務所藏版)による。

(21) この文書の解釋については、小田壽典、前掲注（15）の〈注（7）〉に大山喬平氏らの所見が紹介されている。

(22) 安都雄足と天平寶字年間前後の石山寺、法華寺の造營に關しては、福山敏男「奈良時代に於ける法華寺の造營」「奈良時代に於ける石山寺の造營」（ともに『日本建築史の研究』、一九四三年、桑名文星堂、のち綜藝社復刊）をはじめ、吉田孝「律令時代の交易」（『日本經濟史大系』一、古代、一九六五年、東京大學出版會）、淺香年木『日本古代手工業史の研究』（一九七一年、法政大學出版局）、鬼頭清明『日本古代都市論序説』（一九七七年、法政大學出版局）、岡藤良敬『日本古代造營史料の復原研究』（一九八五年、法政大學出版局）、山本幸男「造東大寺司主典安都雄足の『私經濟』」（『史林』六十八—二、一九八五年）、小口雅史「安部雄足の私田經營」（『史學雜誌』九十六—六、一九八七年）などに、正倉院文書の復原を含めた詳細な論究がある。この内、とくに鬼頭、岡藤兩氏は一章をあてて安都雄足の經歷を整理、檢討している。

(23) 上馬養についても、前掲注（22）の諸論、とくに鬼頭清明「上馬養の半生」參照。

(24) 竹内理三他編『日本古代人名辭典』第六卷、一七九五頁（一九七三年、吉川弘文館）參照。

(25) 『大日本古文書』十六卷、五四八頁所收。

(26) 『天地八陽神呪經』の紙數は、『貞元錄』では「八紙」とあるが、この時には二卷で十八紙だから、一卷に九紙を要したことになる。

(27) 『大正藏』五十五卷、『大日本佛教全書』二所收。序文によれば、延喜二年（九〇二）五月に現行本が成立したと考えられる。

(28) 『昭和法寶總目錄』第一卷、一〇一六頁。奥書には「久安元年十月　以禪林寺本令寫了　寛胤」とあるが、落合俊典「七寺一切經と古逸經典」（『佛教史學研究』三十三—二、一九九〇年、『七寺古逸經典研究叢書』第一卷、一九九四年、大東出版社）の注（22）に、「寛胤」は、一般的には東寺長者、東大寺別當を歷任した後伏見天皇の第七皇子をさすが、その生年は延慶二年（一三〇九）である、という指摘がある。

(29) 『昭和法寶總目錄』第三卷、八〇六頁。

(30) 同前、七九二頁。

(31) 同前、七二九頁。

(32) 同前、八三七頁。
(33) 同前、九四七頁。ならびに石塚晴道「『法皷臺聖教目錄』解說」(高山寺資料叢書第十四册『高山寺經藏古目錄』、一九八五年、東京大學出版會) 參照。
(34) 島津草子『成尋阿闍梨母集・參天台五臺山記の研究』(一九五九年、大藏出版)、平林文雄『成尋阿闍梨母集の基礎的研究』(一九七七年、笠間書院)、同『參天台五臺山記の校本竝に研究』(一九七八年、風間書房) 參照。
(35) 藤善眞澄「成尋の齎した彼我の典籍」(『佛教史學研究』二十三─一、一九八一年) は、『天地八陽神呪經』とみている。
(36) 三卷。『正統道藏』第一〇五五册 (縮刷版五十七册) 所收。
(37) 神護寺本については、昭和二十三年の國立博物館調査課による調査で、約半數の二三一九部の現存が確認されているが、(神護寺からのご教示によれば、「神護寺一切經調書」が二部作成され、神護寺と博物館調査課で保管。その他に、京都國立博物館寄託の三十七卷と大阪市美術館寄託の九卷がある) その中には含まれていない。また、高山寺本については『高山寺經藏典籍文書目錄』第一～四册ならびに索引 (『高山寺資料叢書』、東京大學出版會) 參照。
(38) 全二十册、京都府教育委員會刊。第二册は昭和五十年 (一九七五) 刊。
(39) 二二一～二二二頁。整理番號は第三十箱九十三號。
(40) 大正大學附屬圖書館所藏マイクロフィルム第三四一一號 (第十四箱五號)。
(41) 國文學研究資料館による總合調査の基礎作業として作成された、山崎誠編「眞福寺本奥書集成稿 (一) 書名索引」(『國文學研究資料館　調査研究報告』十三、一九九二年) 八十三頁。伊藤聰氏のご教示による。
(42) 角印は四・七センチ四方、圓印は直徑三センチの大きさである。
(43) 黑板勝美編『眞福寺善本目錄』正篇 (一九三五年刊)、ならびに『大須觀音眞福寺文庫展』圖錄 (一九八四年、名古屋市立博物館) 參照。
(44) 一帖。『寶生院圖書目錄』に基づく整理番號は、第三十九合一號。
(45) 一册。整理番號は第八十五合八十一號。八丁表に記載。

(46)　一冊。整理番號は第八十五合二十一號。七丁裏に記載。
(47)　前掲注（7）、（8）參照。
(48)　龍谷大學西域文化資料五四二號。西域文化研究會編『西域文化研究　第四　中央アジア古代語文獻』（一九六一年、法藏館）ならびに井ノ口泰淳編『大谷探検隊將來　西域文化資料選』（一九八九年、龍谷大學）參照。大谷探検隊とその成果については、橘瑞超編『二樂叢書』全四卷（一九一二～一三年、二樂莊）、上原芳太郎編『新西域記』全二卷（一九三七年、有光社）、香川默識編『西域考古圖譜』全二卷（一九一五年、國華社）をはじめ、井ノ口泰淳編『西域出土佛典の研究』（一九八〇年、法藏館）などを參照。
(49)　龍谷大學圖書館所藏の朝鮮本は、隆熙二年（一九〇八）開版の木板本。分類番號は二一七―二十三、二十四の二部。
(50)　羽田亨、前掲注（18）。
(51)　小田壽典、前掲注（15）。
(52)　小田氏は、王重民編『敦煌遺書總目索引』（一九六二年、北京）記載のスタイン本三十二點のうち、二六四三號は竺法護譯『佛說八陽神呪經』なので除外し、ジャイルズ編『大英博物館敦煌漢文寫本解說目錄』（一九五七年、ロンドン）所揭の四點（スタイン三八二九、一〇六二一、四三六〇、五〇〇〇）と、東洋文庫收藏のマイクロ寫眞版中の一點（スタイン一九七九）、パリのフランス國立圖書館所藏のペリオ本四點に、陳垣編『敦煌劫餘錄』（一九三一年、北平）所收の北京圖書館本五十二本を合計して九十二點とされたが、これに、河村孝照・柿市里子編『敦煌文獻目錄――スタイン・ペリオ蒐集――』（漢文文獻索引　上卷、一九九一年、東洋大學東洋學研究所）所載の二點（ペリオ本三八九七號と四五七一號。三八九七號の經題は「佛說八陽神呪經」で、『大正藏』八十五卷、一四二四頁中段、八行目冒頭の部分までに相當する全一五〇行餘の斷簡（後缺）。四五七一號は、同書、一四二三頁下段、三行目から、一四二四頁上段、十八行目までに相當する全四十三行の斷簡である）と、臺灣國立中央圖書館所藏の一點（東洋文庫のマイクロフィルム影寫本、第二帙第一册所收。『大正藏』、一四二三頁上段、十一行目以下末尾までの全一七六行。識語有り）を加えると、總計九十五點になる。
(53)　ウイグル語譯本の成立年代は、その翻譯が敦煌でなされた可能性がほとんどないことと、敦煌へのトルコ人の進出時期からみて、十世紀頃までは溯りうる、という。小田壽典、前掲注（15）。

(54)　小田氏が比較検討に用いた朝鮮本は、東洋文庫所藏（前間恭作氏舊藏本）の嘉慶十二年（一八〇七）、熊津寺版。

(55)　鄭亨愚・尹炳泰編『韓國册板目錄總覽』（韓國精神文化研究院、一九七九年）、ならびに朴相國編『全國寺刹所藏木板集』（一九八七年、韓國文化財管理局）參照。なお、その概要については、拙稿、前揭注（19）でも言及した。

(56)　小田壽典、前揭注（15）は、敦煌スタイン本五〇〇號やチベット音譯本斷簡とともに、九世紀前半までには成立したか、とみる。

(57)　『大正藏』圖像篇五、五〇九頁、ならびに『大日本佛教全書』五〇、二一八二〜二一八三頁。

(58)　『大正藏』圖像篇五、二二一頁、ならびに『大日本佛教全書』四八、一五八〇〜一五八一頁所收。村山修一氏のご教示による。

(59)　村山修一「わが國における地鎭及び宅鎭の儀禮・作法について」（『佐藤匡玄先生頌壽記念　東洋學論叢』、一九九〇年、朋友書店）、同「地鎭と宅鎭」（『變貌する神と佛たち——日本人の習合思想——』、一九九〇年、人文書院）參照。

(60)　『大正藏』七十八巻、四五三頁。

(61)　『大正藏』七十八巻、八六七頁。以上については、三﨑良周「唐代における安鎭法の成立と日本への流傳」（『密教と神祇思想』、一九九二年、創文社）參照。

(62)　『阿娑縛抄』（承證編、全二二七巻）は、『大正藏』圖像篇九、ならびに『大日本佛教全書』所收。

(63)　それぞれの修法の性格については、木下密運「中世の地鎭・鎭壇」（『古代研究』二十八・二十九號、〈特集　地鎭・鎭壇〉、一九八四年、元興寺文化財研究所）參照。

(64)　高野山八葉學會編、一九二〇年刊。

(65)　水原堯榮編、一九四〇年、松本日進堂刊。なお、注（64）、（65）の編纂にあたって使用された諸寫本は現在、高野山圖書館に移管されている。

(66)　木下密運・兼康保明「地鎭めの祭り——特に東密の土公供作法について——」（『日本文化史論叢』、一九七六年、柴田實先生古稀記念會）。

(67)『弘法大師諸弟子全集』中卷にも收載。

(68)田中文雄氏のご教示によれば、この眞言の大意は、「地天よ、汝に歸命す。土地の障害を取り除き給え。汝に幸あれ」と解釋できるとのことである。

(69)『大正藏』八十五卷、一四二四頁中段、十～十一行目では「阿佉尼　思佉尼　阿毘羅　曼隸　曼荼隸　娑婆訶」となっている。

(70)『土公供作法集　中院』（前揭注（65））所收本では、表題に續いて「地鎭大土公供也、亦鎭宅鎭方ニ之ヲ用フ」という注記がある。

(71)『大正藏』八十五卷では、一四二三頁下段、二十行目に「日日大好日　月月大好月　年年大好年」とあり、同、一四二三頁、下段から一四二四頁、上段にかけての偈には「營生善善日　休殯好好時　生死讀誦經　甚得大利益　月月善明月　年年大好年　讀經卽殯葬　榮花萬代昌」とある。

水野正好「屋敷地取作法と地鎭の考古學」（『高野山發掘調査報告書』、一九八二年、元興寺文化財研究所考古學研究室調査報告、第三册）、同「屋敷と家屋の安寧に――そのまじなひ世界」（『奈良大學紀要』十二、一九八三年）參照。

(72)木下密運・兼康保明、前揭注（66）、木下密運「呪術資料にみる密教の庶民化」（『密教美術大觀』四、一九八四年、朝日新聞社）、三鬼淸一郎「普請と作事」（『日本の社會史』八〈生活感覺と社會〉、一九八七年、岩波書店）など參照。

神道祭祀との關連については、安江和宣『神道祭祀論考』（一九七九年、神道史學會）に、「地鎭祭と地鎭法」「地鎭祭と地曳」「土公神思想と神道行事」の諸論がある。

(73)『新訂增補　國史大系』（吉川弘文館）、『神道大系』（虎尾俊哉校注、神道大系編纂會）所收。

(74)水野正好「鎭井祭の周邊」（『奈良大學紀要』十、一九八一年。のち『陰陽道叢書』四〈特論篇〉、一九九三年、名著出版收錄。同書の解說、小坂眞二「祭、祓と陰陽道の祭祀部門」參照）。

(75)水野正好「難波長柄豐碕宮前後の呪的環境」（『難波宮址の研究』第七〈論考篇〉、一九八一年、大阪市文化財協會）參照。

(76)『大正藏』五十五卷所收。六九五年成立。

(77)『大日本古文書』七卷、五〇一頁、天平十三年（七四一）閏三月二十一日の「經卷勘注解」。ちなみに、七寺からの新出經典の中に、『佛説安墓經』一巻（尾題は『安墓神呪經』）があり、その關連が注目されている。直海玄哲「安墓經」（『中外日報』一九九一年四月二十六日號）參照。

(78)『大日本古文書』九巻、三四一頁、十八巻、三四六、五五二頁、二十一巻、四三一頁、二十二巻、一三三頁、二十三巻、一五六、一六五頁。

(79)『大日本古文書』七巻、十八頁。同名の經典は二十四巻、二十二頁にもみえる。

(80)『大日本古文書』七巻、八十七頁。

(81)『大日本古文書』七巻、三四六頁、十二巻、八十八頁、一二六頁、二十巻、一三七頁、二十一巻、三十九頁、一〇二頁、二十三巻、三八二頁。

(82) 靜泰撰、『大正藏』五十五巻所收、ここでは『安宅經』『安宅神呪經』を竝記しているが、重出か（牧田諦亮、「正倉院文書に見える疑經類、『疑經研究』、一九七六年、京都大學人文科學研究所參照）。

(83)『大正藏』二十一巻所收。その經緯について、牧田諦亮は、『大周刊定衆經目録』が、『歴代三寶紀』をうけて大乘失譯經に錄し、『開元釋教錄』がうけついだため、とみている（『疑經研究』、一九七六年、京都大學人文科學研究所）。

(84) 同月二十六日には、伊勢、大和、住吉、紀伊の四大神に奉幣し、遷都の實施を報告。持統八年（六九四）十二月に新益京（藤原京）へ遷都した。なお、この間の持統六年二月に、陰陽博士沙門法藏と道基に銀二十兩を下賜していることから、彼らが新都造營の鎭祭を擔當したものと思われる。竹澤勉『新益京と四大神』（一九九〇年、大和書房）參照。

(85)『新訂增補　國史大系』（吉川弘文館）、『新日本古典文學大系』（岩波書店）などに所收。

(86) 森郁夫「古代の地鎭・鎭壇」（『古代研究』二十八・二十九號、前揭注（63））、岡田莊司「陰陽道祭祀の成立と展開」（『國學院大學日本文化研究所紀要』五四、一九八四年、のち『陰陽道叢書』第一巻〈古代〉所收、一九九一年、名著出版、『平安時代の國家と祭祀』、一九九四年、續群書類從完成會）など參照。

(87) 續々修正倉院文書第三帙七巻、『大日本古文書』六巻、八十五頁から一〇七頁のうちの八十九頁。

(88) 以下、法華寺と石山寺の造營に關する正倉院文書斷簡の復原に關しては、『大日本古文書』の註記と、福山敏男、前揭注

（22）、ならびに岡藤良敬、前揭注（22）參照。

（89）續々修正倉院文書第四十五帙五卷、『大日本古文書』二十五卷、三〇七～三三一頁所收の三三一頁。

（90）續修正倉院文書卷四十八、『大日本古文書』十五卷、四四一～四四四頁のうち、四四四頁。

（91）續修正倉院文書卷三十五、『大日本古文書』十六卷、二七九～三〇五頁のうち、二九二頁。

（92）山下克明「陰陽道における典據の考察」（『青山學院大學文學部紀要』二十三、一九八一年、のち『陰陽道叢書』第一卷、前揭注（86）、『平安時代の宗教文化と陰陽道』、一九九六年、岩田書院、所收）、中村璋八『日本陰陽道書の研究』（一九八五年、汲古書院）、小坂眞二「陰陽道の成立と展開」（『古代史研究の最前線』四〈文化篇下〉、一九八七年、雄山閣出版）など參照。

（93）『國立歷史民俗博物館研究報告』七（共同研究〈古代の祭祀と信仰〉附篇「祭祀關係遺物出土地地名表」、一九八五年、第一法規）、金子裕之「律令期祭祀遺物集成」（菊地康明編『律令制祭祀論考』、一九九一年、塙書房）、『中世の呪術資料』（一九八四年、中世遺跡研究集會）、『中世のまじない』（一九九〇年、同前）、『古代研究』二十八・二十九號〈特集　地鎮・鎮壇〉（一九八四年、元興寺文化財研究所）など參照。

（94）『日本庶民生活史料集成』一七〈民間藝能〉（五來重編、一九七二年、三一書房）、中野幡能編『盲僧　歷史民俗學論集２』（一九九三年、名著出版）など參照。

（95）池田溫編『中國古代寫本識語集錄』（東京大學東洋文化研究所報告、一九九〇年、大藏出版）には、二一六六號「兵馬使李吉順題記」（甲戌年（九一四？）七月）、二二二四號「畫寶員題記」（後唐・同光四年（九二六）四月）、二二九九號「令狐富昌題記」（後晉・天福七年（九四二）五月）、二四七七號「行者王題記」（年次未詳、大約十世紀）の四點が摘錄されている。

（96）前揭注（19）、拙稿、本書、第十七章所收。

〔追記〕

初出稿發表の翌年（一九九五年）八月に、東寺觀智院本を實見する機會を得た。閲覽申請用紙を記入する際、改めて京都府教育委員會編『東寺觀智院金剛藏聖教目錄』既刊分を通覽したところ、第十六册第二五一箱—四號（一三〇～一三一頁）に、別本の『天地八陽神呪經』があるのに氣付き、これも閲覧したところ、本章で紹介した粘葉本の原本と思われる鎌倉初期の巻子本に接することができた。『目錄』に基づいてその概要を記しておきたい（圖8）。

・形態　巻子本、斐紙（楮交り）タテ二十六・一センチ、長さ五四一・〇センチ、十紙
　　朱點（假名、聲點、句切、返點、建仁二年）、墨點（假名、鎌倉中期）
・外題　「四佛說天地八陽神呪經」（原表紙）、「天地八陽神呪經」（後補表紙）
・内題　佛說天地八陽神呪《ヤウシンシュ》經
・尾題　佛說天地八陽經
・奥書　建仁三年六月八。《九》日點了」此經《ノ》本點僻甚多爲興隆點改之後見人複有辟事可點改之」爲往生極樂爲上弃移點之了
　　　　感聖

また延暦寺・叡山文庫の近世寫本（眞如藏書、四八―三二―一五）も、一九九五年六月に實見し得たが、この末尾には、他本には見られない「同經釋三禮唄神分」が附記されている（圖9）。

なお、文中で言及した高山寺法鼓臺舊藏本は、近年、これを入手した柏谷直樹によって全文の精細な訓讀文による翻刻がなされ、訓法についての考察が試みられている。同氏「高山寺法鼓臺舊藏「佛說天地八陽神呪經」について」（築島裕博士古稀記念會編『國語學論集』、一九九五年、汲古書院）。

さらに、最近發表された木村清孝「僞經『八陽經』の成立と變容」（東方學會創立五十周年記念『東方學論集』、一九九七年、東方學會）では、櫻井由躬雄「在泰京越南寺院景福寺所藏漢籍字喃本目錄」（『東南アジア――歴史と文化』八號、一九七九年）に基づいて、タイなどのヴェトナム系寺院では、近年まで本經による教化が行なわれていたらしく、譯解本なども現存することに言及したうえで、その思想的變容の過程を詳細に分析する。唐代中期に、道教的民間信仰や宗教的習俗を積極的に取り込んで成立し、現實肯定的な儒佛道三教調和論に立脚した僞疑經典として廣く流布する過程で、徐々に道教的表現が削除され、正統的な大乘佛典としての色合いを深めていったことが、諸本の對比を通じて明らかにされている。

なお、初出論文には圖6として「寶菩提院本」巻首が掲載されていたが、諸般の事情により再掲することが出來なかった。

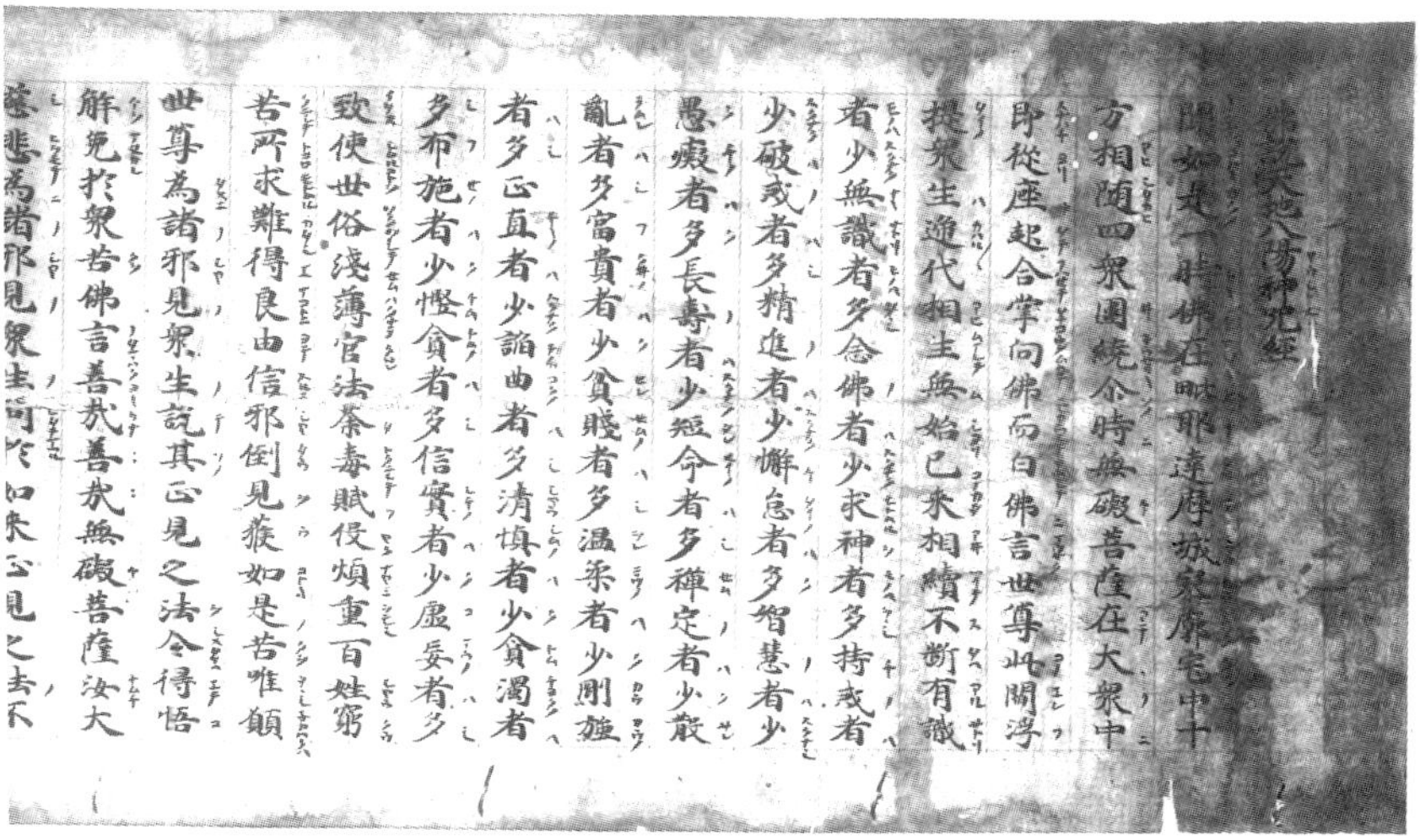
佛説天地八陽神咒經
聞如是一時佛在毗耶達摩城寂廓宅中十
方相隨四衆圍繞介時無礙菩薩在大衆中
即從座起合掌向佛而白佛言世尊此閻浮
提衆生遞代相生無始已來相續不斷有識
者少無識者多念佛者少求神者多持戒者
少破戒者多精進者少懈怠者多智慧者少
愚癡者多長壽者少短命者多禪定者少散
亂者多富貴者少貧賤者多温柔者少剛強
者多正直者少諂曲者多清愼者少貪濁者
多布施者少慳貪者多信實者少虚妄者多
致使世俗淺薄官法荼毒賦役煩重百姓窮
苦所求難得良由信邪倒見獲如是苦唯願
世尊為諸邪見衆生説其正見之法令得悟
解免於衆苦佛言善哉善哉無礙菩薩汝大
慈悲為諸邪見衆生問於如來正見之法不

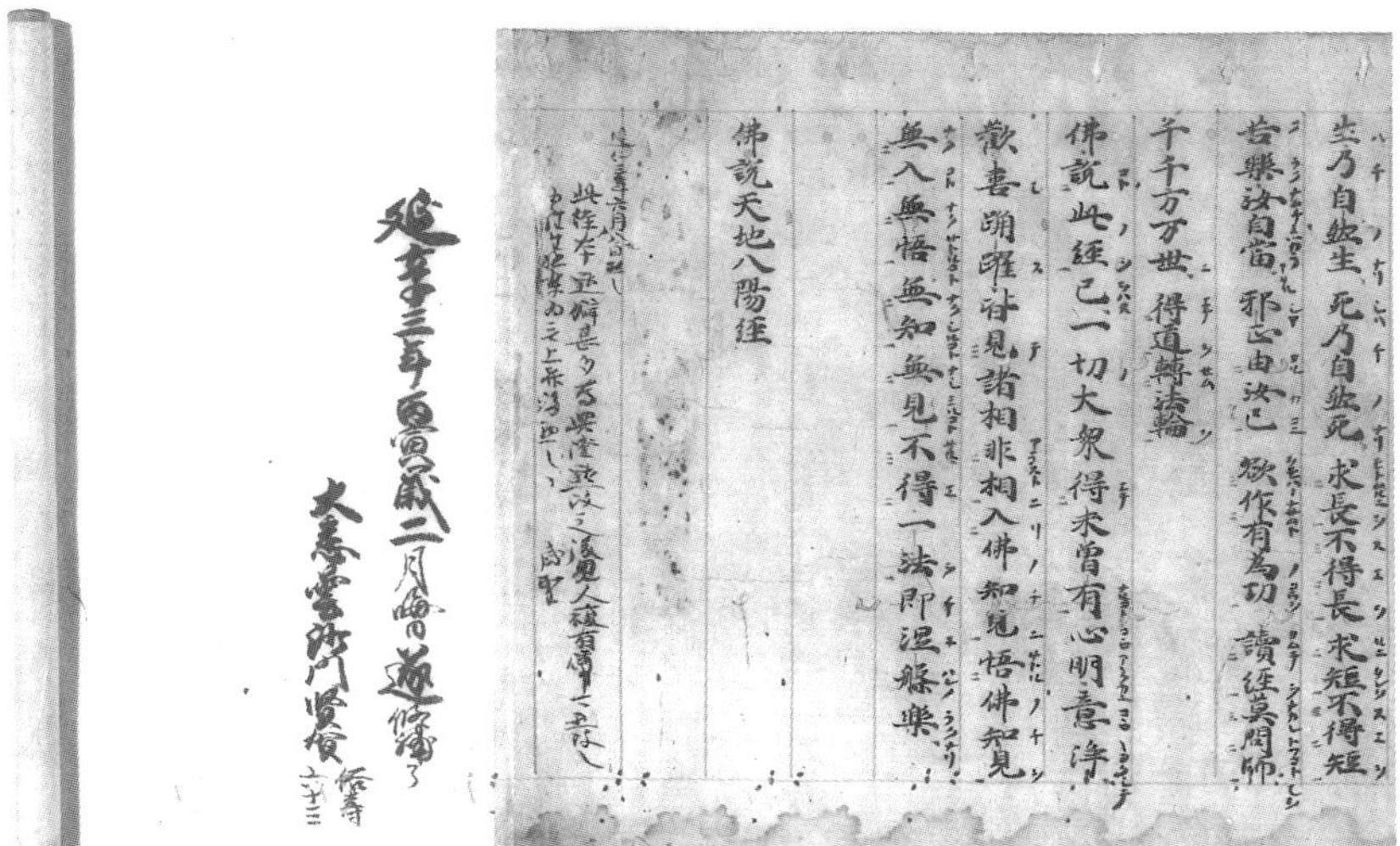
生乃自然生死乃自然死求長不得長求短不得短
苦樂汝自當邪正由汝己欲作有為功讀經莫問師
千千万万世得道轉法輪
佛説此經已一切大衆得未曾有心明意浄
歡喜踊躍皆見諸相非相入佛知見悟佛知見
無入無悟無知無見不得一法即涅槃樂
佛説天地八陽經

圖 8　東寺觀智院本『天地八陽神呪經』卷首、卷尾（卷子本）

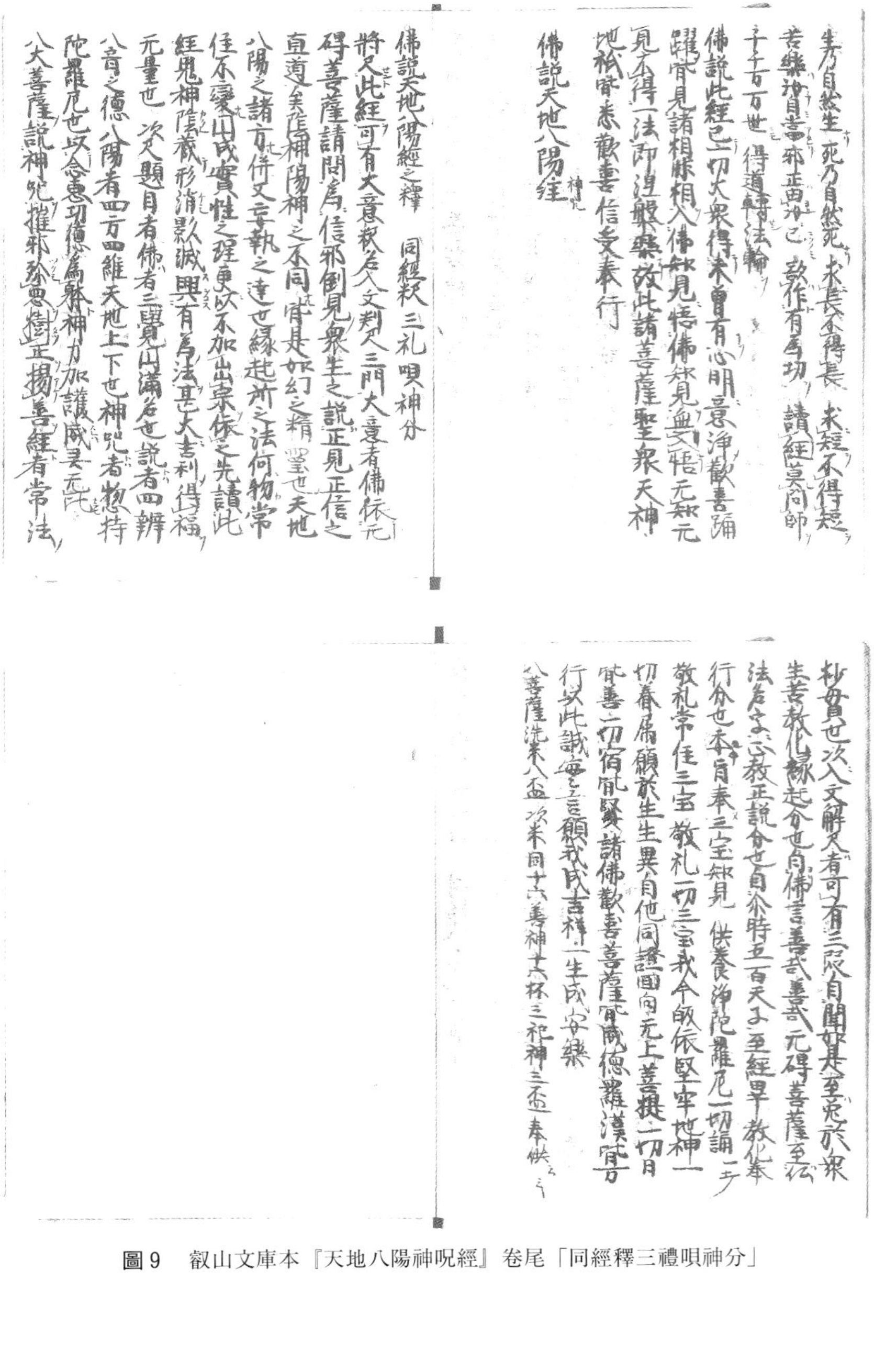

圖９　叡山文庫本『天地八陽神呪經』卷尾「同經釋三禮唄神分」

『佛說天地八陽神呪經』古寫本二種　翻刻——東寺観智院本・眞福寺寶生院本——

※上段において東寺観智院本の本文を眞福寺寶生院本と比較して、句を單位に検討を加え、異なる文字で書かれ、また讀み方の差が相當に明示的な部分に限定して錄文を示した。

〈東寺観智院本〉

佛說天地八陽神呪經

聞《キ》如《コトク》是一時佛在毗耶《ナ》達《タル》摩城寥《レイ》
廓《火ク》宅《ノ》中《ニ》十方《ニ》相隨《テ》　介時《ニ》
而白佛言《サク》、　此閻浮提《ノ》衆生適《タカヒニ》
代《カハテ》相生《ス》、无始己《コノ》來《カタ》　有識《サトリ》者
少《ク》无識《ナ》者多、

「1表

樂濡《ニウナムノ》　溫《ウン》樂《ニウノ》者少、
貪《トン》濁《ノ》者

〈眞福寺寶生院本〉

佛說天地八陽神呪經

西晉三藏竺法護　第二譯

聞如是一時。佛在《シテ》昆耶達城寥《レヒ》廓《クワク》宅中《ニ》。十方《ニ》
相《ヒ》隨《ヒ》。四衆《ヲ》圍繞《ヘリーノ》爾時《ニ》無礙菩薩。在《アテ》大衆中《ニ》。卽
從座起《テ》。合《テ》掌《ヲ》向《ツテ》佛而《モ》白《テ》佛《ニ》言《ク》。世尊此《ノ》閻浮提《ノ》
衆生《ハ》。適《テイ》代《タイ》《タカヒニカハテ》相《ヒ》生《ル》。無始《ヨリ》已來《タ》。相續《シテ》不《ス》斷《ヘル》。有識《サトリノハ》者
少《ク》無識者《ハ》多《シ》。念佛《ヲ》者少《ク》。求《ル》神《ヲ》者多《シ》。持戒者少。
破《ル》戒者多《シ》精進《ノ》者《ハ》少《ク》懈怠《ノ》者多《シ》智惠《ノ》者少愚
癡《ノ》者多《シ》。長壽《ノ》者少。短命《ノ》者多《シ》。禪定《ノ》者少《ク》。散亂
溫《ウン》《ウルオウ》イ
者多。富貴《ノ》者少。貧賤《ノ》者多《シ》。濡《シユ》樂《ニウノ》者少。剛《カウ》强《カウノ》者
多《シ》正直《ノ》者少。諂《テム》曲者多。淸《セイ》《ヨク》愼《シムノ》《ニコトナル》者少。貪濁《ク》《ル》者多。
布施者《ノ》少。慳貪《ノ》者多。信實《ノ》者少。虛妄《ノ》者多《シ》。致《シテ》
使《ウルコトヲ》世俗《ノ》。淺薄《ニ》宦法。荼《タ》毒賊役《ヤク》。煩《ラヒ》重《ナリ》百姓窮苦《シテ》。

多、
致使シテ《イタスニツカハシセ》世俗ニ《ソクノ》淺薄官法ニ桊ツ毒賊ソク賦フ
役煩ヒ重ク百姓窮ケルコト苦、シテ　良ヒコトヲ由信
「1裏
邪倒ノ見　唯[願]世尊
令得悟[解]□於
衆苦、　无礙菩薩
爲諸邪見衆生ノ問於如來ニ正見之
分別シテ渲說天地八陽之經
法ヲ
夫天地之間ニ爲タルハ人寂勝寂上ナル者ナリ貴シ[於]
「2表
一切萬物　心无虛妄身
行正眞ヲ左ノ爲□ツヲ眞ト右ヽ爲ヘツヲ正ト常ニ行正眞ヲ
故名テ爲人ト是テ知ヌ人能ク弘道道ヲ以テ潤身ヲ依
道ニ依テ人ニ皆成聖道ヲ
无礙菩薩　既ニ得トモ人身ヲ
不能脩福ヲ背信ヲ向テ僞ニ　命
將欲終必沈苦海受種種罪ヲ
信心不サレハ逆卽得、解脫諸罪之難ヲ出
「2裏
於苦海ヲ　无□□諸障礙

所求難シ得。良ヨク《マコトニ》由テ信スルニカラ邪倒ノ見ヲ。獲ウ如是苦。唯願世
尊。爲ニ諸ノ邪見ノ衆生ノ。說ヲ其ノ正見之法ヲ。令玉ヘ得悟解シテ。
免ニ《マヌカル、コトヲ》於衆苦ヲ。佛ノ言ク善哉善哉。無礙菩薩。汝大慈
悲シテ《ヲモテ》。爲メテ諸ノ邪見ノ衆生ノ。問フ於如來ノ。正見之法ヲ。不可
思議ナリ。汝等諦カニ聽キ、善ク思ツル念セヨ之ヲ。吾レ當サニ爲メニ汝。分別シ演
說セシム天地八陽之經ハ。過去ノ諸佛已說現◎在◎諸佛當
「一紙
說現一（筆者注、この二行書き損じ）
說セシム天地八陽之經ハ。過去ノ諸佛已說。未◎來◎諸佛
當ニ說。現在諸佛今ニ說キ玉フレ。夫天地之間ニ。爲テ《ルコトハ》人ト寂勝
シ寂上ノ者ナリ。貴ニル《トシヨリモ》於一切ノ萬物ニ。人ト者ハ眞也正也。心ニ無ク
虛妄。身ニ行ス正眞ヲ。左ノ爲シ《ヘツヲ》眞。右ノ乀爲ス《ヘツヲ》正ト。常ニ行ス正
眞ヲ。故ニ名テ爲ス人ト。是ニ知ヌ人。能ク弘《ヒロム》道。道ハ以潤ス《ニム》身ヲ。法依リ
道ニ依テ人ニ。皆成《ナルナリ》聖道ヲ
復次無礙菩薩。一切衆生。既ニ得トモ人身ヲ。不ス能ハ修スルニ
福ヲ背コトヲ眞ヲ向ヲ僞ニ。造テ種種ノ惡業ヲ。命チ將ニ欲ルニ終ラムト必沈テ苦
海ニ受ク種種ノ罪ヲ。若聞テ此ノ經ヲ。信シテ心ニ不逆《サカヘ》。卽チ得テ解脫ヲ
諸罪之難ヲ。出テム於苦海ヲ。善神加護シテ無ケム諸ノ障礙延ノヘ
年ヲ益シテ壽ヲ。而シテ無ケム横夭エウ。以テノ信力ヲ故ニ。獲如ノ斯ノ福ヲ何ニ況ヤ

而无横夭　何
咒有人盡《コト〳〵ク》能書寫《シ》　如法修
行《ヲヤ》、　无有邊
際
无礙菩薩
即被《セラレテ カフテ》邪魔外道魑《チ》魎《魅》魍魎鳥
鳴《ミヤウ》百恠《シ》　竟來《テ》惱亂《ヲ》興《タヘ》其横

3表
病悪腫悪注《チウノ》受《テ》其痛苦《ヲ》无有休息
為讀《コト》此經《ヲ》　身《ニ》強力《ニシテ》足《ナム》讀《テ》經《ヲ》功
徳獲《ルニ》如是福《ヲ》　多於婬欲瞋
恚愚癡慳貪嫉妬見此經　竝皆除滅慈悲
憙捨
无礙菩薩

3裏
庠ィ
興《ハ、》有為法《ヲ》　築《ツキ》墻《カキヲ》動土
安立家宅　東廂《シヤウ》西廂廚舎
客《ク》屋《ヲク》　碓《カラウス タイ》磑《スリウス カイ》庫蔵六畜欄《ラム》圂《ヲ》
日遊月煞《大》。　太歳黄幡《コ ツク》豹尾

有《テ》人。盡《ク》能《ク》盡寫《シ》。受持《シ》讀誦《シ》。如《ク》法《ノ》修行《セム》。說《トモ》其《ノ》功
徳不可稱。不可量。無《ケム》有《ルコト》邊際。壽終之後。竝《ニ》得《ウヘシ》
成《ルコト》佛《ニ》

二紙
佛告《ク》無礙菩薩摩訶薩《ニ》。若有《テ》衆生。信《セム》邪倒見《ヲ》。
即被《シテ》邪魔外道。魑魅魍魎。鳥鳴百恠。諸《ノ》悪神
鬼。竟《キオヒ》來《テ》惱亂《セ》。與《タヘテ》其《カ》横病悪腫悪注《チウ》。受《ケムコト》其病苦《ヲ》。
無《ラムニ》有《ルコト》休息《ヲ》。遇《ヒテ》善知識。為《ニ》讀《コト》此經《ヲ》三遍《セハ》。是諸《ノ》悪
鬼。皆《ナ》悉《ク》銷《セラ》滅《シテ》。病即《チ》除愈《シテ》。身強《ツヨク》力足《ラム》。讀經《ヲ》功德。
獲《エム》如是福《ヲ》。若《シ》有《テ》衆生。多《カラム》於婬《ニシテ》欲。嗔恚愚癡。慳
貪嫉妬。若見《テ》此《ノ》經《ヲ》。信敬《ニ》供養《シテ》。即讀《ニハ》三遍《ヲ》。愚癡
等《ノ》悪。悉《ク》皆除滅《シ》。慈悲喜捨《アテム》。得佛法《ノ》分《ヲ》

復次無礙菩薩。若善男子善女人等。興《オコサンニハ》有為《ノ》
法《ヲ》先讀《コト》此經三遍。築《シテツキ》墻《カキヲ》動《シ》土《ヲ》。安立《セハ》家宅。南堂
北堂東廂《シヤウ》西廂廚《トウ》舎客室《オク》。門戸。井竈《シヤウサウ》碓《シウ》磑《カイ》庫
藏。六畜《ノ》欄《ラム》圂《シクオ》日遊《ユウ》月煞《セツ》。將軍。大歳。黄幡。豹《ヘウ》尾
五土。地神青龍。白虎。朱雀《シヤク》。玄武六甲禁《キム》諱《井》。十
二諸神。土尉《井》伏龍。一切鬼魅。皆悉隱《レ》藏《シテ》迹《ク》屏《カクレテ》

「4表

土慰井　皆悉
隱《カクレ》藏《シ》遠屏《ハレテ》西方《ニヒ》形銷《ケシ》影滅《テ》
得福无量《ナラム》　興《シテ》功《ヲ》之
後
若遠行從軍仕官興《ヲコサムニ》生
父母《ハ》慈《リ》子《ハ》孝《リ》男
悉《チウアリ》母《ハ》貞《サカシカラムウヤマシ》兄泰弟《ハ》順《ヒ》夫妻和睦《ニムツマシク》信《リ》義《ヲ》篤《アック》親
忽被懸官拘執《シユ》盜
賊《ニ》牽《ヒキ》挽《カケラレムニモ》　三遍《ハ》即得解胱
爲他書寫《ハ》八

「4裏

陽經者《ハ》　不被焚《フム》漂《ヘウ》或在山澤
虎狼屏《クシテ》跡不敢搏齒《ツカミハニ》　成无上
道
讀《ハ》誦此經永除四過《ヲ》得四无
礙辨《ヲ》而成佛道
當《ニ》墮《テ》地獄受无量苦《ヲ》
其子即爲《ニ》讀《ト》此經七遍《ハ》父母即離《テ》地獄
而生《シ》天上見佛聞法悟《テ》无生忍以《テ》成佛道
佛告《ク》无礙菩薩毗婆尸佛時《ニ》有優婆塞

「5表

敬《ヒ》崇《アカメテ》佛法書寫此

「三紙

四方《ニ》形銷《タチケシ》影《ケ》滅《シテ》。不敢《テ》爲《サ》害《ヲ》甚大吉利《ニシテ》。得福《コトヲ》無
量《ナラム》。善男子。興《オコシテ》功《ヲ》之後《チ》。堂舍永《ク》安《シテ》。屋宅牢《ラウ》固《ニシテ》富
貴吉昌《シヤウ》。不求《ルニ》自《メ》得《ラム》。若遠行從軍《タカヒ》仕《ヘ》官興《ニ》生《ヲ》。甚《タ》
得《ム》宜《キ》利。門興《サカヘ》人貴《ク》。百子千孫《テ》父母慈《ヒ》子《ハ》孝《アリテ》男《ハ》
忠《タヽシク》。女《ハ》貞《サタシカラムコノカミヤマヒヲト、カヒ》兄恭弟順夫妻和陸《ヤハラーヤハラカニシテ》信義《アテ》
篤《アツクシテ》親所願
成就《セム》。若有《テ》衆生。忽《ニ》被《レテ》懸《カヽツ》官《ニ》拘《カヽヘ》執《トラヘトラヘム》。盜賊《ニ》牽《ヒー》挽。暫《□□ラク》
讀《ハ》此經《ヲ》三遍即得《ム》解脫《コトヲ》。若有善男子善女人
受持《シ》讀誦《シ》爲《ニ》他書寫。八陽經《ヲ》者設入水《ルトモ》火《ニ》。不
被焚《ホム》漂《ヘウせ》。或在《テ》山澤《タクニ》。虎狼屏《カクシ》跡《ヲ》。不《シ》敢《テ》搏《ハク》嚙《シ》善神
衞護《シテ》。成《ム》無上道。若復有人。多於妄語。綺語兩
舌。惡口若能受持。讀誦此《セハノ》經《ヲ》。永除《テ》四惡過《ヲ》。得《テ》
四無礙辨《ヲ》。而成《シテナム》佛道《ヲ》。若善男子善女人等《ノ》父
母有《テ》罪臨終之日。當《サニ》墮《カラム》地獄。受《ク》無量《ノ》苦《ヲ》。其《ノ》子
即爲《ニ》。讀《ハ》此經《ヲ》七遍《ヲ》。父母即離《テ》地獄《ヲ》。而《モ》生天上。
見《ミ》佛《ヲ》聞《コト》法。悟無生忍《ヲ》。以《テ》成《ム》佛道《ニ》
佛告無礙菩薩《ニ》。毘婆尸佛《ノ》時《ニ》。有《テ》優婆塞優婆
夷。心《ニ》不《レ》信《セ》邪《ヲ》。敬《ウヤマヒ》崇《アカメ》佛法《ヲ》。書寫比《シ》經《ヲ》。受持《シ》讀誦。
須《ク》作《ツクル》即作《リテ》一無《トシテキ》所問。以正信《ヲ》故《ニ》。兼行《シ》布施《ヲ》平
等《ニ》供養《シテ》。得《テ》無漏《ノ》身《ヲ》。成菩提道《ヲ》。號《ヲハ》曰《フ》普光如來。

經　讀誦《シ》須《ク》作卽作《クリ》一《モ》无所問
號《ハ》曰《キ》普光如來應正等覺
國名无邊　(皆)行菩薩道无《キ》
所得《ノ》法
无礙菩薩此《ノ》八陽經《ヲ》行《ハ》在閻浮提
在在處處《ニ》　一切《ノ》明
「5裏
靈圍繞此經香花供養《シテ》如佛无異
佛告无礙菩薩
講說此經《ヲ》深《ク》達《シテ》實相得《テ》
甚深理《ヲ》卽知《人》身《ノ》心佛身法心《ナリト》所以《ニ》能《ク》知《テ》
卽《チ》智惠《ノ》眼《モチ》常見《ミル》種種无盡色色卽是空《ナリ》
空卽是色《ナリ》　卽是妙色身如
來《ナリ》耳《ニ》常《ニ》聞種種无盡聲
是妙音聲如來《ナリ》鼻《ヲ》常《ニ》齅《カク》種種无盡
「6表
香　空卽是香《ナリ》是香積如來《ナリ》舌
常了種種无盡味
是法喜如來《ナリ》身常覺《サトル》種種无盡觸
種種无盡法《法》卽是空、

應正等覺《ト》。劫《ヲハ》名《ケ》大滿《ト》國《ヲハ》名《テ》無邊《ト》。但《シ》是《ノ》人民。行《トモ》《シコト》
菩薩道《ヲ》。無《シ》所得《ノ》法《ヲ》。
復次無礙菩薩此八陽經《ヲ》行《シテ》在《テ》閻浮提《ニ》。在在
處處《ニハ》。有《ニ》八菩薩。諸梵天王。一切明靈。圍繞《シ》此
經《ヲ》。香華《モテ》供養《シテ》。如《シテ》佛《ノ》無《シ》異《コトラム》
佛告無礙菩薩摩訶薩。若善男子善女人等。
爲《ニ》諸《ノ》衆生《ノ》。講說《セハ》此經《ヲ》。深《ク》達《シテ》實相《ヲ》。得《メテ》甚深理《ヲ》。卽
知《シメ》身心《ハ》佛身法心《ナリト》。所以《ニ》能《ク》知《テ》卽智惠《ノ》眼《ヲモテ》常《ニ》見《ル》
種種《ノ》無盡《ノ》色。卽是《レ》空《ナリ》。空卽是色。受想行識《モ》空《ナリ》。
卽是《レ》妙色身如來《ナリ》。耳《ニ》常《ニ》聞《ク》種種《ノ》無盡《ノ》聲《ヲ》。聲卽
是空《ナリ》。空卽是聲《ナリ》。是妙音如來《ナリ》。鼻《ニ》常《ニ》齅《カク》種種無
・空
盡《ノ》香《ヲ》。香卽是空《ナリ》。卽是香《ナリ》也。香積如來《ナリ》。舌《ニ》常《ニ》
了《トル》種種無盡《ノ》味《ヲ》。味卽是空《ナリ》。空卽是味《ナリ》。是《レ》法喜
如來《ナリ》。身《ニ》常《ニ》覺《トル》種種無盡《ノ》觸《ヲ》。觸卽是空《ナリ》。空卽是
觸《ナリ》。是《レ》智明如來《ナリ》。意《ニ》常《ニ》思想《シ》分別《ス》。種種無盡《ノ》灋《ヲ》。
「四紙
卽是法◉（筆者注、この一行書き損じ）
卽是空《ナリ》。空卽是法《ナリ》。是法明如來。善男子。此《ノ》六

此六根顯現ノ人ハ皆口
常說《コト》之說其善語善法ヲ常溥《シテ》
若說其邪語惡法常溥《ニシテ》
善惡ノ之理不得《レハ》不信

「6裏

亦是十二部大經卷也无始
已來ヲ溥讀《コト》不盡キ不損セ毫毛如來藏經ハ
唯識《サトリ》心見性者之所能知也、善男子（非聲聞凡□所能）
深解ハ眞理卽知身ハ心是佛法ノ
器《ナリ》若《シ》醉《エヒ》迷《マトヒテハ》不醒《サメ》不了自心ハ是佛法ノ根本
流浪シ諸趣　永沉《シテ》苦海
尒時ニ　卽敖无等等阿

「7表

耨多羅三藐
无礙菩薩復白佛言、
生死ヲ爲重生《ルニハ》不擇《エラル》日　死不擇
日　卽問フ良辰吉日
然始テ殯塟《セム》殯塟《セム》之後還テ有妨《ハウカイスルコト》害貧窮
者多ク滅門者不少《カラ》唯シ願世尊爲諸邪見

「7裏

无智衆生ノ說其回緣令得正道除其顚
倒　汝實《マコトニ》甚《ハナハタ》能問

五紙

根顯現人。皆口ニ常說ク之ヲ。說《クトキニハ》其善語ヲ善法。常ニ轉テ
卽成ス聖道ヲ。說《ニハ》其ノ邪語ヲ惡法。常ニ轉テ卽チ墮地獄ニ。善
男子善惡之理ヲ不得セ不信《ルコト》セ善男子人之身心ハ
是レ佛法ノ器《ナリ》。亦是十二部ノ經。大經卷也。無始《ヨリ》已
來轉讀《コト》。不盡サ不損セ毫《カウ》毛ヲ。如來藏經唯識《サトリナリト》心。見
性者之所能知ル也。善男子讀誦《シテ》此經ヲ。深解《スレハ》眞
理ヲ。卽チ知レ身心ハ。是レ佛法ノ器《ナリト云コトヲエヒ》。若醉迷テ不醒《サレハ》。不了《サメス》自《サトラ》ラ
心ハ。是レ佛法ノ根本上《ナリト》。流浪《シテ》諸趣ニ。墮チ於惡道ニ。永ク沈テ苦
海ニ。不ス聞カ佛法ノ名字ヲ。爾時ニ五百ノ天子。在テ大衆ノ中ニ。
聞キ佛ノ所說ヲ。得ヘ法眼淨ヲ。皆大ニ歡喜《シテ》卽發《ラキ》無等等。
阿耨多羅三貇三菩提ノ心ヲ。
無礙菩薩。復白佛ニ言ク。世尊人ノ之在《レハ》世ニ生《ウマレ》死《ヌルヲ》爲ス
重。生《スルモニ》不擇《スラハ》日ヲ。時至《ヌレハ》卽生《スルニモ》。死不擇日ヲ。時至《レハ》卽死ヌ
何ニ回カ殯《ヒン》塟《サウスルニ》。卽問《ヒテ》良辰吉日ヲ。然始殯塟。殯塟之
後。還《シテ》有リ妨《サマタク》害《コト》。貧窮者《ノハ》多《クシテ》。滅門者不少《サルカラ》。唯願世
尊ニ。爲諸邪見。無智衆生ノ。說テ其ノ回緣ヲ。令得《タマヘ》正道ヲ。
除《ノソカ》其ノ顚倒ヲ。佛言善哉善哉。善男子汝實ニ甚タ能ク。
問《ヘリ》於衆生ノ。生死之事ニ。殯塟之法ヲ。汝《チラ》等諦ニ聽ケ。當シ
爲ニ汝カ。說ク大道之法ヲ。夫レ天地ハ廣大《ニシテ》清シ日月廣長《ニシテ》
明。時年善善美。實無有異。善男子人王菩薩。

於衆生死之事殯葬之法汝等諦聽
當爲汝說大道之法夫天地廣大清日
月廣長明　實无有異
今菩薩甚大慈悲
遣作曆日　令知時
節爲有平滿成收開除之字執危破煞
之文　信用无不免其凶禍又

「8表

使《ツカハシテ》邪師獣鎭說是道非
却招殃自受苦如斯人輩返天
時逆《サカウ》地理背日月之光明
違《タカヘ》正道之廣路恆尋邪婬顚倒之甚也
生時讀此經三遍兒即易生
死時讀此經三遍一无妨害
日日大好日月月大好月年年大好

「8裏

年實无訶隔但辨即須殯葬
讀此經七遍　獲福无量門
榮《サカヘ》人貴延年益壽　竝得成聖道

障

甚大慈悲愍念衆生皆如赤子下爲人主作
民父母順於俗人教於俗法造作曆頒下天
下令知時節爲有平滿成收開除之字執危
破煞閇之文愚人依字信用無不免其凶禍
又使《ツカヘシメテ》邪師猒鎭說是道非慢求邪神拜餓鬼
却招殃自受苦如斯人輩返天時逆《サカヘ》地理背
日月之光明常投闇室違《タカヘ》正道之廣路恆尋
邪婬顚倒之甚也善男子生時讀此經三遍
兒即易生甚大吉利聰明智惠福德具足而
不中夭死時讀此經三遍一無妨害善男子
日日大好日月月大好月年年大好年實無
間隔但辨即須殯葬殯葬之日讀此經七遍
甚大吉利獲福無量門榮《サカヘ》人貴延年益壽命
終之日竝得成聖善男子殯葬之地莫問東
西南北安穩之處人之愛樂鬼神愛樂即讀
比經三遍便以循營安置墓田永無災難家
富人興甚大吉利爾時世尊欲重宣此義而
說偈言
營《イトナムニ》生善善日休殯好好時生死讀誦經
甚得大利益月月善明月年年大好年

人之受樂《ハ》鬼神《ノ》愛樂《ナリ》卽讀《此經》。三遍便《チ》以《テ》
修營《キヤウシ》安置墓《セハ》田《内イ》永无灾障家冨人興《コツテ》
尒時《ニ》世尊欲《シテ》重宣《ムハ》此義《ヲ》而說偈言《ク》
營《イトナマムニモ》生善《ク》善《キ》日《ナリ》休殯《□ニモ》好《ク》好《キ》時《ナリ》生《ニモ》死《モ》讀誦《ハ》經
年年《ハ》大《ニ》好年《ナリ》
讀《テ》經卽殯《ヒム》《ハフリ□ルハ》埊《サウスルハ》榮花萬代《ヨロツヨキ》《ハム タイニ□□ム》昌《サカエラム》
尒時《ニ》 心開《ケ》意《ロ》
鮮《サトテ》 得佛法分《ツ》永斷疑《キ》或《ハクヲ》皆赦《シテ》
阿耨多羅三藐三菩提心《ヲ》无礙菩薩復
一切《ノ》凡夫《ハ》皆以《テ》婚《コム》《ムコ》媾《コウタス》《ヨメ》爲親《ト》
先問《ヒ》相宜《コトヲ》後 燃《テ》始《テ》成親《シタシミヲ》成親之
後、冨貴偕老者《ハ》少《ク》貧塞《ソクニシテイキナカラ》生離死《テ》別《ル、》者《ハ》多《シ》
一種《ニ》信《シ》邪《ヲ》如何《トモカラ》而《モ》有《リ》差別 [爲]《ニ》
決《タマヘ》衆《ノ》疑《ヲ》佛言《ク》 汝諦《ニ》聽當《ニ》爲《ニ》汝說《ム》
一切《ノ》草木《ヲ》生《ス》焉日月天《タカシニ》
運《ハコテ》 水火相兼《ツイテ》一切《ノ》萬物《ヲ》
就《ス》焉 孫興《サカヘ》焉
自然之[理]《リ》 愚人无
智《ニシテ》信《シテ》其邪[師]卜《[ウラ]ナヒ》問《テ》望《ノソミ》吉《ヲ》而《シテ》不《ス》修《セ》善《ヲ》造《リテ》種

讀《テ》經《ヲ》卽殯埊《セハ》榮華萬《ツ》代《ニ》昌《サカヘム》

六紙

爾時衆《ノ》中《ニ》七萬七千《ノ》人。聞《テ》佛《ノ》所說《ヲ》。心《ニ》開意解《ヲ》
捨《テ》邪《ヲ》歸《シ》正《ニ》得《エ》佛法《ノ》分《ヲ》永《ク》斷《シテ》疑惑《ヲ》。皆發《ス》阿耨多
羅三藐菩提《ノ》心《ヲ》。無礙菩薩。復白佛言《ク》世尊。
一切凡夫《ハ》。皆以《テ》婚《コン》《トツキカウシ》嫱《コウタ》爲《ス》親《シタシク》。先問《ツヒ》相宜《ナルコトヲタ》復取《テ》吉
日《ヲ》。然《モ》始《テ》成《ス》親。成《シテ》親《ヲ》之後《チ》富貴偕《カヒ》老《ノ》。者少《ク》貧寒《シテ》
生《イキナカラ》離《ハナルヲ》《レテ》。死別《ハカル、ノハシ》者多。一種《ニ》信《シンスレハナリヲ》邪如何而有差
別。唯
願世尊。爲決《メニシメタマヘ》衆《ノ》疑《ヲ》。佛言善男子。汝等諦聽。當《ニ》《シ》
爲《メニ》汝《カ》說《ム》。夫《レ》天《ハ》陰《クモリ》。地《ハ》陽《ヒカリ》月《ハ》陰《クモリ》日《ハ》陽《ヒカリ》水《ハ》陰《リ》火《ハ》陽《リ》。男《ハ》
陰《ヒソカニハ》。女陽《アタ、カナリ》天地氣合《シテ》。一切草木生《ス》《ヲヒテ》。焉日月。交《マシハリ》運《タカヒニハコンテ》
四時八節明《ナリ》焉。火火相承《ウケ》。一切萬物熟《ス》焉 男
女允諧《マコトニト、ノホテ》。子孫興《サカフ》焉。皆是《レ》天之《ノ》常道。自然《ノ》之理《リ》。
世諦《キン》之法《ナリ》。善男子愚人《ハ》無智《ニシテテ》。信其邪。師《ヲ》卜問《ウラナヒトフテ》《シテ》
望《ノソメ》吉《ヲ》。而《モ》不《ス》修《セ》善《ヲ》。造《テ》種種《ノ》惡業《ヲ》。命終之後《ニハル》得人
身《ヲ》者。如《シ》指甲《ノ》上《ノ》土。墮《テ》於地獄《ニ》。作《ナル》畜生餓鬼《ト》者《ハ》。
如《シ》大《ノ》地《ノ》土。善男子復得《トモ》人身《ヲ》。正信《ニシテ》修《スル》善《ヲ》者。如《シ》
指甲《ノ》上《ノ》土。信《シテ》邪《ヲ》造惡業《ヲ》者《ハ》。如大地《ノ》土《ノ》。善男子

10裏

種《ノ》惡業《ヲ》命終之後《ニ》得人身者《ハ》如指《ヒノ》甲《ツメノ》上《ノ》
土《ノ》
正信《シテ》修善者《ハ》
欲《ハヽ》結《ムト》婚《コム》親《シムヲ》莫問水火《ノ》相尅胎胞相猒年《紀イ》
不同唯看《ミテ》祿命書《ヲ》即知《テ》福德《ノ》多少《ヲ》以《テ》爲
眷屬　三遍《ヲシテ》而以成
禮　門《ト》高《キ》人《ト》［貴］《シテ》
子孫興盛《□ラム》　孝敬相兼《ツイテ》甚大吉
利《ニシテ》而无《ム》中夭《コフシヤウ》
是時《ニ》　兼《ウケタマハテ》佛威神得《エ》大捴持《ヲ》［常］《ニ》
處《シテ》人間《ニ》［和］《ケ》光同塵　其名《ヲハ》曰《イフ》
跋《ハツ》陁羅菩薩　鄰《リン》竭《カツ》菩薩漏盡和
憍《ケウ》
坘《テイ》達菩薩

11表

輪調《テウ》菩薩漏盡和无
我等於諸佛
所《ミモトニ》受得《セリ》陁羅［尼］神呪　擁護《シテ》受
持讀誦《セム》八陽經《ヲ》者永《ク》无恐怖使《シテ》一切不
善之物《ヲソ》不得侵損《スルコトヲ》　讀經法師《ヲ》

七紙

欲《ハ》結《ハムトコム》婚親《ヲ》。莫《シ》問《コト》水火《ノ》相尅。胎胞《ハウノ》相猒年《ノ》。不同《ヲ》
唯看《ミテ》祿命《ノ》書《ヲ》。即知《ラ》福德《ノ》多少《ヲ》。以爲眷屬《ト》。呼近《ヨハヒチカツカン》
之日《ハ》。即讀《コト》此經《ヲ》三遍《シテ》。而此《モ》成《テ》禮《ヲ》。此《レ》乃《チ》善善《ノ》相
回。明明相屬《ナリ》。門高《ク》人貴《ヒ》。子孫興盛《サカヘサカリナラム》。　聰明利智。
孝《カウ》敬相承《ツヒテ》。甚大吉利《アテ》。而《シテ》無《ケム》中夭。福德具足《シテ》。皆
成《ム》佛道《ヲ》

是時有《テ》八菩薩。承《ケ》佛威神《ヲ》。得大總持《ヲ》。常處《シ》人
問《ニ》。和光同塵《トシテ》。破《シ》邪《ヲ》立《ツ》正《ヲ》。其名曰《ク》
跋陀羅菩薩漏盡和　羅鄰《リム》竭《カツ》菩薩漏盡和
憍自兜《ト》菩薩漏盡和　那羅達菩薩漏盡和
須彌深菩薩漏盡和　回坻《テイ》達菩薩漏盡和
和輪調菩薩漏盡和　無緣觀菩薩漏盡和
是八菩薩。倶《ニ》白佛言世尊。我等於《シテ》諸佛所《ニ》。受
得《セリ》陀羅尼神呪《ヲ》。而今說《テ》之《ヲ》。擁護《セハ》受持《シ》讀誦《セム》。八
陽經《ヲ》者《ノヲ》。永無《シテ》恐怖。使《シメム》一切《ノ》不善之物《モノ》。不《サラ》得《エ》侵
捐《スルコト》讀誦經《ノ》法師《ヲ》。即於佛前《ニ》。而說呪曰《ク》
阿佉《キヤ》尼尼。佉尼阿比羅曼隸。曼多隸
尒時無邊身菩薩。即從座起。前《スヽメテ》白佛言世尊。
云《イカヽ》何名爲《ル》八陽經。唯願世尊。爲《ニ》諸《ノ》聽衆。解說《シテ》

「11裏

阿《ア》佉《キヤ》尼《ニ》尼《ニ》佉《キヤ》尼《ニ》阿比《ヒ》羅《ラ》曼隷《レイ》曼多隷《レイ》
尒時《ニ》天邊身菩薩卽從《リ》座起《テ》前《ス、テ》白佛言《ク》
名《ヲ》爲《スル》八陽經唯願《ハ》世尊[爲]《ニ》[諸]《ノ》
聽衆《ニ》解說其義《ヲ》令得□覺悟《ヲ》速《ニ》達《シテ》心本《ニ》入《レ》
佛《ノ》知見《ヲ》永斷疑悔《ヲ》
諦《ニ》聽《ケ》吾《レ》今爲《ニ》汝解說《ス》八陽之經《ヲ》
陽《ト》者明鮮也、明《ラカニ》鮮《テ》大乘《ノ》空
无之理《ヲ》了能分別《スルニ》八識《ノ》因緣空《ニシテ》无所得
八識《ヲハ》爲《シ》經《ト》陽《ヲハ》名《テ》爲《ス》緯《ト》經緯《タテヌキ》相交《マシハテ》以
成《ス》經教《ヲ》
云何《イカナルヲカ》名《トナラハ》八識《ト》
明了《ニ》分別《ス》八《ハ》識《ナリ》根源空《ニシテ》无《シ》所有卽《チ》

「12表

知《ヌ》兩《ノ》眼《ハ》
兩《ノ》耳《ノ》是聲聞天聲《ナリ》聞天中《ヨリ》卽
現《ス》无量聲如來《ヲ》兩《ノ》鼻《ハ》是佛香《ナリ》天佛香天《ノ》
中《ニ》卽現《ス》香積如來《ヲ》口舌《ハ》是法味《ナリ》天法味
天中《ヨリ》卽現《ス》法喜如來《ヲ》　盧
舍那天《ノ》中《ニ》卽現《ス》成《スルコトヲ》就盧舍那佛盧舍那
鏡像佛　意是无分別天《ナリ》

「12裏

无分別天中《ヨリ》卽現《ス》不動如來大光明佛《ヲ》

「八紙

其《ノ》義《ヲ》。令《メ玉ヘ》得覺悟《ヲ》。速《ヲ》達《シテ》心本《ヲ》。入《レテ》佛《ノ》知見《ニ》。永《ク》斷《セ》疑
悔《ヲ》。佛言《ク》善哉善哉善男子。汝等諦《ラカニ》聽《ケ》[吾]《レ》今爲《メニ》
汝《カ》。解說《セム》八陽之經《ヲ》。八《ト》者分別也。陽《ト》者《ハ》明解也。
明《ニ》解《テ》大乘。空無之理《ヲ》了《アキラカニ》。能分別《スルニ》八識《ノ》因緣。空《ニシテ》
無所得。又云《ク》八識《ヲ》爲《シ》經《ト》。陽《ヲ》名《テ》爲《ス》緯《ト》。經緯《ヌキイルタテヌキ》相《ヒ》投《マシハツテ》。
以《テ》成《ス》經教《ヲ》。故《ニ》名《ク》八陽經《ト》。云何《イカ》名《ナツクル》八識《ト》。六根《ハ》是《レ》
六識《ナリ》。明了《ニ》分別《レハ》八識《ナリ》。根源空。無《シ》所有。卽知《レヌ》兩
眼《ハ》是《レ》光明天《ナリ》。光明天《ノ》中《ヨリチ》卽現《ス》日月。光明世尊《ヲ》。
兩耳《ハ》是《レ》。聲聞天《ナリ》。聲聞天中《ヨリ》。卽現《玉フ》無量聲如來《ヲ》。
兩鼻《ハ》是《レ》。佛香天。佛香《ナリ》天《ノ》中。卽現《フ》香積如來《ヲ》。口
舌《ハ》是《レ》法味天《ナリ》。法味天《ノ》中《ヨリ》。卽現《ヲ》法喜如來《ヲ》。身《ハ》是《レ》
盧舍那天《ナリ》。盧舍那天《ノ》中《ヨリ》。卽現《フ》成就盧舍那佛《ヲ》。
盧舍那鏡像佛。盧舍那光明佛《ヲ》。意《ハ》是《レ》無分別
天《ナリ》。無分別天《ノ》中《ヨリ》卽現《ク》不動如來。大光明佛《ト》心《ハ》
是《レ》法界天《ナリ》。法界天《ノ》中《ヨリ》卽《チ》現《フ》空王如來《ト》。含藏識
天《ヨリ》。演出《ス》阿那含經。大般涅槃經《ヲ》。阿賴《ラ》耶識天《ハ》。
演出《ス》大智度論經。楞伽論經《ヲ》。善男子。佛《ハ》卽是《レ》
法《ハ》。法卽是《レ》佛《ナリテ》。合爲《ス》一相《ト》。卽現《ス》大通智勝如來《ト》。
佛說《シ》此經《ヲ》時《ニ》。一切《ノ》大地。六種《ニ》震動《シ》。光《リ》照《シテ》天地《ヲ》。
無《シ》有《ルコト》邊際。浩《カウ》浩蕩《タウ》蕩《トシテ》。而《モ》無《シ》所《ロ》名《シ》。一切《ノ》幽冥。悉

（13表）

法界天中卽現《ノ》空王如來《ヲ》
演出阿那含經《ト》大般涅槃經《トヲ》
阿賴耶識天《ヨリ》演出大智度論注《經》楞《楞》伽論
注《經トヲ》　佛《ハ》卽是沍《ナリ》　合《シテ》爲《ス》一
相卽現大通智勝必來《ヲ》
佛說《フ》此經特《キ》
无《シ》有《コト》邊際浩《カウ》浩《ハルカニ》薄《ウスカナリ》薄《シテ》而无《シ》所《ロ》名《ナツクル》
悉《ク》皆《ナ》明《ニ》朗《乎、ラカナリ》　竝《ニ》皆銷滅《シテ》
倶《ニ》得《エシ》離《ル》苦《ヲ》
介時　八萬八千《ノ》菩薩《アテ》一時《ニ》成《ニキ》
佛《ニ》號《ヲハ》曰《シテ》
國《ハ》號《シキ》无邊《ト》
逯《ヲヨヘリ》无所得《ニ》
得《テ》大捴持　衆

（13裏）

數《ノ》天龍夜叉乹闥婆
得官登位之日
及新《シキ》入《ラム》宅《ニ》之時《モ》　甚大言
利《アラム》　延《ヘ》年益《シテ》壽
一遍《セハ》如讀一切經一部《ハ》若

（九紙）

皆明《ニ》朗《ホカラカナリ》。一切地獄。竝皆銷滅《シテ》。一切罪人。倶《ニ》得《テキ》
離《コトヲ》苦《ヲ》。
介時大衆之中《ノ》。八萬八千菩薩《アテ》。一時《ニ》成佛《ニ》。號《ヲハ》
曰《フ》空王如來應正等覺《ト》。劫《ヲハ》名《ケ》離垢《ト》。國《ヲハ》號《セム》無邊《ト》。
一切《ノ》人民。皆行《シテ》菩薩《ノ》六波羅蜜《ヲ》。遠《オヨヘリキ》無所得《ニ》六
萬六千。比丘比丘尼。優婆塞優婆夷。得《テ》大總
持《ヲ》。入《ル》不二法門《ニ》。無數《ノ》天龍。夜叉犍闥婆。阿修
羅。迦樓羅。緊那羅摩〔睺〕羅伽人非人等。得法
眼淨《ヲ》。行《シキ》菩薩《ノ》道《ヲ》。善男子。若有人。得《ヘ》官《ヲ》登《ラム》位《ニ》之
日。及《ヒ》新《キ》入《ラム》宅《ニ》之時《ニモ》暫《ク》讀《コト》此經《ヲ》三遍《セヨ》。甚《タ》大吉利《ナラム》。
善神加護《シ》。延《ノヘ》年益《ニシテ》壽《ヲ》。福德具足《セム》。善男子若讀《コト》
此經《ヲ》一遍《セム》。如《クナラム》讀一切經一部《ヲ》。右寫《サハ》一卷《ヲ》。如寫
一切經一部《ヲ》。其《ノ》功德不可稱《ス》。不可量《ル》。無《ケハ》有邊
際。成就《ハ》聖道
復次無邊身菩薩摩訶薩。若有衆生。不《スシテ》信正
法《ヲ》常《ニ》生《ナサム》邪見《ヲ》。忽《ニ》聞《テ》此經《ヲ》。卽《チ》生《シテ》誹謗《ヲ》。言《イハ、》非佛《ストノ》所
說《ニ》。是人現世《ニハ》。得《テ》白癩《ノ》病《ヲ》。惡瘡膿血。遍《シ》體《ニ》交《リ》流《レテ》。
胜膠《シヤウサムウ》《クサシナニクサシクサクシクシテ》臭穢《ニ》。人皆噌《ニクミニクマレム》嫉。命終之日《ハ》。卽《チ》墮《ラ》阿
鼻無
間地獄《ニ》。上《ノ》下《ハ》徹《トホリ》下《ニ》。下《ノ》火徹《リ》上《ニ》。鐵《ノ》槍《ホコ》鐵《ノ》匁《ヒシシテ》。遍體《ニ》穿《ウカタム》

寫《シ》一卷
无有邊際
復次《ニ》无邊《ノ》身菩薩　若有《テ》衆生
常《ニ》生《ニ》邪見《ヲ》　即生《テ》

「14表

誹謗《ノ》言《ハ》非《スト》佛《ノ》說
遍《シテ》體《ニ》灾《ハテ》流《シテ》腥臊《シヤウサウ》臭《シユ》穢《エシテ》人背墒嫉《ニクミ》憎《ニクマレテ》
即《チ》隨阿鼻无間地獄土火《ハ》徹《トホリ》
下《ニ》下《ノ》火《ハ》徹上鐵《ツ》槍《テコ》鐵叉《シン》遍體穿《ウカタム》穴《ヲ》融《ム》
銅灌《くラレ》口|勸《ステ》骨爛《ヤフ》壞《レテ》　|勸
受《コト》大苦痛《ヲ》无有休息　獲《コト》罪如
是佛爲罪人《ノ》而《テ》說《テ》偈言《ク》

「14裏

五體《ハ》自然《ニ》足《タレリ》
生《ハ》乃自然生《ナリ》《ソ、ケリ》死《ハ》乃自然《ノ》死《ナリ》
求短《ヲ》不得短　苦樂《モ》汝《チ》自當《ヲアタル》
邪正由汝已《ヤミヌ》　欲《ハ》作《ムト》有爲功　讀經《ヲ》莫問師
得道轉《ム》法輪《ヲ》

「15表

佛說《フ》此經《ヲ》己《テ》一切《ノ》大衆得《エ》未曾有《ヲ》心
明《カニ》意淨《クシテ》歡喜踊躍《シテ》皆見《テ》諸《ノ》相非相《ヲ》入
佛知見《ニ》悟《トル》佛《ノ》知見《ヲ》无《トモ》入《コト》。悟《無》无《トモ》知《コト》无《シテ》見《コト》

完《マツタ》。融銅灌《ソソグ》《アツム》口《ニ》。勸《スチ》骨爛壞《タヽレヤフレ》。一日一夜《ニ》。萬死《シテ》萬生。
受大苦痛《ヲ》無《ケム》有休息。謗《レ》斯《ノ》經《ヲ》故《ニ》護《ルコト》罪《ヲ》如是。
佛爲《ニ》罪人《ノ》。而說《テ》偈《ヲ》言《ク》
身《ハ》是《レ》自然身《ナリ》　五躰《ハ》自然《ニ》足《タレリ》長《ハ》乃自然長《ナリ》
老《ハ》乃自然《ノ》老《ナリ》　生乃自然生《ナリ》　死乃自然死《ナリ》
求長不得長《ヲ》　求短不得短《ヲ》　苦樂《モ》汝自當
邪正由汝巳　欲作有爲功《ヲ》　讀經莫問師
千千萬萬《ノ》世《ニ》　得《テ》道《ヲ》轉《セム》法輪《ヲ》
佛說比經巳。一切大衆得《テ》未曾有《ナルコトヲ》。心明《ニ》意《ロ》淨《シテ》
歡喜踊躍《ス》。皆見《テ》諸相《ヲ》。非相《ト》入《リ》佛《ノ》知見《ニ》。悟《ルニ》佛《ノ》知

「十紙

見《ヲ》。無《ク》入《コト》無悟《コト》。無知《コト》無《クシテ》見《コトシトモ》。不《ラスト》得《ヱ》一法《ヲ》。即涅槃《ノ》樂《トス》《ナリ》。

佛說天地八陽經神呪經

「15裏

佛説天地八陽神呪經

「16表

延享三年丙寅季春七日加修飾了

僧正賢賀 俗壽六十三歳

第六章　『壽延經』と東密の延命法

緒言

神仙説、道家思想や、陰陽五行説、讖緯思想などをさまざまに包攝しながら、中國で撰述された疑僞經典は歴代の經録で峻別されたにも拘らず、その數を増し、七三〇年に成立した『開元釋教録』巻十八では、三九二部一〇五五巻を數えるに至った。[1] これらの疑僞經典は日本にも多數請來され、寫經所などで廣く書寫されている。[2]

本章では、山上憶良がその作品の一節に引用することで知られる『壽延經』を取り上げ、これが醍醐寺をはじめとする東密系の寺院において、近世に至るまで延命修法の場で長く用いられてきた過程を跡づけることにより、道教的な疑僞經典の受容と、密教修法の形成との關連を、できるだけ具體的に檢證したいと思う。[3]

一、山上憶良「沈痾自哀文」所引の『壽延經』

筑前國司を最後に退隱した山上憶良が、その晩年の思念を凝らして、天平五年（七三三）にまとめた「沈痾自哀文」（『萬葉集』巻五）は、千二百餘字に及ぶ『萬葉集』随一の漢文作品であるが、[4] 文中には『抱朴子』『遊仙窟』や『志怪記』『皇公略説』『鬼谷先生相人書』[5] など諸種の漢籍とともに、『壽延經』からの引用もみられる。

憶良は、冒頭で先ず、佛神を敬重してきた日常を振り返り、自己の病状や治療の方法とその限界について具さにのべた後で、人間の壽命をめぐって、

命根既に盡き、その天年を終らむも、なほし哀しみと爲すに〈聖人賢者、一切含靈、誰かこの道を免れむ〉、何ぞ況むや、生録いまだ半ばならずして鬼に枉《よこしま》に殺され、顔色壯年にして、病に横に困《たしな》めらるる者はや。世に在る大患の、熟れか此より甚しき。（〈　〉内は自注の部分）

と自問し、壽命半ばでの死の悲哀と、天壽を全うすることの意味について、

〈志怪記に云く、「廣平の前の大守、北海の徐玄方の女、年十八にして死にけり。その靈、馮馬子に謂ひて云く、『我が生録を案ふるに、壽八十餘歳なるべし。今妖鬼に枉に殺されて、已に四年を經たり』と。ここに馮馬子に遇ひて、乃ち更活ること得たり」といふは是なり。内經に云く「瞻浮州の人は、壽百二十歳なり」と。謹みてこの數を案ふるに、必ずしもこれを過ぐること得ず、といふには非じ。〉

という長い自注を付し、『志怪記』[6]や内經[7]を引きながら、長壽の可能性をさぐろうとする。次いで、

〈故に壽延經に云く、「比丘有り、名を難達といふ。命終の時に臨み、佛に詣でて壽を請ひ、則ち十八年を延べたり」といふ。〉

という『壽延經』の一節を、やはり自注の部分に引用し、

但善く爲むる者のみ天地と相畢はる。その壽夭は業報の招く所にして、その修短に随ひて半ばとなる。斯の算に盈たずして遄かに死去ぬ。故に未だ半ばならずといふなり。

という自答を得たのち、その病因について、さらに筆を進める。

憶良が引く諸種の典籍は、『抱朴子』を除くと大半が〈俗書〉の部類に属することから、憶良の漢籍に対する理解

も、さほど高くはなかったと見る向きもあるが、(8) これらは〈俗書〉であるだけに、正統的な典籍とは異なって、中國の民衆生活を如實に反映しており、憶良はむしろこうした典籍の方が、自己の表現世界により相應しいことを感得したうえで、單なる斷章取義の借用という域をはるかに越えるような、夥しい引用を試みたものと思われる。(9)

『壽延經』が經錄中にみえる初例は、天冊萬歲元年（六九五）に明佺らが撰集した『大周刊定衆經目錄』第十五で、

佛說延壽經　一卷

とあり、二二八部四一九卷の疑僞經を列擧した後に、「右の件の經、古來相傳えてみな僞謬という。その文言の冗雜、理義の澆浮なるを觀るに、佛說の名を偸むと雖も、終に人謨（謀）の狀を露わにす。群品を迷墜すること、これによらざることなし」と指摘する。(10)

次いで『開元釋教錄』卷十八には、

延壽經　一卷　或云延年益壽經

とあり、(11) 續いて成った、圓照撰『貞元新定釋教錄』卷二八の僞妄亂眞錄にも、同樣の記載がある。(12)

隋末、唐初頃の成立とみられるこの『壽延經』が、日本に請來された時期は明らかではないが、『正倉院文書』に殘る書寫などの記錄(13)で最も早いのは、憶良が「沈痾自哀文」をまとめてから五年後の、天平十年（七三八）の「經卷納櫃帳」(14)で、

壽延經　八十七卷　白麻紙及表、綠綺緖、朱軸

とある。中國の經錄のように「延壽經」ではなく、どちらも「壽延經」とあることや、三十三年ぶりに派遣された第七次遣唐使の一員として憶良が入唐した大寶二年（七〇二）(15)以後、天平五年までの間に入唐したのは、靈龜二年（七一六）八月に任命され、翌年三月に出航した多治比縣守を押使とする第八次の一行だけであることなど(16)を考えると、

憶良が最初に請來した可能性が高い。

その後、天平二十年（七四八）八月四日の「經律奉請帳[17]」に、

壽延經　一巻　別上巻二副

とあり、また、天平勝寶元年（七四九）八月十九日の「檢定經并雜物等帳[18]」に、

壽延經　一巻

さらに、天平勝寶二年（七五〇）十一月八日の「寫書所解案[19]」にも、

壽延經　一巻　用二張

とあることから、奈良時代には再三に亙り、寫經所などで書寫されたことがわかる。

憶良の歸國は、慶雲四年（七〇七）三月頃と推定されるが[20]、天平勝寶四年（七五二）に出發した藤原清河ら第十次の一行が、玄宗に府庫の縦覽を許され、三教殿を參觀したように[21]、『宋史』四九一、日本傳に「粟田眞人を遣はし、唐に入りて書籍を求め、律師道慈に經を求めしむ」と記された彼らが、積極的に唐の文物を攝取したことは想像に難くない。

同行の道慈は、とくに三論に通曉し、その學德を唐の皇帝から賞揚されたが[22]、少錄（書記官）として五年餘りの在唐生活を送った憶良は、官僧である道慈よりも、長安の巷間において、衆庶の日常に直かに接する機會に恵まれたのではなかろうか[23]。

憶良の歸國後、七年ほど經った開元二年（七一四）七月の「斷書經及鑄佛像敕[24]」には、

如聞、坊巷之間、開鋪寫經、公然鑄佛。口食酒肉、手漫羶腥。尊敬之道既虧、漫押之心遂起。百姓等或緣求福、因致飢寒。

という一節があり、現世利益的な疑僞經典類が民間に流布していた様相が知られる。この敕文では、寺院における僧尼の寫經以外を禁じているものの、效果のほどは疑問で、その浸透ぶりは、長安を遠く西に離れた敦煌から出土した古寫經群の中に、諸種の疑僞經典が大量に含まれていることによっても明らかであって、『壽延經』の寫本もまた、多數見出すことができる。

二、敦煌本『壽延經』とその思想的系譜

敦煌出土の『壽延經』寫本を最初に紹介したのは矢吹慶輝であり、大正時代にイギリス大英博物館所藏のスタイン本を調査し、その成果は、『鳴沙餘韻』[25]、同解說篇[26]、ならびに『大正藏』八十五卷〈古逸部・疑似部〉[27]に集成された。その內、『大正藏』八十五卷にスタイン本二四二八號が翻刻され[28]、『鳴沙餘韻』第七十一葉に、その後半部の寫眞が載るが、解說篇で言及するように、敦煌本『壽延經』には、題名は同一ながら、內容の全く異なる別本があって[29]、『大正藏』八十五卷に紹介されたのは、憶良所引のものとは異なる系統の一本である。

これは、世尊が延壽菩薩に對して、佛の入滅は波旬（佛弟子の修行を妨げようとする魔）の請によるといい、延壽菩薩が魔網の中に苦惱する衆生を救濟するために、如來の止住を懇請したところ、『延壽經』の書寫と讀誦が教唆され、延壽菩薩の偈讚に續いて、普淨菩薩を通じて再度『延壽經』流布の功德を强調する內容のもので、スタイン本中に三本[30]、北京圖書館所藏本中に七本[31]現存する他、大谷探檢隊の橘瑞超によって請來された一本[32]が、龍谷大學圖書舘に所藏されている。

それに對して、もう一種の方は、三百字にも滿たない短い經文で、佛が香華國において、七萬七千餘人の比丘、比

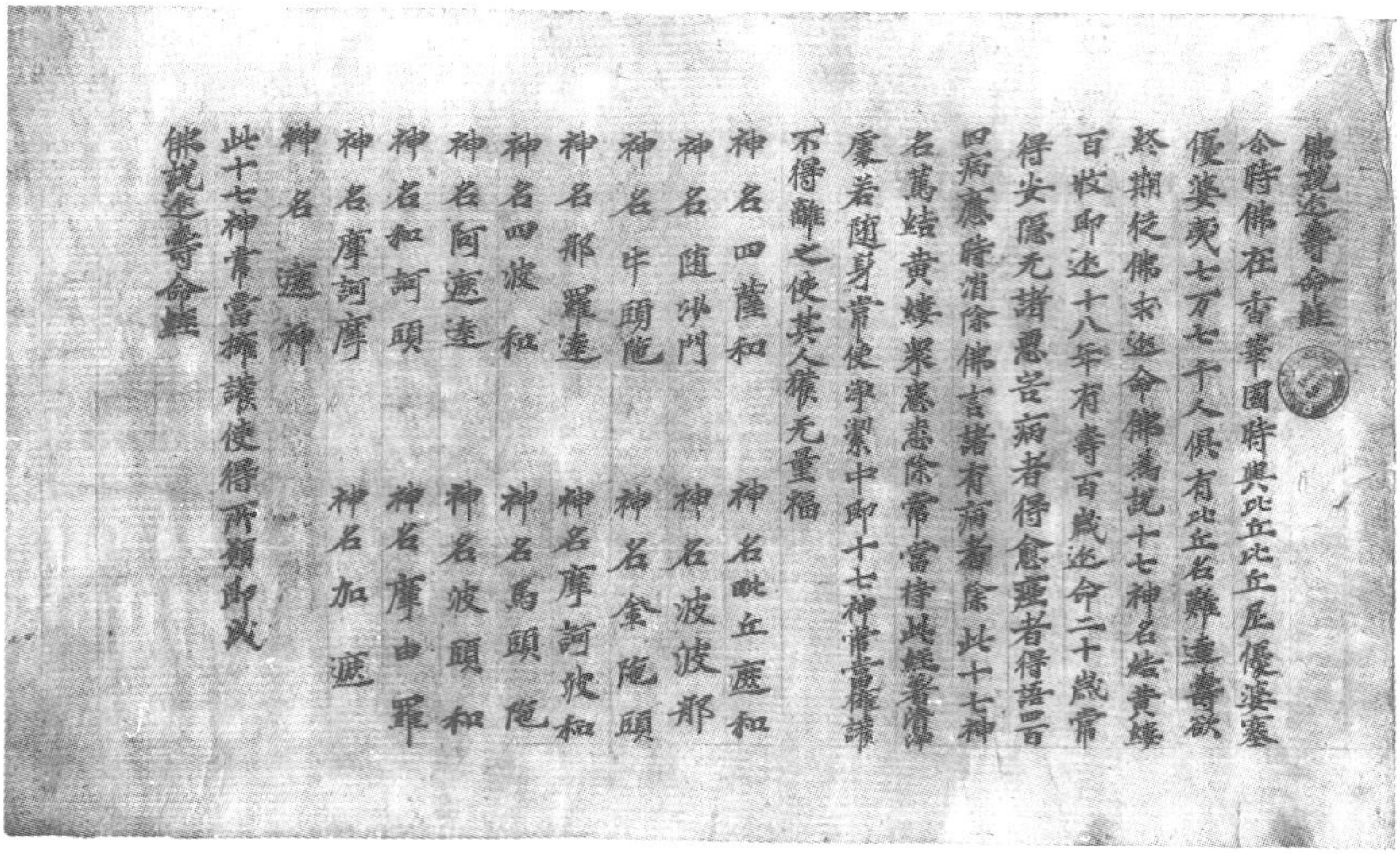
佛說延壽命經
尒時佛在香華國時與比丘比丘尼優婆塞
優婆夷七万七千人俱有比丘名難達壽欲
終期從佛求延命佛爲說十七神名結黃縷
百枚即延十八年有壽百歲延命二十歲常
得安隱无諸惡苦病者得愈瘂者得語四百
四病應時消除佛言諸有病者除此十七神
名萬結黃縷眾惡悉除常當持此經著清淨
處若隨身常使淨潔中即十七神常當擁護
不得離之使其人獲无量福
神名四薩和　神名毗丘遮和
神名隨沙門　神名波波耶
神名牛頭施　神名金施頭
神名耶羅達　神名摩訶彼和
神名四波和　神名馬頭施
神名阿遮達　神名波頭和
神名和訶頭　神名摩由羅
神名摩訶摩　神名加遮
神名遮神
此十七神常當擁護使得所願即成
佛說延壽命經

圖１　敦煌本『佛說延壽命經』（Ｐ2171號、フィルム：公益財團法人東洋文庫所藏）

丘尼、優婆塞、優婆夷と倶に在った時に、難達という比丘が、天壽を全うし、佛に從って壽命を延ばすことを望んだところ、十七神の名を說いて、黃縷百枚を結べば十八年延命し、百歲の者は、さらに二十年の長壽を保ち、病者は治癒し、啞者は話せるようになり、四百四病も時に應じて消除する、という。佛はさらに諸々の病者が、この十七神名を持して篤く結縷すれば、諸病は癒えるから、常にこの經を持して淸淨處に著け、身に隨えて離さなければ、その人は無量の福を得られる、とのべた後で「四薩和」以下十七神の名を擧げる。圖１參照。

憶良の「沈痾自哀文」と符合するのが、この系統の『延壽經』であることを指摘したのは神田喜一郎であり、(33) スタイン本中の九點を校合した上で、その全文を初めて紹介したのは西野貞治であるが、(34) その後、東洋文庫にマイクロフィルムが收藏、公開されたパリ國立圖書館所藏のペリオ本中に五本、(35) 北京圖書館所藏本中に三本が確認され、(36) 今後、一萬五千點を越えるレニングラードの科學アカデミー東洋學研究所所藏本の全容が明らかになれば、その數はさらに增えるものと思われる。(37)（補注）

この内、ペリオ本三一一〇號には、巻末から紙背にかけて、次のような奥書がある。[38]

（巻末）

佛說延壽命經一巻　淸信弟子

陰會兒、敬寫摩利支天經一巻、延壽命經一巻。

（紙背）

逐日各持一遍。先奉爲國安人泰、社稷會昌。使主遐壽、寶祚長興。合宅枝羅、常然吉慶。過往父母、不歷三途。次爲己躬、同霑此福、永交供養。丁亥年四月十四日、書寫經人僧會兒題記之年。後有

僧陰會兒が、國家の安寧と繁榮、兩親の冥福に、自己の利益とを祈願して書寫したもので、「丁亥年」は九二七年と考えられる。

この寫本の前半には、『佛說摩利支天菩薩陀羅尼經』[39]が書寫されており、二經連寫になっているが、同様のことは、ペリオ本二八〇五號にもみられる。この寫本は、尾題と奥書の部分だけの殘缺で、

佛說摩利支天經一巻

天福六年辛丑歲十月十三日、淸信女

弟子小娘子曹氏、敬寫般若心經一巻、

續命經一巻、延壽經一巻、摩利支

天經一卷。奉爲己躬患難、今經
數晨、藥餌頻施、不蒙抽撼（減）。今遭
臥疾、始悟前非。伏乞大　聖濟難
拔危、鑒　照寫經功德、望仗厄難
消除。死家債主、領資福分、往生
西方、滿其心願、永充供養。

とあり(40)、小娘子曹氏が、後晉の天福六年（九四一）に『般若心經』、『續命經』、『延壽命經』、『摩利支天經』の四經四卷を書寫して、病苦と厄難の消除や、成佛の無事を祈念したものである。

寫經發願の經緯や内容がわかる奥書を有するのは、この二本だが(41)、『續命經』との連寫は、次の四本にみられる（經名は寫本のままで、卷數は省略）。

○スタイン本五五三一號
『妙法蓮華經』『佛說解脫百生怨家陀羅尼經』『佛說地藏菩薩經』『佛說天請問經』『佛說續命經』『摩利支天經』
『佛說延壽命經』『佛說閻羅王經』『般若波羅蜜多心經』

○スタイン本五六七九號
『佛說延壽命經』『佛說續命經』

○ペリオ本二三七四號
『佛說延壽命經』『佛說續命經』『佛說天請問經』

○北京本・日九十三號

『佛說續命經』『佛說解百生怨家陀羅尼經』『佛說延壽命經』『佛說天請問經』『般若波羅蜜多心經』『造塔功德經』『佛說大乘四法經』『佛說十想經』

また、これら以外にも連寫本は七本あるが、[42]ここに擧げた四本と同樣に、『般若心經』のような短い經典や、『妙法蓮華經』觀世音菩薩普門品第二十五（『觀音經』）のような、觀音菩薩の名號の讀誦による七難と三毒の解脫、あるいは觀世音の供養により男女が理想的な相手に惠まれることを說くなど、世俗的な欲望の肯定が顯著で、[43]道教的な中國宗教思想とも關連する要素を含む經典を連寫したものが多く、[44]敦煌における佛典の受容形態の一端を窺うことができる。

『壽延經』との連寫が目立つ『續命經』も、『壽延經』と同じく三百字にも滿たない短いもので、阿彌陀佛と觀音、勢至二菩薩の名號を誦持すれば、生死苦を離れ、永く地獄に入ることを免れるといい、「三寶恆存立」以下「法界普安寧」までの十願を擧げた後に、彌勒の到來を說いて終る、中國撰述の疑僞經典である。[45]敦煌寫本中に十二本確認されており、[46]『大周刊定衆經目錄』では兩經が竝記されているので、前後して成ったものと思われる。

經題の「續命」は、いわゆる『藥師經』の中心である『藥師瑠璃光如來本願功德經』[47]に說かれる〈續命法〉を踏まえるものかも知れない。[48]『續命經』では、阿彌陀と彌勒の併信を勸めるだけで、藥師は出てこないが、十願の內容は『藥師經』の前半にいう十二大願の、とくに第六の諸根具足や、第七の除病安樂などの現世利益的な要素と共通する部分が多い。『藥師經』の後半では、救脫菩薩が九種類の橫死の類例と、その救濟の方途を說くが、そこでは五色の續命綵幡と續命燈を用いて供養することが增益に效驗著しく、壽命が盡きるまで諸種の苦患を回避できる、と繰り返し强調する。[49]

梁の僧祐は『出三藏記集』巻五において、五世紀中期に慧簡が『灌頂經』（『藥師瑠璃光經』）を抄譯した頃から、すでに〈續命法〉をもって受容された、と指摘しており、[50] 南北朝期の、とくに南朝に流布した中國の藥師信仰は、道教的性格が色濃い〈續命法〉を中心に展開したようである。[51]

この五色の續綵幡は、五月五日の行事に用いられた五綵絲との關連が考えられるが、梁の宗懍『荊楚歳時記』五月五日條には、「五綵の絲を以て臂に繫け、名づけて辟兵と曰ふ。人をして瘟を病まざらしむ」とあり、夏至節條の注にも「五綵を臂に繫け、謂ひて長命縷と爲す」というように、五月五日や夏至には、五色の絹絲を身に着ける風習があった。[52] これは、『藝文類聚』卷四、五月五日條所引の『風俗通』（後漢末、應劭撰）に、「五月五日の續命縷、俗説に、以て人の命を益すと」というように、疫疾が流行しやすい時期に、僻邪の呪力があると信じられた新練の絹絲を身に着けることで、長命を祈った中國古來の習俗であり、[53]「十七神の名を説いて、黄縷百枚を結び、即ち十八年を延ぶ」あるいは「諸の有病の者の、此の十七神名を持して、篤く結縷する者は、衆病悉く除く」ことを説く『壽延經』もまた、こうした民間の道教的な增壽益算思想の系譜に連なるもの、といえるだろう。[54]

三、梵釋寺と眞福寺の『壽延經』

（1）『八家祕錄』と梵釋寺

奈良時代以降における『壽延經』の來歷については、平安初期に天台の安然が、最澄、空海ほか入唐八家の請來目錄や諸寺の藏書等を集成、分類した『諸阿闍梨眞言密教部類總錄』（『八家祕錄』）の諸經法部〈延命法〉の項に、

壽延經　一卷　梵釋

とみえるのが最初の記事であり、[55] 注記の「梵釋」は、近江の梵釋寺をさす。

梵釋寺は、延暦五年（七八六）に桓武天皇が創建した御願寺だが、[56] その所在地は、近接する天智天皇創建の崇福寺（志賀寺）との關係も含め、大津市の南滋賀町廢寺跡や、滋賀里町山中廢寺跡などをめぐって諸說ある。[57] 創建の意趣は、延暦十四年（七九五）九月十五日の詔に、[58]「山水名區を拔きて、禪院を草創す」「淸行禪師十人を置き、三綱はその中に在り」というように、求聞持法をはじめとする密教的修行をおこなう、山林修行のための道場を開くことにあった。[59]

弘仁六年（八一五）四月に、嵯峨天皇一行が唐崎に行幸し、梵釋寺を訪れた折の詠詩は、[60]『文華秀麗集』『經國集』に載るが、いずれも山中の淸淨禪院にふさわしい閑寂なたたずまいを讃えている。[61]

梵釋寺が延命修法の寺院として殊に尊崇されていたことは、嘉祥三年（八五〇）二月に、仁明天皇の病狀が悪化した際、まず近江國に下知して殺生を禁斷すると同時に、梵釋寺で延命法を修めたことを記す『續日本後紀』の一連の記事に明らかである。五日に僧綱、十禪師、有驗の僧を招請し、御簾の外で加持を行ない、十二疋の絹を用いた續命幡を、十二大寺に懸けたのに續いて、二十七日には、山城、大和の四十九寺に遣使し、各寺に綿一連を布施し、誦經を行なうとともに、續命幡四十旒を各寺刹の柱に懸け、三日間に亙って延命之法を實修している。

この時の續命幡を伴なう延命法は、翌三月十九日條に、「淸涼殿において七佛藥師法を修す。七佛像を書き、御簾の前に懸く」とあることから、『藥師經』に依據したものと思われるが、[62]『壽延經』のような疑僞經典をも所藏したのは、梵釋寺が延命法の靈驗で著聞する御願寺であったからだろう。

ちなみに桓武から嵯峨にかけて朝廷の篤い信任を受け、梵釋寺と近接の崇福寺とを檢校した永忠は、寶龜初年に入唐し、三十餘年間在唐の後、延暦二十四年（八〇五）に歸國したと傳えられる學僧で、[63] 長安の西明寺を中心に唐代密教を本格的に攝取した、空海や最澄らの先驅的存在であることから、梵釋寺の『壽延經』は、平城京で書寫されたものとは別に、新たに永忠によって請來されたものかも知れない。(64)『延喜式』の内藏寮式、玄蕃寮式、主税寮式、大藏寮式などの關連記事からも、御願寺としての梵釋寺の寺格の高さが推知されるが、山門と寺門の確執のなかで、平安末期には衰退が進んだようである。(65)

（2）眞福寺本とその作法書

梵釋寺本の行方を求めて、まず台密系の藏經目錄のいくつかにあたったところ、澁谷亮泰編『昭和現存天台書籍綜合目錄』下巻に、青蓮院門跡書庫〈吉水藏〉の第四箱中に、寛治六年（一〇九二）十一月に尊恵が書寫した「壽延經」一巻がある、という記載があった。(66)

これは、おそらく梵釋寺本の流れを汲むものと思われるが、『壽延經』は台密よりも、むしろ東密の方で重んじられた。そのことを知るきっかけとなったのは、國文學研究資料館が進めている名古屋市の眞福寺寶生院大須文庫の總合調査の基礎臺帳として作成された、山崎誠編『眞福寺本奥書集成稿（一）書名索引』(67)の中に、「壽延經」があるのに氣付き、これを閲覽したところ、その末尾に、

梵釋寺經藏在此經

とあり、その系譜を引くものであることがわかったことによる。

眞福寺本『壽延經』（第八十一合—五五號）は、タテ十六・五センチ、ヨコ十五・五センチの枡型帖葉裝、三紙。外題は「壽延經」、内題は「佛說壽延經」で、敦煌本の多くが「佛說延壽經」もしくは「延壽命經」とするのに對し、憶良の「沈痾自哀文」や、安然の『八家祕錄』と同じである。

表紙の右上隅には、小さく「四十四」と朱書されているが、これが、鎌倉初期に醍醐寺遍智院の成賢が撰錄し、弟

子の憲深が増補した『作法集』五十四帖の内の帖數を示すことについては後に述べる。

眞福寺本と敦煌本十七種の校異は、本章の末尾に附載した通りだが、敦煌出土の諸本と眞福寺本が異なるのは、以下の諸點である。

六行目⑯の「其」、⑰の「者」は敦煌本に無く、七行目⑲の「得」は、敦煌本の大半が「常得」、⑳の「穩」は、敦煌本では全て「隱」であること、八行目㉒の「得」も敦煌本の大半が「得愈」であること、十行目㉖の「縷」は、敦煌本の全てが「黄縷」であり、㉗の「者」はないこと、十一行目㉘に、ほぼ一行分「常使淨潔中卽十七神常當擁護」が入ることなど、日本漢文特有の表現（⑰㉗の「者」）や、眞福寺本の誤脱と考えられる箇所が含まれている。

また、敦煌本のなかで、I本（スタイン本六二六八號）だけが、他の諸本とは異なる表記を含み、しかもそれが眞福寺本と共通する部分もいくつか見出せる。**圖2**參照。

例えば、冒頭部では、この二本以外は全て「尒（爾）時」と始まること、三行目⑨は、この二本のみ「七萬二千」で、他は全て「七萬七千」であること、四行目⑪の「終盡」、五行目⑬の「壽命」も、この二本だけが同じであり、五行目⑭の「說」も、他は全て「佛爲說」であること、七行目㉑の「離」も、この二本だけが同じで、他はいずれも「无（無）」とすること、さらに、十二行目から十八行目にかけて列擧されている十七神の名稱は、他の諸本ではいずれも「神名○○」とするのに對し、この二本だけは「神名」を付さず、神格名の表記もほぼ共通すること、などである。

これらの諸點から、眞福寺本は、敦煌寫本の中では例外的なスタイン本六二六八號（I本）と、ほぼ同系統のもの、と見做してよい。

I本以外の敦煌本には、それほど顯著な異同はみられないが、四行目の「壽欲終盡」を「期壽欲終」とする系統（ACFGHLMN本）と、「壽欲終期」とする系統（BDEJKOPQ本）とに大別できるだろう。(68)

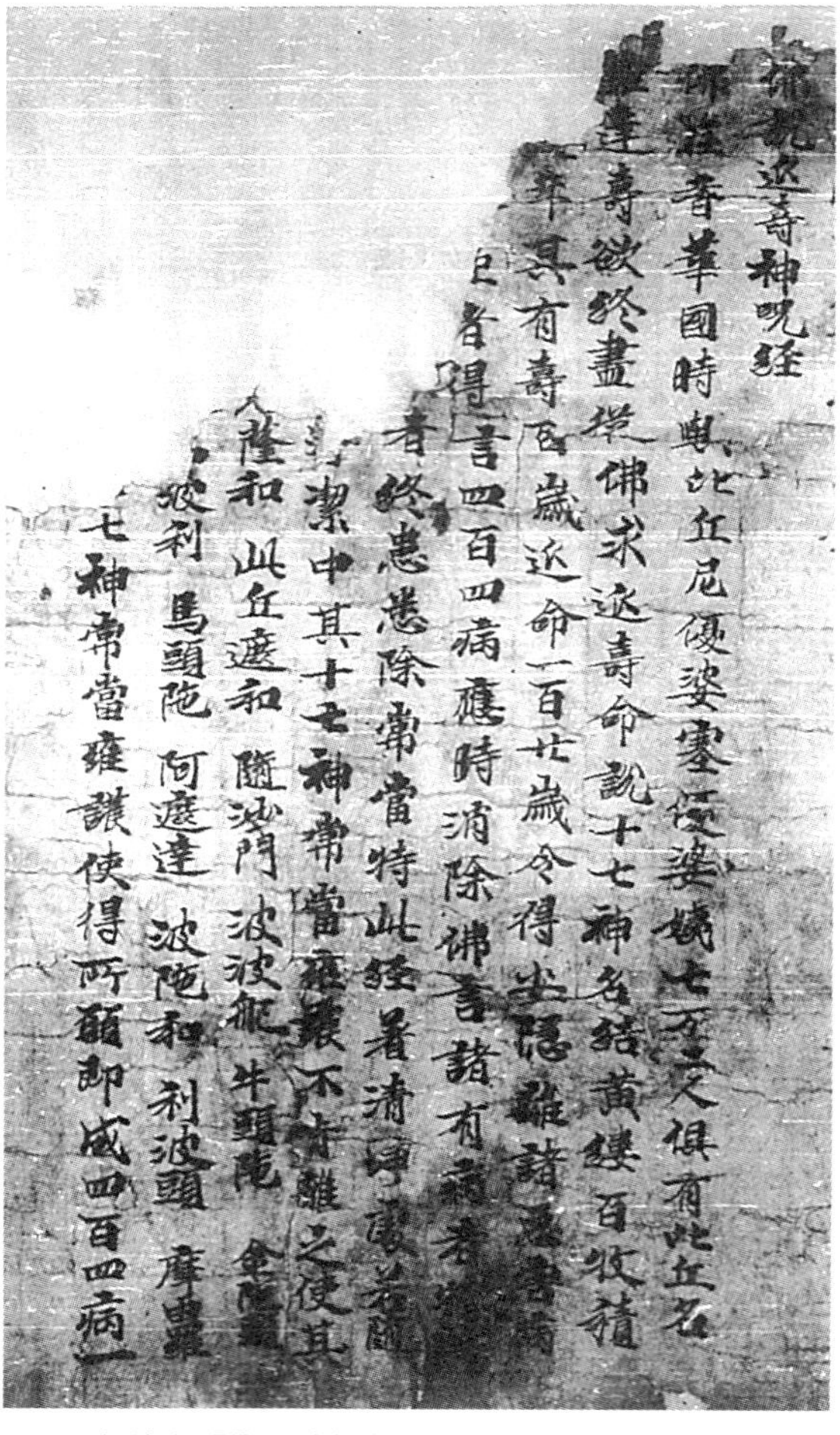

圖２　敦煌本『佛說延壽神呪經』（Ｓ本6268號、フィルム：公益財團法人東洋文庫所藏）

眞福寺には、『壽延經』とともに、この經典の供養作法を記した『延壽經法』と『壽延經事』も傳存する。

『延壽經法』（第四十七合—一一二號）は『壽延經』とほぼ同じ大きさのタテ十六センチ、ヨコ十四・五センチで、全六紙。表紙中央に「延壽經法　理性院」とあり、表紙右上に、やはり小字で「七十」と朱書（後筆）されている。

第二紙から第三紙にかけて、まず〈延命供〉の支度について、必要な物品などを列擧する（訓注は後筆で朱書）。

（第二紙　表）

（朱印）

注進

十七神延命供七ヶ日支度事

蘇　蜜　名香沈　白檀香等

供米七斛乃米定　油七舛

壇一面方三尺八寸　脇机一前

燈臺二本　蠟燭布半收

壇敷布一收　禮盤一脚

半疊一枚

阿闍梨　承仕一人　駈仕一人

淨衣白色

右注進如件

仁平三年正月十六日阿闍梨法眼

（第二紙　裏）

栗花　椎花　桑花　獲桃《□タウ》　榛花《ハシカミ》

麥李《スモヽ》　大柑子花　柚花　榔花《トケ》　椋花《ムク》

（第三紙　表）

胡桃子《クルミ》花　山桃《ヤマモモ》花　已上十二

樆花　櫟《イチイ》花　櫠椵《ユカウ》花

次いで第三紙裏には、圖3のような〈壽延經護圖〉が載り、右隅に「私云、此一紙ヲ別書シテ封□□懸也」と書き入れ（朱書）がある。

これは、中心から二番目の圓を最初にして、五番目の圓まで順に右巡りに『壽延經』の經文全文を書き、末尾の十七神名を、中心の圓と周圍の十六の圓に配したもので、その構成は、息災とくに天變を攘い、惡夢の消除に效驗があるとされる〈八字文殊〉曼荼羅に類似する。圖4參照。

なお、東寺寶菩提院、三密藏聖教の中には、『壽延經護圖』の構成圖面が二枚あり、表紙には「護持施主／慈光院誕生丁未／三月廿五日爲／壽命長遠息災延命／令書寫供養者也／天正廿年（一五九二）三月十二日」と記されている。(69)

第四紙表から第五紙裏にかけては、表紙に「理性院」、第二紙裏に「阿闍梨法眼」とある醍醐寺理性院の賢覺による、延命法の實修に關する記事が續く。

（第四紙　表）

（朱書）在作法集

已上右護以仁平三年十月日

上皇御惱時間以式部少輔範兼

朝臣令進上給了御反事云返々

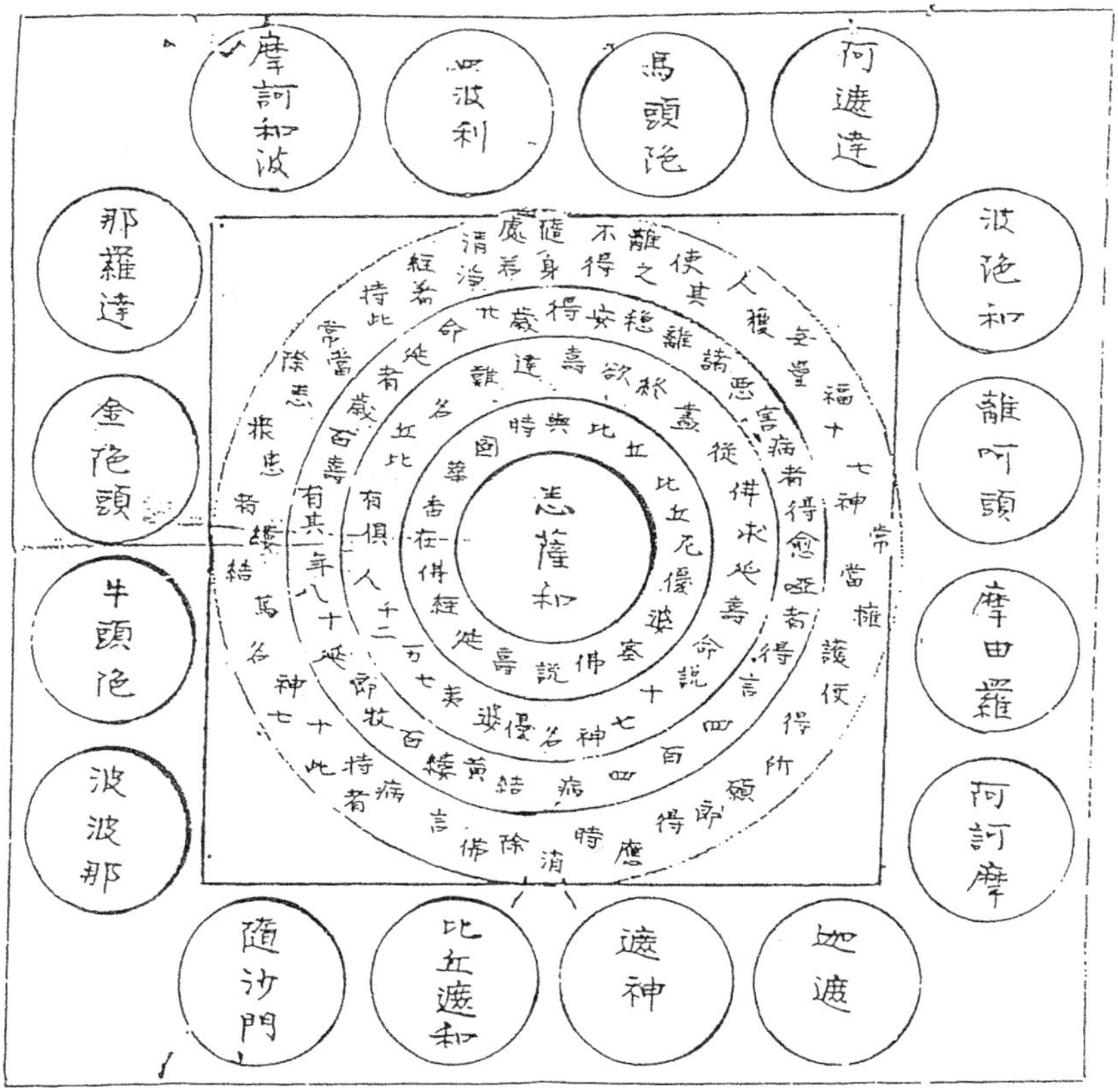

圖 3　「壽延經護圖」（東寺寶菩提院の圖案と大谷大學本の文字により再構成）

圖４　「八字文殊曼荼羅」(『密教大辭典』、法藏館所載)

感思食以十一月五日差專使仰
遣大古本房（朱書）範兼奉行云此護靈驗謁
焉也常可令懸御也尤感思食
云々

冒頭部の「作法集に在り」という書き入れ（朱書）については、後述する。

ここでは、先ず仁平三年（一一五三）十月に、鳥羽上皇（一一〇三～五六、當時五十一歳）の病いが重くなった際に、醍醐寺理性院の賢覺が、式部少輔藤原範兼(70)を通じて、第三紙裏のような『壽延經護圖』を進上したところ、程なく癒え、翌十一月五日には、専使によって靈驗に感服した旨が傳えられた、という。

『史料綜覽』巻二によれば、この年八月十九日に、内裏で佛事を修し、不豫の平服を祈願した（『本朝世紀』）とあるのを皮切りにして、同二十日、仁王經法を花山院に行ない不豫を攘う（『兵範記』『本朝世紀』他）。同日、皇后、大般若經書寫供養を春日社で行なう（『台記』）。同二十一日、孔雀經法を内裏に修し、平復を祈る（『台記』『兵範記』『本朝世紀』他）。九月十四日、尊勝法を修して法皇の不豫を祈攘する（『台記』『兵範記』『本朝世紀』他）。同十七日、法皇のために七佛藥師法、尊星王法、五壇法等を修し、不豫を攘う（『台記』『兵範記』『本朝世紀』）。同二十五日、法皇、延命佛百舖、『壽命經』千巻を供養し、不豫を祈攘する（『兵範記』）といった記事が相次いでおり(71)、『兵範記』九月二十二日條には、

法皇御藥、不食、近日不增不減、已及兩月、頗大事御云々、今日人々勤仕御所、佛像經巻多以供養云々。

とある(72)。

上皇の快癒を祈願して、諸臣や僧侶らが供養した多數の經巻の中に、賢覺と藤原範兼による『壽延經』も含まれて

いたとみられ、同書の十月二十三日條に、

法皇御風、已令復尋常。

と記されているのとも、ほぼ契合する。

次に第四紙の裏では、『壽延經』護法の由來について述べる。

(第四紙　裏)

件護由來東南院權大僧都有
慶有短壽之夢想之告一以朝深僧
都東安寺別當明寛座主被申請延命
護一云々　其時彼有慶僧都之許明
寛座主授施給護圖様也十六
餘《ニテ》此護懸《テ》後七十《ハチ》六云々
御房仰云以黄絲十七神名號

(第五紙　表)

ヨヒテ一百結呪《シテ》此經《ヲ》書寫《ス》黄縷結《ヲ》
上《ニ》丁ツヒテツケテ奉供養後以延
命眞言文加持之一可奉懸一也已上
六十餘《マテ》書寫供養結縁躰童子

經定也

東大寺東南院の有慶に、短壽の夢想があり、東安寺別當の朝深を通じて、明寛座主に延命護法を請うたところ、明寛から前掲のような『壽延經護圖』が屆いたので、有慶はこれを懸けて「七十六」歳（後筆によって「八十六」と訂正されている）まで長壽を保った、という。

有慶（九八六～一〇七一）は、永承六年（一〇五一）に東大寺別當となり、治暦三年（一〇六七）年、七十九歳の時に再び別當に推された三論宗の學僧で、八十六歳で長逝した。(73)有慶が住した東南院は、南大門の脇に位置し、初代の院主に醍醐寺の開祖聖寶が招かれ、東大寺における三論と眞言の本所として重きをなしたところである。(74)また、有慶の要請を明寛座主に傳えた朝深が別當を勤めていた東安寺は、山城宇治郡小野鄉にあり、承平元年（九五一）から醍醐寺の別院となった寺院で、後に醍醐寺下伽藍内に移建された。(75)

第四紙裏の末尾「御房仰云」以下、第五紙五行目にかけては、書寫と供養の作法が記されている。文意を取り難いところもあるが、黄色の絲を以て、十七神の名號を唱えつつ百結し、經文を呪持しながら書寫する。その上に黄縷を結んで供養した後、延命眞言を唱えて加持を行なうものとされ、その次第は『童子經』(76)に準ずるという。

第四紙裏には、一行あけて最後の行に、

明寛座主太古　潮心僧都

とあり、以下、次のように續く。

（第五紙　裏）

有慶大僧都云々

勤修普賢延命法散念誦之後

読誦壽延經結黄絲結之一以延
命眞言不動眞言一結之一云々
　　　已上別紙
此護童子經様ニシテカクタ丁ノ中ニハ
小呪ヲカキテイルト云々

（第六紙　表）
　随求タラニ也

壽永二年五月廿九日於東山草庵
　　　　　　　　　書之
本云
　二月二日　賢覺流用之云々
　一校了（朱書）
　　金剛佛子眞源傳受之

第五紙の裏五行目に「已上別紙」とあるように、この部分は追記ともいうべきものだが、二行目から三行目にかけて、普賢延命法を修した後に、『壽延經』を讀誦する、というのは重要である。

普賢延命法は、台密においてとくに尊重され、安鎮法、熾盛光法、七佛藥師法とともに四箇大法の一に数えられるもので[77]、『金剛壽命陀羅尼經』などに基づいて行なわれる[78]。普賢延命法という時には、二十臂尊像による大法立てで、延命法の場合は二臂の普通法、と區別する説もあるが[79]、その修法の内容と記録は、『阿娑婆抄』七十四の「普賢延命」二卷、「普賢延命法日記」一卷や、『覺禪抄』所收「普賢延命」二卷などに詳しく、『史料綜覽』に摘錄された平安時代の例だけでも、三十例近くを數える[80]。

速水侑によれば、平安初期には主に玉體安穩を祈願する國家的修法として發達した延命法は、十世紀に入ると攝關家の安泰を祈念する、有力貴族の私的修法に轉換しはじめ、院政期には、貴族の個人的な息災增益法として盛行をみたが[81]、そうした過程で、台密を中心とする普賢延命法に對して、新たに『壽延經』による修法を加味し、東密獨自の延命法を創出したのが、醍醐寺理性院の賢覺であることを、この『延壽經法』から讀み取ることができる。

眞福寺には、この他に『壽延經事　西南院』と題する一書（第七十四合—一九四號、一帖、六紙）も現存する。前引の『延壽經法　理性院』と近い内容で、先ず第二紙表に、東大寺東南院有慶のこと、第二紙裏には鳥羽上皇のことが記されているが、第二紙表の末尾から裏の冒頭にかけて、

賢覺法眼六十餘《マテ》書持
此護ゝ後壽七十六云々

という、前書とは異なる記事も含まれる。

第三紙表から裏にかけては、書寫供養作法が載るが、この部分にもやや差異がみられる。

（第三紙　表）
壽延經書寫供養作法

書寫之間燒香合令不斷云

以黄色絲唱十七神名號ヲ一反一結

次延命眞言一反一結百八結封經

□供具供養了可奉懸也云々

第三紙裏の後半から第四紙裏にかけては、梵字を交えた陀羅尼が書かれているものの、蟲喰いによる損傷が甚だしく、判讀出來ない部分も多いが、その末尾に、

（陀羅尼省略）經次可書之

尊勝陀羅尼　心經　可書入之

とあるのが手掛りとなるだろう。

さらに前書では冒頭の、支度すべき品々についての記事が、第四紙裏から第五紙表まで續き、最後に、

右注進如件

仁平三年十月十六日阿闍梨法眼賢覺 已上 信□

貞治六年四月六日　以根來寺本

寫乎

という奥書がある。「貞治六年」は北朝の年號で一三六七年にあたるが、根來寺は室町時代に入ると足利尊氏に接近し、建武三年（一三三六）十二月には寺領や當知行を安堵された。同時に、それまで仁和寺僧がほぼ獨占してきた座主職に、尊氏護持僧の醍醐寺三寶院賢俊が就き、この奥書の翌年の應永元年（一三六八）には、賢俊上足の三寶院光

濟が補任されてからは、同院門跡が座主を兼攝するのが常例となった。[82]
また、表題の下にみえる「西南院」は、山城國愛宕郡大原にあった、堀河天皇中宮篤子内親王の御願寺である。[83]
『壽延經』に關するこれらの諸寫本が、眞福寺に入った經緯に關しては、開祖能信の教學によるところが大きいと思われる。
十四世紀中期に能信が眞福寺を創建した尾張國中島郡（現在の岐阜縣中島郡）[84]には、平安時代に入って醍醐寺三寶院の所領が置かれ、鎌倉時代にかけて尾張における眞言宗進出の據點となったことも影響してか、能信は初め武藏高幡不動の儀海に就いて、紀伊粉河寺の賴瑜の教學を修めたが、賴瑜の師は根來寺の基礎を拓いた覺鑁であり、その覺鑁は東大寺東南院で三論と眞言を修めた後に、醍醐寺理性院の賢覺から五部灌頂を受けている。[85]
眞福寺所藏典籍の奥書をみると、鎌倉時代から室町時代にかけて、根來寺、醍醐寺、高野山などで書寫されたものが多く、[86]第二代の信瑜が、東大寺東南院の二品親王聖珍の弟子であった關係から、南都關係の典籍も多數含まれており、[87]『壽延經』とその作法書二部は、ともにこれらの諸寺を通じて書寫されたものと考えられる。

四、『壽延經』の相承

（1）　醍醐寺における延命修法と書寫

『壽延經』は、これを普賢延命法の中に位置づけた醍醐寺理性院の賢覺（一〇八〇～一一五六）と、その法脈を繼ぐ理性院流を中心に相承された。

理性院は、賢覺が永久三年（一一一五）に三寶院から分れ、父賢圓の住房に太元帥明王を安置して開創した、醍醐

（小野）六流の一つで、(88) とくに牛玉（牛黄）加持を相傳したが、江戸初期に醍醐寺座主義演が編纂した『醍醐寺新要錄』十二、理性院篇には、「理性院《ノ》祕傳牛黄《ハ》加持、壽延經護《ノリ》也」（『杲寶記』）とあり、〈壽延經護法〉については、「件護《ハ》理性院《ニ》相傳歟。然者當流如何。當流宗《ニ》相《ト》承之（後略）」という「十帖抄」の一節を引く。(89)『壽延經』とその修法が、理性院流の祕傳として長く相承された樣相は、醍醐寺に現存する膨大な典籍文書類の中の寫本や記錄によって、たどることができる。

醍醐寺の典籍文書の本格的な總合調查は、大正三年（一九一四）以降、黑板勝美を中心に進められ、約八十年を經た現在も、東京大學史料編纂所によって繼續されている。(90) 全體で七百餘函、約十四萬點にものぼる典籍文書について、詳細な內容目錄が作成されつつあるが、一九九四年までに調查整理を終えたのは第五四七函までで、なお二割ほどを殘す。これまでに公開された『醍醐寺文書記錄聖教目錄』の稿本五十八卷一〇五册の中から、『壽延經』に關する箇所を拾い、おおよその年代順に竝べると、次のようになる(91)（以下、表題の下の〔　〕內は、上から順に、目錄卷數、函番號、整理番號の順である）。

○壽延經事　一包〔三十三下、三五二—十六〕
一、包紙（上書に「壽延經事」）
二、壽延經表白　御素木加持　一帖
徳治二年（一三〇七）十一月廿八日夜、御衣木加持若御
前御料之御護十二月二日コ丁　始行同十二月
十五日御衣木加持同十八日コマ御始行入道

○壽延經表白　折紙、一紙〔二十五中、二五二—一三二〕
今度作法如此、徳治二年（一三〇七）十一月廿八日夜
御衣木加持若御前御祈足御護十二月二日」
始行同十二月十五日御衣木加持同十八日
御《コイ》始行入道殿御《コイ》方□行人尾藤六郎左□□
尉□□《賴》石□庫〔

殿御令奉行人尾藤六郎左衛門尉頼氏　石黒
兵庫允兩度同先度之御衣木、奉行許佛師參
向請取後度ハ鄕法印持參直ニ進之也。

「一交了」

三、壽延經講事元應二（一三二〇）九廿三　一紙
（表紙外題右下に「元應二年九月廿三日」の記あり、此の時の書寫か）

四、壽延　十七神蠟燭放火次第　一紙
御本云
德治二（一三〇七）年十二月廿二日於鎌倉八幡宮御壇
所以先師御自筆本書寫之了　權少都成―
元德三（一三三一）年辛未七月二日於蓮華峯寺以師主御
自筆書寫之了　同一日交了　權少僧都道忠

五、壽延經護次第　一冊
應永五（一三九八）年閏四月五日賜隆聞院御本書寫之
畢　奉傳受了　重景

六、壽延經[illegible]　一冊
永正七（一五一〇）年十二月十三日以他筆寫了内山本ノニテ

七、佛說壽延經　一紙　參典生八十五
江州高島郡松蓋寺於實勝坊以同嶋阿彌陀寺御本爲令
法久住殊者長典出背癰煩之間祈禱書寫畢
天文六（一五三七）丁酉五月十三日　長典生六十三法四十三

八、延經《ママ》摩保利事　一冊
（室町時代書寫。文中に「御本云元珎ノ所望ニ依テ文明元（一四六九）年五月十三日ニ此祕守守沙汰之初度也」云々の文字あり、表紙右下に「宗詢」とある）

九、壽延經　一紙
（室町時代書寫）

十、壽延經道場觀　一紙
（室町時代書寫）

十一、神分略　一紙
（室町時代書寫）

十二、無題　一紙
（室町時代書寫、「白大佛供二坏」に始まる）

十三、無題　一紙

（「貞享二（一六八七）〔四〕丁卯年五月十九日爲予舎弟廣橋中納言貞
光卿壽延經守相調□自今夜十七日廿五日迄供養法
相勤也二尊造立ノ佛師七郎左衛門」の一文のみ殘
る）
享保十九（一七三四）歳宿甲寅十一月十九日傳授開白師主行
樹權僧正眞圓正受予元雅今日十八道加行作法也
（端書）

○壽延經護圖事（薄）一〔三十二下、三四三―二十五〕
元弘元（一三三一）年九月十三日於理性院奉傳受了、
委細口傳等悉奉了　　權少僧都道賢

○壽延經法（薄）一〔三十二下、三四三―二十六〕
元應二（一三二〇）年九月廿三日奉爲一條殿若君御前
建立之依關白殿仰也以此次記之自昔不被
記置之然而恐廢己依祖師先師口傳記錄集
記之非相傳之人者不可披之穴賢〻〻　信耀
正中元（一三二四）年十二月廿二日奉爲春宮建立之七
ヶ日修供養法同廿九日進了
元弘元（一三三一）年十月三日於理性院賜御自筆之御

本令書寫之云〻　　金剛資道賢

○壽延經守　一紙〔五十七上、五四三―四四三〕
予先年書此守入舎利袋中其故哉當年八十
一マテ存命不可思議其益事也但此守之效驗
歟不可疑之仍聊記之于時應永廿八（一四二一）八十三
而已　前大僧正隆源
同廿九　八十二才
同卅　八十三才　暮春第一日記之
（添書）

○佛說壽延經幷書寫作法（外題）一帖〔四六上、四五六―
十二〕
（內題）佛說壽延經
（表紙右裾）行樹院之（「樹」の墨印有り）
（本云）應永五（一三九八）年戊寅八月十二日以釋迦院僧正隆勝
御自筆本於寶幢院學窗書寫之畢爲佛法傳
治後學輩尤可書寫持念哉
金剛佛子隆宥　春秋七十一
于時永正十七（一五七〇）庚辰年五月上旬於行樹院書寫
畢　　一交了　　佛子深應卅二

（綴葉裝、斐紙、無界、片假名交り文を含む、墨點）

○佛說壽延經〔四十六上、四五六―三十三〕

一、包紙　一紙

（表書）（朱）「金」壽延經

二、佛說壽延經（內題）一帖

（外題、題簽）□□□延經

（表紙右肩）（朱）「金」

（尾題）佛說壽延經

于時元和六（一六二〇）庚申年葉月吉日　觀助之生十八

（折本、楮交り斐紙、押界、朱句切點）

○廿種香藥事、壽延經事　一褁二紙〔二十七中、二八四―四十六〕

二、壽延經事

元和九年（一六二三）十二月十八日初夜延命法開白至廿四日結願壽延經護書寫訖　法印權大僧都源朝記之

一見序書寫之畢　醍嶺沙門淳杲

○佛說壽延經幷書寫供養作法　行樹院　一帖〔三十四下、三六四―三十四〕

此作法亂脫先以集置者也

寬永十二（一六三五）六月　眞勝

○金剛壽命陀羅尼經、佛說壽延經、佛說文殊師利菩薩經（抄）　一卷〔三十七中、三九三―二十七〕

（佛說壽延經奧書）

寬永拾七年（一六四〇）初夏下旬候以報恩院御本書寫之　俊榮廿四才

○佛說壽延經　一卷〔二十五下、二五八―六十六〕

延寶二（一六七四）甲寅年十一月吉曜日。於阿彌陀院東窗令書寫了　賢□（濟カ）書之

（黑界朱點）

○佛說壽延經　一卷〔四十六上、四五六―二十八〕

（尾題）佛說壽延經

梵釋寺經藏在此經

（奧書）

右山務僧正定雝以御本奉書寫之了重賢隆法印御書寫之程加校合又金資遵雅以本校

合且又予傳領之以古本猶加校合訖故異處
加裏書所也
寶永元年(一七〇四)甲申秋九月吉日延命坊末資(金剛)介勝全
(巻子本（小本）、間合紙、裏書有り、朱句點有り)
○壽延經事　一卷（二十七上、二七四—十四）
應永五年(一三九八)閏四月五日賜證聞院性嚴御本書
寫畢　奉傳受了　重景
天明六年(一七八六)九月答之尚改決之　（花押）
○佛說壽延經　一紙（三五中、三六八—一七一）
享和三年(一八〇三)八月廿九日以金剛王院相傳本書
寫之以餘本再校了　權僧正澄意 生四十六 夏三十六
○壽延經等　三點（三十上、三一七—八十五）
一、壽延經供養書寫作法　一帖
應永十五年(一四〇八)九月十七日御本申出書寫了
隆增
右一帖依師主大和尚嚴命爲正本助令書模
畢　寶曆十一(一七六一)辛巳歲　末資 
右一帖課淳杲僧杲新寫之給了

法印大僧都有圓
重而以降勝御自毫御本一校了
四大王惣呪
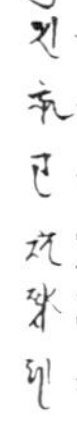《マララウムソワカ》
又眞言
菴漸《セン》婆《ハ》羅《ラ》謝《シヤ》賛《シム》唅《タ》羅《ラ》夜《ヤ》ソワカ
壽延經護供養作法一帖以寶幢院經庫以本
於光臺院北窗書寫了
文化九(一八一二)辛申歲六月十三日　金剛資定隆六十九
二、壽延經護之事　一紙
慶安三年(一六五〇)六月十四日壽延經護書寫供養了
前大僧正寬濟
(ム云己下)隆源御自毫寫之
予先年書此守入舍利袋中其故哉當年八十
一マテ存命不可思議無益事也但此守之效驗
歟不可疑之仍聊記之于時應永廿八八十三
而已前大僧正隆源同廿九八十二才同卅八
十三才暮春第一日記之

寶暦十二年（一七六二）四月中旬書寫之終
金剛佛子有圓
文化九壬申年（一八一二）六月十七日以有圓法印眞跡於
光臺院北面書寫了　金剛佛子定隆六十九
三、壽延經　一紙

（添書）文明六八十二ム云國字園ニ見タリ　以他
本可校合之　右此守依師主大和尚位之嚴
命以水本御本書寫畢　淳杲
以淳杲僧都眞跡書寫了　定隆

これらの他に、奥書などを缺くものも多數あり、[92]鎌倉時代から江戸時代にかけて、連綿と相傳されてきたことを看取できる。

とくに、四五六函二十八號の寶永元年書寫の『佛說壽延經』には、尾題に續いて、前述の眞福寺本と同樣に「梵釋寺經藏在此經」とあることから、醍醐寺において代々書寫された『壽延經』の藍本は梵釋寺本であり、眞福寺本は、醍醐寺本に依據したものとみてよいだろう。

（2）金澤文庫本『壽延經護記』

醍醐寺における『壽延經』の相承に關する具體的な記錄が、金澤文庫にも傳わっている。『壽延經護記』という外題の巻子本一巻（整理番號二五一―一三）で、三種類の史料が抄寫されており、三紙四十八行に亙るが、第一紙の下部にやや缺損がある。**圖6參照**。

最初の史料は「壽延經護造進記錄」と題され、十六行目にかけて、歷代の醍醐寺僧と、それぞれの願主を、次のように列記する。

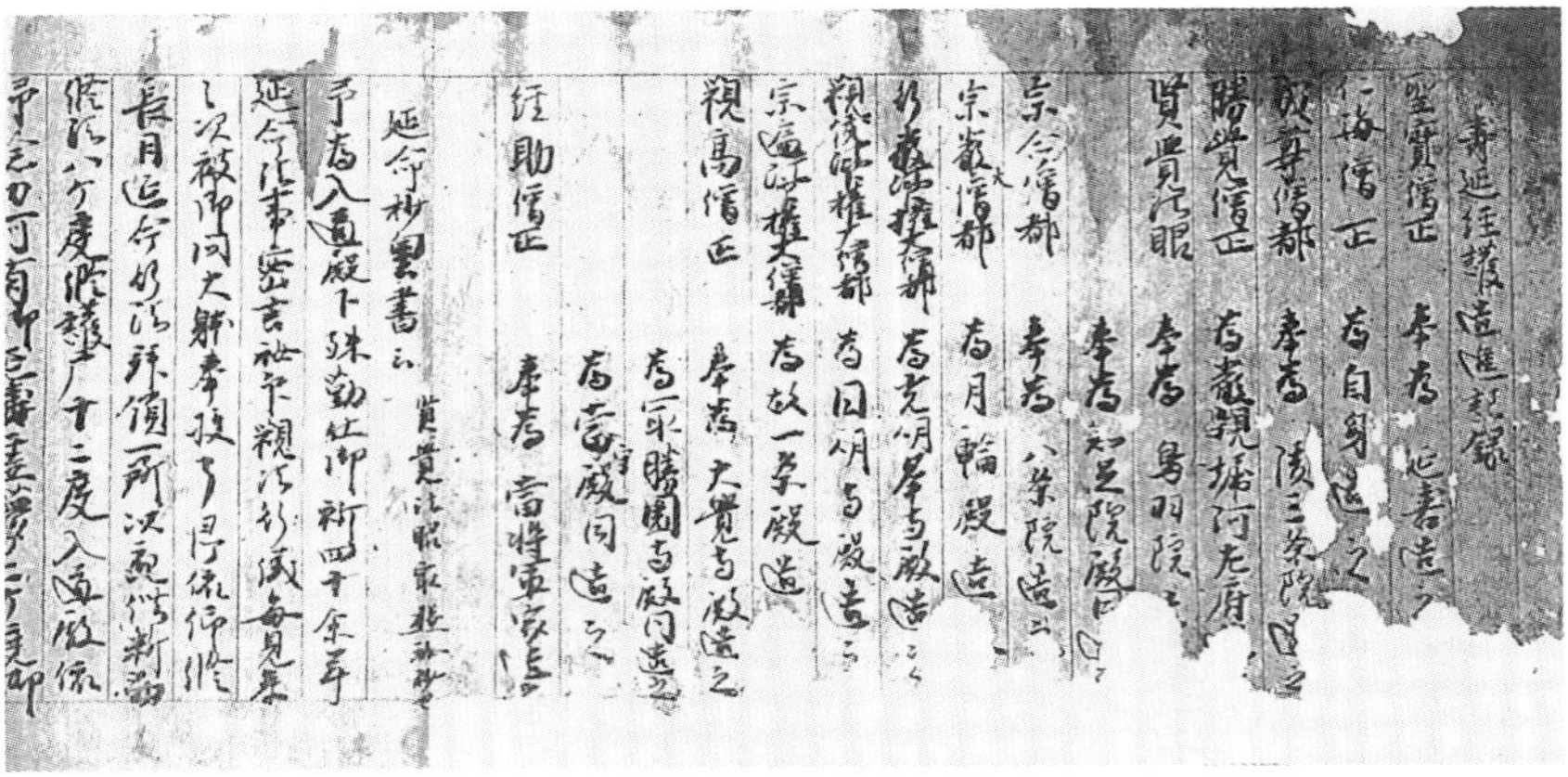

圖6　『壽延經護記』（神奈川縣立金澤文庫所藏）

壽延經護造進記録
聖寶僧正　奉爲　延喜造之
仁海僧正　爲自身造之
成尊僧都　奉爲　後三條院造之
勝覺僧正　爲嚴親堀河左府造之
賢覺法眼　奉爲　鳥羽院造□
　　奉爲知足院殿同造之
宗命僧都　奉爲　八條院造之
宗嚴[大]僧都　爲月輪殿造之
行嚴法印權大僧都　爲光明峯寺殿造之
觀俊法印權大僧都　爲圓明寺殿造之
宗遍法印權大僧都　爲故一條殿造
觀高僧正　奉爲大覺寺殿造之
　　　爲最勝園寺殿同造之
　　　爲當殿同守之[守]
經助僧正　奉爲　當將軍家造之

この記録は、醍醐寺を開山した聖寶から始まるが、「延喜」は、聖寶に帰依して延喜七年（九〇七）にこの寺を御願寺とし、薬師堂を建立した醍醐天皇をさす(93)。

仁海は、神泉苑における請雨經法で知られ、山城宇治郡小野に曼荼羅寺（隨心院）を創建した、東密小野流の祖である(94)。仁海だけが「自身の爲」とされるが、曼荼羅寺は後朱雀天皇の御願寺で、仁海は後朱雀天皇の護持僧を勤仕し、延命法を修している(95)。

成尊は、仁海の付法灌頂の弟子であり、後三條天皇の東宮時代からの護持僧として、その即位に際し最初に行なわれた代始の三壇御修法において、延命法を修した。『參天台五臺山記』の成尋は、一歳上の同母兄にあたる(96)。

勝覺は第十四代座主で、永久三年（一一一五）に三寶院を開創した。「堀河左府」源俊房は勝覺の實父であり、寛治三年（一〇八九）に勝覺とともに上醍醐に清瀧宮を勸請し、同五年には、大智院を建立している(97)。

醍醐寺の草創と發展のうえで、とくに大きな位置を占める四人の後に、三寶院勝覺から傳法灌頂を受けた、理性院の賢覺が續く。賢覺が「鳥羽院」に延命法を修した經緯については、前述の『壽延經法』に記された通りであり、「知足院殿」藤原忠實に關しては、後述のように、この記録の次に抄寫されている「延命抄」奥書の一文に、詳しい記事がみえる。

以下、宗命から經助までは、皆、理性院流を繼ぐ人々である(98)。

理性院三世宗命は、内大臣藤原宗能の子で、賢覺に傳法灌頂を受け、理性院流を託された(99)。「八條院」暲子内親王は、鳥羽上皇の第三皇女だが、二十歳の時に落髪。父鳥羽上皇と母美福門院から傳領した莫大な所領を背景に、承安四年（一一七四）には仁和寺に蓮華心院を建立し、建暦元年（一二一一）に七十五歳で死去している。

四世宗嚴も藤原宗能の子で、兄の宗命から傳法灌頂を受け、治承二年（一一七八）には醍醐寺座主乘海の法も嗣いだ。「月輪殿」九條兼實は、源頼朝の信任篤く、攝政、關白を歴任し、承元元年（一二〇七）に五十九歳で死去。その廟は、東福寺境内、月輪の金剛院にある。[100]

五世行嚴は、正三位能季の子で、宗嚴に傳法を受けた後、建暦元年（一二一一）には、二十四代座主の遍智院成賢からも受法した。「光明峯寺殿」九條道家は、兼實の孫、良經の子にあたり、攝家將軍として鎌倉に下向した賴經は、その三男である。暦仁元年（一二三八）に法性寺殿で出家し、後に東福寺を創建。建長四年（一二五二）に六十歳で死去した。

六世觀俊は、行嚴から傳法を受け、文永七年（一二七〇）一月に入寂。「圓明寺殿」一條實經は九條道家の四男で、攝政、關白、左大臣などを歴任した一條家の祖である。弘安七年（一二八四）に、六十二歳で死去した。

宗遍は、觀俊から傳法を受けたが、觀俊は理性院門跡を賴助に讓ったため、宗遍や觀高らの法流相承者は、留守職として院務を執った。正應六年（一二九三）に五十八歳で入寂。繼嗣に仙覺と觀高がいる。「故一條殿」は、圓明寺殿實經の次男實家のことと思われる。長男の家經も一條殿と呼ばれたが、後光明峯寺殿が通稱であり、實家の子息から二人、後述の經助（理性院流）と空源（三寶院流）が醍醐寺に入っているからである。實家は內大臣、太政大臣を歴任し、正和三年（一三一三）に六十六歳で死去した。

觀高は、右衞門權左高朝の子で、證聞院にあって宗遍から傳法を受けたが、同門の仙覺と嫡庶の爭いを生じ、二派に分れた。[101]「大覺寺殿」藤原隆忠は、關白基房の子で、左大臣に任じられ、大覺寺を領知、承久二年（一二二〇）に出家した。寬元三年（一二四五）八十三歳で死去している。また、「最勝園寺殿」北條貞時は、鎌倉幕府第九代執權で、正安三年（一三〇一）三十一歳の時に出家し隱退したが、後に得宗として復權、應長元年（一三一一）に四十一歳で死去した。

經助は、前述の一條實家の子、實經の孫にあたる。初め宗遍に就き、後に觀高に學んだが、[102]醍醐寺關係の血脈類では、仙覺の弟子に付されている。經助は上乘院益助を通じて仁和寺御流の法流も繼いでおり、それは、後述のように、益性法親王と鎌倉極樂寺の順忍を經て、金澤稱名寺の二代釼阿に受け繼がれてゆく。(103)

この「造進記錄」を通して、院政後期から鎌倉時代の間に、歴代の醍醐寺理性院主により、貴顯を願主とした『壽延經』護法が、順次繼承されていった過程をたどることが出來るが、この後には、賢覺と「知足院殿」藤原忠實に關する、次のような記述がある。

賢覺法眼最極祕祕也

延命抄奥書云

予爲入道殿下、殊勤仕御祈四十餘年、延命法事密言祕印觀法、行儀毎見參之次被御問、大躰奉授了。卽依仰修長月延命行法、拜領一所以充傳料。勤修法八ヶ度、修護摩十二度、入道殿依予念力、可有御延壽靈夢二ヶ度御覽云々。

入道殿御年七十九、貴種之御身而、於末代既爲長壽。後年所不奉知之。賢覺又爲自行、於四季修延命護摩。毎月一七日修同傳命年。久壽二年既七

十六。於于今者求願不空、門弟之中
宗命寶心兩人在之。住持佛法不可懈
之。仍爲彼二人、授此法祕奥了。壽延經
護、卽普賢延命隨一之祕事。受學之人甚
少。努不可露顯、今聊所記。
久壽二年暮秋才五日　　賢覺

「延命抄」は今、『諸宗章疏錄』[104]や『國書總目錄』などにも見えず、不明であるが、久壽二年（一一五五）秋に賢覺が書き遺したこの覺え書によれば、賢覺は「入道殿」知足院藤原忠實に四十年餘り勤仕し、この間に行なった延命の修法は八回、護摩は十二回を數え、賢覺の念力によって忠實は延壽の靈夢を二度も見ることが出來た。今年、忠實は七十九歳を迎えたが、その長命の祕訣は、四季と每月一七日に延命の護摩を修めることにある。だが賢覺もすでに七十六歳になるので、これまで祕法としてきた壽延經護法を、高弟の宗命と寶心の兩名に傳授することにした。この護法は、普賢延命法の中でも隨一の祕事であるから、そのことをよく辨えよ、という。

藤原忠實の日記『殿曆』の寫本が殘るのは承德二年（一〇九八）二十一歳の時から、元永元年（一一一八）四十一歳までの分で、保安元年（一一二〇）四十三歳以後、十餘年を宇治に隱棲してからは、まとまった日記を殘さなかったらしく、[105]その後半生については、他の古記錄類を通じて間接的にしか知ることが出來ない。[106]

また、忠實の故事談を、大外記中原師元が筆錄した『中外抄』（保延三年（一一三七）から久安四年（一一四八）までの斷續的聞き書）と、家司の高階仲行が筆錄した『富家語』（久安七年（一一五一）から應保元年（一一六一）までの談話二五八條）とが傳わるが、[107]ともに關連する記事は、とくに見出せない。[108]

この年七月二十三日に近衛天皇が亡くなった直後に、天皇の死は忠實と二男頼長父子の呪咀が原因だという風聞が廣がり、父子は鳥羽上皇や美福門院の憎悪をかう出來事が起った[109]。これが翌年七月の保元の亂の發端ともなる中で、かねてから反目し合っていた長子忠通との對立は、さらに深まってゆく[110]。

こうした動きが、後半生を通じて忠實の歸依を受けてきた賢覺にとっても、きわめて深刻な事態であったことは、想像に難くない。

最晩年を迎えていた賢覺は、宗命と寶心に『壽延經』護法の祕奥を傳授し、後事を託した[111]翌年、保元元年（一一五六）三月に、七十七歳で入寂した。

最後に抄寫されているのは、次のような宗命による一文である。

抑先師法眼者、若少當初短命相人也。仍相人宿曜師一同勘之。自往日求延壽之道、爲自爲也隨分勤之。皆以有驗。卽殊知足院入道殿憑先師、令祈延壽之御望、御歳終八十六、前後例少。常仰云此賢覺祈念力也。又延命法傳受所以也。彼御日記之中有之旨、中御門内府被語之。寶心面聞其說、先師亦八十偏此法之力也。今寶心亦八旬、余卽學其祕決、傳彼以口傳、頻勤修此法故也。

承安三年十月以淨蓮坊阿闍梨御房
御本書寫之　　沙門宗命
一交了

「先師法眼」賢覺は、若年の頃、宿曜師らによって短命の相と占定されたため、早くから「延壽之道」を求め、努めて他者にも施した。その效驗は著しく、殊に「知足院入道」忠實は賢覺に深く歸依し、延壽護法を修めたので、八十六歳という稀にみる長命を保ち得た。日頃から、これも賢覺の延命法傳授の賜物だと語り、日記にも書き遺している、ということを「中御門内府」藤原宗能から聞いた。寶心も同じことを賢覺から直接聞いているが、その寶心もすでに八十歳になるから、私が祕訣を學び、口傳として傳えるべく、延壽護法の勤修に努めたい、と述べる。

宿曜師については、『二中曆』十三〈能曆〉に、十世紀から十二世紀にかけての宿曜師と祿命師の歷名が載っており(112)、東大寺、興福寺、棲霞寺などの東密系、延曆寺台密系それぞれの動向は、貴族層の日記類や諸書に引かれた宿曜勘文等を通じて知ることができる(113)。

保元の亂後、知足院に退隱したまま應保二年（一一六二）に八十六歳で亡くなった忠實のことを、宗命に語った「中御門内府」藤原宗能は、『中右記』の著者宗忠の子で、前述のように宗命の實父にあたる。

理性院二世の寶心は、この翌年、承安四年（一一七三）九月に八十三歳で入寂したが、疑問が残るのは、この文書の日付と宗命の沒年についてである。この奥書では、承安三年（一一七三）十月に、「淨蓮坊阿闍梨」寶心の藏書を借覽して宗命が書寫したというが、醍醐寺本『傳法灌頂師資相承血脈』(114)や、祐寶編『續傳燈廣錄』巻七(115)などでは、宗命は寶心よりも早く、承安元年七月に五十三歳で入寂した、とある。これは寶心が八十歳だった承安元年を三年と誤寫したとも考えられるが、それでも十月と七月では合わず、あるいは宗命の沒年は承安六年で、血脈類ではそれを元年と誤記したのかも知れない。後考に俟つ。

この文書を書寫したのは、筆蹟から稱名寺の二代長老、明忍房釼阿とみられる。金澤文庫所藏の釼阿手澤本は、約八百部、千數百册にのぼると推定されており、稱名寺における東密、唱導、聲明、神道諸學の基礎を確立した釼阿が[116]、北院御室守覺法親王を中心とする仁和寺北院御流の相傳について記した「御流血脈[117]」に、

守覺―（中略）―益助―益性―釼阿
　　　　　　　　　　　└經助―順忍―釼阿

と記しているので、『壽延經護記』は、「造進記錄」の最後にみえる經助から、鎌倉極樂寺の順忍を通じて、釼阿に傳承されたものと考えてよいだろう。

釼阿は、順忍から再三典籍を借覽して書寫を重ね、文保二年（一三一八）正月には順忍から兩部傳法印可を受けているが[118]、延慶二年（一三〇九）七月には、益性所藏の『普賢延命法』を書寫しているので[119]、『壽延經護記』も、この前後に書寫されたのかも知れない。

（3）高山寺、石山寺、金剛寺の傳本

『壽延經』はまた、平安末期に文覺が神護寺の別院とし、建永元年（一二〇六）に明惠が再興した栂尾の高山寺にも傳存する。

『高山寺經藏典籍文書目錄』第三（高山寺聖教類第四部[120]）には、次の三點が記載されている。

(1)『佛說壽延經』一帖（一〇九函八號）

（鎌倉中期寫、粘葉裝枡型、押界、無點。卷尾に片假名交り文を含む「此經書寫供養作法」を附す。）

(2)『延壽經作法』一帖（一一五函六號）

奥書「應保元年（一一六一）四月十八日奉傳之□□（畢）」

（院政期寫、粘葉裝枡型、首缺、押界、片假名交り文を含む。無點、茶地原表紙、臘箋繼題簽）

(3)『佛說延壽經作法』一帖（七十四函四十六號）

奥書「弘安元年（一二七九）十一月廿一日奉傳受了
明耀本」

別筆「正應二年（一二八九）六月九日奉傳受了
沙門仁辨」

（鎌倉中期寫、粘葉裝枡型、押界、片假名交り文を含む。無點。）

高山寺には、現存の典籍文書類の來歷を考える上で、重要な手がかりとなる諸種の古藏經目錄が傳存するが、[121] (2)は、その奥書から、建長三年（一二五一）に、草創期の高山寺經藏內の眞言關係經典を集錄した、長眞編『高山寺經藏聖教內眞言書目錄』第二箱（末）眞第五の四十六「延壽經作法　一卷」[122]に該當し、(3)は、識語追筆にみえる「仁弁」が、明惠の高弟である定眞の開創した方便智院の三代院主なので、室町時代、文明年間頃（一四七〇年代）に成立した『方便智院聖教目錄』東第四の「延壽經作法」[123]に、また(1)も、同目錄、東第十四の「佛說壽延經　一帖」[124]にあたると思われる。

これらの諸本が、どのような經路をへて高山寺に入ったのかは明らかではないが、(2)を記載する『眞言書目錄』の內、諸儀軌類を集めた第二箱の約半數（第二箱（本）眞第四の分）が、神護寺で書寫された後、一括して高山寺に移管されたものである[125]ことから、同様に神護寺との關係を想定しても良いのではなかろうか。[126]

この他、石山寺の深密藏聖教にも、貞應三年（一二二四）閏七月十七日に榮然が書寫した『壽延經口傳』と、高山寺本の(3)と同じく、正應二年（一二八九）六月九日に沙門仁弁が傳授した『壽延經供養作法』の二部があり、[127]河内長野市の金剛寺には、

（イ本）梵釋寺經藏　在此經

承久二年（一二二〇）春比於醍醐寺遍智院書寫畢、東寺末業成賢

文保二年（一三一八）八月五日以中性御本主合之、則依加訓點了愚推也、東寺末業賴心

という奥書をもつ『佛說壽延經』が傳存する。[128]

（4）『作法集』とその注釋書

醍醐寺理性院流を中心に相承された壽延經護法は、その後、醍醐寺における諸作法を集成した『作法集』に收錄されて流布した。

『作法集』は、仁海、寬朝、勝覺、賢覺、益信その他の傳書や口傳を整理し、考證を加えたもので、一作法ごとに一帖として全五十四帖から成るが、傳本によって內容や帖數に若干の違いも認められる。

『作法集』には、『童子經』とその書寫供養作法に續けて、第四十三帖に『壽延經護事』、第四十四帖に『壽延經』が收められており、眞福寺本、表紙右隅の朱書「四十四」も、その帖數に合致することから、これは本來、『作法集』中の一帖であった可能性もある。

第四十三帖の『壽延經護事』の內容は、眞福寺本『延壽經法　理性院』の第四紙表冒頭に朱書で「在作法集」と追

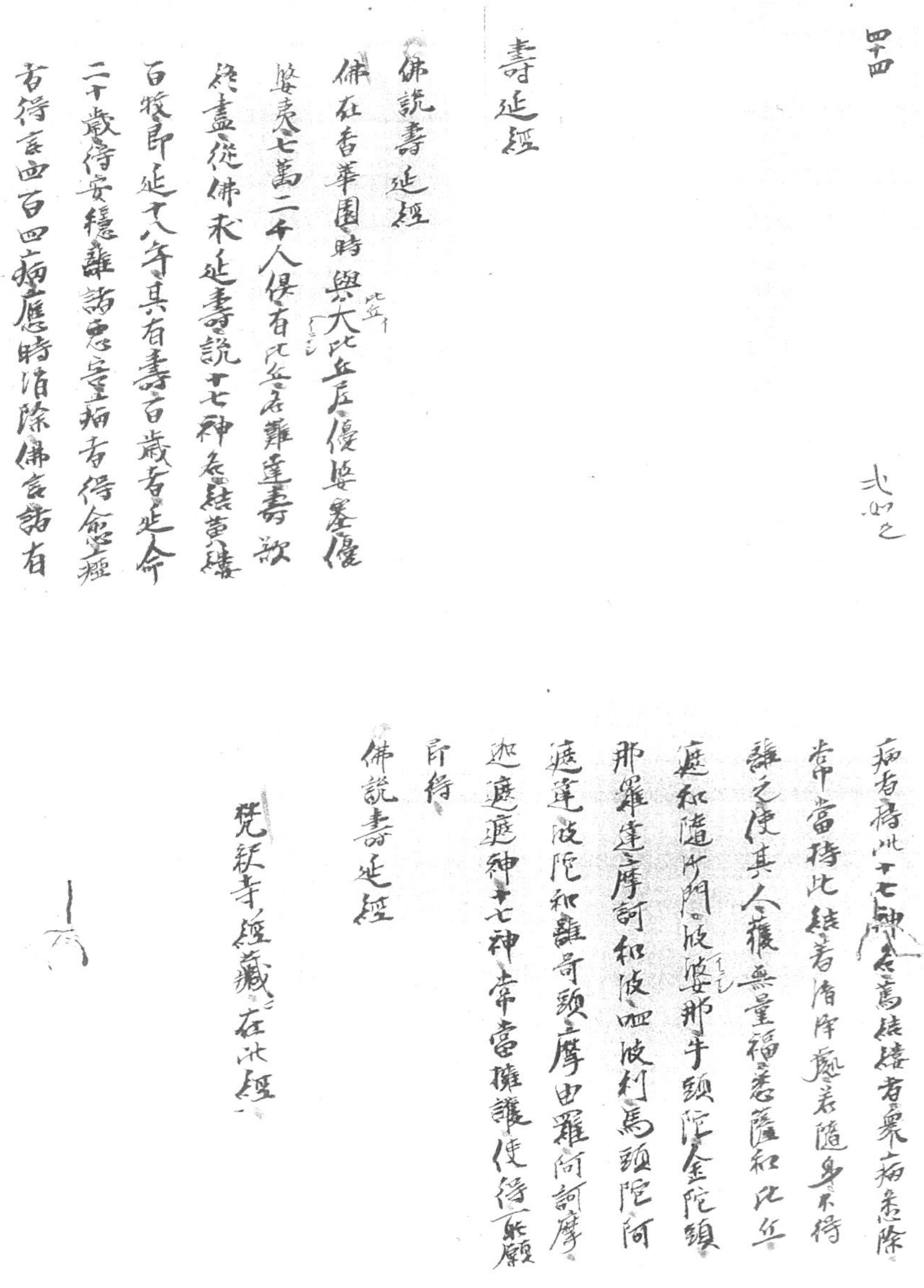
四十四

式如之

病者持此十七神名萬結縷者衆病悉除
常當持此結著淨處應若隨身不得
離之使其人獲無量福甚薩和比丘
庭和隨沙門波婆耶牛頭陀金陀頭
那羅達摩訶和波咖波利馬頭陀阿
遮達波陀和離奇頭摩由羅向訶摩
迦遮庭神十七神常當擁護使得所願
即得
佛説壽延經
梵釈寺経藏在此經

壽延經
佛説壽延經
佛在香華園時與大比丘尼優婆塞優
婆夷七萬二千人俱有比丘名難達壽欲
終盡從佛求延壽説十七神名結萬縷
百枚即延十八年其有壽百歳者延命
二十歳得安穏離諸惡害病者得愈經
者得離四百四病應時消除佛言諸有

圖 7　『作法集』所收『壽延經』（東京大學總合圖書館所藏）

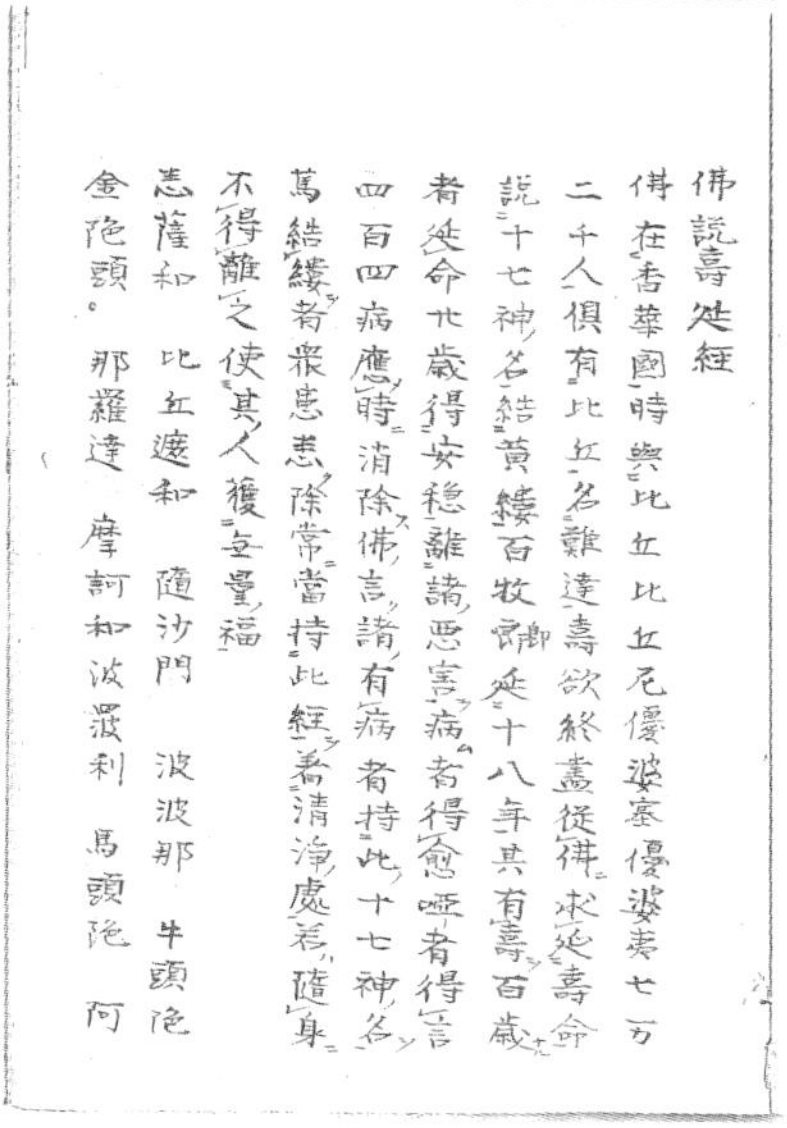
佛説壽延經
佛在香華國時與比丘比丘尼優婆塞優婆夷七万
二千人俱有比丘名難達壽欲終盡從佛求延壽命
說二十七神名結黃縷百枚歸御延十八年具有壽百歲
者延命七歲得安穩離諸惡害病者得愈啞者得言
四百四病應時消除佛言諸有病者持此十七神名
爲結縷者衆患悉除常當持此經著淸淨處若隨身
不得離之使其人獲無量福
忘薩和 比丘遮和 隨沙門 波波那 牛頭陀
金陀頭 那羅達 摩訶和波羅利 馬頭陀 阿

圖8 『祕密儀軌集』所收『佛説壽延經』
（大谷大學圖書館所藏）

記されていたように、第四紙の表と裏の、賢覺と有慶による壽延經護法の由來に關する部分と、第五紙表の書寫供養作法の部分であるが、文章は、眞福寺本『壽延經事　西南院』の第二紙表裏と第三紙表六行目までの方が近く、ほぼ同じである。

『作法集』には、編者や成立年次は明記されていないが、例えば、第三十六帖「修學土代」の末尾に、「已上條條、爲初心人、隨思出記之。東寺沙門成賢。建保六年（一二一八）五月十八日、於遍智院書之」とあることや、第十二帖「鎭守讀經導師作法」末尾には、「御本曰、先師遍智院僧正御房以御自筆之本書之畢。此略作法珠祕藏。祕藏卽故法務御房御自筆也」とあり、第四十八帖「大法外儀」冒頭に、「建保七年二月六日、於加（ママ）陽院殿、仁王經法始行。就之記之」、またその末尾に、「今度如此。俗名等追可尋注。爲廢忘、馳筆了。後日首尾調可淸書也。金剛佛子　憲深」とあることなどから、醍醐寺二十四代（二十六代再任）座主で、東寺長者も兼ねた遍智院成賢の集成をもとに、成賢の付法弟子で、後に三十五代座主を務めた報恩院憲深が増補して、建保末年から承久初年（一二一九）前後に成立したものと考えられる(129)。

『作法集』には、『壽延經』のように、他の經軌類にはみえないものも含まれているためか、高野山を中心に多數の寫本が傳存しており(130)、**圖7**參照、明治四十一年（一九〇八）に、大阪の太融寺から五十四帖を一冊にまとめた活字本が印行され(131)、大正十年（一九二一）には、その譯注も出ている(132)。

なお、大谷大學圖書館所藏の『祕密儀軌集』と假題された、全十五冊の寫本の內、第十四冊にも『壽延經』が收錄されている。(133) 圖8參照。現存本は、享保から寶曆年間（十八世紀中期）にかけて書寫されたものだが、『壽延經』の部分には奥書がなく、あるいは『作法集』からの抄寫かも知れない。

『作法集』には注釋も多く、印融『作法集口決』、日鑁『作法集聞書』、曇寂『作法集私記』、動潮『作法集傳授手鑑』、元瑜『作法集傳授要意』などが知られるが、中でも、高野山無量光院の印融が、文明十年（一四七八）にまとめた『作法集口決』が、廣く用いられた。(134)

結　語

『萬葉集』巻五の山上憶良「沈痾自哀文」にも引かれる『壽延經』は、日本古代に請來された多くの疑僞經典の一つとして、奈良時代を通じて、たびたび書寫された。

『壽延經』は、中國撰述のごく短い經典であることから、敦煌寫經の中にも多數含まれ、二種類の同名異經の內、憶良所引のものと同類の寫本だけでも二十本近くを數える。

敦煌本では、類似の内容をもつ『續命經』や『法華經』（殊に『觀音經』）、『般若心經』などとの連寫が目立ち、『藥師經』に說かれる續命法や、端午の續命縷など、民間の道教的な增壽益算思想との關連が窺える。

平安初期には、近江の梵釋寺に所藏され、延命修法に用いられたようだが、院政期以降は、主に醍醐寺における延命法の祕傳書として重んじられた。その流れを汲む眞福寺本と敦煌本を校合したところ、敦煌寫本の中では例外的な、スタイン本六二六八號と、ほぼ同系統のものであることがわかった。

眞福寺には、『壽延經法』と『壽延經事』と題する寫本も傳存し、書寫や供養の作法、その由來などが記されている。台密で盛んに行なわれた普賢延命法に、『壽延經』を加味して東密の延命法を創始したのは、醍醐寺理性院の賢覺であり、これが院政期から江戸時代まで、連綿と相傳されて來た樣相は、醍醐寺に殘る多數の寫本や記錄類、あるいは金澤文庫本『壽延經護記』などの諸史料を通じて、具體的に辿ることが出來る。

『壽延經』は、わずか三百字にも滿たない典型的な疑僞經典であるが、それだけに中國の民衆生活や思考を直截に反映している。歷代の經錄において、その僞妄を繰り返し指摘されたにも拘らず、敦煌や日本で、廣く且つ長く公私に亙って書寫と讀誦が續けられたのは、中國撰述の疑僞經典類に內在する宗教思想的特性によるところが大きいだろう。

とくに院政期以降、醍醐寺理性院流において、延命法の所依經典として尊重されたように、密教の修法が、こうした疑僞經典に依據して形成された側面をもつことに、改めて注目したいと思う。

注

（1）『開元釋教錄』は、『大正藏』五十五卷・目錄部所載。牧田諦亮『疑經研究』（一九七六年、京都大學人文科學研究所）參照。

（2）石田茂作『寫經より見たる奈良朝佛教の研究』（一九三〇年、東洋文庫）、牧田諦亮「正倉院文書に見える疑經類」（『疑經研究』、前揭注（1））參照。ちなみに石田は『高王觀世音經』以下四十二部を「支那撰述疑僞經」としているが（『奈良朝現在一切經目錄』九十二～九十四頁）、本章で取り上げた『壽延經』を「印度撰述密教部」（同前、八十七頁、一六八九號）に入れているように、その數はさらにふえる。本書、序章參照。

（3）道教と密教との關連をめぐる專論には、妻木直良「日本に於ける道教思想」（『龍谷學報』三〇六・三〇八號、一九三三年、野口鐵郎主編『選集　道教と日本』第一卷、一九九六年、雄山閣所收）、小柳司氣太「道教と眞言密教との關係を論じて修驗道に及ぶ」（『東洋思想の研究』、一九三四年、關書院）、那須政隆「中國密教における道教思想の受容」（『印度學佛教學研究』六巻一號、一九五八年）をはじめとして、吉岡義豐、三崎良周らの一連の論考がある。

（4）關連文獻については、拙稿「「沈痾自哀文」の史的位置」（『史境』八號、一九八四年、『萬葉歌人と中國思想』、一九九七年、吉川弘文館）參照。近年では、東茂美氏に「輪廻する〈憶良〉」（『成城國文學』八號、一九九二年）、「病との對峙」（『福岡女學院大學紀要』二號、一九九二年）、「いのちの考證」（同前、三號、一九九三年）など一連の論考がある。

（5）拙稿「『鬼谷先生相人書』とその周邊」（史聚會編『續日本古代史論聚』、一九九六年、高科書店、ならびに前掲注（4）の拙著）參照。

（6）『志怪記』は、『隋書』經籍志その他にいくつか著録されていて特定できず、『法苑珠林』や『幽明錄』などから孫引きした可能性が高い。神田喜一郎「萬葉集の骨骼となった漢籍」（『萬葉集大成』第二〇卷、一九五五年、平凡社、『神田喜一郎全集』第八卷、一九八七年、同朋舍）、小島憲之「憶良の述作」（『上代日本文學と中國文學』中卷、一九六四年、塙書房）、菊地英夫「山上憶良と敦煌遺書」（『國文學　解釋と教材の研究』二十八巻七號、一九八三年）など參照。

（7）契沖『萬葉代匠記』は『長阿含經』をあげるが（『契沖全集』第三卷、一九七四年、岩波書店）、澤瀉久孝『萬葉集注釋』巻五（一九五九年、中央公論社）が指摘するように、直接の典據は『法苑珠林』巻二〈壽命〉所引の『長阿含經』とみられる。

（8）神田喜一郎、小島憲之、前掲注（6）など。

（9）西野貞治「敦煌石室の佛説壽延經について」（『萬葉』二十三號、一九五七年）、東茂美、前掲注（4）。

（10）『大正藏』五十五卷、四七四頁下段。

（11）『大正藏』五十五卷、六七七頁下段。

（12）『大正藏』五十五卷、一〇二二頁中段。

（13）石田茂作、前掲注（2）、木本好信編『奈良朝典籍所載佛書解説索引』（一九八九年、國書刊行會）參照。

（14）正倉院文書、續修後集二十三、『大日本古文書』七卷、一九七～二二一頁の内、二一二頁。

(15) 任命は前年一月二十三日だったが、天候不順のために延期され、この年六月二十九日に再び筑紫を出航した。
(16) 天平五年（七三三）四月に出發した第九次の一行は、天平七年（七三五）三月に歸國している。
(17) 續々修十四帙五、『大日本古文書』十卷、三一九―三二六頁の内、三二二頁。
(18) 續々修十四帙八、『大日本古文書』十一卷、四十二―四十九頁の内、四十六頁。
(19) 續々修四十二帙四、『大日本古文書』十一卷、四二一―四二二頁の内、四二二頁。
(20) 中西進「憶良の渡唐」（『山上憶良』、一九七三年、河出書房新社）。
(21) 『舊唐書』日本傳には、「天寶十二年、また使を遣して貢した」と記すだけだが、『東大寺要錄』（『續々群書類從』十一所收、筒井英俊校訂本、一九四四年、國書刊行會復刊）に、「又敕命朝衡領日本使、於府庫一切處遍宥、至彼披三教殿、御座如常莊飾、九經三史、架別積載廚龕、次至御披老君之教堂（下略）」とある。關連記事については、增村宏『遣唐使の研究』第三編「玄宗と遣唐使」（一九八八年、同朋舍）參照。
(22) 『續日本紀』天平十六年十月二日條の「律師道慈卒傳」、『懷風藻』「釋道慈傳」、ならびに井上薫「道慈」（『日本古代の政治と宗教』、一九六一年、吉川弘文館）、池田源太「大安寺の道慈とその時代」（『奈良・平安時代の文化と宗教』、一九七七年、永田文昌堂）、佐久間龍「道慈傳の一齣」（『日本古代僧傳の研究』、一九八三年、吉川弘文館）など。
(23) 高木市之助「憶良と中國」（『高木市之助全集』第三卷、一九七六年、講談社）、中西進「長安の生活」（『山上憶良』、前揭注（20））、村山出「憶良の生涯」（『山上憶良の研究』、一九七六年、櫻楓社）など。
(24) 宋の宋敏求編『唐大詔令集』卷一一三、道釋部（一九五九年、北京・商務印書館、五八八頁所收）、牧田諦亮、前揭注（1）二十九頁、および「疑經」（『日本文學と佛教』第六卷、一九九四年、岩波書店、一三七頁）參照。
(25) 昭和五年（一九三〇）、岩波書店刊。
(26) 昭和八年（一九三三）、岩波書店刊。
(27) 昭和七年（一九三二）、同刊行會。
(28) 一四〇四頁所載、№二八八八。

(29) 矢吹慶輝『鳴沙餘韻』解説篇、第二部、二六六～二六九頁。
(30) 二二九三號、二四二八號、五五五五號。以下、敦煌寫本については、陳垣編『敦煌劫餘錄』（一九三一年、中央研究院歷史語言研究所專刊四）、Lionel GILES:Descriptive Catalogue of the Chinese Manuscripts from Tunhuang in the British Museum.(1957, London)、王重民編『敦煌遺書總目索引』（一九六二年、北京、商務印書館、一九八三年、中華書局）、黃永武編『敦煌遺書最新目錄』（一九八六年、臺北、新文豐出版公司）、井ノ口泰淳、中田篤郎編『北京圖書館藏敦煌遺書總目錄』（一九八九年、朋友書店）、金岡照光編『敦煌文獻目錄』（一九九〇～九三年、東洋大學東洋學研究所）などを參照。
(31) 昃九十二號、宇六十八號、來九十八號、秋六十六號、呂九十四號、調十八號、雨六十六號。
(32) 井ノ口泰淳、臼田淳三、中田篤郎編『旅順博物館舊藏大谷探檢隊將來敦煌古寫經目錄』、同『圖版』（一九八九年、龍谷大學西域出土佛典研究班）、ならびに池田溫『中國古代寫本識語集錄』（東京大學東洋文化研究所、一九九〇年、大藏出版）參照。なお、この一巻には、後周後順三年（九五三）正月の「府主太保及夫人」による供養の識語がある。
(33) 神田喜一郎、前揭注（6）。
(34) 西野貞治、前揭注（9）。なお、西野氏が擧げたスタイン本は、三四九二號、五四三三號、五五三一號、五五六三號、五五七〇號、五五七七號、五五八一號、五六七九號、六二三六號の九本だが、この內の五五八一號は『佛說續命經』『佛說佛母經』など五種の連寫で、『延壽經』は含まれない。この他にもう一本、六二六八號が同種の『延壽經』寫本である。
(35) 二一七一號、二二八九號、二三七四號、三一一〇號、三八二四號。
(36) 李八十四號、宇六十六號、日九十三號。
(37) 吳其昱「列寧格勒《レニングラード》所藏敦煌寫本概況」（『漢學硏究』四巻二期、臺北、一九八六年）、同「敦煌漢文寫本概說」（池田溫編『講座敦煌五、敦煌漢文文獻』、一九九二年、大東出版社）、池田溫「敦煌文學と日本上代文學」（『國語と國文學』七十巻十一號、一九九三年）等參照。
(38) 錄文は、池田溫『中國古代寫本識語集錄』（前揭注（32））四六九～七〇頁による。寫眞版は、東洋文庫所藏マイクロフィルム、ならびに黃永武主編『敦煌寶藏』（臺北、新文豐出版公司）第一二六册、三二七頁所載。

(39)『大正藏』二十一巻、二六〇頁所收。一巻。八世紀中期頃、不空譯。

(40)池田溫『中國古代寫本識語集錄』(前揭注(32))、四二八頁所載。

(41)他に、『妙法蓮華經』觀世音普門品第二五と連寫したスタイン本五五六三號の末尾紙背に、「丁丑年六月十三日、施主弟子陰僧願成舍此經一巻　丁丑年六月十日寫」とあって、「丁丑年」は九七七年かと推定されている。池田溫、前揭注(32)參照。ただし錄文の「僧陰願成」は、寫眞版によれば「陰僧願成」であろう。

(42)スタイン本五四三三號、五五六三號、五五七七號、ペリオ本二二九八號、三一一〇號、三三一八四號。

(43)坂本幸男編『法華經の中國的展開』(一九七二年、平樂寺書店)、横超慧日編『法華思想』(一九七五年、平樂寺書店)など。

(44)『觀世音普門品』は、スタイン本五五六三號、五五七七號、ペリオ本三八二四號。『般若心經』はスタイン本五五七七號、ペリオ本三八二四號にみられる。

(45)『大正藏』八十五巻、一四〇五頁所收。

(46)スタイン本二一一五號、三七九五號、五五三一號、五五三五號、五五八一號、五六一八號、五六七九號、ペリオ本二三三七四號、三一一五號、三七六〇號、三九五二號、北京本・日九十三號。

(47)『大正藏』十四巻、四〇四〜四〇八頁所收。『國譯一切經』印度撰述部十二、『國譯祕密儀軌』二十六の他、石田瑞麿『民衆經典』(一九八六年、筑摩書房)に譯注がある。

(48)矢吹慶輝、前揭注(29)、二六九〜二七二頁參照。

(49)續命法の具體的解説は、一行撰『藥師瑠璃光如來消災除難念誦儀軌』(『大正藏』十九巻、二二頁)にみえる。

(50)『大正藏』五十五巻、三十九頁。

(51)淺井和春「藥師信仰と造形」(金岡秀友、柳川啓一監修『佛教文化事典』、一九八九年、佼成出版社)。

(52)守屋美都雄譯注『荊楚歳時記』(一九七八年、平凡社)。

(53)中村喬「端午節における飾物の系譜」(『中國歳時史の研究』、一九九三年、朋友書店)參照。なお、六世紀中期、北周までの歳時關係史料については、杜臺卿『玉燭寶典』五月仲夏に諸説の引用がある。石川三佐男『玉燭寶典』(一九八八年、明德出版社）參照。

(54)　西野貞治、前掲注（9）にも指摘がある。『壽延經』に列擧される十七神の名稱は、いわゆる『灌頂經』の第一にあたる『佛說灌頂七萬二千神王護比丘呪經』（『大正藏』二十一巻、四九五〜四九九頁）中の諸神に類似するものが多い。また、『正統道藏』には、『太上神呪延壽妙經』（洞玄部本文類、第一七九册）と、『太上靈寶天尊說延壽妙經』（洞玄部本文類、第一八二册）の二部が收められており、『壽延經』との關連が問題となる。

(55)　『大正藏』五十五巻、一一二一頁中段。巻頭に元慶九年（八八五）の自敍と、延喜二年（九〇二）の敍の二種が竝記されている。

(56)　『續日本紀』の延曆五年正月二十一日條に、「於近江國滋賀郡、始造梵釋寺矣」とあり、『類緊三代格』十五、寺田事と、『類衆國史』一八〇、佛道に所引の延曆十四年九月十五日の詔敕にも「盡土木之妙製、莊餝伽藍、名曰梵釋寺」とあるので、この間の約十年を費やして成ったと考えられる。舟ヶ崎正孝「梵釋寺の創建事情からみた國家佛教の變容」（『國家佛教變容過程の研究』、一九八五年、雄山閣）。また、御願寺については、竹內理三「御願寺の成立」（『律令制と貴族政權』第二部、一九五八年、御茶の水書房）、平岡定海「御願寺の成立と構造」（『日本寺院史の研究』、一九八一年、吉川弘文館）などを參照。

(57)　肥後和男『大津京址の硏究』「梵釋寺考證」（『滋賀縣史蹟調査報告』第二册、一九二九年）、柴田實『大津京址』下、「崇福寺址」（『滋賀縣史蹟調査報告』第十册、一九四一年）をはじめとする諸研究については、林博通「崇福寺問題」（『論爭・學說　日本の考古學』六〈歷史時代〉、一九八七年、雄山閣）、同「崇福寺址」（『近江の古代寺院』、一九八九年、同刊行會）に整理されている。

(58)　前掲注（56）參照。

(59)　薗田香融「古代佛教における山林修行とその意義」（『南部佛教』四號、一九五七年、『論集奈良佛教』四、一九九五年、雄山閣所收）、堅田修「桓武天皇の梵釋寺」（『日本古代寺院史の研究』、一九九一年、法藏館）、舟ヶ崎正孝、前掲注（56）などの諸論參照。

(60)『類聚國史』三十一、帝王部天皇行幸條所引『日本後紀』逸文には、その時の模様を「吏過梵釋寺、停輿賦詩。皇太弟（淳和）及群臣奉和者衆」と傳える。

(61)『文華秀麗集』梵門に、嵯峨天皇、淳和天皇（東宮）、藤原冬嗣の三首、『經國集』には、淳和天皇、清原夏野、三原春上の三首が、それぞれ載るが、淳和天皇の詩は、『文華秀麗集』の方が初稿とみられる。小島憲之校注『文華秀麗集』（日本古典文學大系、一九六四年、岩波書店）、同『國風暗黑時代の文學』中（下）Ⅱ〈經國集の研究（一）〉（一九八六年、塙書房）參照。

(62)『續日本紀』天平勝寶三年（七五一）十月に、聖武天皇の不豫に際して、「七々日間、屈請卌九賢僧於新藥師寺、依續命之法、設齋行道。仰願、聖體平復、寶壽長久。經云、救濟受苦雜類衆生者、免病延年」とあるのが、その先例と考えられる。速水侑『平安貴族社會と佛教』第一章一節「祕密修法の成立」（一九七五年、吉川弘文館）參照。

(63)『僧綱補任』第一、延暦三年條（『大日本佛教全書』一一一所收）、『日本後紀』弘仁六年正月十五日條、『元亨釋書』十六（『國史大系』所收）その他。『文華秀麗集』哀傷には、「和菅清公傷忠法師」と題する嵯峨天皇の追悼詩が載る。

(64) 永忠と空海の關係に關しては、『性靈集』巻九に、弘仁四年（八一三）正月に永忠が老齢を理由に僧綱（少僧都）の辭任を奏請した際、空海が代作した「永忠和尚辭少僧都表」と、「敕答」が載る。三﨑良周『台密の研究』第二編一章「傳教大師最澄と密教」（一九八八年、創文社）、『新脩大津市史』第一巻、三章一節、村井康彦「大津の復活」（一九七八年、大津市役所）。また『續日本後紀』承和二年（八三五）正月十四日條には、「去年有敕、今相模、上總、下總、常陸、上野、下野等國、奉寫一切經。今亦貞元幷梵釋寺目錄所載（經）律論疏章紀傳集抄、毎國均分、令加寫之」とあり、梵釋寺が多數の典籍を所藏したのは、永忠が入唐僧であったことによると思われる。肥後和男、前掲注（57）、柴田實「梵釋寺藏經について」（『支那佛教史學』五巻三、四號、一九四二年、『日本庶民信仰史』佛教篇、一九八四年、法藏館）參照。

(65)『三井續燈記』巻九（『大日本佛教全書』一一一所收）には、寛喜二年（一二三〇）九月、敕により崇福寺を園城寺の中北兩院に附屬せしむ、とあるが、『中右記』康和五年（一一〇三）十二月條に、「梵釋寺別當　大僧正隆明」とみえる「隆明」

は、園城寺長吏なので、この時期にはすでに園城寺の管領下に入っていたと考えられる。福山敏男「崇福寺と梵釋寺の位置」（『日本建築史研究』、一九六八年、墨水書房）、林博通「崇福寺址」（前掲注（57））參照。
(66) 澁谷亮泰編『昭和現存　天台書籍綜合目錄』下卷（增補版、一九七八年、法藏館）六八四～六八五頁。
(67) 國文學研究資料館『調査研究報告』十三號　一九九二年。
(68) 西野貞治、前掲注（9）に、「期」字が句首に來るのは、「みまからんとするとき」という意味から考えても無理で、これは「終」字の下の「期」字が、誤って上に來たものであって、他の經文に習見する「命欲終時」に置き換え得るものである、という指摘がある。
(69) 初出論文には圖5として寶菩院所藏「壽延經護圖」が掲載されていたが、諸般の事情により再掲することが出來なかった。
(70) 藤原範兼（一一〇七～六五）東宮學士、大學頭、刑部卿等を歷任した歌人、儒者で、『和歌童蒙抄』他の著書がある。源頼政の從弟にあたる。
(71) 『史料綜覽』平安時代之二（東京大學史料編纂所編、一九二四年、東京大學出版會初版）。
(72) 兵部卿平信範の日記。『增補史料大成』十八（一九六五年、臨川書店）所收。
(73) 平林盛得、小池一行編『五十音引僧綱補任　僧歷綜覽』（一九七六年、笠間書院）。
(74) 平岡定海「東大寺の寺院構造について」（前掲注（56）所收）。
(75) 中島俊司編『醍醐雜事紀』十三、東安寺（一九三一年、醍醐寺務所）、杉山信三「醍醐寺の院家について」（『院家建築の研究』、一九八一年、吉川弘文館）。
(76) 菩提流支譯『護諸童子陀羅尼經』、『大正藏』十九卷所收。小林太市郎「童子經法及び童子經曼荼羅」（『密教研究』八十四號、一九四三年）參照。
(77) 承證『諸法要略』（『阿娑婆抄』四十所引、『大正藏』、『大日本佛教全書』、所收）。
(78) 『大正藏』二十卷に關連經典所載。栂尾祥雲「延命法の史的考察」（『密教研究』四十三號、一九三一年）參照。
(79) 『薄草決』十一（『大正藏』七十九卷所收）、ならびに『密教大辭典』の「延命法」「普賢延命法」の項、など。

(80) 加納重文編『索引史料綜覽（平安時代）』（一九八四年、和泉書院）の「普賢延命法」「壽命經」の項、參照。
(81) 速水侑『平安貴族社會と佛教』（前掲注（62））には、その史的背景をも視野に入れた詳細な分析がある。
(82) 『根來寺史』（一九八一年、根來寺文化研究所）、坂本正仁「醍醐寺所藏大傳法院關係諸職の補任次第について」（『豊山教學振興會紀要』十六號、一九八八年）など。
(83) 鹽入良道「西南院」（古代學協會編『平安時代史事典』、一九九四年、角川書店）。
(84) 慶長年間に、徳川家康の命を受けて、名古屋市中區の現在地に移った。
(85) 能仁の教學の形成と性格については、平岡定海「尾張國眞福寺の成立」（『日本寺院史の研究』中世・近世編、一九八八年、吉川弘文館）參照。
(86) 黑板勝美編『眞福寺善本目錄』正・續（一九三五、三六年、岩波書店）。
(87) 「眞福寺列祖傳」上（『愛知縣史』別卷、眞福寺文書）、鈴木快聖『大須觀音眞福寺略史』（一九五四年、濱島書店）、『眞福寺文庫展圖錄』（一九八四年、名古屋市博物館）など參照。
(88) 中島俊司『醍醐寺略史』（一九三〇年、醍醐寺寺務所）、佐和隆軒『醍醐寺』（一九七六年、東洋文化社）他。
(89) 赤松俊秀校訂『醍醐寺新要錄』全三卷（一九五一～五三年、京都府教育委員會）、醍醐寺文化財研究所による增訂版（全二卷、一九九一年、法藏館）の、下卷七九三頁、八一一頁。
(90) これまでの調査の經過については、佐和隆研「醍醐寺古文書、聖教調査の足跡」（『醍醐寺文化財研究所研究紀要』一號、一九七八年）、寶月圭吾「調査の沿革補說」（同前）に詳しい。每年夏の調査經過は、『東京大學史料編纂所年報』に報告されている。また、文書類は『大日本古文書』〈醍醐寺文書〉として順次、刊行中。
(91) なお、佐和隆研、前掲注（90）によれば、現在、醍醐寺靈寶館に所藏されている約七百函の內、六百函分は山內の諸院から、光臺院の土藏に集められたもので、昭和十年に靈寶館の新收藏庫が完成した後に、理性院から約百函分が移され、別置されている、とのことであり、これらがまだ未整理だとすれば、今後さらに多數の關連史料が出現するものと思われる。
(92) 以下、奥書や紀年などを缺くものについては、函の順序によって列記しておく。

○佛說壽延經　一卷〔二十五下、二五九―一三〇〕
○壽延經（薄）一〔三十二下、四十三―二十四〕
○延壽經法（薄）一〔三十二下、三四三―二十七〕
○佛說壽延經（薄）一〔三十二下、三四三―三十〕
○壽延經事　一帖〔三十八上、四〇〇―三十六〕
○佛說壽延經（卷首殘缺）一紙〔四十五、四五〇―一三二〕
○壽延經〔四十六上、四五六―三十四〕
　一、包紙　一紙「壽延經　實濟」
　二、佛說壽延經（內題）　一帖
（奥書）「爲大僧都實濟除病延壽書寫之畢不斷可□讀誦　金剛資淳杲識」
（折本、間合紙、無界、墨假名有り、江戶初期の書寫）
○壽延經守供之日次　一通〔四十六中、四五八―三〕
（江戶時代寫　半紙、楮紙）
○壽延經事　一包〔四十八上、四七六―三十四〕
（包紙記）壽延經護小野　一帖
壽延經禾　一帖
壽延經護事　二帖
壽延經　一帖
已上五帖隆勝御筆
壽延經護
右經深御筆

十七神名　　一紙
守效驗事　　一紙
守ノ本　　一ツ
右隆源御筆
一、壽延經護小野　（鎌倉時代）一帖
二、壽延經　（鎌倉時代）一帖
三、壽延經護持　（鎌倉時代）一帖
四、十七神名　（室町時代）一通
○四經同卷　一卷〔四十八下、四七八―二十六〕
金剛壽命陀羅尼經、佛説壽延經、童子陀羅尼經、文珠經
（室町末期寫、卷子本、楮紙、全卷一筆、朱書校合、梵字、朱點）
○佛説壽延經事　折本一册〔五十六上、五三六―六十七〕
○壽延經守之圖　一紙〔五十七上、五四三―二五六〕
○佛説壽延經　一紙〔五十八、五四七―九十七〕
○壽延經　折紙一紙〔五十八、五四七―三二九〕
○壽延護所用　一包〔五十八、五四七―三三三〕
二、壽延經所用　　小短册一紙
三、壽延經所用召請　　小切紙一紙
四、壽延經所月　硯水加持等　小切紙一紙
五、壽延經所用　十七神名等　小切紙一紙

（93）大隅和雄『理源大師聖寶』（一九七二年、醍醐寺寺務所）、佐伯有清『聖寶』（一九九一年、吉川弘文館）。

(94)　白井優子「雨僧正仁海と空海入定傳說」(『日本佛教』四十一號、『空海傳說の形成と高野山』、一九八六年、同成社)。
(95)　土谷恵「小野僧正仁海像の再検討」(青木和夫先生還暦記念會編『日本古代の政治と文化』、一九八七年、吉川弘文館)。
(96)　土谷恵、前掲注(95)、ならびに永井義憲「成尊とその周邊」(『密教學研究』九號、一九七七年)、湯之上隆「護持僧成立考」(『金澤文庫研究』二六七號、一九八一年)など參照。
(97)　中島俊司、佐和隆研、前掲注(88)、ならびに吉村茂樹「醍醐寺無量光院の創立と肥後山鹿莊」(『古代學』六巻四號、一九五八年、古代學協會)、下向井龍彦「『水左記』にみえる源俊房と藥師寺」(古代學協會編『後期攝關時代史の研究』、一九九〇年、吉川弘文館)など參照。
(98)　法流の詳細については、築島裕「醍醐寺藏本「傳法灌頂師資相承血脈」」(『醍醐寺文化財研究所研究紀要』一號、一九七八年)、『血脈類聚記』(『眞言宗全書』三十九)などを參照。
(99)　『醍醐寺新要錄』十二、理性院「寶心宗命事」(前掲注(89)、下巻七九二～七九三頁)によれば、賢覺は寶心と宗命を後繼とし、まず寶心に法流と法務を附囑したが、寶心は賢覺の遺命により宗命に託して高野山に退隱、宗命は法流院務とも宗嚴に讓って入滅したため、寶心を理性院二世とする。
(100)　兼實が晩年に愛宕山の月輪寺に隱棲したという『愛宕山權現靈驗記』などの傳承については、アンヌ・マリ　ブッシィ「愛宕山の山嶽信仰」(五來重編『近畿靈山と修驗道』山嶽宗教史研究叢書十一、一九七八年、名著出版)參照。
(101)　『醍醐寺新要錄』下巻、「仙覺觀高嫡末相論事」七九三～七九四頁(前掲注(89))。このため、觀高側の血脈には、前掲注(99)の二世寶心を入れず、仙覺側では、これを加える。
(102)　國史大系本『尊卑分脈』第一篇九十八頁では、「經助宗遍法印弟子、後觀玄僧正弟子」と注記するが、血脈類に「觀玄」はみえず、『傳法灌頂師資相承血脈』(前掲注(98))「觀高」の項(六十九頁)に「教授經助」とあるので觀高の誤記であろう。
(103)　櫛田良洪『眞言密教成立過程の研究』第六章「關東に於ける東密の展開」(一九六四年、山喜房佛書林)、納富常天『金澤文庫資料の研究』「稱名寺の基礎的研究」(一九八二年、法藏館)參照。
(104)　『大日本佛教全書』一、所收(名著普及會、復刊)。

(105) 大日本古記錄『殿暦』五、解題（東京大學史料編纂所編、一九六七年、岩波書店）。

(106) 前掲注（105）に詳細な「藤原忠實年譜」があり、嘉保元年（一〇九四）二月四日、十七歳の時、普賢延命法を修した、とある（典據、『公衡卿記』史料纂集所收）。村山修一「藤原忠實について」（『京都女子大學紀要』六號、一九五三年）、赤木志津子「藤原忠實考」（『古代文化』三十卷十一號、一九七八年）など參照。

(107) 池田龜鑑「說話文學に於ける知足院關白の地位」（『國語と國文學』十一卷二號、一九三四年）、益田勝實「『富家語』の研究」（上甲幹一編『中世文學の世界』、一九六〇年、岩波書店）、宮田裕行編『校本中外抄とその研究』（一九八〇年、笠間書院）、同『校本『中外抄』・『富家語』とその研究』（一九八二年、勉誠社）參照。

(108) 『中外抄下卷（久安四年記）』（宮田裕行『校本『中外抄』・『富家語』とその研究』、前掲注（107））に、次のような一節がある（三十一～三十二頁）。

久安六年（一一五〇）十二月廿日、仰云、故一條殿仰云、思壽命人ハ、毎月朔日ニ可精進也。此仰若相叶本說歟、如何。申云、朔日奏吉事不奏凶事由、見太政官式。加之、夏・殷・周之禮、祭神之法、以朔月爲最。又宇治殿令參金峯山給之時、朔日出御、四月御佛經供養。依此事御願成就。國土豐饒之由、所傳承也。（以下略）

この「故一條殿」は、一條室町に邸第があった、大藏卿、左京大夫藤原通基（一〇九〇～一一四八）であろうか。後の五攝家の一條家とは別流で、統子内親王の乳母であった妻も「一條」と呼ばれた。

(109) 賴長の日記『台記』久壽二年八月二十七日條（增補『史料大成』所收）。

(110) 橋本義彦『藤原賴長』（一九六四年、吉川弘文館）。

(111) 宗命と寶心の關係については、前掲注（99）で言及した。

(112) 『史籍集覽』所收。『掌中暦』と『懷中暦』二書をもとに、鎌倉末期に成立。

(113) 桃裕行「宿曜道と宿曜勘文」「宿曜勘文集」他（『桃裕行著作集』第八卷、一九九〇年、思文閣出版）、山下克明「宿曜道の形成と展開」（『後期攝關時代史の研究』、前掲注（97））など參照。

(114) 築島裕、前掲注（98）。

(115)『續眞言宗全書』三三、一五五頁（一九八四年、同刊行會）。
(116)納富常天「稱名寺の基礎的研究」、前掲注（103）に、詳細な手澤本目錄と年譜および考證がある。
(117)『金澤文庫古文書』九、佛事篇下、六七六五號「御流血脈」（二二六九九）、ならびに櫛田良洪『眞言密教成立過程の研究』、前掲注（103）、五七〇～五七三頁。
(118)納富常天、前掲注（103）、三八四頁。
(119)『金澤文庫古文書』十一、識語篇二、二八五～二八六頁、二〇八六號（一九五七年、神奈川縣立金澤文庫）。
(120)高山寺典籍文書總合調査團編『高山寺資料叢書』第八册（一九七九年、東京大學出版會）。
(121)奥田勳「高山寺經藏古目錄について」（『宇都宮大學教育學部紀要』第一部二十六號、一九七六年）、『高山寺古藏經目錄』（『高山寺資料叢書』第十四册、一九八五年、東京大學出版會）參照。
(122)『大正藏』別卷、『昭和法寶總目錄』第三册、九二七頁下段、ならびに『高山寺古藏經目錄』、前掲注（121）、九〇頁。
(123)『昭和法寶總目錄』三、九三五頁上段、前掲注（122）。
(124)同前、九四〇頁下段。
(125)宮澤俊雅「高山寺經藏聖教内眞言書目錄」（解說）、前掲注（121）所收。
(126)ただし、現存の『神護寺經藏一切經目錄』（仁和寺本、『昭和法寶總目錄』三、所收）には、記載がない。
(127)石山寺文化財綜合調査團編『石山寺の研究』深密藏聖教篇上（一九九二年、法藏館）。
(128)柴田實「梵釋寺藏經について」（前掲注（64））參照。
(129)『諸宗章疏錄』巻三、前掲注（104）の、成賢の著述書目中には、
　「作法集此集五十四帖。於中三十帖成賢所記。其餘他氏所記。今從多出之。」

とあり、印融の『作法集口決』奥書には、「此五十四帖作法次第、多分遍智院御記、少々憲深等記、又古本等也。然作目錄集五十四帖事、誰人作未勘也。親快所收歟、追可勘之」とのべている。
(130)『國書總目錄』三、七四〇～七四一頁に所載の他にも、眞福寺や成田山圖書館で所藏する。なお、叡山文庫の〈天海藏〉に

も、江戸初期頃の書寫とみられる『壽延經』と『壽延經護事』があり、『作法集』として一括されてはいないが、その内の一部として書寫されたものと思われる。

(131) 葦原寂照編『醍醐憲深方聖教』全二十二冊中の一冊。

(132) 塚本賢曉譯注『國譯作法集』(『國譯密教』事相部三、一九二二年、國譯密教刊行會)。

(133) 圖書番號〔餘大、三七六九〕。題簽は判讀出來ず、藏書印(東密の子院か)も墨で消去されている。

(134) 『國書總目錄』二、七四一頁に所載の他、大谷大學、早稻田大學、眞福寺、成田山圖書館などでも所藏する。なお、同目錄に「文明十年寫」とある東寺寶菩提院本は、天正七年、仁和寺の忠俊の書寫本である(「文明十年」は印融の奧書の年時)。『作法集』の現行本については、布施淨慧「作法集の研究」(『佛教文化論集』一～三、一九七五～八一年、川崎大師教學研究所)參照。

(補注) 一九九五年六月七日付『朝日新聞』夕刊、學藝欄の記事によれば、中國社會科學院の方廣錩氏らによって、數年前に北京圖書館の書庫から、陳垣編『敦煌劫餘錄』に未收錄の敦煌文書が約四千點確認され、民間信仰關係の寫本も多數含まれているとのことで、現在編集中の『北京圖書館敦煌遺書總目錄』ならびに影印本の刊行が待たれる。(その後、方廣錩編『中國國家圖書館藏敦煌遺書總目錄——新舊編號對照卷』、二〇一三年、中國人民大學出版社が刊行された)

〔附記〕

史料の影印、翻刻をご許可いただいた、大谷大學圖書館、眞福寺寶生院、東京大學總合圖書館、東寺寶菩提院、東洋文庫、法藏館をはじめ、調査に際してお世話になった尾崎正治(大谷大學)、西岡芳文(金澤文庫)、田中文雄、渡會瑞顯、笹岡弘隆(大正大學)氏、叡山文庫、國文學研究資料館、大正大學附屬圖書館、同綜合佛教研究所、名古屋市鶴舞中央圖書館、東京大學史料編纂所、名古屋市蓬左文庫、龍谷大學大宮圖書館、早稻田大學中央圖書館、同東洋哲學研究室の關係者各位に、篤くお禮申し上げたい。

また、仁和寺と守覺法親王に關する最近の文獻として、仁和寺紺表紙雙紙研究會編『守覺法親王の儀禮世界』全三冊(一九九五年、勉誠出版）、福島金治編『特別展　仁和寺御流の聖教――京・鎌倉の交流――』（一九九六年、神奈川縣立金澤文庫）があり、後者には、金澤文庫本『壽延經護記』と「御血脈」の寫眞版が載る。

『壽延經』校異

〔眞福寺本〕

○本文右側の傍書は次の二本との異同を示す。

作＝『作法集』（東京大學所藏本）

祕＝『祕密儀軌集』（大谷大學所藏本）

○缺＝缺佚、×＝缺字を示す。

（第一紙　表）

1　①佛說壽延經

2　②佛在香華③園（祕＝國）時與④（作＝大）比丘比丘尼⑤優

〔敦煌本〕略號

A＝S三四九二號　B＝S五四三三號

C＝S五五三一號　D＝S五五六三號

E＝S五五七〇號　F＝S五五七七號

G＝S五六七九號　H＝S六二三三號

I＝S六二六八號　J＝P二一七一號

K＝P二二八九號　L＝P二三七四號

M＝P三一一〇號　N＝P三八二四號

O＝北・李八十四號　P＝北・宇六十八號

Q＝北・日九十三號

①F＝缺、I＝佛說延壽神呪經、その他＝佛說延壽命經。

②F＝缺、Iを除く全て＝尒時佛。③F＝缺、その他の全て＝國。④I＝×。⑤

3　婆⑥塞⑦優婆夷七萬二⑧千⑨人倶有
4　比丘名難達壽⑩欲終盡⑪從⑫佛求
5　延壽⑬（作=命）命⑭（×）説十七神名結黄縷百枚
6　卽⑮延十八年其⑯有壽百歳者⑰延
7　命二⑱十歳得⑲安穩⑳離㉑諸惡害病

（第二紙　裏）

8　者得愈㉒瘂㉓（作=瘂　祕=啞）者得言㉔四百四病應時
9　消除佛言諸有病者持此㉕十七神
10　名蔫結縷㉖者㉗（作=病）衆患悉除常當
11　持此經着清淨處若隨身㉘不得離
12　之便㉙（作=使　祕=使）其人獲（作=獲　祕=獲）无量福悉㉚薩和比㉛
13　丘遬和

L=×

⑥M=×。⑦G=×、⑧F=この文字まで缺、Iを除く全て=七。⑨I=×。

⑩ACFHLMN=期壽、B=其壽。⑪BDEJKOPQ=期、ACGHLMN=×。⑫C=倶從。

⑬O=壽、Iを除く全て=命。⑭Iを除く全て=佛爲説。

⑮I=積。⑯I=缺、その他の全て=×。⑰全て=×。

⑱I=一百卄。⑲I=令得、その他の全て=常得。⑳全て=隱。㉑Iを除く全て=无（F=無）。

㉒I=缺、Mを除く全て=得愈。㉓I=缺、A=瘂、N=瘂、その他の全て=瘂。

㉔BM=×、ILを除く全て=語。

㉕M=此結。

㉖I=缺、その他の全て=黄縷。㉗I=者終、その他の全て=×。

㉘全て=身と不の間に「常使淨潔中卽十七神常當擁護」が入る（Iのみ常使淨=缺、中=肯）。

㉙M=×、B=所、その他の全て=使。㉚Iを除く全て=神名四。㉛FL=神名比、IFLを除く全て=神名毗。

14　隨沙門㉜　波波那㉝作＝婆

（第三紙　表）

15　牛頭陁㉞　金陁頭㉟　那羅達㊱　摩訶㊲

16　和波　咀波利㊳祕＝四　馬頭陁㊴　阿遬達㊵

17　波陁和㊶　離㊷祕＝呵　咼頭　摩由羅㊸　阿訶㊹

18　庥作＝摩 祕＝摩　迦遬㊺ゝ神㊻　十七神㊼　常當擁

19　護　便得所願卽得㊽作＝使 祕＝使㊾

20　佛說壽延經㊿祕＝壽延經

21　梵釋寺經藏在此經祕＝缺

（第三紙　裏）

（左隅中央部）經一丁半

㉜F＝神名毗、FIを除く全て＝神名隨。㉝Iを除く全て＝神名波。

㉞AH＝神名午、AHIを除く全て＝神名牛。㉟A＝神名今、AIを除く全て＝神名金。㊱I＝缺、その他の全て＝神名那。㊲I＝缺、その他の全て＝神名摩訶波和。

㊳I＝缺、B＝神名羅波和、その他の全て＝神名四波和。㊴Iを除く全て＝神名馬。㊵Iを除く全て＝神名阿。

㊶Iを除く全て＝神名波頭和。㊷I＝利波、Iを除く全て＝神名和訶。㊸Iを除く全て＝神名摩。㊹B＝神名摩訶薩、I＝缺、その他の全て＝神名摩訶摩。

㊺I＝缺、その他の全て＝神名迦。㊻HI＝缺、その他の全て＝神名遬、㊼BC＝此十七神名、BCHIを除く全て＝此十七神。

㊽A＝在、B＝×、CGM＝所、H＝缺、その他の全て＝使。㊾F＝×、H＝缺、I＝成四百四病一、その他の全て＝成。

㊿ACLMQ＝佛說延壽命經一卷、B＝佛說延壽命經一本、DJKOP＝佛說延壽命經、EN＝佛說延壽經、F＝延命經一卷、G＝佛說延壽經一卷、HI＝缺。

第七章　『招魂經』と陰陽道の招魂祭

緒　言

『佛説招魂經』(以下『招魂經』)は、これまでどの大藏經にも收められたことはなく、七寺本の出現によって、初めてその本文を知ることが出來た經典の一つである(補注1)。

調査を擔當した直海玄哲によって、內容と思想的特色の概觀、竝びに影印、翻刻と訓讀が試みられているが(1)、その後、大正大學圖書館所藏マイクロフィルムによって、東寺寶菩提院三密藏の聖教類の中にも別本を見出し得たので、本稿では、先ず兩者を比較した上で、その宗教思想的性格や成立時期、日本への傳來の問題などを検討する。

次いで、『玄祕抄』や『祕抄』『祕抄問答』、あるいは東寺寶菩提院本『招魂事』などを手掛りにして、東密を中心とする招魂作法と『招魂經』との關係を考察する。

さらに、京都府立總合資料館所藏、若杉家本『祭文部類』所收の「招魂之祭文」により、この經典が陰陽道の招魂祭において、所依經典として用いられた可能性を推考し、日本における『招魂經』の受容過程を跡付けてみたいと思う。

一、『招魂經』とその傳來

（1）七寺本と東寺寶菩提院本

七寺本『招魂經』は、假二〇函に収藏の巻子本で、楮紙に墨界が引かれ、一行十五〜二十字（平均十七字）、全五十九行に亙っている。表紙に外題は無いが、内題と尾題は、ともに『佛説招魂經』で、末尾に「一交了　永藝」の奥書がある（圖1・圖2）。永藝は、承安五年（一一七五）から治承四年（一一八〇）にかけて、弟子の榮俊とともに七寺一切經の書寫にあたった勸進僧で、七寺（當時は稻薗山長福寺）の住持を務めていた(2)。

一方、東寺寶菩提院三密藏には、二本の『招魂經』があり（正本とその寫本）(3)、正本の方（整理番號、第十四函、三〇號）は、タテ十五・六センチ、ヨコ十四・五センチの粘葉枡型本で、一行平均十字、各頁七行、本文は九丁である。やはり外題は無いが、内題の『佛説灌頂度星招魂斷絶復連經』に續けて「思惟三藏譯」とある。尾題は『佛説招魂經』で、奥書は、

□□四年□□□廿日□南勝房書寫交合了

仁豪

というように、判讀し難い部分が少なくないが、別にもう一本、これを書寫した副本があって、不明な箇處は全て判讀できる。

この寫本は、タテ二十三・五センチ、長さ一九八センチの巻子本で、外題は『佛説招魂經』、その下に「東寺寶菩提院」とあり、内題、尾題は、正本と同一である（整理番號、第二函、四四號―一）。

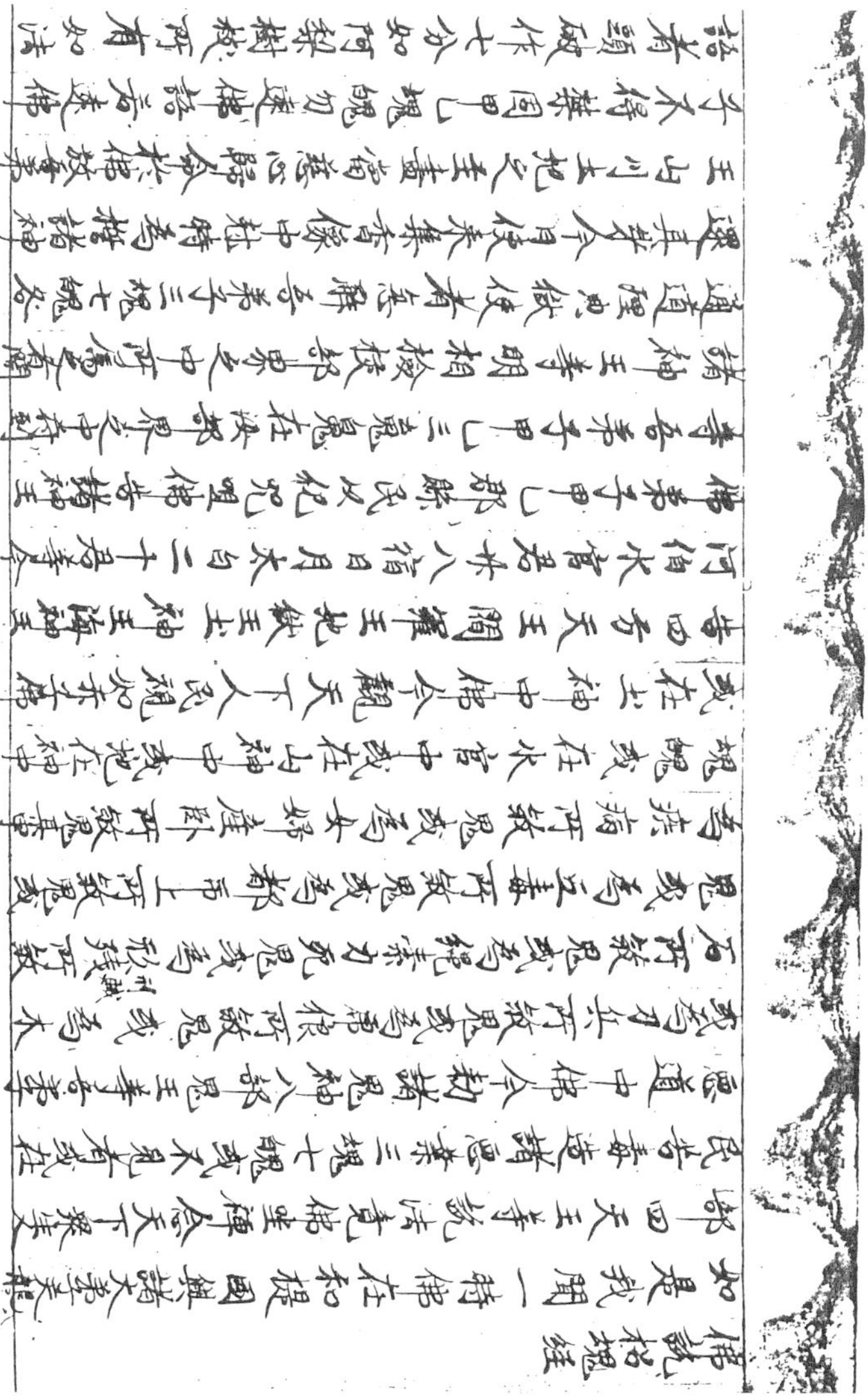

圖1　七寺本『招魂經』巻首

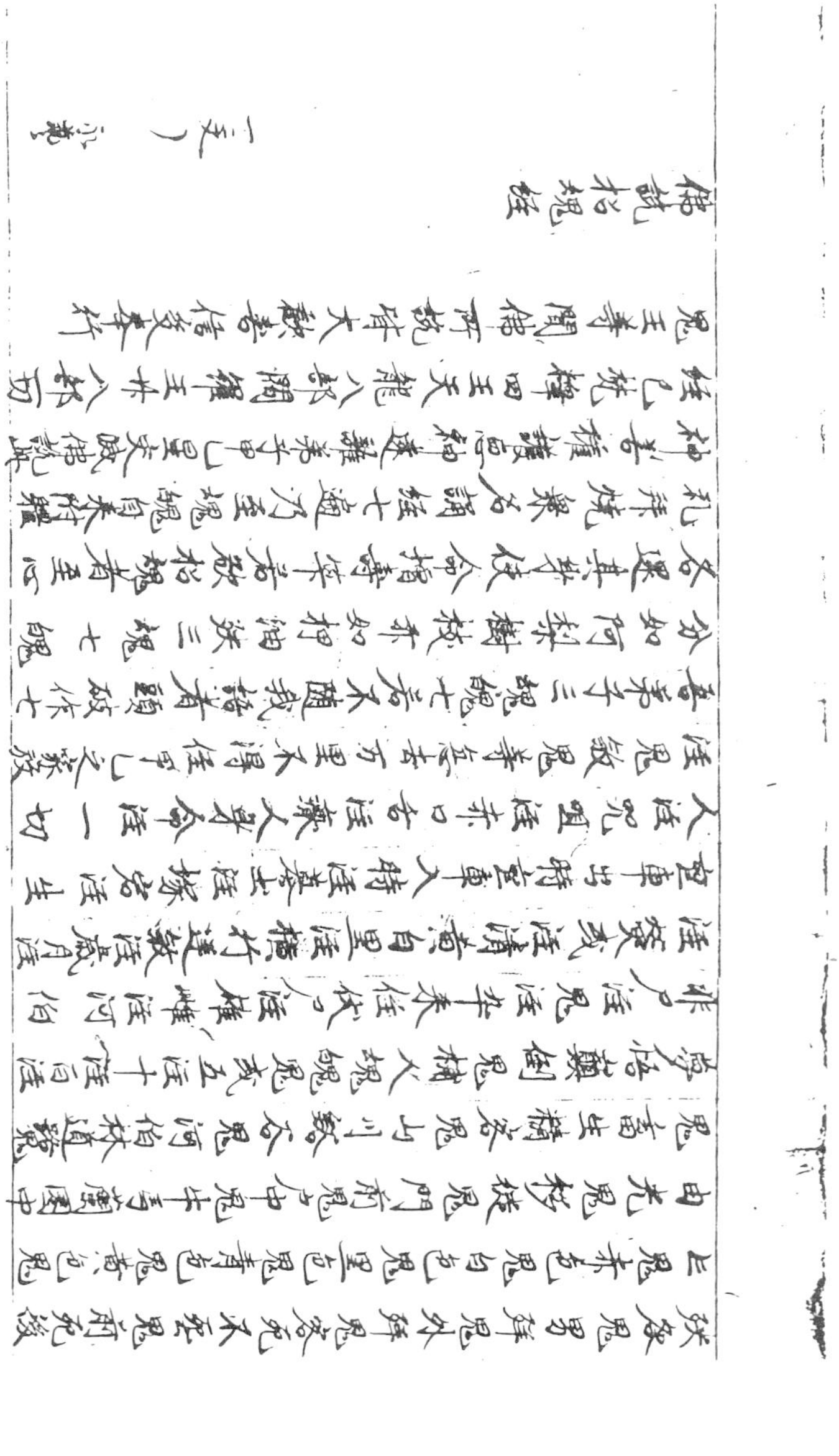

圖2　七寺本『招魂經』巻尾

奥書の前半は正本の寫しで、

本云

承暦四年十一月廿日於南勝房書寫

校合了

とある（傍點、筆者）。「承暦四年」は一〇八〇年にあたり、正本の書寫年代は七寺本よりも一世紀ほど溯ることにな
る。「南勝房」は、後述するように、仁和寺南勝院をさすものと思われる。

續いて奥書の後半には、副本の作成をめぐって、

寶永六年九月十二日惜古本朽損馳

禿筆令一覽處寫本不審之文字

多後匠必尋出類本可加校勘

乎

前大僧都敎獻　生年卅一

と記す。正本の朽損を惜んだ敎獻が、寶永六年（一七〇九）に書寫したものだが、諸本を博搜して校勘を加えること
を望んだにも拘らず、他に類本は得られなかったようで、本文の校合が行なわれた形迹は見られない。

次に七寺本を翻刻して示す。東寺寶菩提院本正本の難讀部分を副本で補いながら、七寺本との異同を示すと、次の
下段のようになる（七寺本の各行の冒頭の數字は原本の行數）。

七寺本『佛説招魂經』

如是我聞一(1)時佛在和提國與諸大弟子天龍・【八歟】部四天王等説法竟佛坐禪念天下衆生人民苦毒造諸惡行三魂七魄或不見者(2)或在惡道中佛今敕諸鬼神八部鬼王等吾弟子(3)或爲刀兵所殺鬼或爲虎狼所殺鬼或爲木石所殺鬼或爲繩索(4)力死鬼或爲形殘【刑賊】(5)所殺鬼或爲五毒所殺鬼或爲都市(吊)(6)上所殺鬼或爲疾病所殺鬼或爲女婦(7)產臥所殺鬼某甲魂魄或在水官中或在山神中或地在(8)神中或在土神中佛今觀天下人民視如赤子佛告四方天王閻羅王地獄王土神王海神王河伯水官君廿八宿日月太白二十君(9)等今佛弟子甲乙郡縣(10)民以犯咒咀佛告諸神王等吾弟子(11)甲乙三魂魄(12)在汝部界之中符到諸神王等明相檢校部界(13)之中所屬之者開通道理典獄使者急解吾弟子三魂七魄各還其身今月(14)使來集香像中尅時爲誓諸神

○寶菩提院本

(1) ナシ

(2) 不具者

(3) 五。弟子

(4) 繩索刀。

(5) 刑戮。

(6) 都市。上

(7) 婦女

(8) 在地

(9) 二千。石。

(10) 郡縣人。

(11) 五。弟子

(12) 三魂七。魄

(13) 部鬼。

(14) 今日。

18 王(15)山川土地之主盡當慈心歸命於佛放吾弟
19 子不得禁固甲乙魂魄勿遠佛語(16)若遠佛
20 語(17)者頭破作七分如阿梨樹枝所有如法
21 泥羅(18)支羅摩由羅生人廿八宿所屬姓(19)名
22 相連之者或在太陽之中或在太陰之中或在
23 大將之中或在北辰之中或在南斗之中伺
24 命十二月違前後八神形(20)破月殺前猗後檢
25 十二直符前三後五功曹(胄)主簿三王兵(21)【伯】墓
26 惡曹(胄)(22)侶前三後四功曹(胄)(23)廷尉(24)刑禍絕命諸神王
27 等左杖右杖化直無除吳時大刑(25)(26)皇天候八
28 神地在(27)右九坎東王父西王母東井大時小時
29 四時五帝之神一切鬼神王等符至急(28)放
30 解吾弟子(29)三魂七魂各還其身不隨佛語者
31 頭破作七分如阿梨樹枝亦如押油殃急解
32 其身(30)

---

(15) 諸王
(16) 勿違。佛語
(17) 若違。佛語者
(18) 握。羅
(19) 所。姓。屬名
(20) 八神刑。
(21) 三兵
(22) 惡遭。侶
(23) 功遭。
(24) 廷尉。
(25) 丈夫
(26) 刑星。
(27) 㔾
(28) 到。急
(29) 五。弟子
(30) 其身尒時四天王龍神八部鬼神王等隨佛敕語卽說呪曰
東方提頭賴吒天王請印呪曰
唵一地利致羅上音瑟吒二合囉羅々波羅二合末那多曳平音莎訶
南方毗嚕勒叉天王請印呪曰

33 角星十二度兌(亢)星七度氐星十度房星十度
34 心星五度尾星十八度箕星十二度斗星八度
35 牛星八度女星十二度虚星十度危星十五度
36 室星十六度壁星九度奎〔華〕星十度婁星十二度
37 胃星十六度昴星十二度畢星十六度觜星十度
38 參星十四度東井[31]星廿六度鬼星四度柳星十度
39 七星十六度張星十八度翼星十四度軫星七度
40 如是諸星周流返覆二清一濁二陰一陽生
41 人星宿以度解脱十八地獄至人[32]身中者或
42 出蕩萇沙鬼四面熒或(惑)[33]鬼五部刑殘【賊】[34]鬼先世
43 殃咎鬼男殃鬼外殃[35]鬼客死不坐鬼前死後

唵一毗嚕陁迦二藥叉地婆跢曳平莎訶
西方毗嚕愽叉天王請印呪曰
唵一毗嚕愽叉那去音加二地波跢曳平莎訶
北方毗沙門天王請印呪曰
唵一吠賒羅二合麼那二檀那上肐胝平音陁羅三莎去音訶
天龍八部諸鬼神王集會請印呪曰
唵一薩婆二提婆三那伽阿那唎四娑婆訶

(31) 井星
(32) 主。人
(33) 熒。惑。
(34) 刑殘。
(35) 水。殃鬼

亡鬼赤色鬼白色鬼黑色鬼青色鬼黃色鬼
由光鬼移徒鬼門前鬼戶中鬼牛馬蘭圈中
鬼畜生精客鬼(36)山川谿谷鬼河伯林道路鬼
夢悟顚(37)(捕)倒鬼楄人魂魄鬼或五注十注百注
非尸注鬼注(38)夲來住伏尸注(39)雄雌注河伯(40)
注(41)焚或注淸黃白黑注(42)横行逆殺注歳月注
喪車出時喪車入時注(43)墓土注(44)塚宕(岩)注生
人注咒咀注赤口舌注(45)厭人身命注一切
注鬼殺鬼等急去萬里不得住(46)甲乙之家放
吾(47)弟子三魂魄(48)七若不隨我語者頭破作七
分如阿梨樹枝亦如押油殃三魂七魄
各還其身使命(49)增壽算若欲招魂者至心
禮拜燒衆名(50)誦經七遍乃至魂魄自來附體
神善(善神)(51)擁護惡神(52)遠離弟子甲乙星災(53)滅佛說此
經已梵釋四王天龍八部閻羅王廿八部一切
鬼王等聞佛所說皆大歡喜信受奉行

佛說招魂經

一交了　永藝

---

(36) 精密鬼
(37) 顚倒
(38) 死鬼注
(39) 注伏
(40) 雄雌
(41) 河伯
(42) 青黃白黑注
(43) 喪車出時注
(44) 墓注
(45) 赤口赤舌注
(46) 不得留住人
(47) 五
(48) 三魂七魄
(49) 伺命
(50) 燒香
(51) 善神
(52) 惡鬼
(53) 甲乙害星火滅

兩者が最も異なるのは、七寺本の三十二行目から三十三行目の間に、「尒時、四天王龍神八鬼神王等、隨佛敕語卽説呪曰」以下の、四天王ならびに諸神の請印呪の部分を缺くことと、寶菩提院本では、結びの「佛説此經已」以下、梵釋四天王諸神が、皆この經文の教えに歸依することを敍べる條り（七寺本の五十八〜五十九行目）を缺くことである。

（2）『招魂經』の三魂七魄と招魂

『招魂經』は、中國古來の招魂儀禮を説くものではなく、冥界に遊離する佛弟子たちの魂魄を、身中に再び招還し、延年益算をもたらすことを主旨とする。

冒頭でまず、佛弟子たちが刀兵、虎狼、木石、繩索刀（力）、刑賊（殘）、五毒、疾病、出產などさまざまな死因によって幽鬼となり、その魂魄は、水官、山神、地神などのもとに黏在することを述べた後、四天王、閻羅王、地獄王、土神王、海神王、河伯、水官君、二十八宿、日月、太白二十君等の諸王諸神に對して、佛は次のように告げる。

「もし自己の領域内に佛弟子たちの魂魄が拘束されていたら、その道理を開通し、典獄の使者に命じて佛弟子の三魂七魄を解いて、それぞれ元の身體に還しなさい。もし佛の指示に隨わぬ神があれば、阿梨樹の枝のように頭破して七分に作すであろう（補注2）」と。

その後に、幽鬼が居る場所や、その樣態などを、それぞれの諸王諸神の世界に基づいて、具體的に敍述していく條りが、經卷の中心をなす。道教的世界を構成する中國の民間信仰や習俗に根差した諸種の神格や星宿、卽物的な幽鬼の描寫を織り込みながら、佛によるこの言葉が、三度繰り返され、最後に、魂魄の招還と益壽延年を希う者は、この經を至心禮拜して七遍讀誦すべきことを強調して終る。

『招魂經』では、佛弟子たちの靈魂を三魂七魄と總稱するが、これは中國古來の魂魄二元説とは性格を異にした、道教の靈魂觀を示す概念である。(4)

中國では、『淮南子』主術訓に「天氣魂と爲り、地氣魄と爲る」、あるいは『禮記』郊特性に「魂氣は天に歸し、形魄は地に歸す」というように、人間の精神を魂、形骸を魄と呼び、死後の魂は天に昇り、魄は地に歸し、また、魂は陽、魄は陰とされた。

この兩者が結合して、はじめて人間の生命は活動できるが、魂魄がひとたび遊離すると、その身體と精神は衰弱し、死に至る。

それに對して道教には、これを敷衍した三魂七魄説がある。用例としては、東晉の葛洪『抱朴子』巻一八、知眞篇に、「長生せんと欲せば、當に勤めて大藥を服すべく、神に通ずることを得んと欲せば、當に金水もて形を分つべし。形分るれば則ち自ら其身中の三魂七魄を見、而して天靈地祇も皆接見す可く、山川の神をも皆使役す可きなりと」とあるのが早く、(5) 北宋の張君房撰『雲笈七籤』巻五十四、五十五の〈魂神〉に、その詳細な記述が載る。(6)

冒頭の「説魂魄」によれば、三魂は、「太清陽和の氣」である〈胎光〉と、「陰氣の變」としての〈爽靈〉、「陰氣の雜」である〈幽精〉からなる。もし陰氣が陽氣を制すれば、人の心の清淨は失なわれ、陰雜の氣が盛んになると、人心は昏冥になり、神氣が缺少して體調不順に陥って死亡するので、陰氣を抑制し、胎光の陽氣を降す必要がある、という。

一方、七魄は、尸狗、伏矢、雀陰、呑賊、非毒、除穢、臭肺をさし、その性格はいずれも邪悪汚穢をきわめた「身中の濁鬼」とされる。

魂は、一年に六十日間、六度身中に戻って陰魄を抑制し、百神が身中に交會して災厄から身を護るが、もし魂が還らないと、陰魄は外氣と通好して、人を「遊夢怪惡」の狀態に陥れてしまう。

また、三魂の内、〈胎光〉は天常に屬し、生人のために壽命を延ばして穢亂の想を絶ち、人の身中に在れば生存の道が具わる。〈爽靈〉は五行に屬し、常に人が萬物を機謀することを欲して、百神を役使するので、人に禍福、災衰、刑害の事が生ずる。〈幽情〉は地に屬し、常に人が色を好み、欲を嗜むことを欲する。そのため人は穢亂昏暗の狀態になり、睡眠に耽って精力が盡き死に至る、とも述べたうえで、「拘三魂法」や「制七魄法」の方法に言及している。(7)

こうした道教獨自の靈魂觀(8)は、『儀禮』士喪禮や、『禮記』檀弓下、などにみえる、死の直後の「復」や、『楚辭』の「招魂」「大招」などに描かれたような招魂儀禮や魂魄觀(9)を踏まえながら、徐々に現實的で神祕的な要素を濃厚にしてきたものと思われるが、『招魂經』の場合、三魂七魄の語や、經文中に列擧される神格の性格などに明らかなように、こうした道教的な觀念が形成される過程で、その影響を多分に受けながら撰述された疑僞經典として位置づけることができるだろう。

（3）經名と成立時期の問題

中國歷代の經錄における『招魂經』の初見は、隋代の『法經錄』卷四〈衆經僞妄〉で、

　招魂經　一卷

とあり、(10)他の經典と併せて、

　前五十三經、竝號乖眞。或首掠金言、而末申謠讖。或論世術、後託法詞。或引陰陽言凶、或明神鬼禍福、諸如此比。僞妄灼然。今宜祕寢以救世患。

と評されている。(11)初唐の『靜泰錄』卷四〈衆經僞妄〉にも、同様の記事があり、(12)隋の『仁壽錄』卷四〈五分疑僞〈名

雖似正、義涉人造〉には、[13]

　招魂經　一巻

同じく『大周刊定衆經目錄』巻十五〈僞經目錄〉では、

　招魄經　一巻

とする。[14] また、

　招魂魄經　一巻

と記載するのは、『大唐内典錄』巻十〈歴代所出疑僞經論錄[15]〉と『開元釋教錄』巻十八〈別錄中疑惑再詳錄[16]〉、竝びに『貞元新定釋教目錄』巻二十八〈別錄中疑惑再詳錄[17]〉であり、『開元錄』と『貞元錄』には、

　亦云招魂經。周錄云招魄經。

という注記も附されている。

この經典の題名に關して問題となるのは、前述の東寺寶菩提院本の内題が『佛説灌頂度星招魂斷絶復連經』〈思惟三藏譯〉となっていることである。この經名は、梁の僧祐が六世紀初期に撰錄した『出三藏記集』巻五〈新集疑經僞撰雜錄〉に掲出された十二部の中にすでに見えており、

　右十二部經記、或義理乖背、或文偈淺鄙。故入疑錄、庶耘蕪穢以顯法寶。

という注記がある。[18] 次いで『法經錄』巻四では、前掲の「照魂經」とは別に、經名を記した後、

　此經更有一小本、竝(盡)是人作。

と割注が附されている。[19] さらに『仁壽錄』巻四[20]、『靜泰錄』巻四[21]、『大唐内典錄』巻十[22]、『大周刊定衆經目錄』巻十五[23]、『開元釋教錄』巻十八[24]、『貞元新定釋教目錄』巻二十八[25]でも、それぞれ『招魂經』と同じ項目に、前後して、

佛說灌頂度星招魂斷絶復連經　一卷

を擧げたうえで、多くが『法經錄』の割注を引用しており、「一小本」が「招魂經」をさすのかどうかは判然としないが、『招魂經』とは別の經典と見做されてきたようだ。

それに對して日本では、傳來當初は『招魂經』ではなく、おもに『度星經』として流布した形迹がある。正倉院文書の寫經關係の記錄のなかに、『招魂經』を見出すことはできないが、天平三年（七三一）八月十日の「寫經目錄」小乘經雜帙の第五帙に、

佛說度星經　用三

とあって[26]、三紙を用いて書寫されたことが記され、天平五年（七三三）類收の「寫大小乘經目錄」に、

佛說度星經　一卷

とみえ[27]、天平勝寶五年（七五三）五月七日類收の「寫經納櫃目錄[28]」と、その案文らしい一通[29]にも、それぞれ、

灌度星經　一卷

と記されている。これらの奈良朝寫經は、いずれも散佚したようだが、平安初期に、天台宗の安然が撰錄した『諸阿闍梨眞言密教部類總錄』（『八家祕錄』）卷上〈延命法〉に、

佛說招魂經　一卷　梵釋闕本、今有錄中載之

とあり[30]、近江の梵釋寺には所藏しないが、入唐八家の請來目錄等によって記した、という。

梵釋寺は、延曆五年（七八六）に桓武天皇が創建した御願寺で、近接した天智天皇創建の崇福寺（志賀寺）とも關係が深く、長安で唐代密教の研鑽を積んだ永忠が兩寺の檢校を兼ねたこともあって、藏書の豐富さでも知られたが、『招魂經』は、この頃すでに稀覯書に屬していたのかも知れない。

正倉院文書所載の經名が『度星經』もしくは『灌度星經』とあるのに對して、『八家祕錄』の『佛說招魂經』は、七寺本や東寺寶菩提院本とも一致しており、その藍本となった可能性が高い。

これらの諸記錄を總合すると、『招魂經』の本來の經名は『佛說灌頂度星招魂斷絕復連經』といい、『出三藏記集』以前、五世紀後期頃の成立と考えられる。道教の延年益壽思想や三魂七魄說の影響を受けて撰述された疑僞經典としては、比較的早い時期に屬するが、いわゆる『灌頂經』に編入されることはなく、(31)別に『招魂經』あるいは『度星經』といった略稱で流布した、とみてよいのではなかろうか。

二、東密系の延命招魂作法と『招魂經』

本節では、平安時代以降の東密系寺院における『招魂經』受容の在り方をめぐって、醍醐寺と仁和寺を中心に、二、三の作法書類を手掛りにして考察したい。

(1)　實運『玄祕抄』と守覺法親王『祕抄』の招魂作法

醍醐寺の實運（一一〇五～六〇）は、左大臣源俊房の子で、三寶院を創始した勝覺の弟にあたり、醍醐寺十七代座主を務めた。彼が先師元海から受けた諸尊法を集成した『玄祕抄』は、とくに三寶院流において『金寶抄』『諸尊要抄』とともに、最も重視された傳書であるが、その巻三〈延命法〉に「招魂作法」が收められている。(32)

冒頭、表題に續けて「魂魄より出づる怪異有る時、之を行ず。最極祕事なり。之を披露すべからず」と注記した上で本文に入る。

まず施主の衣服を請い出し、𑖨𑖽（覽）、𑖪𑖽（鑁）二字を以て香水を加持し、その衣服に三度灑ぐ。衣に三股杵を取って軍荼利の小呪を呪し、左に旋回して衣服を三七（二十一）遍加持する。さらに〈活命の印〉を結び、眞言を三遍誦し、印を以て衣服の上に置く。その後、念珠を取って眞言を百遍誦し、三鈷を取って軍陀利の小呪を誦して、今度は右に旋轉して衣服を加持し、施主に着せる。

これは修法の初夜に、加持に先立って行なう作法とされ、中國の招魂儀禮において、死者の魂魄を招還するために、屋上に登り、衣を振りながら死者の名を呼ぶ〈復〉の所作に基づくものと思われるが、それを生者の延命修法に援用したとみてよいだろう。

次いで印の結び方を説明し、「唵引縛曰羅二合薩埵吽引嚩一句」という眞言を引くが、その典據として三十卷本『教王經』卷一四から、次の一節が引用されている(33)。

爾時一切如來。爲令普盡三世增上主宰大自在天得活命故。從一切如來心出是大明曰　唵引嚩日囉二合薩埵吽引嚩一句

此大明印

堅固應作祕密鉤　諸指向外而舒展

是印相合置頂中　死者能令得還命

説是印明時。而彼下方跋娑摩餐那世界。跋娑彌莎囉儞哩瞿沙加來。忽從大自在天身中出現。説此頌曰

大哉一切正覺尊　諸佛大智無有上

能令死者有情身　去識還來得活命

正式には『佛説一切如來眞實攝大乘現證三昧大教王經』という三十卷本『教王經』は、空海が「教王經開題(34)」を著した『金剛頂一切如來眞實攝大乘現證大教王經』などに較べると、入唐八家の請來でないこともあってか、東台兩密に

おいて、さほど重視されなかったようである。[35]

「招魂作法」では、さらに、病者が臨終を迎えた時に、「禁五路印」を結び、「大滿陀羅尼」を誦すべきことを説く。「禁五路」は、人の魂が去る五處（臍下、腹、胸、首、頂上）から、魂が移るのを防ぐ印の呼稱とされる。[36]

續いて『穢跡金剛説神通大滿陀羅尼法術靈要門』の一節が引かれ、[37]病者の治療に用いる「頓病印」と「禁五路印」について再説の後、やはり同經の一節から、前述の「大（圓）滿陀羅尼」[38]を掲出して終る。

この『玄祕抄』の「招魂作法」は、仁和寺第六世の守覺法親王（一一五〇～一二〇二、北院御室）が編纂した『祕抄』にも引き繼がれている（三十巻本では第九巻に所收）。

守覺は、醍醐寺の勝賢から小野方の法流を受けたが、勝賢が『玄祕抄』の著者實運の付法弟子であるためか、『祕抄』の「延命招魂作法」に關する記事は、『玄祕抄』前半の作法次第と、『教王經』に基づく「活命印」をめぐる部分の抄錄に近い。[39]なお、冒頭の裏書に、

招魂作法、不限㆓于普賢延命㆒。延命法用㆑之。問。縦不㆓修法㆒用㆓此作法㆒哉。
答。有㆓此怪異㆒者、縦不㆑行㆓此法㆒、別何不㆑同㆓此作法㆒哉。

とあり、普賢延命法をはじめとする延命法との關係について、とくに「怪異」が出來した際には、延命法を行なわずに、招魂作法だけを行なうこともある、という。

この二書にみる限り、東密における招魂作法の所依經典として、主に用いられたのは、三十巻本『教王經』のようだが、『招魂經』に對する見方は、守覺法親王『祕抄』の注釋書として、賴瑜が撰述した『祕抄問答』の一節に窺うことができる。

（2）　頼瑜『祕抄問答』の招魂作法注釋

『祕抄問答』十九巻二十四册は、高野山大傳法院、醍醐寺報恩院などで研鑽を積み、仁和寺の經瑜にも師事した頼瑜（一二二六～一三〇四）が、永仁五年（一二九七）に根來中性院において撰述したもので、[40]『祕抄』所載の諸尊法について、諸流の次第や祕記を參酌しつつ、問答體で詳述しており、巻九の〈延命招魂作法〉に關する解說も委曲を盡くしている。

まず、題目に續けて、「理性院云、去識還來作法也」と注記し、醍醐寺理性院流では、招魂のことを「去識還來」とも呼ぶという。この句は、前揭の三十巻本『教王經』の活命頌末尾に見え、後述のように本書の一節でも詳論されている。

冒頭では、この修法が、醍醐寺から仁和寺に傳えられた經緯について、次のように述べる。

此事出二三十巻教王經第十四巻一也。此事獨有二當流一餘流無レ之。北院御室從二覺洞院僧正一有二御傳受一、其後仁和寺有二此法一。其後御遺弟御室有乙可下令レ修二招魂法一給上之敕甲。御室被レ申云、我身雖レ相二承此法一。正付二法成賢一可レ被二仰付一也云云仍彼時遍知院僧正被二勤仕一南勝院法印御房說也報恩院御記云、命云、此作法極祕事也。先年七條既此怪異出來之時、故御室被二奏申一云、密宗招魂法成賢所二習傳一也。他流輒不レ知レ之歟云云仍延命御修法被二始行一レ之。彼御法慇懃令二勤仕一之、女院今御無爲也。（傍線、筆者）

これによると、招魂作法は北院御室・守覺法親王が、醍醐寺覺洞院の勝賢から傳授されて、仁和寺でも行なわれるようになった。その後、守覺から受法した、弟の道法法親王（一一六六～一二一四）に、招魂法を實修するよう後鳥羽天皇から敕命が下ったが、道法は、醍醐寺遍智院の成賢（一一六二～一二三一）が正統であると奏上したため、この時は成賢が勤仕した。

以上の部分は、南勝院法印御房の説による、というが、これは撰者頼瑜の師に當たる仁和寺の經瑜のことであり、前掲の東寺寶菩提院本『招魂經』が書寫された場所として、その奥書に見えた「南勝房」も、經瑜の住房をさすと考えられる。

さらに「報恩院御記」すなわち成賢の弟子で、頼瑜の師でもある醍醐寺報恩院の憲深（一一九二～一二六三）の手記に基づいて、先年、後鳥羽天皇の生母、七條院（一一五七～一二二八）に、この「怪異」が出來した際にも、道法が、東密の招魂法は成賢が傳習しており、他流では行なわない極祕事であると奏聞したため、始めての延命御修法が鄭重に執行され、女院は事無きを得た、と述べる。

この後から、問答體による注釋が始まり、衣服加持作法について、現行の活命印と本説とに差異があるかとか、本説の三十卷本『教王經』とは何か、といった諸問題をめぐり、「報恩院御記」や『玄祕抄』を引用しながら説明を加えたのち、「招魂」と「去識還來」との關係をめぐる、やや長い問答が續く。

「招魂」は外典の法だが、それをなぜ眞言の祕事に用いるのか、という問いに對して、『大日經疏』を引きつつ、「去識還來」の語義は、心識は身に依って住する故に身を離れて獨り去るべきものではなく、印眞言の加持力を以て、去來の識心を相續させ、壽命を延ばすことにあり、外典の「反魂」などと似ているために、「招魂法」とも呼ばれるのだ、という。

次いで『仿説招魂經』が話題になる。

問。若爾何有二佛説招魂經一耶。

答。彼譯者擬二外法一立レ題歟。例如三道智經中説二五常一矣、或僞經歟矣。（傍線、筆者）

外典の呼稱に因む『佛說招魂經』のような佛典があるのはなぜか、という問いに對して、『道智經』を例に引きながら、譯者が外法に擬して經名に「招魂」を用いた僞經であろう、という解釋が示されている。

この他、普賢延命法との關係や、修法を行なう時期に關して、前引の『祕抄』裏書や、「光寶記」（成賢の弟子の光寶の手記）を引きながら說明した後、承久元年（一二一九）九月八日に、遍智院成賢が、後鳥羽院の離宮である水無瀨殿(41)において勤仕した普賢延命法と、建保六年（一二一八）四月十五日の醍醐寺三寶院西廊における普賢延命法、承久元年（一二一九）五月五日と同年九月十五日に、後鳥羽院の「息災安穩增長寶壽」を祈願して行なわれた、普賢延命法における結願作法、伴僧、支度の内譯などが詳しく記錄され、最後に、以下のような法具書を列擧する。

問。今法具書何等耶。

答。一切如來金剛壽命陀羅尼經一卷金剛智證

金剛壽命陀羅尼經一卷不空御請來智證

佛說一切如來心光明加持普賢菩薩延命金剛最勝陀羅尼經一卷不空運

一切如來普賢延命經一卷叡

護命法門神呪經一卷貞元圓覺

壽延經一卷梵釋

佛說招魂經一卷梵釋缺本

金剛壽命念誦法一帖不空御請本慈覺智證

梵字金剛壽命眞言一本慈

護命放生儀軌一卷

諸佛集會經　天台所用。唐書云云。惠什云。大師御作云云。

金剛智口訣一巻

法三宮次第一巻

石山内供釋一巻

東密における一連の延命招魂作法において、とくに『招魂經』が重視された形迹は見うけられないが、おそらくは安然の『八家祕錄』などを參酌してまとめられたと思われる、これらの法具書の中で、やはり道教的な延年益算思想を説く疑僞經典でありながら、醍醐寺理性院流を中心に、延命法の所依經典として重用された『壽延經』[42]とともに竝記されていることは、注目に値するだろう。

（3）　東寺寶菩提院本『招魂事』と流布本『延命招魂作法』

東寺寶菩提院三密藏聖教類の中には、『招魂事』と題する一本も傳存する（第一四六函―一二一號）。タテ十五・五センチ、ヨコ十三・九センチの粘葉装で、全四丁。表紙には、

「　私
　招魂事　」

とあり、弓矢と刀の配置を示した圖が、一枚添附されている。内容は、前引の『祕抄問答』の延命招魂作法の冒頭部に類似するが、こちらの方がより詳しい。

1ウ　招魂事

師云此作法如朱付卅巻ノ教王經ニ見タリ

件經三寶院經藏《ニ》有之不具《ナリシヲ》
故僧正御時被出(書?)具云々又云此活命《ノ》
印《ノ》事付《テ》今《ノ》說文《ニ》者外縛《ニテ》十指

2オ

乍縛來去云々
但玄祕《ニハ》二羽ナラヘテ不縛《シテ》外《ニ》向《テ》三
度マ子ク也經文已《ニ》不遠玄祕《ニ》仍經文
分明之間付其用之由先師僧正被
申眞言《ハ》不遠今《ノ》次第云々
師云後鳥羽院御時七條女院此恠異

2ウ

出來之由院《ヘ》被申仍自院光明壽院
御室（道法々親王 後白河院宮）被申合之處御室御
返事《ニ》此事付外法《ニ》招魂祭《トテ》有之
又付門法有招魂作法然者內外ソ(シテ?)
御祈禱可被始之由被申之間又
自院被仰之然者ヤカテ可有御勤

3オ

之由《ヲ》被申其御返事《ニ》但此事勝
賢僧正故御室《ニ》授申也仍成賢僧正
定存知仕候仰《ヲ》彼ノ成賢《ニ》可被勤修

由被申之間故僧正《ニ》自院被仰下之
時被勤仕了其時件活命印《ノ》如經說
用《タリシ》也《ト云々》其後又御寵人龜《亀》菊
殿後號伊賀殿此恠異出來之間又僧正御房《ニ》
被仰付其度《ハ》於住房可行之由被仰
之間於三寶院被行之非修法《ニ》只供
也兩三日之後聊風氣令出來給之故

3ウ

豫爲御□代令勤之三私云先度□代地藏院也又請文別紙有之一兒也
問此《ノ》去識還來之文《ハ》一定經文歟
答經文也
師云此招魂作法《ハ》隨分祕藏事也仍告
豫《カ》持本《ヲ》以借給之時此作法《ヲ》切離《テ》被留
後返之時乍切離給之間于今不繼□

一丁裏から二丁表にかけては、延命招魂作法の所依經典である三十卷本『教王經』が、醍醐寺三寶院の經藏に無かったので、成賢が具備したことと、「活命印」について、現行の作法と『玄祕抄』との異同がのべられる。

一丁裏の最後からは、『祕抄問答』の初没とほぼ同様の、後鳥羽院とその周邊で行なわれた招魂法に關する記錄だが、七條院に「怪異」が出來した際に、後鳥羽院から修法の要請をうけた光明壽院（道法法親王）は、外法に招魂祭があり、付門法に招魂作法があるので、併修してはどうかと奏上し、結局、成賢が勤仕した。

さらに、後鳥羽院の寵愛をうけた、もと白拍子の龜菊の身邊に、やはり「怪異」があった際にも成賢に依賴があり、この時には三寶院で延命招魂供を行なった、という部分などは、いずれも『祕抄問答』には見えない。

この『招魂事』の筆者は不詳だが、第三丁裏五行目の割注から、「豫」は成賢の付法の地藏院法印深賢をさし、同八行目の「師」も深賢とすれば、親快の手になるものかも知れない（補注3）。

『招魂事』の最後の部分で、「去識還來（延命招魂）作法」を『教王經』から切離して、單獨で傳承することが、問答體で語られているが、その後、『延命招魂作法』『招魂法』もしくは『去識還來法』などと題する作法書は(43)、東密だけでなく、台密の諸寺にも廣く流布した。

台密の傳書には、東密とは異なる要素が加えられたものも少なくない。例えば、叡山文庫の『延命法　招魂法』と題する一本(44)に收められた「招魂續命法」では、『續命經』が加味されており、同書の「招魂法」ならびに『招魂祕法』と題する別本(45)では、藥師法との關連が說かれているし、『延命招魂作法』の中には愛染明王を本尊とするものもあるが(46)、これらの傳書において、『招魂經』と關連する記述はとくに見出せない。

三、陰陽道の招魂祭と『招魂經』

（1）招魂祭の展開

前引の『招魂事』では、密教系の招魂作法と竝んで、外法の招魂祭に言及する箇處があったが、これは陰陽道の招魂祭祀をさすとみてよいだろう。

京都府立總合資料館、若杉家文書の一冊『文肝抄』は、一四九種にのぼる陰陽道祭の作法儀禮や用物などを列記したもので、鎌倉後期、十三世紀末頃の成立と考えられるが[47]、その一三〇番目に「招魂」の項がある[48]。

　招魂　魚味五座　撫物衣向北祭之　幡五本

　結撫物妻男左女右之時呪云、三魂七魄、突靈《サウ》、昭光、幽成《イウセイ》、尸《シ》、作陰、項賊《カウゾク》、非《ヒ》毒、除穢《エ》、就拂《シュフツ》、皆悉歸來、

　　急々結妻ノ付褁米

　　息災　病事　光物之時、祭之

この祭祀は、疾病の快癒や息災を祈願し、光物の怪異があった時に行なわれ、北に向って祭る。神座五前には魚味を供え、撫物には衣を用いる。その褄は結んで、米を入れた嚢を附けるとされ、災厄を攘い還魂を祈る呪言は、「三魂七魄」で始まっている。

　こうした陰陽道の招魂祭の記録としては、藤原實資『小右記』の「小記目錄」巻八、御祭事附解除に、

　永延二年（九八八）十月十一日、招魂御祭事

とあるのが初見だが[49]、具體的な內容は不詳である。

　次いで、萬壽二年（一〇二五）の八月五日に、尙侍藤原嬉子（道長四女、東宮（のち後朱雀）妃）が病死した際には、かなり詳細な記錄が殘っている[50]。

　春宮亮藤原泰通の要請を受けた陰陽師中原恆盛は、その夜、右衞門尉三善惟孝とともに、尙侍の住居であった上東門院の東對上で、尙侍の衣を振って「魂喚」をしたが、これは「近代不聞」の事で、陰陽寮の上官達も皆、「本條」に見えないことを理由に、祓を科そうとした。當惑した恆盛が、明經家の大外記兼助教の淸原賴隆に當否を問うと、賴隆は「或書」の一節を示して、「本條」に當ると述べたという。

清原頼隆が中原恆盛に示した「或書」には、「上自屋東方堂、亡者上、以其衣、向北方三度㡾迩久、（其詞云、其姓其魂復禮可喚字云々）畢自西北角下云々」とあるので、『禮記』喪大記や『儀禮』士喪禮などの〈復〉に關する一節と考えられるが、[51] 前引の『文肝抄』でも、死の直後の招魂儀禮には言及しておらず、日本古代の陰陽師は、主に存命中の息災、病事、もしくは怪異について招魂祭を行なったのではなかろうか。

これ以後の招魂祭に關する記録を摘録しておこう。[52]

(1)　萬壽四年（一〇二七）十一月三十日

重態に陥った藤原道長のために、禪室の源倫子が賀茂守道に依頼して招魂祭を行なったところ、「人魂」が飛來したため、絹三疋が下賜されたが、道長は翌月四日に六十二歳で死去した。（『小右記』）

(2)　長久元年（一〇四〇）九月

五日に、陰陽師阿部時親に命じて、後朱雀天皇の不豫の事を卜占させ、十二日から三晩の間、招魂祭を奉仕するよう、藏人資成に仰せがあった。（『春記』）

(3)　嘉保二年（一〇九五）十月二日

堀河天皇の病氣快愈を祈願して、大極殿で千人の僧侶による讀經が行なわれたが、その夜、內裏の北中門の方向に「大光物」があり、「人魂之疑」があるため、招魂祭を三晩行なった。（『中右記』裏書）

(4)　長承元年（一一三二）七月二十九日、十一月三十日

崇德天皇の中宮藤原聖子（後の皇嘉門院）のために、晦祓と招魂祭が行なわれた。（『知信朝臣記』、『兵範記』）

(5)　久安三年（一一四七）四月二日

內膳司において招魂祭が行なわれ、權天文博士安倍晴通が奉仕し、藏人俊憲が御衣の隨身として祭場に赴いた。

（『本朝世紀』）

(6)　久安五年（一一四九）九月二十九日

鳥羽上皇の皇太后、美福門院のために、晦祓と招魂祭が行なわれた。（『顯時卿記』）

(7)　承安三年（一一七三）三月

三日に皇嘉門院が不豫となり、卜筮の結果、土公、鬼靈、靈鬼の祟りによることが判明し、八日から三晩、施餓鬼と招魂祭を修めた。（『玉葉』）

(8)　治承五年（一一八一）六月十八日

京中に「光物」があり、內裏において招魂祭七座が修められた。後日、これは天變によるという奏聞があった。（『吉記』）

(9)　壽永元年（一一八二）三月十五日

高倉天皇中宮・建禮門院のために、長日泰山府君祭と招魂祭が行なわれた。（『養和二年記』）

これらの諸記録のうち、修法の理由が判然としないのは(5)だが、天文博士が勤仕して內膳司で行なわれていることから、何らかの怪異に關わるものとすれば、

不豫―(1)・(2)・(7)

息災―(4)・(6)・(9)

怪異（光物）―(3)・(5)・(8)

となり、先に述べた推測は、ほぼ裏付けられるだろう。

（2）『祭文部類』所収「招魂之祭文」について

これらの陰陽道系の招魂祭の性格や、『招魂經』との關連を考える上で、重要な手掛りを與えてくれる史料が、やはり若杉家文書の中に傳存する。『祭文部類』と題する一册で、寛喜三年（一二三一）の「大陰陽祭文」から、天正十一年（一五八三）の「荒神祭文」まで、十四種の陰陽道祭文を集録している。「屬星祭文」末尾の注記によれば、天正十一年八月に、安倍泰嗣が家傳の祭文を書寫し、傳奏權中納言廣橋兼勝に差し出したもので、「招魂之祭文」の日付は、弘治二年（一五五六）三月二十三日である。(53)

41オ　招魂之祭文
維日本國弘治二年歳次丙辰三月廿三日壬午
吉日良辰主人
齊戒沐浴敢昭告于皇靈后土司命
司祿掌筭掌籍東王父西王母等主人
尊天恐地敬鬼重神有何愆失鬼瞰云
臻哉而依何譴過恠異屢〻夢想紛〻
是知魂魄飛颺不身精神怳忽不從體因
茲爲令其魂魄還六府其精神安五藏
41ウ　謹賀銀錢寶幣酒菓之奠敬獻司命
司祿掌筭掌籍之神幸垂歆饗尙饗

所獻魂魄若當東方在令知其東方帝神色
皆靑遣魂歸來魂若當南方在令知其
南方帝神色皆赤遣魂歸來魂若當西
方在令知其西方帝神色皆白遣魂歸來
魂若當北方在令知其北方帝神色皆
黑遣魂歸來魂若當中央在令知其中央帝
神色皆黃遣魂歸來謹啓　再拜

この祭文では、まず「皇靈、后土、司命、司祿、東王父、西王母」などの「掌算掌籍」の諸神に對して、身體から遊離した魂魄が再び六府に還り、五臟を安ずることを祈願して、「銀錢寶幣酒菓」を供え、五方五帝に五色を配して招魂を求める。

42オ　謹啓何年何日疾患失魂何咎何徵魂魄
飛颺或依有刀兵盜賊之恐失魂或依四遠
行來田野山澤之間失魂或依水火急難
車馬驚怖失魂或觸犯鬼神魍魎《マウリヤウ》失魂或
招引浮遊邪魅失魂或依亡靈忿怨惡人
之呪咀失魂或依伏屍鬼氣怗異夢想之
徵失魂或雖魂入大陽中或大陰中或入大
將軍之中或入北南斗中伏願司命司祿

掌筭掌籍之神令三魂七魄皆歸本之
42ウ 五臓六府又以無變還魂續魄魂定魄子
歸來謹啓　再拜　散供

次いで、魂魄がどのような咎徴によって失なわれたのかを問い、刀兵盜賊、行路横死、水火急難、以下さまざまな要因を列擧して、再び司命司職掌算掌籍の神に三魂七魄の招還を願う。

謹重啓司命司祿掌筭掌籍四道
遊激山川百靈不知何月何日何咎何徵魂魄
飛颺精神遊散是故尋彼宋玉之舊風將
致招魂之新禮神幸鑒護還魂續魄今蒙
衆神之恩殊毎冥助必保壽福況大小祇之
崇親踈靈魂之恨遙拂遠除延年益筭
長生久視謹啓　再拜　無禮畢

さらに重ねて司命司祿掌算掌籍の諸神に對し、還魂續魄を祈願し、「延年益壽、長生久視」を求めて祭文を結ぶ。續いて、幣帛の配置圖とともに招魂祭の用物が詳記され、末尾に「家之正本以書寫畢」という識語がある。

この祭文の内容や構成は、『招魂經』から佛教的な要素を除くと、ほぼ符合しており、敢えて言えば、『招魂經』を踏まえて述作された可能性が高いのではなかろうか。

結　語

「招魂」の語が、日本古代の文獻に見える初例は、『日本書紀』天武十四年（六八五）十一月丙寅（二十四日）條に、

是日、爲㆓天皇㆒招魂之。

とある記事だが、卜部兼方『釋日本紀』では、これを「ミタマフリ」と訓み(54)、「十一月寅日也、今鎭魂祭也」として、『令義解』職員令、神祇伯條と『先代舊事本紀』の一節を引いている(55)。

件信友『鎭魂傳』も、「然れば、爲天皇鎭魂之と記されるべきを、例の漢ざまに傚ひて、招魂と書なされたるものなるべくぞ、知られたる」とのべて(56)、「招魂」を「鎭魂」の中國的表現と理解する。

たしかに神祇令・仲冬（十一月）條には、「上卯　相嘗祭」「寅日　鎭魂祭」「下卯　大嘗祭」が竝記されており、時日が一致することや、律令には他に「招魂」という表現は見出せないことから、天武紀の初見記事は、本來は「鎭魂」とあるべきものとみられる。

渡邊勝義の所論によれば、鎭魂祭は、古代諸豪族の荒ぶる祖神を鎭めるための、國家統治と深く結びついた祭祀であって、從來いわれてきたような、天皇の靈魂の遊離を防ぎ、病氣の治癒をはかろうとする個人的な儀禮ではなく、通說の前提となっている『令義解』や『令集解』の職員令・神祇伯條に付された、明法道諸家の「鎭魂」についての注釋では、『太平御覽』や『藝文類聚』などの類書所引の「魂魄」をめぐる諸說に依據しつつ、中國的な招魂儀禮に近い解釋がなされており、鎭魂祭の實態とは、かけ離れたものであることが指摘されている(57)。

日本では、中國の儒教的世界における〈復〉のような死の直後の招魂儀禮は定着せず、光物などの怪異現象や重病

に際して、息災や延命を祈願する招魂が、東密を中心とする密教僧や陰陽師らによって行なわれたが、こうした背景には、日本と中國における靈魂觀や冥界觀のちがいが作用しているものと思われる。

道教の三魂七魄説や延年益壽思想を包攝しながら、五世紀末頃までに成立した『招魂經』は、日本では奈良時代の天平年間以降、『度星經』として書寫され、平安時代には主に東密系の寺院に傳承された。寫本は、現在わずかに七寺本と東寺寶菩提院本とが知られるにすぎず、傳本が稀少なのは、三十巻本『教王經』の方が、密教系の延命招魂作法の所依經典として尊重されたことにもよるのだろう。

それに對して、『招魂經』の所説は、むしろ十世紀末頃から貴族社會を中心に盛んに行なわれた、陰陽道の招魂祭において繼承された可能性の高いことが、その祭文を通じて推知されるのである。

注

（1）直海玄哲「七寺本『佛説招魂經』に見える招魂」（日本道教學會第四三回大會報告、一九九二年十一月二十一日、於龍谷大學）、同「新資料『招魂經』とその周邊」（『中外日報』一九九三年八月十一日號）、同「『招魂經』影印・翻刻・訓讀・解題」（『七寺古逸經典研究叢書』第二巻、一九九六年、大東出版社所收）參照。

（2）近藤喜博、大山仁快他『尾張史料七寺一切經目錄』解説（一九六八年、七寺一切經保存會）、落合俊典「七寺一切經の構成と書寫テキスト」（『華頂短期大學研究紀要』三十五號、一九九〇年）、同「七寺一切經と古逸經典」（『佛教史學研究』三十三巻二號、一九九〇年）など參照。

（3）『昭和法寶總目錄』第三册所收の『東寺寶菩提院經藏諸儀軌目錄』（天明七年書寫）に載る「佛説召魂經」（八〇七頁、下段）が、これに該當するものと思われる。

（4）道教における三魂七魄については、藤野岩友「「雲笈七籤」に見える三魂七魄について」（『中國の文學と禮俗』、一九七六年、角川書店）、松田稔「中國古代の魂招きにおける方位觀の變遷」（『宗教研究』五十三巻一號（二四〇）、一九七九年）、池田末利「魂・魄考」（『中國古代宗教史研究』、一九八一年、東海大學出版會）、宮川尙志「道教的身體論における尸蟲と魂魄」（內藤幹治編『中國的人生觀・世界觀』、一九九四年、東方書店）、同「三魂七魄について」（栗原圭介博士頌壽記念『東洋學論集』、一九九五年、汲古書院）など參照。

（5）『正統道藏』太清部、第八六八册～第八七〇册の內、第八七〇册所收。

（6）『正統道藏』太平部、第六七七册～第七〇二册の內、第六八八册所收。

（7）要約は、主として藤野岩友、前揭注（4）による。

（8）藤野岩友、前揭注（4）。

（9）藤野岩友『巫系文學論』第六章「招魂文學」（增補版、一九六九年、大學堂書店）、西岡弘『中國古代の葬禮と文學』第三節「招魂」（一九七〇年、自家版）、松田稔、前揭注（4）、木島史雄「招魂をめぐる禮俗と禮學」（『中國思想史研究』十三號、一九九〇年、京都大學中國哲學史研究會）など。また、中國文學と民俗における招魂の諸相については、澤田瑞穗「魂歸る」（『中國の民間信仰』、一九八二年、工作舍）が詳しい。

（10）『大正藏』五十五巻、一三八頁下段。

（11）『大正藏』五十五巻、一三九頁上段。

（12）『大正藏』五十五巻、二一二頁中段、下段。

（13）『大正藏』五十五巻、一七四頁中段。

（14）『大正藏』五十五巻、四七三頁中段。

（15）『大正藏』五十五巻、三三五頁下段。

（16）『大正藏』五十五巻、六七六頁中段。

（17）『大正藏』五十五巻、一〇二〇頁下段。

（18）『大正藏』五十五巻、三十九頁上段。

(19)『大正藏』五十五巻、一三八頁中段。
(20)『大正藏』五十五巻、一七四頁上段。
(21)『大正藏』五十五巻、二一二頁中段。
(22)『大正藏』五十五巻、三三四頁中段。
(23)『大正藏』五十五巻、四七二頁下段。
(24)『大正藏』五十五巻、六七四頁上段。
(25)『大正藏』五十五巻、一〇一八頁中段。
(26)『大日本古文書』正倉院編年文書、七巻、十八頁。
(27)『大日本古文書』二十四巻、二十二頁。
(28)『大日本古文書』十二巻、四六六頁。
(29)『大日本古文書』十二巻、四六九頁。
(30)『大正藏』五十五巻、一一二一頁中段。
(31)『灌頂經』の成立に關しては、望月信亨『淨土教之起源及發達』第四章「支那撰述の疑僞經」第六節、灌頂經（一九三〇年、共立社、一九七二年、山喜房佛書林復刊）參照。
(32)『大正藏』七十八巻、四〇三〜四〇四頁。
(33)『大正藏』十八巻、三八九頁上段、二十一行目〜中段、三行目。
(34)『弘法大師空海全集』第三巻所收、遠藤祐純譯注「教王經開題」（一九八四年、筑摩書房）。
(35)『佛書解説大辭典』第一巻、一三二頁（神林隆淨稿）。
(36)塚本賢曉譯注『國譯玄祕抄』（『國譯密教』事相、第三巻、一九二一年、同刊行會）四三〇頁、頭注(一)、參照。
(37)『大正藏』二十一巻、一五九頁上段、十一行目〜十六行目。
(38)『大正藏』二十一巻、一五八頁中段、十七〜二十行目。ただし、『大正藏』の底本である高麗版とは、かなり異同があり、對校に用いられた黄檗版の淨嚴寺加筆本と、ほぼ同文である（校異二十四、參照）。
(39)『大正藏』七十八巻、五三二頁上段～中段。
(40)奥書によれば、十三世紀末、永仁、正安年間に加點、再治がなされた。『大正藏』七十九巻、四三五頁下段～四三九頁中段。
(41)十二世紀末に、水無瀬川と淀川の合流地點の右岸（現、大阪府三島郡島本町）に建てられた後鳥羽院の離宮。『平安時代史事典』竹居明男稿「水無瀬殿」參照（一九九四年、角川書店）。
(42)『壽延經』が、醍醐寺の賢覺により、延命修法の祕傳としてとくに尊重され、院政期から江戸時代を通じて相傳されたことについては、拙稿「『壽延經』の行方――疑僞經典の受容と密教修法――」（菅原信海編『神佛習合思想の展開』、一九九六年、汲古書院、本書、第六章所收）參照。
(43)醍醐寺には、「以成賢本書寫之　房―」の奥書と、「延命招魂作法一帖　以祖師眞跡書寫之祕藏ミミ本紙在光臺院經藏　交合了」という插入紙片のある『延命招魂作法』（粘葉、一冊）が現存する。東京大學史料編纂所編『醍醐寺文書記錄聖教目錄』二十六册上、第二六六函七十八號。
(44)叡山文庫、雙嚴院藏書（六―一五三五―一九五六）。
(45)叡山文庫、延暦寺藏書（六―一六〇―五三一五）。
(46)叡山文庫、眞如堂藏書（六―一六三―六六七）。
(47)村山修一編『陰陽道基礎資料集成』（一九八七年、東京美術）に影印と解説がある。若杉家本では、さらに「家傳書　丙若杉家」と記した上表紙が付されており、宮内廳書陵部所藏の『文肝要抄』（寶永二年（一七〇五））は、若杉家本の寫本とみられる。
(48)前掲注(47)、『陰陽道基礎資料集成』二一六頁、二十二丁裏～二十三丁表。
(49)大日本古記錄『小右記』九（一九七九年、岩波書店）、二四二頁。
(50)『小右記』萬壽二年八月五日條、『小右記（廣本）』同年八月七日條、增補史料大成版『左經記』同年八月二十三日條。
(51)肥後和男「平安時代に於ける怨靈の思想」（『日本文化』、一九三九年、弘文堂書房）、山下克明「陰陽道における典據の考

察」（『陰陽道叢書』一、古代、一九九一年、名著出版）參照。

（52）以下の招魂祭關係記事の抄錄には、東京大學史料編纂所編『史料綜覽』平安時代篇、加納重文編『索引史料綜覽（平安時代）』（一九八四年、和泉書院）を參照した。

（53）前揭注（47）、『陰陽道基礎資料集成』二六四～二六五頁、所收。

（54）『釋日本紀』卷二十一、祕訓六、新訂增補國史大系版（吉川弘文館）、二八二頁。

（55）『釋日本紀』卷十五、述義十一、前揭注（54）、二〇五～二〇六頁。

（56）『伴信友全集』第二卷所收（一九〇七年、國書刊行會、ぺりかん社復刊）。

（57）渡邊勝義『鎭魂祭の研究』第四、六、七章（一九九四年、名著出版）參照。

（補注1）成稿後、妻木直良「日本に於ける道教思想」（『龍谷學報』三〇六號、一九三三）に、次のような一節があるのが目にとまった。

佛說招魂經は、今日存在せざれば、其の內容を知る能はずと雖も、近時の燉煌出土の經典中に、招魂經一卷あり、佛說の文字なきも、其の內容は恐らく類似せるものなることを推知するに難からず、殆んど支那固有の民間信仰を列記せるものにて、佛道二教に共通せる內容を有し、多くの僞經と其類を一にすと云ふべし。（三十一頁）

これは、「眞言密教と道教」と題する第四章において、安然撰『八家祕錄』所收の諸經の內、「道教より陰陽道に變化すべき諸種の資料を含有せる經典」の一つとして、『招魂經』に言及した部分である。『大藏會展觀目錄』等にもあたってみたし、また妻木氏の御遺族にもお尋ねしてみたが、敦煌出土の「招魂經一卷」の所在を確認することはできなかった。當該寫經についてご存知の方がおられたら、ご教示下さるようお願いしたい。

（補注2）「頭破作七分、如阿梨樹枝」の諸經典における用例と解釋については、宮井里佳「『呪媚經』影印・翻刻・訓讀・解題」（『七寺古逸經典硏究叢書』第二卷、所收）に詳しい。

（補注3）初出稿では、「師」を南勝院經瑜とみて、これを賴瑜の覺書か、と想定したが、京都の柴田賢能氏からの御教示によって補訂した。なお、柴田氏は、文中の「豫」と「師」とを成賢の正嫡の道教と見倣しうることも示唆された。記して感謝申し上げたい。

第八章　『三星大仙人所説陀羅尼經』と妙見信仰・尊星王法

緒　言

七寺一切經の中には『三星大仙人所説陀羅尼經』（以下、『三星大仙人經』と略記）と題する一巻が傳存する。これは内題に續けて、

出自七佛八菩薩所説神呪經第二

とあり、また尾題の後にも、

是經七佛八菩薩神呪經同本異譯

とあるように、『七佛八菩薩所説神呪經』巻二の抄出異譯とみられるが、管見の限りでは他に傳本や記錄が見出せない稀覯本である。

本章では、經文中に見られる「妙見尊星菩薩」を手がかりにして、日本古代における星辰信仰、とくに妙見信仰と尊星王法との關連を検討することにより、この經典の成立をめぐる思想史的背景を試考したい。

一、『三星大仙人陀羅尼經』と『七佛八菩薩所説神呪經』

（1）兩經の異同

七寺本の本文は、『大正藏』二十一巻所收の『七佛八菩薩所説大陀羅尼神呪經』の第二（經題は『七佛所説神呪經』、以下『七佛神呪經』と略記）の五四六頁下段二十三行目（「我北辰菩薩名曰妙見」以下）から、五四八頁上段十二行目（「當知是此大神呪力」）までに該當する。また、ほぼ同一の經文が、『陀羅尼雜集』第二所收の「北辰菩薩妙見呪一首」「太白仙人呪一首」「熒惑仙人呪一首」にも載る。[1] この三本を對照すると、七寺本は『陀羅尼雜集』よりは『七佛神呪經』の方に近い表記がなされているが、七寺本と『七佛神呪經』との間にも少なからぬ異同が認められる。

『七佛神呪經』の冒頭には、

我北辰菩薩名曰妙見。今欲説神呪擁護諸國土。所作甚奇特故名曰妙見。處於閻浮提、衆星中最勝、神仙中之仙、菩薩之大將。光目諸菩薩、曠濟諸群生。

とあり、北辰菩薩は諸國土の擁護に功徳が著しいが、その所作が奇特なため妙見とも呼ばれ、衆星中の最勝で神仙中の仙、菩薩の大将であるというように、神仙説の影響が顕著にみられる。七寺本では、この部分に先立って、

爾時、北辰大仙菩薩白佛言。

という文言を附加しているが、これは、後出の「太白仙人」「熒惑仙人」と合せて、經題の「三星大仙人」にふさわしく整えたものとみられる。

次いで、國土を擁護し諸王をたすけ、災厄を消し敵を斥けるという大神呪とその功徳を詳述するが、『七佛神呪經』

では續けて國王がこれまでに犯した過ちを悔責し、三尊（彌陀、觀音、勢至）を恭敬し、貧窮者を憐愍するとともに孤老がいれば撫恤し、また怨親の中にいて心を常に平等に保って怨枉を斷理し、民物を枉げぬよう說いた後、

> 若能修行上來諸德、[A]我時當率諸大天王、諸天帝釋、伺命都尉、天曹都尉、除死定生、滅罪增福、益算延壽、[B]白諸天曹、差諸善神、一千七百、邏衛國界、守護國土、除其災患、滅其患惡、風雨順時、穀米豐熟、疫氣消除、無諸强敵、人民安樂、稱王之德。

という。だが七寺本では、傍線部Aの「我」の次に「妙見尊星王」を插入し、傍線部Bも「爾時、妙見尊星王大仙菩薩語敕諸天曹言」と補足して、「妙見尊星王」の存在を强調する。

『七佛神呪經』では、重ねてこの陀羅尼を讀誦すべきことと、その功德を再說して北辰妙見菩薩に關する記述は終るが、七寺本では、その前に次のような十行餘りの長文を插入する（第四十二行～第五十三行）。

> 尒時、伺命都尉、天曹都尉、卽從座起、著金剛甲、手執鉾、腰帶釼、足著鐵靴、如金剛神王將。一千七百善神、倶皆合掌、住立佛前、異口同音白佛言、世尊我等皆從如〔妙〕見菩薩、常住悪世、擁護世間、令諸衆生、得大安穩。若有持是妙見〔尊〕星王菩薩名號、亦恭敬供養者、我等善神令彼所求皆悉滿足。尒時、妙見大仙菩薩復作是言、若得欲一切福者、造我形像。著新淨衣、受持三歸五戒十善戒、供養名香名華五穀菓子燈明等物。壽命長遠、珍寶衣食倉庫盈溢。

この增宏部分では、國王に對する國土の擁護や災厄の消除だけでなく、前節の末尾にいう「人民安樂」に關して、諸神が重ねて世間の擁護と、衆生に大安穩が得られるよう妙見尊星王菩薩に願い、妙見像を造立して供養することをのべている點が注目される。

（2）『七佛神呪經』の傳來

現行の『七佛神呪經』は四巻から成り、第一巻だけが『七佛八菩薩所説大陀羅尼神呪經』と題し、第二巻から第四巻までは『七佛所説神呪經』で、いずれも「晉代譯失三藏名今附東晉錄」とされる。神林淨隆によれば、この内、七佛と八菩薩の陀羅尼とその功德を説くのは巻一だけで、巻二の前半は、梁代失譯の『阿吒婆拘鬼神大將上佛陀羅經』[2]を節略した『曠野鬼神阿吒婆拘呪經』であり、巻二の後半から巻四までは、『集法悅捨苦陀羅尼經』に屬するという。[3]

中國歷代の經錄における『七佛神呪經』の初見は、六世紀初期、梁の天監年間に僧祐が撰錄した『出三藏記集』巻四の〈新集續撰失譯雜經錄〉で、

七佛神呪　一巻

七佛神呪　一巻　結縷者異本

とある。[4]「一巻」というのは、現行の巻一に當るものと思われる。この巻一では、陀羅尼の後に「誦呪三遍、黃色縷結作十四結」とか「誦呪三遍、縷黃色結作三結繫項」「誦呪五遍、縷五色結作十四結繫兩手」などのように、黃色や三色、五色、六色等さまざまな縷を身體の各所に結ぶことになっているが、こうした内容を含むものと、そうでないものとの二種があったらしく、これと同樣の記事は、隋の『法經錄』（五九三年成立）巻一〈衆經別生錄〉[5]や、『仁壽錄』（六〇二年成立）巻三の〈別生錄〉[6]にもみえる。

だが、隋の費長房が五九七年に撰錄した『歷代三寶紀』では、巻五の〈譯經魏吳錄〉に「七佛神呪經　一巻」を擧げて、魏の文帝の時代に月支國の支謙が譯出した一二九部一五二巻の内の一つに數えた。[7]續いて唐の道宣が六六四年に撰錄した『大唐内典錄』巻二の〈歷代衆經傳譯所從錄〉でもこの說を引いたうえで、[8]巻三の〈東晉朝傳譯佛經錄〉

に「七佛神呪（有結縷法異出本）」を擧げる他[9]、巻六〈歴代大乘藏經翻本單重傳譯有無錄[10]〉と、巻八〈歴代衆經見入藏錄[11]〉、巻九〈歴代衆經擧要轉讀錄[12]〉においても、

七佛神呪經（四巻 七十紙）　失譯

と記す。以下、六六六年成立の『靜泰錄』巻一〈衆經目錄[13]〉、同巻三〈別生錄[14]〉、ほぼ同時期に成立した『古今譯經圖紀』巻一[15]、六九五年の『大周錄』巻五〈大乘重譯經目錄〉などでも、『大唐内典錄』の内容がほぼ踏襲されているが、『大周錄』では諸説を總合して、

七佛神呪經一巻（結縷者異本 一本或無經字）
右呉代支謙譯、出長房錄。
七佛神呪經一部四巻（七十一紙）
以前二經同本別譯

とする[16]。さらに從來の經錄を集大成した智昇の『開元錄』（七三〇年成立）では、巻二の〈總括群經錄〉で「七佛神呪經一巻（一本無經字 見長房錄）」[17]、巻三の〈大乘缺本錄〉で「七佛神呪（呉支謙譯）」[18]とした後、同錄に新付した一本として、

七佛所説神呪經四巻（初巻云七佛十一菩薩說大陀羅尼神呪經）

とを擧げ、現行本と同一とみられるものに初めて言及する。また巻十二の〈有譯有本錄中菩薩三藏錄〉には、

七佛所説神呪經四巻（或無所說字）
晉代譯失三藏名（今附東晉錄）

としたうえで、次のような割注を付す[19]。

右此七佛神呪經、大周錄中編爲重譯云、與呉代外國優婆塞支謙所譯單巻七佛神呪經同本。今以此單巻經久闕。其

本巻數、復殊不可懸記。今依舊錄、編單本內。

『開元錄』では、この他にも巻十四の〈別錄中有譯無本錄〉、巻十六の〈別錄中支派別行經錄〉、巻十九の〈入藏錄〉でも、同經を記載する。[20]

以上のような經錄の記事を通じて、當初は一巻だけであった『七佛神呪經』が、『大唐内典錄』の撰述以前、隋末唐初の頃には、現行本とほぼ同じ四巻七十紙前後に增宏され、八世紀初期の『開元錄』の時代には、初巻を『七佛十一菩薩説大陀羅尼神呪經』とする別本も流布したことがわかる。

なお、敦煌出土寫本の中には、現在六本の『七佛神呪經』が確認されているが（北京本＝出四十六、制六十七、李三十、列二、スタイン本＝九四三（巻四）、二九二九）、現存本の經題は『七佛八菩薩――』もしくは『七佛所説――』で、十一菩薩とするものは見出せない。だが、これは日本にも舶載されたことが、古寫本によって確かめられる。

光明皇后が發願し、その願文にちなんで〈五月一日經〉とよばれる一切經は、天平七年（七三五）三月に遣唐大使多治比眞人に從って吉備眞備らとともに歸國した玄昉が請來した、當時最新の『開元錄』に基づく一切經五千餘巻に[21]より、翌天平八年九月から皇后宮職の寫經所で着手し、東大寺寫經所において天平勝寶末年頃まで續けられた、『開元錄』未收の章疏類も含めて約七千巻に及んだと推定される厖大な寫經である。[22]正倉院聖語藏の七五〇巻を中心に、一五九部九〇七巻餘りが現存するが、[23]その内の、福井縣敦賀市の西福寺に傳存する『七佛神呪經』巻一は、『七佛十一菩薩――』という表題をもつ。

また、平安初期に天台宗の安然が、最澄や空海をはじめとする入唐八家の請來錄や、諸寺の目錄を中心に撰集した『諸阿闍梨眞言密教部類總錄』（『八家祕錄』）でも、『貞元錄』に依據しながら、

七佛所説神呪經四巻　初巻云七佛十一菩薩説大陀羅尼神呪經、圓覺缺注、梵釋有注、貞元

と記す。[24] 割注の圓覺寺は山城國愛岩郡にあった藤原基經の栗田院を、元慶四年（八八〇）に清和天皇が宗叡を戒師として出家した後に寺院としたところであり、[25] 梵釋寺は、延暦五年（七八六）に桓武天皇が近江大津宮の近くに創建した、山林修行のための道場である。[26]

『七佛神呪經』がいつ頃日本に初めて請來されたのかは不詳だが、次節では、奈良時代の宮廷をはじめ、民間にも流布した様相を辿りたい。

二、『七佛神呪經』と妙見信仰

（1）『七佛神呪經』の書寫と傳播

正倉院文書における『七佛神呪經』關係の記事は、天平年間から寶龜年間にかけて、斷續的に見出すことができる。その内、最も早いものは、前述の光明皇后發願〈五月一日經〉に關する記事である。冒頭に「自天平八年九月廿九日始經本請和上所」とある「寫經請本帳」[27]は、「和上」即ち玄昉が請來した經典を、皇后宮職に設けられた寫經所に順次借り出した際の借用目録で、天平九年（七三七）三月十二日に高屋赤萬呂が記録した合計一一四卷の中に、

今送「先用大吉義呪」
七佛所說神呪經四卷今

とみえ、[28] これは卷一と卷三が現存する西福寺本の底本に該當するものと思われる。

以下、天平十三年（七四一）閏三月二十一日付「經卷勘注解」の、『救護身命經』『觀世音三昧經』『呪媚經』『安宅墓土側經』などの疑僞經類を含む二十三種の中に、

北辰菩薩經

とあり、(29)天平十九年（七四七）四月四日の日付をもつ經師の忍坂成麻呂の手實には、

受寫雜五十七帙用紙且八十枚 卌七枚七佛所説神呪經第一用廿一第二十六第三用十六第四廿一大吉義神呪經第一用九

とあって、(30)全四卷の書寫に合計七十四紙を用いたという。この寫經は同年二月二十四日から始められたが、書寫に先立って忍坂成麻呂が提出した「寫經疏用紙筆注文」では、『七佛神呪經』分として七十五紙の支給を請求している。(31)

次いで天平二十年（七四八）八月四日付で東大寺の良辨が、堂童子の呉部淨蟲に付した「經律奉請帳」には、

七佛呪經一卷白紙

の他に、

七佛所説神呪經四卷「在内」

とも記されているが、「在内」については、この奉請帳の末尾に「右、在内字者、〔廿四卷〕以廿七日、自内裏讀了所出來」という追記がある。(32)

この他、天平二十一年（七四九）三月二十七日を始めとする「經師等紙筆墨充帳」には、

最勝王經一部　七佛所説經一部奉納寫〔料〕充筆幷墨紙

三嶋岡萬呂十二月八日充紙七紙筆一墨半廷十一日廿一十三日二十四日三十六日五十八日六廿日四八九十卷

敦賀石川同日紙廿筆一墨半廷十二日廿十六日卌廿五日返上六

とあり、(33)天平十四年（七四二）七月十三日付から始まる「納櫃本經檢定幷出入帳」には、

七佛所説神呪經四卷五十七帙内受持七佛名號所生功德經一卷

右、依佐伯次官天平勝寶元年七月廿三宣奉請、付舍人丸部年成、

　「返了」知史阿刀「酒主」他田水主

とある。(34)「佐伯次官」は、のちに造東大寺司長官となった佐伯今毛人をさす。

また、天平勝寶元年（七四九）八月十三日付の「經疏間校帳」には、

七佛所説經四卷　无垢淨光大陀羅尼經一卷　地藏經一卷

　用紙百四十帳　一校上馬甘　二校飽田石足

とあり、(35)關連する記録を以下に列記しておく。

○天平勝寶三年（七五一）九月二十日類收「寫書布施勘定帳」(36)

（第卅六帙）七佛所説神呪經四卷　七十七

（第卅五帙）七佛所説神呪經四卷　「八十」

○天平勝寶四年（七五二）五月九日以下「寫書所請間寫筆墨帳」(37)

十月五日納錢卅文　菟毛筆一管直

右、奉寫七佛所説神呪經一部　地藏經一卷、无垢淨光大陀羅尼經一卷料　上馬甘

（中略）

十二月八日納菟毛筆貳管　墨壹迋

右、爲奉寫最勝王經一部　七佛所説經一部、所謂如件　上馬甘

○同年七月二日付「寫經料紙用殘帳」(38)

能登忍人

（中略）

十月卅日　七佛所説經四卷　无垢淨光大陀羅尼經一卷　地藏經一卷　用紙百十四帳。

天平勝寶五年（七五三）五月七日付「紫微中台請留經目錄」の紫微中台は、四年前に皇后宮職を改稱したもので、この目錄には、

合奉請大小乘經貳仟陸伯捌拾卷

東寺請返二千三百九十七卷

内裏請留二百八十三卷

を記載するが、『七佛所説神呪經』四卷は、「先奉請大乘經」の中に含まれている。[39]同年五月七日に類收の「大乘經納櫃目錄」も、紫微中台（皇后宮職）による光明皇后願經に關する目錄とみられ、

七佛所説神呪經四卷綵帙（追筆）「又四卷无軸无帙」

とあるが、[40]裝潢は「綵帙緋綾裏錦縁組帶」という贅を凝らしたものとなっている。

同年六月九日以下の「造東（大）寺司紙筆墨軸等充帳」には、

充經所銀塵紅紙壹伯拾陸張

右、依内侍因八萬中村宣、可奉寫七佛神呪經、地藏經、無垢稱經料、分付如件。

次官佐伯宿禰　判官上毛野君眞人

天平勝寶六年九月九日付呉原生人

が含まれるが、天平勝寶六年（七五四）の「經紙出納帳」[41]にも、これと關連する次のような記錄が殘る。[42]

九月九日納銀塵紅紙壹伯拾陸張

右、依内侍因八萬中村天平勝寶六年九月八日宣、奉寫七佛神呪經　無垢稱經（淨光陀羅尼經一巻）　地藏經料者

呉原生人

十月卅日納紫紙參張

右七佛所説經四巻　地藏經一巻　无垢淨光大陀羅尼經一巻

表紙料納如件

上馬養

（中略）

十二月三日納穀紙貳伯陸拾張

納草莒壹合（以七歳四月拾七日納寶星陀羅尼經付畠賢達進因播宮）

右依内侍因八萬中村天平勝寶六年十二月三日宣、奉寫最勝王經一部、七佛所説神呪經一部料者

上　馬養

呉原

さらに、天平勝寶七年（七五五）二月九日付の「外嶋院一切經散帳」には、『七佛所説神呪經』四巻の貸借を内裏に要請したことが記され(43)、同八年（七五六）七月二日の「圖書寮經散帳」には、

七佛所説神呪經一部四巻（黄紙及表綺緒朱軸、帙緋綾裏錦、縁組帯）

右、依定戒尼師七歳四月廿二日宣、令請因幡宮、　付畠賢達

とあって(44)、定戒尼の宣により、因幡宮に請うたという。

この後、しばらく記録に間隔があくが、天平寶字七年（七六三）三月十日の「法師道鏡牒[45]」に、

合奉寫七百卅二卷
最勝王經十一部
寶星經一部
七佛所説神呪經三部
金剛波若經六百卷
右、今月十日内宣偁、仰根道令奉寫件經者、宜承知旨、早令奉寫

と記されたのを受けて、その翌日付の「造東大寺司解[46]」に、

造東寺司
合應奉寫經六百十五部七百卅二卷
最勝王經十一部百十卷
寶星陀羅尼經一部十卷
七佛所説神呪經三部十二卷
金剛般若經六百部六百卷
（以下、書寫料等の明細は省略）

とある邊りから、再び關係記事がふえはじめる。同年三月十八日付の「奉寫七百卷經料雜物收納帳」、同年四月六日付の、「七百卷經充紙筆墨帳」、同日付の「奉寫七百卷經本充帳」は、いずれも孝謙上皇と弓削道鏡による寫經に關わる記録で[47]、最後の史料には、

七佛所説經三部十二卷

　一部若倭部國梓「用八十四」　二部禾田公足「用八十四張」　三部美努船長「用八十四張　破四」

というように、一部毎に擔當した經師も記錄されている。

これらの他にも、寶龜二年（七七一）閏三月一日付の「奉寫一切經經師請筆墨手實帳」以下、奉寫一切經所の經師による手實が多數殘っており、[48] この時の寫經の進捗狀況が具體的に把握できる。

奈良時代に書寫された一切經は、和銅三年（七一〇）の沙門知法發願一切經をはじめとして、今日知られるだけでも二十三部を數えるが、[49] 延べ十萬卷にも及ぶと推定されるこれらの寫經の規範としてとくに尊重されたのは、玄昉が請來した『開元錄』に基づく一切經であり、光明皇后發願の五月一日經は、その最初のしかも最大部な一切經であった。

これらの一切經書寫に際して『七佛神呪經』も再三書寫されただけでなく、單獨でも流布していったことが、正倉院文書に殘る諸記錄から知られるが、この經典は宮廷の獨占物であったわけではなく、民間にも普及したようである。天平六年（七三四）七月二十七日の日付をもつ「優婆塞貢進解」によると、山背國愛宕郡賀茂鄉岡本里の鴨縣主黑人は、當時二十三歲で淨行八年に及んだが、彼は『方廣經』上卷以下、十二種の佛典や陀羅尼を誦したといい、その最後に「七佛八菩薩陀羅尼」を擧げている。[50]

奈良時代に流布した『七佛神呪經』が、どのような場で讀誦されたのかは、必ずしも明らかではないが、正倉院文書の天平勝寶四年（七五二）閏三月二十八日に類收される「佛像彩色料注文」[51] に、藥師像と千手千眼菩薩像各一軀に續いて、

妙見菩薩一軀　竝着彩者

として、三體の彩色に用いる顔料の明細とともに、繪師一人が十二日を要する、と記されていることから、妙見信仰の所依經典として受容されたものと推測される。

（2）　妙見信仰と星辰信仰の展開

奈良時代の妙見信仰の様相を具體的に傳えるのは、藥師寺の景戒が九世紀初期に撰錄した『日本靈異記』に載る、次の三篇の傳承である。

「絹の衣を盗ましめ妙現菩薩に歸願して其の絹の衣を修得せし緣」と題する上卷第三十四話では、昔、紀伊國安諦郡（現、有田郡）の私部寺の前にあった一軒の家から、絹の衣十疋が盗まれたので、妙見菩薩に祈願した。盗まれた絹の衣は市人に賣られたが、數日後に突然强風が吹いて舞い上った衣が鹿の角にかかり、その鹿はもとの持主に衣を返すと、天上遙かに去っていったという。

私部寺に妙見菩薩像があったと明記しているわけではないが、この地域では「妙見」という呼名に因んでか、盗失物の發見に靈驗があると信じられたようであり、下卷第五の「妙見菩薩變化して異形を示し盗人を顯す緣」も同様の說話である。

河內國安宿郡に信天原山寺があり、廣く畿內の人々が妙見菩薩のために每年燃燈を奉獻していた。稱德朝（七六四～七七〇年）に、この寺の知識たちが菩薩に燈明を供え、住僧にも布施をしたところ、その內の錢五貫を弟子僧が盗み隱した。後日、隱した錢を取り出そうとすると錢は無く、代りに矢に當った鹿が死んでおり、弟子僧は鹿の屍を擔ぎ出すため、河內の市邊の井上寺の里から人々を連れてきたところ、鹿ではなく、無くなったはずの錢五貫があったため、彼が盗んだことが露見したという。

この信天原山寺を南河内郡太子町春日の妙見寺とみる説もあるが[52]、舊石川郡磯長にあたる妙見寺とは郡も異なるので、別の寺院と考えた方がよいかも知れない[53]。

もう一話は下巻第三十二話の「網を用て漁せし夫の海中の難に値ひて妙見菩薩に憑り願い命を全くすること得し縁」で、大和國高市郡波多里の川漁師である呉原忌寸名妹丸は、延暦二年（七八三）八月十九日の夜、紀伊國海部郡の伊波多岐島と淡路島との間の海に出漁した。仲間八人と三隻に分乗したものの、突風で三隻とも轉覆し、仲間は皆溺死したが、一人、名妹丸だけが漂流しながら妙見菩薩を念じて、もし命が助かれば等身の妙見像を造立することを誓願したところ、意識を失いながらも海部郡の蚊田浦濱にたどり着いたので、妙見菩薩像を作って崇敬したという。

これより半世紀ほど後の承和五年（八三八）に渡唐した圓仁の『入唐求法巡禮行記』巻一にも、海が荒れて船が沈没しそうになった際、碇を棄て荷物を擲げ捨てて、皆口々に「觀音」と「妙見」の名號を唱え活路を求めたところ、無事揚州に到着したという一節があり[54]、北辰を神格化した妙見菩薩には、航海の安全を守る力が信じられたこともわかる。

『續日本紀』寶龜八年（七七七）八月十五日條には、

上野國群馬郡戸五十烟。美作國勝田郡五十烟捨二妙見寺一。

とあって、奈良時代後期に「妙見寺」が存在したことを傳えるが、『日本後紀』大同三年（八〇八）九月十六日條にも、

敕、權入食封、限立二令條一。此年所レ行、甚違二先典一。其招提寺封五十戸、荒陵寺五十戸、妙見寺一百戸、神通寺廿戸、宜三且納二穀倉院一。

とあり、大和の唐招提寺、神通寺、攝津の荒陵寺とともに寺封を施入されている。さらに『新抄格敕符抄』巻十に、

妙現(見)寺二百卅戸、百戸返納、依二大同三年九月十六日敕符一。寶龜十一年施二常陸五十戸、近江卅戸、讃岐五十戸、上野五十戸、美作五十戸一。

ともみえるが、[55]これは寶龜八年施入の百戸（上野・美作）に加えて、同十一年（七八〇）に新たに常陸、近江、讃岐から一三〇戸分を加増したものと思われる。

　この妙見寺の所在地については、山城の靈巖寺に比定する說もあるが、[56]通說のように河內國石川郡（現、太子町春日）の妙見寺とみてよいであろう。[57]この地域には早くから多數の渡來系氏族が集住していることから、妙見信仰は彼らによって大陸から傳えられた可能性が考えられるが、中國の民間には妙見信仰の存在が認められないという指摘もあるので、[58]大陸の北辰信仰に基づいて日本的に變容したものとみるべきかも知れない。

　熊本縣下益城郡豐野村に傳存する淨水寺南大門碑文は、延暦九年（七九〇）二月の紀年をもつが、當時の妙見信仰の地方的な廣がりを端的に物語る。[59]碑の正面（南面）には、唐太宗の「大唐三藏聖教序」を踏まえながら玄奘三藏の入唐求法をめぐる事蹟を略述した後、僧奘善が玄奘の行實に倣って淨水寺を創建した由來をのべる。奘善の時に治田十箇所、栗林七箇所と「內典外書六千四百□巻」が整えられたといい、次いで、

　　前□□親□等竝祀用者、妙見井《菩薩》及一千七百善神□、茲知監成道□命□道□□寺矣

と記して、妙見菩薩と一千七百の善神に加護を祈願する。

　また碑の左右と裏面の三面には、それぞれの方角に配置されたと思われる寺內の院名が一行ずつ刻字されており、右側面（東面）には、

　　東佛像經塔并妙見之院

とあって、おそらくは妙見菩薩像が安置されていたと推定される。

　妙見信仰は民間への浸透が進むにつれて、律令國家の統制をうけることにもなった。[60]『類聚國史』巻十の延暦十五年（七九六）三月十九日付の勅によれば、

敕。禁レ祭二北辰一、朝制已久。而所司侮慢、不レ事二禁止一。今京畿吏民、毎レ至二春秋季月一、棄レ職忘レ業、相二集其場一。若男女混殽、事難二潔清一、□祐、反招二其殃一。自今以後、殊加二禁斷一。若不レ獲レ已、毎レ人異レ日、莫レ令二會集一。若乖二此制一、法師者送二名綱所一。俗人者處二違敕罪一。

とされ、春と秋とに畿内の衆庶が生業を離れて北辰を祭ることが甚しいため、これを禁じて久しいにも拘らず、改善の目途が立たないので、今後、規制を強化するという。

『類聚三代格』巻十九の〈禁制事〉には、この敕の翌年七月十一日付の「禁二斷會集之男女混雜一事」や、その翌十七年（七九八）十月四日付の「禁二制兩京畿内夜祭歌儛一事」など、やはり畿内の民衆が多數會集し、夜祭で歌舞や群飲することを、風俗の紊亂を理由に禁じた一連の太政官符が載る。

續いて『日本後紀』延暦十八年（七九九）九月是月條に、

禁三京畿百姓奉二北辰一。以二齋内親王一入二伊勢齋宮一。

とあって、齋内親王が皇大神奉侍のために伊勢に入る、謂ゆる〈齋王群行〉に際して、齋月にあたる九月中には京畿において北辰祭祀を禁じた[61]。同様の記事は、『日本後紀』弘仁二年（八一一）九月一日條、『續日本後紀』承和二年（八三五）八月二日條にもみえ、『三代實録』元慶三年（八七九）九月三日條になると、

停二御齋焼燈之事一。以二伊勢齋内親王可レ入二伊勢一也。

というように、京畿の北辰祭祀に代って、宮廷で北辰に燈火を奉献する〈御燈〉を停止している。御燈の停止は、同じく『三代實録』の貞觀元年（八五九）三月三日條に、

停二御齋燃燈之事一。

とみえており、春秋二季の三月三日と九月九日に行なう宮廷儀式として、すでに定例化していたものと思われる。

この後『延喜式』神祇五・齋宮の勢江州忌條に齋王群行時の御燈停止について、また同書卷十五、内藏寮に春秋二季の御燈祭料が規定されているが、それまでの祭祀の經緯に關しては、『醍醐天皇御記』延喜二年（九〇二）三月二日條の次の記事が參考になる。(62)

内藏寮請レ被レ定下可レ奉二御燈一寺上。依レ不レ慥二舊例一、召二右大將一問レ之。奏曰、貞觀以來、於二靈巖寺一被レ奉。寛平初用二月林寺一、後用二圓城寺一。故因二舊例一、於二靈巖寺一可レ奉狀仰了。

内藏寮が御燈を奉獻する寺院として重んじられた靈巖寺は北山に位置し、等身の木像の妙見菩薩が廣く信仰を集めたと傳えられ、『延喜式』主殿寮・諸寺年料油條には「月別三升（小月は一合減）」と定められていた。(63)

奈良時代に畿内を中心に民間で盛行した妙見信仰に呼應して、平安初期前後から宮廷でも北辰祭祀を年中行事化するが、齋王群行のような神事に際しては、風俗の紊亂を理由に民間祭祀を禁止し、また佛事的性格のためか御燈も停止した。(64)

朝廷における北辰祭祀に關しては、『續日本紀』延暦六年（七八七）十一月五日條に、桓武天皇が長岡京南郊の交野において、本來は儒教の最高神でありながら、後漢の鄭玄などによって北斗の勾の中央に位置する天皇大帝とも同一視された昊天上帝を祀って(65)「四海晏然、萬姓康樂」を祈願した例や、御燈を行なう三月三日と九月三日は、道教では毎月の三日と二十七日が北辰・北斗の降臨日とされたことに起因するという指摘もあり、(66)道教的な影響に基づくものと考えられる。

『内裏儀式』によれば、嵯峨天皇の弘仁年間（八一〇〜二四）までには、元旦の四方拜において、生年十二干支に對應する北斗星の一星の名號を唱稱して災厄の攘去を祈る屬星拜が行なわれ、(67)三善清行『善家異記』の所傳(68)では、貞觀六年（八六四）には、陰陽師の弓削是雄が近江介藤原有蔭のために屬星祭を行なったように、陰陽師が從來の占筮や相地の他に、道教的な性格の呪術や祭祀に關與しはじめる(69)。

『延喜式』巻一六・陰陽寮には、毎年六度行なう御本命祭と、毎年三度の三元祭の料物が詳記されているが、前者は天皇の本命日に、また後者は天地水三官を祀り、天皇をはじめとする個人の益算と攘災招福を祈った。これらは星辰を直接に祭祀するものではないが、十世紀に入ると、道教の屬星祭祀を取り入れた陰陽道に續いて、密教僧による星辰供も成立する。山下克明の所説によれば、平安初期の入唐僧が請來した經典の中には、『宿曜經』をはじめ、『都利聿斯經』『七曜攘災決』『七曜二十八宿暦』『七曜星辰別行法』『北斗七星護摩祕要儀軌』『梵天火羅圖』その他、道教との融合が著しい唐代後期の雜密經典類が多數含まれていたが、九世紀後期以降、律令制の衰退と社會的動搖の擴大に伴って、天地變異への關心と畏怖が急速に高まるなかで、從來のような『大般若經』などの護國經典の讀誦とは別に、爲政者個人の災厄攘去を主な目的とした熾盛光法、本命元辰（神）供、北斗法や尊星王法などが、陰陽家の教説を介在として相次いで形成された(70)。これらの密教星辰供の中でも、本章で取り上げた七寺本『三星大仙人經』との關連から、とくに注目したいのは尊星王法である。

三、院政期の寺門派と尊星王法

（1）尊星王と妙見・北辰

尊星王に關する言説がみえる史料としては、台密の長宴が長久三年（一〇四二）に著した『四十帖決』巻七の「妙見十二」が早い時期に屬するもので、

又北辰、妙見也。紫宮中心星下當、有レ之。此妙見者卽是尊星王也。其形世所レ畫妙見形是也。頭光上、當二頂上一、

畫二七星一、即紫宮也。

とのべ、北辰即ち妙見と尊星王とは異稱同體であるという(71)。

鎌倉初期に東密の諸尊法をめぐる諸説を集成した『覺禪抄』巻一〇〇の「尊星王(72)」や、台密の諸説を集成した『阿娑縛抄』巻一四四の「妙見」には、修法の作法や支度を含めて教説の詳細な解説が載るが(73)、後者には、

此法三井寺祕法也。尊星王法是也。但彼書一結持レ之、彼行儀非二眞言家所爲一。以二陰陽家作法一爲レ依憑一歟。象歩云事有レ之、如二大屬星供一。（中略）智證大師傳非二本體相承一、從二邊地者一傳レ之歟。（傍點筆者）

という一節があり、妙見法は三井寺（園城寺）が寺門派の祕法とする尊星王法のことでもあるが、これは陰陽道の大屬星供に依據しており、智證大師圓珍が唐から請來した修法ではない、ときびしく批判する。文中の「象歩」は陰陽道における「禹歩」の誤寫であろう(74)。

寺門派と尊星王法との關連については、根來の賴瑜の『薄草子口決』第十七にも次のような記述がある(75)。

妙見、尊星王、北斗、北辰、北極同異、當流他流説説不同、云云。大理趣房寂圓云、智證尊星王者妙見也、即北辰也、云云。北辰者七星軸星也。已上寂圓。常喜院云、寶心阿闍梨云、三井云二尊星王一、東寺云二妙見一也、文。寛信法務記云、北辰妙見也、當二紫宮中心星下一、在レ之。此妙見者即是尊星王也。

これによると醍醐山の寂圓（一〇六五年沒）が、智證大師のいう尊星王は妙見、即ち北辰をさすといい、高野山の常喜院心覺は寶心の所説を引いて、三井寺でいう尊星王を、東寺では妙見というとのべる。また勸修寺の寛信の説は、前引の長宴『四十帖決』と同一である。賴瑜は『祕抄問答』第十二本「妙見」にも、ほぼ同じ内容の記述を殘しているが(76)、關連史料を詳細に檢討された三崎良周の所論によれば、十一世紀中期には、圓珍や園城寺（三井寺）の系統において、北辰や妙見をとくに尊星王と稱することが他流にも認識されていたが、智證大師圓珍に附託され、寺門派を

中心に傳承されはじめたのは、十一世紀初期からと推定される。(77) 尊星王法自體の初見は、それよりさらに半世紀ほど早く、十世紀中期まで溯る。

（2）寺門派と尊星王法

天慶八年（九四五）五月十一日に、天台座主の義海が朱雀天皇の敕願により尊星王法を實修したというのが初見で、(78)この時は前月二十四日に「大流星」が發生したため、天皇の年厄攘去を目的として行なわれたという。(79)長保元年（九九九）十二月に一條天皇が眼疾を患った際には、妙見が祟りを成すという占申があったため、靈巖寺に使者を遣して妙見堂を實檢し、堂や佛像等を修理した。(80) この時には尊星王法の實修は明記されていないが、十一世紀に入るとその記錄は數を增す。

『權記』の寛弘三年（一〇〇六）三月七日條には、

參衙、有政、中宮權大夫爲日上、少納言資平始聽事、參內候御前、一宮御修法、觀助明肇兩律師奉仕、明尊星光法一七日、伴四口、觀不動法、伴二、三七日。

とあり、同書寛弘五年（一〇〇八）三月二十四日條にも、

自此夕令法賢君修不動調伏法、伴僧七口、限七ケ日、又於京令叡義君修尊星光法七ケ日、幷令吉平朝臣行招魂祭、竝爲女人病也。（下略）

というように「尊星光法」と記されているが、その內容から尊星王法をさすものと思われる。

『小右記』長和四年（一〇一五）閏六月九日には、眼疾に惱む三條天皇のために、園城寺の阿闍梨慶祚が尊星王法を勤仕したとあるが、この頃から寺門派と尊星王法の結びつきが强まり始めたようである。

『小右記』萬壽二年（一〇二五）十一月十六日條には、園城寺の千算阿闍梨が二十一日間にわたって修法したとあり、その翌年の『左經記』萬壽三年十一月九日條によれば、やはり園城寺の行圓阿闍梨が、藤原道長の三女で後一條天皇の中宮威子の安產祈願のために修法している。(81)

『阿娑縛抄』の「妙見」の項では、その冒頭で修法の先蹤として鳥羽上皇が眼疾を患った折、藤原忠實が叡山の僧侶に妙見供を行なわせようとしたところ、上皇の意向で園城寺僧が尊星王法を勤仕したと傳える。(82)

これと關連して、十五世紀初期に園城寺慶恩院の志晃が寺門の古記錄を集成した『寺門傳記補錄』の第八には、園城寺北院の尊星王堂の來歷について次のような記述がある。(83)

承曆四年（一〇八〇）に白河天皇の御願寺として北院に羅惹院を創建し、等身の尊星王菩薩像を安置したが、翌年火災に遭ったため、寛治四年（一〇九〇）に白河上皇が再興したもので、大江匡房起草の願文も併載する。三﨑良周氏によれば、「羅惹院」は rāj（王）の意で尊星王をさすと考えられる。(84)同書には、續けて中院に造建された平等院尊星王堂についても言及し、こちらは鳥羽天皇の敕願によるもので、後白河法皇も尊星王菩薩に歸依し、永曆二年（一一六一）四月に供養法を修したと傳える。

なお、『朝野群載』第三・文筆下には、康和二年（一一〇〇）十月十一日と同五年五月四日付で、ともに堀川天皇を施主として式部大輔正家が起草した尊星王供の告文が載るが、(85)前述の大江匡房の願文も含め、『七佛神呪經』を踏まえて書かれたとみられるこれらの內容と表現は、『三星大仙人經』とも多くの類似點を持つ。

このように院政期には、眼疾の治癒や安產などの他さまざまな個人的現世利益を求めて上皇や天皇をはじめとする貴顯によって、主として園城寺を中心に實修されたが、(86)延德四年（一四九二）に尊通が編纂した『三井續燈記』卷九の「當寺年表」(87)には、應保元年（一一六一）五月に靜忠が伴僧二十一人と供に宮中で尊星王法を修めたという記事から、建武二年（一三三五）一月二十九日に覺助が本房において尊星王法を修したという記事まで、鎌倉時代を通じて、合計三十七回にわたり、宮中や仙洞、鳥羽殿、高陽殿、一條殿などにおいても、さまざまな目的で修法が續けられたことが記録されている。

結　語

『覺禪抄』第百「尊星王」や、弘安七年（一二八四）に澄圓が編述した『白寶口抄』第一四八「妙見法」では、所依經典として次の四部を擧げる。(88)

『妙見菩薩神呪經』一卷　七星護摩法

『妙見菩薩陀羅尼經』一卷　出七佛諸尊神呪經、有四卷本、可尋。

『北辰菩薩神呪別行法』一卷

『北辰北斗抄』一卷　宿曜道、辰字通諸星。

また『阿娑縛抄』第一四四「妙見」の「經軌事」では、

金圭『北辰菩薩所説經』一卷　不入

○出レ自二七佛所説神呪經第一一。云々

○帖云、北辰菩薩所説經者、卽妙見之本法也、卽尊星王是也。文

○山門此經許傳二授之一、三井寺軌等甚多。本體今經奧不得心事共多書入用レ之。云々

『北辰妙見尊星王菩薩所説陀羅尼經』一卷　出二七佛八菩薩所説神呪經一。

　○示云、同二上本一、但文言異又多也。

と注記するように、[89] 園城寺には北辰・妙見・尊星王を冠した『七佛神呪經』の異本類とその儀軌が何種類か傳存したらしく、『覺禪抄』や『白寶口抄』には、それぞれ「尊星王儀軌云」として、その一節を引く。[90] また十四世紀中期に園城寺の水心が撰錄した『寺徳集』所收「新羅明神問答抄用訓書」[91] や、ほぼ同時期に成立した『園城寺傳記』三之四所收「新羅明神在二尊星王一事」[92] には、『尊星王經』の一節を引くが、これらはいずれも『七佛神呪經』に依據しており、三﨑良周によって指摘されたように、「尊星王」の呼稱も『尊星王經』もともに日本で作られた可能性が高い。[93] とくに尊星王法は院政期の寺門派が、山門派の熾盛光法や東密の北斗法に拮抗しながら創出し驅使したものとみてよいであろう。

　七寺本『三星大仙人經』は、管見の限りでは他書にその名を見出すことが出來ない孤本であるが、七寺一切經が獻納された治承三年（一一七三）をやや溯る十一世紀後期頃に、園城寺において『七佛神呪經』の抄出異譯の形をとりながら、尊星王法を中心に、兵亂や疫疾、飢旱、災火などを斥けるために金星を祀る太白星供と火星を祀る熒惑星供[94] にも依用し得るよう構成されたものと考えられるのである。

注

（1）『大正藏』二十一卷、五八八上段～五八九頁上段。
（2）『大正藏』二十一卷、№一七九。
（3）『佛書解説大辭典』第四卷、三四〇頁。
（4）『大正藏』五十五卷、三十一頁中。

(5)『大正藏』五十五巻、一二五頁下段。
(6)『大正藏』五十五巻、一六四頁中段。
(7)『大正藏』四十九巻、五十八頁中段～下段。
(8)『大正藏』五十五巻、二二九頁上段～下段。
(9)『大正藏』五十五巻、二四九頁中段。
(10)『大正藏』五十五巻、二八七頁中段。
(11)『大正藏』五十五巻、三〇三頁下段。
(12)『大正藏』五十五巻、三一四頁下段。
(13)『大正藏』五十五巻、一八二頁下段。
(14)『大正藏』五十五巻、一九九頁上段。
(15)『大正藏』五十五巻、三五二頁上段。
(16)『大正藏』五十五巻、四〇〇頁中段。
(17)『大正藏』五十五巻、四八九頁上段。
(18)『大正藏』五十五巻、五〇九頁下段。
(19)『大正藏』五十五巻、六〇三頁中段。
(20)『大正藏』五十五巻、六三三頁上段、六五四頁中段、六八七頁下段。
(21)『續日本紀』天平十八年六月十八日條、玄昉卒傳。新日本古典文學大系版參照。
(22)福山敏男「奈良期に於ける寫經所に關する研究」（『史學雜誌』四十三巻十二號、一九三二年、『福山敏男著作集』第二巻〈寺院建築の研究（中）〉、一九八二年、中央公論美術出版）、皆川完一「光明皇后願經五月一日經の書寫について」（坂本太郎博士還暦記念『日本古代史論集』上卷、一九六二年、吉川弘文館、『日本古文書學論集』三〈古代一〉、一九八八年、吉川弘文館）をはじめ、近年の論考に宮﨑健司「光明皇后發願五月一日經の勘經について」（『尋源』四十一・四十二合併號、一九九二年、大谷大學國史研究會）、大平聰「五月一日經の勘經と內裏・法華寺」（『宮城學院女子大學キリスト教文化研究所研究年報』二十六號、一九九三年）などがある。
(23) 皆川完一、前揭注（22）。田中塊堂編『日本古寫經現存目錄』（一九七三年、思文閣）など參照。
(24) 『大正藏』五十五卷、一一一七頁中段。
(25) たなかしげひさ「日本最古の圓覺寺」（『金澤文庫研究』、十五卷五號、一九六九年）。
(26) 拙稿「『壽延經』の行方」（菅原信海編『神佛習合思想の展開』、一九九六年、汲古書院、本書、第六章所收）參照。
(27) 『大日本古文書』七卷、五十四～九十頁。
(28) 『大日本古文書』七卷、六十八頁。
(29) 『大日本古文書』七卷、七四一頁。
(30) 『大日本古文書』九卷、七十七頁。
(31) 『大日本古文書』九卷、三四一頁。
(32) 『大日本古文書』十卷、三一九～三二六頁。
(33) 『大日本古文書』十卷、五六九頁。
(34) 『大日本古文書』二十四卷、一六三頁。
(35) 『大日本古文書』十一卷、三十一頁。
(36) 『大日本古文書』十二卷、八十八頁、一二六頁。
(37) 『大日本古文書』十二卷、二八三～二八四頁。
(38) 『大日本古文書』十二卷、三二五頁。
(39) 『大日本古文書』十二卷、四四六頁。
(40) 『大日本古文書』十二卷、四八九頁。
(41) 『大日本古文書』三卷、五九四～六一六頁。

(42) 『大日本古文書』三巻、六〇六～六〇八頁。
(43) 『大日本古文書』十三巻、一二二～一三二頁。
(44) 『大日本古文書』十三巻、一七三～一七四頁。
(45) 『大日本古文書』五巻、四〇二頁。小松茂美編『日本書蹟大鑑』第一巻「弓削道鏡」（一九七八年、講談社）參照。
(46) 『大日本古文書』五巻、四〇三頁。
(47) 『大日本古文書』十六巻、三五三頁、三六八頁、四一八頁。
(48) 『大日本古文書』十八巻、二七六頁、五五一頁。十九巻、一四三頁、三五四頁。二十巻、一四〇頁、一八六頁、二一八頁、三七四頁。二十三巻、三八一頁。
(49) 奈良國立博物館編『奈良朝寫經』（一九八三年、東京美術）「解説」。
(50) 『大日本古文書』一巻、五八三～五八四頁。『寧樂遺文』中巻、宗教篇下、五〇九頁。
(51) 『大日本古文書』十二巻、二五六頁、二五七頁。
(52) 武田祐吉校注『日本靈異記』（日本古典全書版、一九五〇年、朝日新聞社）。
(53) 近江昌司「妙見寺と釆女氏塋域碑」（『古代文化』四十九巻九號、一九九七年）參照。
(54) 東洋文庫版、安足喜六譯、鹽入良道補注（一九七〇年、平凡社）他。
(55) 新訂增補國史大系所收。
(56) 福山敏男「洛北の靈巖寺」（『史迹と美術』一四九號、一九四三年、『日本建築史研究』續篇、一九七一年、墨水書房）。
(57) 金指正三『星占い星祭り』（一九七四年、青蛙房）。
(58) 吉岡義豐「妙見信仰と道教の眞武神」（『智山學報』十四輯、一九六六年、『吉岡義豐著作集』第二巻、一九八九年、五月書房）。
(59) 碑の現状と關係文獻については、國立歴史民俗博物館編『古代の碑』（一九九七年、企畫展示圖録）に詳しい。
(60) 拙稿「〈天罡〉呪符の成立」（『信濃』三十六巻十二號、一九八四年、『陰陽道叢書』四〈特論〉、一九九三年、名著出版、佐野賢治編『星の信仰』、一九九四年、北辰堂、本書、第二章所收）參照。
(61) 田中君於「齋王群行と北辰祭について」（國學院大學大學院『史學研究集錄』三號、一九七八年、『星の信仰』、前揭注（60））。
(62) 所功編『三代御記逸文集成』（一九八二年、國書刊行會）。この文は『西宮記』卷三裏書、『年中行事祕抄』等にも引く。
(63) 『今昔物語集』卷三十一「靈巖寺別當碎巖廉語」や、『十卷抄』第十「妙見菩薩」他の諸文獻をめぐる詳細な考證が、福山敏男、前揭注（56）、金指正三、前揭注（57）にある。
(64) 田中君於、前揭注（61）參照。
(65) 福永光司「昊天上帝と天皇大帝と元始天尊」（東京大學『中哲文學會報』二號、一九七五年、『道教思想史研究』、一九八七年、岩波書店）、關連文獻については、前揭注（60）の拙稿參照。
(66) 山下克明「平安時代における密教星辰供の成立と道教」（『日本史研究』三一二號、一九八八年、『平安時代の宗教文化と陰陽道』一九九六年、岩田書院）。
(67) 故實叢書所收『内裏儀式』「正朔拜天地四方屬星及二陵式」。所功「『元旦四方拜』の成立」（『名古屋大學日本史論集』上卷、一九七五年、吉川弘文館、『平安朝儀式書成立史の研究』一九八五年、國書刊行會）。
(68) 新訂增補國史大系所收『政事要略』卷九五、至要雜事學校條所引、『善家異記』弓削是雄式占有徵驗事。
(69) 山下克明「陰陽師再考」（前揭注（66）所收）。
(70) 山下克明、前揭注（66）、ならびに速水侑『平安貴族社會と佛教』第一部「貴族社會と密教修法」（一九七五年、吉川弘文館）參照。
(71) 『大正藏』七十五卷、八八〇頁上。
(72) 『大正藏』圖像五卷、三九七上段～四〇一頁上段。『大日本佛教全書』、覺禪抄六、一九六一～二〇〇九頁。兩者間には順序や表記に異同がある。
(73) 『大正藏』圖像九卷、四六二下段～四六三頁下段。『大日本佛教全書』、阿娑縛抄六、二二二四～二二三〇頁。
(74) 三﨑良周「園城寺と尊星王法」（『智證大師研究』、一九八九年、同朋舍出版、『密教と神祇信仰』、一九九二年、創文社）。

(75) また、津田徹英「六字明王の出現」(『MUSEUM』五五三號、一九九八年、東京國立博物館)、同「禹步・反閇と尊星王・六字明王の圖像」(『日本宗教文化史研究』二巻二號、一九九八年、日本宗教文化史學會)に、台密・山門派の尊星王と、それをもとに成立した東密・小野(勸修寺)流の六字明王の圖像にみられる「禹步」「反閇」との關連をめぐる考察がある。
『大正藏』七十九卷、二七八頁中段。

(76) 『大正藏』七十九卷、四九五頁中段〜下段。

(77) 三﨑良周、前揭注(74)。なお『寺門傳記補錄』第八(『大日本佛教全書』一二七册、一二〇頁)には、圓珍が入唐した際、青龍寺の傳法阿闍梨法全から、大日覺王寶冠などの寶物と共に「尊星菩薩像」を付與された、と傳える。

(78) 『校訂增補　天台座主記』義海(一九三五年、延曆寺)。

(79) 大日本古記錄所收『貞信公記』、二一五頁。

(80) 增補史料大成所收『權記』長保元年十二月十九日條以下。なお、妙見菩薩像の作例などに關しては、林温『妙見菩薩と星曼荼羅』〈日本の美術〉三七七號、一九九七年、至文堂)參照。

(81) 『小右記』『左經記』ともに、增補史料大成所收。『小右記』は大日本古記錄にも所收。

(82) 『大正藏』圖像九卷、四六二頁下段。『大日本佛教全書』、二一二四〜二一二五頁。

(83) 『大日本佛教全書』一二七册、一三二一〜一三三三頁。

(84) 三﨑良周、前揭注(74)。

(85) 新訂增補國史大系所收、四七〜四八頁。

(86) 速水侑、前揭注(70)、一四〇頁注(73)に古記錄の抄錄がある。

(87) 『大日本佛教全書』一一一册所收。

(88) 『大正藏』圖像七卷、二四六頁下段。

(89) 『大正藏』圖像九卷、四六三頁上段。

(90) 『大正藏』圖像五卷、三九八頁上段、同七卷、二六七頁上段など。

(91)『續群書類従』二十八輯上、十六頁。

(92)『大日本佛教全書』一二七册、十九頁。

(93)三﨑良周、前掲注(74)。

(94)太白星供の初見は、『村上天皇御記』康保二年(九六五)五月三日、熒惑星供は同書、康保三年(九六六)五月三日で、ともに台密の賀静が修法した。『三代御記逸文集成』(前掲注(62))一七四頁、一八五頁。なお、十五世紀初期に賀茂在方が撰述した『暦林問答集』〈釋星第五〉には、熒惑星について「火之精、其位南方主夏、赤帝之子、方伯之象、五星之伯、上象太一、下司人君。凡有二名、一曰罰星、二曰執法、其於五常禮也、於人主心。又主歳之成敗、察妖孽禍亂、所行有兵亂疾喪飢旱災火也。但其君修德、則不爲咎而加福。出入無常、故名熒惑也」とし、また太白星に關しては「金之精、其位西方主秋、白帝之子、大將之象、以司凶兵。凡有六名、一曰天相、二曰天政、三曰大臣、四曰大師、五曰明星、六曰天囂。詩云、東曰啓明、西曰長庚。其於五常義也。於人主肺。太白亂行、不居其度、兵數起、歳不熟而惡。太白出入順度、則天下昌豐也。西方金色白、故曰太白也」とある(中村璋八『日本陰陽道書の研究』、一九八五年、汲古書院)。

第九章　『地神經』と〈五郎王子譚〉

緒　言

九州・中國地方など西日本各地の盲僧は、琵琶を彈奏しながら、家々の竈荒神祓いや地神・水神・金神などの屋敷神を祀り、時に卜占や祈禱も行なってきた。彼らが主に讀誦するのは『地神經』とその釋文であり、そのために〈地神盲僧〉とも呼ばれる。(1)『地神經』は、『金光明最勝王經』十八の堅牢地神品が、堅牢地神による國土と衆生の擁護を説くのとは内容を異にするもので、(2)釋迦の入滅に際して信伏しなかった五龍王や堅牢地神などの廻心を願う高弟阿難陀らの要請に應えて、釋迦が再び棺中から起ち、大地をめぐる本末の因縁と受持の作法を説く。十干・十二支・七曜・九星・二十八宿などを織り込んだ、五行思想の影響が顯著な疑僞經典である。(3)

この經典は、朝鮮半島の盲覡《パンス》が讀誦し、寺院にも廣く流布してきた『地心經』と、ほぼ同一のものであることが知られているが、(4)日本では、盲僧や民間の陰陽師、修驗山伏たちによって、その釋文あるいは説經ともいうべき〈五郎王子譚〉を通じて、中世以降、各地に傳播した。

本章では、盲僧たちが誦んだ『地神經』とその釋文を端緒として、土公神祭文や五行神樂の詞章などの古層をさぐるとともに、『注好選』や、『續教訓抄』『八帖花傳書』などの樂書にも見られる傳承の系譜を、中世社會のなかに跡づけることによって、〈僞書の中世〉の一面を點綴したい。(5)

一、地神盲僧・朝鮮の盲覡と『地神經』

西日本における盲僧は、福岡の成就院を本據とする、北九州から山口、島根にかけての玄清法流と、鹿児島と宮崎の常樂院法流の他、熊本に肥後琵琶の流れを汲む一派がある。(7) 成就院と常樂院の二法流は、明治九年以降、天台宗末の盲僧派に屬するが、江戸時代には、中世後期から續いた中央の當道派との拮抗を經て、延寶二年（一六七四）に、當道派との公事に敗れ、院號と袈裟衣の停止や、胡弓、三味線、筑紫箏、小歌、淨瑠璃などの遊藝を禁じられてからは、徐々に天台宗に接近をはかり、天明三年（一七八三）に、上野寛永寺末の久留米の高良大社と薩摩藩配下の者を除いた地神盲僧の多くが、天台山門の三門跡の一つである青蓮院の配下に入ることで、その地位を保持してきた。(8)

近世の當道派は、地神盲僧を〈下りの物〉として一段低く見做したが、室町時代には、當道派の一方流に屬する平家座頭もまた『地神經』を誦んでおり、兩者の區別は必ずしも明確ではなかったようである。岩橋小彌太によれば、大和の盲僧は、猿樂や白拍子などと共に〈七道者〉の一つに數えられ、興福寺管下の五箇所十座の唱門師によって、遊藝者として統轄されていた。(9) 彼らが讀誦した『地神經』については、十二世紀初期に淸水寺別當の定深が著した『東山往來』六「地心經不用狀」に、この頃すでに土地の怪異などの祈禱で用いられたものの、「抑地心經は、日域凶人の佛教を啎らんが爲、利養を求めんが爲に自ら僞作なり。是の故に多く和言有り、三藏の聖文に非ず、多くの相違有り」（傍點、筆者）といい、疑僞經であることを論難している。(10)

これ以前に『地神經』の存在を傳える史料は、今のところ確認できないが、この經典は、朝鮮でも廣く流布しているることから、『東山往來』のいうような日本での撰述ではなく、平安中期までに大陸から請來されたものと思われる。

日本の地神盲僧との比較という視點から、韓國の讀經師が傳承してきた『地心經』に注目し、その全文を紹介した荒木博之は、經文中の佛陀が語る因縁譚は、日本の方が詳しく合理的であり、大半を占める陀羅尼呪の部分は韓國の方が詳しい、といった差異はあるものの、兩者の內容や構成は、ほぼ軌を一にすると述べて、大陸との交渉を通じての受容という新たな側面を指摘した。(11) 荒木が依據した韓國の傳本は、全羅南道珍島で長年に亙り文化人類學的調査を繼續している伊藤亞人が、讀經師の李準容から採錄した寫本である。(12) さらに荒木の研究をうけて、日韓兩國の盲僧の關係を考察した永井彰子は、朝鮮の文獻で盲僧（覡）の存在が確認されるのは高麗中期の十三世紀からだが、それ以前から祈雨儀禮や卜占に關與していた可能性が高く、十五世紀になると、明通寺を中心に盲僧集團が形成され、讀經や祝言、治病等に攜わる一方で、李王朝の保護を受け、國家鎭護のための卜占や祈禱も行なったこと、また、彼らは佛教徒ではなく、道流僧として位置づけられており、讀誦した巫經類にも道經や疑僞經典が多く、現在の讀經師が、高麗以來の道流僧の系譜に連なることなどを論じたうえで、『地心經』が巫經類を合綴した『佛說廣本太歲經』の一部として收錄され、李朝時代には寺院などを通じて廣く流布したことにも言及している。(13)

朝鮮の盲覡（經巫・讀經師）に關しては、その宗教的職能や藝能者としての性格、集團組織と社會的位置、道佛二教との關係や巫經集の思想的分析などの諸問題をめぐって、日本の盲僧との關連をも視野に入れながら、さらに多角的な考察を進める必要がある。(14)

日本における盲僧の起源については、『盲僧由來』(15)、『地神盲僧緣起』(16)、『盲僧傳來』(17)などの近世以降の寫本類において、その內容には多少の異同があるものの、欽明朝に宮家の裔の祐教禮子（遊教靈師）という盲者が、筑紫・日向の岩窟に住んでいたところ、百濟から渡來した盲僧があり、就いて地神陀羅尼經と土荒神の祕法を傳授され、以後、堅牢地神や大荒神等を祀り、祈禱を修めるようになったと傳える。これが佛教公傳に假託した傳承であることは明らかだが、日本と朝鮮における盲僧（覡）の存在形態や、『地神（心）經』の傳來經路との關連からも、再考すべき内容を含んでおり、大和の當道座を通じて各地に傳播したのとは別に、半島から九州・中國地方に直接流傳した可能性も、想定し得るであろう。

二、『地神經』とその釋文

薩摩・日向の常樂院流では、十月の大祭において『地神經』とその釋文を誦む。地神供に續く〈妙音十二樂〉で、盲僧行の由來や『地神經』の釋義を説く十二種の釋文を、琵琶や太鼓、笛など八種の奏樂を交えながら誦んだ後、荒神祓や追善供養、施餓鬼などが續く[18]。〈妙音十二樂〉の史料上の初見は寛永五年（一六二八）だが、現在のような形態になったのは、江戸後期、文化年間頃とみられる。

十二釋は、「うちまき」「ねんごう」「わたます」「星の段」「ほんぎょう」「ゆめの段」「えこう」「みょうおんの巻」「びわの釋」「しゃかの段」「はんごん釋」「しょうぶわけ」から成るが、「うちまき」から「えこう」までの七篇は、比較的短く祈禱文的な内容であるのに對し、後の五種は長篇で、説話性に富む。常樂院の本尊である妙音天と盲僧の因緣を説く「みょうおんの巻」、琵琶の由來と功德を説く「びわの釋」に續く「しゃかの段」では、釋迦の一代記を語った後、その埋葬に際して堅牢地神と三寶大荒神が登場して、釋尊は佛法の弘通を説きながら、我々のためには一巻の經文をも敍べてはくれなかった、と非難し、佛弟子の阿難との間に『地神經』を踏まえた問答を展開する。最後は强硬な堅牢地神と三寶大荒神を折伏する祈禱の文言で結ばれている。

地神の本地を説く語り物として最も重要なのが「はんごん釋」と「しょうぶわけ」の二篇であり、前後に連續する内容をもつ(19)。

しんらん國の國王のきんだちである〈ばんご大王〉には十二人の王子があり、七人は東天竺の王以下、九千の山の山神王として配置した。殘る五人は日本の地主神とし、太郎は東方・春三月の王、次郎は南方・夏三月の王、三郎は西方・秋三月の王、四郎は北方・冬三月の王に配置した。末子の五郎の王子が懷胎して三ヶ月半目に、大王は五百八十一歳で死去した。月が滿ちて十五ヶ月目に生まれた五郎王子は、父の大王が遺言した守り刀五振と、その刀についた大地、日月の所務の分配を要求したため、四人の兄たちと争いになる。四人の兄王子は、それぞれ東西南北から靑龍、赤龍、白龍、黑龍に變じて五郎王子を攻めたが、五郎も黃龍に變じて反擊した。次いで木神と化した太郎が五郎を敷き殺そうとすると、五郎は風の印を結んで東へ吹きとばした。また火神と化した次郎には水の印を結んで消し去り、金神と化した三郎が劍で攻めたので大磐石となって戰った。水神に化して洪水で攻める四郎には、十萬餘丈の山となって抵抗した。その後も争いは續いたので、〈もんぜん大王〉に仲裁をたのんだところ、父の〈ばんご大王〉が、黃金の錫杖で大地を四分割し、四方に向って四節の所務を定めた。

太郎は東方の國、春三月九十日の内、上の七十二日を領じ、下の十八日、春の土用は五郎に與える。次郎は南方の國、夏三月九十日、三郎は西方の國、秋三月九十日、四郎は北方の國、冬三月九十日の内、それぞれ上の七十二日を領じ、下の十八日の土用は五郎に與える。五郎には、中央の國、年に四度の大土用、小土用合せて七十二日を與えようとしたところ、五郎も月の續いたところを七十二日欲しいと要求したため、兄四人を六十二日にし、五郎には土用の他に三年に一度の閏年なども加えて百二十二日を與えた。

こうして、荒神が春は竈、夏は門、秋は井戸、冬は中庭に居ることになったので、春三月九十日は竈の造作をしない。夏の三月九十日は門を開けて柱を替えず、秋三月九十日は井戸掘をせず、冬三月九十日は庭の造作をしないようになった、という。

〈ばんご大王〉から大地と四節を分與された五王子が、日本の地主神であり、とくに四季の土用を司る五郎王子を信奉して、盲僧が土用に荒神祓と竈祓を行なうようになった由縁を語るもので、〈ばんご大王〉は、中國古代の開闢傳説の主神である盤古[20]に因む呼稱と考えられ、「はんごん釋」も、反魂ではなく、「盤古の釋」の「の」が「ん」に轉訛したものとみられる[21]。また、「しょうぶわけ」は、五王子の争いを中心に語り物として發展するにつれて「勝負分け」と表記されるようになったのだろうが、本來は所領の分治を意味する「所務分け」であったと思われる。

現行の釋文の成立年代については、「はんごん釋」に、五郎王子が五歳の時に東照權現の聟になったという一節があり、薩摩藩の藩法集によって、日光宮＝上野寛永寺と薩摩盲僧との本末關係も知られることから、近世初期とみるのが妥當であろう[22]。

一方、筑前の玄清法流が傳えた釋文は、常樂院法流の「しゃかの段」に對應するのが「涅槃」であり、「佛説地神大陀羅尼王子經」の上卷が「はんごん釋」に、下卷が「しょうぶわけ」に、それぞれ該當するが、この他に、常樂院法流にはない「天地開闢地神大陀羅尼經」が傳わり、大日如來と「飢呉《ばんご》大王」を中心とする天地の創世を語る[23]。五來重は、室町後期頃に、筑前の盲僧は、大宰府の鎮護である四王寺を介して寶滿山（竈門山）修験とむすび、四王寺を盲僧玄清の開基とする縁起をつくるとともに、山伏の荒神祓も行なうようになったのではないか、と推定している[24]。

盲僧が傳えたこれらの釋文では、佛教的地神としての堅牢地神を基調に、民俗信仰的な竈神や荒神等との習合が、かなり進んでおり、こうした傾向は、陰陽道系の土公神祭文や、その流れを汲む山伏神樂において、より顯著に認められる。

三、土公神祭文と五行神樂

〈五郎王子譚〉のモティーフは、民間の陰陽師や修験山伏たちを通じて廣く流布した。[25] 九州から東北に及ぶ各地の土公神祭文や五行神樂の詞章の內容は、きわめて變化に富むが、そのなかのいくつかには、父盤古大王と五王子の所務分けをめぐる驅け引きに先立って、天地開闢の様相を敍述するものがある。

高知縣香美郡物部村のいざなぎ流「大土公祭文」は、「大將軍の本地」とともに〈天の神祭祀〉の中心的な祭文で、いざなぎ流〈七通りの祭文〉の一つとして重視され、他の祭儀においても誦まれる。[26] その前半部は、

長い日照りのため、草木が枯れ、石は灰と化し、日月の將軍も天の岩戸に籠って、日本の世は盡きてしまった。父ばんごん大王は、天竺の白い烏に日本の様子を見てくるよう命じるが、波にのまれてしまったため、黒い烏を遣したところ、國も島も何も無い、という。

自ら確かめるために、ばんごん大王は楠の木の船を作らせ、日本の南に乘り出して、天の逆鉾を降ろし混ぜても、何もかかってこない。淡路島の邊りに行って、天の逆鉾で混ぜてみると、今度は泥や木の葉や粟の穗が附いてきた。ようやく日本と五穀の種の在りかを尋ね得た、と大喜びして、水とる玉や火とる玉などを五方に投げ、水を吸い干すと、島や山や人間が現れたので、島を淡路島、山をやまとの國、人の始まりを王人島と名付けた。

次に、明暗がなくては生業が成り立たないので、東の天の岩戸を訪れて、鍛冶屋に作らせた錐で穴を開けたところ、日本に光がさした。そこで戶あけ戶開きの明神に岩戶を蹴らせると、日月の將軍が激怒したため、子供や雛人形も加え十二人の神樂役者を揃え、三十三度の禮拜神樂を舞った。喜んだ將軍が、天の岩戶から姿を現し、

日本に晝と夜とがもどってきた。

という内容をもつ。

國土の崩壊と再生と日月神の復活、そして神樂の起源を語るこの祭文の傳本には、日照りや大雨の原因を、人間が犯した罪に對する神佛の怒りによるとしたり、人間の始祖は兄妹で、その縁組を天照大神が司るというものや、天地再生の主神を天照大神と天の大御先の二神とするものなどもあり、いくつかの異傳が認められる(27)。

祭文の生成過程と神話的性格の詳細な分析を試みた小松和彦は、記紀神話に見えるイザナギ・イザナミの國生み神話や、アマテラスの天の岩戸隠れの神話、さらに東南アジアに廣く流布する洪水・兄妹婚祖神話や、古代中國の盤古説話などとの類似性に注目しながら、これらのモティーフは、記紀神話やアジアの傳説類に直接の起源をもつのではなく、例えば五穀の種の始まりが米ではなく粟であるのは、山間の傾斜地で焼畑農耕を續けてきた、土佐物部地方の風土性に根ざすものであり、ばんごん大王の使者の黑白の烏も、鎌倉時代にはこの地域が熊野の莊園であったため、熊野權現の使者である八咫烏に因むと考えられることなどから、中世から近世にかけて、いざなぎ流の祭文として土着化する過程で、新たに付加された要素であろう、と推考している(28)。

この他に、國土創世傳承を語る祭文として、奥三河の〈花祭〉の前身の大神樂で讀誦された「大土公神祭文」、愛援縣宇和島市を中心とする伊予神樂がある他、木曾駒ヶ嶽神社の太々神樂の大寶舞や、壱岐の神樂、肥前の平戸神樂では、後半の五郎王子譚が無く、前半だけの詞章を傳える。これらの内容は差異が著しく、例えば、早川孝太郎によって奥三河で採録された祭文は、阿彌陀如來（無量壽佛、十二月將王）が遺した御迹菩薩と吉祥菩薩によって、日月と星が作られ、また「イクバ」の口から吹き出す息が、雲、霧、霞、風になり、身體の毛が衆生や草木と化した、というように、佛教的要素と盤古説話の影響が色濃い(29)。

後半の五王子による所務分けをめぐる祭文は、東西南北と中の五方、春夏秋冬と土用の配當を、五行相剋説を下地にして語ることから、〈五行神樂〉と呼ばれる他、五行の舞、五神、王子揃、五郎の舞、五大龍王などさまざまな呼稱をもつ。とくに多數分布する中國地方の史料を精査して、その形成と展開過程を詳論した岩田勝によれば(30)、承平年間（九三一～三七年）に成立した『倭名類聚抄』巻二の鬼神部神靈類では、「土公（どくう）」は、春三月は竈に、夏三月は門に、秋三月は井に、冬三月は庭に在る遊行神としての性格だけが記され(31)、ほぼ同時期の延長五年（九二七）撰進の『延喜式』巻三、臨時祭には、「鎮土公祭」とその供物の規定があるが(32)、平安末期から鎌倉時代を通じて、平安貴族の日記や『吾妻鏡』には、祟り神としての土公を鎮め、病氣の平癒や護身を祈願して行なわれた土公祭や大土公祭、謝土公に關する記録が隨所に見られる(33)。

こうした陰陽師による土公神祭祀の盛行に呼應して、密教僧による地天供（地神供）も成立するが(34)、永久五年（一一一七）八月に、關白藤原忠實が東三條第の東鄰りを整地し新築した際に行なった地神供の祭文では、「摩訶毘盧遮那如來、三世十方、一切諸佛、一切頂輪王菩薩、地前地上、諸大薩埵、聲聞縁覺、諸賢聖衆」等の密教の諸尊に加え、佛法を護持する「多聞天王、堅牢地神、部類眷屬、五帝龍王、十二月將天曜宿、冥官冥類、日遊月飾、將軍大歳、黄幡、豹尾、王土地神、青龍白虎、朱雀玄武、六甲禁諱諸神」等の陰陽道諸神をも多數勸請しており、習合の樣相が端的に窺える(35)。

次いで注目されるのは、『神道集』の成立に關連して近藤喜博が紹介した、石清水文書「御鏡等事第三未」の「五帝龍王根源」である(36)。この史料は鎌倉中期以前のものとみられ、盤古説話さながらに「寒古王」が自らの身體を以て世界を創造し、五色を以てそれぞれに、佛、滛、人、六畜、大地萬物の種と爲したことを述べる。續いて「戸棄梵王」

を父、「光明天女」を母として、豊葦原水穂の國に生まれた五人の王子の名前を次のように記す。（　）内は別名である。

第一王子、善遠（木王、東方大頭頼吒天王）
第二王子、惠遠（火王、南方毗留勒叉天王）
第三王子、寶遠（金王、北方毗樓愽叉天王）
第四王子、目遠（水王、毗沙門天王）
第五王子、勝遠（土王、地藏菩薩垂迹）

また、父の尸棄梵王は大日如來の垂迹で、母の光明天女は盧舍那佛の分身であるともいうが、この五帝地神の本地のなかで、第五王子だけが、天王ではなく地藏菩薩の垂迹とされ、異色の存在である。

本來、蛇神の地靈で祟り神でもある五龍王が、五人の王子の身體を得て人格神化し、呪者の誦む祭文を舞う形式の神事藝能が成立した、とみる岩田は、この「五帝龍王根源」では、のちの五王子の要素は備わっているものの、神佛の習合だけで、陰陽道系の要素がほとんどみられないことが、人格神化されるまでに至らなかった主因ではないかとし、廣島縣佐伯郡廿日市町・山田家所藏の文明九年（一四七七）書寫の「五龍王祭文」などを手がかりにしながら、室町前期頃までに五龍王が五王子として人格神化するのに相應して、地靈の土公とも習合し、土公神祭文の中に變貌した姿を顯現する過程を詳細にたどっている[37]。

このような展開の畫期をなすのは、盤古と五龍王との結びつきを最初に示す『簠簋内傳』巻二の次のような記述であろう[38]。

三千世界は全て盤牛大王[39]の身體から生成した。五方に五宮を構え、八方に八閣を開いた盤牛大王は、等しく五宮の

釆女を妻愛し、五帝龍王を生んだ。より詳しくいえば、

第一の妻伊釆女が生んだ青帝青龍王は、春七十二日を領じ、金貴女を妻として十王子（十干）を生んだ。

第二の妻陽専女が生んだ赤帝赤龍王は、夏七十二日を領じ、昇炎女を妻として十二王子（十二支）を生んだ。

第三の妻福釆女が生んだ白帝白龍王は、秋七十二日を領じ、色姓女を妻として十二王子（十二客）を生んだ。

第四の妻癸釆女が生んだ黒帝黒龍王は、冬七十二日を領じ、上吉女を妻として九王子（九圖）を生んだ。

第五の妻金吉女が生んだ黄帝黄龍王は、四季の土用七十二日を領じ、堅牢地神を妻として四十八王子（七箇善日）を生んだ。

という。

『簠簋内傳』は、中世以來、安倍晴明の著述とされてきたが、土御門（安倍）家の傳承した天文曆數書を整理統合した際に晴明に假託したものとみられ、應永十二年（一四一四）の序をもつ曆博士賀茂在方の『掌中曆』が、本書に依據することから、それ以前に成立したことは確實である。類似する内容を含む京都妙法院所藏の觀應元年（一三五〇）の奥書のある神像繪卷と對比した村山修一の所説によれば、兩部神道の影響が認められるこの神像繪卷よりも、さらに溯り、十四世紀前半頃の成立と考えられる(40)。

『簠簋内傳』には慶長十七年（一六一二）刊の古活字版をはじめとして、多數の版本や寫本が傳存するが(41)、前述の巻二の記述の內、第五王子に關する部分は、とくに異同が大きく、慶長十七年古活字版、天理圖書館吉田文庫本（楊憲本）、岩瀬文庫本、國立國會圖書館本には、次のような異傳がある(42)。

盤牛大王は星宮と和合して生まれた四王子に、春夏秋冬の四時を與えたが、五番目に生まれる子が男であれ女であれ、八尺の懸帶と五尺の鬘に、八尺の花形、唐鏡七面、宇浮絹鎧と沙婆訶の劍とを與えることを約束し、こ

れらの寶物を法藏に納めた。やがて月滿ちて女子が生まれ、天門玉女妃と名附けられた。のちの黄帝黄龍王である。彼女は堅牢大地神王と結婚し、四十八人の王子を生んだが、それぞれの王子に與える土地がなかったので、女子の相を變じて男子の相となって黄帝黄龍王と號し、四十八王子と一千人の郎黨を從えて、四大龍王と十七日間合戰した。だが、文選博士の仲裁によって爭いをやめ、四季の土用七十二日を得て和解した。

という。

この異傳に注目した山本ひろ子は、父盤牛大王が第五子だけに約束した五種の寶物の意義を解析するとともに、天門玉女妃の黄帝黄龍王への變相に、『法華經』提婆達多品などの佛典が說く〈變成男子〉の投影を指摘する。(43)さらに『簠簋内傳』の注解書『簠簋抄』(44)の別傳から、

盤牛大王の后、金吉女が第五子を懷妊したのは、大王が亡くなる時のことで、后は「お腹の子にも何かお讓り下さい」と賴んだ。大王は「良かろう。生まれてくるのは女の子であるはずだから」と思し召して、五種の寶物を與えた。

という一節を引用し、前引の『簠簋内傳』の異文では「男か女かいずれにせよ」と語った盤牛大王が、ここでは「女の子であるはず」と斷定しており、第五子を〈五郎の王子〉ではなく、〈五郎の姫宮〉とする別傳が發生する端緒となったことを、細密に分析している。(45)

〈五郎の姫宮〉が登場するのは、奧三河の「大土公神祭文」をはじめとして、信州飯田の健御名方富命彦神別神社の神樂「王子揃」や、陸前、陸中の山伏神樂など、東日本を中心とするのに對し、〈五郎の王子〉の方は、西南日本に廣く分布するが、その他にも、中世の樂書類に繼受された側面をもつ。

四、〈五郎王子譚〉と中世社會

前引の石清水文書にみえる「五帝龍王起源」よりもさらに溯り、五郎王子の登場する文獻として、現在のところ最も古いのは、『注好選』上卷、第八十六「文選は諍いを止めき」であろう。[46]

「昔、舍衞國に王有り。都夫王と名づく。其の夫人、四の王子を生めり。又一子を任（妊）ぜり」と始まるこの説話では、第五王子の誕生前に亡くなった王が、太郎、次郎、三郎、四郎の四王子に、それぞれ春夏秋冬、東南西北を領治せよ、と遺言したものの、五郎には所領の配分がなかったため、誕生の後に兄達と再三相論を繰り返し、とくに五郎が勇健だったので、紛爭は收拾がつかなかった。そこで大臣の文選博士が仲裁に入り、「萬民を安んじ、國土を持たんが爲に、君等に各四方を領ぜし」めた王の遺志を再説し、四王子からそれぞれ十八日ずつを割愛して五郎に七十二日を分け、漸く決着した、とのべ、最後に五郎が博士に「吾等、將來に人有りて博士の末孫といはば、縦ひ眼を穿ち頭を打つとも、其の過を免すべし。敢へて祟り無からむ者か」と語って終わる。

『注好選』の撰者は不詳だが、仁平二年（一一五二）以前、十一世紀後半に成立した可能性もあり、『今昔物語』をはじめとする諸書に引用されている。[47] 全三卷の內、上卷は世俗部、中卷は佛法部、下卷は禽獸部に配當されているが、內容は必ずしも一致しない。上卷の第一「劫燒」では、四劫をめぐって、古代インドの佛教的宇宙觀に立つ、宇宙の生成と變化に言及し、中卷の第一「天をば名づけて大極と曰ふ」と、第二「地をば稱して清濁と爲す」では、古代中國的な宇宙觀によって、天地の創世と天象について說き、下卷の第一「日をば金烏と名づく」と、第二「月をば玉兎と稱す」では、『文場秀句』『倶舍論』『白虎通』を引いて、日月の創成や運行に關して述べるが、盤古說話は見られない。

全般的に書承性が強いものの、直接の典據を明確にし得る話は少なく、今野達によれば、漢故事や嘉言を收集した源爲憲『世俗諺文』[48]の類や、佛教說話を引いて教化の用に資した唱導資料類を多數援用し、孫引きしたものであろうとされ[49]、〈五郎王子譚〉の形成についても、示唆するところが大きい。

この說話に注目した田口和夫は、『八帖花傳書』巻二の第七十五條[50]に、「土用の調子は一越なり。同、閏月も一越なり。ただし、土用の內成とも、間日の調子は違ふべし、間日には、春ならば春、夏ならば夏、秋ならば秋、冬ならば冬、季の調子を謠ふべし」という說明に續けて、盤古大王と五郎王子譚があることを指摘し、『注好選』との對比を試みたうえで、『注好選』所收話が陰陽五行說による曆解釋の範圍を出ないのに對し、『八帖花傳書』では、四季の調子起源說話としての發展が著しい、という[51]。

『八帖花傳書』は、世阿彌所傳の『風姿花傳』や『音曲聲出口傳』の一部、あるいは猿樂起源說や謠・調子・囃子・鼓・舞臺上の心得などの技術的諸問題について、諸種の傳書から抄記したもので、中村保雄の所說では、天正年間（一五七三〜九二）の後半頃に、觀世方に屬し、金春方とも交涉のあった人物によって撰錄されたようである[52]。田口は、兩者をつなぐものとして、十四世紀初頭頃に、興福寺樂人の狛朝葛が、祖父近眞の『教訓抄』を祖述した舞樂書『續教訓抄』第八册の[53]、「五行王相死囚老事」や、永正十二年（一五一五）に、雅樂頭の豊原統秋がまとめた『體源抄』巻十二[54]にも「王相死囚老ノ事」として引かれていることなどから、南都に傳承された『注好選』所收話が、その陰陽五行說とともに、まず興福寺付屬の樂人によって音樂における起源說とされ、それが大和猿樂の囃子傳書に流入し、また『八帖花傳書』に定着する、という傳承經路を推定しているが[55]、中世興福寺の一乘院・大乘院兩門跡配下の盲僧たちが『地神經』を誦んだことなども併せ考えると、大變興味深い。

なお、『八帖花傳書』では、大王はまだ亡くなっておらず、五郎は母から贈られた剣をもって兄達と激しく戦うが、

その時、五郎の王子は、天竺恆河川の水上、めつの池と申池有。かれに、めつの池の中に城を拵へ給ひ、彼の城に籠り、御軍を初め給ふ。御兄四人の王子達、さまざま攻め、戰ひ給ふ。彼の大ほうけんどの、剣を抜き、敵の方へ向きて振り給へば、四人の王子は悉く負け給ひ、血の河、七日七夜流れける。

という描寫は、『地神經』釋文の「王子の釋」や、いざなぎ流の「大土公祭文」などにも類似する表現がみられるし、文選博士による土用七十二日の分配を不服として怒りをなした五郎に、「滅日・沒日・大敗日をもって、三年に一度の閏月を作り出し」て追加したという部分は、『簠簋内傳』等に依據するものと思われ、室町から戰國時代にかけて、各方面で多様な展開をみたことが窺える。

最後に、『地神經』とその釋文としての〈五郎王子譚〉が、中世において、これほど幅廣く流布したことの、社會的背景についてふれておきたい。

無住が弘安六年（一二八三）に撰述した『沙石集』巻十の「俗士遁世シタル事」(56)は、中世の財産相續法における諸子分割主義を明示する史料として、早くから注目されてきたものである。(57)

丹後國のある小領主が、所領を息子八人と數人の娘に、それぞれ分割して相續するよう遺言して亡くなった。だが嫡子は、父の遺言通りに分割相續すると、所領が細分化し、公役なども負擔しきれないと判斷し、兄弟のなかから、器量有る者一人を選んで後繼者にしてはどうか、と提案したところ、「此中ニハ五郎殿ゾ器量ノ人ニテヲ《（オ）》ワ《（ハ）》スル。サレバ家ヲ繼給テ宮仕給へ」という結論になり、他の兄弟たちは出家した、という。

慣習的に行なわれてきた分割相續の結果、所領の細分化が進んで、家名の存續が危ぶまれる状態を克服するために、

嫡子による單獨相續が一般化するなかで、この場合は「器量」の有無を尺度に後繼者を選ぶという、合理的な方法がとられている。むろん、このように圓滑に結論が出る場合は稀であったからこそ、無住はこの話を書き留めたのであろうし、現實には、兄弟間で激しい對立と紛爭が繰り廣げられたはずである。

五郎王子譚に散見する「所務分け」を手がかりにして、この『沙石集』の一文を引用し、中世における相續法の在り方と關連づけて解釋したのは萩原龍夫であるが[58]、地神盲僧の語り物や土公神祭文・五行神樂などが、色濃く分布する西南日本で、いわゆる末子相續が廣く見られることは[59]、この傳承が流布した社會的背景と密接なつながりをもつ[60]。

結　語

朝鮮の盲覡と日本の盲僧が、同じ『地神（心）經』を語り傳えながらも、日本では半島にない五郎王子譚が、その釋文として陰陽五行説や天文暦數、あるいは中國の盤古説話などをも重層的に包攝しながら成立し、獨自の展開をみた。さらに東日本では、佛教の女人成佛・變成男子説を下地に、〈五郎の姫宮〉としての像容を結實させ、ことに西南日本では〈五郎の王子〉を中心に、廣く浸透した。

その敍述の中核は、五王子による〈所務分け〉の激しい驅け引きの模様と、結末の鮮やかさにあるが、これは、所領の相續と家名の存續のはざまで搖れた中世社會の、切實な現實と理想を反映するものといえるだろう。

注

（1）　盲僧の呼稱や歴史的性格については、加藤康昭『日本盲人社會史研究』（一九七四年、未來社）、成田守『盲僧の傳承』（一

九八五年、三彌井書店）、永井彰子「盲僧琵琶の道」（〈大系　日本　歴史と藝能〉第六巻『中世遍歴民の世界』、一九九〇年、平凡社）、同編『福岡縣史』文化史料篇〈盲僧・座頭〉（一九九三年、西日本文化協會）、中野幡能編『盲僧』（一九九三年、名著出版）、村田熙『盲僧と民間信仰』（一九九四年、第一書房）、西岡陽子「地神盲僧」（〈講座日本の民俗學〉七『神と靈魂の民俗』、一九九七年、雄山閣）など參照。

（2）『大正藏』十六巻所收。日本では義淨譯の十巻本が、護國經典として御齋會などで讀誦され、九州の盲僧寺院にも傳わるが、儀禮の場で用いられるのは『地神經』の方である。

（3）原文と訓讀文の翻刻は、江田俊了『常樂院沿革史』（一九三二年、常樂院）、柳田耕雲『續常樂院沿革史』（一九九〇年、常樂院寺務所）、五來重編〈日本庶民生活史料集成〉第十七巻『民間藝能』（一九七二年、三一書房）、荒木博之「盲僧の傳承文藝」（〈講座・日本の民俗宗教〉七『民間宗教文藝』、一九七九年、弘文堂）に收載。

（4）朝鮮では『地神經』ではなく『地心經』と表記される。

（5）拙稿「日本古代の道教受容と疑僞經典」（山田利明・田中文雄編『道教の歴史と文化』、一九九八年、雄山閣、本書、序章所收）において、古代を中心とする概觀を試みた。

（6）鹿兒島市にあった常樂院は戰災で燒亡したため、現在、宮崎縣日南市の長久寺に寺務所が移されている。柳田耕雲『續常樂院沿革史』、前掲注（3）參照。

（7）この他、近世には石見や若狹地方にも地神盲僧がいた。加藤康昭、前掲注（1）。

（8）近世における當道派と地神盲僧との關係については、中山太郎『日本盲人史』正・續（初版一九三四、三六年、昭和書房）、加藤康昭、永井彰子、前掲注（1）などに詳しい。

（9）中世の盲僧と『地神經』については、岩橋小彌太「盲僧考」（『社會史研究』十巻一・二號、一九二三年、『日本藝能史――中世歌舞の研究――』、一九五一年、藝苑社、『藝能史叢說』、一九七五年、吉川弘文舘）、兵藤裕己「平家琵琶溯源――パンソリ・說經・盲僧琵琶など――」（『國文學　解釋と鑑賞』一九八七年三月號、至文堂）參照。

（10）續群書類從第十三輯下、所收。岩橋小彌太、前掲注（9）參照。

（11）荒木博之「盲僧の傳承文藝」、前掲注（3）。
（12）伊藤亞人「正統性と土着性――朝鮮民族文化と現代韓國におけるシンクレティズムの様相――」（『文化人類學』三號、一九八六年、アカデミア出版會）、同「韓國の民間信仰における道教の傳統」（『朝鮮文化研究』一號、一九九四年、東京大學文學部朝鮮文化研究室）參照。
（13）永井彰子「韓國の盲僧集團――道流僧から大韓盲人易理學會へ――」（『部落解放史・ふくおか』七七號、一九九五年、福岡部落史研究會）、同「盲僧琵琶の道」前掲注（1）。なお、拙稿「朝鮮の北斗信仰と所依經典――朝鮮本『太上玄靈北斗本命延生眞經』覺書――」（『豐田短期大學研究紀要』四號、一九九四年、本書、第十五章所收）、同「朝鮮本『天地八陽神呪經』とその流傳」（『東京成德大學研究紀要』四號、一九九七年、本書、第十七章所收）、同「朝鮮における道佛二教と巫俗の交渉――附、朝鮮本『佛說廣本太歲經』影印――」（同前、五號、一九九八年、本書、第十六章所收）でも、史料の紹介と若干の考察を試みた。
（14）李圭景『五洲衍文長箋散稿』、卷三十九「道教仙書道經辨證說」、卷四十二「東國道教本末辨證說」（影印版の初刊は一九五九年、韓國、東國文化社）を踏まえた、李能和『朝鮮道教史』（初版は一九五九年、東國大學校刊）をはじめとして、車柱環『朝鮮の道教』（三浦國雄・野崎充彥譯、一九九〇年、人文書院）、徐大錫「經巫攷」（『韓國文化人類學』一輯、一九六六年、『韓國巫歌の研究』、一九八〇年、文學思想社）がある。
（15）京都大學文學部所藏寫本の翻刻が、中山太郎『日本盲人史』前掲注（8）と、五來重編『民間藝能』前掲注（3）にある。
（16）山口縣立文書館所藏寫本の翻刻が、五來重編『民間藝能』前掲注（3）にある。
（17）中山太郎舊藏『天台宗佛說盲僧之原初誦地神陀羅尼經四季土用祭根元之事』の後半部で、中山太郎『日本盲人史』前掲注（8）に翻刻が載る。これらの盲僧緣起については、石井正己「盲僧と盲覡の始祖傳承」（『口承文藝研究』十二號、一九八九年）、西岡陽子「大和「地神座頭目錄」覺書」（『御影史學論集』十四號、一九八九年、御影史學研究會）參照。
（18）近世には、春秋二季の法會で誦まれた。前掲注（3）の諸文獻の他、荒木博之・西岡陽子編（傳承文學資料集成）十九『地神盲僧資料集』（一九九七年、三彌井書店）に關連史料が翻刻されている。

(19) 以下、釋文の要約は、主に村田熙『盲僧と民間信仰』前掲注（1）を參看した。
(20) 呉の徐堅『三五暦記』（『藝文類聚』『太平御覽』所引）以下の關連文獻とその解釋については、小川琢治『支那歴史地理研究』（一九二八年、弘文堂書房）、出石誠彦『支那神話傳説の研究』（初版一九四三年、中央公論社）所載の諸論をはじめとして多數あるが、記紀神話との關係については、大林太良『稻作の神話』（一九七三年、弘文堂）、廣畑輔雄『記紀神話の研究』（一九七八年、風間書房）に詳しい。
(21) 反魂と解釋するのは、荒木博之、前掲注（3）、成田守、前掲注（1）だが、村田熙、前掲注（1）の所説に從う。
(22) 村田熙、前掲注（1）。
(23) 筑前玄清法流の釋文は、五來重、前掲注（3）所收。薩摩常樂院法流の釋文との比較については、成田守、前掲注（1）參照。
(24) 五來重「盲僧琵琶　解題」、前掲注（3）。
(25) 本田安次〈日本の民俗藝能〉一『神樂』（一九六六年、木耳社）、同〈本田安次著作集　日本の傳統藝能〉第一卷～第五卷『神樂』（一九九三～九四年、錦正社）、石塚尊俊「五行神樂の分布と源流」（本田安次博士古稀記念會編『藝能論纂』、一九七六年、錦正社）、鈴木正崇「弓神樂と土公祭文」（『民俗藝能研究』三號、一九八一年、民俗藝能學會）參照。
(26) 以下、吉村淑甫監修、齋藤英喜、梅野光興編『いざなぎ流祭文帳』（一九九七年、高知縣立歴史民俗資料館）による。高木啓夫『いざなぎ流御祈禱の研究』（一九九六年、高知縣文化財團）をはじめとする關連研究については、前述の『いざなぎ流祭文帳』、ならびに〈展示解説圖錄〉『いざなぎ流の宇宙』（梅野光興執筆、一九九六年、高知縣立歴史民俗資料館）に詳細な參考文獻目錄が載る。
(27) 詳しくは、梅野光興「大土公祭文――「大土宮神本地」半田文次本――」（『いざなぎ流祭文帳』、前掲注（26））參照。
(28) 小松和彥「いざなぎ流祭文研究覺帖〈大土公祭文〉」（『春秋』三一六～三一八號、三二二～三二四號、一九九〇年、春秋社）、同「いざなぎ流祭文と古代神話」（『神々の精神史』增補版、一九八五年、北斗出版）などの諸論。
(29) 早川孝太郎『花祭』（初版一九三〇年、岡書院、『早川孝太郎全集』第一卷、第二卷、一九七二年、未來社）所收。

(30) 岩田勝『神樂源流考』（一九八三年、名著出版）、同編『中國地方神樂祭文集』（一九九〇年、三彌井書店）。
(31) 日本古典全集（正宗敦夫校訂）所收。『諸本集成　倭名類聚抄』（一九六六年、臨川書店）。
(32) 新訂増補國史大系、所收。
(33) 同前。木村進「鎌倉時代の陰陽道の一考察」（『陰陽道叢書』二〈中世〉、一九九三年、名著出版）參照。
(34) 東密の作法は『覺禪抄』巻一一〇「地天法」（『大正藏』圖像篇五巻、『大日本佛教全書』第五十册）に、また台密の作法は『阿娑縛抄』第一六一「地天」（『大正藏』圖像篇九巻、『大日本佛教全書』第四十册）に詳述されている。
(35) 新訂増補國史大系『朝野群載』巻三、祭文、所收。五來重、前掲注（3）にも載る。
(36) 近藤喜博「神道集について」（『東洋文庫本　神道集』一九五九年、角川書店）。
(37) 岩田勝『神樂源流考』、前掲注（30）。
(38) 續群書類從第三十一輯上と、神話大系『陰陽道』（下出積與校注、一九八七年）は、異傳に關する注記を缺く。中村璋八『日本陰陽道書の研究』（一九八五年、汲古書院）參照。
(39) 『簠簋内傳』では、「盤古」ではなく、「盤牛大王」と表記する。
(40) 村山修一『日本陰陽道史總説』（一九八一年、塙書房）。
(41) 中村璋八「簠簋内傳の鈔本について」、前掲注（38）所載。
(42) 中村璋八、前掲注（38）、二六四～二六五頁。
(43) 山本ひろ子「五郎の姫宮」（『大荒神頌』、一九九三年、岩波書店）。
(44) 寛永六年の古活字版他、數種の版本がある。構成と内容については、渡邊守邦「『簠簋抄』以前――狐の子安倍の童子の物語――」（『陰陽道叢書』二〈中世〉、前掲注（33）所収）、同「『簠簋抄』以前・補注」（『説話論集』四集、一九九五年、清文堂出版）に詳考がある。
(45) 山本ひろ子、前掲注（43）。
(46) 新日本古典文學大系『三寶繪　注好選』（今野達校注、一九九七年、岩波書店）。この點について、最初に指摘したのは、成田守、前掲注（1）である。

(47) 今野達「注好選　解説」、前掲注（46）、同「注好選集について」（『國語』二巻二・三・四合併號、一九五三年、西東社）、同「東寺観智院本「注好選」管見」（『國語國文』五十二巻二號、一九八三年）、森正人「今昔物語集の基礎的研究――注好選集・私聚百因縁集との關係――」（『愛知縣立大學文學部論集』〈國文學科篇〉二十七號、一九七七年）など參照。

(48) 寛弘四年（一〇〇七）の序がある。續群書類從第三十輯下、所收。

(49) 今野達、前掲注（47）の諸論參照。

(50) 日本思想大系『古代中世藝術論』（中村保雄校注、一九七三年、岩波書店）所收。

(51) 田口和夫「『注好選』上巻「文選止諍」第八十六覺書」（『今昔研究年報』一號、一九八七年、笠間書院）。

(52) 中村保雄「八帖花傳書　解題」、前掲注（50）。

(53) 日本古典全集（正宗敦夫校訂）所收。今野達「續教訓抄と寶物集」（馬淵和夫博士退官記念『說話文學論集』、一九八一年、大修館書店）參照。

(54) 日本古典全集（正宗敦夫校訂）所收。

(55) 田口和夫、前掲注（51）。

(56) 日本古典文學大系所收（渡邊綱也校注、一九六六年、岩波書店）。

(57) 中田薫「鎌倉相續法物語」（『法制史論集』三巻、一九四三年、岩波書店）、佐藤進一「法史料としての沙石集」（前掲注（56）の月報）。

(58) 萩原龍夫「五郎の王子」（『民俗』七巻一號、一九六三年、『神々と村落』、一九七八年、弘文堂）。

(59) 内藤莞爾『末子相續の研究』（一九七三年、弘文堂）。

(60) 鈴木正崇、前掲注（25）にも、同様の視點からの言及がある。

Ⅲ　佛教と道教の重層性

第十章　古寫經の跋文と道教的思惟

——坂上忌寸石楯供養經を中心に——

緒　言

六世紀における傳來當初の佛教は、「蕃神」（欽明紀十三年（五五二）十月條）や「佛神」（敏達紀十四年（五八五）二月條）、「客神」（「日本靈異記」上巻第五）あるいは「大唐神」（「扶桑略記」）などと呼ばれており、在來の神を基準にして把えられた様子がうかがえる。

また「欽明紀」、「敏達紀」や「元興寺緣起」、「上宮聖德法王帝説」などには、佛教受容をめぐる種々の反應が、排佛と崇佛の兩面から描かれているが、排佛派は國神信仰の立場から、荒魂の發現としての疫病の流行を國神の祟りとみて、その荒魂を觸發させたのは他國神を禮拜した蘇我氏の罪にあると斷じた。それに對して、崇佛派は佛神信仰の立場から、疫疾の蔓延を佛神の怒りと考え、その原因は他國神を崇めない罪にあるとした。

前者は他國神を禮拜する罪に自國神の罰が加えられたと考え、後者は他國神である佛神不拜に他國神からの罰が下ったとみたわけであるが、このことは伊藤唯眞の言うように、罰が疫病の流行という形をとる以上、それは個人的內面的自律的なものではなく、集團的外面的他律的なものであり、本來、個人的內面的な信仰對象である佛が、傳來初期においては、集團、地域共同體の信仰對象としての神と同じ範疇にあったことを意味する（1）。

神と佛については、佛教の浸透がやや進んだ六世紀末の『日本書紀』用明即位前紀に、

天皇信㆓佛法㆒、尊㆓神道㆒、

とみえ、七世紀中期の孝徳即位前紀には、

（天皇）尊㆓佛法㆒、輕㆓神道㆒、斮㆓生國魂社樹㆒之類、是也。

とあるほか、『書紀』ではこの他にもう一箇所、大化三年（六四七）四月二十六日條にも同様の記事がみえるように、佛教に對比する概念として「神道」という語句が用いられるようになる。

この「神道」の語義について諸史料の用例を検討した津田左右吉は、次の六種に分類している。[2] それによると、まず第一に、古くから傳えられてきた日本の民族的風習としての宗教的信仰（呪術を含む）、その例として前引の『書紀』の記事を擧げた上で、民族的風習としての宗教的信仰には、もともと特定の稱呼が無かったのに、佛教が外から入ってきて普及したので、それと區別し對抗するために「神道」の語が新たに適用された、とする。第二に、神の威力、力、はたらき、しわざ、神としての地位、神であること、もしくは神そのもの、などをさす場合。第三に、神話に思想的解釋を加えた一種の神學や教説（兩部神道や唯一神道など）。第四に、神社を中心とする宣傳的教説（伊勢神道や山王神道など）。第五に、江戸期に儒教の聖人の道、先王の道などに對して行われた、政治もしくは道徳規範としての神の道。そして第六に、新興宗教としての宗派神道を擧げた。

このうち、古代における「神道」の語義に直接に關わるのは第一と第二の説であるが、第一の民族的宗教としての稱呼としては定着せず、主に第二の意義において用いられたようである。[3]

前引の『書紀』の用例を津田は第一の説明に用いているが、これは第二の説でも解釋は成り立つだろう。この點について黒田俊雄は、中國における「神道」が、『易』の觀卦の彖傳において自然の理法の意味に用いられたのを初見

とし、魏晉時代には道家の思想と混和した意味を帶び、次いで晉代には佛家の道をも包括し、宗教としての道教が成立してからは、宗教そのものを、さらに種々の呪術や仙術の類をも含む總稱となったという津田の説[4]を前提に、前引の『書紀』の場合、實際の對象としては日本の民族的宗教――その内容が客觀的にどの程度まで日本固有のものといえるかは別として、一應古來の習俗であった祭祀や信仰――を指しているとしても、語句自體は、日本、朝鮮、中國を問わず習俗信仰一般をさす意味で用いられた、と解した。その上で、近年、多くの關心を集めつつある道教受容史研究の成果[5]をうけて道教的な祭祀や儀禮のいくつかに言及し、それらは日本古代の人々が自分たちの祭祀や信仰を、たとえ中國のそれと多少の相違があろうとも道教だと見做し、教義、儀禮さらに王權や國土までも道教にふさわしいものに整えようとした努力のあとと解釋できるかも知れない、とする。さらに、日本古代の土俗的信仰は、日本の民族的信仰というよりは、東アジアではある程度まで世界宗教の性格をもっていた道教の地方的形態ともみられ、「神道」という用語も道教そのものの意味であって、中世に全般的に佛教におおわれる以前には、やや緩慢ながら長期にわたって道教におおわれていたと見做すこともできるのではないか、と論じた[6]。

この問題については、道教の概念規定をも含めて今後さらに多方面からの検討を要するが、その際に重要なのは、佛教、道教、神道（少なくとも古代においては神祇信仰と呼ぶ方が妥當）や儒教のそれぞれの展開過程だけでなく、これらの諸要素が歴史的にどのような重層性をもつか、ということだろう。

本章では、この點を視野に置きつつ、八世紀の中央と地方における信仰形態を、古寫經の跋文を素材に試考してみたいと思う。

一、大般若經の書寫と道教的思惟

天武十四年（六八六）に、僧法林の教化をうけた河内國志貴評の知識結が「七世父母及ビ一切衆生ノ爲ニ」書寫した『金剛場陀羅尼經』を最古の例として、現存する古寫經はかなりの數にのぼる。

官寺における僧尼の教學研究のための寫經の他、多くの貴顯、族長、知識さらには個人が、佛への歸依の證しとして行った寫經には、造像銘などと同様に、發願の經緯や佛への祈願を記した跋文が付記される場合が多く、信仰の在り方を具體的に知る上での恰好の手懸りとなる。

それらの集成は、江戸末期から明治初期にかけて知恩院の鵜飼徹定が採録した一連の『古經搜索錄』一巻（嘉永五年（一八五二）撰）[7]、『古經題跋』二巻（文久三年（一八六三）撰）、『續古經題跋』一巻（明治十六年撰[8]）をはじめ、西村兼文『古經跋語』[9]、栗原信充『題跋備考』[10]、田中光顯『古經題跋隨見錄』[11]などを經て、竹内理三『寧樂遺文』[12]、田中塊堂『日本寫經綜鑑』[13]、同『日本古寫經現存目錄』[14]に至り、その大要が容易に把握できるようになった。

これらを通覽すると、佛教的な要素だけでなく、道教的な思惟に基づくと思われる表現を含む例がいくつか見出されることに注目したい。

（1）長屋王發願〈神龜經〉

長屋王が發願した『大般若經』は二種傳存する。和銅五年（七一二）十一月十五日付の跋語をもつ〈和銅經〉[15]は、長屋王が願主になってはいるが、文中に「長屋殿下」とあり、末尾に「北宮」とあるので、岸俊男が指摘したように、實際は北宮において、妃の吉備内親王が、兄の文武天皇を追善して書寫させたものとみられ、[16]内容も他の追善を旨とした跋文と類似する點が多い。それに對して、神龜五年（七二八）九月二十三日付の〈神龜經〉の方は、長文で随所に道教的な表現がみられる異色なものである。現在五卷ほどが確認されているようであるが、[17]そのうち、根津美術館所藏の卷二百六十七の跋文には、

(1) 神龜五年歳次戊辰五月十五日、佛弟子長王、
(2) 至誠發願、奉寫大般若經一部六百卷、其經乃
(3) 行行列華文、勾勾含深義、讀誦者、蠲耶去惡、
(4) 披閲者、納福臻榮、以此善業、奉資
(5) 登仙二尊神靈、各隨本願、往生上天、頂禮彌勒、遊
(6) 戯淨域、面奉彌陁、竝聽聞正法、倶悟无生忍、又以
(7) 此善根、仰資　現御寓天皇幷開闢以來代代
(8) 帝皇、三寶覆護、百靈影衞、現在者、爭榮於五嶽、
(9) 保壽於千齡、登仙者、生淨國、昇天上、聞法悟
(10) 道、脩善成覺、三界含識、六趣稟靈、无願不遂、有心必
(11) 獲、明矣因果、達焉罪福、六度因滿、四智果圓

神龜五年歳次戊辰九月廿三日

（以下、書生や校生らの氏名は省略）

とある。

この跋文については、近年、新川登龜男によって精緻な分析がなされている。[18] 新川はまず八行目末尾の「五嶽」について、『禮記』王制篇、『抱朴子』金丹・遐覽篇などに基づいて、正神、靈神がやどる合靈の場であったとし、『唐大詔令集』などから、道教における五嶽の祭祀が唐代において重視され、戰亂や政爭、農耕の攘災招福をもたらすものとして一層神格化されたことを指摘する。そのうえで「爭榮於五嶽」の一節は、單に左大臣や地上の榮位を卽物的に極めることだけでなく、その身に靈神を宿す可能性を帶び、禍をはらい福をもたらす一種の神格として地上に在ろうとする謂を潛在していたとみる。

次いで三行目から四行目にかけての「讀誦者、蠲耶去惡、披閱者、納福臻榮」という一節に注目する。通例は寫經それ自體の功德に期待するのに對して、この神龜經では寫經は手段にすぎず、經典を讀誦、披閱してはじめて功德が得られるとする點は、道教における認識、ことに老子五千文の讀誦などの在り方に通じるものであるとし、これらの思考が新羅を經由して傳來した可能性を示唆した。

さらに、五行目の冒頭「登仙二尊神靈」、八行目の「百靈影衞」、十行目の「三界含識、六趣稟靈」などの部分に言及し、これらが道教的な世界觀を意味することを詳述する。それは、長屋王の父母である高市皇子とその妃を「登仙二尊神靈」とし、道教的な百靈や六趣稟靈が導き護る、という靈の秩序意識であるが、一方で、開闢以來、聖武天皇に至るまでの皇統秩序が想定されて、この皇統秩序を前者の靈の秩序が護り導くもので、こうした思考には、道教における老子の神格化や『老子道德經』讀誦などが大きく作用しているだろう、という。そして、この神龜經の世界觀こそが、「私學左道、欲傾國家」という長屋王謀略の密告（『續日本紀』天平元年（七二九）二月）の「左道」にあたるとした新川の多岐に亙る所論は、日本古代における佛教と道教の受容形態を考える上で多くの教唆に富む。

つぎに、こうした王權の中樞に位置した貴顯による寫經とは對照的な、在地の知識による例をみたい。

（2）　沙彌道行知識經

三重縣名賀郡青山町の常樂寺に傳存する『大般若經』は、平安後期の寫經を中心に總計五百九十五巻にのぼるが、それらの中に天平寫經も三巻含まれる。その內、巻五十の跋語には、

奉寫　神風仙大神
願主　沙彌道行
書寫　山君薩比等

「正元二年庚申二月十一日於坂本鄕桑原村二校了」（後筆）

とあり、巻百八十七には、

願主沙彌道行　書寫師沙彌聞曜
沙彌尼聞道　沙彌尼德鈴
婆《（沙カ）》彌尼德緒　山國人
山三宅麻呂　懸主富繼古
山泉古

とあるが、巻九十一には寫經の機緣をめぐるかなり長文の跋文が載る。その大要は、三寶に歸依した沙彌道行が村里を離れて獨り山中で修行を積んでいたところ、天平勝寶九年（七五七）六月三十日に突如雷鳴が轟き、その激しさに「手足ノ措ク所ヲ知ルコト無シ」という狀態に陥った。これは「天罰」に違いないと考えた道行は「神社安隱（穩カ）、

雷電駭ス無ク、朝庭無事、人民寧定ノ爲」に大般若經の書寫を誓願したところ漸く雷鳴が止んだ。そこで知識を募り、淨寫を成すにあたって「諸大神社、波（般）若ノ威光ヲ被リテ早ニ大聖ノ品ニ登ランコト」や「天朝聖主ノ壽、南山ニ比シテ天地長久ナランコト」を、さらに「二親眷族」や「一切含靈」の安寧などを祈願した、といい、「天平寶字二年歳次戊戌十一月」の日付に續けて、

奉爲　伊勢大神
願主　沙彌道行
書寫　優婆塞圓智

と記している。

他の諸巻の跋文をも總合すると、この『大般若經』は、正元二年（一二六〇）に和泉國和泉郡坂本鄕桑原村の佛性寺において校合された後、元弘年間（一三三一～三三）に大和國倶戸羅鄕の安養寺に移され、暦應から延文年間（一三三八～六一）に缺巻の補寫等がなされた。その後、寛文七年（一六六七）に河内國藤坂の萬法藏院の所有となって修復され、さらに寛政九年（一七九七）には伊賀國種生の國見山八幡の轉讀料として、その神宮寺であった常樂寺の所藏に歸したようである。(19)

その成立については、知識を結んだ人々の内、「山」氏を名乘る者が四名を數え、『倭名類聚抄』には和泉國佛性寺と同じ和泉郡下に「山直鄕」（大阪府岸和田市山直）がみえるので、坂本鄕桑原から山直にかけての地域の人々によって書寫されたと考えられる。(20)

この道行知識經は、これまでにも多くの關心を集めてきたが、それは主に、初期における神佛習合の具體例としてか、あるいは古代王權の皇祖神とは性格を異にする地方神としての伊勢信仰に關する側面からであった。(21)その際、ま

ず問題となるのは〈伊勢大神〉（巻九十一）と〈神風仙大神〉（巻五十）との關係であるが、多くはこれを同一神とみた上で、沙彌道行が伊勢神宮に對して知識を勸進したものと解してきた。

ところが近年、こうした通説的解釋に對して全面的な再考を迫る新見が岡田精司によって提示された[22]。それによると、『皇大神宮儀式帳』や『延喜式』巻四などの規定から、古代の伊勢神宮には〈私幣禁斷の制〉があり、臣下はもとより皇族であっても私的な參拜や祈願は嚴禁されていた。當然、族長層、一般民衆についても神宮への祈願は禁制され、王權の宗教的支柱として、大王、天皇の獨占的な信仰對象であった。このような性格は、記紀の傳承にも反映していることから、律令制以前からのものと認められる。とすれば〈伊勢大神〉のために知識經を勸進するような行爲は容認され得ないことだ、という。そこで岡田は、あらためて巻九十一の跋文について檢討し、文中では〈伊勢大神〉や〈神風仙大神〉の神威や利益については全く言及が無く、寫經の功德を述べた部分でも神々にふれるのは「伏願、諸大神柱、被波若之威光、早登大聖之品」という部分、つまり〈諸大神柱〉、〈神柱〉が祈願の對象であることを確認した上で、沙彌道行が雷電に遭遇した時に祈願した神は不特定多數の神々――いわゆる八百萬の神々をさす、とした。そして、この〈諸大神柱〉と〈伊勢大神〉、〈神風仙大神〉との關係については、この道行知識經では大般若經全六百巻の各巻ごとに「奉寫某々神」と神名を記し、それぞれの神々に一巻ずつ捧げたもので、たまたま伊勢の國津神という意味で國名をつけた〈伊勢大神〉と〈神風仙大神〉の二巻が殘ったのではないか、と推定するのである。

たしかに度會氏など南伊勢の豪族が祀る地方神であった伊勢神宮が、七世紀後半の天武朝以降、皇祖神を祀るようになる過程で私幣禁斷が强調されたとすれば、天平寶字二年（七五八）戉立の道行知識經を伊勢神宮に祈願したものとは見做し難いことになるだろう。とはいえ、六百巻の各巻毎に異なる神格が記されたのではないか、という推論には、他の大般若經の書寫例などからみても再考の餘地が殘るのではなかろうか。

さらに、この跋文で問題となるのは〈神風仙大神〉の性格についてである。先行の諸論もこれを道教的な神格かとする説が多いようであるが、とくに論據は示されていない。他に類例がない表現なので、その實態ははっきりしないものの、前引の巻九十一の跋文の一節では、

天朝聖主比壽南山、天地長久。

とのべ、朝廷の長久を「南山」になぞらえて祈願しているが、この「南山」は中國甘肅省から陝西省を經て河南省に至る高嶺、終南山をさす。その山脈と同じく長壽が續くことに喩える表現は、早く『詩經』小雅・天保に、

如二南山之壽一、不レ騫不レ崩。

とみえる。また『懷風藻』所載、采女比良夫の「春日侍宴應詔」には、

宜獻二南山壽一、千秋衛二北辰一。

とあり、天平十六年（七四四）六月に春日戸比良が發願した『大般若經』巻五百九十一の跋文にも、

仰願、聖朝體固、南山尊鎭、北極照臨。

の一節があって、「南山」と「北辰（極）」が對句になっているが、天空の中樞に位置する北極星は、中國古代の讖緯思想において、宇宙の最高神である天皇大帝と同一視され、儒教の最高神である昊天上帝とも統合する。また漢代の神仙思想では、北極星は仙人、眞人、神人が昇天し住するところとして重視され、道教的世界における最高神の位置を占めた[23]。この北極星とともに人の壽命や禍福を掌る司命神として信仰されたのが北斗星であるが、『太上北斗二十八章經』[24]や『太上玄靈北斗本命延生眞經註』[25]巻二・巻三や『北斗經題辭』[26]などの道教經典には、後漢の明帝が終南山で北斗に遇い、皇帝といえどもその壽命は衆庶と同様に北斗の管轄下に屬することを諭された後、〈長生訣〉とともに『北斗七元金玄羽章』[27]一巻を授けられた、という傳承が載る[28]。

こうしたことから「南山」「北極」と同様に、〈神風仙大神〉という神格も多分に道教的な思惟に基づくものとみてよいだろう。

二、坂上忌寸石楯供養經について

（1）跋文の復原とその傳來

跋文に道教的な性格の文言を含む古寫經としては、これらの他にもう一點、坂上忌寸石楯供養經が注目すべき内容をもつ。

(1) 夫以般若大乘者、斯乃三世諸佛之肝
(2) 心、十地菩薩之寶藏、然則皈依者、誰不
(3) 消災納福、隨順者、豈无斷惑證眞、伏
(4) 惟、爲孝子坂上忌寸氏成秋穗等、慈
(5) 先考故出羽介従五位下動四等坂上
(6) 忌寸石楯大①夫之厚恩、撫育之慈高踰
(7) 須彌、皈②護之慈悲、深過大海、經生累却③、碎
(8) 身捨命、何得報哉、方欲西母長壽、晉於
(9) 親東父還乎感④已盡、曾參之侍奉、極仲

〈校異〉
A＝『寧樂遺文』（缺文は「古經題跋隨見錄」に依據）
B＝『日本古寫經現存目錄』（「日本寫經綜鑑」を版印で補訂）
C＝『唐招提寺古經選』
D＝『寧樂朝寫經』（缺文は「日本寫經綜鑑」に依據）

①D丈
②A擁　B皈　C歸　③AB劫
④A文還乎感　BD文遂平成　C文遂乎感

(10) 尼[5]之[6]孝養表爲子之至誠、展事親之深
(11) 禮、豈謂[7]四蛇侵[8]命、二鼠催年、報運既窮
(12) 奄從[9]去世、孝誠[10]有闕、慈顏[11]无感、泉路轉
(13) 深終[12]隔親見[13]、仰天伏地、而雖悲歎、都無
(14) 一益、空沾領袖、唯有佛法、必救恩虛[14]
(15) 敬□[15]以維寶龜十年歲次巳未潤五月朔
(16) 癸丑[16]、母[17]紀朝臣多繼幷男氏成女
(17) 秋穗等參人、同志結言、奉寫大般若
(18) 大[18]乘壹部陸百卷、以爲遠代之法寶也、
(19) 仰願以此功德先同[19]奉資、先考之神
(20) 路、般若之船、淨[20]於苦海、速[21]到極樂之寶
(21) 域[22]、大乘炬[23]□[24]於閻衢、早登摩尼之玉殿
(22) 永覺三界之夢、長息一如之床、廣及有識、
(23) 共出迷濱[25]到涅槃岸

⑤A申　⑥BD條
⑦AC豈是謂　⑧BC役
⑨A然　⑩C孝子　⑪A親　D頟
⑫A終　B縧　C滌　D絛　⑬BCDナシ
⑭B靈
⑮AC靈敬以　B敬□以　D敬□以維
⑯BDナシ　⑰Bナシ　D日
⑱A波羅蜜經
⑲A先用　BD光同　C先同
⑳A深　B浮　㉑D連
㉒D城　㉓A換　㉔A閦衢　BCD閭衢
㉕A護

これは、寶龜十年（七七九）に、坂上忌寸石楯の追善供養のため、その妻子、紀朝臣多繼と氏成、秋穗の三名が發願書寫したものである。全六百卷の内、わずかに第百七十六の一卷だけが唐招提寺に現存するものの、跋文の九行目以下の部分の上半分を破損している（圖1）[29]。そのため、柴野栗山や住吉廣行らが幕命を受けて寛政四年（一七九二）に編纂した『寺社寶物展閲目錄』[30]（第四卷）や鵜飼徹定の『古經搜索錄』、『古經題跋』など、江戸後期にこの跋文を紹

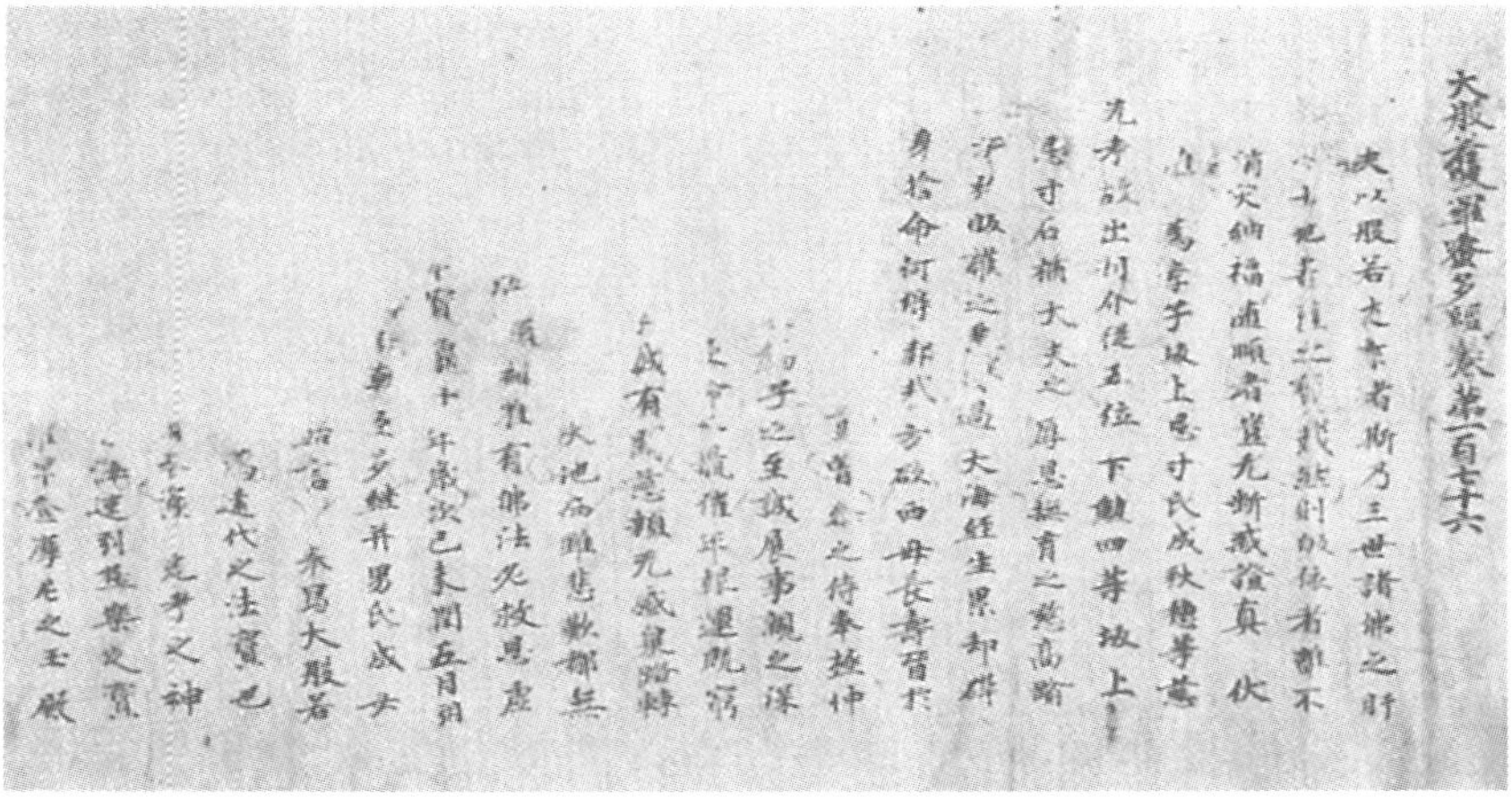

圖1　唐招提寺所藏〈坂上忌寸石楯供養經〉卷176跋文（『唐招提寺古經選』）

介した書物では、いずれもこの部分は缺文のままになっていた。

ところがこの缺文は、竹内理三編『寧樂遺文』（初版は一九四四年）においてほぼ全文が復原され、田中塊堂編『日本寫經綜鑑』、同『日本古寫經現存目錄』でも同様の試みがなされた。『寧樂遺文』には、田中光顯『古經題跋隨見錄』に依據したという註記があり、田中塊堂『綜鑑』では「他の文獻」、『目錄』では「印版」による、とあるだけで典據は明記されていないが、「他の文獻」は、刊行年次とその內容からみて、『寧樂遺文』と『古經題跋隨見錄』の二著をさすと思われる。

『古經題跋隨見錄』は古寫經、古版經の蒐集家としても著名な田中光顯が、明治三十年頃までの約二十年間に購入あるいは寓目した古寫經類の題跋、所藏者等を著錄したものだが、これまでに公刊されたことはなく自筆稿本と若干の寫本だけが殘る[31]。筆者が披見し得たのは早稻田大學圖書館所藏の二本であるが、それには「備後國三調《（御）》郡八幡神宮寺藏」として第百三十三卷の跋文と屋代弘賢による坂上忌寸石楯の略傳の考證が抄錄されている。

ここにいう八幡神宮寺は、廣島縣三原市八幡宮內の御調八幡宮のことだが[32]、現在のところ、この大般若經の所在は確認されていない。ただ幸いなことに同社には跋文の部分を模刻した版木が傳存する（圖2）。

これは縦二十五・八センチ、横四十八・五センチ、厚さ一・八センチの板に陰刻したもので（界高は十九・五センチ、界幅は一・七五センチ）[33]、裏面には、

戊辰（文化五年）閏六月十五日□林五沖《青木屋》　刻

と墨書がある。

この版木は、『備後八幡雜記』によれば、松平定信の下命をうけて諸國の古社寺の文物を探索中の奥州白河常泉寺の僧白雲が、寛政十二年（一八〇〇）に來訪した際[34]に見出された石楯供養經を紹介するため、調査にあたった三原の青木充延が上木寄附したもので、各地の同好の人々に送った際には、江戸の屋代弘賢に依頼した考證文も同様の木版に仕立てて添えたらしく、この版木も同社に現存する[35]。

青木充延は、三原西町の商家の出で、組頭、目代後見役などを歴任。城主の信任厚く、諸藩の動静を探るよう内命を受けてもいたようで、著書に『三原志稿』全八巻[36]の他、『備後八幡雜記』一巻がある。後者は御調八幡宮に關する諸文獻を集成、考證したもので、この石楯供養經の跋文も收載する。文化十三年（一八一六）七月に一應成稿したものの、翌月末に著者が急逝したため定稿には至らなかったらしい。

その後、大正七年になって、御調郡割庄屋であった田中家文書の中から鄉土史家・澤井常四郎によって自筆稿本が確認され、その著書『御調八幡宮登八幡莊』[37]の中で一部紹介されたが、宮司・桑原季彦により初めて全文が翻刻されたのは、昭和四十九年になってからのことで、それまではほとんど知られることもなかった[38]。したがって田中光顯の『隨見錄』は、青木充延が各地に頒布したという模刻版に依據するものとみて良いだろう[39]。

この模刻版を唐招提寺本と對照すると、例えば一行目末尾の「肝心」を「行心」、五行目（以下、本文中の行數は、

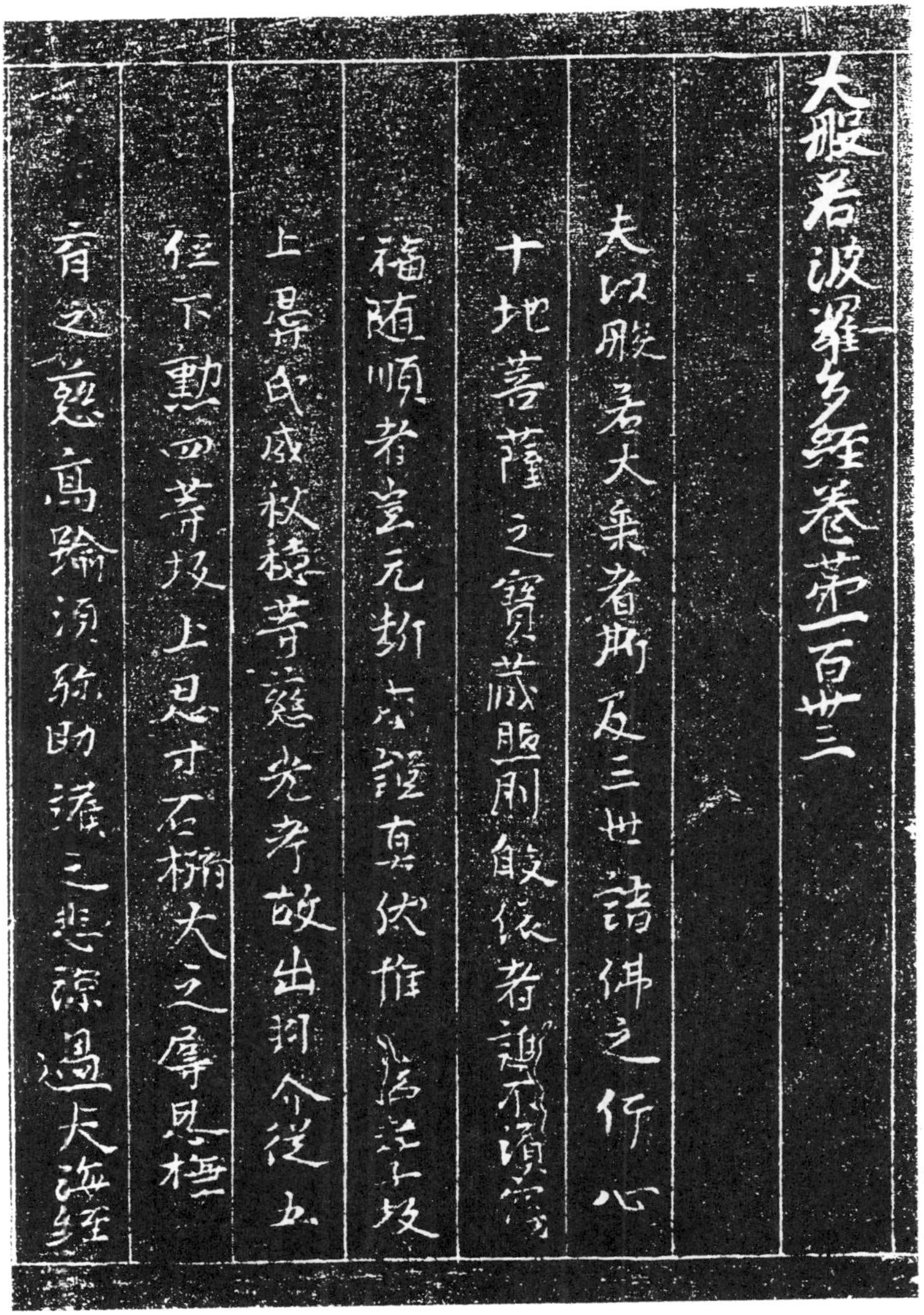
大般若波羅多經卷苐一百卅三
夫以般若大乘者斯及三世諸佛之行心
十地菩薩之寶藏照刷餘依者適不須當
福随順者豈元斯々證真然推々篤誌上坂
上景氏咸极穫菩之慈先考故出羽介従五
位下勲四等坂上忌寸石楯大之尊恩極
育之慈高踰須弥助護之悲深過大海經

圖２　御調八幡宮所藏〈坂上忌寸石楯供養經〉卷133跋文模刻版（桑原季彥氏拓影）

生累却碎身槍命河得糧成方碩西母

長壽曾於親束父遠平捷已盡曾泰之

侍奉枕伸申之朶食表□子之至滅辰

車親之涷禮豈謂四祀後令二流仔

報運既窮奄從去世孝誠有闕慕顆无

咸泉路轉深絲陳親見作天伏地而離悲

顯新世一盞空陆領神唯有佛法念枚

恩惠敢雖寶雖十年歲作□□□理

五月癸酉母地朝□多從羊男氏成女秋

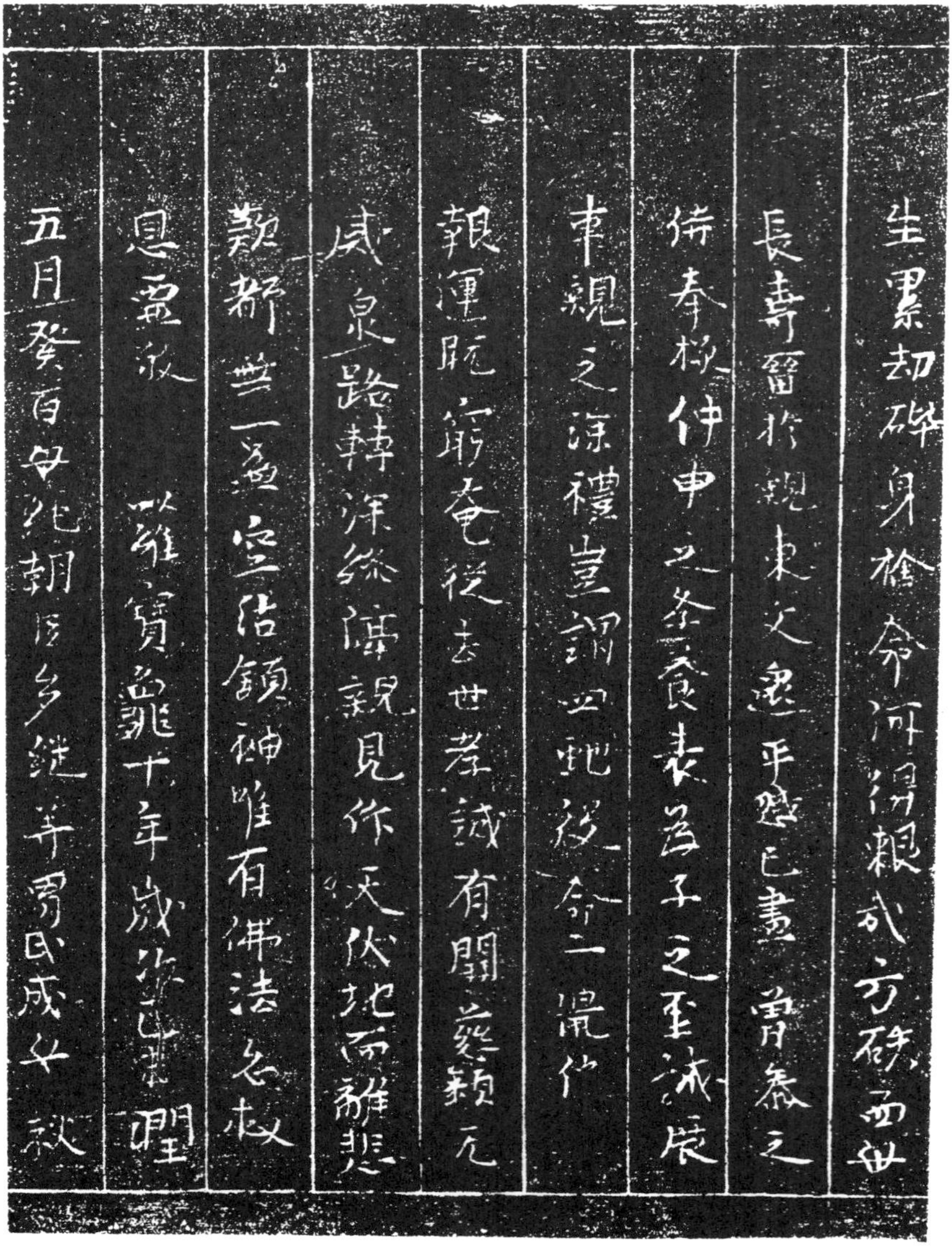

諸善參人同志結言　奉寫大般若大乘
壹部陸佰卷以爲遠代之法寶也仰願以
此功德悉用奉資　先考之神路般若之船
渡於苦海速到極樂之寶城大乘炬燈
照於閻浮早登摩尼之玉殿　永覺三界之夢
長息一如之床廣及有識普出迷津到彼
岸
大般若波羅蜜多經第一百卅三

四〇一～四〇三頁の翻刻の行數による）の冒頭部「先考」を「光孝」とする他、十行目の冒頭部「仲申」は、九行目の「曾參」が孔子の弟子だから「仲尼」とすべきであるなど、誤記、誤讀と思われる部分や字體が不分明な箇所もいくつか散見するが、他に僚巻が傳存しない現在、その全容を傳える唯一の史料として重要である。

坂上忌寸石楯は、もと石村村主石楯といい、左京の人。天平寶字八年（七六四）九月、藤原仲麻呂（惠美押勝）の亂に際し、孝謙上皇方の征討軍の軍士として參戰、近江の湖上で仲麻呂を討った功により大初位下から一躍從五位下に昇敍。翌年正月に勳四等、外衞將監。同年四月には坂上忌寸の姓を受け、同二年五月に出羽介、さらに寶龜五年（七七四）五月には中衞將監に任ぜられた人物である。

兩巻とも傳來の經路は明らかではないが、兩寺社それぞれに、坂上忌寸石楯によって討たれた藤原仲麻呂とは淺からぬ關係をもつ。

天平勝寶六年（七五四）正月に、鑑眞一行が大宰府から河内に到着すると、仲麻呂は早速に使者を派遣して慰勞し、同年十一月には、鑑眞所願の『八十華嚴經』、『大集經』、『大品經』の書寫料として大量の紙、筆、墨を送っている(40)。また、唐招提寺の創建についても、平城宮朝集殿を移建して講堂としたのをはじめ、仲麻呂の田村第の殿舍を移築して食堂に充てたり(41)、寶劍を獻納するなど(42)、おそらくは仲麻呂の第六子刷雄を介してであろうが、かなり積極的な後援を續けたようである(43)。

一方、御調八幡宮については、『備後八幡宮大菩薩緣起(44)』（同社藏）によれば、神護景雲三年（七六九）に道鏡によって和氣清麻呂は大隅、姉の法均尼廣蟲は備後に流された後、法均は弟清麻呂のために宇佐八幡大神をこの地に勸請して祈願した、という。そして寶龜八年（七七七）十月には、參議藤原百川が法均の配所に使者を遣わして社殿を建て、封戶を割いて充當し、さらに百川の子緒嗣が別殿を建てて清麻呂、法均、百川らを祀ったと傳える。これは『日本後紀』延暦十八年（七九九）二月二十一日條の清庥呂薨卒傳の一節に、姉弟の配流の記事に續けて、百川が二人の「忠烈」に感じて備後國の封戸二十戸を割いて配所に送り充てた、とある部分とほぼ符合する。

この縁起の現存本は、享保十九年（一七三四）の書寫であるが、建暦二年（一二一二）三月に神主三宅貞時が寫したという奥書があるので、遅くとも鎌倉初期までには成立していたとみられる。内容的にも『倭名類聚抄』以外の文獻には殘らない「柞原」という郷名や、三原唯一の式内社である賀羅加波神社が加羅河御廟として載ること、八幡が山陽道の驛路にあたることが語られるなど、福尾猛市郎もいうように[45]、その史料的價値はほぼ認めてよいだろう。

仲庥呂の亂後の天平神護元年（七六五）正月の敍勳の際、清庥呂は從六位で勳六等を授けられ、廣蟲は、從七位下から從五位下に昇敍し、やはり勳六等を授けられている。この時、勳四等に敍せられた石村村主（のち坂上忌寸）石楯と同様に、二人とも孝謙上皇方について戰功を擧げたことが知られる[46]。

このように仲庥呂との關係において對照的な位置にある二つの寺社に、仲庥呂を討ったことで榮達の道が開けた石楯の供養經がそれぞれに傳存したのは興味深いことではなかろうか。

（2）　西王母傳承と七夕

この跋文は、まず大般若經のもつさまざまな功德を讚えた後、亡父石楯から受けた恩愛の深さと、主を失った悲しみを吐露し、母子三名が行う六百巻の書寫によって亡父の成佛を祈願するものだが、亡父の遺德を顯彰し遺族への加護を重ねて所念する條りには、〈孝〉をめぐる儒教的な家族道德的觀念の投影が多分に窺われる。

また十一行目には、「豈四蛇命ヲ侵シ、二鼠年ヲ催スト謂フカ」という一節があるが、これは山上憶良が神龜五年（七二八）に、おそらくは大伴旅人の妻、郎女の死を悼んで獻じた〈日本挽歌[47]〉（『萬葉集』巻五、七九五～七九九番歌）と

一連の無題の漢詩の序文に、(48)

二鼠競走而、度レ目之鳥旦飛。四蛇爭侵而、過レ隙之駒夕走。

という類句があるのをはじめ、藤原仲麻呂「藤氏家傳」上の貞慶傳(49)の誄に、

鼠藤易絶、蛇篋難停。

とあり、東大寺大佛殿の曼荼羅織銘の西曼荼羅東緣文(50)には、

唯閲川易レ往、驚電難レ住、恐二鼠侵害、四蛇來纏。

藥師寺の佛足石歌碑には、

與都乃閉美《(四つの蛇)》　伊都々及毛乃々《(五つの鬼の)》　阿都麻禮流《(集まれる)》　伎多奈伎微乎婆《(汚なき身をば)》　伊止比須都閉志《(厭ひ捨つべし)》　波奈禮須都倍志《(離れ捨つべし)》

の一首がみえる。この句については、夙に契沖がその『萬葉代匠記』で憶良の文の典據として引いた『賓頭盧爲優陀延王說法經』(51)に、曠野で大惡象に遭蓬した行人が、追われて丘井の樹根に逃れすがったところ、黑白二匹の鼠が樹根を齧り、四方に四匹の毒蛇が潛み、樹上からは蜂が襲い、野火も起って苦境に立たされたといい、黑白の二鼠は晝と夜の比喩で、時の過ぎ去ることを、四蛇は萬物を生成しまた侵す地水火風の四大をさすともいう。これと同樣の說は『佛說譬喩經』や『涅槃經』高貴德王菩薩品などにもみえ、六朝期の詩文でも廣く用いられた慣用句であった。(52)

さらに注目に値いするのは、八行目から九行目にかけての、

方欲西母長壽、晉於親東父還乎。

という一節である。「西母」は古代中國の神女「西王母」のことで、「東父」は從來いずれの釋文も全て「東文」と讀んできたが、版木の字體から推して「文」ではなく「父」であり、「東父」すなわち「東王父」をさすとみてまず大過あるまい（圖3）。

西王母は、殷代の卜辭において天神〈西母〉とみえる例が早く、(53) 戰國期の方士の手を經て漢代に編纂された『山海經』の「西山經」（巻二、西次三經）では、その形姿は人のようだが豹尾や虎齒をもち、よく嘯き、蓬髮で勝という髮飾りを載せるという魁偉な容貌で、疫癘を司る神とされる。それが次第に美しい女神に變容してゆく過程を、歷史的な社會構造の變化と對應させて詳細に跡づけられた小南一郎の所論によれば、(54) 西王母の畫像が最初に出現するのは前漢末から後漢初期にかけてだが、これらをみると西王母は元來單獨で、陰陽兩性を具有する絶對神として存在したらしい。それが後漢末から三國時代になると、東方、太陽などの性格をもつ男性神である東王公と對置して描かれる例がふえ、西王母は西方、月、女性などの陰的要素のみの表象となる。この時期に相次いで成立した『博物誌』（西晉、張華）や『漢武故事』などには、七月七日の夜、水時計が七刻を指すころ、紫雲の車に乘って頭に七つの〈勝〉を載せた西王母が漢の武帝の御殿に到着し、攜えてきた三千年に一度實を結ぶという桃の實七個の内の五個を武帝に與えた、という傳承がみえる。六朝中期には成立した『漢武帝内傳』になるとその内容は更に詳細となり、武帝は西王母が元始天王から傳えられた長生の祕術を聞いたり、〈五獄眞形圖〉という護符を傳授されたことなどが語られる。(55)

この『漢武帝内傳』では、『博物誌』や『漢武故事』に較べて〈七〉という數の呪術性がやや後退し、道教信仰を基調にして傳承全體が詳細、華麗な描寫に變貌しているが、それは六朝期における道教の展開を直接反映することによる。

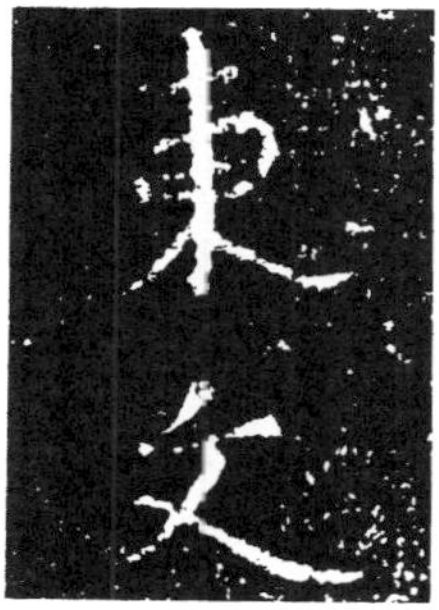

圖 3

これらの説話傳承では、西王母が武帝の王宮を訪れるのは七月七日であり、また西王母が頭に載せる七つの〈勝〉は機織りにおいて經絲を巻きつける横木を形どった〈玉勝〉で、これは世界の秩序を織り出す絶對的な權力をもつことを象徴するとみられることなど、七夕祭祀との關係を直ちに連想させる。

牽牛と織女が、特別の意味をもつ一對の存在として描かれるのは、『詩經』小雅の大東篇が早い例だが、漢代の「古詩十九首」（『文選』巻二十九）では、この二星は人格化され天漢に隔てられる、とあり、後漢末の崔寔『四民月令』になると、すでに七月七日が二星の會遘する日と考えられていた(56)。

七夕傳承については、梁代、宗懍の『荊楚歳時記』に、

七月七日、爲二牽牛織女聚會之夜一。是夕、人家婦女、結二綵縷一、穿二七孔針一。或以二金銀鍮石一爲レ針。陳二几筵酒脯瓜菓於庭中一、以乞レ巧。有二喜子網二於瓜上一、則以爲二符應一。

とあるように、女性たちが裁縫の上達を願い月に向って七本の針に綵縷を通す〈乞巧〉の行事もその本質に關わる要素として重視される(57)。

こうした七夕傳承が、儀禮的な筋書きや宗教的色彩を拂拭し、男女二神の戀愛譚を基調とした年中行事として定着するのは魏晉南北朝期を通じてのことだが、機織りと七月七日における祭禮という共通性をもつ西王母と織女の二神については、織女が元來西王母信仰に強い關連をもつのか、それとも別々の神格が、ある時期にその性格の共通性から結合したのかは、必ずしも明らかではないようだ。

（3）　祖先祭祀としての七夕と盂蘭盆會

西王母は月神としての性格を備えていたが、『淮南子』覽冥訓には、西王母は太陽を射た羿に不死の藥を授けたものの、その妻の姮娥が不死の藥を盗んで月に逃げた、という傳承が載る。月と不死の觀念の結合は、月が滿ち缺けを繰り返すことから、不老長壽というよりは、再生を重ねることによる不死の力を月神が附與してくれるという信仰を生んだとみられるが(58)、夫の坂上忌寸石楯の追善供養にあたり、その功德として西王母に託して長壽を祈願する紀朝臣

多繼の願文でも、こうした思惟が前提になっていると思われる。

また、西王母は七月七日の行事と深く結びつくが、小南は、古代中國においては七月七日から十五日までと、一月七日から十五日までは半年周期の特殊な祭祀期間であること、これは古い農耕儀禮を起源とするが、道教教團が南北朝期に攝取した結果、三會日（一月七日、七月七日、十月五日）や三元日（一月十五日、七月十五日、十月十五日）の祭禮へと組織化されていったこと、さらに宋代の東京汴京の記錄だが『東京夢華錄』巻八に、盂蘭盆の行事である目蓮戲が、七日を過ぎてすぐに始まり、十五日まで續くことなどから、一月七日と七月七日は祖靈を迎え入れる日であり、それから十五日まで祖靈がこの世に留まって、また還ってゆくと考えられたことなどを推定した。そして七月七日に死者の魂がこの世に戻ってきたことを傳える說話を南齊の王琰の『冥祥記』など六朝志怪小說の中から紹介しているが、この點については、『日本靈異記』上巻三十緣にも關連する傳承がある。

これは、豊前國の郡司であった膳臣廣國が冥土に召喚され、三日後に生還するまでの見聞談である。廣國は、彼に追われて家を出た亡妻の訴えによって閻羅王に呼ばれ、妻の悲惨な姿を眼の當りにするが、放免された後、今度は嚴しい惡報に苦しむ亡父の姿にも接する。父は廣國に向って、生前、妻子を養うために犯した惡行の數々を吐露し、父の爲に造佛、寫經して罪を償うよう賴んだ上で、死後三年間のことを次のように語る。

我飢エテ、七月七日ニ大蛇ニ成リテ汝ガ家ニ至リ、家房ニ入ラムトセシ時ニ、杖ヲ以テ懸ケ棄テキ。又、五月五日ニ赤キ狗ニ成リテ汝ガ家ニ到リシ時ニ、犬ヲ喚ビ相セテ、唯ニ追ヒ打チシカバ、飢エ熱リテ還リキ。我正月一日ニ狸ニ成リテ汝ガ家ニ入リシ時ニ、供養セシ宍、種ノ物ニ飽キキ。是ヲ以テ三年ノ粮ヲ繼ゲリ。

これによれば、一月一日、五月五日、七月七日にはそれぞれ死者の靈が家鄉に歸訪すると信じられ、供物が捧げられたらしい。この內の、とくに七月七日の靈迎えが民間における七夕なのか、それとも盂蘭盆會をさすのかは不詳だが、佛教傳來以前からの信仰習俗とすれば、これが下地になって盂蘭盆會が受容されたと考えられる。

盂蘭盆會は、推古十四年（六〇六）、元興寺（飛鳥寺）金堂に丈六の釋迦如來像を安置したこの年から、七月十五日に寺毎に設齋が行われたとあるのを初見とし(62)、齊明三年（六五七）に、飛鳥寺の西の槻の木のある廣場に須彌山の像を作り、盂蘭盆會を設けたとあるのに續いて、同五年（六五九）には、群臣に詔して飛鳥京内の諸寺に盂蘭盆會を勸講させ、〈七世父母〉に報いた、とある。

この〈七世父母〉は、造寺や造佛、寫經等の發願に際して廣く用いられる語句であるが、竹田聽洲によれば、具體的な七代の父母をさすのではなく、祖靈の觀念を包括するもので、とくに六朝以降の中國において、儒教的家族道德に基づく祖先信仰と佛教とが結合した一種の民間信仰として盛行したものが日本に傳えられた(63)。〈七世父母〉の語に託して近親者を供養する中で、諸靈は祖靈に融合し遺族に恩惠を施すという思考は、坂上忌寸石楯追善の場合にもほぼ共通するが、そこに「西王母」、「東王父」という道教の神格が配された例は、中國の古寫經の跋文類にはほとんど見られないようである(64)。ただ、寫經の跋文とも類似性のある墓劵文にはいくつか散見する。その内、最も早い例は、江西省南昌から出土した吳の黃武四年（二二五）の〈九江男子浩宗買丘劵〉で、その一節には、

（前略）從東王父西王母、買南昌東郭丘、賈直萬五千。（後略）

とあり、墓地の用地として南昌東郭の一丘を東王父・西王母から求めたことになっている(65)。その二年後の黃武六年（二二七）の〈吳郡男子鄭丑（或仝?）買地劵〉では、

（前略）東比、西比、南比、北比、合畝半地、直錢三萬。錢卽日交畢、立此證。知者東王公西王母。（後略）

というように、東王父、西王母は墓地の賣買の證人とされ、以後の用例の大半は、これと同樣に天帝や土伯などから墓地墓宅を購う際の證者として二神を竝記するが(66)、これらの墓劵文における二神の役割と石楯供養經でのそれとの間

には、やや隔りがあることは否めない。

その點ではむしろ、敦煌寫經スタイン本第六八八四號『金光明最勝王經』巻二の跋文の一節に、

右已上寫經功德、竝用莊嚴、太山府君、平等大王、五道大神、天曹地府、伺命伺祿、土府水官、行病鬼王竝役使、府君諸郎君及善知識、胡使錄公、使者、檢部曆官舅母、關官、保人可韓及新三使、風伯雨師等、伏願哀垂納受功德、乞延年益壽。

とあるように、東王父、西王母こそ含まれないものの、「太山府君」以下、中國古代の陰陽五行や讖緯思想に基づく諸神に〈延年益壽〉を祈願する邊りに、より近い性格をみることができる(67)。だが、東王父、西王母の二神を内包することを重視すれば、問題となるのはやはり東西文部による祓詞との關連だろう。

（4）東西文部の祓詞との關係

この祓詞は、『延喜式』巻八、六月と十二月の大祓の後に「東文忌寸部獻㆓横刀㆒時呪 西文部准ㇾ此」と題して載る。

謹請、皇天上帝、三極大君、日月星辰、八方諸神、司命司籍、左東王父、右西王母、五方五帝、四時四氣、捧以㆓祿人㆒、請ㇾ除㆓禍災㆒。捧以㆓金刀㆒、請ㇾ延㆓帝祚㆒。呪曰、東至㆓扶桑㆒、西至㆓虞淵㆒、南至㆓炎光㆒、北至㆓弱水㆒、千城百國、精治萬歲、萬歲萬歲。

「皇天上帝」、「三極大君」以下、中國の道教的な神格を列擧する中に「東王父」、「西王母」も含まれる。神祇令の大祓條では、六月と十二月の晦日に、まず中臣氏が御祓麻を獻上した後、東西の文部が祓刀を獻上し、次いでこの祓詞を讀むことになっていた。これは金銀の祿人を捧げて天皇の災禍を祓い、金刀を捧げて天皇の長壽を祈るもので、他の祝詞とは異なり純然たる漢文で構成される。大寶二年（七〇二）十二月二十三日に、持統天皇が死去したため大

祓が中止された際でも『續日本紀』には、

　廢二大祓一、但東西文部解除如レ常。

とあるように、この東西文部による祓は從來通り實施されているので、これは中臣氏による大祓とは性格を異にするものとみられる。

その成立時期については、大寶二年段階で「常ノ如シ」というのだから、大寶令（七〇二年八月完成）以前であることは確實だが、大阪府堺市の今池遺跡や泉大津市の豐中遺跡から出土した人形が六世紀前半のものとすれば(68)、それ以前に溯る可能性があるとみるのは高山繁である(69)。また、大山誠一は、繼體・欽明朝を中心とする六世紀には、儒教、佛教傳來の諸記錄が殘るのに較べ、道教的要素はとくに注目された形跡がないことや、後漢以後六朝期にかけて製作された神獸鏡や畫像鏡に、東王父、西王母などの神仙圖や銘文が數多く見られ(70)、これらが日本に舶載されるとともに、古墳時代には、例えば東王父、西王母の銘をもった神像と龍虎と思われる神獸をあしらった圖像の外緣に、

　吾作明竟甚大好、上有神守及龍虎、身有文章口銜巨、古有聖人、東王父西王母、渴飲玉泩、五男二女、長□□吉昌。

という銘文を有する奈良縣北葛城郡廣陵町大塚の新山古墳出土の三角緣四神四獸鏡のような倣製鏡が多數製作されたことなどから(71)、その始期を五世紀代とする(72)。

現在傳わるような形に整えられたのは、朝廷による國家的祭祀としての大祓關係記事がふえる天武朝前後かも知れないが、その原型は、五世紀末から六世紀初期には形成されたとみてよいのではなかろうか。

次に問題となるのは、この祓に關與した人々についてである。『令義解』は、

　東西文部。謂、東漢文直・西漢文首也。

と註記するが、『日本書紀』によれば、應神十五年に百濟王が派遣した阿直伎の推擧により、翌年來日した王仁が書首（應神記では文首）等の始祖であり、同二十年には倭漢直（東漢とも）の祖、阿知使主が渡來したという。この内、阿直伎、阿知使主は同一で、東漢、西文二氏が傳承する過程で分化したもの(73)、また、王仁については樂浪郡の王氏の末流とみられる(74)。

西文氏は、河内國古市が本據で、天武十二年（六八四）に直、同十四年（六八六）には忌寸と改姓し、書を文に改めた(75)。一方の東文氏は、東（倭）漢氏の一族として大和國高市郡檜隈を據點とし、ともに文筆や學藝などにあたったが、渡來系の雄族東漢氏の構造と性格については關晃の所論に詳しい(76)。それによれば、東漢氏は古くから直の姓を有し、蘇我氏の武力的背景をなした。七世紀中期以降分裂が進んだものの東（倭）漢と總稱され、天武十一年（六八三）に一括して直から連に、次いで同十四年には忌寸に改姓している。

一族の出自と系譜について最も豐富な内容をもつのは、九世紀中期に坂上氏が作成し書き繼いだ「坂上系圖(77)」であるが、それを整理すると三つの階層に分けられる。まず中心となるのは阿知使主の子孫と稱する約六十の忌寸姓の氏族で、この中には九つの宿禰姓と三つの直姓も含み、全體で東漢を構成する。次いで阿知使主が應神朝に渡來する際に率いて來た七姓の漢人の後裔と、阿知使主の本郷の人民で、仁德朝に來住した者達の子孫と稱する三十以上の村主姓の諸氏が續き、最後に漢部などの部民集團が位置する。六十にのぼる忌寸姓氏のうち、六～七世紀代の史料に確認される約二十氏については、何らかの形で同族關係にあるとみてよいが、それ以外は八～九世紀にかけての賜姓により、相次いで系譜に連なった例が多いようである。

本章で取り上げた坂上忌寸石楯の場合もそうした一人で、前述のように天平神護元年（七六五）四月に、仲麻呂の亂における戰功によって、參河國碧海郡の石村村主押繩らとともに坂上忌寸の氏姓を授けられて、東漢氏を中心とする氏族集團の一員に加わることになったのである。とすれば、その追善供養經の跋文に、道教の神格「西王母」、「東王父」が記されたことは、東西文部の祓詞を前提として理解できるだろう。

半島、大陸系の思想文化とくに道教的要素への親近という點では、妻の紀朝臣多繼においても素地は多分に認められる。紀氏は、大和朝廷による朝鮮經略に早くから關與したという傳承を持つ[78]と同時に、多くの學者、文人を輩出している。

紀朝臣清人は和銅七年（七一四）三月に國史撰上を命じられて『日本書紀』編纂に參畫し[79]、養老五年（七二一）一月には山上憶良らとともに東宮に侍せしめられたが、同時に任命された十五名の中にはもう一人、のちに大宰大貳をつとめた紀朝臣男人がいる。男人は『懷風藻』に詩三首を載せるが、「遊二吉野川一」では、吉野川の傍に住む美稻という男が、柘枝の化身である仙女に會ったという傳承[80]にふれて、

欲レ訪二鍾池越潭跡一、留連美稻逢レ槎洲。

と詠み、「扈従吉野宮」では吉野を仙境にたとえて、

此地仙靈宅、何須姑射倫。

また、「七夕」には牽牛、織女二星の逢會と乞巧奠にふれた、

鳳亭悅二仙會一、針閣賞二神遊一。

の句がある。この他にも『懷風藻』には、紀朝臣麻呂「春日應詔」、紀朝臣古麻呂「望雪」、「秋宴」、紀朝臣末茂「臨水觀魚」なども載るが、紀朝臣麻呂の一首では、御宴に參加する諸官人を、西王母の住む崑崙山の美玉にたとえ、また宮中の池を穆天子が西王母に會った崑崙山中の瑤池に見立てて、詩人が多數參會する樣子は水藻が連なるようだとして、

崑山珠玉盛、瑤水花藻陳。

と詠む。

　これらの詩句に投影している道教的な神仙思想は、紀朝臣多繼やその子らにとってもまた身近なものであったと考えられるのである。

結　語

　以上、跋文に道教的な要素を含む古寫經のいくつかを見てきたが、最後に、それらがいずれも『大般若經』である點についてふれておきたい。

　日本における『大般若經』の初見は、大寶三年（七〇三）三月十日條に、大官大寺、薬師寺、元興寺、興福寺の四大寺で『大般若經』を讀誦して百人の得度を行なったという『續日本紀』の記事である。以後、講讀、讀誦、轉讀はかなり頻繁に行なわれ、『金光明最勝王經』のような護國經典と同様に、國家的な儀式の場で國土安鎮が祈願されたことも少なくないが、種々の階層において、災厄除去、現世安穩や菩提追善などへの效驗が廣く信仰された[81]。

　大般若會も當初は臨時に行なわれたが、次第に年中行事化し、天平九年（七三七）四月からは、勅會となってさらに盛行する。これは大安寺の律師道慈の上奏によるもので、その奏言の一節には、

修造以來、於二此伽藍一恐レ有二災事一。私請二淨行僧等一毎年令レ轉二大般若經一部六百卷一。因レ此雖レ有二雷聲一無レ所二災害一。

とあるが、天平十九年（七四七）の「大安寺伽藍緣起幷流記資財帳」にはさらに詳しく、

天皇（舒明）位十一年歳次己亥春二月、於百濟川側、子部社乎切排而、院寺家建九重塔、入賜三百戸封、號曰百濟大寺。

此時社神怨而失火、焼二破九重塔竝金堂石鴟尾一。

とあって、大安寺一の前身、百濟大寺建立の際に子部社(82)の神域を犯し、聖木を伐り倒したことが社神の怒りにふれて堂塔を焼失したという(83)。そこで、平城京への移築を機に大般若會を實修したのであり、雷神の祟りを鎭めるための呪的な民俗信仰と融合した形でこの經典を受容している點は、前述の道行知識經の場合と同樣である(84)。

古代から中世にかけての『大般若經』の轉讀と書寫の目的を整理した五來重は、災異、疫疾、物怪、怨靈などの消除をはじめ、安宅、祈雨、成佛など民俗信仰に由來するものが多いことから、『大般若經』受容の基盤には古代的な固有の靈魂觀念があり、この觀念に對應する祓を媒介として鎭魂呪術と結合し、民俗信仰化したことを指摘されている(85)。

本章で言及したような道教的要素を多分に内含する古寫經は、佛教の體系的な受容以前から、道教的信仰を徐々に包攝することによって形成された基層信仰が、さらに佛教思想とも融合していく段階を具體的に物語るものとして位置づけられるのである。

注

（1）伊藤唯眞「佛教の民間受容」（『神と佛』日本民俗文化大系第四卷、一九八三年、小學館）。
（2）津田左右吉『日本の神道』第一章（『津田左右吉全集』第九卷、一九六四年、岩波書店）。
（3）日本古典文學大系版『日本書紀』下卷、五五六頁補注、二一―一（黛弘道稿、一九六五年、岩波書店）參照。
（4）津田左右吉前揭注（2）および『日本古典の研究』第四篇三章（『全集』第二卷、一九六三年、岩波書店）。

（5）近年までの研究動向と成果については、高山繁「日本古代の道教」（『古代史研究の最前線』第三卷・文化篇（上）、一九八七年、雄山閣）參照。
（6）黑田俊雄「日本宗教史上の『神道』」（『王法と佛法』、一九八三年、法藏館）。
（7）影印版は一九七二年に東山學園刊。別册に「年譜」（牧田諦亮編）と「解題」（藤堂恭俊）がある。
（8）上記二部は『解題叢書』（一九一五年、國書刊行會）所收。
（9）未刊。自筆稿本は國立國會圖書館所藏（架藏番號は一八九―三―二）。なお西村兼文については市島春城「贋作家西村兼文」（『市島春城古書談叢』、一九七八年、青裳堂）參照。
（10）未刊。自筆稿本は國立國會圖書館所藏（架藏番號は八五七―一七四）。
（11）未刊。自筆本は早稲田大學圖書館所藏（架藏番號は八十四―五〇九六―二）。なお同館には市島春城による寫本も一部所藏（八四―二八三四）。
（12）宗教篇所收「經典跋語」及び補遺（初版は一九四四年、八木書店、訂正版は一九六二年、東京堂）。
（13）田中塊堂『古寫經綜鑑』（一九四二年、鵤故鄕社）の增訂版で、一九五三年、三明社（一九七四年、思文閣再刊）。
（14）思文閣、一九七三年。
（15）滋賀縣甲賀郡土山町の太平寺に一四二卷、見性庵に四十三卷、常明寺に二十七卷が殘り、その他と合計すると二二〇卷以上を數える。川瀬一馬「長屋王の願經」（『日本書誌學之研究』、一九四三年、講談社）參照。
（16）岸俊男「〝嶋〟雜考」（『橿原考古學研究所論集』第五、一九七九年）。後に『日本古代文物の研究』（一九八八年、塙書房）所收。
（17）奈良國立博物館編『寧樂朝寫經』（一九八三年、東京美術）解説二十一～二十二頁。
（18）新川登龜男「奈良時代の道教と佛教」（速水侑編『論集日本佛教史』第二卷、一九八六年、雄山閣）、ならびに根本誠二「長屋王と佛教」（下出積與編『日本宗教史論纂』、一九八八年、櫻楓社）。
（19）田中塊堂「初期伊勢神宮の信仰と道行の知識經」（『古代學』一卷四號、一九五二年、古代學協會、萩原龍夫編『伊勢信仰』

第一巻（民衆宗教史叢書、一九八五年、雄山閣）に再録）、および大西源一「伊賀種生の大般若經」（『大和文化研究』四巻一號、一九五六年）參照。
(20) 大西源一前掲注（19）、および高取正男「神佛習合の起點」（『藤島博士還暦記念日本淨土教史の研究』、一九六九年。後に『民間信仰史の研究』（一九八二年、法藏館）に再錄）。
(21) 前掲注（19）、（20）の諸論の他に、田中卓「イセ神宮寺の創建」（『藝林』八巻二號、一九五七年。『伊勢神宮の創始と發展』に再錄）、西田長男「伊勢神宮と行基の神佛同體説」（『神道史研究』七巻三・四號、一九五九年、『神社の歷史的研究』、一九六六年、塙書房、『日本神道史研究』第四巻、一九七八年、講談社に再錄）など。
(22) 岡田精司「古代伊勢神宮の信仰と性格」（『伊勢信仰』前掲注（19）所收）。
(23) 福永光司「昊天上帝と天皇大帝と元始天尊」（『中哲文學會報』二號、一九七六年、東京大學、『道教思想史研究』、一九八七年、岩波書店に再錄）參照。
(24) 『道藏』第三四一册所收。
(25)・(26) 『道藏』第五二七册所收。
(27) 『道藏』第五二九册所收。
(28) 窪德忠『庚申信仰の研究』七〇四頁（一九六一年、日本學術振興會）、および柳澤孝「唐本北斗曼荼羅の二遺例」（吉岡義豐、M・スワミエ編『道教研究』第二册、一九六七年、昭森社）參照。
(29) 堀池春峰・田中稔・山本信吉編『唐招提寺古經選』（一九七五年、中央公論美術出版）、『寧樂朝寫經』（前掲注（17））參照。
(30) 『續々群書類從』第十六巻所收。
(31) 反町茂雄「一古書肆の思い出」第三巻（一九八八年、平凡社）、および市島春城「田中伯爵所藏古寫經」（『市島春城古書談叢』前掲注（9））參照。
(32) 『廣島縣の地名』三原市の項目（橋本昭子稿、一九八二年、平凡社）に要を得た解説がある。
(33) 唐招提寺藏の僚巻は界高二十一・二七センチ、界幅二・一センチ（『唐招提寺古經選』前掲注（29））なので、これよりやや大きい。

(34) この時の成果は後に『集古十種』八五巻として集成された。

(35) 版木には〈文化五年六月〉とあるが、屋代弘賢の考證文（版木）には「備後國三調郡八幡神宮寺所藏大般若經跋文一紙、本國三原青木新甫介伊澤憺父以示吾曰、今欲刻此以傳同好、而其所謂氏成等四人未詳其傳、願爲考訂焉、餘嘗於續日本紀中抄出人名以五十音分類、以便考閱而未成書、近以奉託。華陽公々子々命侍史補吾闕漏、其書適新成乃據而檢之、坂上忌寸石楯者、天平寶字八年八月壬子、斬押勝傳首京師之人也、而書石村々主石楯、即翌年四月丁亥賜姓坂上忌寸則爲其人不可疑也、他三人者則無所考矣、文化三年八月十六日、源弘賢書應需」とある。「文化三年」は「四年」とみてよく、また『備後八幡雜記』でも、この一文を引いた後に「源弘賢ハ東都神田住屋代太郎ト申御旗本なり、文化四年冬充延奇附上木して、あまねく四方同好の人々へおくりし也」と注記している。現存の版木は保存箱の識語によれば、大正十三年に充延の子孫が同宮に獻納するまでは、三原の青木家に傳えられたもので、再刻の可能性も考えられる。

(36) 『三原市史』第四卷、資料篇一（一九七〇年、三原市役所）所收。解題參照。

(37) 自家版、一九二〇年刊。

(38) 原本は三原市立圖書館藏。『三原市史』第五卷・資料篇二（一九八一年、三原市役所）所收。解題參照。一〇二三頁の坂上石楯供養經に關する部分の校訂は田中塊堂の擔當（市史編纂室・橋本昭子氏の御教示による）。

(39) 田中塊堂『日本古寫經現存目錄』（前揭注（14））で補訂に用いた「版印」も同樣か。

(40) 『大日本古文書』三卷、六〇七頁、同十二卷、二八四頁など。

(41) 『扶桑略記』および『招提寺建立緣起』（醍醐寺本『諸寺緣起集』所收）。

(42) 『七大寺巡禮私記』（大江親通著・藤田經世編『校刊美術史料』寺院篇上卷、一九七二年、中央公論美術出版所收）。

(43) 仲麻呂と鑑眞については堀池春峰「鑑眞を廻る貴族の動向」（『大和文化研究』十卷九號、一九六五年、『南都佛教史の研究』下卷、一九八二年、法藏館に再錄）、および岸俊男『藤原仲麻呂』（一九七一年、吉川弘文館）等參照。

(44) 澤井常四郎『御調八幡宮登八幡莊』（前揭注（37））に翻刻がある。

(45)『三原市史』第一巻・通史篇（一九七七年、三原市役所）。

(46) 廣蟲と清麻呂については平野邦雄『和氣清麻呂』（一九六四年、吉川弘文館）、梅村惠子「和氣廣蟲――そのヒメ的生涯」（『女性と文化』Ⅱ、お茶の水女子大・人間文化研究會編、一九八一年、ＪＣＡ出版局）等參照。

(47) 憶良の妻とみる説もあるが、諸説については井村哲夫「報凶問歌と日本挽歌」（『萬葉集を學ぶ』第四集、一九七八年、有斐閣）、同『萬葉集全注』巻第五（一九八三年、有斐閣）參照。

(48) 詩文と供養願文、墓誌などとの類似表現に關しては、小島憲之「山上憶良の述作」（『上代日本文學と中國文學』中卷、一九六四年、塙書房）、中西進「悼亡詩」（『山上憶良』、一九七三年、河出書房新社）、芳賀紀雄「憶良の挽歌詩」（『女子大國文』八十三號、一九七八年、京都女子大學）等に詳しい。

(49)『續々群書類從』史傳部、『寧樂遺文』所收。上巻の撰者は「大師」とあり、貞慶傳の奥押紙に「大師」を弘法大師とするが、これは天平寶字二年（七五八）に官名を唐風に改めた際の太政大臣にあたる「大師」で、藤原仲麻呂をさす（竹内理三『寧樂遺文』下巻、解説參照）。

(50)『東大寺要錄』巻八所引。

(51) 完名は「賓頭盧突羅闍爲優陀延王説法經」で、『大正藏』巻三十二所收。

(52) 板橋倫行「黒白二鼠譬喩譚について」、「奈良朝藝文に現われた「二鼠四蛇」」（『萬葉集の詩と眞實』、一九六一年、淡路書房新社。『板橋倫行評論集第一巻　大佛造營から佛足石歌まで』、一九七八年、せりか書房）はトルストイなど西歐の文藝への投影も含めて詳論している。

(53) 陳夢家「古文辭中之商周祭祀」（『燕京學報』十九期、一九三六年）、および小川環樹「神話より小説へ――中國の樂園表象」（『文學における彼岸表象の研究』、一九六一年、中央公論社、『中國小説史の研究』、一九六八年、岩波書店に再錄）。

(54) 小南一郎「西王母と七夕傳承」（『東方學報』京都四十六册、一九七四年、『中國の神話と物語り』、一九八四年、岩波書店に再錄）。本節はこの論文によるところが大きい。

(55)『漢武帝内傳』については、小南一郎「漢武帝内傳の成立」（前掲注（54）の第四章）に詳しい。

(56) 渡部武譯註『四民月令』（一九八七年、平凡社東洋文庫）。
(57) 守屋美都雄譯註『荊楚歳時記』（一九七八年、平凡社東洋文庫）。
(58) N・ネフスキー『月と不死』（岡正雄編譯、一九七一年、平凡社東洋文庫）、M・エリアーデ『生と再生』（堀一郎譯、一九七一年、東京大學出版會）等參照。
(59) 秋月觀暎「三元思想の形成について」（『東方學』二十二號、一九六一年）および吉岡義豐「中元盂蘭盆の道教的考察」（『道教と佛教』第二卷、一九七〇年、豊島書房、國書刊行會再刊）參照。
(60) 入矢義高・梅原郁譯注『東京夢華錄』（一九八三年、岩波書店）。
(61) この說話に關しては出雲路修「『よみがへり』考」（『國語國文』四十九卷十二號、『說話集の世界』、一九八八年、岩波書店に再錄）に道教經典をも視野に入れたすぐれた分析がある。
(62) この記事の史料批判については、福山敏男「飛鳥寺の創立に關する研究」（『史學雜誌』四十五卷十號、一九三四年、『日本建築史の研究』、一九六八年、墨水書房に再錄）、竹田聽洲「七世父母攷」（『佛教史學』三號、一九五〇年）參照。
(63) 竹田聽洲前揭注（62）。
(64) この點については、きわめて彪大な敦煌寫經の跋文全體を調查しなければ、明確なことは言えないが、許國霖『敦煌石室寫經題記』（一九一七年初刊、『敦煌叢刊初集』第十、一九八五年、新文豐出版公司所收）や、矢吹慶輝『鳴沙餘韻』解說篇（一九三三年、岩波書店）などの先驅的な研究を踏まえた今後の成果に期待したい。なお、『敦煌莫高窟供養人題記』（一九八六年、文物出版社）、北京・房山縣石經山の石刻佛典（唐以後）の題跋を集成した北京圖書館金石組・中國佛教圖書文物館石經組共編『房山石經題記彙編』（一九八七年、書目文獻出版社）の他、日本傳世の中國寫經については鷄飼徹定『譯場列位』（一八六三年初刊、『解題叢書』前揭注（8）所收）、文化廳編『重要文化財』第二十一卷（一九七六年、毎日新聞社）等を參照した。
(65) 中國出土の墓劵文の研究は、羅振玉『地劵徵存』『貞松堂集古遺文』（ともに『羅雪堂先生全集』所收。前著は五篇三册、後著は初篇十三册）以下の成果が、池田溫「中國歷代墓劵略考」（東京大學東洋文化研究所編『アジアの社會と文化』Ⅰ、一九八二年、東京大學出版會）に集成されている。

(66) 墓券文にみられる民間信仰や習俗については、原田正己「民俗資料としての墓券」（『フィロソフィア』四十五號、一九六三年、早稲田大學哲學會）、同「墓券文に見られる冥界の神とその祭祀」（『東方宗教』二十九號、一九六七年、日本道教學會）、同「中國人の土地信仰についての一考察」（『白初洪淳昶博士還暦紀念史學論叢』、一九七七年、韓國、螢雪出版社）等一連の論考があり、〈西王母〉は、『山海經』などで癘鬼を支配する神とされたことが契機となって墓券文に登場したのではないか、と推定する。

(67) ほぼ同じ内容の跋文は、北京圖書館所藏敦煌本・麗字七十二號（『敦煌石室寫經題記』収載）や、スタイン本九八〇號にもみえる（ともに『金光明最勝王經』）。滋賀高義「敦煌寫經跋文より見た佛教信仰」（『大谷大學所藏敦煌古寫經』、一九六五年、大谷大學東洋學研究室）、同「供養のための敦煌寫經」（同前書續篇、一九七二年）參照。

(68) 和田萃「呪符木簡の系譜」（『木簡研究』九號、一九八二年）。

(69) 高山繁前掲注（5）。

(70) 中國の神仙鏡については駒井和愛『中國古鏡の研究』（一九五三年、岩波書店）、樋口隆康『古鏡』（一九七七年、新潮社）、林巳奈夫「漢鏡の圖柄二、三について」（『東方學報』京都四十四冊、一九七三年）等參照。

(71) 奈良縣北葛城郡河合町の佐味田寶塚古墳の三角縁神獣鏡には「陳氏作竟甚大好、上有仙□守龍虎、身有文章、口銜巨、古有聖人東王父西王母、渴飲玉泉」という銘文がある。梅原末治『佐味田及新山古墳研究』（一九二〇年初刊、一九七三年、名著出版再刊）、和田萃「日本古代における鏡と神仙思想」（森浩一編『鏡』、一九七八年、法政大學出版局）等參照。

(72) 大山誠一『古代國家と大化改新』（一九八八年、吉川弘文館）。

(73) 『日本古代人名辭典』第一巻「阿直伎」（竹内理三、山田英雄、平野邦雄編、一九五九年、吉川弘文館）および大山誠一前掲注（72）。

(74) 今西龍『百濟史研究』（一九三四年、近澤書店、一九七〇年、國書刊行會再刊）および駒井和愛『樂浪――漢文化の殘像』（一九七二年、中央公論社）。

(75) 井上光貞「王仁の後裔氏族とその佛教」(『史學雜誌』五十四卷九號、一九四三年、『日本古代思想史の研究』、一九八二年、岩波書店に再錄)。
(76) 關晃「倭漢氏の研究」(『史學雜誌』六十二卷九號、一九五三年)、同『歸化人』(一九五六年、至文堂)。
(77) 『續群書類從』卷一八五所收。原撰本『新撰姓氏錄』の坂上氏の項である「坂上大宿禰本系」に基づくもの。
(78) 紀氏の傳承と性格については岸俊男「紀氏に關する一試考」(『日本古代政治史研究』、一九六九年、塙書房)、中村修也「紀氏の性格に關する一考察」(『地方史研究』二一〇號、一九八七年)參照。
(79) 坂本太郎「纂記と日本書紀」(『日本古代史の基礎的研究』上卷・文獻篇、一九六四年、東京大學出版會)。
(80) 『萬葉集』三八五の左註などに語られる柘枝傳承については、小島憲之「失なはれた柘枝傳」(『上代日本文學と中國文學』中卷、一九六四年、塙書房)參照。
(81) 石田茂作「奈良時代の寫經について」(『奈良時代文化雜攷』、一九四四年、創元社)、鶴岡靜夫「古代における大般若經への依據」(『古代佛教史研究』、一九六五年、文雅堂銀行研究社)參照。
(82) 『延喜式神名帳』大和國十市郡條に「子部神社　二座」とある。
(83) 同樣の記事は「大安寺碑」(寶龜六年(七七五)淡海三船撰)や、『三寶繪詞』下卷十七「大安寺大般若會」、『七大寺巡禮私記』大安寺條、『今昔物語集』十一卷十六話などにもみえる。これらの文獻については『大安寺史・史料』(一九八四年、名著出版)參照。
(84) 雷神信仰と佛教教團の關係については柳田國男「雷神信仰の變遷」(『妹の力』、一九四〇年、創元社、『定本柳田國男集』第九卷、筑摩書房所收)。今野達「元興寺の大槻と道場法師」(『專修國文』二號、一九六七年)參照。
(85) 五來重「民俗信仰としての大般若經」(『印度學佛教學研究』三卷一號、一九五四年)。また、中世から近世にかけて各地に浸透した民俗信仰化した大般若經をめぐる習俗については、五來重「紀州花園村大般若經の書寫と流傳」(『大谷史學』五號、一九五六年)、橘恭堂「わが國における怨靈信仰と『大般若經』の關係について」(『佛教史學』十一卷一號、一九六三年、柴田實編『御靈信仰』、一九八四年、雄山閣)、中野豈任『祝儀・吉書・呪符』(一九八八年、吉川弘文館)等參照。

〔附記〕

史料調査にあたり、格別のご配慮をいただいた御調八幡宮・桑原季彦氏、三原市史編纂室・橋本昭子氏をはじめ、早稲田大學圖書館、三原市立圖書館、高知縣立文化會館青山文庫、國立國會圖書館古典籍資料室、大阪府立中之島圖書館、東京大學東洋文化研究所、東洋文庫、大阪女子短期大學圖書館の擔當諸氏に厚くお禮申し上げたい。

第十一章　深智の儔は内外を覯る
――『日本靈異記』と古代東アジア文化圏――

緒　言

中國文化の發生とその展開を基軸にして形成された歴史的文化圏としての〈東アジア世界〉は、漢字文化と、儒教、佛教、律令制が主な構成要素であるとされるが[1]、中國の宗教文化はとくに六朝時代以降、儒教と佛教と道教の三教交渉を基調としており、道教も直接あるいは間接に周邊諸地域へ傳播した[2]。

本章では、儒教と佛教に道教を加えた三教に關して、漢字を媒介に成立した日本古代の律令制社會においては、どのように重層的な受容がなされたのかという課題をめぐって、『日本靈異記』(以下、靈異記と略記)をもとに試考したいと思う。

一、靈異記説話にみる三教の位相

藥師寺の僧景戒が九世紀初期の弘仁年間頃に撰錄した靈異記は、具名を『日本國現報善惡靈異記』というように、佛教の靈驗を因果應報の論理に據りながら、中國や日本の諸文獻や口承傳承などに基づき、史實も巧みに織り込んで全三巻一一六話に編成した現存最古の佛教説話集だが、佛教關係説話が大半を占める中に、儒教や道教もしくは神仙思想の要素が顯著な説話もいくつか含まれる。

上巻第四「聖徳皇太子の異しき表を示す縁」では、遊觀に出かけた太子が片岡村の路傍で病氣の乞匃《かたい》と出會い、自ら問いかけて衣を脱いで着せ與え、歸途再び立ち寄ったところ、衣だけが木の枝に搖れていたので、從者が止めるのを制してまた身に着けた。後日、その乞匃が他所で死亡したという報を得た太子は、使者を遣って殯葬したが、のちに使者が墓を訪れたところ遺體は既に無く、ただ一首歌が殘されていたといい、「誠に知る、聖人《ひじり》は聖を知り、凡夫は知らず、凡夫の肉眼には賤しき人と見え、聖人の通眼には隱身《いんじん》と見ゆと」[3]と讚える。この傳承の原史料の一つと考えられる『日本書紀』推古二十一年十二月條の記事では、太子が「先の日に道に臥して飢し者、其れ凡人《ただびと》に非じ。必ず眞人《ひじり》ならむ」と語ったという。道教の深奧を究めた〈眞人〉と表記し、古訓では高徳な僧侶の呼稱に多く用いられるヒジリをあてているように、道教の尸解《しかい》仙に基づくものと考えられる[4]。

上巻第五「三寶を信敬し現報を得る縁」は、紀伊國の大伴連らの祖である大部《おおとも》屋栖野古が蘇我馬子とともに、排佛を主張する物部守屋に對抗して佛教の崇敬に盡力し、後には聖徳太子の〈肺脯《しふ》の侍者〉として信任篤く、僧都などを歷任した功績を顯彰する話だが、『日本書紀』欽明十三年と十四年條、推古三十二年四月條には、前者は溝邊《いけべ》直某、後者は阿曇《あずみ》連某とあって、ともに大伴連ではない。『聖徳太子傳曆』上巻や『元興寺伽藍緣起』などにも異傳があるが、ここで注目したいのは、推古天皇三十三年（六二五）に亡くなった屋栖野古が蘇生した後に妻子に語ったという、次のような冥界での見聞談である。

五色の雲有り、霓《にじ》の如く北に度《わた》れり。其《そこ》よりして其の雲の道を往くに、芳しきこと名香を雜ふるが如し。觀れば道の頭《ほとり》に黄金の山有り。卽ち到れば面に炫《かがや》く。爰に、薨りましし聖徳太子待ち立ちたまふ。共に山の頂に登る。

其の金の山の頂に、一の比丘居り。太子に敬禮して曰はく「是れ東の宮の童なり。今より已後、逕《ふ》ること八日、夜、銛《と》き鋒《ほこさき》に逢はむ。願はくは仙藥を服せ」といひて、比丘、環の一つの玉を解きて授け、呑み服せ令めて、是の言を作《な》す。「南無妙德菩薩」と三遍誦禮せ令む。それより罷り下る。皇太子言はく「速かに家に還りて、佛を作る處を除《はら》へ。我悔過し畢らば、宮に還りて佛を作らむ」といふ。然して先の道より還り、卽ち見れば驚き蘇《さ》めたり。

「五色の雲がかかる黄金の宮」という表現は、極樂と地獄の區別が必ずしも明瞭ではない靈異記の冥界を表現する場合に共通するものだが、この傳承では、屋栖野古が生還できたのは、聖德太子の要請に應えて僧侶が自らの腕飾りの輪から玉を一つ取って與えてくれた〈仙藥〉によって、兵難の災厄を斥けることが出來たからだという。靈異記には、蘇生した人物が冥界での見聞を語って佛への歸依を説く話が多數載るが、このような〈仙藥〉の服用による蘇生譚は他に例がない。

上卷第十三「女人、風聲の行を好み仙草を食ひて、現身に天に飛ぶ緣」は、〈仙草〉を食べて昇仙したという女性の傳承である。

大和國宇多郡漆部《ぬりべ》里に「風流《みさを》ある女」がいた。清廉な人柄で、貧しいながら七人の子を一心に育てた。簡素で和やかな暮らしぶりで、「その氣調《みさを》は恰《あたか》も天上の客の如し」であったという。孝德天皇の白雉五年（六五四）のこと、彼女の風流《みさを》ぶりに神仙が感應し、春の野に出て菜摘みをし、仙草を口にした彼女は天に昇ったとのべ、末尾の贊では『精進女問經』を一部改變して、出家せずに在俗のままであっても、廉直な生活を送れば功德が得られると説くが、傳承自體には佛教的要素はほとんど含まれない。[5]『懷風藻』の藤原不比等「遊吉野」詩には、

漆姫控鶴擧　　漆姫《しつき》鶴を控《ひ》きて擧り

柘枝接魚通　柘媛《しやえん》魚に近づきて通う(6)

という一節があるように、これは、古代の文人貴族たちが仙境視した吉野にまつわる柘媛（『萬葉集』巻三、三八五～七番の「仙柘枝歌」三首など）の傳承とともに、よく知られた傳承であったらしい。

上巻第二十八「孔雀王の呪法を修持し、異《け》しき驗力を得て、現に仙と作《な》りて天に飛ぶ縁」は、後に修驗道の始祖と仰がれた役小角の傳承で、前段は小角の出自と驗術の體得について記し、中段は一言主神との對立と葛城山と金峰山への架橋をめぐる傳承、後段は仙人となった小角と入唐の途中の道照が、新羅で遭遇したという内容である。『續日本紀』文武天皇三年（六九九）五月二十四日條には、役小角が伊豆に遠流となった記事があり、靈異記の中段にあたる内容が簡略に記されているが、靈異記の前段で述べられる小角の修行と驗術の性格は、次のように道教的な色彩が濃い。

毎《つね》に庶《ねが》はくは五色の雲に挂《かか》りて、沖虚の外に飛び、仙宮の賓と攜り、億載の庭に遊び、蕊《ずい》蓋の苑に臥伏《ふ》し、養性の氣を吸い噉《くら》ふことをねがふ。所以に晩れにし年四十餘歳を以て、更に巖窟に居り、葛《かづら》を被《き》、松を餌《の》み、清水の泉を沐《あ》み、欲界の垢を濯ぎ、孔雀の呪法を修習し、奇異の驗術を證し得たり。鬼神を駈使ひ、得ること自在なり。

役小角が修習したという〈孔雀の呪法〉は、後に流布した不空譯や義淨譯の『孔雀王經』ではなく、僧伽婆羅譯か帛尸黎蜜多羅譯、あるいは鳩摩羅什譯に基づく呪法かとされるが(7)、いずれにせよここでは道教的驗術が密教の呪法に包攝されてゆく端緒を窺うことが出來る。

これまでの四話は神仙思想もしくは道教的な要素が顯著な例だが、次にみる上巻二十五「忠臣、欲小《すく》なく足るを知りて諸天に感ぜられ、報を得て奇事を示す縁」は、儒教に關連する話である。

中納言や左京大夫などを歴任した從三位大神高市麻呂は、持統天皇の時の〈忠臣〉である。朱鳥七年（書紀では持統六年（六九二））二月、諸司に對して三月三日に伊勢へ行幸するので準備をせよという詔が下された。播種の時期に當り農事の妨げになることを憂慮した高市麻呂は、天皇に上奏して行幸を中止するよう諫めたが、天皇は聞き容れずに强行しようとした。そこで高市麻呂は冠を脱いで天皇に返上し、重ねて思い留まるよう進言したという。

ここまでが前半で、後半では別の插話が紹介される。高市麻呂は旱害が續くと自分の田の取水口を塞いで、他の人々の田に水を廻した。だがそれも盡きると、諸天が彼の善行に感應して、龍神が雨を降らせたが、その雨は高市麻呂の田にだけ降り注いだといい、これはまさに「堯雲更に靄《くも》り、舜雨還《ま》た霈《そそ》ぐ」というべき仁雨であって、「忠信の至り」「徳義の大きにあればなり」とのべる。

大神高市麻呂は『續日本紀』慶雲三年（七〇六）二月六日條の卒傳によれば、壬申の亂で軍功を擧げ、『日本書紀』朱鳥元年（六八六）九月には、天武の殯宮に理官の事を誄した人物の一人であった。持統天皇に對する諫言のことは、持統紀六年二月條と三月條とにみえるが、最後の「辛未（六日）に天皇、諫に從ひたまはず、遂に伊勢に幸す」という部分は靈異記にない。

『懷風藻』に載る高市麻呂の「從㆑駕應㆑詔」詩一首は、彼の晩年の心境を傳えるが、同じ『懷風藻』の藤原萬里（麻呂）「過㆓神納言墟㆒」二首は、高市麻呂の沒後に舊居の跡に佇み、諫言して野に下った神納言（高市麻呂）の心中を偲んで哀感がこもる。

一旦辭榮去　　一旦榮を辭《いな》びて去りぬ
千年奉諫餘　　千年諫《かん》を奉りし餘《のち》に
松竹含春彩　　松竹春彩を含み

容暉寂舊墟　容暉舊墟に寂し
清夜琴樽罷　清夜琴樽罷み
傾門車馬疎　傾門車馬疎し
普天皆帝國　普天は皆帝の國
吾歸遂焉如　吾歸《ゆ》きて遂に焉にか如かむ

官を辭して朝廷を去っても、どこに身を置くべき處があろうかと問い、續く一首では、

君道誰云易　君道誰か易きと云ふ
臣義本自難　臣義本より難し
奉規終不用　規《いさめ》を奉りて終に用ゐらえず
歸去遂辭官　歸り去にて遂に官を辭《さ》りぬ
放曠遊嵆竹　放曠嵆竹に遊び
沈吟佩楚蘭　沈吟楚蘭を佩《お》ぶ
天閽若一啓　天閽《こん》若し一たび啓かば
將得水魚歡　將に水魚の歡を得む

辭官後の高市麻呂の心懷を思い遣って、嵆康のように心を寛く解き放って竹林に遊び、屈原のように微かに吟じ沈思して忠貞を守った高市麻呂を、もし再び天皇が登用したならば、君臣の間に水魚の交が得られたであろうにと詠む。
靈異記では末尾に贊を附して、
　修々たり神の氏、幼き年より學を好み、忠にして仁有り。潔くして濁ることなし。民に臨み惠を流《つた》ふ。水を施し

田を塞ぐ。甘雨時に降り、美き譽長に傳ふ。ともいうが、說話の冒頭部に「記有りて曰はく」とするように、高市麻呂の傳記的記錄に依據したと思われるこの話の內容と表現は、『續日本紀』の後半部から『三代實錄』にかけての國史に頻出する良吏傳や功臣家傳と共通する部分が多い。(8)高市麻呂が諫言の理由とした「農務を妨げむことを恐り」は、養老令の戶令第三十三條に規定された「敦く五教を喩し、農功を勸め務めしめよ」という國司の職掌や、續く第三十四條で國司や郡司が部內を檢校する際、百姓に送迎や供給を強いて「產業を妨げ廢め」ることを禁じたことなどに呼應するものであり、良吏傳には國司らがその職責をよく果したことを顯彰する例が多い。

こうした良吏傳や功臣家傳には中國に先例があり、『史記』『漢書』以下の正史の〈循吏傳〉や〈良吏傳〉の形式を踏襲するが、日本の六國史にとくにこうした傳が數多く載るのは、弘仁年間から延喜年間にかけての九世紀前半で、靈異記の成立とほぼ同時代にあたる。(9)『日本後紀』延曆二十四年（八〇五）十二月七日條にみえる藤原緒嗣と菅野眞道の〈天下德政爭論〉では、蝦夷征討をめぐる「軍事」と、長岡京から平安京遷都後も續く「造作」の停廢の是非が論じられたように、班田農民の疲弊が深刻化し、律令制の再編期にあった當時、〈功臣〉の典型として高市麻呂の存在が再び想起されたものと思われる。

この他に儒教的要素に關する說話としては、やはり上卷の第二十三「凶《あ》しき人、嬭房《ちぶさ》の母に孝養せ不《ず》して現に惡死の報を得る緣」や、同第二十四「凶しき女、生める母に孝養せ不して現に惡死の報を得る緣」があって、儒教の孝に對して佛教的な孝養を說く。中國に佛教が傳來すると、その出家主義や不拜君臣主義などをめぐって儒教側から非難が加えられたのを受けて、佛教における孝の在り方を强調した『孝子經』や『盂蘭盆經』『父母恩重經』その他多數の孝經典類も撰述され、道教側でも類似する經典の成立をみたが、(10)これらの說話はそうした中國の三教交涉を反映する諸要素を含むものである。次節では景戒がこうした視點を持ち得た思想的契機について考えたい。

二、内典と外書

景戒は靈異記の撰錄に際して上中下三巻全てに序を記し、その意圖を明らかにしている。上巻の序では冒頭で佛教傳來の經緯を概述するが、佛教だけではなく、儒教をはじめとした文物の受容にも言及しながら次のように筆を起こす。

原《たづ》ねみれば夫《そ》れ、内經外書の、日本に傳はりて興り始めし代、凡そ二時有り、皆百濟の國より持《も》ち來る。輕嶋の豊明の宮に宇御《あめのしたをさ》めたまひし譽田の天皇のみ代に外書來り、磯城嶋の金刺の宮に宇御めたまひし欽明天皇のみ代に内典來る。然れど外を學ぶる者は佛法を誹《そし》り、内を讀む者は外典を輕みす。愚癡の類《ともがら》は迷執を懷き、罪福を信け匪《ず》。深智《じんち》の儔《ともがら》は内外を覯《み》て、因果を信《う》け恐る。

「内經」「内典」は佛家が佛典を指していう表現であり、「外書」「外典」は佛書以外の、とくに儒教關係の經書類をいう。佛教をはじめとする百濟からの文物の傳來については靈異記の上巻に關係說話が多數收められており、第四話の圓勢國師と願覺法師、第七の禪師弘濟、第十四の釋義覺、第二十六の禪師多羅常などは、いずれも百濟からの渡來僧で、とくに六六〇年の百濟滅亡を機に來日した人々が多く、第十七の越智直のように百濟救援軍に從軍し佛法に歸依した人物の話もある。

百濟からの文物の傳來に關する記錄は、『日本書紀』應神天皇（譽田天皇）十五年八月條に、百濟王が派遣した阿直伎が「能く經典を讀」んだため太子の菟道稚郎子が師事したとあるのに次いで、翌十六年二月には王仁が來日し、やはり菟道稚郎子に「諸の典籍」を教授したという。これは書首《ふみのおびと》（河内書＝西文）の始祖傳承であり、儒教傳來のより確實な記録は、繼體紀七年に五經博士の段楊爾が來日したとあるのが最初とみられる。同十年九月には、段楊爾に代って漢高安茂《あやのこうあんも》が來日しているが、欽明紀十四年（五五三）六月條には、天皇が百濟に使者を遣して「醫博士・易博士・曆博士等、番に依りて上《まうで》き下《まか》れ。今上件の色《しな》の人は、正に相代らむ年月に當れり。還使に付《さづ》けて相代らしむべし。又、卜書・曆本・種種の藥物、付送《たてまつ》れ」と要請していることから、百濟から交代で學藝の指導者を迎えていた様子が窺える。この時の要請に應えて百濟が五經博士王柳貴以下、易博士、曆博士その他の諸家を派遣したことについては、翌十五年二月條に彼らの來日の記録が残る。

その後、この分野に關して注目されるのは、推古紀十年（六〇二）十月條の百濟僧觀勒の來日記事である。この時「曆本及び天文地理書、幷て遁甲方術書」が傳えられ、書生數名が選抜されて觀勒に就いて學んだという。

一方、佛教も百濟聖明王から欽明天皇に公傳されたが、その年代は戊午年（五三八）とする『元興寺縁起』や『上宮聖德法王帝説』と、壬申年（五五二）とする『日本書紀』との間で異なる。渡來系氏族などが早くから私的に信仰していたにせよ、儒教にはやや遅れて、六世紀の中期に傳來した佛教は、當初「大唐神」「蕃神」などと呼ばれながら急速に普及した。また道教は、佛教のような公傳の記録がなく、道觀や道士、女冠の存在も確認されず、道教經典類の傳來もごく限られており、律令國家による公的な受容はなされなかったが、道教を構成する諸技術や呪法、神仙思想などは、それぞれ個別に攝取され、浸透していった。

景戒はこうした經過を踏まえつつ、内典か外書かどちらか一方を學ぶ者は、片方を誹ったり輕んじたりするが、「深智の儔《ともがら》」は内典も外書も共に攝取して、因果の根本を理解すると説く。次いで佛教傳來以前に深い慈悲心を示した存在として仁德天皇の故事にふれ、以下、聖德太子と聖武天皇、そして行基を擧げて「今時《いま》の深智の人、神功も

また測りがたし」と述べる。また中巻の序ではその冒頭で、

竊《ひそ》かに以《おもひみ》れば、二つのみ代あり、宣化天皇より以往《さき》は、外道に随ひて卜者《かみなぎ》に憑《たの》みたまへり、欽明天皇より後は、三寶を敬ひて正教を信けたまへり。

といい、佛教公傳を境に、日本の人々の信仰が「卜者に憑む」神祇信仰だけであった段階から大きく變化したとのべて、聖武天皇の佛教興隆の意義を詳説しており、中巻では天平時代前後の説話が大半を占める。次いで下巻の序では、やはり冒頭部で内經と外典に言及し、

夫れ善悪の因果は、内經に著《あらは》れ、吉凶の得失は、諸の外典に載せたり。

と述べた後、末法の世の到來と當時の世相にふれて善行を勸める。そして自身のことを、

羊僧景戒、學ぶる所は未だ天台智者の問術を得ず。悟る所は神人辨者の答術を得ず。

と述懷し、天台智顗《ちぎ》のような問答の術を修めて教義の深奥を究めたわけでもなければ、神通力を備えた能辨の（おそらくは儒教や道教そして神祇の徒も含めた）答術を身に付けたわけでもない、という。

これとほぼ同じことが、下巻第三八の末尾でも再説される。これは「災と善との表相先づ現はれて、後に其の災と善との答を被る緣」と題する長文で、吉事と凶事には必ず豫兆があるという因果論の實相を、童謡《わざうた》の流行や自己の半生の經驗などのさまざまな具體例を擧げながら詳述し、息子の死や所有する馬の死をはじめとした身近な凶事に言及した後に、

是を以て當に知るべし。災の相先づ兼ねて表はれて、後に其の實の災來ることを。然るに景戒、未だ軒轅黄帝の陰陽の術を推ねず、未だ天台智者の甚深の解を得ざるが故に、災を免かるる由を知らずして、その災を受け、災を除く術を推ねずして、滅び愁ふることを蒙る。

と述べる。「軒轅黄帝の陰陽の術」の軒轅は『史記』五帝本紀において黄帝の名とされたもので、同書は黄帝を五帝の最初に位置づける。『國語』『春秋左氏傳』や『周易』をはじめとした諸文獻にみえる黄帝傳説は、戰國期になると天人相關説を唱える陰陽五行家や陰陽流の兵家、一部の道家などによって、それぞれの學派の始祖に假託されて傳播し、『漢書』藝文志では神僊家や房中家の部門を中心に「黄帝」を冠した多くの書物が著録された。[11]『日本國見在書目錄』にも兵家、五行家、醫方家の部を中心に約二十部の黄帝關係書が記載されており、これらの多くは六朝期以後に成立したものと思われるが、景戒もこの内のいくつかに接する機會を得た可能性があるとみてよいだろう。ちなみに平城宮跡から出土した木簡の中に、

・黄帝護身命懸□□
　□不至□□

と書かれたものがあり、[12]黄帝關係の醫方書を踏まえたものかも知れない。

このように内典だけでなく外書への注目を促した景戒は、上卷第十一「幼き時より網を用ゐて魚を捕りて、現に悪報を得る縁」の末尾では、北齊の顏之推『顏氏家訓』歸心篇の一節を引用してもいるが、その歸心篇では、内典と外書を對比しつつ次のように位置づける。

内外の兩教は、もと一體爲り。漸極異と爲し、深淺同じからず。内典の初門に五種の禁を設けるは、外典の仁義禮智信、皆これと符す。（中略）周孔に歸して釋宗に背くは、何ぞその迷へるや。[13]

内教と外教は本來同一であり、兩者は漸か極か、つまり次第に進むか、極致を示すかの違いで、深淺の差がある。佛典の入門に際して定められた五戒は、經書の五常と一致する。だから儒教だけに依據して釋尊の教えに背くのはよくないという理解は、六朝時代の士大夫層にほぼ共通していたようである。[14]

内と外の評價については、顏之推と同時代人である北齊の道安の「二教論」（『廣弘明集』巻八所收[15]）に、

救形の教え、教えは稱して外と爲し、濟神の典、典は號して内と爲す。

とあり、北周の武帝による廢佛の直前の五七〇年に述作されたこの佛教擁護論では、佛儒二教だけを對比して、道教の存在は認めず三教竝立の立場を否定する。また『文心雕龍』で著名な劉勰の「滅惑論」（『弘明集』巻八所收[16]）には、

佛法は練神、道教は練形。

という評言があって、「濟神」（靈魂の救濟）や「練神」（心の練磨）をはかる教えであるがゆえに佛教が内であり、「救形」（肉體の救濟）に關わる儒教や「練形」（肉體の練磨）をめざす道教は外である、と論斷する[17]。だが景戒の關心は、各巻の序文からも窺えるように、經書のほか陰陽、易、曆や神仙、道教なども含む外教と内典との總合にあったとみてよい。

靈異記を撰錄するまでの景戒の經歷は、身邊の事情への言及を含む下巻第三十八によって斷片的に知られる程度で、多くは推測の域を出ないが、景戒がこうした視座を保持し得た思想的契機を考えるうえでの手がかりになると考えられるのは、『上宮聖德法王帝說』の次のような一節である。

上宮王、高麗慧慈法師を師として、王の命、能く涅槃常住、五種佛性の理を悟り、明らかに法花三車、權實二智の趣を開き、維摩不思議解脱の宗を通り達《さと》り、且つ經部と薩婆多との兩の家の辨へを知り、亦た三玄五經の旨を知りて、竝びに天文地理の道を照す。卽ち法花の等《ごと》き經の疏七巻を造りて、號《な》をば上宮御製疏と曰ふ[18]。（下略）

ここにいう〈三玄〉は、『周易』と『老子』と『莊子』の總稱であり、〈五經〉は『易經』『書經』『詩經』『禮記』『春秋』をさすが、上宮太子の學問は法華經や維摩經をはじめとする佛教學だけに留るものではなく、儒教や道家思想、天文地理にも及んだとされる[19]。天文地理は養老職員令の陰陽寮條に、陰陽頭の職掌として「天文、曆數、風雲の氣色

の奏聞」と規定され、『令義解』は「天文は日月五星二十八宿也」と注釋する。[20]

『上宮聖德法王帝説』は『日本書紀』とは異なる系統の所傳も含む初期の太子傳の基本文獻であり、その本文は性格の異なる五つの部分から構成される。[21] 第一は聖德太子を中心とした皇室系譜、第二は太子の執政、修學などをめぐる行實、第三は法隆寺金堂藥師如來像や同釋迦如來像光背銘、天壽國繡帳銘その他の太子傳關係史料、第四は物部守屋討伐、佛教公傳、冠位制、十七條憲法、蘇我氏滅亡など傳記の補遺、第五は欽明から推古に至る天皇と太子の在位、沒年、陵墓などについて詳述する。引用した箇所を含む第二の部分は奈良時代、とくに傍線部は、『太子傳古今目錄抄』に「七代記傳、三玄五經之理文」という一節があり、「七代記」が寶龜二年（七七一）の成立とみられるので、それ以前からの傳承と考えられる。[22] おそらく『日本書紀』推古元年（五九三）四月條の廏戸皇子の立太子の時の記事に、「且《ま》た、内教を高麗の僧慧慈に習ひ、外典を博士覺哿に學びたまふ。並に悉に達《さと》りたまひぬ」とあるのを踏まえて佛家が潤色したものであろう。

その際に參照された可能性の高いのが、中國の高僧傳である。梁の慧皎が五一九年頃に撰錄した『高僧傳』[23]には、内外兩教への通曉を積極的に評價する記事が隨所にみられる。[24] 卷四・釋慧觀「觀、既に妙に佛理に善く、老莊を探求す」ほか、卷七・釋僧瑾「少にして莊老、及び詩禮を善くす」「内典に遊學し、博く三藏に涉る」「三論及び維摩・恩益・毛詩・莊老等を善くす」、同卷・曇度「三藏及び春秋・莊老・易を善くす」、卷八・釋僧盛「遂に大いに數論を明らめ、兼ねて衆經を善くす。講說して當時の元匠たり、又特に外典に精しく、群儒の爲に憚かる」、あるいは同卷・僧寶「寶は三玄を善くし、貴遊の爲に重んぜらる」、同卷・釋曇斐「其の方等の深經は、皆綜達する所、老莊儒墨、頗る亦披覽す」など、いずれも『上宮聖德法王帝説』における太子の教學の性格、ひいては景戒の志向に、きわめて近い要素を看取することができるのである。

これに關しては、僧延慶が天平寶字四年（七六〇）頃に撰述した「藤原武智麻呂傳」（「家傳」下）[25]に、その學藝を形容して、

百家の旨歸、三玄の意趣を究めて、尤も釋教を重みじ、兼ねて服餌を好めり。

という部分や、空海が延暦十六年（七九七）に著した『三教指歸』巻上の序に、

是の故に聖者、人を驅るに、教網三種あり、所謂、釋・李・孔なり。淺深隔有りと雖も竝びに皆聖說なり。若し一の羅《あみ》に入りなば、何ぞ忠孝に乖《そむ》かむ。[26]

とあるのも、やはり共通するといってよいだろう。こうした傾向は畿內とその周邊に限らず、地方においても認められる。

熊本縣下益城郡豐野村に現存する淨水寺南大門碑文は、靈異記の成立とほぼ同時代の延暦九年（七九〇）二月の紀年をもつが、唐太宗の「大唐三藏聖教序」を踏まえながら玄弉三藏の入唐求法をめぐる事蹟を略述したのち、僧弉善が玄弉の行實に倣って淨水寺を創建した由來を記す。その一節には、弉善の時代に治田十箇所、栗林七箇所が施入され、「內典外書六千四百□卷」も整えられたという。[27]

內典と外典を總合的に攝取しようとする景戒の姿勢は、靈異記に引用した內典それ自體の性格にも反映される。次節では中國において、とくに三教の相剋と融合の過程で新たに撰述された〈疑僞經典〉をめぐる受容の在り方を考えたい。

三、靈異記の疑僞經典引用

靈異記では全一一六話中の五十四話に佛典の引用があり、用例は八十例を數えるが、引用の仕方は一樣ではなく、經名を銘記しない場合や、他の文獻から間接的に孫引きしたと考えられるもの、どちらとも不明なものなどが多數含まれる。

引用にあたっては、經名を擧げるだけで本文の一部を引かない場合も多いが、その名稱が明らかなものは四十種を數える。だが、本經から直接引用したものはその半分以下で、大半は上卷の序文でも言及する唐の唐臨撰『冥報記』や孟獻忠撰『金剛般若經集驗記』をはじめ、唐の道世撰『諸經要集』ならびに『法苑珠林』や、新羅の太賢撰『梵網經古迹記』などの類書や注釋書に依據することが指摘されている[28]。

引用の方法についても、現存の經文とほぼ一致するものは少なく、大半が異なっていることから、景戒は靈異記の撰述に際して直接原典に當りながら筆を進めるよりは、取意文を記す場合が多かったのではないかと考えられる。

全體を通じて最も引用が多いのは『涅槃經』と『法華經』だが、その方法は對照的で、『涅槃經』が經文の一部を合計十話で引き、經名のみを記すのは一話であるのに對して、『法華經』は逆に合計十八話で經名を擧げながら、經文の引用は三話に留まる。その他の經典はいずれも一、二話程度に引用されるだけだが、中にいくつかの疑僞經典類が含まれる點に注目したい。

中國では梵文（サンスクリット）の佛典の漢譯が進められる一方で、新たに儒道二教や民間信仰の諸要素を包攝した經典が多數撰述された。四世紀後期に東晉の道安が撰録した『綜理衆經目録』[29]以下の經録では、こうした中國撰述經典は「僞妄亂眞」を理由に峻別し、嚴しく排除しようとしたが、その數は增え續け、七三〇年に智昇が編纂した『開元釋教錄』[30]では、〈疑惑再詳〉十四部十九卷、〈僞妄亂眞〉三九二部一〇五五卷にのぼっている。

日本では、『日本書紀』天武二年（六七三）三月條に「書生を聚へて、始めて一切經を川原寺に寫したまふ」とあるのを皮切りに、天武天皇が尊崇した飛鳥の川原寺（弘福寺）で一切經書寫に本格的に着手して以來、奈良時代を通じて記錄に殘るだけでも二十三部、總計十萬卷を超える佛典が書寫されたと推定される。[31]とくに奈良時代中期以降の寫經事業において準據したのは、『開元錄』に基づく玄宗朝の欽定大藏經（一〇七六部、五〇四八卷）で、これは天平七年（七三五）に唐から歸國した玄昉[32]や、翌八年に來日した道璿や菩提僊那（婆羅門僧正）らによって請來されたとみられるが、天平寶字五年（七六一）四月に、造東大寺司主典の安都雄足が、奉寫一切經所において一切經を收納する塗韓櫃などの諸物品を坤宮官に請求した際に[33]「大乘と小乘の經律論疏や別生經」の他「疑僞幷びに目錄外經」をも合せて總計五三三〇卷、四九五帙と申請していることから、欽定大藏經では不入藏とされた『開元錄』僞妄亂眞錄所載の疑僞經典も多數請來され、眞經と同樣に書寫されたことがわかる。

正倉院文書にはこうした疑僞經典に關する記錄が多數含まれているが[34]、その中には天平十三年（七四一）閏三月二十一日付の「經卷勘注解」のように、靈異記も引く『觀世音三昧經』をはじめとして『救護身命經』『呪媚經』『安宅墓土側經』『天宮經』『齋法清淨經』『決（定）罪福經』など多くの疑僞經をまとめて記載したものも散見するので[35]、他の眞經とはある程度區別して扱った樣子も窺える。これらの中には道教的要素に富むものも少なくなく、道教經典の傳來がほとんど確認できない日本古代において、道教思想を間接的に受容するうえでの媒體となった側面をもつ。

平安時代以降も『開元錄』を補正した唐の圓照撰『貞元釋教錄』（八〇〇年成立）に依據しつつ、疑僞經の書寫と讀誦は一部の寺院で續けられ、とくに東寺一切經やその流れを汲む名古屋市の七寺一切經には、稀少な疑僞經典が多數傳存することが近年判明し、注目を集めている。[36]

靈異記に引用された疑僞經典としては、『方廣經』『觀世音三昧經』『像法決疑經』『善悪因果經』などを擧げることができる。以下、主として牧田諦亮の研究[37]に據りながら、概觀したい。

『方廣經』は上卷第八、第十と下卷第四、第十四にみえる。「聾ひたる者、方廣經典に歸敬し、現報を得て兩つの耳を開く縁」と題する上卷第八では、急な重病を患い兩耳が聽えず全身に瘡が出來て、長年苦しんだ衣縫伴造義通という男が、禪師を屈請し、潔齋して香水を澡浴し『方廣經』を一心に讀誦したところ、業病は快癒したという。「子の物を偸み用ゐ、牛となりて役はれ、異しき表を示す縁」と題する上卷第十は、大和國の土椋家長公という男が、ある年の十二月に『方廣經』による懺悔をしようと考えて、禪師を招いたのが契機となって、盗みの罪で牛の身と化す悪報を受けていた亡き父の供養ができたという話である。また「沙門、方廣大乘を誦持し、海に沈めども溺れぬ縁」と題する下卷第四では、奈良に住む大僧でありながら、利錢出擧を營んで妻子を養い、常に『方廣經』を讀んでいた僧が、聟にも嚴しく取り立てをして恨みを買い、だまされて船上から海中に投げ込まれたものの、ひたすら『方廣經』を讀誦したところ、命拾いしたという。さらに「千手の呪を憶持する者を拍ちて、現に悪死の報を得る縁」と題する下卷第一四では、末尾に「方廣經に云はく」として「賢しき人を誹謗る者は、八萬四千の國の塔寺を破壞する人の罪に等し」という章句を引用する。

これらの話にみられる『方廣經』の功德は多樣で、その受容も幅廣く、正倉院文書の天平十年（七三九）の「經卷納櫃帳」[38]や、翌年七月十二日付の「經師手實帳」[39]をはじめ隨所に散見するほか、民間への浸透ぶりは、やはり正倉院文書の優婆塞貢進解にこの經典を讀誦できると記した者が十四名を數えることからも明らかであろう。[40]

『方廣經』は具名を『大通法廣懺悔滅罪莊嚴成佛經』（全三卷）といい、六世紀前半までには成立したと考えられる。

敦煌寫本の他、知恩院に天平三年（七三一）の古寫本が傳存し、『大正藏』八十五巻〈疑似部、古逸部〉にも収められているが、近年、七寺からも平安末期の中巻の寫本が發見された[41]。

この經典は『法華經』『勝鬘經』『維摩經』『金光明經』『大般涅槃經』などの大乗諸經典の思想を組み込んで、現世において犯した諸罪を懺悔し、佛名を唱禮誦持し、讀誦、書寫すれば成佛できると説くもので、大谷大學所藏の敦煌本の奥書[42]や、大英圖書館所藏のスタイン本四五五三號寫本の願文などからみて[43]、亡夫や亡夫母の追善供養を願い、とくに女性の間で信仰されたようである。陳の文帝が六世紀中期にこの經典に依據して行なった懺法の際に書かれた「大通方廣懺文」[44]によって、國家的な支持も知られるが、日本でも寶龜五年（七七四）十二月と弘仁十四年（八二三）十二月に、宮中で方廣悔過が行なわれ、佛名會の先驅けとなった[45]。

靈異記での引用例が、いずれもこれらの實例によく符合することは明らかであり[46]、景戒がこの經典の本質を適確に把握していたことを示す。

『觀世音三昧經』は下巻第三十四「怨病忽に身に嬰り、因りて戒を受け、善を行ひて現に病を愈すこと得る縁」に經名がみえる。紀伊國名草郡の巨勢呰女は、首に大瓜のような肉疽が出來て長年痛みに苦しんだ。これは現世の悪報だけでなく、前世からの宿業にちがいないと考えて、善行を積むことを決心した彼女は受戒し、村の堂舍で一心に『般若心經』を誦持すること十五年に及んだ。この堂舍に止住した行者忠仙は彼女を哀れみ、看病と祈禱をしながら、この病を治すために『藥師經』と『金剛般若經』を各三千巻、『觀世音經』一萬巻、そして『觀世音三昧經』百巻を讀誦することを誓って讀誦を續けたところ、發願から十四年後、發病から數えて二十八年目に、突然血膿が出て快癒した、という。

『觀世音三昧經』は五世紀後半、梁以後隋初までの觀音思想が興隆した時期に、『瑞應觀世音經』『觀世音詠託生經』

『観世音懺悔除罪呪經』その他の疑僞經典と前後して撰述されたと考えられ、敦煌本と、京都國立博物館の守屋孝藏氏舊藏本（奈良朝寫經といわれるが、中唐期寫本の可能性もある）の他、近年、七寺から發見された新出本などが現存する[47]。

『法華經』觀世音菩薩普門品に基づく従來の觀音信仰では、主に觀世音菩薩の功德威力が說かれ、靈異記でも觀音による救濟・利益譚は多數みられるが[48]、この『觀世音三昧經』は、とくに修行者自身の日常生活への深い反省とたゆみない實踐を强調する點に特徴があり、なぜ觀音を念ずるのか、觀音の三昧とは何か、どのような行人が救濟の對象たりうるのかを詳說する點において、六朝末期の觀音信仰の基礎となりうるだけの內容と品格を備えた經典とされる[49]。それだけにこの經名を擧げる下卷第三十四話は、靈異記の數多い觀音關係說話の中でも、主人公が重い痛苦を克服するために修行を續けた期間が際立って長く、他に例をみない。この經典も正倉院文書中に寫經に關する記錄が數多く、奈良時代には廣く流布したことが知られる。

『像法決疑經』は「賤しき沙彌の乞食に刑罰して、現に頓に惡死の報を得る緣」と題する下卷第三十三にみえる。紀直吉足という生來性惡で因果を信じない男が、『藥師經』を唱え乞食行を續けていた沙彌を迫害し亂暴を加えたために死んだ話に續けて『大方弘十輪經』（太賢の『梵網經古迹記』からの引用）と『丈夫論』の一節に加え、『像法決疑經』から次のように引用する。

未來世の中に、俗官、比丘をして稅を輸さ令むること莫かれ。若し稅を奪ふものは、罪を得ること無量ならむ。一切の俗人、三寶の牛馬に乘騎すること得じ。三寶の奴婢と六畜を過打つこと得じ。其の三寶の奴婢の禮拜を受くること得じ。若し犯す者有らば、皆殃咎を得む云々。

僧侶を迫害し、佛法と寺院を侵害することを戒める內容であるが、この經典は釋迦の入滅後千年を經て正法の世が終り、像法の時代に入ってから生起する事態への姿勢を説く。とくにこの經典が成立したと考えられる六世紀後期頃に盛んだった造塔造像や寫經などの外面的な造福への反省を强調する點において、當時の佛教界に對する批判を標榜したものとされる(50)。いわば典型的な中國撰述經典でありながら、佛教本來の核心を衝く内容をもつからか、智顗や吉藏のような學匠の著述に、經證として再三引用されたものの、信行によって三階教の經典『示所犯者瑜伽法鏡經』その他に包攝されたこともあって彈壓を受けた結果(51)、敦煌寫本がわずかに殘存するだけとなった。

日本には奈良時代までに請來されたことが、正倉院文書の「雜經目錄(52)」（年次未詳）によってわかるが、平安時代には主に天台宗の圓珍や安然、三論宗の玄叡らの著作に引用されている(53)。靈異記の引用が原典に依據したのかどうかは不明だが、原文に該當すると思われる部分が、『諸經要集』卷二の敬僧篇違損緣(54)と、『法苑珠林』卷十九の敬僧篇、卷四十四の君臣篇にも引用されているので(55)、これらの佛教類書に據った可能性が高い(56)。

『善悪因果經』は「法花經を憶持し、現報を得て奇しき表を示す緣」と題する上卷第十八に引用がある。『法華經』を專心修行していたある男が、生來利發で八歲以前に大半を讀誦できたのに、どうしても一文字だけ覺えられなかったので、觀音菩薩に祈願したところ夢をみた。それによると前世の因緣で、燈火で經文の一文字を燒いたために覺えられなかったと知り、改めて前世の宿緣をたどって懺悔したところ、漸く記憶できたという。その末尾に『善悪因果經』から「過去の因を知らむと欲はば、其の現在の果を見よ。未來の報を知らむと欲はば、其の現在の業を見よ」という一節を引くが、この部分は、現行本には見えない(57)。だが『法苑珠林』卷五六の貧賤篇述意部(58)と、『諸經要集』卷六の貧賤篇述意緣(59)に、ほぼ同内容の一文が「故經言」として引かれているので、これらに依據した可能性が高いようだ(60)。

中卷第十の「常に鳥の卵を煮て食ひて、現に悪死の報を得る緣」にも、この經典からの引用例がみられる。生來因果の理を辨えず常に鳥の卵を獲って食べていた若者が、國司に召喚され使者の兵士と共に赴く途中、突然兵士に麥畑の中に押し倒された。するとその麥が燃えさかる炎と化し、若者は熱さに苦しんで七轉八倒していたところを村人に救われたものの、兩脚は焼け爛れ、翌日に死んだ。現世にも地獄はあるのだと説いた後、『涅槃經』に續けて『善惡因果經』の「今身に鶏の子を焼き煮る者は、死して灰河地獄に墮つ」という一節を引くが、これは現行本とも一致する。

中國で撰述された疑僞經典には、『決定罪福經』『華嚴十惡品經』『發問罪福應經』などをはじめとして善惡の因果に關するものが多く、『善惡因果經』はその代表的な一巻だが、儒教の善惡因果應報説が、例えば『易經』坤文の「積善の家に必ず餘慶有り、積不善の家には必ず餘殃有り」というように[61]、善惡の因果應報は子孫にも及ぶと説くのに對して、中國佛教では、佛理に悟達した者は、宿世の殃がどれほど重なっていても既に業報を超えた世界にいるから殃も消滅するといい、現世の行爲は未來世にその結果を得ることを説いて中國社會に浸透した[62]。

隋代以前に成立したこの經典は、ソグド語やチベット語にも翻譯されて、中唐以降廣く傳播したが、疑僞經典の中には歷代の經錄の〈僞妄亂眞〉という非難がそのまま當てはまるような呪術的迷信に滿ちたものも多く、中國では徐々に散佚していった。だが靈異記が引用したこれらの經典のように、儒佛道三教の相剋と融合の展開を背景として、中國社會に佛教の定着を圖るうえで、現實に卽應しつつ教理の本質をより鮮明にするため新たに撰述されたものは、佛教の本質に根差しているだけに眞經か疑僞經かという基準を超えて、廣く支持されたのである。そして「深智の儔《ともがら》は内外を覯《み》る」とのべて内典と外書の兼學を志向した景戒にとってもまた、據るべき教説であったと思われる。

結　語

景戒は上巻の序文で、靈異記撰述の先蹤となった中國の文獻と自らの編纂意識について、

昔、漢地にして冥報記を造り、大唐の國にして般若驗記を作りき。何ぞ唯し他國の傳錄をのみ愼みて、自土の奇事を信け恐りざらむや。

と記し、因果應報譚を收載した唐臨の『冥報記』や、孟獻忠の『金剛般若經集驗記』を踏まえながら、佛教的な因果應報の論理を基軸として世俗的かつ普遍的な倫理觀ともいうべきものを明示するために、「自土の奇事」の集成を試みた。「唐土」に對する「自土」という概念は、大和と畿內を中心としながら地域を超え、聖武と行基に象徵される時代の前後に亙って、官度も自度も、僧も俗も、そして律令體制に反く存在をも廣く包括するものといえるが、[63] それは古代東アジア文化圈のなかで、三教交涉の成果を直接、間接に攝取することを通じて形成されたと考えられるのである。

注

（1）西嶋定生『中國古代國家と東アジア世界』（一九八三年、東京大學出版會）、〈岩波講座東洋思想〉第十二巻『東アジアの佛教』（一九八八年、岩波書店）、〈シリーズ東アジア佛教〉第五巻『東アジア社會と佛教文化』（一九九六年、春秋社）等參照。

（2）『道教』第三巻〈道教の傳播〉（一九八三年、平河出版社）所收の諸論參照。

（3）以下、靈異記の本文は、日本古典文學大系本（遠藤嘉基、春日和男校注）を中心に、日本古典文學全集本（中田祝夫校注）、

日本古典集成本（小泉道校注）、新日本古典文學大系（出雲路修校注）等を參照した。
（4）下出積與『神仙思想』（一九六八年、吉川弘文館）。大山誠一『長屋王家木簡と金石文』（一九九八年、吉川弘文館）參照。
（5）拙稿「『日本靈異記』の女性觀にみる『父母恩重經』の投影」（〈日本女性史論集〉第五卷『女性と宗教』、一九九八年、吉川弘文館、本書、第十三章所收）。
（6）『懷風藻』は主として日本古典文學大系本（小島憲之校注）による。
（7）狩谷棭齋『日本靈異記攷證』（日本古典全集版『狩谷棭齋全集』第二卷所收）。
（8）坂本太郎「三代實錄と功臣家傳」（『古典と歷史』、一九七二年、吉川弘文館）、佐藤宗諄「平安初期の官人と律令政治の變質」（『平安前期政治史序說』、一九七七年、東京大學出版會）、龜田隆之『日本古代制度史論』（一九八〇年、吉川弘文館）の良吏傳關係論考等に詳細な分析がある。
（9）龜田隆之、前揭注（8）。
（10）拙稿、前揭注（5）。
（11）森安太郎『黃帝傳說』（一九七〇年、京都女子大學人文學會）、淺野裕一『黃老道の成立と展開』（一九九二年、創文社）。
（12）『平城宮跡發掘調查出土木簡概報』十二（一九七八年、奈良國立文化財研究所）他。
（13）宇野精一『顏氏家訓』（一九八二年、明德出版社）による。
（14）森三樹三郎「六朝士大夫の精神」（『大阪大學文學部紀要』三號、一九五四年、一九八六年に同朋舍刊）、吉川忠夫『六朝精神史研究』（一九八四年、同朋舍）。
（15）蜂屋邦夫「北周・道安《二教論》注釋」（『東洋文化』六十二號、一九八二年、東京大學東洋文化研究所）、吉川忠夫『弘明集　廣弘明集』（〈大乘佛典〉四、一九八八年、中央公論社）。
（16）牧田諦亮編『弘明集研究』全三卷（一九七三〜七五年、京都大學人文科學研究所）。
（17）吉川忠夫「內と外」（〈岩波講座　東洋思想〉第十三卷『中國宗教思想』Ⅰ、一九九〇年）。
（18）〈日本思想大系〉『聖德太子集』（家永三郎、築島裕他校注、一九七五年）による。

(19) 大野達之助『聖徳太子の研究』（一九七〇年、吉川弘文館）他。
(20) 職制律の玄象器物條にも同文がある。
(21) 以下、家永三郎『上宮聖德法王帝説の研究』（增訂版、一九七六年、三省堂）によるところが大きい。
(22) 太子傳闕係史料については、林幹彌『太子信仰の研究』（一九八〇年、吉川弘文館）。
(23) 『國譯一切經』史傳部七（常盤大定譯、一九三六年、大東出版社）。
(24) 家永三郎、前揭注（21）參照。
(25) 竹内理三編『寧樂遺文』下卷〈文學篇〉（一九七六年訂正四版、東京堂出版）、〈日本思想大系〉『古代政治社會思想』（大曾根章介校注、一九七九年、岩波書店）。
(26) 〈日本古典文學大系〉『三教指歸　性靈集』（渡邊照宏、宮坂宥勝校注、一九六五年、岩波書店）。
(27) 『古代の碑』（一九九七年、國立歷史民俗博物館特別展圖錄）に圖版と解説がある。
(28) 狩谷棭齋の先驅的研究（前揭注（7））を初め、主な專論に禿氏祐祥「日本靈異記に引用せる經卷に就て」（『佛教研究』一―二、一九三七年、『東洋印刷史研究』、一九八一年、青裳堂書店）、露木悟義「靈異記引用經典の考察」（『古代文學』六號、一九六六年）、原口裕「日本靈異記出典語句管見」（『訓點語と訓點資料』三十四號、一九六六年）、菊地武「『日本靈異記』佛典考」（岩橋小彌太記念『日本史籍論集』上卷、一九六九年、吉川弘文館）などがある。
(29) 梁の僧祐撰『出三藏記集』所引（『大正藏』五十五卷所收）。
(30) 以下の經錄も『大正藏』五十五卷所收。
(31) 奈良國立博物館編『奈良朝寫經』（一九八三年、東京美術）。
(32) 『續日本紀』天平十八年六月十八日條に卒傳があり「經論五千餘卷と諸の佛像」を請來したと傳えられる。
(33) 『大日本古文書』十五卷、五十二～五十三頁。
(34) 石田茂作『寫經より見たる奈良朝佛教の研究』（一九三一年、東洋文庫）、木本好信編『奈良朝典籍所載佛書解説索引』（一九八九年、國書刊行會）、拙稿「日本古代の道教受容と疑僞經典」（山田利明・田中文雄編『道教の歷史と文化』、一九九八年、雄山閣、本書、序章所收）參照。

(35)『大日本古文書』七卷、五〇〇～五〇一頁。

(36)牧田諦亮監・落合俊典編『七寺古逸經典研究叢書』全六卷（大東出版社、一九九四～二〇〇〇年）。

(37)牧田諦亮『疑經研究』（一九七六年、京都大學人文科學研究所、一九八九年、臨川書店復刊）。

(38)『大日本古文書』七卷、二〇九頁。

(39)同前、三〇二～三一二頁。

(40)『寧樂遺文』中卷〈宗教篇〉所收。

(41)牧田諦亮「大通方廣經管見」（前掲注（37））、上山大峻「敦煌出土『大通方廣經』とそのチベット譯」（『龍谷大學論集』四四五號、一九九五年）、木村清孝「『大通方廣經』解題」（『七寺古逸經典研究叢書』第二卷、一九九六年、前掲注（36））など參照。

(42)『大正藏』八十五卷、一三四九頁上段。開皇十年（五九〇）寫。

(43)黃永武主編『敦煌寶藏』第三十六册、五四七頁所收。

(44)『廣弘明集』二八（『大正藏』五十二卷、三三三頁下段）。

(45)『政事要略』二八所引『官曹事類』、および『類聚國史』一七八〈仙道〉五「佛名」（ともに新訂增補國史大系所收）。

(46)靈異記と方廣經に關する諸論については寺川眞知夫『日本國現報善惡靈異記の研究』の「方廣經の靈驗」（一九九六年、和泉書院）參照。同書には「景戒と外教」も收載する。

(47)牧田諦亮「觀世音三昧經の研究」、前掲注（37）、幸福香織「觀世音三昧經」（影印・翻刻・訓讀・解題、『七寺古逸經典研究叢書』第二卷所收）。

(48)上十七、三十一、中三十四、四十二、下三、七、十二など。速水侑『觀音信仰』（一九七〇年、塙書房）參照。

(49)牧田諦亮、前掲注（47）。

(50)牧田諦亮「佛說像法決疑經について」、前掲注（37）、木村清孝「像法決疑經の思想史的考察」（『南都佛教』三十三號、一九七四年）。
(51) 矢吹慶輝『三階教之研究』（一九二七年、岩波書店）の第三部附篇。
(52) 『大日本古文書』二十二巻、一三九頁。
(53) 曾根正人「『像法決疑經』の中國・日本に於ける受容」（吉田晶編『日本古代の國家と村落』、一九九八年、塙書房）。
(54) 『大正藏』五十四巻、十八頁上段。
(55) 『大正藏』五十三巻、四二六頁下段、六二四頁中段。
(56) 曾根正人、前掲注（53）。
(57) 『大正藏』八十五巻所收。
(58) 『大正藏』五十三巻、七一三頁上段。
(59) 『大正藏』五十四巻、五三頁下段。
(60) 松浦貞俊『日本靈異記』（一九四四年、日本評論社）。原口裕、前掲注（28）。
(61) 『家傳』下の武智麻呂傳に「贊に曰く、積善の後、餘慶鬱郁たり」とあり、『家傳』上の貞惠傳の誄詞にも「積善の餘慶、厥の哲人に貽す」という一節がみえる。清水章雄「家傳――「積善藤家」の漢文傳――」〈古代文學講座〉十一『靈異記氏文　緣起』、一九九五年、勉誠社）參照。
(62) 牧田諦亮「善惡因果經について」、前掲注（37）。
(63) 小泉道校注『日本靈異記』〈解說〉（一九八四年、新潮日本古典集成）、出雲路修「〈日本國現報善惡靈異記〉の編纂意識」（『說話集の世界』、一九八八年、岩波書店）。

第十二章　永劫の寶地

――七寺本『安墓經』とその周邊――

緒　言

平安時代初期、弘仁年間（八一〇～二四）頃に藥師寺僧の景戒が撰錄した『日本靈異記』には、遺體の埋葬や墓地などに關する當時の觀念や習俗を反映した傳承がみられる。

本章では、これらの說話を端緒として日本古代の死をめぐる習俗について考察するが、(1)近年、多數の古逸經典の傳存が確認され、廣く注目を集めている名古屋市の七寺《ななつでら》一切經の新出本『安墓經』を中心に、その思想的背景にも言及したい。

一、日本靈異記の〈枯骨報恩〉譚

「人・畜《けもの》に履《ふ》まるる髑《ひとがしら》髏の救ひ收められ、靈《くす》しき表《しるし》を示して現に報ずる緣」と題する上卷第十二では、高句麗の學僧で元興寺に止住した道登《どうとう》が、(2)山背《やましろ》南部の要衝である宇治川に橋を架けようと腐心していた大化二年（六四六）のある日、平城京北邊の丘陵の奈良山の渓間に髑髏があり、行き來する人や獸に踏みつけられているのに氣付く。これを哀れんだ道登は、從者の萬侶《まろ》に木の上に安置するよう指示した。その年の大晦日の夕方、寺に來客があり、道登大德の慈悲によって漸く平安を得られたので、從者の萬侶を晩餐に招いて厚恩に報いたい、と告げてその家に案內する。御馳走になった晩の夜明け近くに、髑髏の亡靈が現れてその死の理由を告白し、交易で利益をあげた彼を妬んだ兄の仕業であることが發覺した、という。

「髑髏の目の穴の笋《たかむな》を掲《ぬ》き脫《はな》ちて、祈《ねが》ひて靈しき表を示す緣」と題する下卷第二十七も內容が類似する。寶龜九年(七七八)の暮れに、備後國の深津の市（廣島縣福山市近邊）に正月用の買物に出かけた品知牧人《ほむちのまきひと》は、途中で日が暮れたので竹原（竹藪か）に野宿した。ところがどこからか「目が痛い」という呻き聲が聞こえ、とうとう一睡もできなかった。翌朝、邊りを見回すと、髑髏の眼窩を貫いて筍が生えているのに氣付いたので、牧人は筍を引き拔いて髑髏に自分の干飯を供え、招福を祈った。早速その效驗があったのか、思い通りの買物ができた牧人は、歸途、また同じ場所に野宿した。すると髑髏の亡靈が人身に化現して、その顚末をつぶさに語り、大晦日に生家で返禮することを約した。當日、亡靈の生家に案內されて御馳走になり、土產も受け取ると亡靈は再び姿を消したので、その兩親に眞相を告げ、犯人が判明した、というのである。

死者の靈魂が遺族のもとに歸來するのは大晦日で、この日に祖靈を迎える祭祀が行われたことがわかるが、この兩話の人物は交易の途中で殺害されており、商旅には多くの危險が伴なったことを物語る。

見捨てられた髑髏が救われ、眞相が明らかになって恩に報いる、というモチーフは民話學の分類では枯骨報恩譚と呼ばれ、世界各地に分布することが知られている(3)。この靈異記說話の場合は、敦煌出土の句道興撰『搜神記』所收の候光・候周兄弟の說話を原據とする可能性が高いとされる。

中國の志怪小說では梁の蕭綺が補綴した『拾遺記』の卷八に收める蜀の縻竺の話や、やはり梁の任昉の撰と傳えら

れる『述異記』の陳留の周家の興進の話など、六朝時代の文獻にすでに髑髏の報恩譚が見出せる。(4)

敦煌本『捜神記』の寫本は六本確認されているが、(5)いずれも「行孝第一」の斷簡で、合計三十五條を數える。その内、晉の干寶撰の流布本二十巻本とは八條、八巻本とは十四條が一致する。(6)

その中の侯光・侯周兄弟の話と靈異記説話を比較すると、『靈異記』では弟殺し（上巻十二）、甥殺し（下巻二十七）なのに對して『捜神記』では兄殺しであり、髑髏の報恩が『靈異記』では十二月の大晦日の夜に行なわれるのに對して、『捜神記』では四月の祖靈祭祀の日に行なわれることを除けば、兩書の説話の構成は、ほぼ一致することが指摘されている。(7)

確かに兩者の共通性は顯著であり、『靈異記』の二篇は元興寺の關係者によって書承説話としてまとめられたものと思われるが、『萬葉集』にみえる行路死人歌などを想起するとき、『捜神記』受容の下地には、こうした遺體の處置に共通する狀況の存在したことが推測される。『萬葉集』には、巻三に『日本書紀』推古二十一年十二月條の聖德太子が片岡山に出かけた折の尸解傳承を踏まえた「龍田山の死人を見て悲傷《かなし》びて作らす歌」（四一五）や、柿本人麻呂の「香具山の屍を見て悲慟《かなし》びて作る歌」（四二六）があり、巻九には田邊福麻呂の「足柄の坂を過《よぎ》るに、死人を見て作る歌」、巻十三にはその異傳ともいうべき三首（三三三五、三六、三九）などがあるように、埋葬されることもなく路傍に横たわる行き倒れの遺體が、身近なものとして詠まれているのである。

平安京に遷都した後も、『續日本後紀』承和九年（八四二）十月十四日條に、嶋田と賀茂川の河原などにある髑髏を集めて焼き斂《おさ》めさせたところ、五千五百體にのぼったとあるように、さほど大きな變化はなかったようだ。これらの遺體の多くは、同書の五月二十七日條に、物恠《もののけ》があり卜占したところ疫氣の咎《とが》という結果が出たので、五畿七道の諸國と大宰府に疫神を祀らせたとあるのに次いで、六月五日條にも陰陽寮に物恠を占わせたところ疫氣が有って伊勢神宮に奉幣していることなどから、疫病の流行による犠牲者とみられる。

この時、賀茂川の河原で焼かれた遺骨は、そのまま河原に埋葬されたのであろう。『三代實錄』貞觀十三年（八七一）閏八月二十八日條には、葛野郡の五條荒木西里、六條久須原里と、紀伊郡十條下石原西外里、十一條下佐比里、十二條上佐比里を「百姓の葬送と放牧の地」に定めるという記事があるが、その時の敕では、これらの河原で耕作することも禁じている。氾濫を繰り返す河川敷は、肥沃なため耕地として占有する者が後を絶たなかったが、百姓らの埋葬地に好適な場所でもあった。

二、散骨と埋葬

『靈異記』の中卷第一は、「おのが高き德を恃《たの》み、賤《いや》しき形《すがた》の沙彌を刑ちて現に惡死を得る緣《う》」と題し、謀叛の計畫を密告された長屋王が非業の死を遂げた經緯を語る。『續日本紀』では光明子の立后をめぐって藤原氏と對立を深めたことが主な原因となったことが窺えるが、『靈異記』では元興寺の大法會の折に長屋王が乞食僧を笏で打って迫害したからだとされる。

さらに『續日本紀』天平元年（七二九）二月十三日條には、前日に自盡した長屋王と吉備内親王夫妻の遺體を生駒山に埋葬し、丁重な葬禮を行なうよう指示した敕が載り、同十八日條には大祓が臨時に執行されたという。

それに對して『靈異記』では、天皇が遺骸を平城京の外に捨て、燒き碎いた骨を川から海へと流し去るよう命じたところ、長屋王の骨だけが土佐國に流れ着き、多數の百姓が死んだので、改めて紀伊國海部《あま》郡の奧嶋（沖の島）に葬って、その惡氣を鎭めたと傳える。

長屋王は『懐風藻』の詩宴を自邸で主催した代表的な文人貴族であり、全六百巻にものぼる『大般若經』の寫經を二度行なったほか、(8)『唐大和上東征傳』には鑑眞が來日以前からその名前を知っていた人物として聖徳太子とともに記されるなど、佛教の篤信者としても聞こえていた。それが、このような悪報譚の主人公とされたのは、長屋王が首班の養老六年（七二二）七月に、僧尼令に違反する布教活動を行なう在京の僧尼らを嚴しく指彈した法令を出していることが、少なからず作用しているものと思われる。

長屋王の遺骨を碎いて川から海に流した、という傳承の意味については、承和七年（八四〇）五月六日に、臨終の床にあった淳和（太上）天皇が恆貞親王に薄葬を命じた詔の一節が參考になる。

人が亡くなれば精魂は天に歸るという。すると墓には屍骸だけが空しく遺り、鬼物が憑いて祟りをなすので、遺骨は碎いて粉にし、山中に撒きなさい。（『續日本後紀』）

河海と山中の違いはあるものの、長屋王の傳承も祟りを恐れて散骨されたことがわかるが、謀殺されたことへの怨みは深く、改葬されて漸く鎭まったとされる。

奈良時代末期から平安初期にかけて、こうした祟りに對する畏怖が高まり、天皇の不豫などに際して山陵の鎭祭が繰り返された様子は、『類聚國史』卷三十四〈天皇不豫〉や、同書卷三十六〈山陵〉などに列擧された記事によって、具體的に知ることができるが、散骨を命じた淳和天皇の詔は異例であり、中納言の藤原吉野も次のように反論した。(9)

古來、天皇が亡くなって山陵を造らなかったという例は聞いたことがない。山陵はいわば宗廟のようなものであり、もし宗廟がなければ臣子はどこを仰げばよいのか。

宗廟は古代中國において皇帝の祖先を祀るために設けられ、律令にも詳細な規定があったが、日本古代の律令制ではこれを繼受しなかった。(10)

神龜四年（七二七）閏九月に誕生した基（某）王を、十一月に皇太子とした時の聖武天皇の詔は、

　朕《われ》、神祇の祐《たすけ》に賴《よ》りて宗廟の靈を蒙《かがふ》り、久しく神器を有《たも》ちて新たに皇子を誕《う》めり。（『續日本紀』）

と始まるが、「宗廟の靈」の「靈」は古訓でミタマノフユと讀んで神や祖先などの加護や恩惠を表し、「宗廟」も皇祖の意と解される。

　中國の宗廟制度こそ繼受しなかったものの、喪葬に關する諸規定の大枠は唐令を簡略化しつつ受容したようである。養老喪葬令によれば、墓地に埋葬できるのは三位以上の貴族か、分立した氏の始祖と氏族の長に限られ（第十條）、墓には姓名と官位を記した碑を立てること（第十二條）や、墓域の内での耕作、牧畜のほか、草木の伐採や木實の採取なども禁じられていた（第一條）。

　こうした規定の實施については、『續日本紀』の慶雲三年（七〇六）三月十四日條の、王公諸臣による山野の占有を禁じた詔の一節で、「氏々の祖の墓と百姓の宅の邊」に樹木を栽えることは、周圍あわせて二、三十歩ばかりならば容認するとか、養老五年（七二一）十月十六日條の、元明（太上）天皇による薄葬令のなかで、墓地には常葉の樹を殖え、「剋字の碑」を立てよ、と重ねて命じていることからも、容易ではなかったことがわかる。

　墓地を造營する王臣家や諸司寺家などによる山野の占有は、奈良末期の延曆三年（七八四）十二月六日（『續日本紀』）にも再び制限されているが、同時に廣大な墓域内の石材や材木を目的とした侵入と破壞、奪取の横行も問題となった。

　寶龜十一年（七八〇）十二月四日に平城京を對象に出された敕では、寺院を造營するために墳墓を多數破壞し、石材を採取することは「ただ鬼神を侵し驚かすのみならず、實にまた子孫を憂え傷ましむ」行爲であるとして禁止している。次いで『日本後紀』延曆十八年（七九九）三月十三日條にも、菅野眞道らが、彼らの先祖である葛井《ふじい》、船、津の三氏の墓地は河內國丹比《たじひ》郡の野中寺《やちゅうじ》の南にあり、寺山と呼んで子孫が代々守り傳えてきたものの、今では樵夫が

市をなす程に集まって墓域の樹木を伐採するため、「先祖の幽魂は永に歸る所を失う」ことを理由に、侵入の禁止を訴えて認められたという記事がある。

この三氏は『日本書紀』欽明十四年條に初見する王辰爾《おうじんに》を祖とする百濟系の同族集團だが、野中寺から東に五キロメートル程離れた大和川の流域、柏原市國分の松嶽山から、船王後《ふなのおうご》という七世紀中期の人物の銅板墓誌が出土しており、彼らの墓地に對する思念を集約的に表現した文言が刻まれている。

三、墓誌・骨藏器と買地券

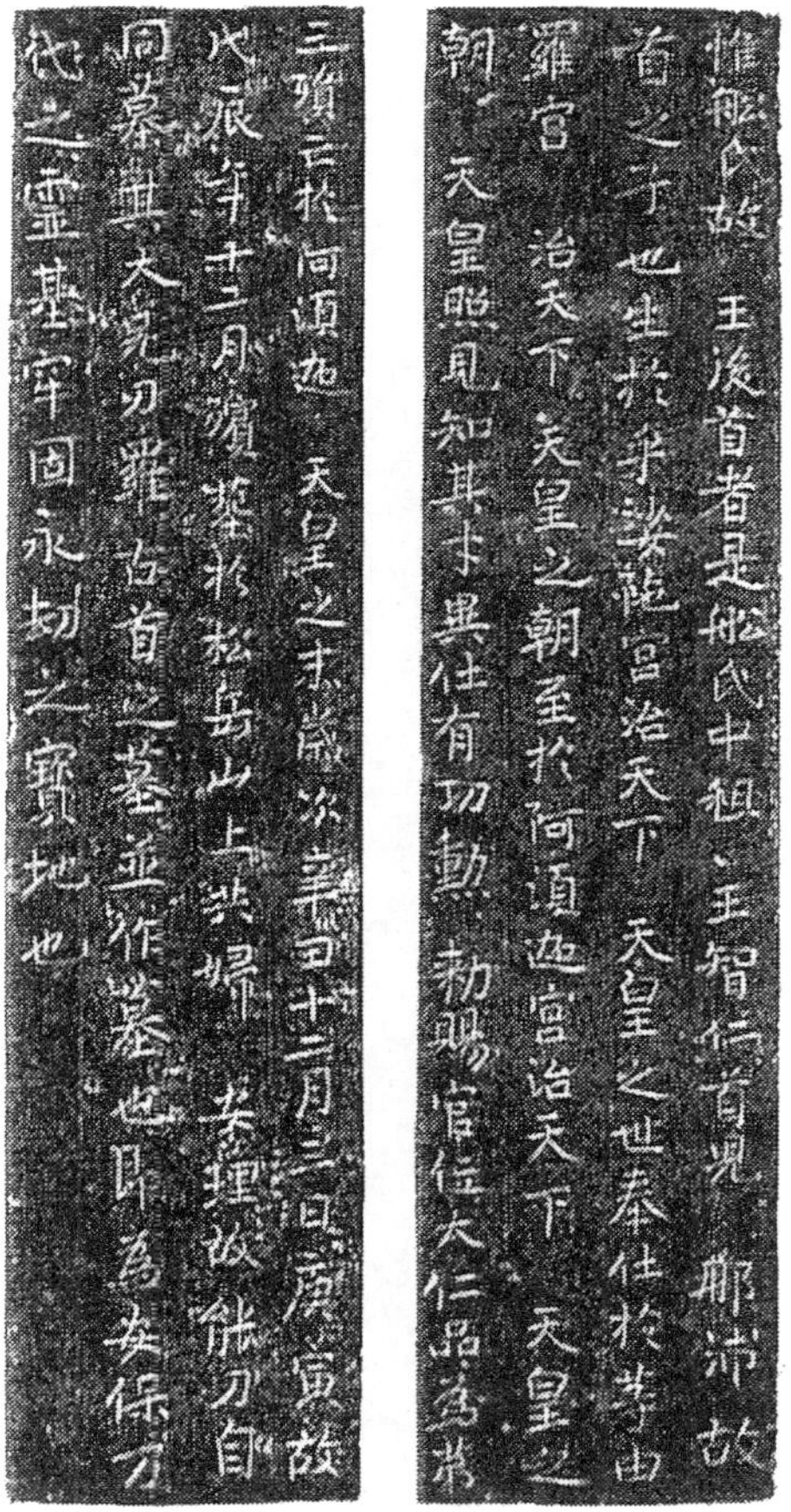

圖1　船王後墓誌　拓影
(『日本金石圖錄』大谷大學編、1972年、二玄社)

江戸時代に出土したという船王後墓誌（圖1）の銘文は、表裏に各四行ずつ百六十二字からなる。被葬者の船王後は王智仁（辰爾）の孫に當り、敏達朝に生れて、推古、舒明兩朝に仕え、冠位十二階の等三等である大仁の位を授けられた。辛丑年（六四一）十二月三日に沒し、戊辰年（六六八）十二月に夫人の安理故能刀自《ありこのとじ》とともに、兄の刀羅古《とらこの》首《おびと》の墓と竝んで松嶽山に葬られたとあり、死後二十七年目に夫人の死に際して合葬された際に、この墓誌も作られたものと思われる。その末尾には、

　卽ち萬代の靈基を安く保ち、永劫の寶地を牢固にせんとする也。

と記されており、船氏一族の墓域を、永く後代まで守り傳えようとする意志が込められた、現存最古の墓誌である。(11)

明治末年に奈良縣都祁村の丘陵地から出土した小治田朝臣安萬侶《おわりだのあそんやすまろ》の墓誌（圖2）は、金銅製の主板と銅製の副板二枚

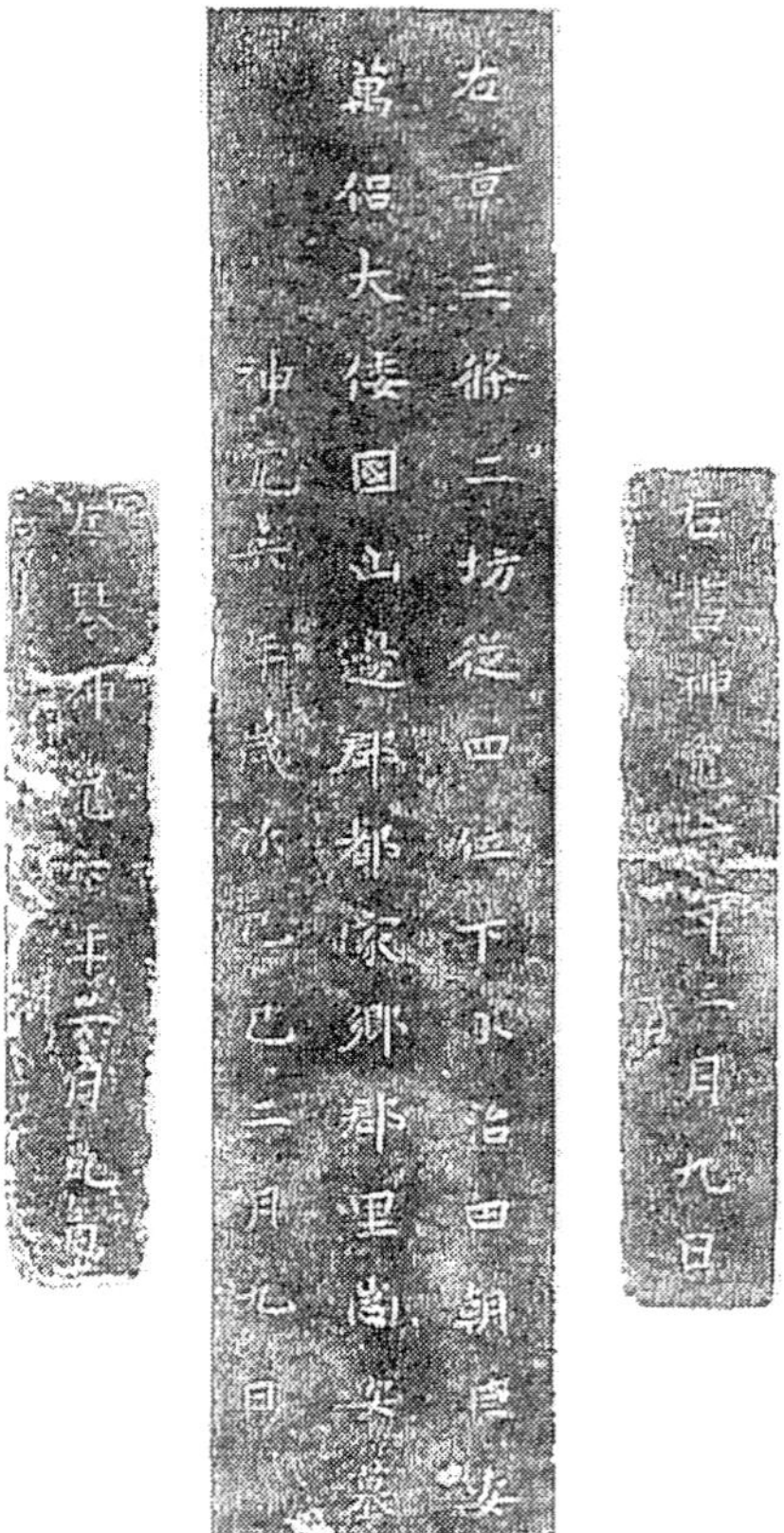

圖2　小治田朝臣安萬侶墓誌　拓影
（出典；圖1に同じ）

圖 3　下道朝臣圀勝圀依母夫人骨藏器
（『特別展・發掘された古代の在銘遺寶』1989年、奈良國立博物館）

が、火葬骨とともに木製の櫃に収められていた。主板には神龜六年（七二九）二月九日に亡くなった右京三條二坊の小治田安萬侶は從四位下で、大和國山邊郡都家鄕郡里岡に埋葬したことを記し、末尾を「安墓」と結んでいる。この墓誌は二枚の副枚にそれぞれ「右書」「左琴」という中國六朝時代以來の士大夫層の教養を象徵する言葉が刻まれていることでも知られる。

火葬した遺骨を納める骨藏器にも、墓誌とほぼ同樣の文言が記されたものがある。元祿十二年（一六九九）に現在の岡山縣小田郡矢掛町から出土した下道朝臣《しもつみちのあそん》圀勝《くにかつ》と弟の圀依《くにより》の母の骨藏器（**圖3**）は、和銅元年（七〇八）十一月二十七日に作られた鑄銅製で、蓋の部分に刻まれた銘文には「後の人明らかに移し破るべからず」とある。埋納者の下道圀勝は『續日本紀』寶龜六年（七七五）十月二日條の吉備眞備《きびのまきび》の卒傳によれば、眞備の父で右衞士府少尉であったというから、被葬者は眞備の祖母にあたる。

また安永三年（一七七四）に現在の鳥取縣岩美郡國府町の無量光寺境内の宇倍山から出土した伊福部《いほきべの》德足《とこたり》比賣《ひめ》の骨藏器（**圖4**）の銘文にも、被葬者が文武天皇の慶雲四年（七〇七）

圖４　伊福吉部德足比賣骨藏器蓋表　拓影
（出典；圖１に同じ）

二月に從七位下を授けられ、翌和銅元年七月一日に沒した後、同三年（七一〇）十月に火葬、この地に埋葬されたことを記したうえで、「故《かれ》、末代の君ら應《まさ》に崩壞すべからず」という文言が刻まれている。出土地は因幡國府推定地の北に鄰接し、西南には評督や郡司を輩出してきたこの地方の豪族伊福部氏が祀る宇部神社（延喜式內社）があることや、都において朝廷に出仕したという經歷から考えて、被葬者は法美郡貢上の采女《うねめ》をつとめた可能性が高い。

さらに墓地を造営する土地を冥界の神から買得する形で、契約文書を作成して埋納した買地券は、百濟では武寧王陵出土の石刻銘文がよく知られるが、日本ではこれまで二例しか發見されていない。そのうち昭和五十四年（一九七九）に福岡縣太宰府市向佐野の宮ノ本遺跡から出土したもの（圖

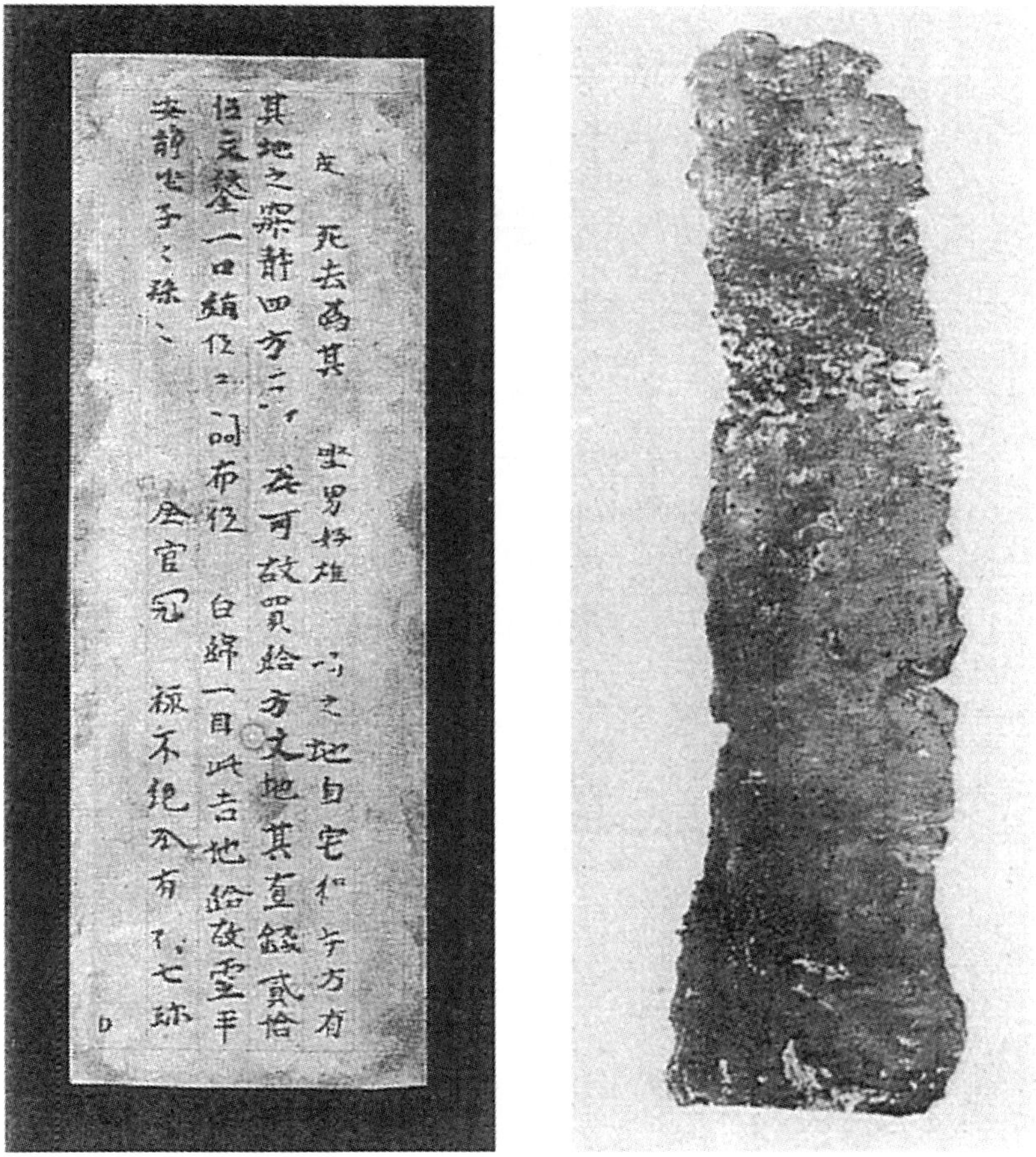

圖 5　宮ノ本遺跡出土買地劵
(出典；圖 3 に同じ)

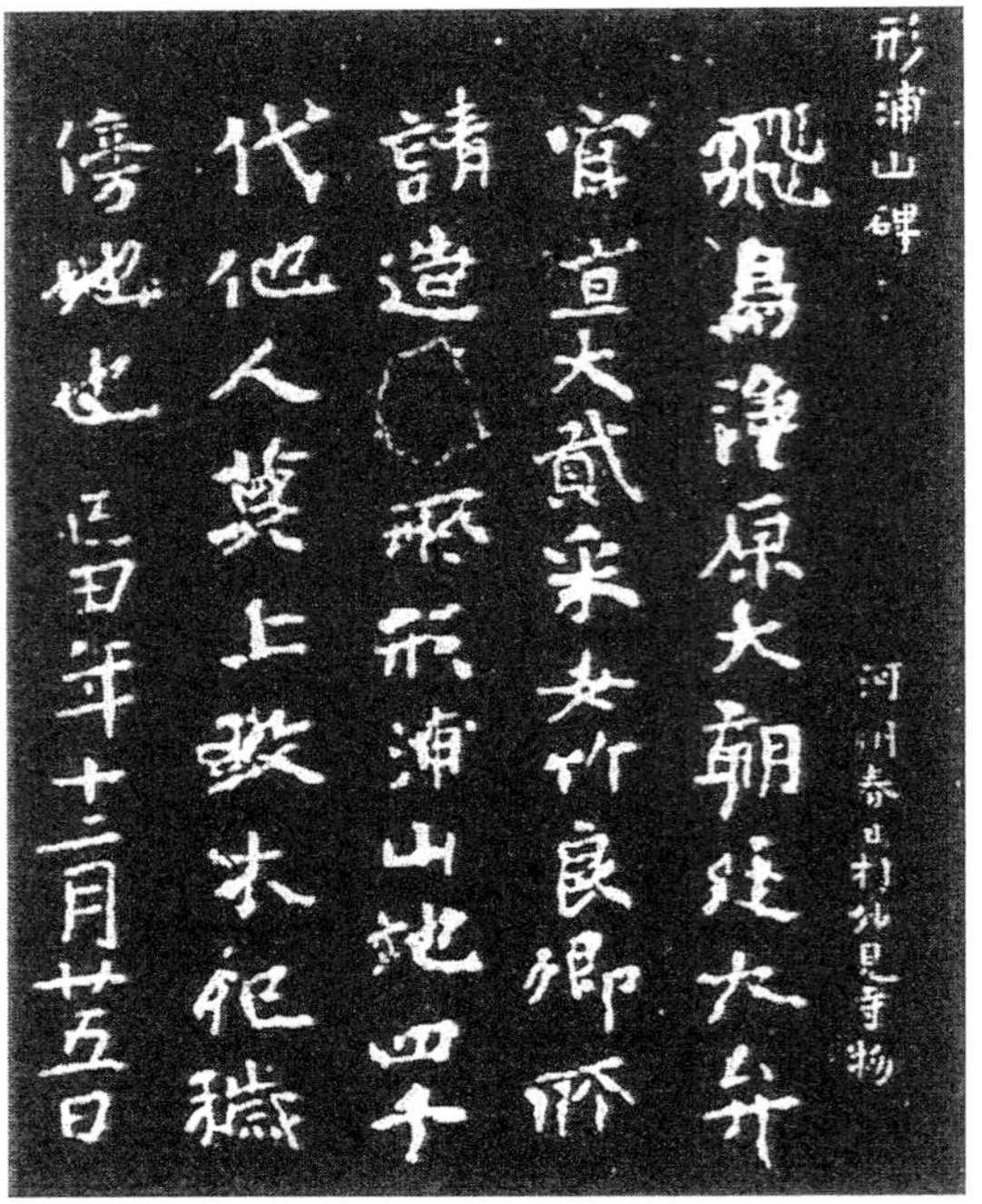

圖6　釆女氏塋域碑模刻　拓影
（出典；狩谷棭齋『古京遺文』勉誠社文庫1、1970年、勉誠出版）

5）は、大よそ次のように判讀できる。鉛板に墨書されており破損部も少なくないが、被葬者の居住地、地位、死亡年月日（詳細は不明）などに續いて「父親の墓地として、息子の好雄は自宅の□□の方角にある靜寂な場所を選び、錢二十五文、鍬一口、絹五尺、調布五□、白綿一目で買得した。この吉き墓地において故人の靈は平らかに安靜に坐し、子々孫々まで家內保全と官冠俸祿が絶えることなく七珎を保有できるように」と祈願する。

この買地券が出土したのは八世紀中期頃と推定される火葬墓だが、書風や人名、記載内容などから、買地券の製作年代は九世紀中期まで下るとみる說もあるものの、他に類例がなく卽斷はし難い。

その他に實物は明治初年に亡失し現存不明だが、それまで河內國石川郡春日村の妙見寺にあったという持統三年（六八九）十二月の釆女氏塋域碑（**圖6**）にも「他人《あだしひと》上り、木《き》を殺り、傍らの地を犯し穢すこと莫かれ」と記されていた。(12) 被葬者は天武・持統朝に大辨官を勤めた直大貳の釆女竹良《うねめのちくら》で、春日村の形浦山（現在の片原山）に四十代（一段の五分の四か）の墓所が造られたという。

これらの墓誌や骨藏器、買地券や塋域碑などの銘文は、佛教的な埋葬や墓地に對する認識がまだ確立していない時期において、主に渡來系氏族や大陸文化を積極的に受容した知識層における葬送墓制への關心が高まりをみせたことを端的に物語るが、そうした動向を促した宗教思想的な契機の一つとして、近年新出の『安墓經』に注目したい。

四、七寺一切經と『安墓經』

名古屋市の七寺には平安末期に書寫された一切經、四九一四卷が三十一合の唐櫃に收められて傳存する。願主は尾張權守の大中臣安長《おおなかとみのやすなが》で、早逝した愛娘の供養のために承安三年（一一七五）から治承四年（一一八〇）にかけて寫經を進めたが、東海地方で得られない經典は遠く京都岡崎の法勝寺の藏本を借り、東山の清水寺で書寫したものも含まれる。

平成二年から實施された再調査の結果、全體の構成は主に古本系『貞元釋教録』（圓照撰、八〇〇年成立）に據り、奈良時代以來の古寫本やその轉寫本を用いて書寫したもので、とくに『開元釋教録』（智昇撰、七三〇年成立）以來の「不入藏目録」に載る中國撰述の疑僞經典類も多數見出された。これらの新出本や主な古逸經典は牧田諦亮監・落合俊典編『七寺古逸經典研究叢書』全六卷（一九九四〜二〇〇〇年、大東出版社）に收められているが、『佛説安墓經』もそうした新出經典の一つである[13]（圖7）。

この經典は本文三十六行、六百字程度の短かいもので、千二百人の大比丘衆を前に、佛は阿難に向って次のように説く。

もし人が亡くなって墓を設けても、その靈が安穩でなければ、怪異にみまわれる。だから東方青龍王軍をはじめ

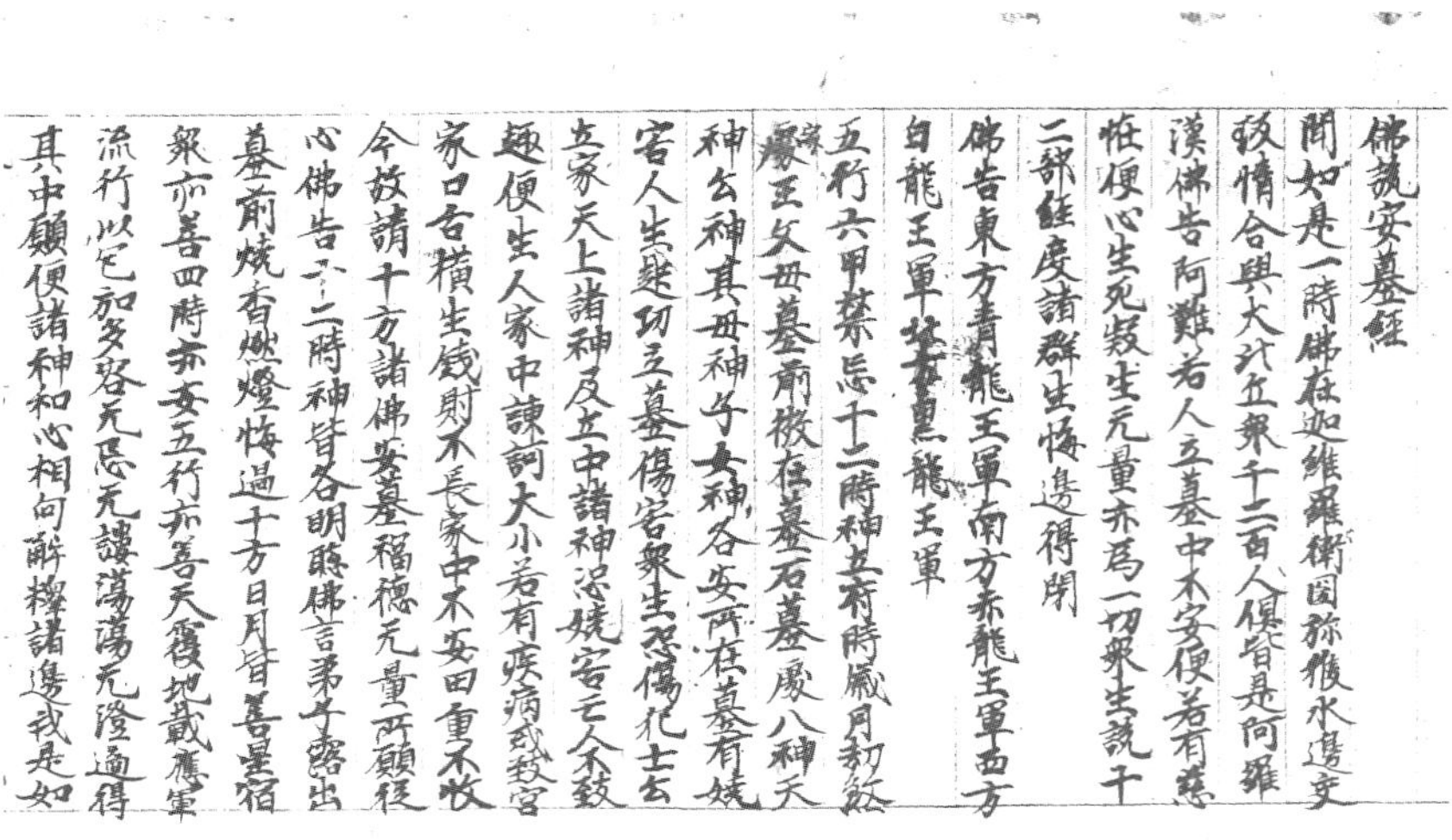

圖7　七寺所藏『佛說安墓經』
（出典；第81回大藏會展觀目錄『淨土教と平安寫經・七寺の世界』華頂短期大學編、1997年）

とする四方の龍王に對して、五行、六甲禁忌、十二時の神符を立て、墓所の八神、天神、公神、その母神、子女神など各々を安んずるのだ。功を起して墓を立てると、衆生や土公が傷害を受けるし、家を建てれば天上の諸神や土中の諸神は、亡人を嬈害することを恐れて化現しないため、生人の家中では疾病や官吏の横暴、貧窮や作物の不作などさまざまな災厄にみまわれる。

そこで佛は改めて十二時神や五行の諸神に對して、福徳が洋々として生人に歸流するよう、心を和まし家墓を安穩に保つことを再說し、衆生に向っては燒香、讀經、燃燈、悔過などによる供養の作法を說く。

墓地に埋葬された亡人の靈魂の安寧を保つことが出來れば、冥界の諸神の不興や怒りを買うことはなく、遺族の日常における厄難も免れると强調するこの『安墓經』の教說が、前節でみたような墓誌や骨藏器、買地券などと密接な關連を有することは明らかだが、佛教や道教の經典の中には、これと類似した内容をもつものも少なくない。

後漢代の失譯とされながら宋代以後の大藏經に入藏してきた『安宅神呪經』[14]では、一家眷屬五十人とともに居宅の安寧と災禍の除滅を願う離車長者の要請を受けた佛が、弟子たちと長者の家に向かい、守宅の諸神を呼んで、今後、妄作恐動を爲すことを禁じ、もし叛いたらば、その身を微塵に破碎するぞ、と說く。次いで安宅齋を設けることに言及するが[15]、その內容は『安墓經』とほぼ同じである。

ともに五方五帝や六甲禁忌、十二時神、土公神その他、中國の民間信仰における神格が多數登場するが、これは『天地八陽神呪經』[16]のような、安墓や安宅だけでなく父母の成佛から出產、結婚、任官、延壽など人事の萬般に亙る功德を說いてアジア諸地域に廣く傳播した經典の他、やはり七寺一切經にも一本がある『呪媚經』[17]のような、『灌頂經』や『六字神呪王經』などの教說を攝取しながら成立した疑僞經典類にも共通する。

これらの經典は中國の民間信仰や道教の諸要素を包攝しつつ撰述され、一方で新たな道教經典を生成する基調ともなったため、道佛兩教には經名や內容が相似する經典が多數傳わる。

『安墓經』に關していえば、『太上召諸神龍安鎭墳墓經』[18]という、やはり四十行程の小經があり、現在貧困に苦しむ者は前世において道法を信ぜず善因を植えなかっただけでなく、埋葬した亡人が利益を得られず天星や地宿を驚犯しているからで、龍王を招いて墳墓を安寧に保てば、災患は永く消滅し祥福は雲集するであろうと說く。主に正一派の道士によって用いられたものだが[19]、これと『太上洞淵神呪經』卷十七の「召諸天神龍安鎭墓宅品」とは、共通する部分がきわめて多い[20]。

『太上洞淵神呪經』全二十卷のうち、前半の十卷は東晉末期から遲くとも六朝末期にかけて成立し、卷十七は唐初まで下るとみられる。經文は『安鎭墳墓經』が簡略なのに對して『洞淵神呪經』の方が詳細であることから、前者は後者の抄出とも考えられるが、前者を修補して後者に編入した可能性もあるだろう。

中國では天帝や土伯をはじめとする諸神や神仙に祈願して死靈を鎮め、墳墓を死者の住處として確保しようとする信仰が、すでに後漢の鎮墓券や買地券の銘文に見られる(21)。これらの道佛二教の關連經典は、儒教の祖先崇拜とも混融した三教交渉の過程で、こうした民間信仰をそれぞれの立場から攝取してきたことを端的に物語るものである。

『安墓經』は中國の歴代の經錄の中では隋の法經の『衆經目錄』（六世紀末）に初見するが、同書には『安墓神呪經』も別に記している。現存最古の經錄である梁の僧祐の『出三藏記集』（六世紀初）には『安墓呪經』が載り、隋の費長房の『歴代三寶紀』にも『安墓呪經』とある。唐の道宣の『大唐内典錄』（七世紀中期）や明佺らの『大周刊定衆經目錄』（七世紀末）、智昇の『開元釋教錄』（八世紀中期）でも、『安墓經』と『安墓神呪經』は併記されている(22)。だが七寺本の首題は『佛說安墓經』で、尾題は『安墓神呪經』であり、文中には『安墓要妙神呪經』とも記すことから、これらはいずれも同本の異稱とみて良いだろう。

隋から初唐にかけての經錄には、この他にも『安塚經』『安宅經』『安宅神呪經』など類似の經名が列記されており、この時期にこれらの疑僞經典が流布したことを示唆する。その内のいくつかは日本にも舶載され、書寫や讀誦が續けられた記錄が殘る。

『日本書紀』白雉二年（六五一）十二月晦日條には、大化改新に際して進められてきた難波《なにわ》長柄《ながら》豐碕宮《とよさきのみや》の造營が完了し、孝德天皇が新宮殿に遷ったことを、次のように記す。

　味經宮《あじふのみや》に二千一百餘の僧尼を請《ま》せて、一切經を讀ましむ。是の夕に二千七百餘の燈を朝《みかど》の庭内に燃して、安宅・土側等の經を讀ましむ。是に天皇、大郡《おおごおり》より遷りて新宮に居す。號《なづ》けて難波長柄豐碕宮という。

この味經宮は長柄豐碕宮の海寄りに位置し、味原宮（萬葉集）とも書かれた。また、天皇がいた大郡も味經宮と同じく攝津國東生《ひがしなり》郡下にあった大郡宮で、難波津を臨む上町《うえまち》臺地に設けられた外交施設を中核として、長柄豊碕宮の造營が終るまでは、これらの諸宮に機能を分散させていたようである。

新しい宮都に遷るにあたって、二千名を越える僧尼を動員し、佛典を讀誦したのに續いて、夕刻には宮廷内に多數の燃燈を點じ、『安宅經』や『土側經』などを讀誦して新都の安泰を祈願したという。

この『安宅經』と『土側經』は、正倉院文書の天平十三年（七四一）閏三月二十一日付の「經巻勘注解」[23]に「安宅墓土側經」とあるので、同一經典の可能性もあるが、書紀では「安宅土側等」と記すことや、正倉院文書には『安宅經』『安宅神呪經』『安宅要妙神呪經』や『土側經』などの經名が散見するので、別々の經典と考えられる。

結　語

『安墓經』の日本への請來と七寺本の書寫に至るまでの來歴は不詳だが、七～八世紀を通じて『安宅經』・『土側經』といった類似する經典類とともに舶載され、それが中國の歷代の經錄において「僞妄亂眞」の疑僞經典として排斥されてきたにもかかわらず、おそらくは奈良の官寺で公的に書寫や讀誦が行なわれ流布した結果、渡來系氏族や貴族層の埋葬や墓地をめぐる觀念の思想的基調となった可能性を窺うことができるだろう。

注

（1）記紀神話を中心に、古代王權の葬送儀禮と死生觀の系譜を多角的に分析した最新の論著として西郷信綱『古代人と死』（一九九九年、平凡社）がある。

（2）『續日本紀』は道登ではなく道昭とするが、宇治橋斷碑は『靈異記』と同様に道登とする。この點に關しては、狩谷棭齋『日本靈異記攷證』以來、諸論がある。
（3）關敬吾『日本昔話集成』第二部、本格昔話三（一九五五年、角川書店）。
（4）今野達「〈枯骨報恩〉の傳承と文藝（上）」（『言語と文藝』四十七號、一九六六年）。
（5）大英圖書館所藏スタイン本五二五號、同三八七七號、同六〇二二號、パリ國立圖書館所藏ペリオ本二六五六號、五五四五號、中村不折舊藏本（書道博物館）九〇二號。
（6）王重民他編『敦煌變文集』下（一九五七年、北京、人民文學出版社）などに翻刻。西野貞治「敦煌本搜神記の說話について」（大阪市立大學『人文研究』八卷四號、一九五七年）、同「敦煌本搜神記について」（神田喜一郎博士還暦記念『書誌學論集』、一九五七年、三省堂）參照。
（7）原田敦子「日本靈異記にみる骨肉の論理」（日本靈異記研究會編『日本靈異記の世界』、一九八二年、三彌井書店）。
（8）文武天皇の追善を祈願した「和銅經」と、長屋王の兩親の冥福と聖武天皇の壽福を祈願した「神龜經」で、兩者の史的意義については新川登龜男「奈良時代の佛教と道教」（速水侑編『論集日本佛教史〈奈良時代〉』、一九八六年、雄山閣）、大山誠一『長屋王家木簡と奈良朝政治史』（一九九三年、吉川弘文館）など參照。
（9）この問題に關しては田中久夫「文獻にあらわれた墓地――平安時代の京都を中心として――」（森浩一編『〈日本古代文化の探究〉墓地』、一九七五年、社會思想社）參照。
（10）金子修一『古代中國と皇帝祭祀』（二〇〇一年、汲古書院）。
（11）以下の墓誌をはじめとする出土遺物については、神田喜一郎監修・大谷大學編『日本金石圖錄』（一九七二年、二玄社）、『書の日本史』第一卷（平凡社、一九七五年）、齋藤忠『古代朝鮮・日本金石文資料集成』（一九七八年、吉川弘文館）、奈良國立文化財研究所・飛鳥資料館編『日本古代の墓誌』（一九七五年、のち同朋舍復刊）、上代文獻を讀む會編『古京遺文注釋』（一九八九年、櫻楓社）をはじめ、各種の展示圖錄がある。
（12）狩谷棭齋『古京遺文』（日本古典全集、勉誠社文庫等所收）に拓影がある。近年、靜岡縣教育委員會所藏古文書の中から古拓が發見された。近江昌司「采女氏塋域碑について」（『日本歴史』四三一號、一九八四年）、三谷芳幸「采女氏塋域碑考」（『東京大學日本史學研究室紀要』創刊號、一九九七年）參照。

(13) 同叢書第二巻所收。翻刻・訓讀・解題擔當は直海玄哲による。直海には「安墓經」（『中外日報』一九九一年四月二十六日號）もある。

(14) 『大正藏』二十一卷、№一三九四。

(15) 前掲注（14）、九一一頁下段、二行目～十六行目。

(16) 『新纂大日本續藏經』第一卷、『大正藏』八十五巻所收。拙稿「日本古代における『天地八陽神呪經』の受容」（『道教文化への展望』、一九九四年、平河出版社、本書、第五章所收）。

(17) 宮井里佳「『呪媚經』解題」（『七寺古逸經典研究叢書』第二卷）。本書、第三章參照。

(18) 『正統道藏』洞玄部本文類、第一八〇册（涵芬樓版）。

(19) 正一派の冢訟章については、丸山宏「正一道教の上章儀禮について」（『東方宗教』六八號、一九八六年、日本道教學會）參照。

(20) 任繼愈主編『道藏提要』（一九九一年、中國社會科學出版社）、〇三六二（二七三～二七四頁）。

(21) 原田正己「民俗資料としての墓券」（『フィロソフィア』四十五號、一九六三年、早稻田大學哲學會）、同「墓券文に見られる冥界の神とその祭祀」（『東方宗教』二十九號、一九六七年）參照。

(22) 『歴代三寶紀』は『大正藏』四十九卷、史傳部一所收。他の經録は全て同五十五卷、目錄部所收。

(23) 『大日本古文書』七卷、五〇一頁。

第十三章　『日本靈異記』の女性觀と『父母恩重經』

緒　言

日本古代における道教の受容形態は、公傳の記錄や、道士・道觀等の存在が確認できないことから、體系的・組織的ではなく、經典類や呪符・鏡・仙藥その他の道教を構成する要素のいくつかが、それぞれ別箇に受容されたものとみられる(1)。

その展開過程を跡づけるには、佛教・儒教・神祇信仰などの歷史的な重層性に注目する必要があるが、このような觀點に立つ時、あらためて問題となるのは、道佛儒三教その他の諸要素をさまざまな形で取り込んだ、いわゆる疑僞經典類(2)を通じての受容という側面であろう。

石田茂作による正倉院文書の調査によって多數の僞經の請來と寫經が確認されており(3)、それらを含む主要な經典の成立と內容の概要は、敦煌文書に關する牧田諦亮の一連の研究によって明らかにされつつあるが(4)、本章では、こうした僞經の中から道教と佛教の『父母恩重經』をとりあげ、『日本靈異記』(以下『靈異記』と略記)の女性觀、とくに母性表現の問題を中心に比較檢討を試みることによって、道教受容史の一面を考察したいと思う(5)。

九世紀初期に藥師寺僧景戒によって撰錄された『靈異記』には、在俗の私度僧らによる唱導の場を通じて形成・流通した各地の傳承をはじめ、奈良・平安初期の民衆社會の實態を如實に反映した說話が多數收載されている。筆錄にあたっては、『冥報記』『金剛般若經集驗記』などの說話集の他、『涅槃經』『法華經』をはじめ四十種餘りの經典を引用しているが、必ずしも原典に據らずに『諸經要集』『經律異相』『法苑珠林』などの類書、あるいは『衆經要集金藏論』や『梵網經古迹記』などに依據する場合も多く、また、それらの中には『大通方廣經』『像法決疑經』『善惡因果經』などの僞經が含まれている。(6)

『父母恩重經』の名は本文中に明記されてはいないが、天平十九年（七四七）の正倉院文書によって日本への傳來は確實であり、(7)兩者の契合關係を示す點も少なくないのである。

一、靈異記說話の女性像と社會的背景

『靈異記』全三巻に載る計一一六の說話の内、約三分の一に女性が登場し、女性を主人公とするものだけでも二十五話を數える。尼僧は數例のみで比較的少ないのに對し、大半は在俗の人々で、その階層も女帝・皇后以下、豪族・官人・農民層までと幅廣い。(8)

平城京に住む海使《あまつかひ》蓑女《みのめ》は九人の子をかかえて、大變困窮していた。そこで穴穂寺の千手觀音に福分を願ったところ、觀音が彼女の妹となって化現し、錢百貫の入った皮櫃を授けてくれた、という中巻四十二話の末尾には、

善キカナ、海使《あまつかひ》ノ氏ノ長母。朝ニ飢ウル子ヲ視テ、血ノ涙ヲ流シ泣キ、夕ニ香燈ヲ燒《た》キテ、觀音ノ徳ヲ願フ。應《むくひ》ノ錢家ニ入リ、貧窮ノ愁ヘヲ滅ス。聖ニ感ジテ福ヲ留メ、大キナル富ノ泉ヲ流ス。兒ヲ養フニ食ニ飽キ、衣ヲ發《あ》ゲテ苑ニ遊ブ。晰《あき》ラカニ委《し》ル、慈子來リ祐ケ、香ヲ買ヒ價ヲ得タルコトヲ。涅槃經ニ說クガ如シ。「母、子ヲ慈ビ、因リテ自ラ梵天ニ生マル」トイフハ、其レ斯レヲ謂フナリ。斯レ奇異《めづら》シキ事ナリ。(9)

という讃があるが、傍線部の一句は、『靈異記』の女性観を集約する表現として重要である。というのは、これが文中にいう『大般涅槃經』巻十、一切大衆所問品第五の一節、

是女人本性弊悪、以㆓愛㆑子故㆒得㆓生㆓天中㆒。(10)

の取意文でありながら、原文の第一句（波線部）が削除されていることによる。(11)佛典では〈母性〉を評價はしても、女性に對しては卑賤・不浄視し、嚴しく忌避するのが通例であるが、(12)『靈異記』にこのような傾向がみられないことの意義は大きい。

これと同様な意味で注目されるのが上巻十三である。

大和國宇陀郡漆部里に「風流アル女」(13)がいた。漆部造麿の妾であった彼女は、生來高雅で氣品に滿ちた言動を示し、家事にも長けていた。七人の子が居て貧しく、衣食にも事缺いたが、藤の皮で布を織り、野草を摘んでは調理して子らとの團欒を大切にした。沐浴を缺かさず身邊の清潔を心がけたその生活ぶりは、恰も「天上ノ客」のようであったという。以下、原文を引く。

其ノ風流ナル事、神仙ニ感應シ、春ノ野ニ菜ヲ採リ、仙草ヲ食ヒテ天ニ飛ビキ。誠ニ知ル、佛法ヲ修セズトモ、風流ヲ好メバ仙藥感應スルコトヲ。精進女問經ニ傳ヘルガ如シ。「Ⓐ俗家ニ居住ストモ、心ヲ端シクシ、庭ヲ掃ヘⒷバ、五功徳ヲ得ム」トイフハ、其レ斯レヲ謂フナリ。

文中の『精進女問經』は『無垢優婆夷經』あるいは『無垢優婆夷問經』ともいい、佛が無垢優婆夷に對して毎朝の佛塔地清掃の功徳を説く經典であるが、(14)原文では、

佛告㆓無垢優婆夷㆒言。掃㆓佛塔地㆒。得㆓五福報㆒。何等爲㆑五。一者自心清淨。他人見已生㆓清淨心㆒。二者爲㆓他所㆒愛。三者天心歡喜。四者集㆓端正業㆒。五者命終生㆓於善道天中㆒。

となっている部分（とくに波線部）に關して、ここでは本經にはない章句を插入し（傍線部Ⓐ）、「佛塔地」を「庭」に置き換えて（傍線部Ⓑ）、五つの功德が在俗の女性の日常においても得られる、と說くのである。ただ、この部分については、本經ではなく『諸經要集』巻三に「無垢淸淨女問經云、掃レ地得二五功德一」と引くのに依據する、という指摘もあるが、[16]Ⓑの部分は合致するとしてもⒶは該當部がなく、神仙の感應による俗家の女人登仙という趣向[17]との結びつきから考えて、本經に基づく景戒獨自の發想とみてよいと思われる。

ちなみにこの說話は『懷風藻』の藤原不比等「遊二吉野一」詩には、

飛レ文山水地　　文ヲ飛バス山水ノ地
命レ爵薜蘿中　　爵ヲ命《おほ》ス薜蘿ノ中
漆姫控レ鶴擧　　漆姫鶴ヲ控《ひ》キテ擧リ
柘媛接レ魚通　　柘媛魚ニ接《ちかづ》キテ通フ

と詠まれているが、[18]この表現は王子喬や赤松子などの登仙を詠じた『文選』所收の詩句に類似し、[19]第四句の、『萬葉集』巻三その他にも載る仙女譚〈柘枝傳〉とともに、道教的要素の濃厚な傳承としてよく知られていたらしい。

『靈異記』の女性像の中でも、とくに生彩に富むのは、このような母親たちの姿である。

大和國にある老母がいた。一人娘の聟が地方官となり、娘と孫二人を伴って赴任してから一年餘。獨り家に留っていた老母は、ある時、夢で娘の身の上に悪い前兆をみた。驚懼して僧侶に誦經を頼もうと考えたが費用がない。自分の上着を洗い淨め、誦經料として奉納したところ、再び凶兆が現れたので、今度は裳を捧げた。こうした母の祈念が通じて娘と二人の孫は、倒壞する家の下敷きとならずに助かった。（中巻二十）

平城京に、ある盲目の寡婦がいた。七歳になる娘と二人、貧困の中で他人に物乞いもできず、餓死寸前であった。これもみな現報ではなく宿業に違いない、と考えた彼女は空しく餓死するよりは、と佛道に勵むことにし、娘に手を引かせて里の藥師堂に行き、眼のことを祈った。「我ガ命一ツヲ惜ムニハ非ズ。我ガ子ノ命ヲ惜ムナリ。一旦ニ二人ノ命ヲ亡《をは》ラム。願ハクハ我ニ眼ヲ賜ヘ」と。藥師佛に祈って二日目、佛の胸から滴る「桃ノ脂」を口に含むと彼女の眼は開いた。

（下卷十一）

ともに母親の善行・慈愛によって、災厄・病苦・貧苦から免れ、子が救われる內容であり、當時の民衆の多くがそうであったように、貧苦にあえぎながらも子のために懸命に生きようとする姿が印象的である。

三年前に筑紫の防人に任じられ、母を同道して西下した武藏國多磨郡の古志火麻呂《きしのほまろ》は、故鄕に殘した妻への想いに耐えきれず、母を殺してその喪に服すことで役を免れ歸宅しようと考えた。母を欺いて山中に連れ出し、刀を拔いて斬りかかろうとする息子に、母の眞刀自は跪いて必死に諫め訴える。「木ヲ殖エム志ハ、彼ノ菓ヲ得、竝ニ其ノ影ニ隱レムガ爲ナリ。子ヲ養ハム志ハ、子ノ力ヲ得、幷《あは》セテ子ノ養ヲ被ラムガ爲ナリ。恃ミシ樹ノ雨漏ルガ如クニ、何ゾ吾ガ子ノ思ヒシニ違ヒテ、今異《け》シキノ心在ルヤ」と。聽き容れようとしない息子が一歩踏み出るやいなや大地が割れ、龜裂に陷ちた。母は咄嗟に立って息子の髮を摑み、天を仰いで泣き叫ぶ。「吾ガ子ハ物ニ託《くる》ヒテ事ヲ爲セリ。實ノ現シ心ニハ非ズ。願ハクハ罪ヲ免シタマヘ」と。なおも髮を握りしめて息子を引き留めようとしたが、それも叶わなかった母は手に殘った息子の髮を持ち歸って供養した。

（中卷三）

大和國添上郡に通稱を瞻保《みやす》という男がいた。大學寮の學生のように、儒學を修めたが根本を理解せず、母に孝養を盡さなかった。その母が瞻保に稻を利息付きで借りたものの、返すものが無いのを怒った彼は母を責めた。見兼ねた周圍は親への孝養を諭すが全く耳をかさないので、人々は母に代わって返濟した。母は悲しみのあまり、その乳房を露わにして息子に哀訴する。「吾、汝ヲ育テシトキ、日夜ニ憩フコト無カリキ。他ノ子ノ恩ニ報ユルヲ觀ルトキニ、吾ガ兒ノ斯ノ如キヲ恃ミ、反リテ迫《せ》メ辱メラル。願ヒシ心ハ違ヒ謬《あやま》テリ。汝、已ニ負ヘル稻ヲ徴《はた》リタリ。吾モ亦乳ノ直ヲ徴ラム。母子ノ道、今日ニ絶ヘヌ。天知ル地知ル、悲シキカナ痛キカナ」と。息子は無言のまま部屋の奥に入り、貸付證文を取り出すと庭中で焼き捨て、發狂した。家も倉も火事で焼け失せ、結局飢えて凍え死ぬ。

（上巻二十三）

子への情愛が深く大きければ、それだけ背かれた時の親の悲歎もまた痛切である。胸をはだけて、息子に思いきり忿懣をぶつける母親の姿には、壓倒的な氣迫が感じられる。「吾モ亦乳ノ直ヲ徴ラム」という言葉は、一心に子に注いできた無償の愛情を裏切られた母親の、激しい愛憎の凝結といってよいだろう。

和泉國泉郡の大領であった血沼《ちぬ》縣主《あがたぬし》倭麻呂は、妻子も官位も捨てて行基に隨って出家し、禪師信嚴と名乘った。殘された妻は他に嫁すこともなく貞潔を守ったが、一人息子が重病に罹り、臨終の床で母にいった。「母ノ乳ヲ飲マバ、我ガ命ヲ延ブベシ」と。そこで母は子のいうままに乳を含ませたところ、飲み終えた子は「噫乎、母ノ甜キ乳ヲ捨テテ、我死ナムカ」と嘆いて息絶えた。母は死んだ子を追慕し、夫と同様に出家した。

（中巻二）

綠兒を育む母乳には病をも癒す力があると信じられたのであろう。(20) 病む子を見守る母親の情愛の全てが〈母ノ甜キ乳〉に込められている。(補注) 母乳を子に充分に與えることが、母性の何よりの證であり、母子を結ぶ絆と意識されたことは次の說話にも窺えよう。

越前國加賀郡の横江臣《よこえのおみ》成刀自女《なりとじめ》は、若さにまかせて男と多淫に耽り、幼な兒を顧なかったため、子らは乳に飢えた。その惡果として乳房が腫れ、膿が出る苦しみを受けたが、そんな母について娘は「我等ガ母公、面姿《かほ》姝妙《うるわ》シクシテ、男ニ愛欲セラレ、濫シク嫁ギ、乳ヲ惜シミテ、子ニ乳ヲ賜ラザリキ」といい、他の子も「我、怨ニ思ハズ。何ゾ慈母ノ君、是ノ苦シビノ罪ヲ受ケタマフヤ」といって、佛像を造り、寫經をして母の罪を償った。

（下巻十六）

讃の部分でも「誠ニ知ル。母ノ兩ツノ甘キ乳、寔ニ恩ハ深シト雖モ、惜ミテ哺育《はぐく》マズハ、返リテ殃罪《つみ》ト成ラムトイフコトヲ。豈飲マシメザラムヤ」と繰り返すが、ここでは邪淫こそ戒めの對象とされてはいるものの、一個の女性としての母の愛欲それ自體が否定されている譯ではない。

『靈異記』に描かれた母親は多くの場合、逆境の中で多くの子を抱え、あるいは子に背かれながらも諦めずに一途な愛情を注ぐ健氣な慈母であり、彼女たちに向けられた編者景戒の眼差しも暖かく深い理解に滿ちているが、このような描寫を可能にした要因はどこに求められるだろうか。

嚴しい生活環境の中にある在俗の女性、とくに母親たちへの深い洞察と共感を示す説話が多數收録された背景には、まず景戒自身が長年に亙って、「俗家ニ居テ、妻子ヲ蓄フ。養フ物無ク、菜食無ク、鹽無ク、衣無ク、薪無シ。每ニ萬ノ物無クシテ、思ヒ愁ヘテ、我ガ心安クアラズ。晝モ復タ飢ヘ寒《こ》ユ。夜モ復タ飢ヘ寒《こ》ユ」という生活を經驗し、息子を亡くしてもいること[21]が作用していると思われる。

また『靈異記』では、官許を得ぬままに佛道に志す〈自度ノ沙彌〉が重要な位置を占めるが、律令國家は、平城京造營に伴う負擔增大や連年の飢疫の中で、課役を忌避し、呪術的な教法による布教を活發に展開した自（私）度僧に對して相次いで禁壓令を出しており、養老六年（七二二）七月十日の太政官奏の一節には、次のような文言がみえる。[22]

近在京僧尼。以㆓淺識輕智㆒。功㆓説罪福之因果㆒。不㆑錬㆓戒律㆒。詐㆓誘都裏之衆庶㆒。内黷㆓聖教㆒。外虧㆓皇猷㆒。①遂令㆓人之妻子剃髮刻膚㆒。動稱㆓佛法㆒。輙離㆓室家㆒。無㆑懲㆓綱紀㆒。不㆑顧㆓親夫㆒。或負㆑經捧㆑鉢。乞㆑食㆓於街衢之間㆒。或爲誦㆓

邪說一。寄二落於村邑之中一。②聚宿爲レ常、妖訛成レ群。初似二脩道一、終挾二姧亂一。

この奏言は、「小僧行基幷弟子等」を名指しで非難した養老元年（七一七）四月二十三日の詔と共通する部分が多いことから、やはり行基とその集團を強く意識したものとみられ、その中には多數の女性や子供も含まれていることが知られる（傍線部①）。彼女たちが、夫や親を顧みずに家を離れ、民間の宗教活動に加わることは、家族道德や社會秩序を濫すものと認識された（傍線部②）が、行基はこの奏言を一つの契機として、各地で尼院を伴う道場の建立を推進し、民衆教化の擴大をはかっている。[23]

『靈異記』の行基關係說話の大半が女性を對象としたものであることや、行基の教說への影響が論じられている三階教との關連など[24]からみて、行基を中心に女性層への積極的な布教活動がすすめられたようであるが、この問題に關しては、當時の女性をめぐる社會環境の變容――十世紀以前には、政治や祭祀の場においても女性は重要な位置を占め、血緣集團の内部ではとくに族長の母が尊重されたものの、律令制の導入による家父長制の展開に伴って、その社會的機能や位置は後退し、家族内の家政的役割のみに限定されてくる[25]――という條件を併せ考える必要があろう。

こうした状況を背景に成立した『靈異記』の女性像に接するとき[26]、その先蹤として想起されるのは『父母恩重經』の存在である。[27]

二、道佛二教の父母恩重經と靈異記

母親による託胎出産と乳哺養育の恩に對する孝の實踐を說くことで知られる『父母恩重經』は、周知のように佛教と道教によく類似した經典が傳存する。

佛教は、中國傳來の當初より、その出家主義や不拜君親主義などのために、主に儒教の側から反倫理・反社會的な教說として論難され續けたため、早くから佛教における孝の在り方を問う、いわゆる孝經典の翻譯が進められた。(28)梁の天監十七年（五一八）までに成立した『出三藏記集』には、すでに『佛昇忉利天品經』『大六向拜經』『孝子報恩經』『大方便報恩經』『盂蘭盆經』『父母恩難報經』その他が著錄されている。(29)これらの諸經典の漢譯に際しては、佛典の原本には適應する原語のない〈孝〉という語句を用いて、儒教の孝に對應する概念が佛教にも存することを說いたが、(30)さらに積極的に孝を說く經典として『孝子經』や『父母恩難報經』『盂蘭盆經』などに基づいて新たに撰述されたのが『佛說父母恩重經』（以下『佛說恩重經』と略記）である。

『道藏』にも三種類の『父母恩重經』が收められているが、『玄天上帝說報父母恩重經』(31)と『太上眞一報父母恩重經』(32)の二經は、その內容から明代前後の成立とみられ、(33)『佛說恩重經』との關係が問題となるのは『太上老君說報父母恩重經』(34)（以下『老君恩重經』と略記）である。儒教の『孝經』を強く意識しつつ、しかも內容のきわめて似通った經典が、佛教と同樣に道教の側においても撰述されたことの背景には、嘗ては儒教とともに佛教の出家制を非倫理的と批難した道教も、三世應報說の攝取や、在家から出家制への移行に伴って發生した教學上の自己矛盾を克服するために、新たな教說を形成する必要があったことが指摘される。(35)

兩經ともに成立年代は不詳だが、『佛說恩重經』は、高宗の麟德元年（六六四）に成った『大唐內典錄』にはみえず、則天武后の天冊萬歲元年（六九五）の『大周刊定衆經目錄』第十五、僞經目錄に初めて載ることから、(36)この間とみるのは中川善教であり、(37)岡部和雄は、『淨土盂蘭盆經』の成立事情との比較を通じて七世紀前半頃かとしている。(38)

次いで經錄中に現れるのは、唐の『開元釋教錄』（七三〇年成立）卷十八(39)で、僞經二九二部を列擧した中に、

父母恩重經一卷　經引丁蘭董黯郭巨等、故知人造、三紙。

と述べて『大周錄』と同様に僞經と斷定している。その論據として、漢・劉向の『孝子傳』などで著名な「丁蘭・董黯・郭巨」三名の記事を經文中に含む點を指摘した。しかし、敦煌古寫經スタイン本二〇八四號を底本とし、同一九〇七號と中村不折舊藏本（現・書道博物館藏）とを對校した現行の『大正藏』の本文中にはこれに該當する部分を缺くことから、(40)現行本はこの部分を削除した改訂本とされてきた。(41)それに對して、現行本が毎行十七字詰で全五十九行と、ほぼ三紙程度の分量でありながら丁蘭等の故事を含む原本（いわゆる丁蘭本）も三紙であることから、この間にかなり大幅な改訂が行なわれたものとして、兩者を別本と見做したのは秋月觀暎である。(42)

もっとも、削除部分の内容は全く知られていなかった譯ではなく、夙に中川善教が當該部を七行分含む李成鐸舊藏敦煌本第一五二號を紹介したものの、この寫本は各行の冒頭部が二字から七字ほど缺損しているために、その全容は把握できなかった。(43)ところが近年、荒井慧譽によって新たにスタイン本、北京本、臺灣本の中から合計七本の〈丁蘭本〉が確認され、削除部分の復元をみるに至った。(44)

昔丁蘭木母川靈感應孝順。董黯生義之報德。郭巨至孝、天賜黄金。迦夷國王入山射獵、挽弓射鹿、悟傷閃匃、二父母仰天悲嘷。由是至孝、諸天下藥塗創閃子還活父母、眼開明覩日月。不慈不孝、天不感應。閃子更生、父母開目。人之孝順、百行爲本。外書内經明文成記。

この經文が『大正藏』八十五卷、一四〇四頁上段、十行目の「佛告阿難」の前に入るのだが、ここにみられる三人の孝子名は『開元錄』の記事と同じ順序で一致する。しかも七〜八行程度の經文であることから、現行本にこの部分を加えてもやはり三紙ですみ、とくに別本と見做す必要のないことが明らかとなったのである。その改訂の時期は、『開元錄』の編纂された七三〇年以降とみるのが穩當であろう。

貞元十六年（八〇〇）に成立した『貞元新定釋教目錄』卷二十八にも『開元錄』を踏襲した記載があるが、ここでは三紙ではなく十紙とされているので、この頃から、慈母十恩德や四言六十二句の偈讚などが增宏された多くの異本が成立したようである。(46)

『老君恩重經』の成立時期もやはり不詳だが、兩經を最初に比較・詳說した秋月は、經文中に太上老君から說法を受ける眞人・海空智藏の名が見出せる唯一の史料『太上一乘海空智藏經』十卷が、顯慶四年（六五九）に始まった佛道論爭の直後に、佛教の唯識說に對抗するために道教側の撰述した經典とされることから、それ以後、遲くとも八世紀前半には出現した、とみる。(47)(48)また、近年、兩經の全體に亙る比較對照を試みた謝明玲は、太上老君がその前身を自敍した一節が、元始天尊の弟子の太上道君の傳說と太上老君の傳說とから成ることに注目し、この三神を同一神格視するのは唐の史崇『妙門由起』前後からとされるのをうけて、玄宗の開元初年（七一三）以降の成立とする。(49)(50)唐初に相次いで成立したらしい兩經の先後關係についても、道先佛後、佛先道後かで見解は分かれるが、いずれにしても史料的制約が大きく、今後になお問題を殘している。(51)

次に兩經の內容を概觀すると、『佛說恩重經』では、王舍城耆闍崛山中で佛が菩薩や四衆八部衆に圍まれながら阿難に向って說法し、人は父母がいて初めて生まれ育つことから說き起こされる。とくに母親による乳哺養育の勞苦については、

飢ユル時、食ヲ須《もち》ユルニ母ニ非ザレバ哺セズ、渴ク時、飮ヲ須ユルニ母ニ非ザレバ乳セズ。母飢ニ中ル時モ苦キヲ呑ンデ甘キヲ吐キ、乾ケルヲ推《ゆず》リ、濕レルニ就ク。義ニ非ザレバ親シカラズ、母ニ非ザレバ養ハレズ。慈母兒ヲ養ッテ闌車ヲ去離スルニ、十指ノ甲《つめ》ノ中ニシテ子ノ不淨ヲ食フ。計ルニ母ノ乳ヲ飮ムコト各八斛四斗有リ。母

ノ恩ヲ討論スルニ昊天ノゴトク極マリ罔シ。(52)

と力説する。そこで阿難が父母への報恩の方法を問うと、佛は父母のために福を作し經を造って、七月十五日に佛槃・盂蘭盆を佛と僧に獻ずることなどを教唆する。

ここまでで經典としての結構は一應整っているのであるが、以下、これらの内容が更に敷衍される。育兒の辛苦と喜び、幼な兒と母の強い愛情の絆、子の成長に伴って年老いた兩親との間に深まる精神的な懸隔などをめぐり、全體の約半分に亙って縷述する核心部である。

父母年高ケテ氣力衰微スレドモ、終朝至暮來リテ借リニモ問ハズ。或ハ復タ父孤リ母寡リ、獨リニシテ空房ヲ守ルコトハ猶シ客人ノ他ノ舍ニ寄リ止マルガ如ク、常ニ恩愛モ無ク復タ臥被モ無ク、單ニ寒ク辛苦飢羸、之ッテ甚シ。年老ヒ力衰ヘテ、多饒ナルハ蟣虱ノミ。夙夜臥サレズ、長吟シテ嘆息ス何ノ罪ノ宿愆ニテカ此不孝ノ子ヲ生ゼルヤ。

と懷疑と落膽を強くする父母がいれば、それに對して、

或ハ時ニ喚呼スレバ目ヲ瞋ラシテ驚怒ス。婦兒ハ罵詈スレドモ頭ヲ低レテ笑ヲ含ム。……罵詈シテ瞋恚スラク、早ク死セムニハ如カズ强イテ地上ニ在ルヤ。

と應ずる子がいる。

父母之ヲ聞イテ悲哭シ懊惱ス。流涙雙ビ下リ啼哭シテ目ハ暗ム。汝幼少ノ時、吾ニ非ザレバ長ナラズ。但吾汝ヲ生ムノミナラバ、本無カラムニハ如カズ。

という親の嗟嘆は悲痛である。この後に前述の丁蘭等の故事が續き、たとえ不孝の子でも、父母のためにこの一句一偈でも受持・讀誦し書寫すれば、滅罪と解脱が得られるとし、最後に父母への報恩行の意義を再說して終わる。

一方の『老君恩重經』は、いわゆる涵芬樓版『道藏』によると各行十七字全一三七行に及び、『佛說恩重經』の二倍以上の分量をもつ。西那玉國鬱利山中において、太上老君が五萬人にのぼる聽衆を前に、道德・科戒を宣暢した際、會衆の一人であった眞人・海空智藏が父母への報恩の方法を尋ねたのに應えて說法を示す、という設定である。

最初に孝と不孝、とくに不孝が系累に及ぼす痛苦を說くが、この部分は『佛說恩重經』にはない。次に、懷妊した母の不安と出產の苦しみ、生まれた子への愛情、養育の苦哀と喜び、幼な兒のいたいけな仕種、子の成長と親の期待そして苦勞、結婚・獨立した子に疎んじられる老いた父母の孤獨など、『佛說恩重經』とほぼ同じ內容の敍述が、全體の約四割にあたる五十八行分、『佛說恩重經』の約二倍に亙って連綿と續く。

子に背かれ悲歎にくれる親について、

父母年老ヒ、氣カ漸ク衰フ。朝ヲ終ヘ暮ニ至ルマデ來リテ省問セズ。獨リ空房ヲ守リ、猶外客ノ如シ。少衣少食ニシテ飢凍ハ身ニ切ナリ。手脚胼胝シ、耳聾タリ。眼ハ暗シ。單床飄薄ニシテ日ヲ度ルコト年ノ如《ごと》シ。身既ニ尫羸タリテ、多ク蟣虱ヲ饒シ、蚊虻體ヲ嗜ス。夕ヲ通ジテ寐ネズ。長ラク吟ジ、嘆息スラク。何ナル罪ノ有テカ、此ノ不孝ノ子ヲ生ズルヤト。杖ニ柱《ささ》ヘラレテ巡喚シ、頭ヲ低レテ氣ヲ下シ、缺クル所ヲ伸バサムト欲シテ未ダ前言ヲ盡サザルニ、其ノ兒、聲ヲ興シ目ヲ瞋ラセテ罵詈ス。頭ヲ回ラシテ却退シ、壁ニ扶ケラレテ歸リ、胸ヲ搥チテ自ラ非《そし》リ流動シテ目腫レ、聲ヲ連ネテ苦ヲ唱フラク、早ク亡ヌニ如カズ、ト[53]。

あるいは、

如何ゾ長大タリテ、忽トシテ冤對ヲ成スハ。今、汝有リト雖モ、本ヨリ無キニ如カズ。コレヲ天ニ付サバ幽冥當ニ鑑ルベシ。願ハクハ、我ヲシテ早ク過《ゆ》カシメ、伱ト相離レムコトヲ。奈何セン、奈何セン。

というように、その描寫は詳密かつ具體的である。

最も生彩に富む授乳期の母子を描く部分を對照してみよう。（傍點•は同句、◦は類句）

『老君恩重經』

母或東西碓磨鄰里、官私急切、不得時還、即知我兒家中啼哭、母子天親、心性相感、分母百骸、而爲兩身、氣血相傳、兩體無二、兒既憶母、母即心驚、馳歩走歸、兩乳湧出、還到門外、見子庭中、或在欄車、或房門際、或有人抱、或無人抱、或在牀上、或在地下、或時坐不淨、或時把泥草、或尙啼哭、或啼哭欲止、擧眼見母、啼笑噓嘻、搖頭弄腦、曳腹而行、嗚呼嗚呼、哀向其母、母乃爲兒、屈身下就、長舒兩手、拭除不淨、吹噓其口、以乳與之。含乳看母、嘻嘻其聲、母見兒喜、兒見母喜、二情思想、慈愛親重、情親想念、莫過於此。

『佛說恩重經』

但父母至於行來、東西鄰里、井竈碓磨、不時還家、我兒家中、啼哭憶我、即來還家、其兒遙見我來、或在蘭車。搖頭弄腦、或復曳腹隨行、嗚呼向母母爲其子、曲身下就、長舒兩手、拂拭塵土、嗚和其口、開懷出乳、以乳與之、母見兒歡、兒見母喜、二情恩悲、親愛慈重莫復。

母子は躍如としており、乳哺養育の様相を活寫して間然するところがない。

ここで太上老君の説法は一區切となり、今度は一轉して「生ケルトキ慈孝ナラズ、父母ヲ違棄シ、三寶ヲ誹謗シ、出家ヲ侮慢」した「無數ノ衆生」が罪に苦しむ〈地獄〉の凄惨な様相と、「生キテヲリシ時、至心慈孝ニシテ、父母ヲ供養シ、三寶ヲ禮敬シ布施シ戒ヲ持シ、出家ヲ信重」した「善男善女」が「福慶ヲ受ケテ果報窮マリ無」い〈天堂〉の光景とが相次いで現出するが、これらは『佛説恩重經』には無く、『老君恩重經』獨特の描寫である。そして最後に、太上老君自身にとってすら、父母への報恩孝養が容易でないことが語られ、既に亡くなった兩親への追善や、これまでの不孝への償いの方途として、寫經、讀誦、受持、燒香、設齋などを教唆してこの經巻は終る。

以上のように、兩經には長短・描寫の疎密など相違點も少なくないが、基本的な内容や視點・構成においては、ほぼ共通した性格をもつ。

『父母恩重經』が從來の孝經典類と最も性格を異にするのは、貴族・知識階層ではなく廣く衆庶を對象とし、彼らの質實な生活感覺を如實に反映する點にある(54)。また、先行經典の一つである『盂蘭盆經』と較べた場合、『盂蘭盆經』が目連救母説話を導入して、亡き父母や祖先への追善供養に重點を置き、出家の報恩行を主題とするのに對して、この經典では出産育兒にあたる親の勞苦を詳述し、現在父母への報恩に重點を置いて、在家の立場からの報恩行を主題とする(55)。さらに、〈父母〉恩重經とはいいながら、敍述の主眼は母親のみにあるといっても過言ではなく、儒家が家父長制によって慈父の恩を説くのに對して、專ら悲母の大恩を説く、とも理解出來る(56)。

こうした諸點を踏まえて『靈異記』説話と比較するとき、兩者の間には、その内容、意圖、對象、視座、成立事情と社會的背景その他に亙って多くの共通點が認められよう。

『靈異記』の撰錄に際して景戒が『父母恩重經』に據ったことを推測させる手懸りは、これらの他にもいくつか見出せる。

例えば、上卷十七の讚には「丁蘭ノ木母スラ猶シ生ケル相ヲ現ジ」とあり、中卷三十九の末尾にも「丁蘭ガ木母、動キテ生ケル形ヲ示セリト者《い》ヘリ」の一句がみえる。〈丁蘭木母〉は、夙に狩谷棭齋が「初學記ニ丁蘭圖形、逸人傳ヲ引ク。蒙求ニ丁蘭刻木、注ニ孝子傳ヲ引キ之ヲ載ス。按ズルニ諸經要集ニ云ハク、丁蘭溫情誠ヲ竭シ、木母之ヲ以テ色ヲ變ズ。木母ノ字、蓋シ此ニ原ラン」と指摘した(57)以外にも、『法苑珠林』その他に異傳の多い著名な説話であり、どれが典據なのかは明らかではないが、(58)前述のように、改訂以前の『佛説恩重經』にも〈丁蘭木母〉が存する點から注目したい。

また、先に引いた上卷二十三の讚には「經ニ云ハク、不孝ノ衆ハ、必ズ地獄ニ墮チム。父母ニ孝養スレバ、淨土ニ往生セム、トノタマヘリ。是レ如來ノ説キタマフ所ノ、大乘ノ誠ノ言ナリ」という。この「經」が何をさすのかも特定出來ないが、(59)父母の恩德と孝養の實踐を説く經典の教説を總括した表現だとすれば、その中には先ず『父母恩重經』が含まれるであろう。

結　語

景戒は上卷序文で、四世紀末期の應神朝に『論語』『千字文』等が、また六世紀前期の欽明朝に佛教が百濟を通じて傳來したことに言及しつつ「外ヲ學ブル者ハ、佛法ヲ誹レリ。內ヲ讀ム者ハ、外典ヲ輕ミセリ。愚癡《ち》ノ類ハ迷執ヲ懷キテ、罪福ヲ信ナリトセズ。深智ノ儔ハ內外ヲ覯テ、信トシテ因果ヲ恐ル」といい、下卷序文では「夫レ、善惡ノ因果ハ、内經ニ著レタリ。吉凶ノ得失ハ外典ニ載セタリ」「羊僧景戒、學ブル所ハ未ダ天台智者ノ問術ヲ得ズ、悟ル所ハ未ダ神人辯者ノ答術ヲ得ズ」とも述べて、内典だけではなく、外典にも強い關心を示している。(60)

この外典が、儒教の他に陰陽五行説・神仙思想・神祇信仰等をも含むことは、下巻三十八で奈良末・平安初期の相次ぐ政變や身邊の災厄、あるいは夢の内容を羅列的に説明した後に「是ヲ以テ當ニ知レ、災ノ相先ヅ兼ネテ表レテ、後ニ其ノ實ノ災來ラムトイフコトヲ。然ルニ景戒、未ダ軒轅黄帝ノ陰陽ノ術ヲ推ネズ。未ダ天台智者ノ甚深ノ解ヲ得ズ。故ニ、災ヲ免ルル由ヲ知ラズシテ、其ノ災ヲ受ク。災ヲ除ク術ヲ推ネズシテ、滅ビ愁フルコトヲ蒙ル」と語ることからもわかる。

儒教的な德治主義による律令國家の宗教政策のもとで、嚴しく統制をうけた民間佛教の布教者にとっての佛教は、道教や神祇信仰等の諸要素をも廣く抱攝するものであった。それだけに、『父母恩重經』に説かれる教説や民衆への姿勢には、共感できる點がきわめて大きかったと思われるのである。

こうした在り方は、日本古代における道教受容史研究の主要な課題の一つが、佛儒二教や神祇信仰等との歴史的な重層構造の分析、とくに道教經典のみならず、道佛儒三教の相克と融合の所産としての僞經類を通じての受容という問題の考究にあることを示唆する。

今後さらに道教的色彩の濃厚な經典について個々の具體的な検討を重ねたいと思う。

注

（1）窪德忠・下出積與・和田萃・福永光司・新川登龜男・重松明久・水野正好・松田智弘等の一連の論考をはじめ、拙稿に「「沈痾自哀文」の史的位置」（『史境』八號、一九八四年、『萬葉歌人と中國思想』、一九九七年、吉川弘文館所收）、「〈天罡〉

呪符の成立」（『信濃』三十六巻十二號、一九八四年、本書、第二章所收）、「〈雲に飛ぶ藥〉考」（『社會文化史學』二十一號、一九八五年、前掲書、一九九七年、吉川弘文館所收）などがある。

（2）常盤大定『支那に於ける佛教と儒教道教』（一九三〇年、東洋文庫）、久保田量遠『支那儒佛道三教史論』（一九一三年、東方書院）、望月信亨『佛教經典成立史論』（一九四六年、法藏館）以下、多數の論考がある。近年では福井文雅「道教と佛教」（『道教』第二卷、一九八三年、平河出版社）、牧田諦亮・福井文雅編『敦煌と中國佛教』（一九八四年、大東出版社）等を參照。

（3）石田茂作『寫經より見たる奈良朝佛教の研究』（一九三〇年、東洋文庫）。

（4）牧田諦亮『疑經研究』（一九七六年、京都大學人文科學研究所）。

（5）拙稿「嘉摩三部作と道佛二教の父母恩重經――憶良作品の思想的基調をめぐって――」（『上代文學』五十五號、一九八五年、前掲書、一九九七年、吉川弘文館所收）の續稿にあたる。

（6）靈異記の引用經典については、禿氏祐祥「日本靈異記に引用せる經卷に就て」（『佛教研究』一卷二號、一九三七年、『東洋印刷史研究』、一九八一年、青裳堂書店）、露木悟義「靈異記引用經典の考察」（『古代文學』六號、一九六六年）、菊池武「『日本靈異記』佛典考」（『日本史籍論集』上卷、一九六六年、吉川弘文館）、原口裕「日本靈異記出典語句管見」（『訓點語と訓點資料』三十四號、一九六六年）、今野達「衆經要集金藏論と今昔物語集」（『國語國文』五十二卷四號、一九八三年）など參照。

（7）天平十九年（七四七）十一月七日付の「伊吉寺三綱牒」（『大日本古文書』、正倉院編年文書、二卷、七一三頁所收、石田前掲注（3）では三一七頁と誤植）に「父母恩重經　一卷」とある。

（8）父子關係を扱うのは、上卷九、十の二話のみである。

（9）以下、『靈異記』の本文は日本古典文學大系版（遠藤嘉基、春日和男校注、一九六七年、岩波書店）、日本古典文學全集版（中田祝夫校注、一九七五年、小學館）、新潮日本古典集成版（小泉道校注、一九八四年、新潮社）を適宜參酌した。

（10）『大正藏』十二卷　六六七頁上段。

(11) 中村恭子『靈異の世界　日本靈異記』第三章二節「母性と力」(一九六七年、筑摩書房)にはこの問題についての重要な指摘がある。

(12) 大鹿實秋「大智度論の女性觀」(『印度學佛教學研究』十九卷二號、一九七一年)、勝浦令子「古代における母性と佛教」(『季刊日本思想史』二十二號、一九八四年)、永田瑞「佛典にみる母性觀」(脇田晴子編『母性を問う　歴史的變遷』上卷、一九八五年、人文書院)などを參照。

(13) この「風流」の語は、『靈異記』成立後約八十年を經た延喜四年(九〇四)五月の識語をもつ興福寺本(現存最古の寫本で上卷のみの零本)の訓釋には「美佐乎」(ミサヲ)とあり、同語の「風聲」「氣調」も同様に訓んでいる。

(14) 『大正藏』十四卷、九五〇頁下段。

(15) 『大正藏』五十四卷、二十四頁下段。

(16) 禿氏祐祥、前掲注(6)。

(17) 〈風流感仙〉についてには、新羅における風流道との關係を考察する必要があろう。風流道とその修業集團の中心的存在である花郎について、『三國史記』では崔致遠の「鸞郎碑序」を引いて、「國有玄妙之道、曰風流。設教之源、備詳仙史、實乃包含三教、接化群生」とする(卷四、新羅本紀第四、眞興王三十七年條)が、朝鮮半島古來の山嶽や龍神をめぐる信仰や習俗に、道佛儒三教を混淆した風流道と、『萬葉集』や『釋日本紀』所引『丹後國風土記』の〈水江浦嶼子〉傳承などにおける日本古代の「風流」との關連については別稿で檢討したいと思う。

(18) 訓讀は小島憲之校注『懷風藻』(日本古典文學大系、一九六四年、岩波書店)による。

(19) 小島憲之「失なはれた柘枝傳」(大阪市立大學『人文研究』五卷四號、『上代日本文學と中國文學』中卷、一九六四年、塙書房)。

(20) 『古事記』上巻には、「石ニ焼キ著カヘテ死」んだ大穴牟遲命の死骸に、赤貝と蛤から作った藥を「母の乳汁」を塗るようにして用いたところ、「醜男」の大穴牟遲が「麗しき壯夫」となって蘇生した、という。「母ノ乳汁」の解釋については諸説あるが、こうした意識を考える上でこの傳承は興味深い。

(21) 景戒の傳に關しては、下巻三十八に斷片的に語られている。
(22) 國史大系版『續日本紀』による。同『類聚三代格』前篇一三七頁所收の本文とは字句に異同がある。
(23) 勝浦令子「行基の活動における民衆參加の特質」(『史學雜誌』九十一巻三號、一九八二年)。
(24) 井上光貞「行基年譜、特に天平十三年記の研究」(『律令國家と貴族社會』、一九六九年、吉川弘文館、『日本古代思想史の研究』、一九八二年、岩波書店)、吉田靖雄「行基における三階教および元曉との關係の考察」(『畿內地域史論集』、一九八一年、舟ヶ崎正孝先生退官記念會)、同「『日本靈異記』と三階教の關係」(『史潮』新十二號、一九八二年)など參照。
(25) 西野悠紀子「律令制下の母子關係」(『母性を問う』前揭注(12)所收)、女性史總合研究會編『日本女性史』第一・二巻(一九八二年、東京大學出版會)所收の諸論參照。
從來のこの分野に關する研究の整理と諸說の概要は、關口裕子「古代家族と婚姻形態」(『講座日本歷史』古代二、一九八四年、東京大學出版會)、同「日本の婚姻」(『東アジア世界における日本古代史講座』十、一九八四年、學生社)に詳しい。
(26) 『靈異記』の女性像に、家父長制の導入以前の、記紀神話的世界に通じる古代的な性格を指摘する說が、中村恭子前揭注(11)や、守屋俊彦「母の甜き乳――日本靈異記の女性――」(『甲南國文』十八號、『日本靈異記の研究』、一九七四年、三彌井書店)にある。
(27) この點については、村山出「憶良――世間苦の文學における「子等」――」(上代文學會編『萬葉の歌びと』、一九八四年、笠間書院)、勝浦令子、前揭注(12)が若干言及している。
(28) 道端良秀『唐代佛教史の研究』(一九五七年、法藏館)、同『佛教と儒教倫理』(一九六八年、法藏館)參照。
(29) 『大正藏』五十五巻所收。
(30) 中村元『東洋人の思惟方法』第三編十節「身體的秩序の重視」(『中村元選集』第二巻、一九六〇年、春秋社)、および木村清孝「中國佛教における孝倫理の受容過程」(『東方學』三十九輯、一九七五年)など。
(31) 『道藏』洞神部、第三四五册、女下。
(32) 同前、洞眞部、第三十二册、宿下。

(33) 秋月觀暎「道教と佛教の父母恩重經」(『宗教研究』三十九卷四號、一九六六年)。
(34) 『道藏』洞神部、第三四五冊、女下。
(35) 秋月觀暎「六朝道經における應報說の發展」(弘前大學『人文社會』三十三號、一九六四年)、尾崎正治「道士――在家から出家へ――」(『歷史における民衆と文化』、一九八二年、國書刊行會)參照。
(36) 『大正藏』五十五卷、四七四頁上段。
(37) 中川善教『讚父母恩重經』(一九四三年、私家版)。
(38) 岡部和雄「『淨土盂蘭盆經』の成立とその背景」(『鈴木學術財團研究年報』二號、一九六五年)。
(39) 『大正藏』五十五卷、六七三頁上段。
(40) 『大正藏』八十五卷、一四〇三中段〜一四〇四頁上段。
(41) 禿氏祐祥「父母恩重經の異本に就て」(『宗教研究』新五卷四號、一九二八年)他。
(42) 秋月觀暎、前揭注(33)。
(43) この部分は、中川善教、前揭注(37)四十九頁の他、小川貫弌「父母恩重經」(牧田諦亮、福井文雅編『敦煌と中國佛教』、前揭注(2)所收)にも翻刻されている。
(44) 新井慧譽「敦煌本「父母恩重經」校異」(『二松學舍大學論集(昭和五十三年度)』、一九七九年)一〇一頁。
(45) 『大正藏』五十五卷、一〇一七頁上段。
(46) 異本類については、前揭注(41)、(43)の他、黑田亮「繪入恩重經」(『朝鮮舊書考』、一九四〇年、岩波書店)、小川貫弌「大報父母恩重經の變文と變相」(『佛教文化史研究』、一九七三年、永田文昌堂)、新井慧譽「恩思想からみた『盂蘭盆經』と『父母恩重經』の關係」(佛教思想研究會編『佛教思想　四　恩』、一九七七年、平樂寺書店)、黑田彰「三國傳記と恩重經」(『國語國文』四十九卷十一號、一九八〇年)、北村茂樹「敦煌出土「父母恩重經講經文」の孝思想とその展開」(川口久雄編『古典の變容と新生』、一九八四年、明治書院)等の諸論に詳しい。
(47) 鎌田茂雄「唯識說の道教的改變」(『中國佛教思想史研究』、一九六九年、春秋社)。

(48)　秋月觀暎、前揭注（33）。
(49)　福永光司「昊天上帝と天皇大帝と元始天尊」（『中哲文學會報』二號、一九七六年）。
(50)　謝明玲「佛說父母恩重經と太上老君說報父母恩重經との關係について」（『東洋大學大學院紀要』二十一集、一九八五年）。
(51)　秋月は『道藏』と『大正藏』所收の現行本による限りでは斷定は困難としながらも、『老君恩重經』の全體的な構成が體系的に整い、圓滑な文脈の運びを示すのに對し、『佛說恩重經』の敍述の中には、前後に接續し難い孤立的な部分が含まれており、文脈の混亂や重複、敍述の破綻が認められることなどから、『佛說恩重經』が『老君恩重經』を模倣した、とみる。一方、謝は、兩經の他に『太上慈悲道場消災九幽懺』（『道藏』洞玄部、第二九七册～第二九九册）卷七の蕩忤逆品第一、誓報慈恩品第二をとりあげて三本の比較を試み、『老君恩重經』は『佛說恩重經』のみならず、やはり『佛說恩重經』の影響をうけた『九幽懺』卷七にも依據する、とされる。
(52)　以下『佛說恩重經』の本文と訓讀は主として、流布本を底本にし『大正藏』と李盛鐸舊藏本とを校合した中川善教『讃父母恩重經』（前揭注（37））に據る。
(53)　以下『老君恩重經』の本文と訓讀は、涵芬樓版『道藏』による試訓。なお訓讀には丸山宏の教示を得た。
(54)　道端良秀、前揭注（28）。
(55)　新井慧譽、前揭注（46）。
(56)　小川貫弌、前揭注（43）。
(57)　狩谷棭齋『日本靈異記攷證』（文政四年（一八二一）刊。日本古典全集所收）。
(58)　原口裕、前揭注（6）では、『諸經要集』とするが、寺川眞知夫「景戒と外教」（黑澤幸三編『日本靈異記――土着と外來――』、一九八六年、三彌井書店）では、まだ特定し得ないとし、他の孝子傳かとみる。
(59)　狩谷棭齋、前揭注（57）、および松浦貞俊『日本國現報善悪靈異記註釋』（一九七三年、大東文化大學東洋研究所）に、『觀無量壽經』の取意文とする説がある。
(60)　儒教との關連については、寺川眞知夫、前揭注（58）參照。

（補注）　拙稿「『日本靈異記』の〈母の甜き乳〉と『雜寶藏經』――南方熊楠「月下氷人」に導かれて」（大正大學綜合佛教研究所、佛教における生（いのち）研究會編『時空を超える生命（いのち）の意味を問いなおす』、二〇一三年、勉誠出版所收）を參照されたい。

第十四章　『源氏物語』の〈死〉と延命招魂法

緒　言

『源氏物語』と佛教思想との關連をめぐっては、素寂『紫明抄』や、四辻善成『河海抄』などの古注釋をはじめとする諸研究によって、多數の佛典が、その典據として指摘され[1]、天台淨土教を基調とする紫式部の佛教觀や、光源氏、浮舟その他の作中人物の信心の在り方などについて、さまざまな角度から考察が重ねられてきた[2]。

なかでも、三角洋一の『源氏物語と天台淨土教』は、平安貴族社會における佛教受容の場としての、法會や日常の勤行を重視し、講經や聽聞を通じて佛教への理解が深められたことを論じて、式・法・次第・儀軌類や論疏、宗典類への注目を促す。創作の典據となった經典や故事の考證にとどまることなく、より廣く佛教的な感覺・意識・發想・思索に基づいた表現の析出が試みられており、きわめて示唆的である[3]。

本章では、葵の上の死に際しての修法を端緒として、天台淨土教と眞言密教、陰陽道との重層性をも視野に置いたうえで、密教の修法に關する事相書や、中國撰述の疑僞經典を手がかりにしながら、物語の背後にある宗教意識の一面を點描したい。

一、『源氏物語』の〈死〉の表現

『源氏物語』では、四十人餘りの〈死〉が語られるが、光源氏が契った女性たちのなかで、最初に死別した夕顔の死については、悲しみと困惑に打ちひしがれ、容易にその死を受容し得ない十七歳の光源氏の、克明な心理描寫がみられる。

光源氏は、物怪に取り憑かれて急死した夕顔の遺骸を抱きしめ哭泣するが、夕顔はすでに冷たく、死相が出はじめる。從者の惟光を呼び寄せ、誦經によって夕顔の蘇生を願うものの、思うにまかせず、その遺骸は、東山に住む惟光の舊知の尼僧の所に移されることになった。惟光によって上蓆にくるまれた夕顔は、豊かな黑髪もこぼれんばかりに美しく、光源氏は、遺骸の果てを見屆けようとする。

人目を避けながら二條院を出て東山に向かい、遺骸に對面した光源氏は、「おそろしきけしきもおぼえず、いと、らうたげなるさまして、まだ、いささか變りたる所」のない夕顔の手を取りながら、聲も惜しまず慟哭し、見守る僧尼たちも落涙した。

夕顔を送ってから五年後には、元服の夜に妻に迎えた葵の上と死別する。

女三の宮の御禊の日の車争いに端を發した、六條御息所の生靈に苦しみながら、夕霧を出産した葵の上は、秋の司召で人々が邸内から出拂っている折に、突然發作を起して急逝した。人々が左大臣邸にもどったのは、夜半になってからだったので、「山の座主、何くれの僧たち」を招請することもできぬままに、皆、取り亂すばかりだった。

物怪に苦しめられた葵の上は、何度か意識を失ったことがあるので、すぐには枕返しをせずに、二、三日そのまま様子を見ていたが、蘇生する氣配はなく、遺骸の様相も徐々に變化してくる。

人の遺骸が白骨化するまでの變化を、九種の相に分け、それぞれについての觀想を說く〈九想觀〉は、『觀佛三昧經』第二や、『智度論』第二十一にみられ、宋代の蘇東坡の「九想詩」がよく知られるが、日本では、早く空海の『續遍照發揮性靈集補闕抄』巻十に「九想詩」がある。(4)死の直後の「新死相」、腐敗が始まる「肪脹相」、遺骸の變化が進む「青瘀相」、遺骸がくずれ始める「方塵相」、さらに分解する「方亂相」、骨肉が分離する「璅骨相」、白骨化した遺骸そのままの「白骨連相」、白骨が散亂する「白骨離相」、灰のように四散する「成灰相」のそれぞれについて、五言十二句で詠むが、源信『往生要集』にも、六道の第五〈人道〉の不淨相について說く部分に、『大般若經』『摩訶止觀』に依據するとしたうえで、九相の敍述がある。(5)

葵の上の突然の死を納得できぬまま、遺骸を見つめる人々の眼差しに、空海や源信の說く九相と九想觀を重ね合せてみてもよいのではなかろうか。

御枕なども、さながら、二三日、見たてまつり給へど、やうやう變り給ふことどものあれば、限りとおぼしはつるほどに、誰も誰も、いといみじ。

とのべながらも、葵の上の蘇生を願い續ける樣子は、

人の申すに從ひて、いかめしきことどもを、生きや返りたまふと、さまざまに殘ることなく、かつ損はれたまふことどものあるを見る見るも、盡きせずおぼしまどへど、かひなくて、日頃になれば、いかがはせむとて、鳥邊野に率てたてまつるほど、いみじげなること多かり。（葵2―四十〜四十一頁）

と語られる。遺骸が損われ始めても、なお凝視し續ける人々の、盡きせぬ思いは、「見る」を二度重ねる表現にも看取できる。

人の勸めに從って、蘇生のための修法をさまざまに試みもしたが、その甲斐もなく、葵の上は、鳥邊野に埋葬された。

『源氏物語』において〈死〉を表現する場合、「うせ給ふ」「うせぬ」など、「亡す」を用いることが最も多く、過半數におよぶ。(6) 葵の上には、

内裏に御消息きこえ給ふ程もなく、絶え入り給ひぬ。（葵卷）

のように、「絶ゆ」が用いられているが、夕顔の場合も同じく、

ただ、冷えに冷え入りて、息は疾く絶えはてにけり。（夕顔卷）

と「絶ゆ」が用いられており、他に次の二例がある。

夜なか、うち過ぐる程になむ、絶えはて給ひぬる。（桐壺卷・桐壺更衣）

やがて、絶え入り給ひぬ。（夕霧卷・一條御息所）

それに對して、單に「亡す」「果つ」とはせず、「消え入る」「消え果て」という形容を加えたものも、次の四例を數える。

ともし火などの消え入るやうにて、はて給ひぬれば（薄雲卷・藤壺）

泡の消え入るやうにて、亡せ給ひぬ。（柏木卷・柏木）

明け果つるほどに、消えはて給ひぬ。（御法卷・紫の上）

物の枯れゆくやうにて、消え果て給ひぬるは、いみじきわざかな。（總角卷・宇治大君）

これらの表現を比較して、「絶ゆ」の四人の死が、いずれも物氣や迫害などの外的要因によるのに對して、「消ゆ」の

方に共通するのは、比喩も含めて内的要因によって徐々に生命力を失ない、消え入るように迎えた死であり、みな「おどろおどろしからぬ」病を得て、死に至っており、物怪が原因ではないことが指摘されている。(7)

このうち、葵の上や夕顔と最も對照的なのは、紫の上の死であろう。

明石中宮が、紫の上の手を取り、涙しながら容態を窺ううちに、消えゆく露のように臨終の時を迎えた様子となり、御誦經の使者たちが多數差し向けられた。光源氏は、五年前に紫の上が六條御息所の生靈によって、にわかに發病し重態に陥ったものの、辛うじて蘇生した時のことを想起し、今度もまた物怪の仕業か、と疑う。

夜一夜、さまざまのことを、し盡させたまへど、かひもなく、明け果つるほどに、消えはて給ひぬ。

(御法4―四九二頁)

八月十四日の拂曉、紫の上は四十三歳で逝ったが、その死顔は氣高く、「こちたくけうらにて、つゆばかり亂れたるけしきもなう、つやつやとうつくしげなるさまぞ限りなき」ほどであった。父とともに紫の上の死に立ち會った夕霧は、その美しさが「なのめだにあらず、たぐひなきを見たてまつるに、死に入る魂の、やがて、この御骸にとまらなむ、と思ほゆるも、わりなきことなりや」と感じる程だった。五年前に、蘇生した時の修法は、

すぐれたる驗者どものかぎり召し集めて、限りある御命にて、この世盡きたまひぬとも、ただ、いましばしとどめ給へ。不動尊の御本の誓ひあり。その日數をだに、かけとどめたてまつり給へ、と頭よりまことに黑煙を立てて、いみじき心を起して加持したてまつる。

(若菜下4―二二五頁)

というように大掛りなもので、その甲斐もあったが、今回も、かねてから「不斷の讀經懺法など、たゆみなく尊きことどもをせさせ給ふ。御修法は、ことなる驗も見えで、ほど經ぬれば、例の事になりて、うちはへさるべき所どころ寺々にてぞさせたまひける」ような状態が續いており、一通りの祈禱はなされたものの、空しい結果に終った。

紫の上は、その日のうちに荼毘に付されており、遺骸の狀態が變化してもなお、蘇生を祈って修法が續けられた葵の上の時とは、かなり異なる。これは、紫の上が以前に一度蘇生していることが關係するかも知れないが、紫の上を看取った光源氏が、納得のゆくほどに長く手を盡してきたことや、彼自身がすでに知命をすぎて、道心を深めていたことなども、作用しているものと思われる。

『源氏物語』では、人々の死について語る時に、蘇生を祈願して行われる修法や祈禱、祓の模様は、必ずしも具體的に描寫されているわけではない。葵の上の場合は、「いかめしきことどもを、生きや返りたまふと、さまざまに殘ることなく」行なったといい、紫の上の場合には、死期が近づいた「夜一夜、さまざまのことを、し盡させたまへど、かひもなく」とのべるだけである。

この點に關して、『榮花物語』巻二十六「楚王のゆめ」の一節には、尙侍藤原嬉子の死とその前後の修法をめぐる、かなり具體的な記述がみられる。

二、尙侍嬉子の〈死〉と招魂

藤原道長の四女で、後朱雀天皇の東宮時代の女御であった嬉子は、出産を目前に控えた萬壽二年（一〇二五）七月末に、赤裳瘡（赤瘡、赤斑瘡＝痲疹）を患った。痲疹（はしか）は妊婦に危險な傳染病である。(8)「御修法・御讀經かたがたの御祈の僧、心を合せて聲も惜しまず圍繞し奉るほどの、搖りあひ、かしがまし」が效を奏してか、堀河左大臣顯光と小一條院女御延子の物怪に惱まされながらも、八月三日に親仁親王（のちの後冷泉天皇）を出産したが、翌々日に十九歳で死去した。父道長は落膽のあまり床に臥し、母倫子をはじめ、人々もみな悲歎にくれるなかで、主計助守道が〈招魂〉の修法を行なった。

（尚侍が）おはします對の上に、御衣を持て上りて、よろづを申し續け招き奉る。すべて限におはしませば、おほかた殿ばら、たゆむなくと、僧達をも賴しう言ひ行はせ給へば、僧も同じ人なれば、泣く泣く、いみじ、悲しと思ふ。觀音觀音と申しながらも、又いと情なう、佛をも恨み申して、むげに心地もたゆみにたり。

主計助守道は、親仁親王の御湯殿の儀を、安倍晴明の子で陰陽博士の吉平とともに勤めた人物で、賀茂保憲の孫、光榮の子にあたり、『尊卑分脈』には、「主計頭、暦博士、従四位下」とある。

守道がこの時に、嬉子の遺體が安置されている上東門院の東對の屋の屋根上で、嬉子の名を唱えながら、その衣を振って、遊離する魂魄を呼び戻そうとした〈招魂法〉については、『小右記』と『左經記』に、さらに詳細な記録が見える。(9)

昨夜風雨間、陰陽師恆盛(中原)・右衞門尉惟孝、昇東對上尚侍住所、魂呼、近代不聞也。彼院者太后(藤原彰子)御座處、尤可有忌諱、頻有不祥雲、亦尚侍移法興院之夕、同有此雲云々。

（『小右記』萬壽二年八月七日）

この史料では、賀茂守道ではなく、陰陽師中原恆盛と右衞門尉惟孝が、招魂法を勤仕したが、『左經記』同年八月二十三日條にも、

今朝、大外記賴隆(清原)眞人云、陰陽師常守來向云、去五日夜、尚侍殿薨之時、依播磨守泰通朝臣仰、上東門院東對上、以尚侍殿御衣、修魂喚、而道上臈達皆稱不見本條之由、可負祓於常守云々、此事如何物。賴隆答云、有本條、更不可負祓、或書云、「上自屋東方堂、亡者上、以其衣、向北方三度麻迩久、其詞云、□(其カ)姓其魂復禮可喚字云々、畢自西北角下云々」、常守聞此事、悦氣殊甚云々。

とあるので、この時に招魂法を勤めたのは、中原恆盛（常守）であろう。『小右記』が「近代聞カザルコト也」とい

うのと呼應するかのように、『左經記』では、「道ノ上臈達」陰陽寮の上官達が皆、「本條」に見えぬことを理由に、反對した。困惑した恆盛が、明經家の大外記兼助教の清原賴隆に當否を訊ねたところ、賴隆は、「或ル書」の一節を示して、「本條」に當る、と答えたので、恆盛は大いに喜んだ、という。清原賴隆が中原恆盛に示した「或ル書」には、「屋ノ東方ノ堂ヨリ、亡者ノ上ニノボリ……畢リテ西北角ヨリ下レ、ト云々」とあることから、『禮記』喪大記や『儀禮』士喪禮などの、中國古代の招魂儀禮としての〈復〉に關する文獻に基づく教示であったと考えられる。[10]「近代不聞也」というように、これより早い時期の、陰陽師による招魂祭の記錄としては、『小右記』「小記目錄」第八、御祭事付解除に、

　永延二年（九八八）十月十一日、招魂御祭事。[11]

とあるだけだが、この後、十一世紀中期から十二世紀後期にかけては、諸種の史料に散見するようになる。[12]

嬉子の死から二年後の、萬壽四年（一〇二七）十一月に、重態に陷った藤原道長のために、再び源倫子が賀茂守道に依賴して招魂祭を行なったことが、『小右記』にみえる。

　禪室《藤原道長》招魂祭、去夕守道《賀茂》朝臣奉仕、人魂飛來、仍給祿、桑絲。

『榮花物語』が嬉子の死に際して招魂法を行なった人物を主計助守道《賀茂》としたのは、この記事との混同によるのかも知れない。[13]『榮花物語』では道長の死を描くなかで、この時の招魂には言及しないが、倫子の願いも空しく、道長は、翌十二月四日に、六十二歲で死去した。

平安貴族社會において廣く讀み繼がれた『白氏文集』の、例えば「李夫人」は、漢の武帝が寵愛した李夫人に寄せる想いを詠んだ樂府として知られるが、[14]夫人を追慕する武帝が、方士に「反魂香」を錬らせたことについて、次のよ

うな一節がある。(15)

又令方士合靈藥　又た方士をして靈藥を合せしめ
玉釜煎鍊金爐焚　玉釜に煎鍊し金爐に焚く
九華帳中夜悄悄　九華帳中　夜悄悄
反魂香降夫人魂　反魂香は降す　夫人の魂

『漢書』では、この「方士」は齊の少翁といい、招魂をよくした、と傳える。

夫人之魂在何許　夫人の魂　何許にか在る
香煙引到焚香處　香煙引きて到る　焚香の處
既來何苦不須臾　既に來たる　何を苦しみてか須臾せざる
縹緲悠揚還滅去　縹緲悠揚　還た滅し去る

「反魂香」の煙に招き寄せられた夫人の魂は、暫しも留まることなく、また遠ざかる。

去何速兮來何遲　去ること何ぞ速かに　來ること何ぞ遲き
是邪非邪兩不知　是か非か　兩つながら知らず
翠蛾髣髴平生貌　翠蛾髣髴たり　平生の貌
不似昭陽寢疾時　昭陽に疾に寢ねし時に似ず

束の間の對面で、しかとは確かめ得なかったが、美しい眉は、まだ病む前の彼女のものか。

魂之不來君心苦　魂の來たらざるや　君が心苦しみ
魂之來兮君亦悲　魂の來たるや　君亦た悲しむ

背燈隔帳不得語　　燈に背き帳を隔てて語るを得ず
安用暫來還見違　　安くんぞ暫らく來たりて還た違らに見るを用いん

夫人の魂が來なければ心悩まされ、來れば來たで、また悲しい。すぐに去られるくらいなら、來ない方がまだしもか。白居易が「李夫人」を含む「新樂府五十首」を成す三年前（八〇六年）、三十五歳の時に書いた大作「長恨歌」においても、このモチーフは重要な役割を果している。

唐の玄宗を魅惑した楊貴妃が落命したのちも、思慕をつのらせる玄宗の歎きは深い。

鴛鴦瓦冷霜華重　　鴛鴦の瓦は冷かにして霜華重く
翡翠衾寒誰與共　　翡翠の衾は寒くして誰と共にせん
悠悠生死別經年　　悠悠たる生死　別れて年を經たり
魂魄不曾來入夢　　魂魄　曾て來たりて夢に入らず

生死を異にしてから久しく、楊貴妃の魂魄が夢にさえ訪れぬことを悲歎する玄宗。

臨邛道士鴻都客　　臨邛の道士　鴻都の客
能以精誠致魂魄　　能く精誠を以て魂魄を致く
爲感君王展轉思　　君王が展轉の思いに感ずるが爲に
遂教方士殷勤覓　　遂に方士をして殷勤に覓めしむ

玄宗の楊貴妃に寄せる想いにうたれた道士が、弟子を派遣して、妃の魂魄の行方を探す。

排空馭氣奔如電　　空を排き　氣を馭りて　奔ること電の如く
昇天入地求之遍　　天に昇り　地に入りて　之を求むること遍し

上窮碧落下黄泉　　上は碧落を窮め　下は黄泉
両處茫茫皆不見　　両處　茫茫として　皆な見えず

以下、方士が仙界で仙女太眞と化した楊貴妃にまみえ、玄宗への變らぬ心情を語って、委曲を盡くす。『白氏文集』が『源氏物語』に及ぼした影響については、亡き桐壺更衣を偲んで帝が詠んだ、

たづね行く　まぼろしもがな　つてにても　魂のありかを　そことしるべし

という一首を含む、桐壺の巻の表現や構成をはじめとして、さまざまな指摘がなされてきた(16)が、こうした「李夫人」や「長恨歌」の〈招魂〉をめぐる表現は、葵の上や夕顔をはじめとする作中人物の死と、その蘇生を願う人々の心理描寫にも、陰影を與えているように思われる。

そして、愛娘の嬉子に續いて、夫の道長を喪い、それぞれに招魂の修法を行なった源倫子の脳裏に、「李夫人」や「長恨歌」の、こうした世界が思い描かれていたであろうことも、また、想像に難くない。

三、延命法と招魂祭

葵の上の出産から死の前後に近侍して、諸種の修法を行なったのは、「山の座主、何くれの僧都たち」であった。僧侶による、このような修法としては、『續日本紀』天平勝寶三年（七五一）十月二十三日條に、聖武太上天皇の病が篤く、新薬師寺において、四十九日間にわたり、四十九人の僧侶を屈請して〈續命法〉を修め、「聖體平復、寶壽長久」を祈願した、というのが、最も早い例であろう。この時には、

經云、救濟受苦雜類衆生者、免病延年。

とあるので、『藥師瑠璃光如來本願功德經』が所依經典であったと考えられる。

平安初期になると、『續日本後紀』嘉祥三年（八五〇）二月五日に、仁明天皇不豫のため、近江國梵釋寺において、僧綱や十禪師などを招請して〈延命法〉を修め、十二大寺に續命幡を懸けさせたのに續いて、二十七日には平安京と南都の四十九寺に使者を派遣して誦經させるとともに、續命幡四十流を各寺院の柱に懸け、「延命之法」を三日間續けた、という。

この二例は、ともに玉體安穩を祈願する國家的修法だが、九世紀末から十世紀期にかけて、攝關をはじめとする貴族層により、個人的な息災增益のための延命法が行なわれるようになる。[17]

天暦四年（九五〇）に、右大臣藤原師輔が、東宮の夢想の物怪を消除するために、天臺座主明達に延命法を行なわせたのは、攝關家の安泰祈願とも結びついていたし、[18]『日本高僧傳要文抄』の「靜観僧正傳」が傳える右大臣源光の場合は、壽命は五十九歳だから、急ぎ延命法を修めよ、という夢告を得て、七日間修法した、という。[19]

延命法は普賢延命法と同一の儀軌に基づくが、延命法が二臂の普通法なのに對して、普賢延命法の方は、二十臂を本尊とした大法立とされる。[20]『金剛壽命陀羅尼經』を根本經典とし、普賢延命菩薩を本尊とするこの修法は、台密では四箇大法の一つとして、とくに重んじられた。修法の次第、作法、用意その他は、『阿娑縛抄』第七十四の「普賢延命」に詳しく、[21]また、延久四年（一〇七二）二月九日に、宇治殿・藤原頼通が大原律師に修せしめたのを初めとする實修の記錄が、『阿娑縛抄』第四十五「普賢延命法日記」にあって、とくに院政期の貴顯の間で盛行したことが知られる。

葵の上を鳥邊野に葬送した後、自邸にもどった光源氏は、悔恨の情をおさえきれぬままに、

限りあれば　薄墨ごろも　あさけれど　涙ぞそでを　ふちとなしける

と念誦する。その様子は、

いとどなまめかしさまさりて、經忍びやかによみたまひつつ、「法界三昧普賢大士」とうちのたまへる、行ひ馴れたる法師よりは、けなり。　（葵2―四二～四三頁）

と描かれているが、この「法界三昧普賢大士」について、『河海抄』は、

法界三昧は普賢菩薩の徳也　天台五佛頂悔過傳教御作〔眞本傳教大師作〕云南無法界三昧普賢相

又大唐西院和尚禮拜詞にも

法界三昧普賢菩薩云々文句云大論稱菩薩爲大士亦曰開士〔眞本開士大士〕也

と注記する。[22]この章句が、葵の上の死を諦めきれない光源氏の眞情を吐露したものとすれば、普賢延命法に關わる表現である可能性は高く、「忍びやかに讀」んだという「經」も、おそらくは『金剛壽命陀羅尼經』であったと思われる。

延命法は東密でも行なわれ、『覺禪抄』菩薩部に「延命法」と「普賢延命法」とがあって、[23]鎌倉中期までの東密の事相書の内容が、ほぼ集成されているが、それ以前の、とくに醍醐寺三寶院流の事相書には、延命法の中に「招魂作法」を含む點が注目される。

醍醐寺の實運が、十二世紀中期に、先師元海から受けた諸尊法を集成した『玄祕抄』は、三寶院流において『金寶抄』『諸尊要抄』とともに最も重視された傳書であるが、その巻三〈延命法〉中に「招魂作法」がある。[24]その冒頭に、「魂魄ヨリ出ズル怪異有ル時、之ヲ行ズ。最極祕事ナリ。之ヲ披露スベカラズ」と注記したうえで、その作法についてのべる。

まず施主の衣服を請い出し、覽・鑁二字（梵字）を以て香水を加持し、その衣服に三度灑ぐ。次に三股杵を取って

軍荼利の小呪を呪し、左に旋回して衣服を三七（二十一）遍加持する。さらに〈活命印〉を結び、眞言を三遍誦し、印を以て衣服の上に置く。その後、念珠を取って眞言を百遍誦し、三鈷を取って軍荼利の小呪を誦して、今度は右に旋轉して衣服を加持し、施主に着せる。

これは修法の初夜に、加持に先立って行なう作法とされるが、中國の招魂儀禮における、死者の魂魄を招還するための〈復〉を、生者に對する延命修法に援用したものと思われる。次いで印の結び方についての説明が續き、その典據として、三十巻本『教王經』[25]巻十四の一節を引く。さらに、病者が臨終を迎えた時には、「禁五路印」を結び、「大滿陀羅尼」を誦すべきことを説くが、「禁五路」とは、人の魂魄が、五處（臍下、腹、胸、首、頭頂）から、他に移るのを防ぐために結ぶ印の謂である。

この『玄祕抄』の「招魂作法」は、仁和寺第六世の守覺（北院御室）が、十二世紀後期に編纂した『祕抄』にも引き繼がれており、その内容は『玄祕抄』の抄錄に近いが、冒頭の裏書に、普賢延命法をはじめとする延命法との關係について、とくに「怪異」が出來した際には、延命法を行なわずに、招魂作法だけを行なうこともある、と注記している[26]。

東密における招魂法について、最も精細な記事が載るのは、根來中性院の學匠・賴瑜が、十三世紀末に撰錄した『祕抄問答』であろう。守覺の『祕抄』所載の諸尊法に關して、諸流の次第や祕記を參酌しつつ、問答體で注解したもので、巻九の「延命招魂作法」についても、他書には見られない内容に富む[27]。

この修法が醍醐寺から仁和寺に傳えられた經緯や、醍醐寺理性院流における呼稱である「去識還來法」と「招魂法」、あるいは「普賢延命法」との關係、修法を行なう時期、結願作法、伴僧、支度の内譯などが詳記されているが、なかでも注目に値するのは、『佛説招魂經』に言及していることである。『覺禪抄』には『金剛壽命陀羅尼經』をはじめとする法具書が列擧されており、『祕抄問答』でも、ほぼ同一の書目を十數部竝記する。その中で『佛説招魂經』一巻だけが、現存の確認ができず、佚書かとみられてきたが、(28)最近、名古屋市の七寺一切經の中から、新たに所在が確認された古逸經典類の中に一本が含まれており、その內容が判明した。(29)その後さらに、東寺寶菩提院三密藏の中にも、古鈔本が二種傳存することを、マイクロフィルムによって確認し得た。(30)

『招魂經』は、これまでのべたような中國古來の招魂儀禮を說くものではなく、冥界に遊離する佛弟子たちの魂魄を、身中に再び招還し、延年益算をもたらすことを主旨とする。

刀兵や五毒、疾病、出產など、さまざまな死因によって幽鬼となった佛弟子の魂魄が、水官、山神、地神などのもとに點在していることを詳述した後に、佛は、四天王、閻羅王、地獄王、土神王、海神王、河伯、日月、二十八宿その他の諸王諸神に對して、次のように告げる。

もし自己の領域內に佛弟子の魂魄が拘束されていたら、その道理を開通し、典獄の使者に命じて、佛弟子の三魂七魄を解いて、それぞれ元の身體に還しなさい。もし佛の指示に隨わぬ神があれば、阿梨樹の枝のように頭破して七分に作すであろう。

續いて幽鬼の樣相や、佛教というよりはむしろ道教的世界を構成する、中國の民間信仰や習俗に根ざした諸種の神格や星宿などの描寫を織り込みながら、佛によるこの言葉が三度繰り返され、最後に、魂魄の招還と延年益壽を希う者は、この經典を至心禮拜して、七遍讀誦せよ、と說く。

『招魂經』では、佛弟子たちの靈魂を、「三魂七魄」と總稱するが、これは道教の靈魂觀に基づく說であり、中國古來のとくに儒教的世界において、人間の精神を魂、形骸を魄と呼び、死後の魂は天に昇り、魄は地に歸す、とする魂魄二元論とは、異なる概念である。

道教の三魂七魄説については、早く東晉の葛洪『抱朴子』巻十八、知眞篇や、北宋の張君房『雲笈七籤』巻五十四・五五、魂神、に詳細な記述がある。〈三魂〉は、「太淸陽和の氣」である〈胎光〉と、「陰氣の變」としての〈爽靈〉、「陰氣の雜」である〈幽精〉からなるが、もし陰氣が陽氣を制すると、人心の淸淨は失われ、陰雜の氣が盛んになると人心は昏冥となり、神氣が缺少して死に至るので、陰氣を抑制し、胎光の陽氣を降すことが必要になる。また〈七魄〉は、尸狗、伏矢、雀陰、呑賊、非毒、除穢、臭肺をさし、いずれも邪悪汚穢をきわめた「身中の濁鬼」とされる。(31)こうした道教獨自の靈魂觀は、『儀禮』士喪禮や『禮記』檀弓下などにみえる、死の直後の〈復〉や、『楚辭』の「招魂」「大招」などに描かれたような魂魄觀や招魂儀禮を踏まえながら、(32)徐々に現實的で神祕的な要素を濃厚にしてきたものと思われる。この經典は、「三魂七魄」の語や、經文中に列擧される神格の性格などに明らかなように、こうした道教的な觀念が形成される過程で、その影響を多分に受けながら中國において撰述された、典型的な疑僞經典の一つである。

『招魂經』は、隋代に編纂された『法經錄』巻四に〈衆經僞妄〉の一つとして初見するが、(33)東寺寶菩提院本の内題には『佛說灌頂度星招魂斷絕復連經』とあり、これが本來の經名とすれば、梁の僧祐が六世紀初期に撰錄した『出三藏記集』巻五の〈新集疑經僞撰雜錄〉の十二部中にすでに見えることから、五世紀後期には成立したものと考えられる。

日本では、おもに『度星經』として流布したらしく、正倉院文書、天平三年（七三一）八月十日の「寫經目錄」小乘經雜帙の第五帙に、「佛說度星經　用三」とあるのをはじめとして、(34)何度か書寫の記錄が殘るが、延命・招魂法の所依經典として、とくに重視された形迹は窺えない。むしろ、この經典は、陰陽道の招魂祭の形成に關與した可能性が高い。

京都府立總合資料館所藏の若杉家文書の中に、十四種の陰陽道祭文を收めた『祭文部類』という一册があり、弘治二年（一五五六）三月の日付をもつ「招魂之祭文」も含まれる[35]。

この祭文では、まず、「皇靈、后土、司命、司祿、東王父、西王母」などの「掌算掌籍」の諸神に對して、身體から遊離した魂魄が、再び六府に還り、五臟を安ずることを祈願し、「銀錢寶幣酒果」を供え、五方五帝に五色を配して招魂を求める。

次いで、魂魄がどのような咎懲によって失なわれたのかを問い、刀兵盜賊、行路横死、水火急難など、さまざまな要因を列擧し、重ねて諸神に「三魂七魄」の招還を乞い、「延年益壽、長生久視」を祈願するもので、その內容や構成は、『招魂經』から佛教的な要素を除くと、ほぼ符合しており、『招魂經』にかなり近い性格をもつ。

平安貴族社會において行なわれた、台密と東密の僧侶や陰陽師らによる延命・招魂をはじめとする、さまざまな修法の宗教思想的な重層性については、これらのような密教の事相書や願文類、陰陽道の祭文などを分析することによって、より具體的な知見が得られるものと思われる。

結　語

十世紀以後の貴族層の個人的な信仰において、密教と淨土教、眞言陀羅尼と念佛とが、矛盾なく併存した（これに陰陽道とその祭文を加えてもよい）ことについて、速水侑は、律令制の解體過程から出現した、國家鎭護とは異なる個人的救濟が、現世における除病延命などの利益を希求するところに祕密修法の發達を促し、來世における救濟を模索するところに、淨土教が成立したことを暗示する、と指摘している[36]。

また、篠原昭二は、『源氏物語』が淨土教の隆盛期に成立しながら、主要人物が臨終の際に念佛を唱えた様子が見られないことを綠口にして、小野の母の尼、宇治八の宮、宇治の大君、紫の上などの場合について、『榮花物語』鶴の林の道長の臨終場面とも對比しながら詳考し、『源氏物語』においては、來世よりも、現世での在り方が問題なのであって、臨終行儀などは語るに値しないことであり、あくまで人間世界を注視し描寫することに、物語の本質がある、という。[37]

本章で扱った延命・招魂をめぐる修法についても、「いかめしきことども」（葵の上）とか、「さまざまのこと」（紫の上）のように、ごく簡略に抽象化したり、省略しているのは、念佛と同樣に、物語の本旨が、逝く者と遺された者の感情の在りようを、微細に描くことに置かれていた結果に他ならないだろう。だが、その背後にある、書かれなかった儀禮空間のなかに、もう一度作中人物を置いてみるとき、彼らの心理の搖らぎを、新たな位相から讀み解くことも出來るのではなかろうか。

注

（1） 池田龜鑑編『源氏物語事典』下卷の「所引詩歌佛典」（一九六〇年、東京堂）、高木宗監『源氏物語における佛教故事の研究』（一九八〇年、櫻楓社）參照。

（2） 重松信弘『源氏物語の佛教思想』（一九六七年、平樂寺書店）、岩瀨法雲『源氏物語と佛教思想』（一九七二年、笠間書院）、丸山キヨ子『源氏物語の佛教』（一九八五年、創文社）、阿部秋生『光源氏論 發心と出家』（一九八九年、東京大學出版會）をはじめとする諸研究については、『源氏物語講座』第十卷（一九九三年、勉誠社）、『佛教文學講座』第九卷（一九九四年、勉誠社）の〈文獻目錄〉參照。

（3） 一九九六年、若草書房刊。とくに、IV〈源氏物語と佛教〉で方法と課題が論じられ、I〈源氏物語論〉の諸論に、具體的な分析がある。

（4）日本古典文學大系『三教指歸　性靈集』（渡邊照宏、宮坂宥勝校注、一九六五年、岩波書店）、ならびに、日本繪卷大成『餓鬼草紙　地獄草紙　病草紙　九相詩繪卷』（小松茂美編、一九七二年、中央公論社）參照。

（5）日本思想大系『源信』（石田瑞磨校注、一九七〇年、岩波書店）。

（6）鬼塚隆明『源氏物語における死・送葬・服喪の表現」（源氏物語探求會編『源氏物語の探求』第七輯、一九八二年、風間書房）。

（7）塚原明弘「紫の上の死と葬送の表現」（『中古文學』五三號、一九九四年、王朝物語研究會編『源氏物語の視界』三、一九九六年、新典社所收）。

（8）服部敏良『王朝貴族の病狀診斷』（一九七五年、吉川弘文館）、谷口美樹「平安貴族の疾病認識と治療法」（『日本史研究』三六四號、一九九二年）、同「平安貴族社會と醫療」（奈良女子大學『人間文化研究科年報』八號、一九九二年）など參照。

（9）大日本古記錄『小右記』萬壽二年八月五日、七日條、ならびに增補史料大成『左經記』同二十二日條。

（10）肥後和男「平安時代に於ける怨靈の思想」（『日本文化』、一九三九年、弘文堂書房）、山下克明「陰陽道における典據の考察」（『平安時代の宗教文化と陰陽道』、一九九六年、岩田書院）。

（11）大日本古記錄『小右記』九。

（12）拙稿「日本における『招魂經』の受容」（牧田諦亮監・落合俊典編〈七寺古逸經典研究叢書〉第二卷『中國撰述經典（其之二）』、一九九六年、大東出版社、本書、第七章所收）。平安時代の陰陽師による招魂祭は、不豫、息災、怪異に際して實修され、死後に行なわれた例はみられない。

（13）松村博司『榮花物語全注釋』第五册（一九七五年、角川書店）、二一一頁所引、岩野祐吉『榮花物語詳解補注』（一九五三年、私家版、クレス出版シリーズ再錄）の所說。

（14）『唐物語』第五話、『漢故事和歌集』、『十訓抄』九、『太平記』十八などにも引かれる。「李夫人」と『源氏物語』に關しては、三田村雅子「「李夫人」と浮舟物語——宇治十帖試論」（『文藝と批評』二十七號、一九七一年、『源氏物語　感覺の論理』、一九九六年、有精堂)、新間一美「李夫人と桐壺巻」(阪倉篤義編『論集　日本文學・日本語　2中古』、一九七七年、角川書店)、藤井貞和「光源氏物語の端緒の成立」(『源氏物語の始源と現在』定本版、一九八〇年、冬樹社)、中西進「引喩と暗喩(三)」(國際日本文化センター『日本研究』三、一九九〇年)の他、『源氏物語』の『白氏文集』受容については、丸山キヨ子『源氏物語と白氏文集』(東京女子大學學會研究叢書三、一九六四年)、古澤未知男『漢詩文引用より見た源氏物語の研究』(一九六四年、櫻楓社)、小守郁子『源氏物語における史記と白氏文集』(一九八九年、私家版)などがある。

(15)吉川幸次郎『漢の武帝』(岩波新書、一九四九年、『吉川幸次郎全集』第六巻、一九六八年、筑摩書房)。

(16)注(14)の他、「長恨歌」との關係を考察した近年の論考に、森岡常夫「源氏物語と長恨歌」(東北大學『文藝研究』一〇〇號、一九八二年)、久保田孝夫「光源氏物語の長恨歌引用の表現」(『王朝物語とその周邊』、一九八二年、笠間書院)、新間一美「桐と長恨歌と桐壺巻」(『甲南大學紀要(文學篇)』四十八號、一九八三年)などがある。

(17)速水侑『平安貴族社會と佛教』(一九七五年、吉川弘文館)には、台密と東密における諸尊法の展開過程に關する詳論がある。

(18)『御産部類記』三、九條殿記(圖書寮叢刊、一九八一年、明治書院)。

(19)新訂增補國史大系所收。

(20)『薄草子口決』巻十一(『大正藏』七十九巻)による、『密教大辭典』(法藏館)「普賢延命法」の解説。

(21)『大日本佛教全書』三十七、所收。

(22)玉上琢彌編『紫明抄　河海抄』(一九六八年、角川書店)。

(23)『大日本佛教全書』四十八、所收。

(24)『大正藏』七十八巻、四〇三―四〇四頁。

(25)『大正藏』十八巻。

(26)『大正藏』七十八巻、五三二頁。

(27)『大正藏』七十九巻、四三五―四三九頁。

(28) 妻木直良「日本に於ける道教思想」（『龍谷學報』三〇六號、一九三三年、野口鐵郎主編『選集　道教と日本』第一巻、一九九六年、雄山閣所收）に、敦煌寫本に言及した箇所があるが、所在不明。

(29) 直海玄哲、影印・翻刻・解題『佛說招魂經』（前揭注(12)所收）。

(30) 拙稿「日本における『招魂經』の受容」（前揭注(12)）。

(31) 藤野岩友「雲笈七籤」に見える三魂七魄について」（『中國の文學と禮俗』、一九七六年、角川書店）、池田末利「魂・魄考」（『中國古代宗教史研究』、一九八一年、東海大學出版會）、宮川尚志「三魂七魄について」（栗原圭介博士頌壽記念『東洋學論集』、一九九六年、汲古書院）など參照。

(32) 藤野岩友『巫系文學論』第六章「招魂文學」（増補版、一九六九年、大學堂書店）、西岡弘『中國古代の葬禮と文學』第三節「招魂」（一九七〇年、私家版）、松田稔「中國古代の魂招きにおける方位観の變遷」（『宗教研究』五十三巻一號、一九七九年）、木島史雄「招魂をめぐる禮俗と禮學」（『中國思想史研究』十三號、一九九〇年、京都大學中國哲學史研究會）、澤田瑞穂「魂歸る」（『中國の民間信仰』、一九八二年、工作舍）など參照。

(33) 『大正藏』五十五巻、一三八頁。

(34) 『大日本古文書』、正倉院編年文書、七巻、十八頁。書寫に用紙を三枚要した（「用三」）とあるので、現存の『招魂經』と、ほぼ同じ長さである。

(35) 村山修一編『陰陽道基礎資料集成』（一九八七年、東京美術）に影印がある。二六四〜二六五頁。

(36) 速水侑、前揭注(17)。

(37) 篠原昭二「臨終行儀と『源氏物語』」（『國語と國文學』八〇一號、一九九〇年）。

〔附記〕

文中の引用は、主として日本古典文學全集（小學館）により、部分的に改めた。

Ⅳ　朝鮮における道佛二教と巫俗の交渉

第十五章　北斗信仰の展開と朝鮮本『太上玄靈北斗本命延生眞經』

緒　言

朝鮮の巫覡が祈禱に用いた諸種の經文集は、『佛經要集』などと題されるのが普通で、雜多な經典類を收錄しているが、佛說とはいいながら、實際には道教的な疑僞經典が多い[1]。これは、民間の巫覡が、佛教や道教のような體系的な宗教の體裁を取り入れることで、その宗教的權威を高め、內容や方法を豐富にしようと努めた結果に他ならない。一方で、由緒ある寺刹で印行された多數の經典類の中にも、『太上玄靈北斗本命延生眞經』や『玉樞寶經』『天地八陽神呪經』のような道教經典や道教的な疑僞經典をかなり見出すことができるが[2]、これは、すでに民衆社會に浸透している基層的な民俗信仰や巫俗の諸要素を、佛教側に取り込むことによって、より積極的な布教をはかろうとしたことの現れとみられる。

現在も韓國では、史的系譜と性格を異にする諸宗教が、それぞれの個性を失なうことなく、教理や儀禮をはじめとするさまざまな面で融合し合いながら、獨自の重層的な宗教的空間を形成しているが、そのことは、早くから朝鮮の佛教や諸思想の影響を直接に受けつつ形成された日本古代の宗教思想の歷史的特質を考えるうえにも、いくつかの示唆を與える。

本章では、韓國の寺院に獨得な七星閣をめぐる信仰と、その所依經典の問題を通じて、東アジアにおけるシンクレ

テイズムの一面を素描したいと思う。(3)

一、韓國の寺院と七星閣

韓國寺院の伽藍においては、どの寺院でも三聖閣と冥府殿が配置され、それぞれに重要な位置を占める。（圖1・2・3）

冥府殿では、冥界の教主である地藏菩薩を中心にして、兩脇に道明尊者と無毒鬼王、さらに閻羅大王など十王が祀られている。

三聖閣は、獨聖・山神・七星を祀る殿閣であり、各々が獨立している場合も少なくない。獨聖閣に祀られる獨聖は、天台山の那畔尊者。那畔は羅漢果を得たものの、十六羅漢とともに佛の涅槃に従えないまま、天台山にとどまって彌勒菩薩の出現を待つ羅漢だが、韓國では檀君を垂迹とする解釋が行なわれており、速やかな悟達が祈願される。

山神閣には虎を連れた山神が祀られ、財福などの現世利益に效験が著しいとされる。

そして七星閣は、北斗七星を神格化し、延命長壽を祈る場で、七星如來と北極星にあたる金輪寶界熾盛光如來佛に、日月に相當する日光遍照菩薩、月光遍照菩薩とを加えた十體の佛・菩薩を祀る。(4)

（圖4）は、ソウル市の北郊に位置する三角山道詵寺の三聖閣（圖3）の内部だが、中央が七星、向って右側が山神、左側が獨聖である。獨聖、山神の神像圖は、ともに白髮の老人として描かれるのが普通で、神仙思想との習合が認められる。(5)韓國佛教の中に、こうした七星や山神のような道教的要素や民俗信仰が包攝されるようになったのは、いつ頃からのことだろうか。

圖 1　三角山道詵寺

圖 2　道詵寺　冥府殿

圖３　道詵寺　三聖閣

圖４　道詵寺　三聖閣祭壇

二、高麗以前の星辰信仰

七世紀初期の高句麗において、唐から道士と天尊像がもたらされ、道士によって『老子道德經』が講讀される以前から、朝鮮半島には道教的信仰が、さまざまな形で傳來していたことが推測される。(6)

高句麗の壁畫古墳にみられる星辰圖も、そうした結果に他ならないが、(7)『三國史記』卷三十二雜志、祭祀條の高句麗には、『唐書』を引いて、

高句麗の俗、淫祀多し。靈星及び日、箕子可汗等の神を祀る。

とのべ、同書、新羅條にも、

立秋後辰日、本彼遊村に靈星を祭る。

とあり、また靈廟寺の南で五星祭を行なったことなどが記されている。

『三國遺事』卷一、紀異と、『三國史記』卷四十一～四十三、列傳に載る新羅統一の勇者、金庾信の傳も、星辰にまつわる傳承で彩られている。『三國遺事』は、

庾信公は眞平王十七年（五九五）乙卯を以て生る。精を七曜に稟く故に、背に七星の文有り。

とし、『三國史記』では、眞平王の建福二十九年（庾信十八歲）に、前年に續いて再び高句麗、百濟、靺鞨の侵攻をうけた際、かねて「一老人」から傳授されていた「祕法」を行使すべく、獨り寶劍を攜えて咽薄山中の奥深くに入り、燒香して天に告げ祈祝した。三日目の夜に、虛角二星の光芒が赫然として下垂し、寶劍が搖れ動いたようであったが、その效驗は十七年後の高句麗軍との戰いにおいて發揮された、と語るのをはじめ、陰陽、道術的要素が多分に窺える。

三國時代前後のこうした傳承は、朝鮮古來の祭天習俗を基調に、道教的な星辰信仰を習合したものとみてよいだろうが、道教への傾斜は、高麗時代に入ると、一層顯著になる。

三、高麗王朝の星辰祭祀

高麗時代には、十二世紀初期の睿宗の時に、最初の本格的な道觀として福源宮が創建され、國家的な規模で諸種の道教的醮祭が行なわれた。(8) 八關會や燃燈會をはじめ、『高麗史』『高麗史節要』などに記載された、道教と佛教が混然となった祭祀・儀禮に關する記事はおびただしい數にのぼるが、今、それらの中から星辰祭祀に關わるもののいくつかを擧げてみよう。(9)

○靖宗五年（一〇三九）二月（『高麗史』六）
　老人星を南郊に祭る。

○同十二年（一〇四六）七月（『高麗史』七）
　本命醮。大内毎に是日に遇う。必ず親醮す。（『高麗史』巻六十三雜祀には、六月に「本命星宿に内殿に親醮す」とある）

○文宗二年（一〇四八）七月（『高麗史』雜祀）
　内殿に於て、北斗に親醮す。

○同十八年（一〇六四）五月（『高麗史』雜祀）
　内殿に於て、本命星宿に親醮す。

○同三十六年（一〇八二）四月（『高麗史』九）

太一九宮を會慶殿に醮す。

○同年五月

九曜堂に醮し、雨を禱る。

○睿宗三年（一一〇八）八月（『高麗史』雜祀）

有司に命じ、老人星を南壇に祀る。

○同六年（一一一一）二月（『高麗史』雜祀）

老人星を南壇に祀る。

○同八年（一一一三）四月（『高麗史』十三）

雨を九曜堂に禱る、三日。

○同十五年（一一二〇）九月（『高麗史』十四）

群臣を長樂殿に宴し、壽星明詞を親製し、樂工をして之を歌わしむ。

○仁宗二十四年（一一四六）十二月（『高麗史』十七）

本命の醮を内殿に於てす。

○毅宗三年（一一四九）五月（同前）

内殿に南斗に親醮す。

○同五年（一一五一）七月（同前）

七十二星を内殿に醮す。

○同六年（一一五二）四月（同前）

内殿に於て北斗に醮す。

○同二十三年（一一六九）一月（『高麗史』十九）

消災道場を宣慶殿に設く。二十八宿に醮す。又、北斗に醮す。

○同年二月（同前）

十一曜二十八宿を内殿に醮す。十一曜南北斗二十八宿、十二宮神を修文殿に醮す。

○同年三月（同前）

太一十一曜、南北斗十二宮神を内殿に醮す。

○同二十四年（一一七〇）二月（同前）

狼星南極に見わる。西海道按廉使以爲らく、老人星なりと馳聞す。

○同年三月（同前）

使を西京に遣わし、老人堂を祭る。又、使を遣わし、海州床山その外、老人堂有る所を皆祭る。

○同年四月（同前）

老人星を内殿に醮す。

○高宗四十年（一二五三）十二月（『高麗史』二十四）

華嚴神衆道場を内殿に設く。北斗を親醮す。

○同四十一年（一二五四）一月（同前）

北斗を内殿に親醮す。

○同四十二年（一二五五）十月（同前）

外院九曜堂に幸す。

○忠烈王十四年（一二八八）十二月（『高麗史』三十）

九曜堂に幸し、十一曜に醮す。

○忠肅王一年（一三一四）閏三月（『高麗史』三十四）

九曜堂に親醮す。

○同二年（一三一五）三月（同前）

九曜堂に親醮す。

こうした中で、とくに道教的醮祭への傾斜ぶりが顯著なのは、毅宗の時代（在位一一四七〜七〇年）である。毅宗は風水・呪術・圖讖などを重視し、二十餘年に及ぶ在位期間を通じて、大規模な道佛二教の醮祭を頻繁に行なった。そのため國政が亂れ、クーデターによって王位を簒奪され、弑されたほどであった。(10)

毅宗が實施した醮祭には、南斗・北斗・二十八宿・七十二星をはじめ、星辰を對象とするものが多く、追放される前の二十三年から翌年にかけての二年間は、とくに著しい。二十四年（一一七〇）の二月から四月にかけての一連の醮祭で祀られた老人星は、アルゴ座（龍骨座）の第一星で、最も光度の高いカノープス星を神格化したものであり、南極星、壽星、壽老人、南極老人などとも稱される。『史記』天官書では、狼比地に位置する巨星の南極老人が出現すると國は治まり、現われなければ戰亂になる、とされ、秋分には南郊でその出現が待たれた。朝鮮では、道教の醮祭としての老人星祭と郊祀系統の祭祀との二種が行なわれたが、高麗までは道教系が中心で、郊祀系の老人星祭が主力になるのは、李氏朝鮮時代以降のこととされる。(11)

四、李氏朝鮮の官制と道教

高麗の重臣李成桂が建國した朝鮮においては、儒臣らによって道教や佛教は抑壓され、國家的規模での道佛二教の儀禮などは、徐々に衰退した。

太祖が即位した一三九二年十一月には、まず福源宮をはじめ、神格殿、九曜堂、燒錢色、大清觀、清溪拜星所など高麗以來の道觀や醮所を廢止し、松都（開城）にあった昭格殿だけを唯一の醮所とすることになり、これは世宗十二年（一四六六）に、昭格署と改稱された。

昭格署の職掌と構成については、『增補文獻備考』巻二二三、職官考十に、

本朝は昭格署を置けり。三清殿有りて、三清と星辰の醮祭を掌る。提調一員、令一員、別提・參奉各二員、雜識

尙道、志道各一員を定む。

と規定されているが、(12)十五世紀後期の士大夫・成俔の隨筆集『慵齋叢話』の一節には、

昭格署は皆、中朝の道家の事に憑る。太一殿には七星諸宿を祀る。其の像は皆、被髮女容なり。三清殿には玉皇上帝・太上老君・普化天尊・梓潼諸君（帝）等、十餘位を祀る。皆、男子像なり。其の餘の內外の諸壇には、四海龍王神、冥府十王、水府諸神の題名位版を設くること、無慮數百。

とあって、(13)道教の醮祭を管掌する昭格署に設けられた祭壇と祭神の內容を、かなり具體的に知ることができる。とくに太一殿に祀られた七星諸宿が蓬髮の女性神である、という部分は、現在の七星閣の圖像や、後述の巫堂に祀られた七星神像と較べても興味深い。

また、昭格署には署員の他に、道學生十名が配置されていたが、『經國大典』巻三、道流取才條の規定では、『禁壇』を誦せしめ、『靈寶經』を讀ましむ。科義は『延生經』『太一經』『玉樞經』『眞武經』『龍王經』中の三經。となっており、[14]中世の朝鮮で重視された道教經典、あるいは道教的疑僞經典の一端がわかる。とくにその中に、北斗信仰の根本經典である『延生經』が含まれていることに注目したい。

李朝時代を通じて、昭格署を中心に實施された道教的醮祭についても、高麗時代ほどではないにせよ、『李朝實錄』の隨處に、その記錄が殘されており、[15]星辰祭祀としては、星宿醮、太陽醮、火星醮、北斗醮、金星醮、太陰醮、眞武醮、直星醮、熒惑祈醮、彗星祈醮などをあげることができる。

その後、昭格署は十六世紀前期の中宗の時代に儒臣らの反對を受けて、一五一八年に一時停廢され、二年後に復活したものの、一五九二年の壬辰倭亂の際に燒失し、そのまま廢絶した。

なお、李朝前期までの朝鮮漢詩文を集成した『東文選』巻一一四には、主に高麗から李氏朝鮮にかけての宗教儀禮の主旨などを述べた〈道場文〉、道士や臣下による祭文としての〈齋詞〉、また同書巻一一五には、國王の祭祀文である〈靑詞〉が多數收錄されているが、[16]その中で、北斗信仰に關するものとしては、

○巻一一四

國卜北斗延命度厄道場文　李奎報[17]（圖5）

○巻一一五

北斗靑詞　李奎報

北斗醮靑詞　卞季良

北斗靑詞　卞季良

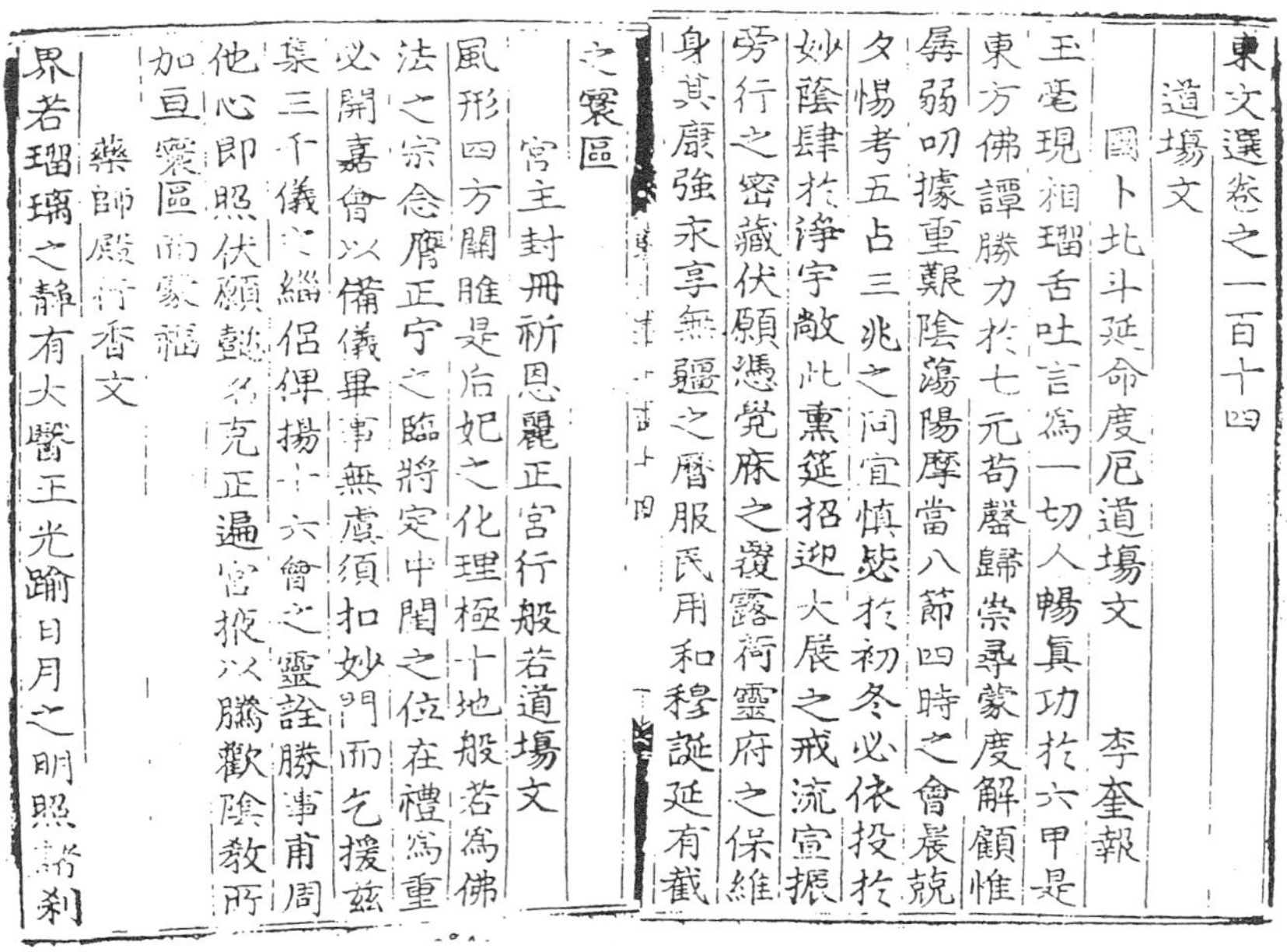
東文選卷之一百十四
道場文
國卜北斗延命度厄道場文　李奎報
玉毫現相瑠舌吐言爲一切人暢眞功於六甲是東方佛譚勝力於七元苟罄歸崇尋蒙度解顧惟孱弱叨據重艱陰蕩陽摩當八節四時之會晨兢夕惕考五占三兆之間宜愼焚於初冬必依投於妙蔭肆於淨宇敞此熏筵招迎大展之戒流宣振勞行之密藏伏願憑覺床之霧露荷靈府之保維身其康強永享無疆之曆服民用和穆誕延有截之寰區
東文選卷一百十四
宮主封冊祈恩麗正宮行般若道場文
風形四方關睢是后妃之化理極十地般若爲佛法之宗念膺正宁之臨將定中闈之位在禮爲重必開嘉會以備儀畢事無虞須扣妙門而乞援玆集三千儀之緇侶俾揚十六會之靈詮勝事甫周他心卽照伏願懿名克正遍宮掖以騰歡陰教所加亘寰區而鋈福
藥師殿行香文
界若瑠璃之静有大醫王光踰日月之明照諸刹

圖５　李奎報「國卜北斗延命度厄道場文」（學習院大學・學東叢書『東文選』卷114所收）

北斗解恠醮靑詞　尹淮

などがあって、王宮における北斗醮の性格と意義を考える上での手がかりとなる。

韓國の寺院において、七星、山神、獨聖の三神格を祀った三聖閣が、いつ頃から設けられるようになったのか、という問題については、佛教が抑壓されはじめた李朝初期から、寺院維持のために民衆を引きつける方策として巫俗信仰を包攝した、とみる説もあるようだが、これまでみてきたような、高麗時代の王宮における道教的信仰への傾斜ぶりや、朝鮮佛教が早くから巫佛習合ともいえる性格をもっていたことなどを考えると、その存立は、高麗以前まで遡る可能性が高いだろう。(18)

五、朝鮮の巫俗と七星信仰

朝鮮の巫俗において、七星信仰はどのような位置を占めるのだろうか。本節では、主に一九三〇年代に赤松智城・秋葉隆を中心とする京城帝國大學・宗教學社會學科が行なった現地調査報告(19)に據りながら、再確認しておきたい。

巫覡の神堂に祀られる諸神のなかで、天界の最高神として尊崇される神靈は、天神（ハヌニム）、玉皇上帝、帝釋天、佛菩薩などだが、それに次ぐのが、日神・月神をはじめとする天體の神格であり、七星神は星辰の神靈の中でも殊に有力視される。東西南北を合せて四方七星任とも呼ばれる諸神は、前引の『慵齋叢話』で蓬髪の女神とされるのとは異なって、いずれも延命を司る男性の善神で、なかでも北斗七星が最も高い地位にある。**圖6**は、京城帝大民俗參考室舊藏の〈七星圖〉だが、口髭と頤鬚をたくわえ威儀を正した姿に描かれている。

圖6　七星圖（『朝鮮巫俗の研究』下卷より）

七星やその他の諸神を祀る神堂は、巫覡の家屋の一室に祭壇が設けられる場合が多く、また、市中に七星堂、四城隍堂、星祭堂などの賓神が常に執行される特定の巫堂が設けられることもある。

朝鮮の民衆が季節ごとに行なう祭禮のなかで、最も代表的なものは、收穫祭としての意味をもつ十月の秋祭だが、祭禮の呼稱は安宅祭、家神禱、節祈、

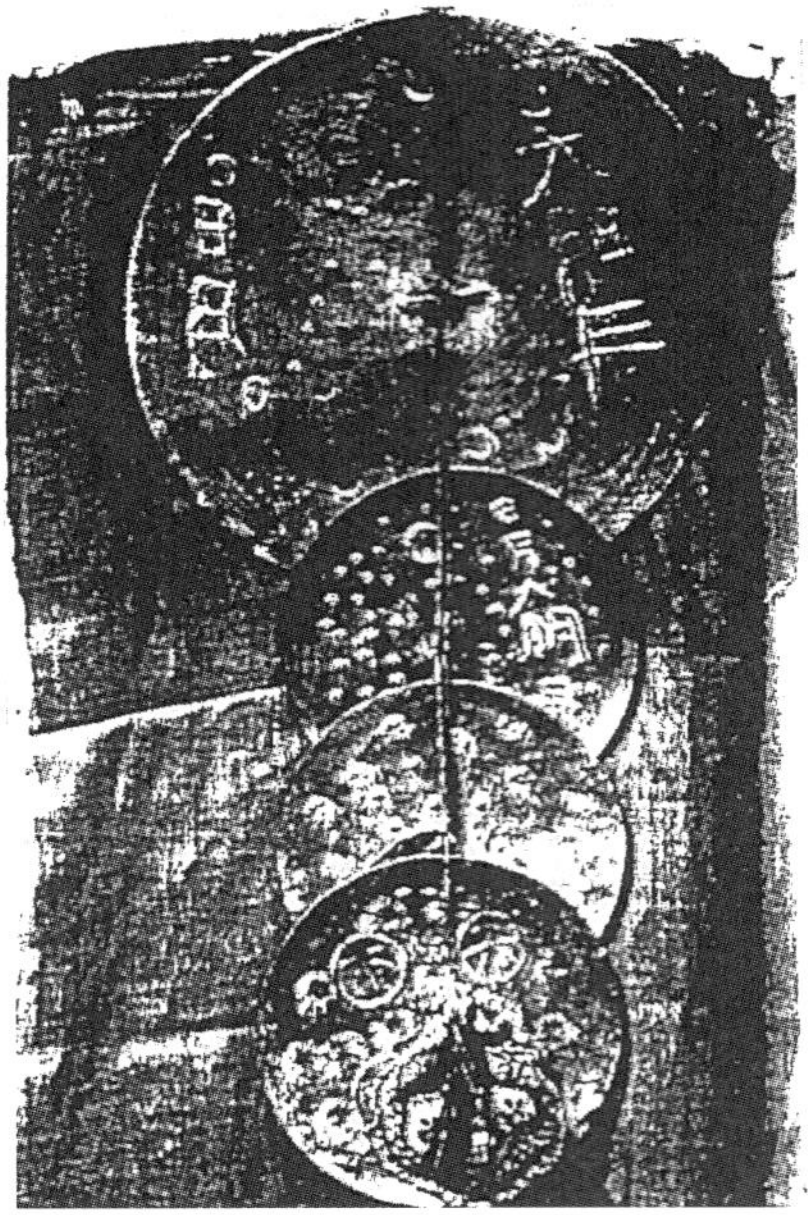

圖７　七星明圖（『朝鮮巫俗の研究』下巻より）

地鎮祭、基告祀、大監祭、上山遊、天宮迎など地域によってさまざまに異なる。

　例えば、十月開天節の頃の吉日を擇んで行なわれる京城の基告祀の場合、多くは主婦が主祭者となるが、巫女を招いた時には、まず內房に祀った帝釋または七星に、一家の平安と子孫の保祐を祈り、次いで大廳の成造を祭り、あるいは祖上（祖靈）を祀ることもある。次に後庭に出て基主・業主等も祀るが、巫を招いた場合には、この基主大監（宅地神）に對する行事が最も特異な様相を呈する、という。

　また、平壤地方の帝釋と七星を祀る佛事祭（帝釋祭）は、七星が、生命を與える神であり、佛は福を授けるものと考えられているため、壽福を祈願する安宅の行事としての意味をもつ。この場合には、祭壇に圖７のような、裏側に七星の模様のある凸面の大鏡〈七星明圖〉を懸け、上に白紙で作った三角の僧帽を掲げ、さらに白餅、白米からなる佛事床と甑の中に七個の餅を入れた七星餅とを供物にする。これは、きわめて清淨な賽神とされ、門を閉じて諸人の侵入を禁ずるとともに、祭主が水瓶の縁に乗って歌舞した後、白布を焼いて瓶中の水に投じ、この水を願主の家族に飲ませることによって、壽福を與える行事である。

　朝鮮の巫覡の中には、盲目の男性で主に讀經によって病魔・疫神を攘去し、占卜にもあたる者がおり、盲覡《パンス》と呼ばれる。[20] 彼らが行なう讀經を救命《クミョン》といい、正月に一年の吉凶を卜定する豫防救命以下、さまざまなものがあるが、盲覡の行事においても、やはり秋十月に行なわれる安宅救命が最も重視される。

會寧の民家における安宅救命の次第を、用いられる經典類を中心に要約すると、まず、その一室に神壇を設けて七星・度厄・家宅・三災の四神位を祀り、新穀の粟・餅・布・絲・水・酒等を豊富に供える。神壇を設けた部屋に座るのは主人と男性の家族で、鄰室に卜術三人が控え、女性の家族は廚房の溫突に集まる。

讀經の最初は眞言で、次に『千手經』を讀んで家族の息災と祖靈の冥福を、さらに『請經』『開天門經』によって諸神を招請した後、『明堂經』『度厄經』によって家宅の安定と家族の幸運を祈る。そして新穀を炊いて七星神に供え、『七星延命經』を讀んで雜鬼の鎭厭を祈り、『逐邪經』によって雜鬼を祓い、『地神陀羅尼』によって家宅地神の災を防ぎ、『解送經』によって諸神を奉送して終る。

『七星延命經』をはじめとする雜多な道教的な疑僞經典類が次々と讀誦され、盲覡が行なう祭禮の性格を端的に窺うことができる。

こうした定例の年中行事とは別に、妊娠、出產、婚姻等の吉事や、疾病、死亡、災害等の凶事に際して、隨時行なわれる諸種の臨時祭においても、七星祭祀は重要な要素となる。

濟州島の死靈祭で、三日間に及ぶ山王祭では、三日目の祭次の終わり近くに〈七星本解〉[21]と呼ばれる長編の神歌を唱えることになっている。また、死穢を攘う行事では、死後葬禮を行なう前に遺體を〈七星板〉に載せる風習もある。七星板は、北斗七星の形に七個の穴をあけた板で、紙に北斗の像を描いたものも用いられ、遺體をその上に載せたまま棺の中に收める。『顏氏家訓』第二十、終制篇に、著者の顏之推が亡母の葬送を回想した條りで、この七星板にふれており、六世紀前期の南北朝時代には、すでに大陸で行なわれていたことだが、朝鮮でも、早くから民間に廣く普及していたようである。[22]

六、北斗信仰の所依經典

朝鮮における北斗信仰の所依經典として、

西竺波羅門唐金倶吒撰『七曜禳災訣』

唐一行撰『七曜星辰別行法』

同『北斗七星護摩法』

唐波羅門譯『佛説北斗七星延命經』

唐大興禪師翻經院阿闍梨灌頂述『北斗七星護摩祕要儀軌』

唐金剛智譯『北斗七星念誦儀軌』

などを擧げるのは高橋亨である。[23] これら一連の雜密經典類は、八世紀末の唐代後期から、密教と道教の習合が進む過程で、道教の北斗信仰を取り込んで成立したと考えられているが、[24] 高橋が高麗版大藏經、密部所收とするこれらの經典は、『高麗大藏經總目錄』『海印寺藏板目錄』等には見出せず、[25] 入藏が確認できるのは、明治十四年（一八八一）から十八年にかけて刊行された『縮刷大藏經』が最初である。これは基本的には高麗版を底本に、宋元明の三藏を校合したもので、以後の『大日本續藏經』や『大正藏』もこれを踏襲したが、[26] これらの雜密經典の底本として用いられているのは、いずれも近世日本の版本か寫本類である點に留意する必要がある。[27]

むしろ直接的な所依經典としては、『正統道藏』所收の『太上玄靈北斗本命延生眞經』をはじめ、『北斗延生醮説戒儀』『北斗七元星燈儀』『太上北斗二十八章經』などの道教經典を想定する方が妥當だろう。とくに昭格署の道學生の

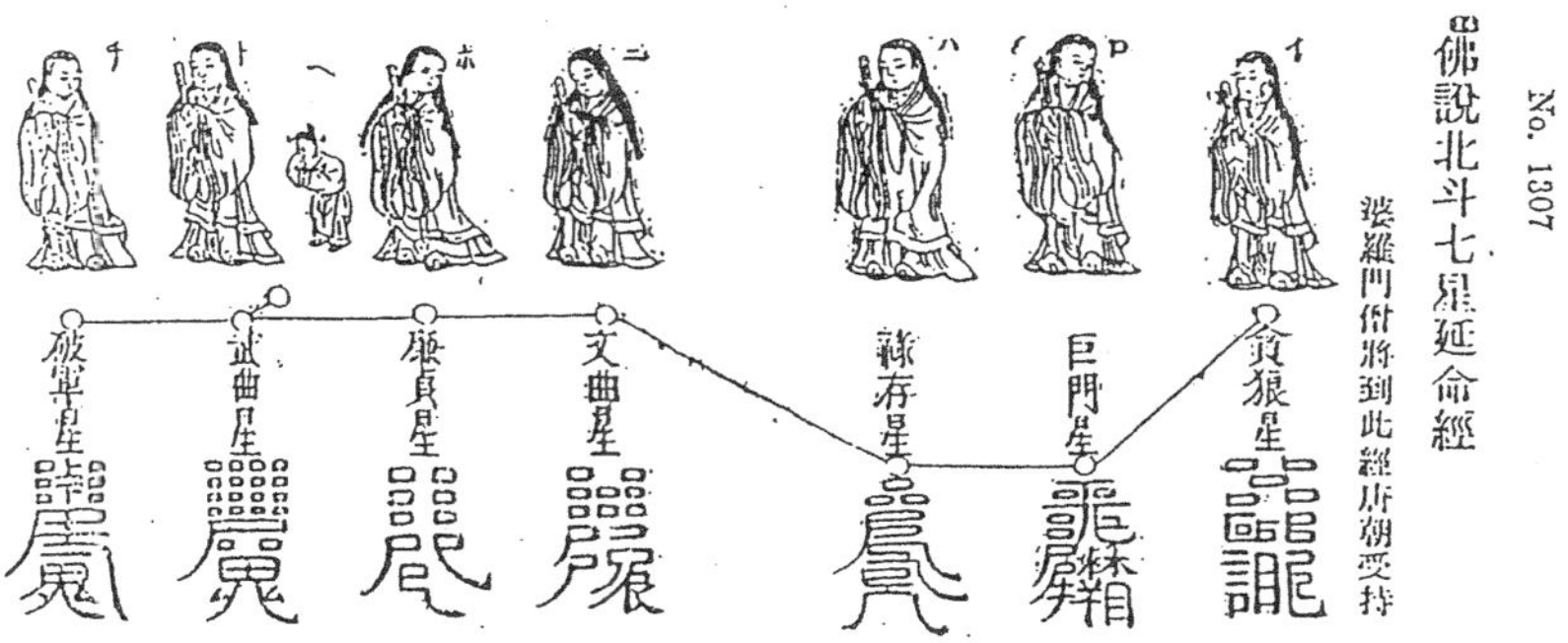

圖8　『佛說北斗七星延命經』の七星符と神像（『大正藏』21巻所收）

教科書にも用いられた『延生經』、すなわち『太上玄靈北斗本命延生眞經』（以下『太上北斗延生經』と略記）が、その中心であったと考えられる。『佛說北斗經』では、圖8のように七星それぞれに道教の符と神像を配しているのに對し、『太上北斗延生經』では、七星とはいうものの、北斗第一陽明貪狼太星君に始まって北斗第七天衝破軍關君に終るのではなく、さらに北斗第八洞明外輔星君と北斗第九隱光內弼星君という、輔弼二星を加えた九星から構成されている（圖9）。

中國で北斗九星信仰がみられるようになるのは、唐末五代の頃であり、宋代に入って盛んになったようだが、[28] 朝鮮の寺院における佛教儀禮で、道場守護を祈願して佛法の守護神を迎えるために行なわれる〈神衆作法〉もまた、九星信仰に基づく。その構成と節次を、『梵音集』や『作法龜鑑』などの李朝以來の佛教儀禮書を集成した『釋門儀範』（一九三五年、安震湖編）に依據して、洪潤植氏が整理されたところでは、[29] 百四位の神衆を奉請する大禮の場合、中壇三十八位の神衆の中に、北斗第一陽明貪狼太星君から北斗第九隱光內弼星君までの九星に加えて、上臺虛精開德眞君、中臺六淳司空星君、下臺曲生司祿星君の三臺星も含まれるが、前述のように、これらの神格を列擧するのは『佛說北斗經』ではなく、『太上北斗延生經』の方である。これは朝鮮における北斗信仰の所依經典として、より直接的

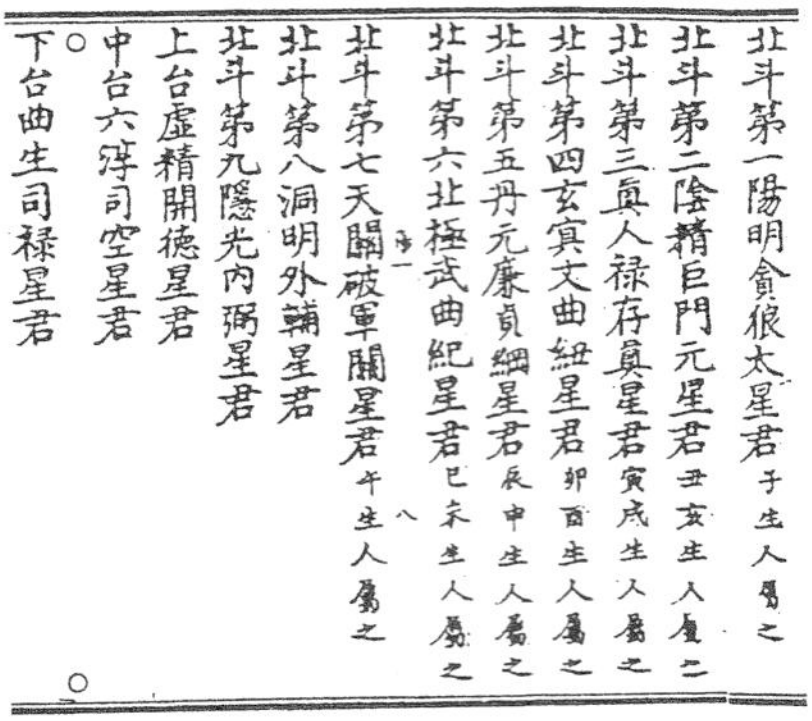
北斗第一陽明貪狼太星君 子生人屬之
北斗第二陰精巨門元星君 丑亥生人屬之
北斗第三眞人祿存眞星君 寅戌生人屬之
北斗第四玄冥文曲紐星君 卯酉生人屬之
北斗第五丹元廉貞綱星君 辰申生人屬之
北斗第六北極武曲紀星君 巳未生人屬之
北斗第七天關破軍關星君 午生人屬之
北斗第八洞明外輔星君
北斗第九隱光內弼星君
上台虚精開德星君
中台六淳司空星君
下台曲生司祿星君

圖 9　『太上玄靈北斗本命延生眞經』
（『正統道藏』第341册所收）

な役割を果したのが、道經の『太上北斗延生經』であることを示す。

ちなみに、巫覡が用いた祈禱經文を集めた『消災吉祥佛經要集』（注（1）參照）に『北斗延命經』（目次）として載るのは『太上北斗延生經』であり、『朝鮮巫俗の研究』下卷の附錄（注（1）參照）に載る『北斗延生經』も『太上北斗延生經』の〈北斗呪〉の部分を抽出したものであることなども、圖こうした推定の裏附けとなるだろう。

七、朝鮮本『太上玄靈北斗本命延生眞經』

朝鮮で刊行された『太上北斗延生經』の板本については、韓國精神文化研究院編『韓國册板目錄總覽』[30]に、

(1)　康熙四十年辛巳（一七〇一）　全羅道金溝地母嶽金山寺板
(2)　康熙五十三年甲午（一七一四）　全羅道淳昌郡廣德山福泉寺板
(3)　同治三年甲子（一八六四）　三角山道詵庵板（後、廣州修道山奉恩寺に移出）

の三部が著錄されているが（(3)の道詵庵は第一節の圖版參照）、韓國文化財管理局專門委員の朴相國が、全道の寺院等に現存する經典類の板本を調査した報告書『全國寺刹所藏木板集』[31]によると、この他に、

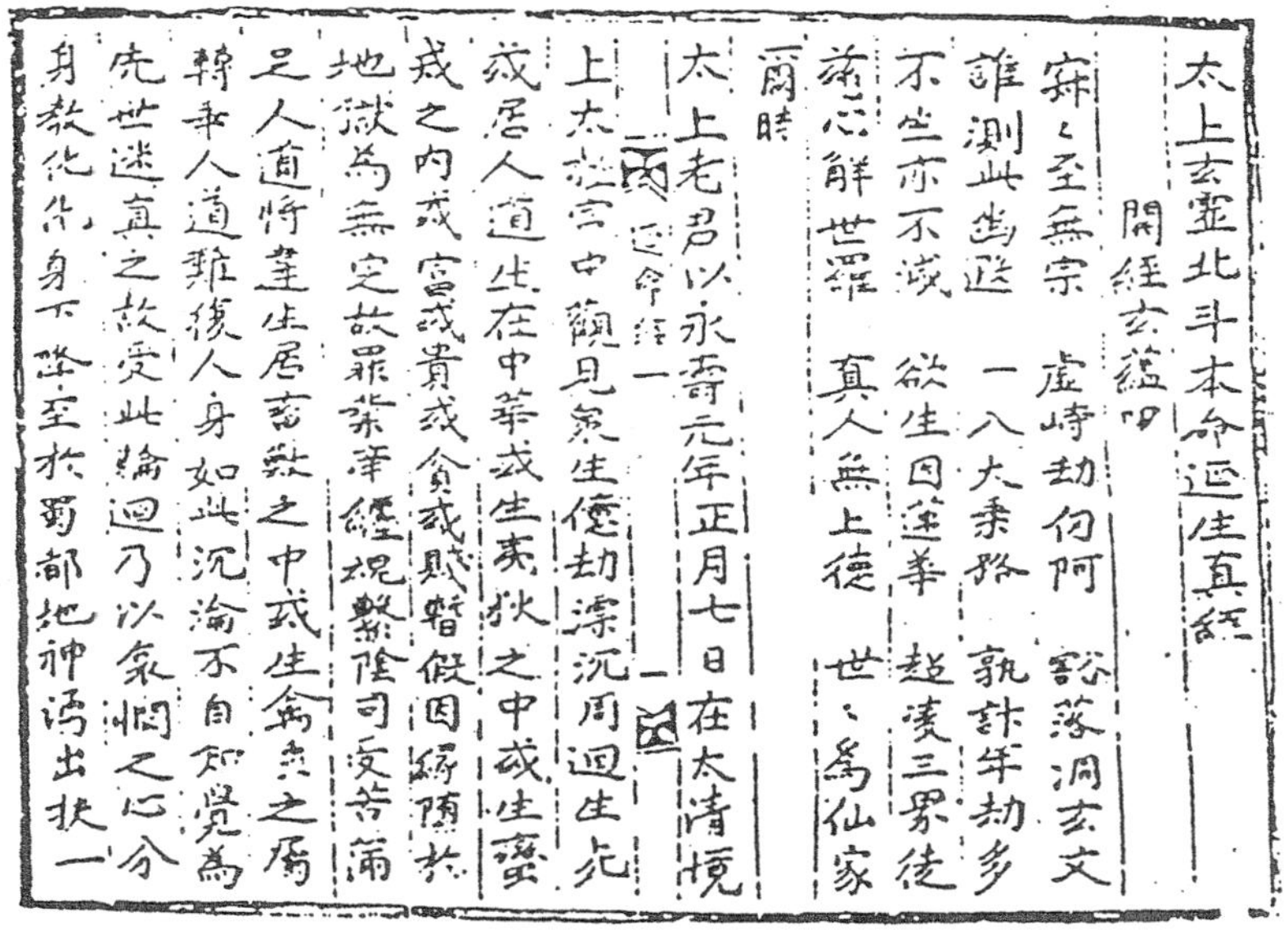
太上玄靈北斗本命延生真經
開經玄蘊呪
寂寂至無宗　虛峙劫仞阿　豁落洞玄文
誰測此幽遐　一入大乘路　孰計年劫多
不生亦不滅　欲生因蓮華　超凌三界途
慈心解世羅　真人無上德　世世為仙家
爾時
太上老君以永壽元年正月七日在太清境
上太極宮中觀見衆生億劫漂沉周迴生死
或居人道生在中華或生夷狄之中或生蠻
戎之內或富或貴或貧或賤暫假因緣墮於
地獄為無定故罪業牽纏魂繫陰司受苦滿
足人道將違生居畜獸之中或生禽蟲之屬
轉乎人道難復人身如此沉淪不自知覺為
先世迷真之故受此輪迴乃以哀憫之心分
身教化化身下降至於蜀都地神涌出扶一

圖10　熊津寺藏板『太上玄靈北斗本命延生眞經』
（朴相國編『全國寺刹所藏木板集』）

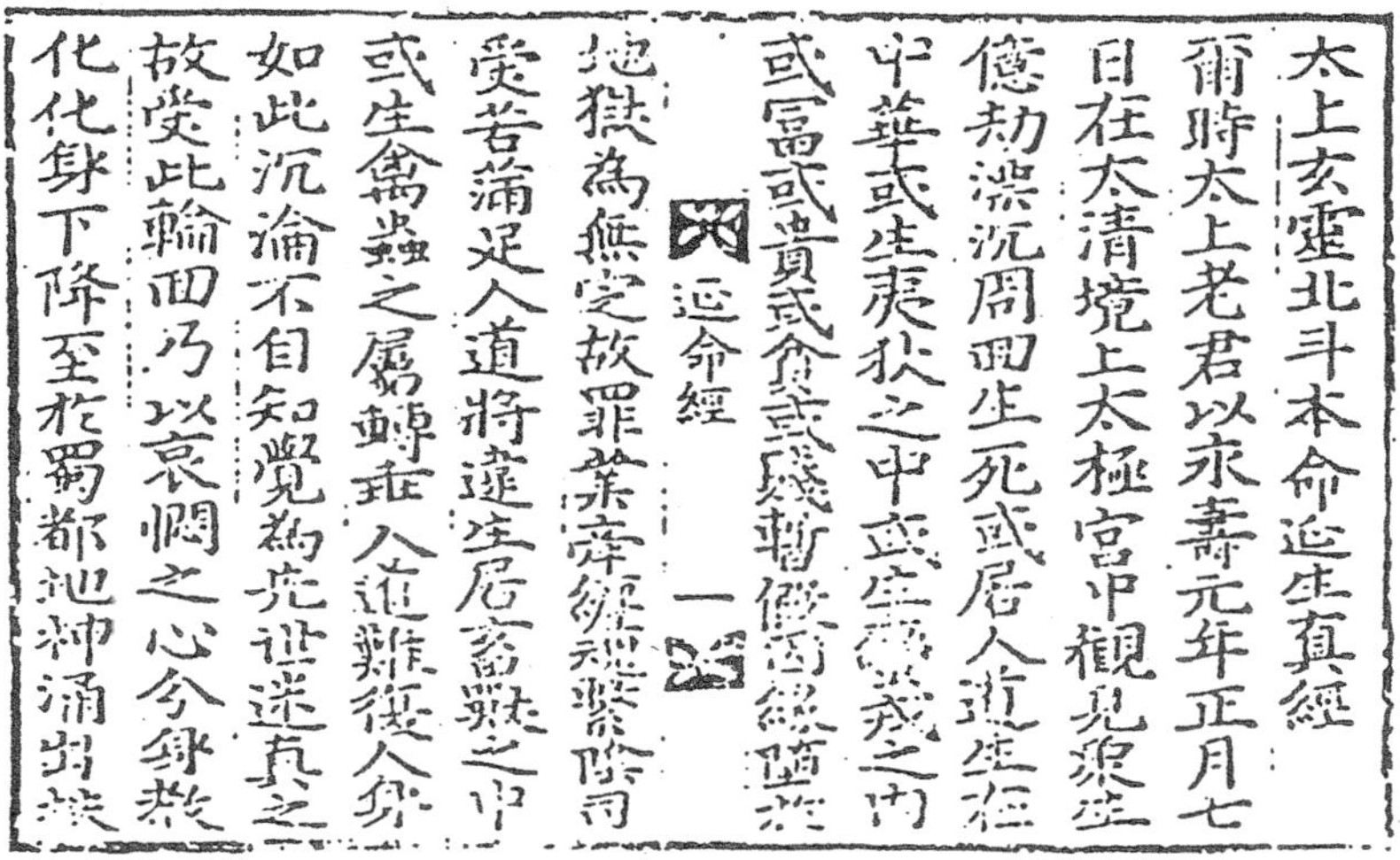
太上玄靈北斗本命延生真經
爾時太上老君以永壽元年正月七
日在太清境上太極宮中觀見衆生
億劫漂沉周迴生死或居人道生在
中華或生夷狄之中或生蠻戎之內
或富或貴或貧或賤暫假因緣墮於
地獄為無定故罪業牽纏魂繫陰司
受苦滿足人道將違生居畜獸之中
或生禽蟲之屬轉轉人道難復人身
如此沉淪不自知覺為先世迷真之
故受此輪迴乃以哀憫之心分身教
化化身下降至於蜀都地神涌出扶

圖11　松廣寺藏板『太上玄靈北斗本命延生眞經』（同前）

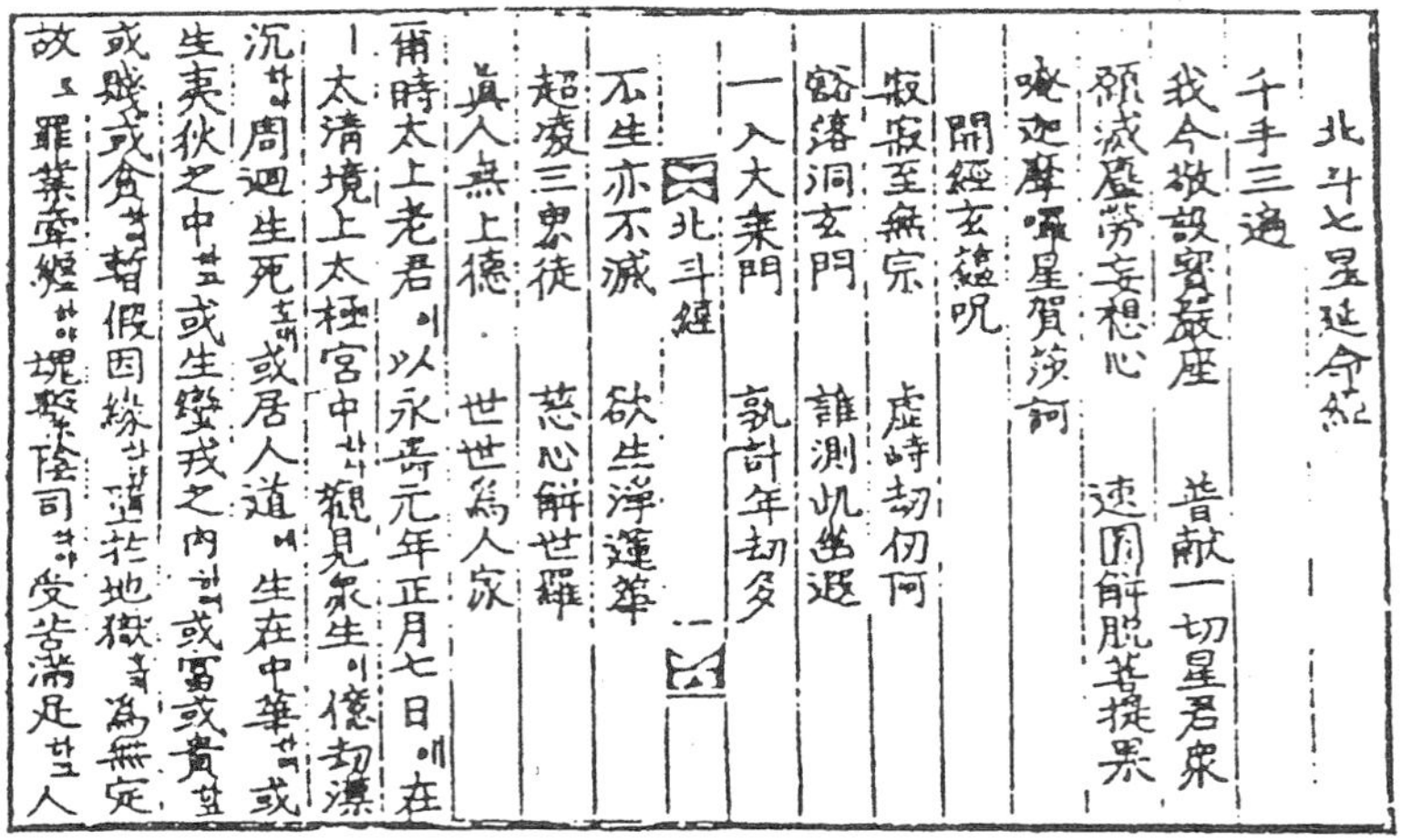

北斗七星延命經
千手三遍
我今敬設寶嚴座　普獻一切星君衆
願滅塵勞妄想心　速圓解脫菩提果
唵迦摩囉星賀莎訶
開經玄蘊呪
寂寂至無宗　虛峙劫仞阿
豁落洞玄門　誰測仉幽邃
一入大乘門　孰計年劫多
北斗經
不生亦不滅　欲生淨蓮華
超凌三界徒　慈心解世羅
眞人無上德　世世爲人家
爾時太上老君이以永壽元年正月七日에在
太淸境上太極宮中하사觀見衆生이億劫漂
沉하야周廻生死하며或居人道에生在中華하며或
生夷狄之中하며或生蠻戎之內하며或富或貴하며
或賤或貧하야暫假因緣하야墮於地獄하야爲無定
故로罪業牽纏하야魂繫陰司하야受苦滿足하며人

圖12　龍華寺藏板『太上玄靈北斗本命延生眞經』(同前)

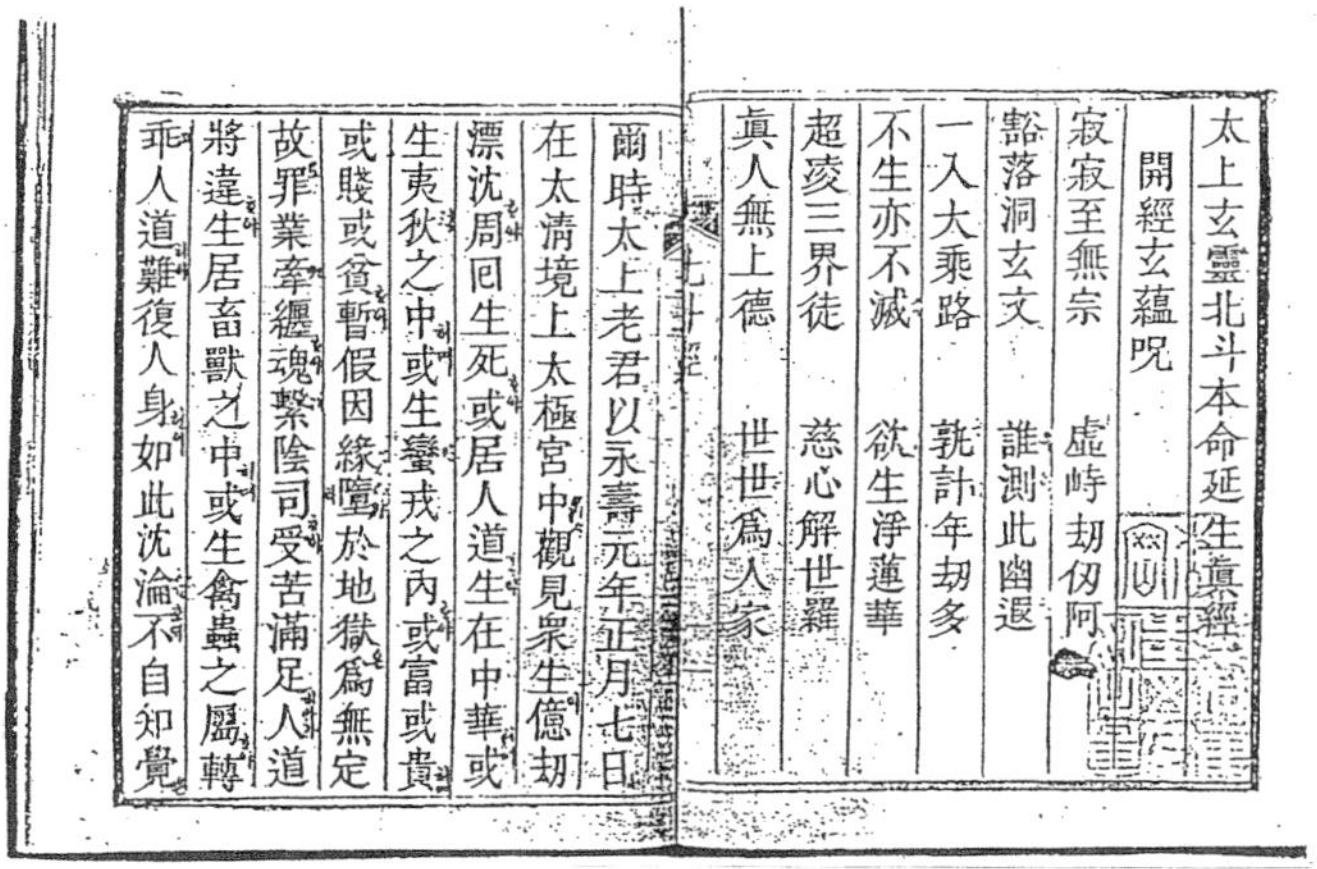

太上玄靈北斗本命延生眞經
開經玄蘊呪
寂寂至無宗　虛峙劫仍阿
豁落洞玄文　誰測此幽遐
一入大乘路　孰計年劫多
不生亦不滅　欲生淨蓮華
超凌三界徒　慈心解世羅
眞人無上德　世世爲人家
爾時太上老君以永壽元年正月七日
在太清境上太極宮中觀見衆生億劫
漂沈周回生死或居人道生在中華或
生夷狄之中或生蠻戎之內或富或貴
或賤或貧暫假因緣墮於地獄爲無定
故罪業牽纏魂繫陰司受苦滿足人道
將違生居畜獸之中或生禽蟲之屬轉
乖人道難復人身如此沈淪不自知覺

圖13　ソウル大學校奎章閣所藏『太上玄靈北斗本命延生眞經』

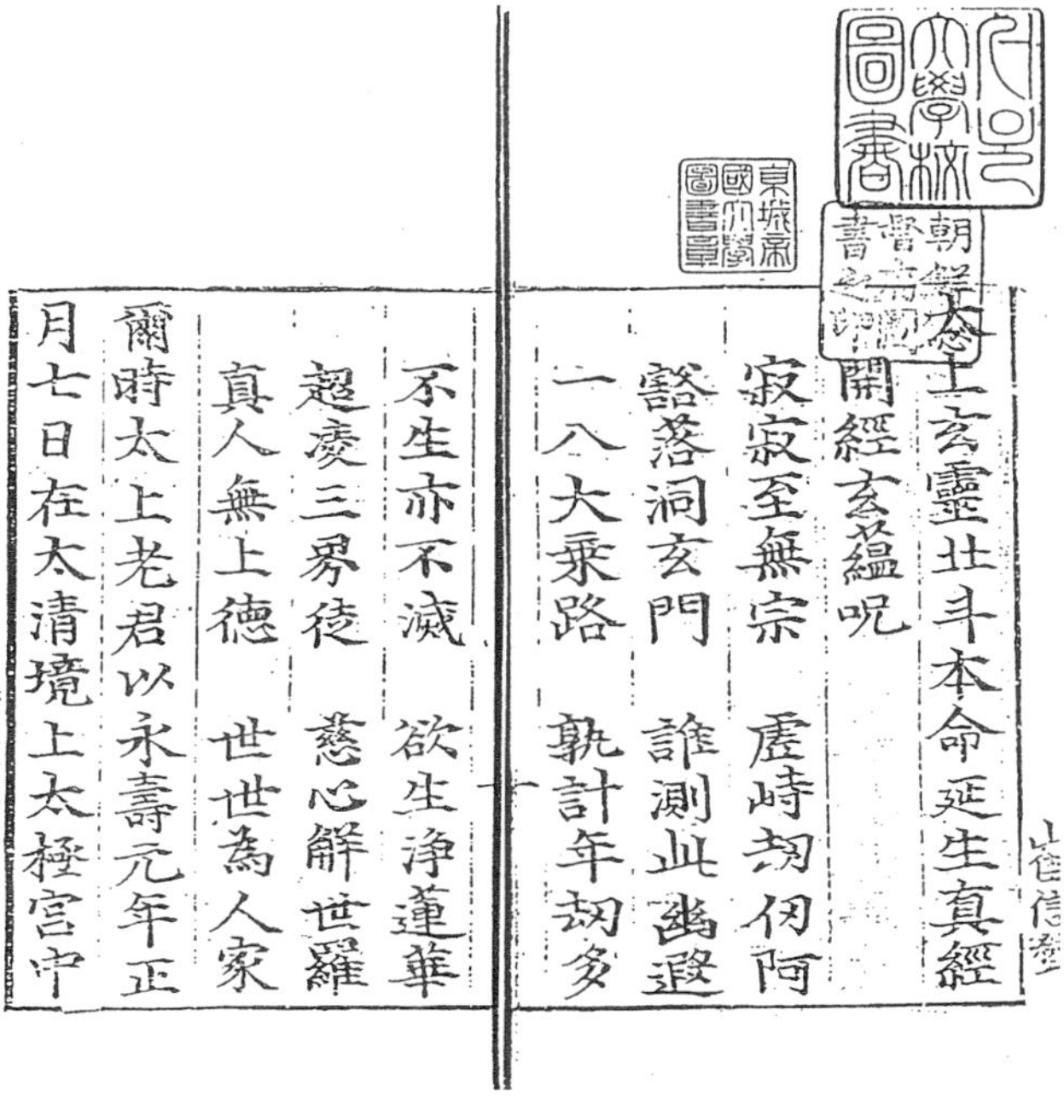

太上玄靈北斗本命延生真經
開經玄蘊呪
寂寂至無宗　虛峙劫仍阿
豁落洞玄門　誰測此幽遐
一入大乘路　孰計年劫多
不生亦不滅　欲生淨蓮華
超凌三界徒　慈心解世羅
眞人無上德　世世為人家
爾時太上老君以永壽元年正
月七日在太清境上太極宮中

圖14　同　　上

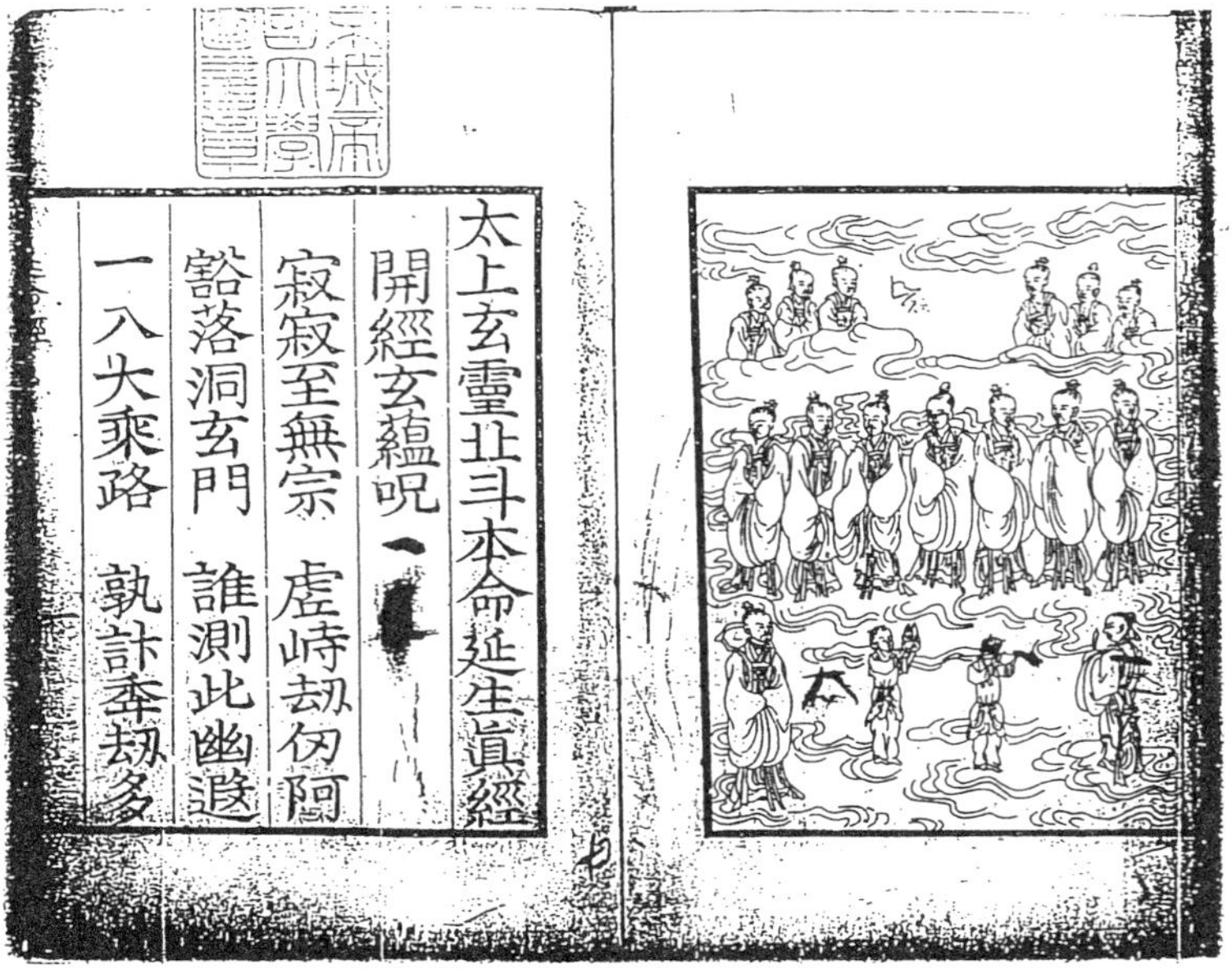
太上玄靈北斗本命延生眞經
開經玄蘊呪
寂寂至無宗　虛峙刼仞阿
豁落洞玄門　誰測此幽邃
一入大乘路　孰計秊刼多

圖15　同前（道詵庵板）

(4)　正祖十五年庚戌（一七九一）　慶尙南道右昌佛母山熊津寺板

(5)　己卯（？）二月　全羅南道昇平府曹溪山松廣寺板

(6)　刊年不詳　慶尙南道統營郡彌勒山龍華寺板

の三部が知られる（圖10・11・12）。さらにソウル大學校奎章閣所藏本の中には、ともに刊年不詳ながら異板二種（整理番號、古一四二二一一一、奎一四二二一七）が含まれる（圖13・14）。

この內、最も流布したのは(3)の道詵庵板（後に奉恩寺へ）のようで、確認し得た範圍では、韓國國立中央圖書館に四部（ただし表題は延命經、七星經の二種がある）、ソウル大學校奎章閣、東國大學校に各一部、傳存する[32]（圖15）。

道詵庵板はたて二十七・三センチ、よこ十八センチ、全三十丁で、扉繪があり、「開經玄蘊呪」の後に本文が續く。尾題は「大聖北斗延命經」となっており、さらに七星眞言、七星符、七星每歲六度下日、禮拜日、毎月下降日、主上殿下上祝語、山中秩、緣化秩、施主、刊記、七星陀羅尼などが記されて、最後に跋語がある。

東國大學校所藏の道詵庵板によって、この朝鮮本『太上北斗延命經』に言及された吉岡義豊は、經首の「開經玄蘊呪」が、中國六朝時代に成立した『洞玄經』の開經偈に源流するものであること、(33)七星眞言や陀羅尼が附せられていることから、純粹の道教經典としてではなく、密教系信仰の中に取り込まれて流通した可能性があること、そして、臺灣にもほぼ同一のものが流布していること、(34)などを指摘したうえで、本文について道藏本との異同を示した。(35)

八、『太上玄靈北斗本命延生眞經』の傳播

臺灣の道士(36)が行なう〈經懺讀法〉と呼ばれる醮祭儀禮においては、『玉樞經』と『北斗經』と『三官經』とが讀誦される。大淵忍爾らによる總合調査の報告によれば、(37)まず道士三人または一人が、獻香と禮拜をし、玉磬と鼓介で止めた後に歩虚を行なう。次いで金字經を唱え、それが終るとさらに『北斗經』の文言にもとづいて次のように唱えながら、二回壇をめぐって四方を拜する。

家有北斗經、本命降眞靈、北斗七元解厄星、惟有教法得清淨、解厄星君救衆生願讀北斗演眞經、禹餘天諸聖賢、惟願醮主保平安、增延福壽保平安、增延添福壽、添福壽保平安、善好緣。

さらに天師小號を呪し、續いて讚道歌や四時景を唱える、という。(38)

『北斗經』はまた、マレーシアにおいて、九皇信仰の所依經典ともなっている。原田正己が紹介した咸豐七年丁巳に江西で重刊された『太上玄靈北斗本命延生妙經』の本文は、冒頭に「開經讚」として「北斗九皇、位冠五方、人神

主宰煥星光、調理紀和綱、聖德難量、賜福頌無疆」の一文があり、「皈命　北斗賜福大星君」と記した後に「開經偈」が置かれ（その内容は、朝鮮本とは異なる）、最後に「完經讃」として「中天大聖、北斗玄冥、七元解厄善通靈、集福竝延齡、願見眞形、頂禮獲康寧」と述べた後、さらに「北斗寶誥」「志心皈命禮」などの文言が續くものである。[39]

さらに日本では、十五世紀、室町末期に唯一神道の教理の確立に努めた吉田兼倶が、『太上北斗延生經』を積極的に援用するなど、[40]その傳播は多方面に及んでいる。

この經典が、これほど廣い範圍において、長く信仰されてきたのは、本文の一節に、

凡そ男女有りて、本命生辰及び諸齋日に於て、心身を清淨にし、香を焚きて此の眞文を持して、自ら北極本命の屬する所の星君を認め、心に隨いて禱祝すれば、善く應ぜずということ無し。災罪消除し、萬聖千眞を感ずることを致して、倶に來りて此の文の所在の處を衞護せん。千眞敬禮し萬聖護持し、魔鬼潛消し、精靈伏匿せん。世に災殃有らば、悉く皆消滅せん。是を北斗本命延生經訣と名づく。乃ち修眞の徑路に得道逍遙することは皆此經に因れり。聖を證し、眞を成すことは皆此經に因れり。出離生死は皆此經に因れり。男女を保護することは皆此經に因れり。命を保ちて秊を延べ、皆自在を得て、永く身寶と爲る。福壽稱うべし。保ちて之を敬せよ。人に非んば示すこと勿れ。

と述べるように、とくに消災と延壽についてのさまざまな效驗が、多くの人々の精神的な支えとなり得たからといえるだろう。

注

（1）村山智順『朝鮮の巫覡』（一九三二年、朝鮮總督府、一九七二年、國書刊行會復刊）の附錄に、〈祈禱經文集〉として『玉

樞經』以下三十餘種が收められている。また赤松智城・秋葉隆『朝鮮巫俗の研究』下巻（一九三八年、大阪屋號書店）の附録に、「巫經」として江原道原州男巫・李世榮傳承の『鏁邪大全』二卷、『家神奉安經及尸癀解送經祝願文』が收録されている。

なお、國立國會圖書館・新城新藏文庫の『消災吉祥佛經要集』（一九二五年、京城、翰南書林）も、こうした巫覡の經文集をもとに翻刻したものと思われ、『佛説千手經』以下二十九種を收める。

（2）韓國精神文化研究院編『韓國册板目錄總覽』（一九七九年刊）ならびに、朴相國編『全國寺刹所藏木板集』（一九八七年、韓國文化財管理局）など參照。

（3）『文化人類學』三號、〈特集・宗教的シンクレティズム〉（一九八六年、アカデミア出版會）の所收論文、とくに伊藤亞人「正統性と土着性──朝鮮民族文化と現代韓國におけるシンクレティズムの様相──」から多くの示唆を得た。

（4）鎌田茂雄『韓國古寺巡禮』新羅編・百濟編（一九九一年、日本放送出版協會）その他。

（5）伊藤亞人、前揭注（3）論文。

（6）『三國遺事』卷三、寶藏奉老條、『三國史記』卷二十、榮留王本紀、同卷二十一、寶藏王本紀二年條他。新・舊『唐書』にも同内容の記事あり。拙稿「日本古代の知識層と『老子』」（『豐田短期大學紀要』一號　一九九一年、『萬葉歌人と中國思想』、一九九七年、吉川弘文館所收）でも言及した。

（7）高句麗平南溫泉郡の狩獵塚古墳の玄室後壁に描かれた北斗七星圖などについては、朱榮憲『高句麗の壁畫古墳』（永島暉臣愼譯、一九七二年、學生社）參照。

（8）李能和『朝鮮道教史』（一九七七年、普成文化社、初版は一九五九年、東國大學校刊『韓國道教史』）。ならびに車柱環『朝鮮の道教』（三浦國雄・野崎充彦譯註、一九九〇年、人文書院、原著は『韓國の道教思想』、一九八四年、ソウル、同和出版公社）參照。

（9）『高麗史』卷六十三、志十七、雜祀、ならびに權相老編『高麗史佛敎鈔存』（一九七三年、ソウル、寶蓮閣、『退耕堂全書』第四卷所收、一九九〇年、同刊行委員會）、今村鞆編『高麗以前の風俗關係資料撮要』（一九四〇年、朝鮮總督府、一九七四

年、國書刊行會再刊）などの先驅的業績の他に、近年では梁銀容「高麗道教の歴史資料」（『韓國宗教』十號、一九八五年、圓光大學校）がある。

(10) 以下、三節と四節は、車柱環、前掲注（8）によるところが大きい。

(11) 車柱環、前掲注（8）、附錄「老人星祭」參照。

(12) 朴大容等撰『增補文獻備考』全二五〇卷（初刊一九〇八年）、東國文化社版　下卷六一一頁。

(13) 『大東野乘』所收。車柱環、前掲注（8）の三浦國雄譯注解題、四〇七頁、參照。

(14) 學習院大學東洋文化研究所刊、學東叢書所收（影印版）。

(15) 今村鞆『李朝實錄風俗關係資料撮要』（一九三九年、朝鮮總督府、一九八七年、國書刊行會復刊）、權相老・江田俊雄『李朝實錄佛教鈔存』全二十卷（『退耕堂全書』第四卷、第五卷所收）。

(16) 學習院大學東洋文化研究所刊、學東叢書に、續篇も併せた蓬左文庫所藏本（李朝初期の古活字版）の影印版がある。全五卷。

(17) これは、李奎報の詩文を集成した『東國李相國集』全四十一卷、後集十二卷の内、卷三十九にも收載。他に「北斗下降醮禮文」、「九曜堂行天變祈禳」、「十一曜消災道場兼設醮禮文」、「國卜十一曜二十八宿醮禮文」、「星變祈禳十一曜消災道場文」などの諸篇がある。

(18) 柳東植『朝鮮のシャーマニズム』（一九七六年、學生社）他。

(19) 赤松智城・秋葉隆、前掲注（1）。以下、第五節は本書に多くを負う。

(20) 他に、經文匠、經匠、經客、經師、誦經など、さまざまな呼稱がある。

(21) 本文は『朝鮮巫俗の研究』上卷（前掲注（1））五一九頁以下、ならびに張籌根『韓國の民間信仰』資料篇（一九七三年、金花舍）所收。

(22) 李能和、前掲注（8）、第二十六章ならびに、車柱環、前掲注（8）、三浦國雄譯注三八八頁等參照。

(23) 高橋亨『李朝佛教』（一九二三年、大阪屋號書店、一九七二年、國書刊行會復刊）をはじめ、洪潤植『韓國佛教儀禮の研究』

（一九七六年、隆文館）、鎌田茂雄『朝鮮佛教史』（一九八七年、東京大學出版會）なども同様。

(24) 望月信亨「道教思想に影響せられたる僞經」（『大正大學學報』一號、一九二七年）、那須政隆「中國密教における道教思想の受容」（『印度學佛教學研究』六巻一號、一九五八年）などをはじめとする先行研究については、山下克明「平安時代における密教星辰供の成立と道教」（『日本史研究』三一二號、一九八八年、『平安時代の宗教文化と陰陽道』、一九九六年、岩田書院）に詳しい。

(25) 『高麗大藏經總目錄・索引・解題（日本語版）』（一九七八年、同朋舍）、ならびに蔡運辰編『二十五種藏經目錄對照考釋』（一九八三年、臺北、新文豐出版公司）等參照。

(26) 大藏會編『大藏經――成立と變遷――』（一九六四年、百華苑）參照。

(27) 例えば、『大正藏』二十一巻所收の『佛說北斗七星延命經』の底本は、享和二年刊の長谷寺藏本である。

(28) 原田正己「マレーシアの九皇信仰」（『東方宗教』五十三號、一九七九年、日本道教學會）、菅原信海「吉田神道と北斗信仰」（『東洋の思想と宗教』八號、一九九一年、早稲田大學東洋哲學會、『日本思想と神佛習合』、一九九六年、春秋社）等參照。

(29) 『釋門儀範』の通行本（一九八九年、ソウル、法輪社）。洪潤植、前掲注（23）參照。

(30) 前掲注（2）。

(31) 前掲注（2）。

(32) 大韓民國國會圖書館編『韓國古書綜合目錄』（一九六八年刊）によれば、この他に、パリ東洋語學校と日本の東洋文庫にも所藏とされるが、前間恭作の舊藏本を中心とする東洋文庫所藏の朝鮮本中には當該書を確認できなかった。

(33) 吉岡義豐「三洞奉道科誡儀範の成立について」（『道教と佛教』第三册、一九七六年、國書刊行會）に詳論がある。

(34) 民國四十五年、臺中瑞成書局發行本など。

(35) 吉岡義豐「韓國の道教資料」（『吉岡義豐著作集』第三卷、一九八六年、五月書房所收、初出『大正大學紀要』六十二號、一九七六年）。

(36) 專ら吉禮を行なう紅頭道士と、喪葬儀禮にもあたる烏頭道士とにわかれる。

（37）大淵忍爾編『中國人の宗教儀禮』（一九八三年、福武書店）第二編、道教儀禮、Ⅰ臺灣の道教儀禮（大淵忍爾稿）。
（38）前掲注（37）『中國人の宗教儀禮』附錄の〈頌呪偈詞集〉に、「開經玄蘊呪」二種と「北斗呪」が載る。
（39）原田正己、前掲注（28）。
（40）菅原信海、前掲注（28）、ならびに坂出祥伸・增尾伸一郎「中世日本の神道と道教――吉田神道における「太上玄靈北斗本命延生眞經」の受容――」（『日本・中國の宗教文化の研究』、一九九一年、平河出版社）參照。

第十六章　朝鮮本『佛説廣本太歳經』とその諸本

緒　言

朝鮮における道教の受容に關しては、李圭景『五洲衍文長箋散稿』[1]巻三十九「道教仙書道經辨證説」、巻四十二「東國道教本末辨證説」と、それを踏まえた李能和『朝鮮道教史』[2]などの先驅的研究をはじめ、近年では、車柱環『韓國の道教思想』[3]、宋恆龍『韓國道教哲學史』[4]、李鍾殷『韓國詩歌上の道教思想研究』[5]のほか、韓國道教思想研究會による『道教と韓國思想』以下、一連の論集[6]や、韓國道教學會の論集『道教と科學』[7]などが相次いで刊行され、しだいにその概容が明らかになりつつある。

道教の傳來と展開について考察するには、道觀を中心とする教團の組織や、道士による經典と儀禮の受容をめぐる諸問題に加えて、道教的な要素の濃厚な中國（あるいは朝鮮）撰述の疑僞經典類を通じての受容という側面にも、注目する必要があるだろう。

民間の巫覡が用いる經文集を分析した徐大錫「經巫攷」[8]や、伊藤亞人「韓國の民間信仰における道教の傳統」[9]は、そうした課題に關する數少ない成果である。ともに文化人類學的見地からの考察であるためか、〈道藏〉や〈大藏經〉との關係を含め、經典類の史的性格については、あまり言及されていないが、韓泰植「韓半島で作られた疑僞經について」[10]では、『金剛三昧經』（新羅）、『現行西方經』（高麗）、『念佛因由經』（李朝）、『千手經』（最近世）などの成立過程と、その宗教思想的性格についての分析が試みられている。

本章では、巫覡の經文集にも含まれる代表的な疑僞經典類を何種類か合綴し、李朝時代を通じて各地の寺院で刊行された『佛說廣本太歲經』を取り上げ、朝鮮における道佛二教と巫俗の交渉史の一面を試考したい。

一、朝鮮における道教經典の流傳

『三國史記』高句麗本紀によれば、七世紀前期、榮留王の時代に、唐の道士が天尊像と道法を傳え、王室に『老子』を講じたとされ、同書、新羅本紀にも、七世紀中期、孝成王の時代に、やはり唐から「老子道德經等文書」が王室に傳えられたという。

高麗時代には、十二世紀初期の睿宗の時代に、はじめて福源宮（院）という道觀が創建され(11)、天靈・五岳・山川・龍神を祀る八關會のような道教的醮齋が、國家的な規模で行なわれた(12)。

李朝時代になると、儒臣らの進言によって道教や佛教は抑壓され、十四世紀末には、福源宮や醮所が、相次いで廢止となる中で、唯一の醮所として昭格殿が設置された(13)。十五世紀中期には縮小して昭格署となったが、ここに設けられた三淸殿では、玉皇上帝、太上老君、普化天尊、梓潼帝君などを祀り、署員の他に、道學生十名も配置された（『增補文獻備考』卷二二三、職官考十(14)）。

『經國大典』卷三、取才條・道流の規定によれば、道學生たちは、『禁壇』を誦し、『靈寶經』を讀み、科義は『延生經』『太一經』『玉樞經』『眞武經』『龍王經』の中から三經を選んで行なうことになっていた(15)。このうち最も流布したのは、『延生經』と『玉樞經』である。

『延生經』は、『正統道藏』洞神部、第三四一册所收の『太上玄靈北斗本命延生眞經』のことで、十八～十九世紀に刊行された各種の板本や寫本が傳存する。朝鮮の寺院では、七星閣が設けられ、道場の守護を祈願して、佛法の守護神を迎えるために、北斗信仰に基づく神衆作法が行なわれるが、(16) その所依經典は、唐末宋初に成立した雜密經典の『佛說北斗七星延命經』ではなく、道經の『北斗延生經』の方である。(17)

『玉樞經』は、『九天應元雷聲普化天尊說玉樞寶經』といい、『道藏』洞眞部第二五册所收。雷聲普化天尊による、學道、召靈、解厄、求嗣、祈雨、驅邪などへの功德を說く、雷神信仰を基調とした道經で、十三世紀初頭までには成立したとみられるが、(18) 臺灣の道教儀禮では現在も『北斗延生經』『三官經』とともに重用されている。(19)

朝鮮本は數種類現存するが、最も古く隆慶四年（一五七〇）に、全羅南道同福の無等山安心寺で開板された一册は、韓國國立中央圖書館、延世大學校の他、日本の內閣文庫、天理圖書館今西龍文庫でも所藏する。(20) また、雷神信仰との關係が深い大宰府天滿宮には、高麗後期の紺紙金泥折本の『天尊玉樞寶經』が傳存する。(21)

十七世紀初期に韓無畏が撰述したと見られる『海東傳道錄』(22) によると、新羅の崔承祐、金可記、僧慈惠が入唐した際、鍾離權から、內丹の口訣とともに授けられた道書の中には、『周易參同契』『黃庭經』『龍虎經』『清淨心印經』などが含まれていたという。『參同契』は後漢の魏伯陽撰とされる煉丹の基本書であり、『黃庭經』は後漢から魏晉にかけての服氣や行氣の道術を反映する『外景經』と、東晉後期に上清派形成期の道士たちが、五臟神說や泥丸說などを盛り込んで『外景經』を再構成した『內景經』から成る。(23)〈龍虎〉も內丹の根幹に關わる語で、『海東傳道錄』には、十六世紀に鄭磏が撰述した煉丹書『龍虎訣』が附載されている。(24)

朝鮮における道藏の傳來に關する記錄としては、林椿「逸齋記」(25) に、高麗中期の福源觀創建に貢獻した李仲若が、若い時から道藏を讀み、神仙を慕った、と傳えられるのが初見のようであるが(26)（圖1）、こうした道教經典が、個別

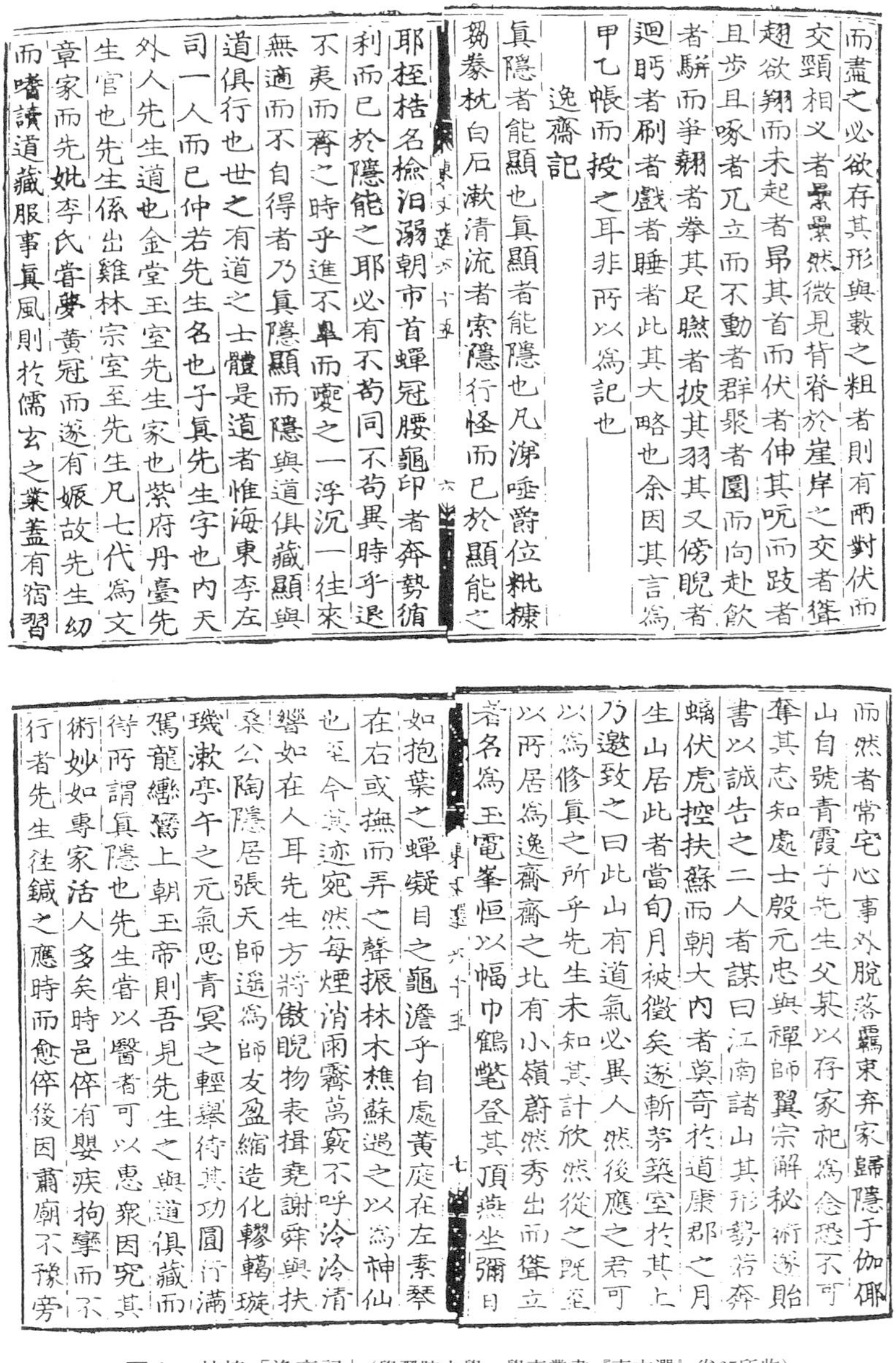
而盡之必欲存其形與數之粗者則有兩對伏而
交頸相乂者㬥㬥然微見背脊於崖岸之交者聳
翹欲翔而未起者昂其首而伏者伸其吭而跂者
且步且啄者兀立而不動者群聚者圜而向赴飲
者駢而爭翔者拳其足聮者披其羽其乂傍睨者
迴眄者刷者戲者睡者此其大略也余因其言爲
甲乙帳而授之耳非所以爲記也
逸齋記
眞隱者能顯也眞顯者能隱也凡涕唾爵位粃糠
芻豢枕白石漱清流者索隱行怪而已於顯能之
耶桎梏名檢汩溺朝市首蟬冠腰黿印者奔勢徇
利而已於隱能之耶必有不苟同不苟異時乎退
不夷而齊之時乎進不皐而夔之一浮沉一往來
無適而不自得者乃眞隱顯而隱與道俱藏顯與
道俱行也世之有道之士體是道者惟海東李左
司一人而已仲若先生名也子眞先生字也内天
外人先生道也金堂玉室先生家也紫府丹臺先
生官也先生係出雞林宗室至先生凡七代爲文
章家而先妣李氏甞夢黃冠而遂有娠故先生幼
而嗜讀道藏服事眞風則於儒玄之業蓋有宿習
而然者常宅心事外脫落羈束弃家歸隱于伽倻
山自號青霞子先生父某以存家祀爲念恐不可
奪其志知處士殷元忠與禪師翼宗解秘術遂貽
書以誠告之二人者謀曰江南諸山其形勢若奔
螭伏虎控扶蘇而朝大内者莫奇於道康郡之月
生山居此者當旬月被徵矣遂斬茅築室於其上
乃邀致之曰此山有道氣必異人然後應之君可
以爲修眞之所乎先生未知其計欣然從之既至
以所居爲逸齋齋之北有小嶺蔚然秀出而聳立
者名爲玉霄峯恒以幅巾鶴氅登其頂燕坐彌日
如抱葉之蟬凝目之黿澹乎自處黃庭在左素琴
在右或撫而弄之聲振林木樵蘇過之以爲神仙
也至今其迹宛然每煙消雨霽萬竅不呼泠泠清
響如在人耳先生方將傲睨物表揖堯謝舜與扶
桑公陶隱居張天師遥爲師友盈縮造化轇轕璇
璣漱亭午之元氣思青冥之輕舉待其功圓行滿
駕龍驂鸞上朝玉帝則吾見先生之與道俱藏而
待所謂眞隱也先生甞以醫者可以恵衆因究其
術妙如專家活人多矣時邑倅有嬰疾拘攣而不
行者先生往鍼之應時而愈倅後因肅廟不豫旁

圖1　林椿「逸齋記」(學習院大學・學東叢書『東文選』卷65所收)

に、あるいはいくつかまとまって朝鮮に請來されたのは、高麗以前、三國時代にまで溯るものと思われる。

二、經巫と經文集

福源観の廢止後、昭格署を唯一の醮所として、王朝による醮齋は存續されたが、民間において道教的信仰と祭祀儀禮の系譜を繼承した宗教者として注目されるのが、盲僧《パンス》である。(27)

李朝時代には、明通寺を本據に盲僧の組織である盲廳が置かれて、諸種の祈禱を行なったが、民間の巫覡のなかでも、歌舞によって降神をするムーダンとは別に、專ら讀經による祈禱や卜占を行なうパンスは、盲覡の場合が多く、經巫、經文匠、經師などとも呼ばれた。

彼らは、安宅、豫防、延壽、成造、喪門殺、召魂などを祈願して〈救命《クミョン》〉と呼ばれる讀經を行なった。慶尙南道の馬山における盲覡の安宅救命では、門前の道の兩側に黄土を點じ、門には禁縄を張り、緣側には新米の大椀や餅、魚菜、豆腐、果物、酒などを盛った大床と小床を供えてから、まず庭前で『不淨經』を讀み、次に廚房で『竈王經』を讀んだ後、緣側に坐して『成造經』を、內堂において『七星經』を誦し、さらに『明堂經』『玉樞經』を讀み、最後に門に向かって『街經』を讀誦している。(28)

また、全羅南道の珍島で正月上元と秋夕前後の二大名節に、その年の無病息災を祈願して行なわれる讀經儀禮では、晴眼の男性讀經師が、大廳（マル）の、祖先への供物を盛った膳が設けられた祭壇の前で、銅鑼を打ち鳴らしながら、『千手經』『竈王經』『歡喜竈王經』『歡喜成造經』『安神經』『安宅神呪經』『度厄經』、『禱神經』『帝王經』『天地八陽神呪經』『天地柱心經』を、この順に三回ずつ、ただし『天地八陽神呪經』だけは七回繰り返して讀む。

さらに、病氣の家族のために臨時に行なわれる讀經では、『大神經』『不淨經』『度厄經』『除災經』『三災經』『擊煞經』『疫煞經』『解煞經』『七煞經』『百煞經』『解怨經』『怨魂經』『逐鬼經』『黃泉冤魂經』『喪門經』『瘟疸神呪經』を、子供が病氣の場合には『童子經』『童子延命經』『帝王經』などを、病因と病狀に應じて適宜組み合わせて讀誦する。(29)

盲覡や讀經師たちが傳承してきた、これらの經文類を翻刻したものとしては、

○朴銑默編『消災吉祥佛經要集』（一九二五年、翰南書林）

○村山智順編「祈禱經文集」（『朝鮮の巫覡』所收、一九三二年、朝鮮總督府）

○李世永所藏『鑠邪大全』、同『家神奉安經及尸癀解送祝願文』（赤松智城、秋葉隆編著『朝鮮巫俗の研究』下卷所收、一九三六年、大阪屋號書店）

○金榮振編『忠清道巫歌』（一九八二年、螢雪出版社）

○金慧崇編『海東律經集』（一九八八年、宣文出版社）

等がある。これらの經文集に收錄された經文類の內容は、救護を求めようとするさまざまな神格を列擧しただけのものもかなりあるが、前述の『玉樞經』や『北斗延生經』のような、『道藏』所收の道經をはじめ、道佛二教と民間信仰の習合による疑僞經典で、敦煌出土の古寫本などが、『大正藏』や『大日本續藏經』などに翻刻されている『安宅神呪經』『天地八陽神呪經』『救護身命經』などを含むものも少なくない。

こうした疑僞經典類は、大半が經名に「佛說」の二字を冠して單獨で刊行された他、家宅や土地神祭祀に關連する『天地八陽神呪經』、『安宅神呪經』、『竈王經』、『明堂神經』など數種類の類似經典を合綴したり、この四經に『長壽滅罪護諸童子陀羅尼經』と『十二摩訶般若波羅蜜多經』を併せて、『六經合部』と表題したものも、多數刊行されている。(30)

三、『佛說廣本太歲經』の諸本と内容

『六經合部』と類似ながら、より多くの疑僞經典類を收載した木板本として流布したのが、『佛說廣本太歲經』である。板本には、

（1）崇禎八年（一六三五）全羅南道泰仁地雲住山・龍藏寺板
（2）順治十四年（一六五八）全羅南道長興地支提山・天冠寺板
（3）康熙五年（一六六六）慶尙北道樂安開雲山・桐華寺板
（4）康熙九年（一六七〇）江原道襄陽府雪嶽山・神興寺板
（5）康熙十二年（一六七三）慶尙南道彥陽縣西鷲栖山・肝月寺板
（6）乾隆三十四年（一七六九）慶尙北道嶺左安東部天澄山・鳳停寺板
（7）乾隆六十年（一七九五）京幾道楊州天寶山・佛巖寺板
（8）刊年未詳　全羅北道茂長兜率山・禪雲寺板

があり[31]、寫本としては、

（9）年次未詳　國立中央圖書館所藏本
（10）年次未詳　東國大學校中央圖書館所藏本

の二種が確認されているが[32]、内容は、次の一覧表のように、諸本により異同が大きい。

諸本すべての卷頭に收載されて全體の表題ともなっている『佛說廣本太歲經』の冒頭部では、

『佛説廣本太歳經』所載經典一覧

經典＼板本	(1)	(2)	(3)	(4)	(5)	(6)	(7)	(8)	(9)	(10)
廣本太歳經	○	○	○	○	○		○		○	○
地心陀羅尼經	○	○	○	○		未		未	○	○
天地八陽神呪經	○	○	○	○		詳	○	詳	○	
竈王經	○	○	○	○	○		○		○	○
歡喜竈王經	○	○	○	○			○			○
安宅神呪經	○	○	○	○	○		○		○	○
百煞神呪經	○		○	○	○				○	○
金神七煞經	○		○	○					○	○
龍王三昧經	○		○	○	○				○	○
敗目神呪經	○		○	○	○				○	○
度厄經	○		○	○	○				○	
五姓反支經	○		○	○						
堗堀經	○	○	○	○					○	○
明堂神經	○		○	○			○		○	○
救護身命經	○		○	○	○				○	○
牛馬長生經	○								○	
三災經										○
陀羅尼經										○
神妙章句大陀羅尼						○				
悉曇抄						○				

如是我聞、一時佛、住舍衛國、祇樹給狐獨園、與大比丘衆、千二百五十人倶。爾時、佛告舍利佛、阿難及無量、諸大菩薩、摩訶薩、諸大弟子、梵釋四王、諸大衆。汝等持紀、擁護此經、若有人者、受持此經、讀誦尊重、禮拜供養。是人、一切所願、無不成就。若人、雖有十惡五逆、無量微塵、重罪煩惱、讀誦此經、悉皆消滅。復有重病、讀誦此經。諸天神王、四王八部、與其眷屬、皆詣其處、不離守護、是人無量、長壽安穩。若依此經、如法讀誦、於耳聞者、現世離諸災患、未來得成佛道。

と述べ、この經典を受持、讀誦すれば、一切の祈願が成就し、あらゆる災厄を回避し、長壽が叶えられる、という。

次いで「南無太歳三世一切諸佛」以下、「南無大歳○○○○」の形式で、三百以上ものさまざまな佛神を列擧して現世の利益を祈願し、最後に再び、

佛告阿難、我滅度後、五濁悪世中、若有衆生、

移徙動土有犯罪、爲一百太歲、歲破十二神、如說讀誦此經。四王八萬四千、諸鬼神等、不離擁護、千載百害、一時消滅、家富人興、延年益壽、福德具足。善男子、若讀此經一千卷、諸惡鬼神、皆悉消滅、病則除愈、身强力足、離諸苦惱、竝德福利。佛說此經時、舍利佛阿難、諸大弟子、無量諸大菩薩、梵釋四王、一切神王、聞佛所說、皆大歡喜、信受奉行、作禮而去。

と、この經典の功德を再說して終わる。

これは、さまざまな佛神の名號を唱えることに本旨があるという點で、『佛名經』に類似しており、あらゆる種類の祈願に通用するものとされる。

本書所收の諸經には、同樣の形式のものが多く、『竈王經』『歡喜竈王經』『百煞神呪經』『金神七煞經』『龍王三昧經』『五姓反支經』『明堂神經』『牛馬長生經』『三災經』などが同類に屬するが、これらの經文は、いずれも短く、經名からも窺えるように、祈願の內容に應じて、適宜組み合わせて讀誦されたようである。ちなみに、全羅南道珍島の讀經師が所持する經文集を調査した伊藤亞人は、これらを次の四種類に分類している(33)。

（一）救護を求めようとする神靈の名を、多數列擧するもの。

（二）救護を求めようとする神靈の名に一々「來助我」と附して助力を求めたり、諸災厄を網羅的に擧げて、それらの消滅を願うもの。

（三）驅逐の對象となる、煞、災、厄、鬼などを列擧した後に、將軍神などの名や、その靈力を說いて、强壓的に退散を命じるもの。

（四）事物の由來や、世界のあるべき道理を說く、論理的な形式をとるもの。

このうち（一）から（三）は、神靈の名を網羅的に擧げる點では共通しており、その加護によって、災禍の消滅・退去を求め、最後に「唵急急如律令、娑婆訶」で終わるなど、呪文的性格が顯著であるのに對して、(四)は神話的由來や道理を説く論理的な文章形式のもので、時間的にも空間的にも壯大な内容を含む。

伊藤が採錄した經文集には、『佛説廣本太歳經』所收の經典が、ほぼ全て含まれているが、これらの中には、〈道藏〉や〈大藏經〉に收錄、もしくは經題や內容が類似する經典を見出せる場合も少なくないのである。

○『天地八陽神呪經』

『大正藏』八十五卷に、『大日本續藏經』本に基づく翻刻がある。朝鮮では『父母恩重經』と竝んで最も流布した疑僞經典のひとつで、現在もさまざまなハングル譯本が出版され、各地の寺院でも廣く用いられている。敦煌寫本も數多く、ウイグルやチベット、日本にも流布した。日本では、主に土公神祭祀の場で陰陽師や密敎僧が讀誦したが、朝鮮では、祖先祭祀や、風水信仰による諸災厄を攘去するために、寺院における神衆作法の場でも重用された(34)。

○『安宅神呪經』

『大正藏』二十一卷には、後漢代失譯として『高麗版大藏經』本を載せるが、隋の法經等の『衆經目錄』(『大正藏』五十五卷所收)第四が「僞妄」としたにも拘わらず入藏したのは、その直後に成った費長房の『歴代三寶紀』(『大正藏』五十五卷所收)卷四「譯經後漢錄」に編入された『七佛安宅神呪經』『安宅呪法』各一卷を、以後の諸經錄がそのまま踏襲したためと考えられる(35)。

なお、『道藏』には、『天地八陽神呪經』とも關連する『太上老君說安宅八陽經』(涵芬樓版、第三四一冊、以下、冊數のみ）と、『太上老君補謝八陽經』（第三四一册）がある。

○『救護身命經』

『大正藏』八十五卷には、敦煌出土のペリオ二三四〇號本が翻刻されている。敦煌本のほか、日本の七寺（名古屋市）からも、最近、平安時代後期（十二世紀）の寫本が發見されたが、蠱毒をはじめとする災厄の攘去を說くこの經典も、朝鮮で廣く流布した。(36)

『道藏』には、『太一救苦護身命經』（第一七七册）、『洞玄靈寶上師說救護身命經』（第一七九册）がある。

○『竈王經』

『歡喜竈王經』とともに〈安宅救命〉などに用いられる。あらゆる場所の竈神を列擧し、「常當擁護、安穩宅住、無有凶禍、皆悉消滅、富貴吉昌、懸官口舌、一時消滅」を祈願する短い經文で、『道藏』には、『太上洞眞安竈經』（第三十二册）、『太上靈寶補謝竈王經』（第一八〇册）が收載されている。

○『度厄經』

經名は、『道藏』洞玄部、第一七九册所收の『太上靈寶天尊說禳災度厄經』に基づくと思われるが、本文の前半部は、『大正藏』八十五卷所載の『佛說七千佛神符經』もしくは『佛說益算經』を、ほぼ抄出したものである。

『七千佛神符經』と『益算經』は、則天武后の天册萬歲九年（六九五）に成立した『大周刊定衆經目錄』（『大正藏』五十五卷）卷十五「疑經目錄」に初めて著錄され、敦煌寫本には、スタイン本二七〇八號（『大正藏』に翻刻）、ペリオ本二五五八號、三〇二二號が現存する。このうちペリオ本二五五八號には『七千佛神符經』と『益算經』とが連寫されており、本文は同一だが、『七千佛神符經』の方は、巻末に十七種類の符呪が載るのに對して、『益算經』ではそれを缺く。

『七千佛神符經』もしくは『益算經』は、『道藏』第三四三册所收の『太上老君說長生益算妙經』を、ほぼ全文に亙って拔粹し、「太上神符」「六甲神符」などの呼稱を「七千佛符」に置き換えて、經名に「佛說」を冠したもので、道教的な要素が著しい疑僞經典である。日本へも、奈良時代前期、八世紀までに請來され、東大寺寫經所などで再三書寫された。(37)

『度厄經』では、『益算經』もしくは『七千佛神符經』の、「六甲將軍」がそれぞれ「益算」をもたらすという部分を、「連星之厄」「遊城之厄」「赤鼠之厄」「天羅之厄」「地網之厄」「官符牢獄之厄」を解除する、と換言しているが、これらの災厄は、『太上靈寶天尊說攘災度厄經』に見えるものである。

このように『度厄經』は、道教經典と、道教の神符をも取り込んだ疑僞經典とを折衷しながら構成されており、『佛說廣本太歲經』所收の他の經文類の性格を考えるうえでも示唆するところが大きい。

○『地心陀羅尼經』

『地心陀羅尼經』については、九州地方を中心とする西日本各地で、土公神や竈神を祀る荒神祓を行なった盲僧が、琵琶を彈奏しながら讀誦した『地神陀羅尼經』と同じものであることが知られている。(38)

日本の盲僧が用いた『地神陀羅尼經』には、筑前の玄清法流所傳本(39)と、薩摩の常樂院法流所傳本(40)とがあるが、伊藤亞人が採錄した全羅南道珍島郡臨準面の讀經師・李準容の所傳本(41)を全文翻刻し、三本を比較した荒木博之の所說によれば、李準容本は、薩摩の常樂院本とほぼ同系統のものとされる(42)。

盲僧と『地神陀羅尼經』との關係については、早く岩橋小彌太が紹介した、伏見宮貞成の『看聞御記』應永二十年（一四二三）八月五日條の(43)、

　夜、召朱一座頭令引、地心經未聽聞之間、祈禱旁令語之。

という一節や、大和興福寺一乘院の會所目代を勤めた二條家の古記錄『地神座頭目錄』などによって、少なくとも鎌倉時代末期、十四世紀前期までには、盲僧が『地神經』を讀誦していたと考えられる(44)。

ちなみに、平安時代、十二世紀初期に清水寺の別當であった定深が著した『東山往來』(45)に、

　抑地心經は、日域凶人の佛教を哢らんが爲め、利養を求めんが爲に、自ら僞作なり。是の故に多く和言有り、三藏の文に非らず、多くの相違有り。

とのべており、この頃にはすでに土地の怪異等に際しての祈禱で讀誦されていたらしい(46)。

薩摩常樂院の傳承では、六世紀中期の欽明朝に、百濟の盲僧によって『地神陀羅尼經』と土荒神法が傳えられたというが(47)、佛教公傳に附會したと思われる欽明朝傳來說は措くとしても、百濟の盲僧に關しては、朝鮮におけるこの經典の流布が廣範圍に亙っていることの他、『地神經』と盲僧についての早い時期の記錄である『東山往來』や『看聞御記』が、ともに現行の『地神經』ではなく、朝鮮本と同樣に『地心經』と記すことなどから、この經典は朝鮮半島から九州地方に傳わり、中世から近世を通じて、盲僧によって西日本各地に傳播したものとみて良いであろう。

結　語

『佛説廣本太歳經』は、民間の盲覡や讀經師たちが擔った諸種の攘災・延命儀禮を、寺院側が積極的に攝取したことを端的に示すものであると同時に、經巫たちが用いた經文集も、道佛二經の經典に基づいた〈本格的〉な體裁の疑僞經典類を包含しながら、徐々に多彩な内容に整えられていったことを窺わせる。

李朝時代に入って、道觀や醮所が廢され、王朝による道教的な醮齋も衰微するなかで、道教的信仰や儀禮の命脈は、『玉樞經』や『太上玄靈北斗本命延生眞經』その他の道經に加えて、『佛説廣本太歳經』に合綴されたようなさまざまな疑僞經典類を用いた、寺院の儀禮や民間の經巫による讀經などを通じて、繼承された側面をもつのである。

注

（1）初版は古典刊行會編、全二冊（筆寫本の縮刷影印版、一九五九年、東國文化社、一九八二年、明文堂復刊）。三浦國雄編『五洲衍文長箋散稿索引』（一九九〇年、中文出版社）がある。著者の李圭景については、鄭聖哲『朝鮮實學思想の系譜』（一九八二年、雄山閣）參照。
（2）『韓國道教史』初版（寫本影印版、一九五九年、東國大學校）。李鍾殷によるハングル譯（原文附載）『朝鮮道教史』（一九七七年、普成文化社）。
（3）初版は、『韓國道教思想史研究』（一九七八年、ソウル大學校出版部）。『韓國の道教思想』と改題した增補版（一九八四年、同和出版公社）。日本語譯に、三浦國雄・野崎充彦譯註『朝鮮の道教』（一九九〇年、人文書院）がある。
（4）一九八七年、成均館大學校大東文化研究所。

（5）一九七八年、普成文化社。
（6）韓國道教思想研究叢書第一册（一九八七年、汎洋社出版部）。叢書第二册『道教と韓國文化』（一九八八年、亞細亞文化社、以下同じ）、第三册『道教思想の韓國的展開』（一九八九年）、第四册『韓國道教思想の理解』（一九九〇年）、第五册『韓國道教と道家思想』（一九九一年）、第六册『韓國道教の現代的照明』（一九九二年）、第七册『韓國道教文化の位相』（一九九三年）、第八册『道教の韓國的受容と轉移』（一九九四年）、第九册『老莊思想と東洋文化』（一九九五年）、第十册『道教の韓國的變容』（一九九六年）、以下、續刊。
（7）都珖淳編、一九九〇年、比峰出版社。
（8）『韓國文化人類學』一輯、一九六六年、韓國文化人類學會。『韓國巫歌の研究』（一九八〇年、文學思想社）所收。
（9）『朝鮮文化研究』一號、一九九四年、東京大學文學部朝鮮文化研究室。
（10）韓泰植「韓半島で作られた疑僞經について」（『印度學佛教學研究』四十五卷一號、一九九六年）。
（11）梁銀容「福源宮建立の歴史的意義」（前揭注（6）、叢書第二册『道教と韓國文化』所收）。
（12）二宮啓任「高麗の八關會について」（『朝鮮學報』九輯、朝鮮學會）、安啓賢「八關會攷」（『東國史學』四號、一九五六年、『韓國佛教思想研究』、一九八三年、東國大學校出版部）、里道德雄「朝鮮佛教に於ける八關齋會考」（西義雄博士頌壽記念論集『菩薩思想』、一九八一年、大東出版社）、同「高麗佛教に於ける八關會の構造」（『東洋學研究』十七號、一九八二年、東洋大學東洋學研究所）など參照。
（13）李鍾殷「昭格署關係歴史資料の檢討」（前揭注（6）、叢書第二册『道教と韓國文化』所收）。
（14）高宗の敕令による增補版全二五〇卷（十六考）は、一九〇八年刊。縮印版は一九七一年、東國文化社。
（15）末松保和編、學東叢書『經國大典』（田川孝三所藏本影印版、一九七一年、學習院大學東洋文化研究所）。
（16）洪潤植『韓國佛教儀禮の研究』（一九七六年、隆文館）。
（17）拙稿「朝鮮の北斗信仰と所依經典」（『豐田短期大學研究紀要』四號、一九九三年、本書、第十五章所收）。
（18）ミシェル・ストリックマン「宋代の雷儀」（『東方宗教』四十六號、一九七五年、日本道教學會）、松本浩一「宋代の雷法」

（『社會文化史學』十七號、一九七九年、社會文化史學會）。
(19) 劉枝萬「雷神信仰と雷法の展開」（『東方宗教』六十七號、一九八六年）、同『中國道教の祭りと信仰』上巻（一九八三年、櫻楓社）、大淵忍爾編『中國人の宗教儀禮』（一九八三年、福武書店）など參照。
(20) 吉岡義豐「韓國の道教資料」（『大正大學研究紀要』六十二號、一九七六年、『吉岡義豐著作集』第二卷、一九八九年、五月書房）、三浦國雄・野崎充彦譯註『朝鮮の道教』（前揭注（3））の文獻解題、「玉樞經」參照。
(21) 權憙耕『高麗寫經の研究』（一九八六年、ミジン社）。
(22) 李鍾殷譯（附、原文）『海東傳道錄・靑鶴集』（一九八六年、普成文化社）、都珖淳編『道教と科學』（前揭注（7））附錄のほか、金侖壽「〈東國傳道祕記〉と〈海東傳道錄〉」（『韓國道教の現代的照明』、前揭注（6））。三浦國雄、野崎充彦、前揭注（3）の文獻解題「海東傳道錄」參照。
(23) 王明「〈黃庭經〉考」（『道家和道教思想研究』、一九八四年、中國社會科學出版社）、麥谷邦夫「『黃庭內景經』試論」（『東洋文化』六十二號、一九八二年、東京大學東洋文化研究所）參照。
(24) 李圭景『五洲衍文長箋散稿』卷四十三「元曉義湘辨證說」（前揭注（1））、金洛必「海東傳道錄における道教思想」（『道教と韓國思想』、前揭注（6）所收）參照。
(25) 『東文選』卷六十五、『河西先生文集』卷五に所收。
(26) 車柱環『韓國の道教思想』、前揭注（3）。
(27) 李能和『朝鮮道教史』第二十二章「道教與盲人之關係」（前揭注（2））參照。
(28) 赤松智城・秋葉隆『朝鮮巫俗の研究』下卷、一九三六年、大阪屋號書店。
(29) 伊藤亞人「韓國の民間信仰における道教の傳統」（前揭注（9））による。
(30) 韓國國會圖書館司書局參考書誌課編『韓國古書綜合目錄』（一九八六年、國會圖書館）、東國大學校佛教文化研究所編『韓國佛教撰述文獻總錄』（一九七六年、日本語譯『韓國佛書解題辭典』、一九八二年、國書刊行會）、鄭亨愚、尹炳泰編『韓國冊板目錄總覽』（一九七九年、韓國精神文化研究院）、朴相國編『全國寺刹所藏木板集』（一九八七年、韓國文化財管理局）、小倉進平『朝鮮語學史（增訂版）』（一九六四年、刀江書院、初版一九四〇年）、前間恭作『古鮮册譜』全三册（一九四四～五七年、東洋文庫）、江田俊雄『朝鮮佛教史の研究』（一九七七年、國書刊行會）等參照。

(31)（1）は、韓國國會圖書館編『韓國古書綜合目錄』二九〇頁、（2）（4）（6）（7）は、東國大學校佛教文化研究所編『韓國佛教撰述文獻總錄』三七三～三七四頁、（3）は、誠庵古書博物館編『誠庵文庫典籍目錄』二六一～二六二頁、（5）（8）は、朴相國編『全國寺刹所藏木板集』二〇三～二〇四頁、三六一～三六二頁にそれぞれ記載。

(32)（9）は、李相殷編『古書目錄』上（一九八七年、保景文化社）一〇二三頁、（10）は、東國大學校中央圖書館編『古書目錄』二一七～二一八頁、參照。

(33) 伊藤亞人「韓國の民間信仰における道教の傳統」、前揭注（9）。

(34) 羽田亨「回鶻文の天地八陽神呪經」（『羽田博士史學論文集　言語・宗教編』、一九五八年、東洋史研究會）以下の諸研究については、拙稿「日本古代における『天地八陽神呪經』の受容」（道教文化研究會編『道教文化への展望』、一九九四年、平河出版社、本書、第五章所收）、ならびに「朝鮮本『天地八陽神呪經』とその流傳」（『東京成德大學研究紀要』四號、一九九七年、本書、第十七章所收）參照。

(35) 牧田諦亮『疑經研究』（一九七六年、京都大學人文科學研究所）參照。

(36) 拙稿「『救護身命經』の傳播と〈厭魅蠱毒〉」（牧田諦亮監、落合俊典編〈七寺古逸經典研究叢書〉第二卷『中國撰述經典（其之二）』（一九九六年、大東出版社、本書、第四章所收）參照。

(37) 拙稿「日本古代の呪符木簡、墨書土器と疑僞經典――『佛說七千佛神符經』もしくは『佛說益算經』の受容――」（『東洋の思想と宗教』十三號、一九九六年、早稻田大學東洋哲學會、本書、第一章所收）參照。

(38) 日本の盲僧に關する史料と研究については、岩橋小彌太「盲僧考」（『社會史研究』十卷一～二號。一九二三年）、同「盲僧」（『藝能史叢說』、一九七五年、吉川弘文館）、中山太郎『日本盲人史』正・續二册（一九三四年、三六年、昭和書房）、加藤康昭『日本盲人社會史研究』（一九七四年、未來社）、成田守『盲僧の傳承』（一九八五年、三彌井書店）、中野幡能編『盲僧』（一九九三年、名著出版）、村田熙『盲僧と民間信仰』（一九九四年、第一書房）のほか、五來重編〈日本庶民生活史料集成〉

第十七卷『民間藝能』（一九七二年、三一書房）、荒木博之・西岡陽子編『地神盲僧史料集』（一九九七年、三彌井書店）に、關連史料の翻刻がある。

(39) 五來重編『民間藝能』、前揭注（38）に翻刻。

(40) 江田俊了『常樂院沿革史』（一九三二年、常樂院寺務所、一九九〇年再版）に翻刻。

(41) 伊藤亞人、前揭注（9）によれば、第一卷に六十五篇、第二卷には三十篇の經文その他を所載する。

(42) 荒木博之「盲僧の傳承文藝」（〈講座・日本の民俗宗教〉第七卷『民間宗教文藝』、一九七九年、弘文堂）。

(43) 〈史料纂集〉（續群書類從完成會）所收。

(44) 岩橋小彌太、中山太郎、前揭注（38）。

(45) 石川謙編『日本教科書大系』往來篇、第一卷（一九六七年、講談社）所收。

(46) 岩橋小彌太『盲僧』、前揭注（38）。

(47) 江田俊了『常樂院沿革史』、前揭注（40）。

朝鮮本『佛説廣本太歳經』（韓國國立中央圖書館所藏寫本）影印

ここに影印版で紹介するのは、筆者が披見し得た三本の内の一本で、韓國國立中央圖書館所藏の寫本（登錄番號、古一七四九—三）である。全五十七丁、縱三十・七センチ、横十九・九センチ。韓紙に墨書され、題簽は無い。國立中央圖書館には、この寫本の他にもう一本がある（한二一—三二七）。**圖2**のように、『天地八陽神呪經』の末尾に、崇禎八年（一六三五）九月に、全羅道泰仁縣の雲住山龍藏寺で開板されたという刊記をもつ板本である。現在合綴されている他の經典も、同じ時に刻成されたかどうかは不明だが、この年紀は、現存する『佛説廣本太歳經』としては最も古いものである。長年にわたる使用のために、頁を繰る時に指が當たる、頁の下隅が大きく擦り減っており、文字の一部を缺損している。

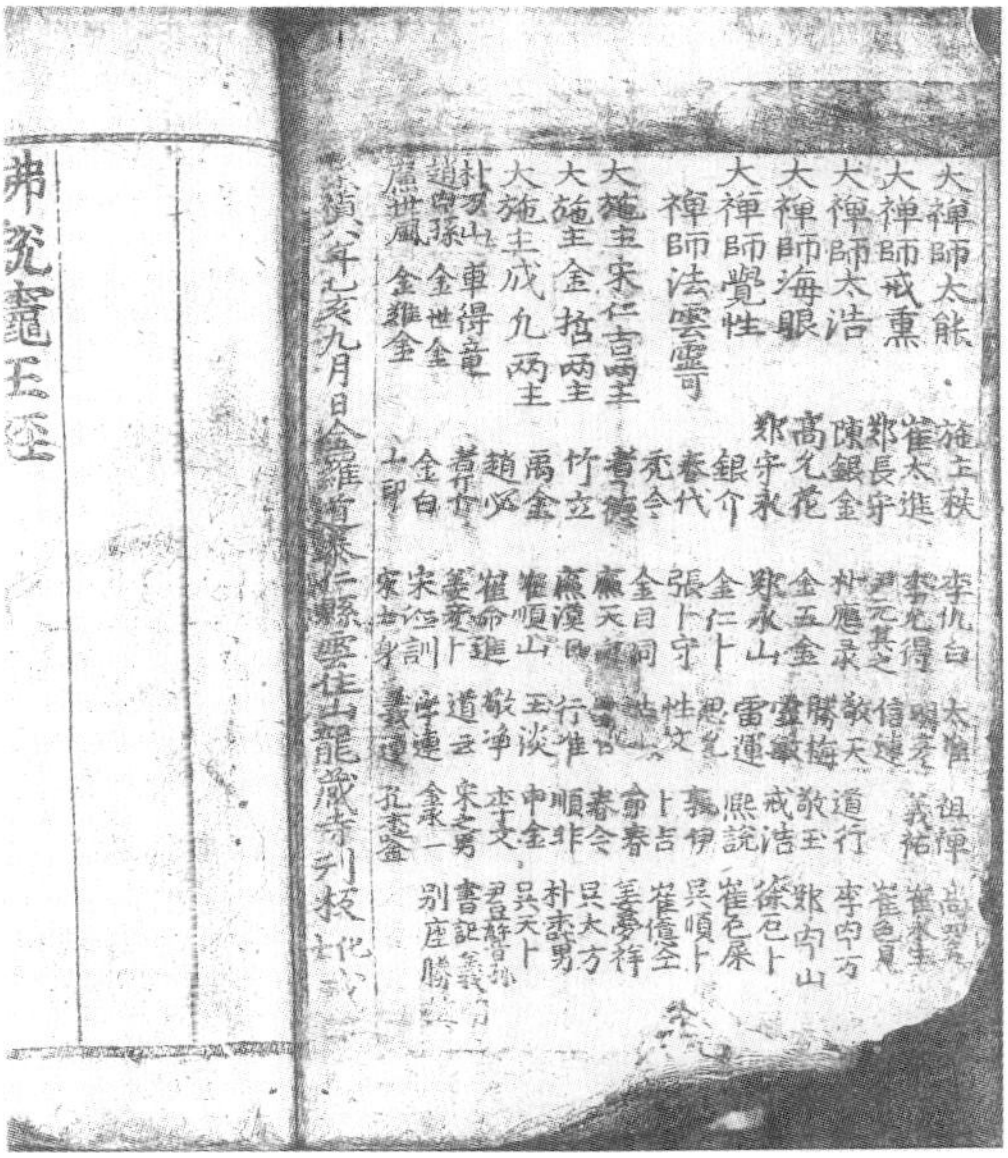

圖2　崇禎8年（1635）・龍藏寺板『佛説廣本太歳經』（『天地八陽經』の部分の刊記。韓國、國立中央圖書館所藏）

この他、東國大學校中央圖書館にも、李朝後期の寫本が傳存するが（二一三、一九九—불五三）（**圖3**）、これは冒頭の『佛説廣本太歳經』の首部を缺く。

影印本の所收經典名と丁數は次の通りである。

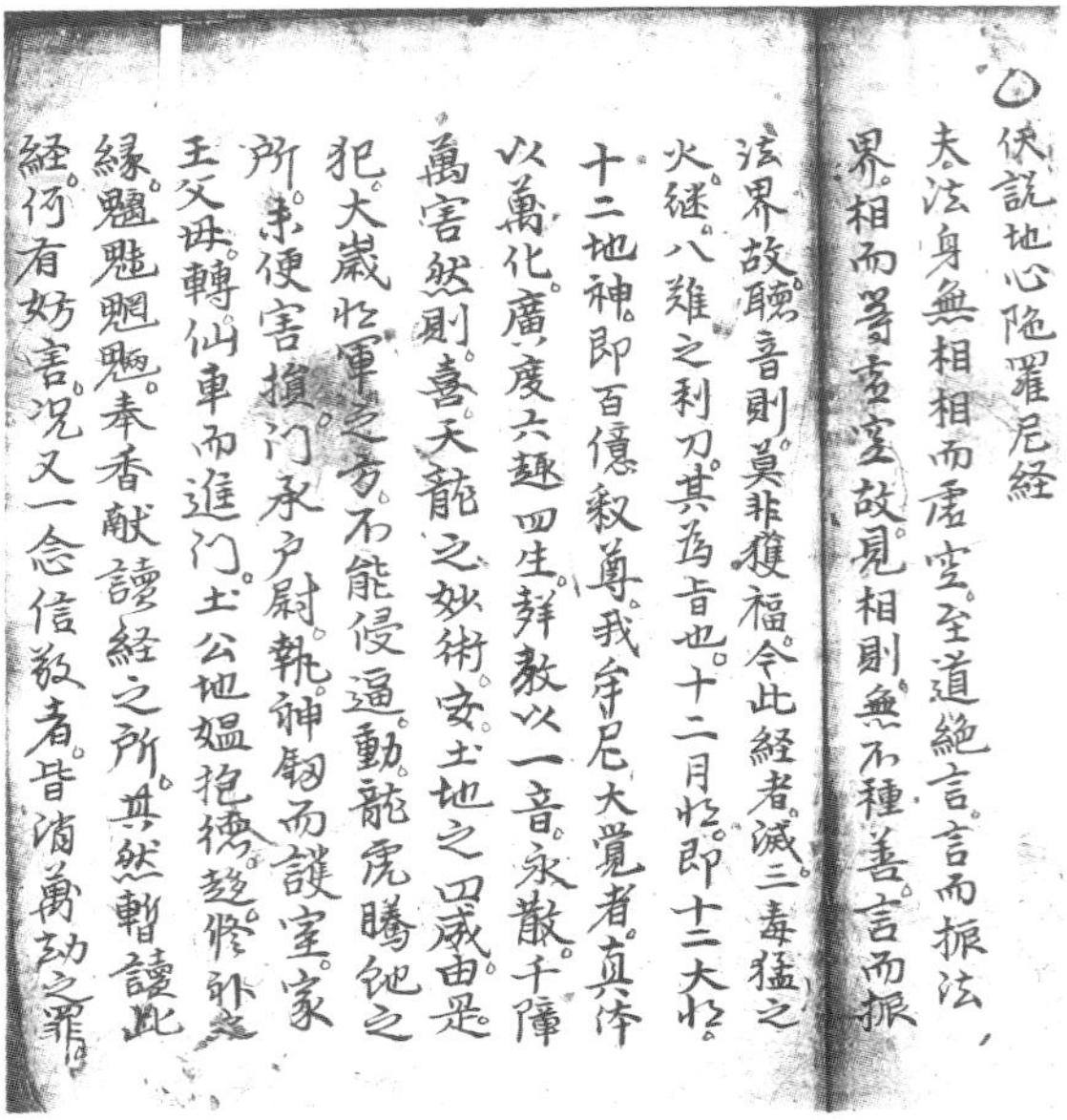
佛說地心陀羅尼經
夫法身無相相而虛空至道絶言言而振法
界相而菩真空故見相則無不種善言而振
法界故聽音則莫非獲福令此經者滅三毒猛之
火絶八難之利刀其爲旨也十二月於即十二大於
十二地神即百億釋尊我牟尼大覺者真休
以萬化廣度六趣四生群教以一音永散千障
萬害然則喜天龍之妙術安土地之四歳由是
犯大歳於軍之方不能侵逼動龍虎騰他之
所未便害損門承戶尉執神翎而護室家
王父母轉仙車而進門土公地媼抱德超脩於之
緣魑魅魍魎奉香獻讀經之所其然暫讀此
經何有妨害况又一念信敬者皆消萬劫之罪

圖 3　李朝後期寫本『佛說廣本太歳經』
（『佛說地心陀羅尼經』首部。韓國、東國大學校中央圖書館所藏）

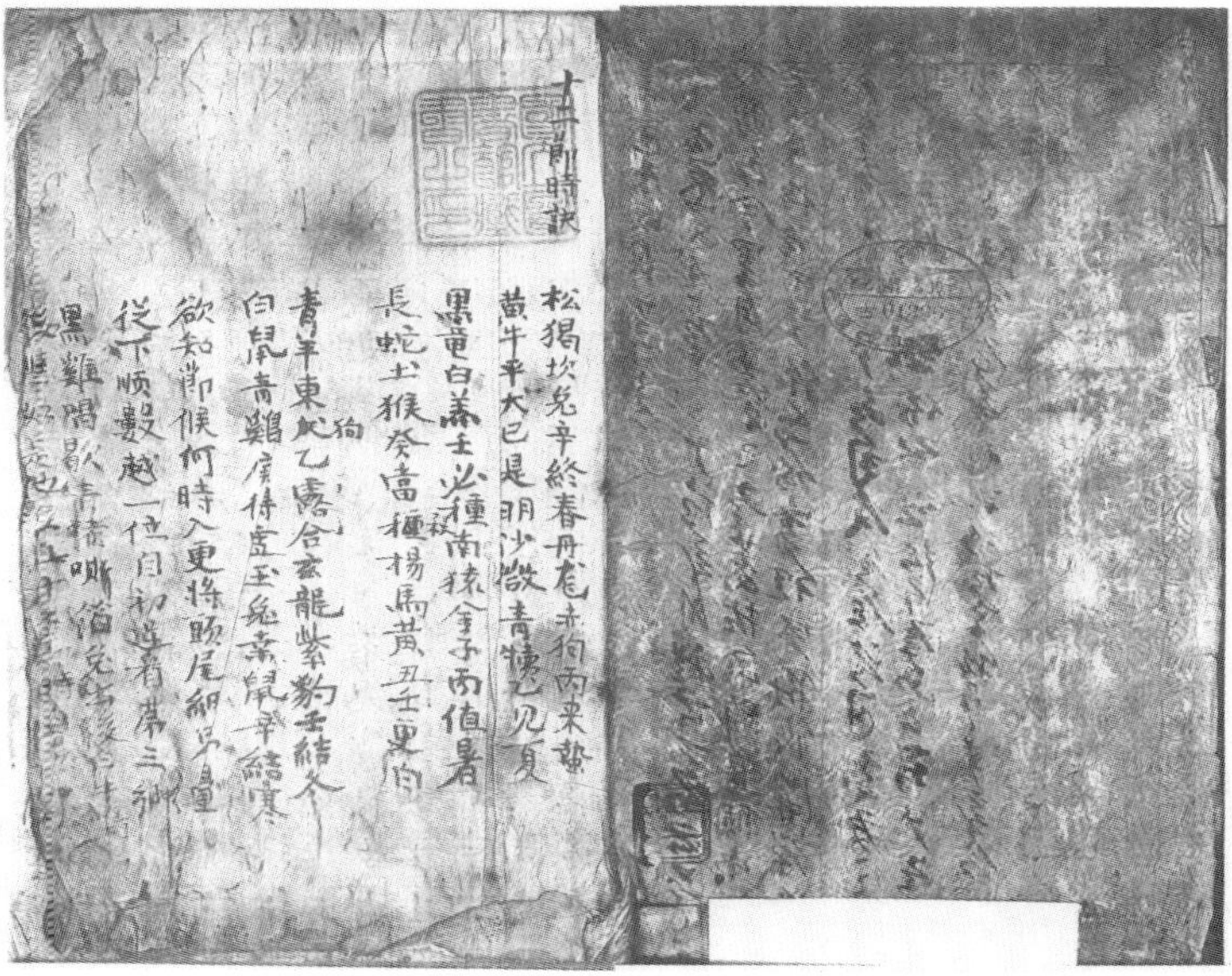

見返オ　　表紙ウ

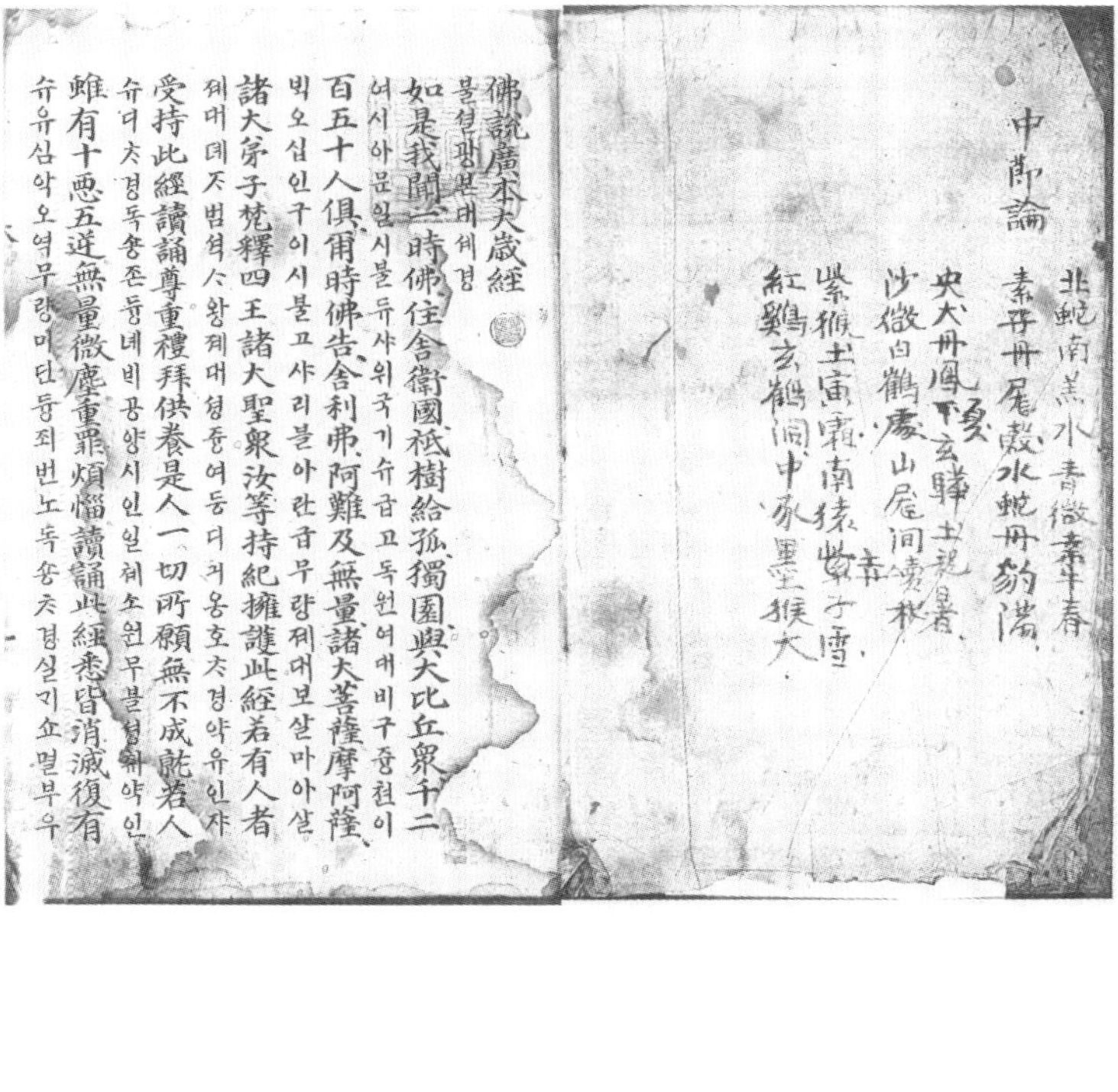

1オ　　見返ウ

1ウ

重病讀誦此經諸天神王四王八部與其眷屬皆詣其處不離
듕병독숑ᄎᆞ경제텬신왕ᄉᆞ왕팔부여기권쇽미예기쳐블리
守護是人無量長壽安隱若依此經如法讀誦於耳聞者現世
슈호시인무량댱슈안은약의ᄎᆞ경여법독숑어이문자현세
雜諸災患未來得成佛道爾時欲宣此義而說神名
니제지환미리득셩불도이시욕션ᄎᆞ의이셜신명
南無大歲三世一切諸佛　南無大歲三世一切諸法　南無
남무대세삼세일체제불　남무대세삼세일체제법　남무
大歲三世一切諸僧　南无大歲上方大梵天王　南無大歲
대세삼세일체제승　남무대세샹방대범텬왕　남무대세
大自在天王　南無大歲化樂天王　南無大歲夜摩天王
대ᄌᆞ지텬왕　남무대세화락텬왕　남무대세야마텬왕
南無大歲兜率天王남무대세도솔텬왕

2オ

南無大歲帝釋天王　南無大歲阿修輪天王　南無大歲提
남무대세뎨셕텬왕　남무대세아슈륜텬왕　남무대세뎨
頭賴吒天王　南無大歲毗盧勒乂天王　南無大歲毗盧博
두뇌탁텬왕　남무대세비로륵차텬왕　남무대세비로박
乂天王　南無大歲毗沙門天王　南無大歲下方轉輪聖王
차텬왕　남무대세비사문텬왕　남무대세하방뎐륜셩왕
南無大歲日天子王　南無大歲月天子王　南無大歲大辯
남무대세일텬ᄌᆞ왕　남무대세월텬ᄌᆞ왕　남무대세대변
天王　南無大歲功德天王　南無大歲散脂大將軍神王
텬왕　남무대세공덕텬왕　남무대세산지대장군신왕
南無大歲地神堅牢神王　南無大歲二十八部諸天神王
남무대세디신견뇌신왕　남무대세이십팔부제텬신왕

2ウ

南無大歲金中勒乂一白星神　南無大歲土中勒乂二黑星
남무대세금듕륵차일빅셩신　남무대세토듕륵차이흑셩
神　南無大歲水難勒乂三碧星神　南無大歲鷄頭勒乂四
신　남무대세슈란륵차삼벽셩신　남무대세계두륵차ᄉᆞ
綠星神　南無大歲中宮勒乂五黃星神　南無大歲石晶勒
록셩신　남무대세듕궁륵차오황셩신　남무대세셕암륵
乂六白星神　南無大歲火難勒乂七赤星神　南無大歲風
차뉵빅셩신　남무대세화란륵차칠젹셩신　남무대세풍
中勒乂八白星神　南無大歲木中勒乂九紫星神　南無大
듕륵차팔빅셩신　남무대세목듕륵차구ᄌᆞ셩신　남무대
歲苦難遠難上台星神　南無大歲障難遠難中台星神　南
세고란원리상틔셩신　남무대세장난원니듕틔셩신　남

3オ

無大歲業障消除下台星神　南無大歲東方歲星土公王神
무대세업장쇼뎨하틔셩신　남무대세동방세셩토공왕신
南無大歲南方熒惑星土公王神　南無大歲西方太白星土
남무대세남방형혹셩토공왕신　남무대세셔방태빅셩토
公王神　南無大歲北方辰星土公王神　南無大歲中央鎭
공왕신　남무대세북방신셩토공왕신　남무대세듕앙딘
星土公王神　南無大歲子孫滿德貪狼星神　南無大歲障
셩토공왕신　남무대세ᄌᆞ손만덕탐낭셩신　남무대세장
難遠難巨門星神　南無大歲業障消除祿存星神　南無大
난원니거문셩신　남무대세업장쇼뎨녹존셩신　남무대
歲所求皆得文曲星神　南無大歲百障殄滅廉貞星神　南
세소구기득문곡셩신　남무대세빅장딘멸념뎡셩신　남

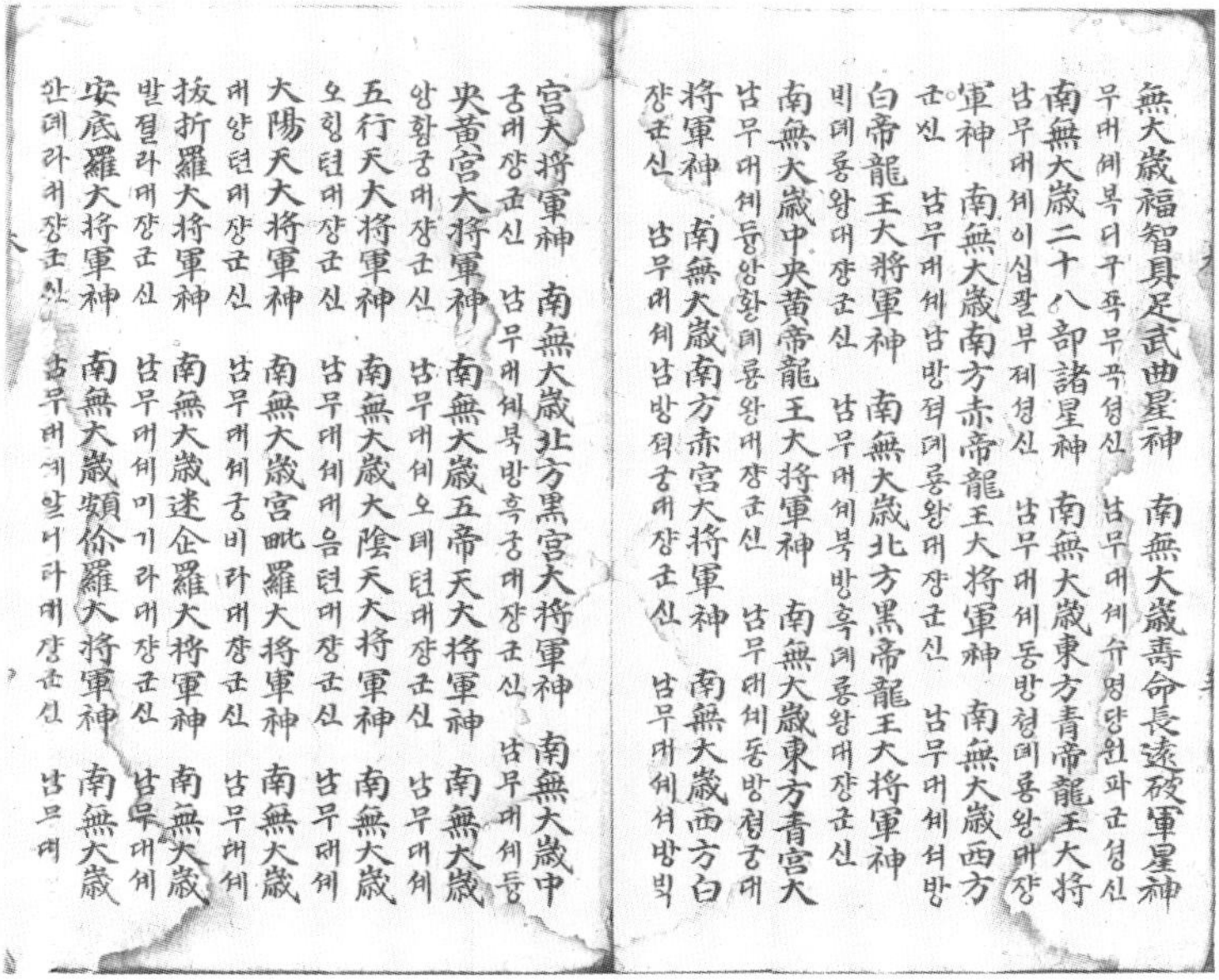

3ウ

無大歲福智具足武曲星神　南無大歲壽命長遠破軍星神
무대셰복디구족무곡셩신　남무대셰슈명댱원파군셩신
南無大歲二十八部諸星神　南無大歲東方青帝龍王大將
남무대셰이십팔부졔셩신　남무대셰동방쳥뎨룡왕대쟝
軍神　南無大歲南方赤帝龍王大將軍神　南無大歲西方
군신　남무대셰남방젹뎨룡왕대쟝군신　남무대셰셔방
白帝龍王大將軍神　南無大歲北方黑帝龍王大將軍神
빅뎨룡왕대쟝군신　남무대셰북방흑뎨룡왕대쟝군신
南無大歲中央黃帝龍王大將軍神　南無大歲東方青宮大
남무대셰듕앙황뎨룡왕대쟝군신　남무대셰동방쳥궁대
將軍神　南無大歲南方赤宮大將軍神　南無大歲西方白
쟝군신　남무대셰남방젹궁대쟝군신　남무대셰셔방빅

4オ

宮大將軍神　南無大歲北方黑宮大將軍神　南無大歲中
궁대쟝군신　남무대셰북방흑궁대쟝군신　남무대셰듕
央黃宮大將軍神　南無大歲五帝天大將軍神　南無大歲
앙황궁대쟝군신　남무대셰오뎨텬대쟝군신　남무대셰
五行天大將軍神　南無大歲大陰天大將軍神　南無大歲
오힝텬대쟝군신　남무대셰대음텬대쟝군신　남무대셰
大陽天大將軍神　南無大歲宮毗羅大將軍神　南無大歲
대양텬대쟝군신　남무대셰궁비라대쟝군신　남무대셰
拔折羅大將軍神　南無大歲迷企羅大將軍神　南無大歲
발졀라대쟝군신　남무대셰미기라대쟝군신　남무대셰
安底羅大將軍神　南無大歲頞你羅大將軍神　南無大歲
안뎨라대쟝군신　남무대셰알니라대쟝군신　남므대

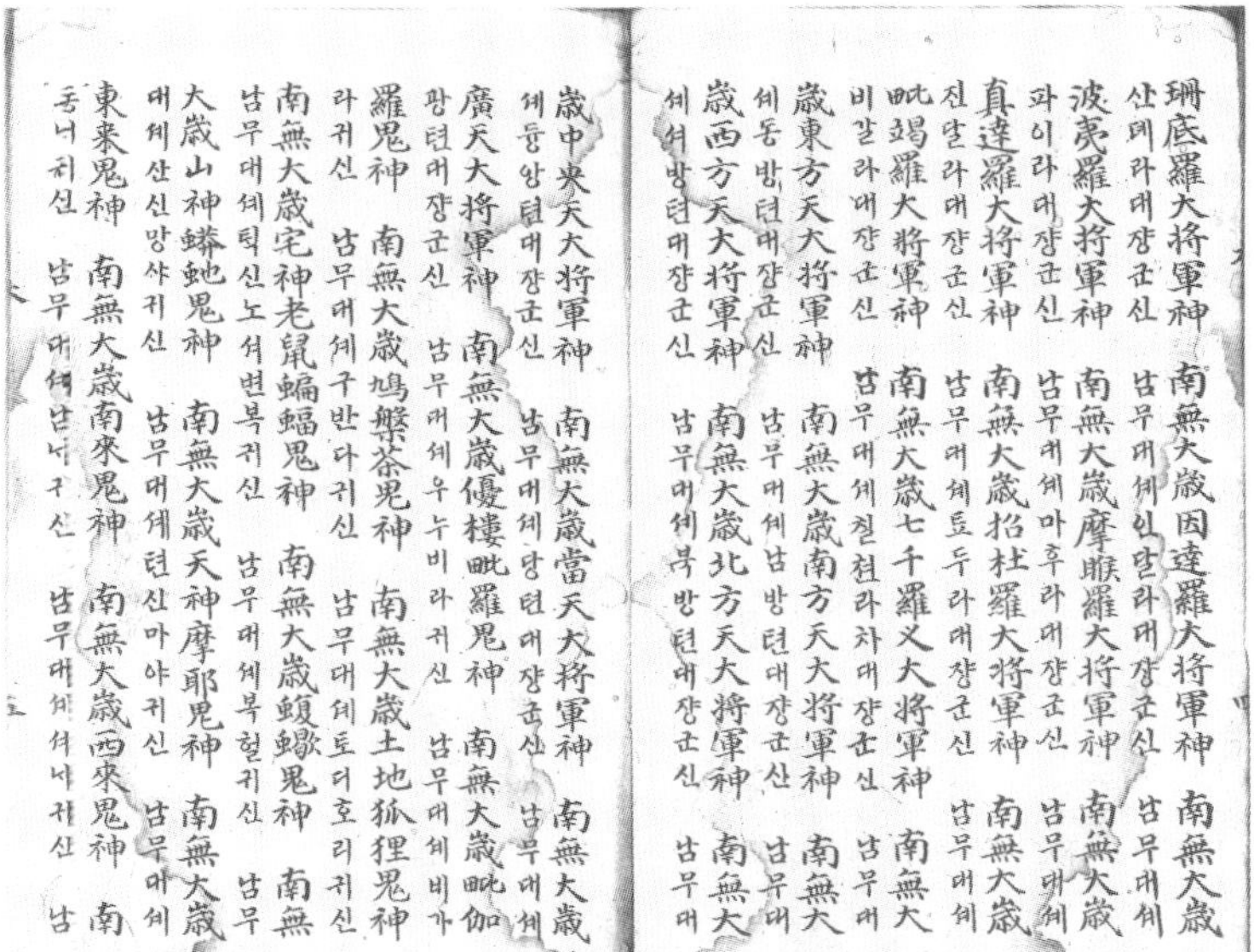

4ウ

珊底羅大將軍神　南無大歲因達羅大將軍神　南無大歲
산뎨라대쟝군신　남무대셰인달라대쟝군신　남무대셰
波夷羅大將軍神　南無大歲摩睺羅大將軍神　南無大歲
파이라대쟝군신　남무대셰마후라대쟝군신　남무대셰
真達羅大將軍神　南無大歲招杜羅大將軍神　南無大歲
진달라대쟝군신　남무대셰됴두라대쟝군신　남무대셰
毗羯羅大將軍神　南無大歲七千羅叉大將軍神　南無大
비갈라대쟝군신　남무대셰칠쳔라차대쟝군신　남무대
歲東方天大將軍神　南無大歲南方天大將軍神　南無大
셰동방텬대쟝군신　남무대셰남방텬대쟝군신　남무대
歲西方天大將軍神　南無大歲北方天大將軍神
셰셔방텬대쟝군신　남무대셰북방텬대쟝군신　남무대

5オ

歲中央天大將軍神　南無大歲當天大將軍神　南無大歲
셰듕앙텬대쟝군신　남무대셰당텬대쟝군신　남무대셰
廣天大將軍神　南無大歲優樓毗羅鬼神　南無大歲毗伽
광텬대쟝군신　남무대셰우누비라귀신　남무대셰비가
羅鬼神　南無大歲鳩槃茶鬼神　南無大歲土地狐狸鬼神
라귀신　남무대셰구반다귀신　남무대셰토디호리귀신
南無大歲宅神老鼠蝙蝠鬼神　南無大歲鰒鱖鬼神　南無
남무대셰틱신노셔변복귀신　남무대셰복혈귀신　남무
大歲山神蟒虵鬼神　南無大歲天神摩耶鬼神　南無大歲
대셰산신망샤귀신　남무대셰텬신마야귀신　남무대셰
東來鬼神　南無大歲南來鬼神　南無大歲西來鬼神　南
동너귀신　남무대셰남너귀신　남무대셰셔너귀신　남

無大歲北來鬼神　南無大歲東南來鬼神　南無大歲西南
무대세북너귀신　남무대세동남너귀신　남무대세서남
來鬼神　南無大歲西北來鬼神　南無大歲東北來鬼神
너귀신　남무대세서북너귀신　남무대세동북너귀신
南無大歲上方扉鬼神　南無大歲下方道住鬼神　南無大
남무대세상방비귀신　남무대세하방도듀귀신　남무대
歲天王鬼神　南無大歲地神鬼神　南無大歲山神鬼神
세텬왕귀신　남무대세디신귀신　남무대세산신귀신
南無大歲樹神鬼神　南無大歲司命司祿神鬼　南無大歲
남무대세슈신귀신　남무대세〻명〻녹신귀　남무대세
大山府君神鬼　南無大歲五方行病神鬼　南無大歲閻羅
대산부군신귀　남무대세오방힝병신귀　남무대세염라

5
ウ

王神鬼　南無大歲僧神鬼　南無大歲尼神鬼　南無大歲
왕신귀　남무대세승신귀　남무대세니신귀　남무대세
男神鬼　南無大歲女神鬼　南無大歲奪人精氣神鬼　南
남신귀　남무대세녀신귀　남무대세탈인정긔신귀　남
無大歲喚人魂神鬼　南無大歲奪人魂神鬼　南無大歲惡
무대세환인혼신귀　남무대세탈인혼신귀　남무대세악
眼毒精神鬼　南無大歲八人頭中鬼　南無大歲八人耳中
안독졍신귀　남무대세입인두듕귀　남무대세입인이듕
鬼　南無大歲八人鼻中鬼　南無大歲八人口中鬼　南無
귀　남무대세입인비듕귀　남무대세입인구듕귀　남무
大歲八人十指中鬼　南無大歲八人手脚中鬼　南無大歲
대세입인십지듕귀　남무대세입인슈각듕귀　남무대세

6
オ

八人肝心五藏中鬼　南無大歲八人百節中鬼　南無大歲
입인간심오장듕귀　남무대세입인빅졀듕귀　남무대세
青色鬼　南無大歲赤色鬼　南無大歲白色鬼　南無大歲
청석귀　남무대세젹석귀　남무대세빅석귀　남무대세
黑色鬼　南無大歲黃色鬼　南無大歲破家宅神鬼　南無
흑석귀　남무대세황석귀　남무대세파가틱신귀　남무
大歲遣喪鬼　南無大歲善童子神　南無大歲惡童子神
대세조상귀　남무대세션동ᄌ신　남무대세악동ᄌ신
南無大歲大歲神　南無大歲大將軍神　南無大歲廣陳王
남무대세대세신　남무대세대장군신　남무대세광딘왕
神　南無大歲達陳王神　南無大歲龍陳王神　南無大歲
신　남무대세달딘왕신　남무대세룡딘왕신　남무대세

6
ウ

一光王神　南無大歲玄真王神　南無大歲真福王神　南
일광왕신　남무대세현진왕신　남무대세진복왕신　남
無大歲赤福王神　南無大歲月德王神　南無大歲月空王
무대세젹복왕신　남무대세월덕왕신　남무대세월공왕
神　南無大歲伽府王神　南無大歲天愛王神　南無大歲
신　남무대세가부왕신　남무대세텬애왕신　남무대세
毋倉王神　南無大歲金貴王神　南無大歲大德王神　南
모창왕신　남무대세금귀왕신　남무대세대덕왕신　남
無大歲明堂王神　南無大歲玉堂王神　南無大歲天刑王
무대세명당왕신　남무대세옥당왕신　남무대세텬형왕
神　南無大歲天空王神　南無大歲不受王神　南無大歲
신　남무대세텬공왕신　남무대세불슈왕신　남무대세

7
オ

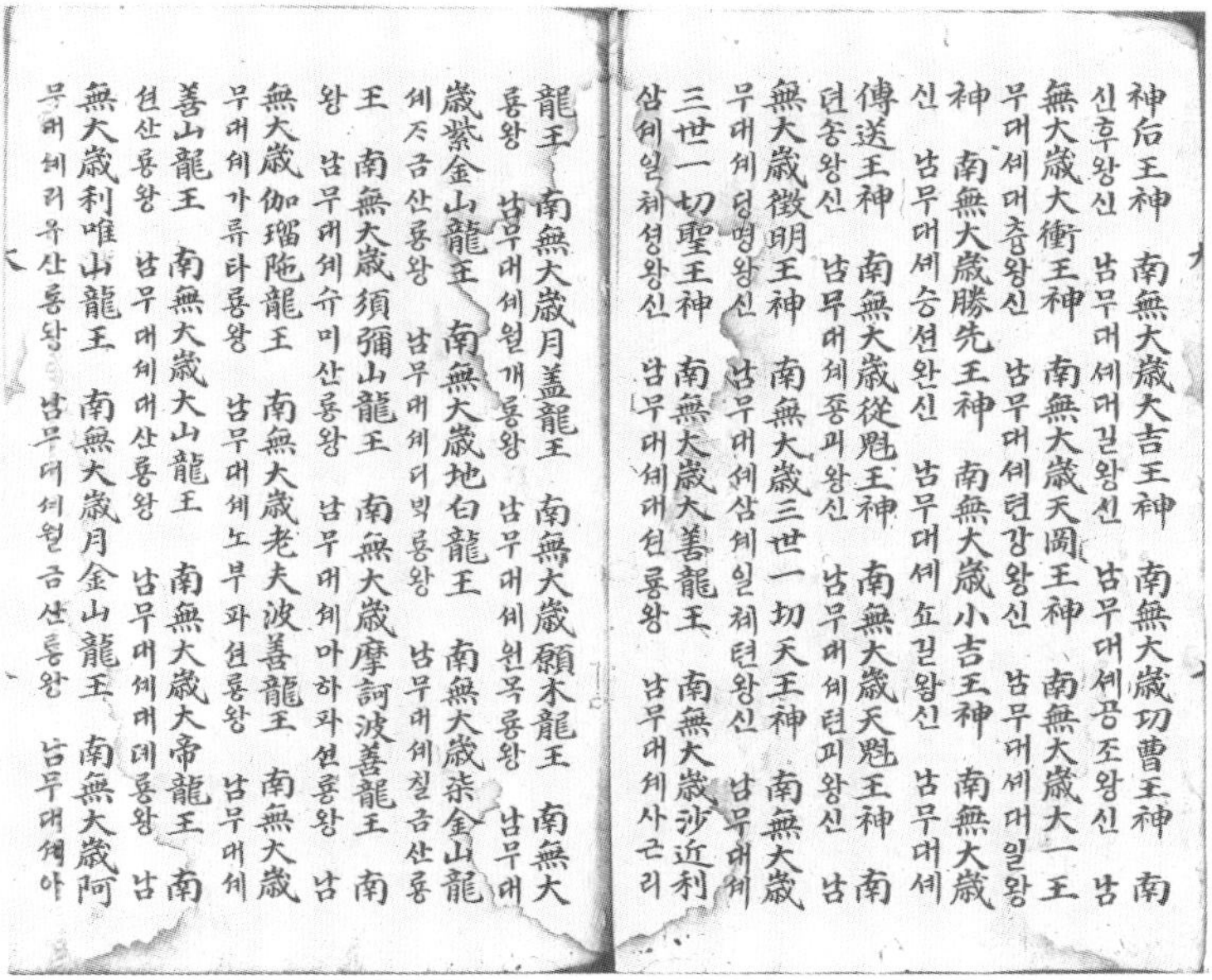
神后王神　南無大歲大吉王神　南無大歲功曹王神　南
신후왕신　남무대세대길왕신　남무대세공조왕신　남
無大歲大衝王神　南無大歲天罡王神　南無大歲大一王
무대세대츙왕신　남무대세텬강왕신　남무대세대일왕
神　南無大歲勝先王神　南無大歲小吉王神　南無大歲
신　남무대세승션완신　남무대세쇼길왕신　남무대세
傳送王神　南無大歲從魁王神　南無大歲天魁王神　南
뎐송왕신　남무대세죵괴왕신　남무대세텬괴왕신　남
無大歲徵明王神　南無大歲三世一切天王神　南無大歲
무대세딩명왕신　남무대세삼셰일체텬왕신　남무대세
三世一切聖王神　南無大歲大善龍王　南無大歲沙近利
삼세일체셩왕신　남무대세대션룡왕　남무대세사근리

龍王　南無大歲月蓋龍王　南無大歲顧木龍王　南無大
룡왕　남무대세월개룡왕　남무대세원목룡왕　남무대
歲紫金山龍王　南無大歲地白龍王　南無大歲柰金山龍
세즈금산룡왕　남무대세디빅룡왕　남무대세칠금산룡
王　南無大歲須彌山龍王　南無大歲摩訶波善龍王　南
왕　남무대세슈미산룡왕　남무대세마하파션룡왕　남
無大歲伽瑠陁龍王　南無大歲老夫波善龍王　南無大歲
무대세가류타룡왕　남무대세노부파션룡왕　남무대세
善山龍王　南無大歲大山龍王　南無大歲大帝龍王　南
션산룡왕　남무대세대산룡왕　남무대세대뎨룡왕　남
無大歲利唯山龍王　南無大歲月金山龍王　南無大歲阿
무대세리유산룡왕　남무대세월금산룡왕　남무대세아

8オ　7ウ

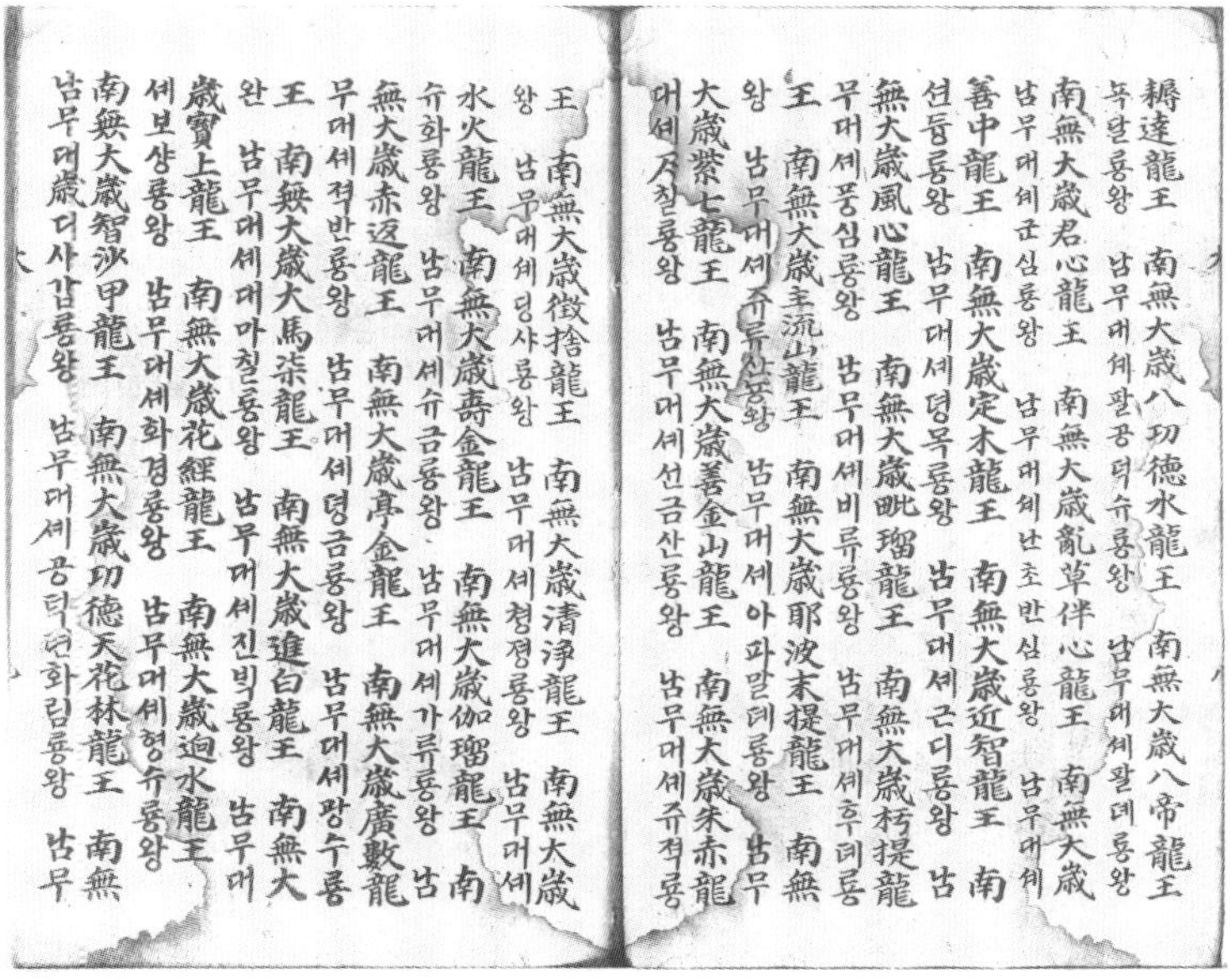
耨達龍王　南無大歲八功德水龍王　南無大歲八帝龍王
녹달룡왕　남무대세팔공덕슈룡왕　남무대세팔뎨룡왕
南無大歲君心龍王　南無大歲亂草伴心龍王　南無大歲
남무대세군심룡왕　남무대세난초반심룡왕　남무대세
善中龍王　南無大歲定木龍王　南無大歲近智龍王　南
션듕룡왕　남무대세뎡목룡왕　남무대세근디룡왕　남
無大歲風心龍王　南無大歲毗瑠龍王　南無大歲枵提龍
무대세풍심룡왕　남무대세비류룡왕　남무대세후뎨룡
王　南無大歲主流山龍王　南無大歲耶波末提龍王　南無
왕　남무대세쥬류산룡왕　남무대세야파말뎨룡왕　남무
大歲紫七龍王　南無大歲善金山龍王　南無大歲朱赤龍
대세즈칠룡왕　남무대세선금산룡왕　남무대세쥬적룡

王　南無大歲徵捨龍王　南無大歲清淨龍王　南無大歲
왕　남무대세딩샤룡왕　남무대세쳥졍룡왕　남무대세
水火龍王　南無大歲壽金龍王　南無大歲伽瑠龍王　南
슈화룡왕　남무대세슈금룡왕　남무대세가류룡왕　남
無大歲赤返龍王　南無大歲亭金龍王　南無大歲廣數龍
무대세적반룡왕　남무대세뎡금룡왕　남무대세광수룡
王　南無大歲大馬柰龍王　南無大歲進白龍王　南無大
완　남무대세대마칠룡왕　남무대세진빅룡왕　남무대
歲寶上龍王　南無大歲花經龍王　南無大歲迴水龍王
세보상룡왕　남무대세화경룡왕　남무대세형슈룡왕
南無大歲智汲甲龍王　南無大歲功德天花林龍王　南無
남무대歲다사갑룡왕　남무대세공덕텬화림룡왕　남무

9オ　8ウ

9ウ

南無大歲木赤龍王　南無大歲水揖龍王　南無大歲歲刑
남무대세목젹룡왕　남무대세슈셥룡왕　남무대세 세형
神　南無大歲歲殺神　南無大歲歲破神　南無大歲黃幡
신　남무대세세살신　남무대세세파신　남무대세황번
神　南無大歲豹尾神　南無大歲天官神　南無大歲歲猒
신　남무대셰표미신　남무대세텬관신　남무대세〻염
神　南無大歲歲德神　南無大歲天德神　南無大歲月建
신　남무대세〻덕신　남무대세텬덕신　남무대세월건
神　南無大歲月德神　南無大歲月空神　南無大歲月合
신　남무대세월덕신　남무대세월공신　남무대세월합
神　南無大歲月殺神　南無大歲日殺神　南無大歲天殺
신　남무대세월살신　남무대세일살신　남무대세텬살

10オ

神　南無大歲地殺神　南無大歲人殺神　南無大歲刼殺
신　남무대세디살신　남무대세인살신　남무대세겁살
神　南無大歲青龍神　南無大歲朱雀神　南無大歲白虎
신　남무대세청룡신　남무대세쥬작신　남무대세빅호
神　南無大歲玄武神　南無大歲句陳神　南無大歲縣官
신　남무대세현무신　남무대세구딘신　남무대세현관
神　南無大歲道地神　南無大歲土公神　南無大歲伏龍
신　남무대세도디신　남무대세토공신　남무대세복룡
神　南無大歲騰蛇神　南無大歲東地神　南無大歲南地
신　남무대세등샤신　남무대세동디신　남무대세남디
神　南無大歲西地神　南無大歲北地神　南無大歲中地
신　남무대세셔디신　남무대세븍디신　남무대세듕디

10ウ

神　南無大歲五行神　南無大歲年住土公神　南無大歲
신　남무대세오힝신　남무대세년듀토공신　남무대세
月住土公神　南無大歲日住土公神　南無大歲時住土公
월듀토공신　남무대세일듀토공신　남무대세시듀토공
神　南無大歲石木神　南無大歲水陸神　南無大歲岳山
신　남무대세셕목신　남무대세슈륙신　남무대세악산
神　南無大歲丘野神　南無大歲說龍神　南無大歲四海
신　남무대세구야신　남무대세셜룡신　남무대세〻히
神　南無大歲四道神　南無大歲卯方神　南無大歲上下
신　남무대세〻도신　남무대세〻방신　남무대세샹하
神　南無大歲木宅神　南無大歲火宅神　南無大歲金宅
신　남무대세목튁신　남무대세화튁신　남무대세금튁

11オ

神　南無大歲水宅神　南無大歲土宅神　南無大歲海中
신　남무대세슈튁신　남무대세토튁신　남무대세히듕
神　南無大歲河中神　南無大歲井中神　南無大歲道中
신　남무대세하듕신　남무대세정듕신　남무대세도듕
神　南無大歲門中神　南無大歲戶中神　南無大歲庭中
신　남무대세문듕신　남무대세호듕신　남무대세뎡듕
神　南無大歲囱中神　南無大歲欄中神　南無大歲砧中
신　남무대세조듕신　남무대세난듕신　남무대세침듕
神　南無大歲圊厠神　南無大歲宅左神　南無大歲宅右
신　남무대세영측신　남무대세튁좌신　남무대세튁우
神　南無大歲宅南神　南無大歲宅北神　南無大歲門吏
신　남무대세틱남신　남무대세틱북신　남무大세문리

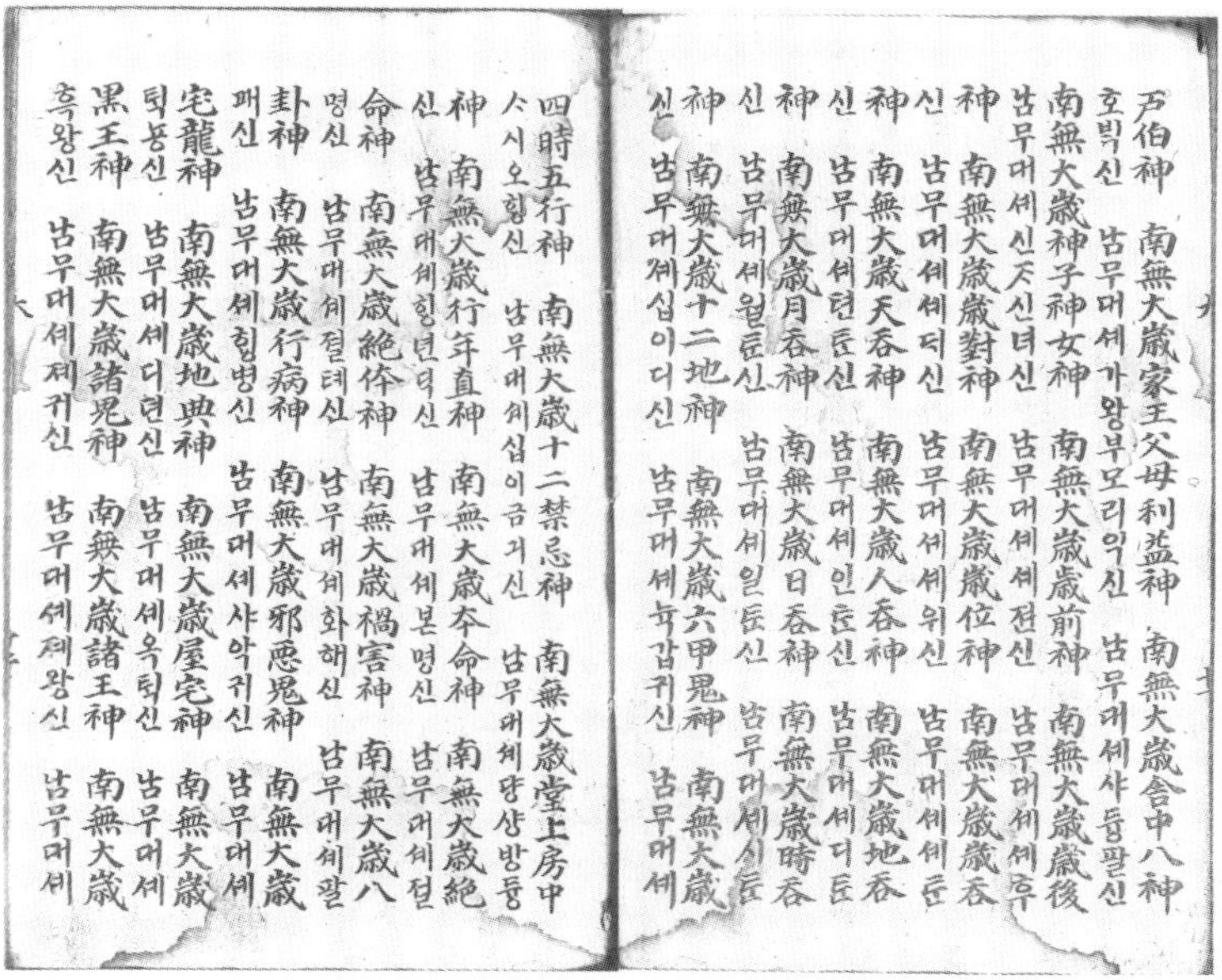

戸伯神 南無大歲家主父母利益神 南無大歲舍中八神
호ᄇᆡᆨ신 나무대셰가왕부모리익신 나무대셰샤듕팔신
南無大歲神子神女神 南無大歲歲前神 南無大歲歲後
나무대셰신ᄌᆞ신녀신 나무대셰셰젼신 나무대셰셰후
神 南無大歲歲對神 南無大歲歲位神 南無大歲歲呑
신 나무대셰셰디신 나무대셰셰위신 나무대셰셰ᄐᆞᆫ
神 南無大歲天呑神 南無大歲人呑神 南無大歲地呑
신 나무대셰텬ᄐᆞᆫ신 나무대셰인ᄐᆞᆫ신 나무대셰디ᄐᆞᆫ
神 南無大歲月呑神 南無大歲日呑神 南無大歲時呑
신 나무대셰월ᄐᆞᆫ신 나무대셰일ᄐᆞᆫ신 나무대셰시ᄐᆞᆫ
神 南無大歲十二地神 南無大歲六甲鬼神 南無大歲
신 나무대셰십이디신 나무대셰뉵갑귀신 나무대셰

11
ウ

四時五行神 南無大歲十二禁忌神 南無大歲堂上房中
ᄉᆞ시오ᄒᆡᆼ신 나무대셰십이금긔신 나무대셰당샹방듕
神 南無大歲行年直神 南無大歲本命神 南無大歲絶
신 나무대셰ᄒᆡᆼ년딕신 나무대셰본명신 나무대셰졀
命神 南無大歲絶体神 南無大歲禍害神 南無大歲八
명신 나무대셰졀톄신 나무대셰화해신 나무대셰팔
卦神 南無大歲行病神 南無大歲邪悪鬼神 南無大歲
패신 나무대셰ᄒᆡᆼ병신 나무대셰샤악귀신 나무대셰
宅龍神 南無大歲地典神 南無大歲屋宅神 南無大歲
튁룡신 나무대셰디뎐신 나무대셰옥튁신 나무대셰
黑王神 南無大歲諸鬼神 南無大歲諸王神 南無大歲
흑왕신 나무대셰졔귀신 나무대셰졔왕신 나무대셰

12
オ

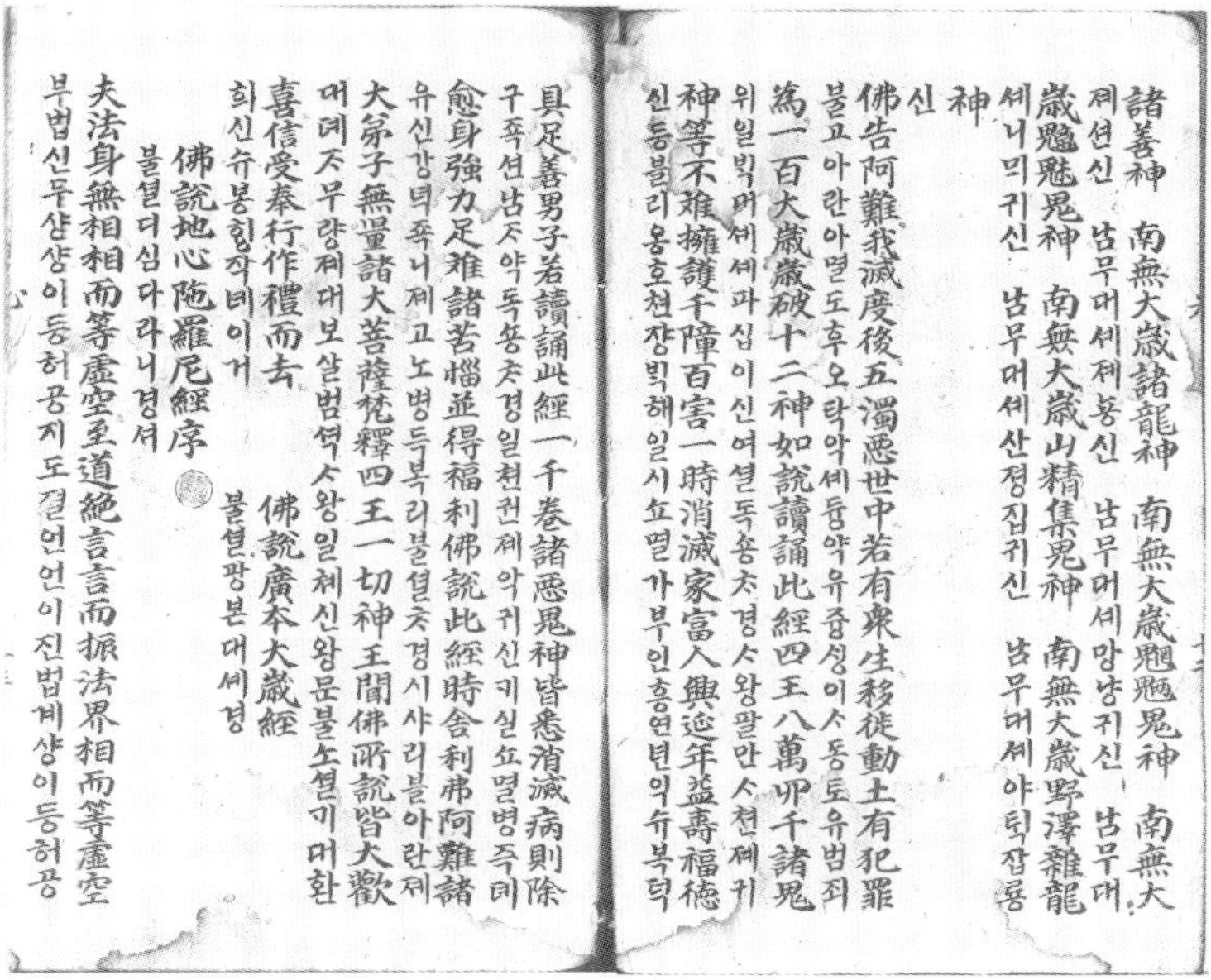

諸善神 南無大歲諸龍神 南無大歲魍魎鬼神 南無大
졔션신 나무대셰졔룡신 나무대셰망냥귀신 나무대
歲魑魅鬼神 南無大歲山精集鬼神 南無大歲野澤雜龍
셰니미귀신 나무대셰산졍집귀신 나무대셰야퇵잡룡
神
신
佛告阿難我滅度後五濁悪世中若有衆生移徙動土有犯罪
불고아란아멸도후오탁악셰듕약유즁ᄉᆡᆼ이ᄉᆞ동토유범죄
為一百大歲歲破十二神如說讀誦此經四王八萬四千諸鬼
위일ᄇᆡᆨ대셰셰파십이신여셜독숑ᄎᆞ경ᄉᆞ왕팔만ᄉᆞ쳔졔귀
神等不難擁護千障百害一時消滅家富人興延年益壽福徳
신등불란옹호쳔장ᄇᆡᆨ해일시쇼멸가부인흥연년익슈복덕

12
ウ

具足善男子若讀誦此經一千巻諸悪鬼神皆悉消滅病則除
구족션남ᄌᆞ약독숑ᄎᆞ경일쳔권졔악귀신개실쇼멸병즉뎨
愈身強力足雖諸苦惱並得福利佛說此經時舍利弗阿難諸
유신강녁족ᄂᆡ졔고노병득복리불셜ᄎᆞ경시샤리불아란졔
大弟子無量諸大菩薩梵釋四王一切神王聞佛所說皆大歡
대뎨ᄌᆞ무량졔대보살범셕ᄉᆞ왕일쳬신왕문불소셜개대환
喜信受奉行作禮而去
희신슈봉ᄒᆡᆼ작녜이거
佛說廣本大歲經
불셜광본대셰경
佛說地心陁羅尼經序
불셜디심다라니경셔
夫法身無相相而等虛空至道絶言言而振法界相而等虛空
부법신무샹샹이등허공지도졀언언이진법계샹이등허공

13
オ

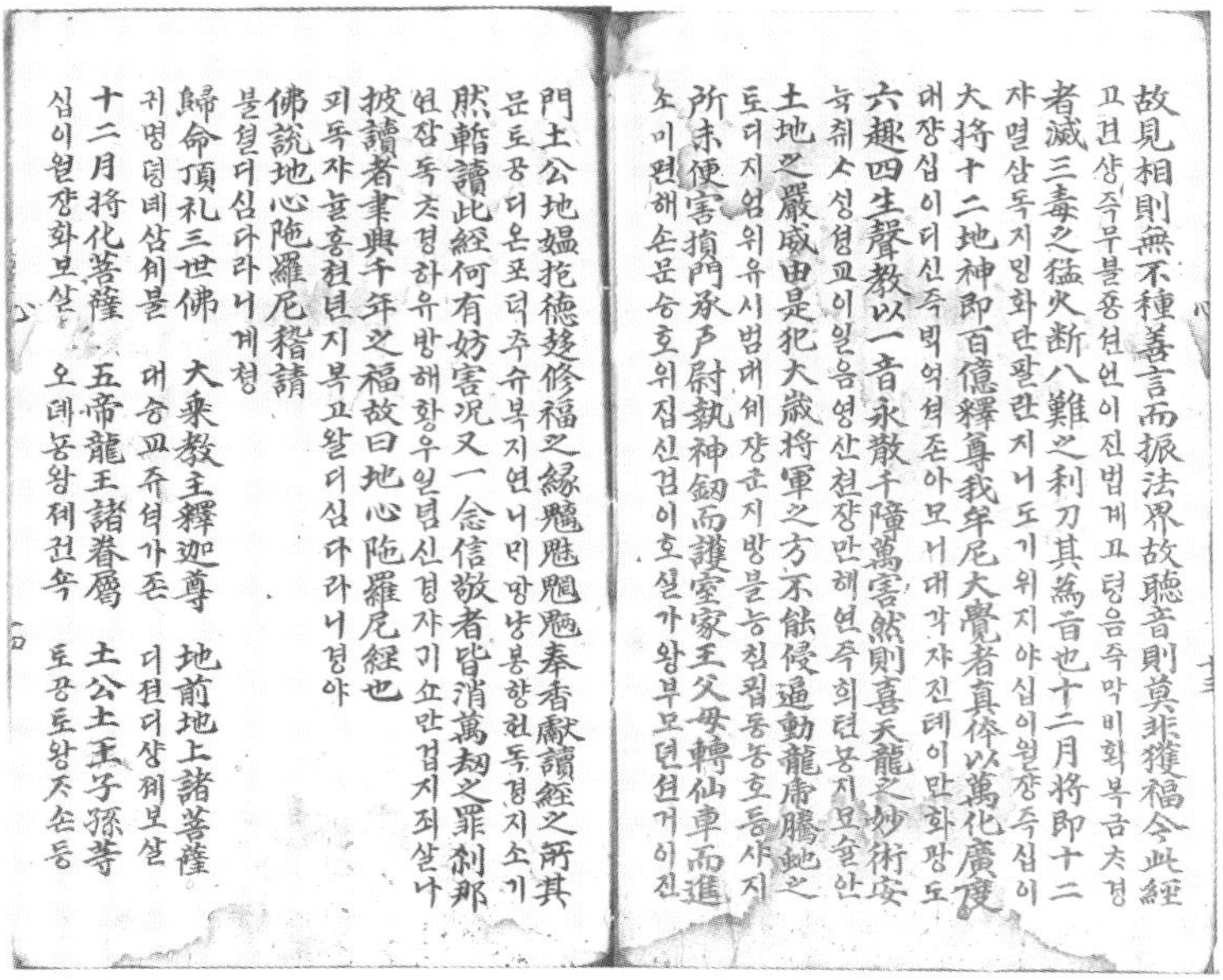
故見相則無不種善言而振法界故聽音則莫非獲福今此經
고견상즉무불종션언이진법계고텽음즉막비획복금ᄎ경
者滅三毒之猛火斷八難之利刀其爲音也十二月將即十二
쟈멸삼독지맹화단팔란지리도기위음야십이월쟝즉십이
大將十二地神即百億釋尊我牟尼大覺者眞体以萬化廣度
대쟝십이디신즉백억셕존아모니대각쟈진톄이만화광도
六趣四生聲教以一音永散千障萬害然則喜天龍之妙術安
뉵취ᄉ싱셩교이일음영산쳔쟝만해연즉희텬룡지묘술안
土地之嚴威由是犯大歲將軍之方不能侵逼動龍虎騰蛇之
토디지엄위유시범대셰쟝군지방블능침핍동룡호등ᄉ지
所未便害損門承戶尉執神劍而護室家王父母轉仙車而進
소미편해손문승호위집신검이호실가왕부모뎐션거이진

門土公地媼抱德超修福之緣魑魅魍魎奉香獻讀經之所其
문토공디온포덕쵸슈복지연니미망냥봉향헌독경지소기
朕輒讀此經何有妨害況又一念信敬者皆消萬劫之罪刹那
연잠독ᄎ경하유방해황우일념신경자기쇼만겁지죄찰나
披讀者亦興千年之福故曰地心陁羅尼經也
피독자ᄯᅩ흥쳔년지복고왈디심다라니경야
佛說地心陁羅尼稽請
불셜디심다라니계청
歸命頂礼三世佛　大乘教主釋迦尊　地前地上諸菩薩
귀명뎡례삼셰불　대승교쥬셕가존　디젼디샹졔보살
十二月將化菩薩　五帝龍王諸眷屬　土公土王子孫等
십이월쟝화보살　오뎨룡왕졔권쇽　토공토왕ᄌ손등

14
オ

13
ウ

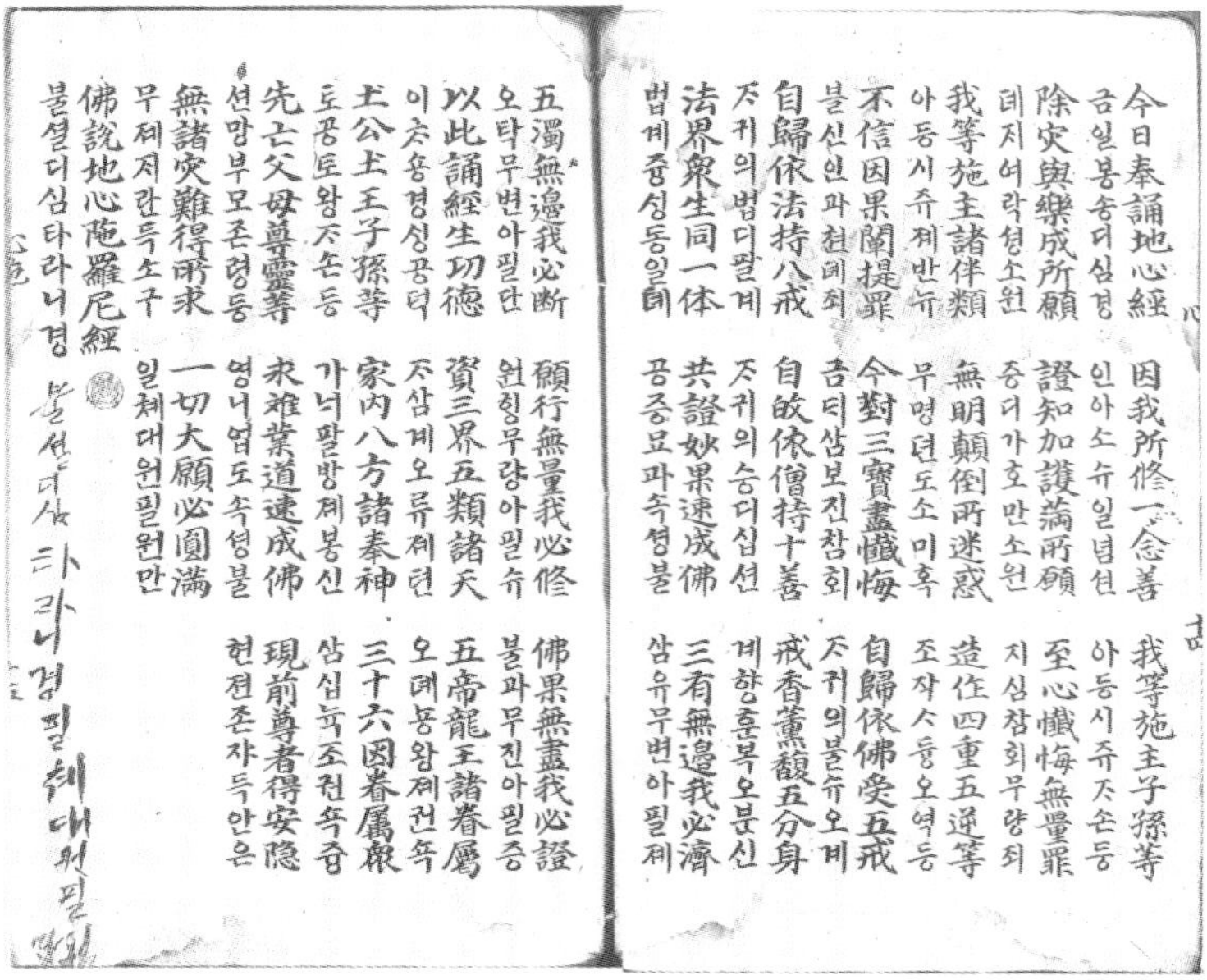
今日奉誦地心經　因我所修一念善　我等施主子孫等
금일봉송디심경　인아소슈일념션　아등시쥬ᄌ손등
除灾與樂成所願　證知加護滿所願　至心懺悔無量罪
뎨지여락셩소원　증디가호만소원　지심참회무량죄
我等施主諸伴類　無明顚倒所迷惑　造作四重五逆等
아등시쥬졔반뉴　무명뎐도소미혹　조작ᄉ듕오역등
不信因果闡提罪　今對三寶盡懺悔　自歸依佛受五戒
불신인과쳔뎨죄　금디삼보진참회　ᄌ귀의불슈오계
自歸依法持八戒　自歸依僧持十善　戒香薰馥五分身
ᄌ귀의법디팔계　ᄌ귀의승디십션　계향훈복오분신
法界衆生同一体　共證妙果速成佛　三有無邊我必濟
법계즁싱동일톄　공증묘과쇽셩불　삼유무변아필졔

五濁無邊我必斷　願行無量我必修　佛果無盡我必證
오탁무변아필단　원힝무량아필슈　불과무진아필증
以此誦經生功德　資三界五類諸天　五帝龍王諸眷屬
이ᄎ용경싱공덕　ᄌ삼계오류졔텬　오뎨룡왕졔권쇽
土公土王子孫等　家內八方諸奉神　三十六國眷屬衆
토공토왕ᄌ손등　가니팔방졔봉신　삼십뉵조권쇽즁
先亡父母尊靈等　求離業道速成佛　現前尊者得安隱
션망부모존령등　영니엽도쇽셩불　현젼존쟈득안은
無諸灾難得所求　一切大願必圓滿
무졔지란득소구　일쳬대원필원만
佛說地心陁羅尼經
불셜디심타라니경　불셜디심 다라니경 필 쳬대원필

15
オ

14
ウ

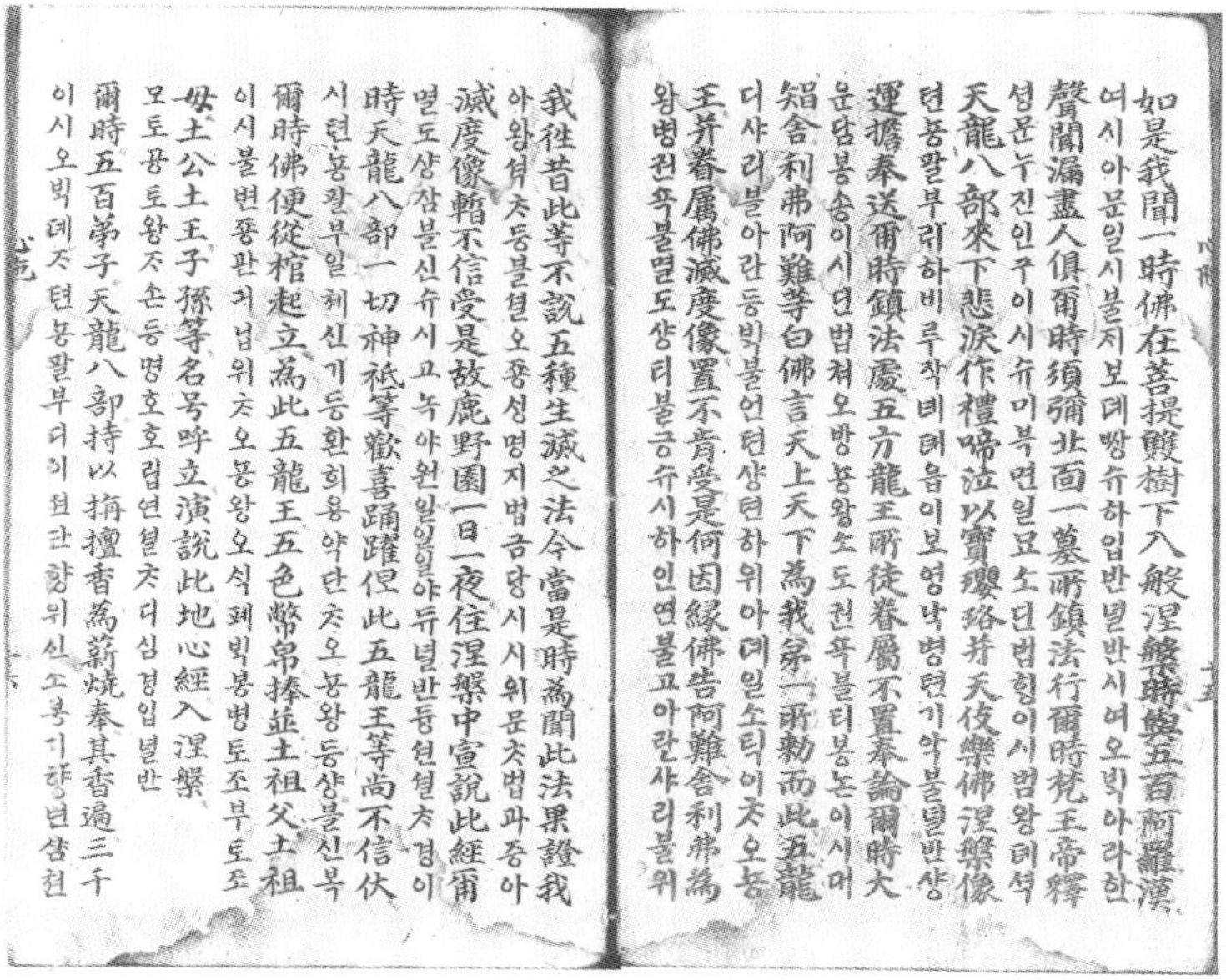

如是我聞一時佛在菩提雙樹下入般涅槃時與五百阿羅漢
여시아문일시불재보뎨빵슈하입반열반시여오빅아라한
聲聞漏盡人俱爾時須彌北面一墓所鎭法行爾時梵王帝釋
셩문누진인구이시슈미북면일묘소딘법힝이시범왕뎨셕
天龍八部來下悲淚作禮啼泣以寶瓔珞并天伎樂佛涅槃像
텬룡팔부릭하비루작녜뎨읍이보영낙병텬기악불열반샹
運擔奉送爾時鎭法處五方龍王所徒眷屬不置奉論爾時大
운담봉송이시딘법쳐오방룡왕소도권쇽불티봉논이시대
鉊舍利弗阿難等白佛言天上天下爲我第一爾勅而此五龍
디사리불아란등빅불언텬샹텬하위아뎨일소틱이ᄎ오룡
王并眷屬佛滅度像置不肯受是何因緣佛告阿難舍利弗爲
왕병권쇽불멸도샹티불긍슈시하인연불고아란샤리불위

15 ウ

我往昔此等不說五種生滅之法今當是時爲聞此法果證我
아왕셕ᄎ등불셜오죵싱멸지법금당시시위문ᄎ법과증아
滅度像暫不信受是故鹿野園一日一夜住涅槃中宣說此經爾
멸도샹잠불신슈시고녹야원일일일야듀열반듕션셜ᄎ경이
時天龍八部一切神祇等歡喜踊躍但此五龍王等尚不信伏
시텬룡팔부일쳬신기등환희용약단ᄎ오룡왕등샹불신복
爾時佛便從棺起立爲此五龍王五色幣帛捧並土祖父土祖
이시불변죵관기닙위ᄎ오룡왕오식폐빅봉병토조부토조
母土公土王子孫等名号呼立演說此地心經入涅槃
모토공토왕ᄌ손등명호호립연셜ᄎ디심경입열반
爾時五百弟子天龍八部持以栴檀香爲薪燒奉其香遍三千
이시오빅뎨ᄌ텬룡팔부디이젼단향위신쇼봉기향변삼천

16 オ

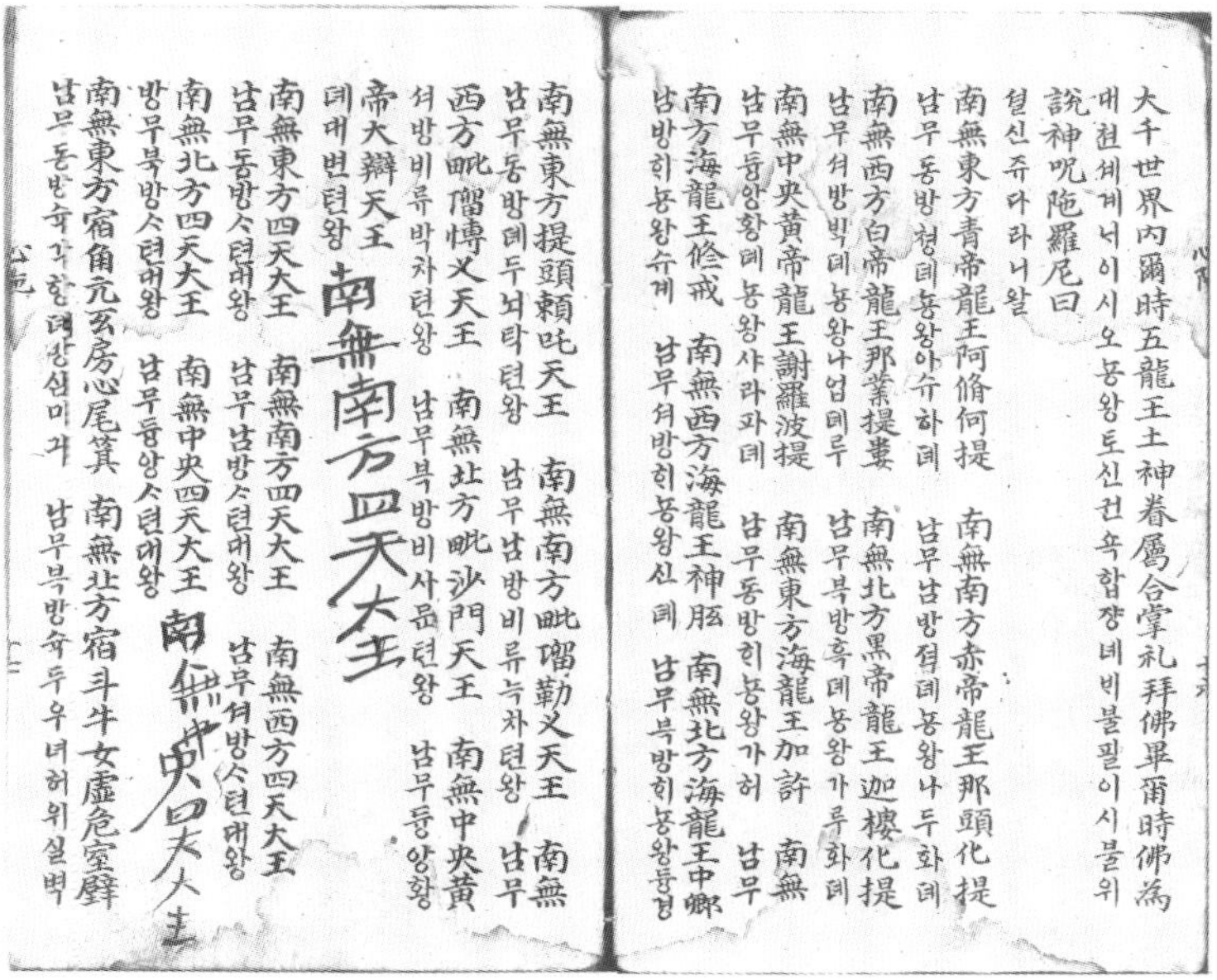

大千世界內爾時五龍王土神眷屬合掌礼拜佛畢爾時佛爲
대쳔세계너이시오룡왕토신권쇽합장녜비불필이시불위
說神呪陁羅尼曰
셜신쥬다라니왈
南無東方靑帝龍王阿脩何提　南無南方赤帝龍王那頭化提
남무동방쳥뎨룡왕아슈하뎨　남무남방젹뎨룡왕나두화뎨
南無西方白帝龍王那業提婁　南無北方黑帝龍王迦樓化提
남무셔방빅뎨룡왕나업뎨루　남무북방흑뎨룡왕가루화뎨
南無中央黃帝龍王謝羅波提　南無東方海龍王加許　南無
남무듕앙황뎨룡왕샤라파뎨　남무동방히룡왕가허　남무
南方海龍王修戒　南無西方海龍王神肱　南無北方海龍王中卿
남방히룡왕슈계　남무셔방히룡왕신굉　남무북방히룡왕듕경

16 ウ

南無東方提頭賴吒天王　南無南方毗瑠勤叉天王　南無
남무동방뎨두뢰타텬왕　남무남방비류늑차텬왕　남무
西方毗瑠愽叉天王　南無北方毗沙門天王　南無中央黃
셔방비류박차텬왕　남무북방비사문텬왕　남무듕앙황
帝大辯天王
뎨대변텬왕
南無南方四天大王
南無東方四天大王　南無南方四天大王　南無西方四天大王
남무동방ᄉ텬대왕　남무남방ᄉ텬대왕　남무셔방ᄉ텬대왕
南無北方四天大王　南無中央四天大王
남무북방ᄉ텬대왕　남무듕앙ᄉ텬대왕
南無中央四天大王
南無東方宿角亢氐房心尾箕　南無北方宿斗牛女虛危室壁
남무동방슉각항뎨방심미긔　남무북방슉두우녀허위실벽

17 オ

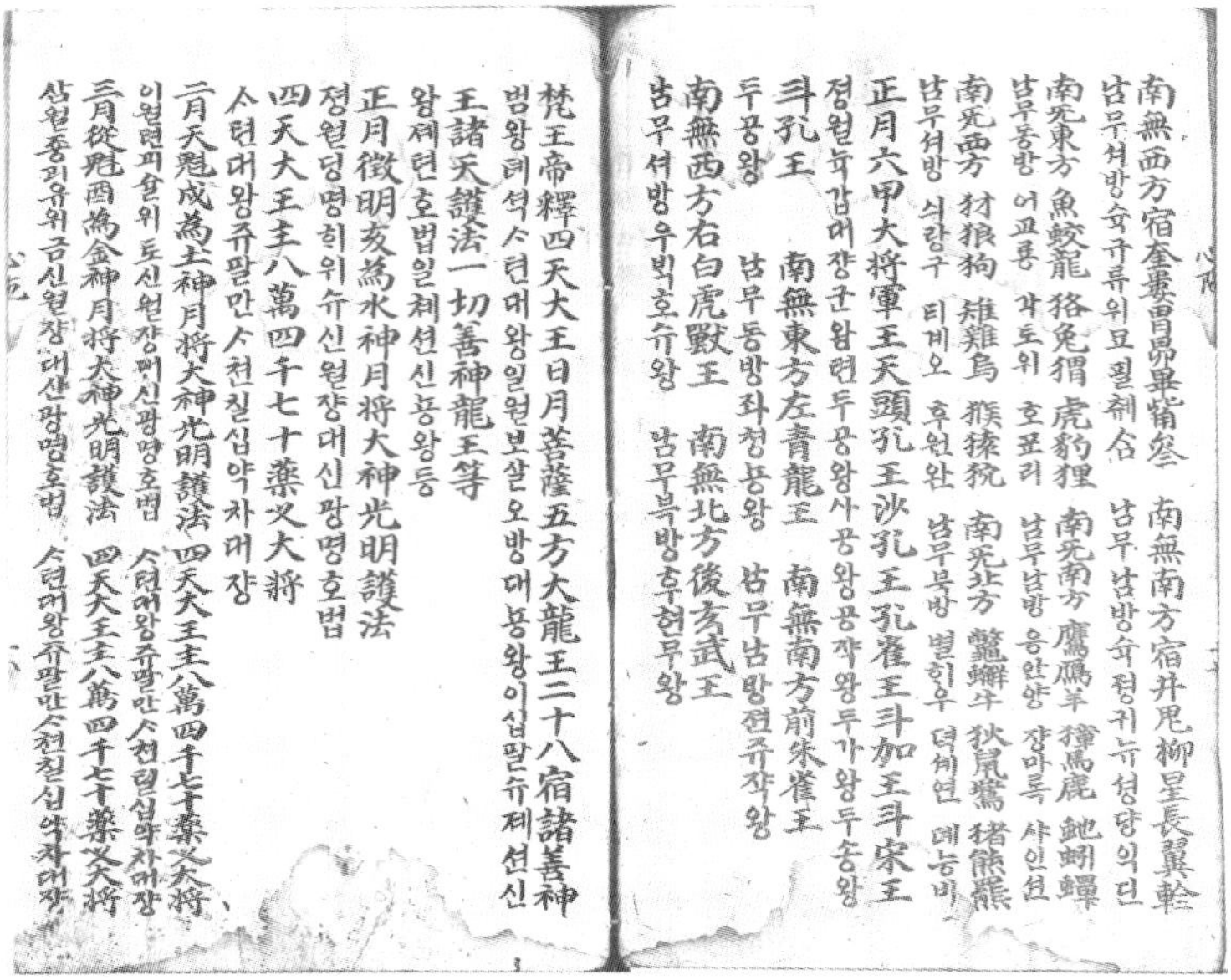

南無西方宿奎婁胃昴畢觜參　南無南方宿井鬼柳星張翼軫
남무셔방슉규류위묘필취삼　남무 남방슉 졍귀뉴셩댱익딘
南无東方 魚鮫龍 狢兔猬 虎豹狸　南无南方 鷹鴈羊 獐馬鹿 䖞蚓蟬
남무동방 어교룡 락토위 호표리　남무남방 응안양 장마록 사인션
南无西方 豺狼狗 雉雞烏 猴猿玃　南无北方 鼇蟹牛 狄鼠鷰 猪熊羆
남무셔방 싀랑구 티계오 후원완　남무북방 별히우 뎍셔연 뎨능비
正月六甲大將軍王天頭孔王沙孔王孔雀王斗加王斗宋王
졍월뉵갑대쟝군왕텬두공왕사공왕공작왕두가왕두송왕
斗孔王　南無東方左青龍王　南無南方前朱雀王
두공왕　남무동방좌청룡왕　남무남방젼쥬작왕
南無西方右白虎獸王　南無北方後玄武王
남무셔방우빅호슈왕　남무북방후현무왕

梵王帝釋四天大王日月菩薩五方大龍王二十八宿諸善神
범왕뎨셕ᄉ텬대왕일월보살오방대룡왕이십팔슈제션신
王諸天護法一切善神龍王等
왕졔텬호법일쳬션신룡왕등
正月徵明亥為水神月將大神光明護法
졍월딩명히위슈신월쟝대신광명호법
四天大王主八萬四千七十藥叉大將
ᄉ텬대왕쥬팔만ᄉ천칠십약차대장
二月天魁戌為土神月將大神光明護法　四天大王主八萬四千七十藥叉大將
이월텬괴슐위 토신월장대신광명호법　ᄉ텬대왕쥬팔만ᄉ천칠십약차대장
三月從魁酉為金神月將大神光明護法　四天大王主八萬四千七十藥叉大將
삼월종괴유위금신월장 대신광명호법　ᄉ텬대왕쥬팔만ᄉ천칠십약차대장

18 オ　17 ウ

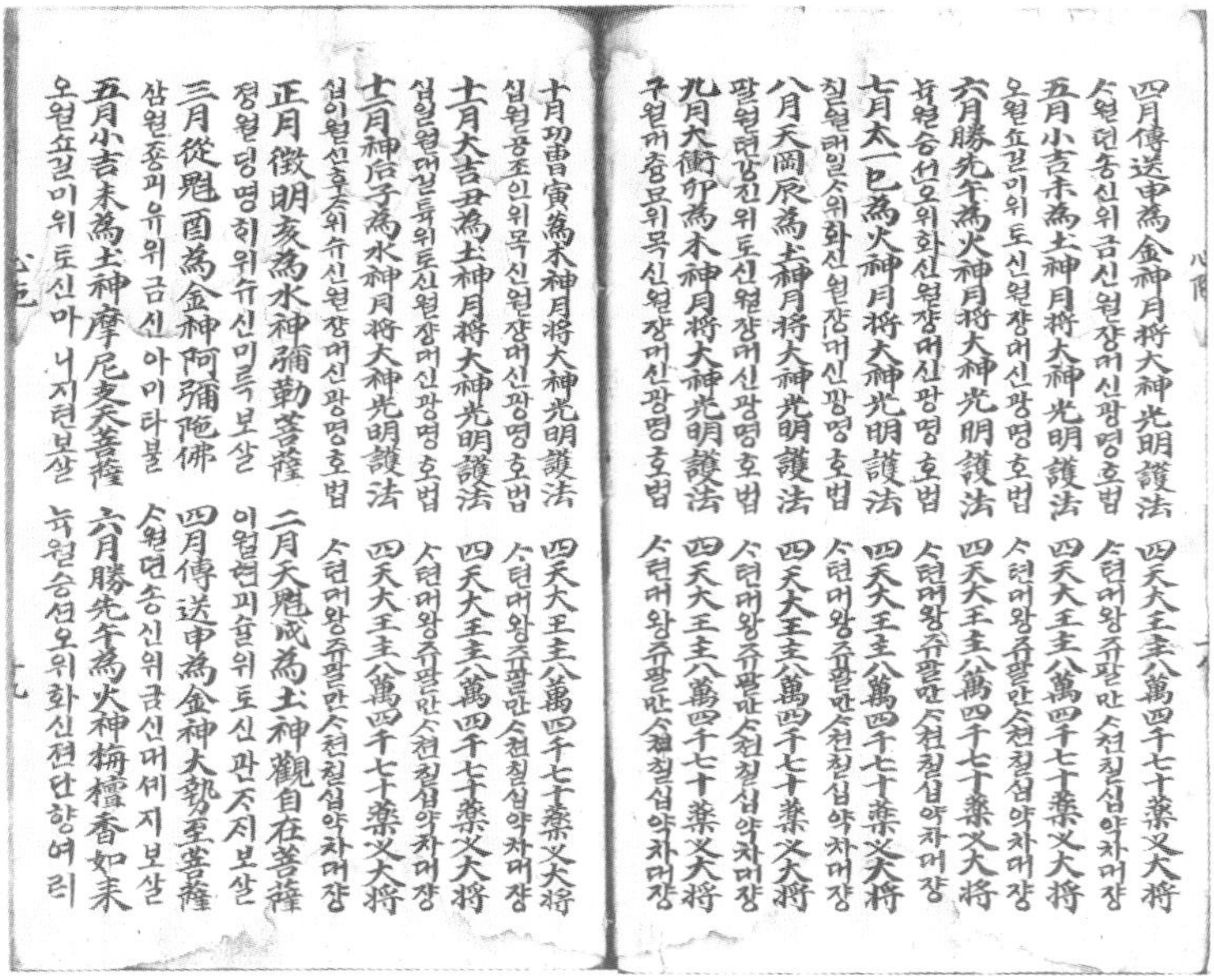

四月傳送申為金神月將大神光明護法　四天大王主八萬四千七十藥叉大將
ᄉ월뎐송신위금신월장대신광명호법　ᄉ텬대왕쥬팔만ᄉ천칠십약차대장
五月小吉未為土神月將大神光明護法　四天大王主八萬四千七十藥叉大將
오월쇼길미위토신월장대신광명호법　ᄉ텬대왕쥬팔만ᄉ천칠십약차대장
六月勝先午為火神月將大神光明護法　四天大王主八萬四千七十藥叉大將
뉵월승션오위화신월장대신광명호법　ᄉ텬대왕쥬팔만ᄉ천칠십약차대장
七月太一巳為火神月將大神光明護法　四天大王主八萬四千七十藥叉大將
칠월태일ᄉ위화신월장대신광명호법　ᄉ텬대왕쥬팔만ᄉ천칠십약차대장
八月天罡辰為土神月將大神光明護法　四天大王主八萬四千七十藥叉大將
팔월텬강진위토신월장대신광명호법　ᄉ텬대왕쥬팔만ᄉ천칠십약차대장
九月大衝卯為木神月將大神光明護法　四天大王主八萬四千七十藥叉大將
구월대츙묘위목신월장대신광명호법　ᄉ텬대왕쥬팔만ᄉ천칠십약차대장

十月功曹寅為木神月將大神光明護法　四天大王主八萬四千七十藥叉大將
십월공조인위목신월장대신광명호법　ᄉ텬대왕쥬팔만ᄉ천칠십약차대장
十一月大吉丑為土神月將大神光明護法　四天大王主八萬四千七十藥叉大將
십일월대길튝위토신월장대신광명호법　ᄉ텬대왕쥬팔만ᄉ천칠십약차대장
十二月神后子為水神月將大神光明護法　四天大王主八萬四千七十藥叉大將
십이월신후ᄌ위슈신월장대신광명호법　ᄉ텬대왕쥬팔만ᄉ천칠십약차대장
正月徵明亥為水神彌勒菩薩　二月天魁戌為土神觀自在菩薩
졍월딩명히위슈신미륵보살　이월텬괴슐위토신 관ᄌ지보살
三月從魁酉為金神阿彌陀佛　四月傳送申為金神大勢至菩薩
삼월죵괴유위금신 아미타불　ᄉ월뎐송신위금신대셰지보살
五月小吉未為土神摩尼支天菩薩　六月勝先午為火神栴檀香如來
오월쇼길미위토신마 니지텬보살　뉵월승션오위화신젼단향여래

19 オ　18 ウ

19ウ

七月太一巳爲火神地藏菩薩　八月天罡辰爲土神文殊師利菩薩
칠월태일ᄉ위화신디장보살　팔월텬강진위토신문슈ᄉ리보살
九月大衝卯爲木神藥師瑠璃光如來　十月功曹寅爲木神普賢菩薩
구월대츙묘위목신약ᄉ슈리광여래　십월공조인위목신보현보살
十一月大吉丑爲土神冣淨地陁羅尼菩薩　十二月神后子爲水神釋迦牟尼佛
십일월대길튝위토신최정디다라니보살　십이월신후ᄌ위슈신셕가모니불
正月徴明阿毘盧舍那佛功德天王　二月天魁觀世音菩薩
정월딩명아비로사나불공덕텬왕　이월텬괴관셰음보살
三月從魁天獄菩薩摩醯首羅帝釋梵王　四月傳送地藏菩薩閻羅大王
삼월죵괴텬옥보살마헤슈라뎨셕갈우라왕　ᄉ월뎐송디장보살염라대왕
五月小吉日光菩薩梵王帝釋四天護法善神等　六月勝先梵天王四天大王
오월쇼길일광보살범왕뎨셕ᄉ텬호법션신왕등　뉵월승션범텬왕ᄉ텬대왕

20オ

七月太一地藏菩薩　八月天罡七佛釋迦牟尼佛皇帝堅牢地神王等
칠월태일디장보살　팔월텬강칠불셕가모니불황뎨견뢰디신왕등
九月大衝藥師瑠璃光如來　十月功曹普賢菩薩
구월대츙약ᄉ뉴리광여리　십월공조보현보살
十一月大吉冣淨地陁羅尼菩薩　十二月神后彌勒菩薩
십일월대길최정디다라니보살　십이월신후미륵보살
正月徴明亦名彌勒菩薩成即黑龍王水神亥地坐
정월딩명역명미륵보살셩즉흑뇽왕슈신히디좌
二月天魁亦名觀世音菩薩成即黃龍王土神戌地坐
이월텬괴역명관셰음보살셩즉황뇽왕토신슐디좌
三月從魁亦名阿彌陁佛成即白龍王金神酉地坐
삼월죵괴역명아미타불셩즉뵉뇽왕금신유디좌

20ウ

卯月傳送亦名大勢至菩薩成即白龍王金神申地坐
ᄉ월뎐송역명대셰지보살셩즉빅뇽왕금신신디좌
五月小吉亦名摩利支天菩薩成即黃龍王土神未地坐
오월쇼길역명마리지텬보살셩즉황뇽왕토신미디좌
六月勝先亦名栴檀香如來成即赤龍王火神午地坐
뉵월승션역명젼단향여리셩즉젹뇽왕화신오디좌
七月太一亦名地藏菩薩成即赤龍王火神巳地坐
칠월태일역명디장보살셩즉젹뇽왕화신ᄉ디좌
八月天罡亦名文殊室利菩薩成即黃龍王土神辰地坐
팔월텬강역명문슈실리보살셩즉황뇽왕토신진디좌
九月大衝亦名藥師瑠璃光如來成即青龍王木神卯地坐
구월대츙역명약ᄉ뉴리광여리셩즉쳥뇽왕목신묘지좌

21オ

十月功曹亦名普賢菩薩成即青龍王木神寅地坐
십월공조역명보현보살셩즉쳥뇽왕목신인디좌
十一月大吉亦名冣淨地陁羅尼菩薩成即黃龍王土神丑地坐
십일월대길역명최정디다라니보살셩즉황뇽왕토신튝디좌
十二月神后亦名彌勒菩薩成即黑龍王水神子地坐
십이월신후역명미륵보살셩즉흑룡왕슈신ᄌ디좌
功曹大神光明護法大神王呪　大衝大神光明護法大神王呪
공조대신광명호법대신왕쥬　대츙대신광명호법대신왕쥬
天罡大神光明護法大神王呪　太一大神光明護法大神王呪
텬강대신광명호법대신왕쥬　태일대신광명호법대신왕쥬
勝先大神光明護法大神王呪　小吉大神光明護法大神王呪
승션대신광명호법대신왕쥬　쇼길대신광명호법대신왕쥬

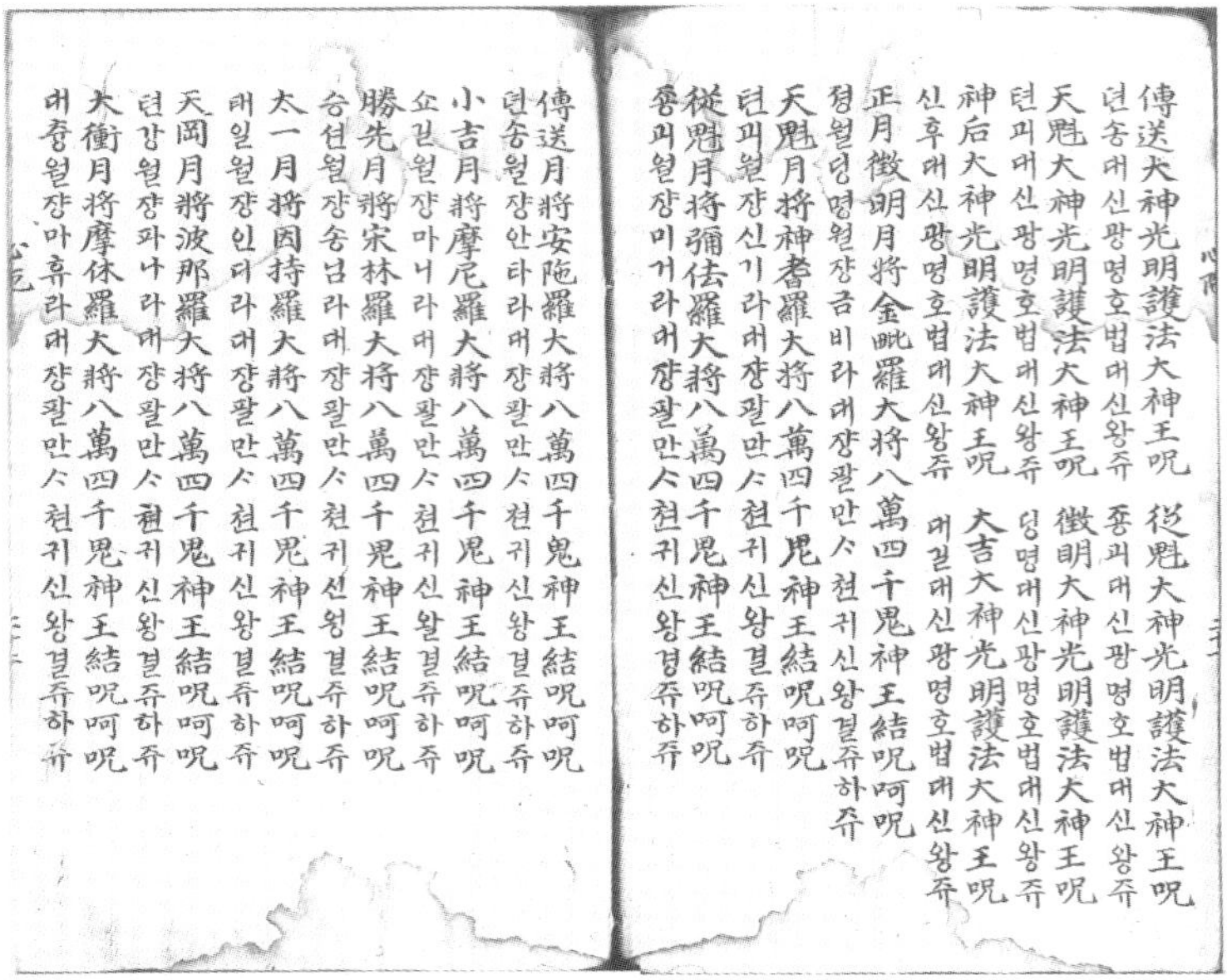

21ウ

傳送大神光明護法大神王呪　從魁大神光明護法大神王呪
뎐송대신광명호법대신왕쥬　죵괴대신광명호법대신왕쥬
天魁大神光明護法大神王呪　徵明大神光明護法大神王呪
텬괴대신광명호법대신왕쥬　딩명대신광명호법대신왕쥬
神后大神光明護法大神王呪　大吉大神光明護法大神王呪
신후대신광명호법대신왕쥬　대길대신광명호법대신왕쥬
正月徵明月將金毗羅大將八萬四千鬼神王結呪呵呪
졍월딩명월장금비라대장팔만ᄉᆞ쳔귀신왕결쥬하쥬
天魁月將神耆羅大將八萬四千鬼神王結呪呵呪
텬괴월장신기라대장팔만ᄉᆞ쳔귀신왕결쥬하쥬
從魁月將彌佉羅大將八萬四千鬼神王結呪呵呪
죵괴월장미거라대장팔만ᄉᆞ쳔귀신왕결쥬하쥬

22オ

傳送月將安陁羅大將八萬四千鬼神王結呪呵呪
뎐송월장안타라대장팔만ᄉᆞ쳔귀신왕결쥬하쥬
小吉月將摩尼羅大將八萬四千鬼神王結呪呵呪
쇼길월장마니라대장팔만ᄉᆞ쳔귀신왈결쥬하쥬
勝先月將宋林羅大將八萬四千鬼神王結呪呵呪
승션월장숑님라대장팔만ᄉᆞ쳔귀션웡결쥬하쥬
太一月將因持羅大將八萬四千鬼神王結呪呵呪
태일월장인디라대장팔만ᄉᆞ쳔귀신왕결쥬하쥬
天罡月將波那羅大將八萬四千鬼神王結呪呵呪
텬강월장파나라대장팔만ᄉᆞ쳔귀신왕결쥬하쥬
大衝月將摩休羅大將八萬四千鬼神王結呪呵呪
대츙월장마휴라대장팔만ᄉᆞ쳔귀신왕결쥬하쥬

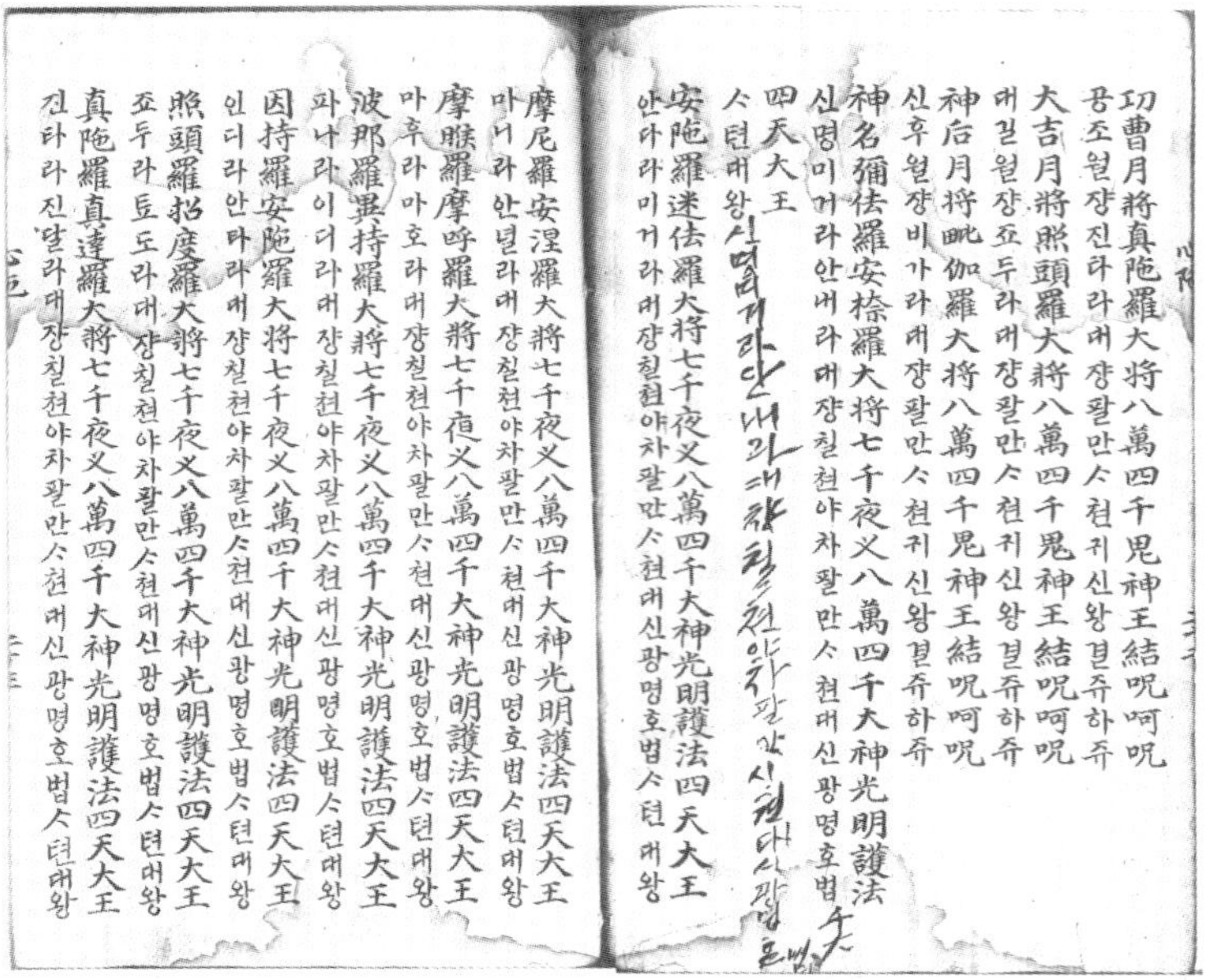

22ウ

功曹月將真陁羅大將八萬四千鬼神王結呪呵呪
공조월장진다라대장팔만ᄉᆞ쳔귀신왕결쥬하쥬
大吉月將照頭羅大將八萬四千鬼神王結呪呵呪
대길월장죠두라대장팔만ᄉᆞ쳔귀신왕결쥬하쥬
神后月將毗伽羅大將八萬四千鬼神王結呪呵呪
신후월장비가라대장팔만ᄉᆞ쳔귀신왕결쥬하쥬
神名彌佉羅安榡羅大將七千夜叉八萬四千大神光明護法
신명미거라안내라대장칠쳔야차팔만ᄉᆞ쳔대신광명호법 ᄉᆞ텬
四天大王
ᄉᆞ텬대왕 신명미거라안내라대장칠쳔야차팔ᄉᆞ쳔대신광명호법
安陁羅迷佉羅大將七千夜叉八萬四千大神光明護法四天大王
안다라미거라대장칠쳔야차팔만ᄉᆞ쳔대신광명호법ᄉᆞ텬대왕

23オ

摩尼羅安涅羅大將七千夜叉八萬四千大神光明護法四天大王
마니라안녈라대장칠쳔야차팔만ᄉᆞ쳔대신광명호법ᄉᆞ텬대왕
摩睺羅摩呼羅大將七千亱叉八萬四千大神光明護法四天大王
마후라마호라대장칠쳔야차팔만ᄉᆞ쳔대신광명호법ᄉᆞ텬대왕
波那羅異持羅大將七千夜叉八萬四千大神光明護法四天大王
파나라이디라대장칠쳔야차팔만ᄉᆞ쳔대신광명호법ᄉᆞ텬대왕
因持羅安陁羅大將七千夜叉八萬四千大神光明護法四天大王
인디라안타라대장칠쳔야차팔만ᄉᆞ쳔대신광명호법ᄉᆞ텬대왕
照頭羅招度羅大將七千夜叉八萬四千大神光明護法四天大王
죠두라됴도라대장칠쳔야차팔만ᄉᆞ쳔대신광명호법ᄉᆞ텬대왕
真陁羅真達羅大將七千夜叉八萬四千大神光明護法四天大王
진타라진달라대장칠쳔야차팔만ᄉᆞ쳔대신광명호법ᄉᆞ텬대왕

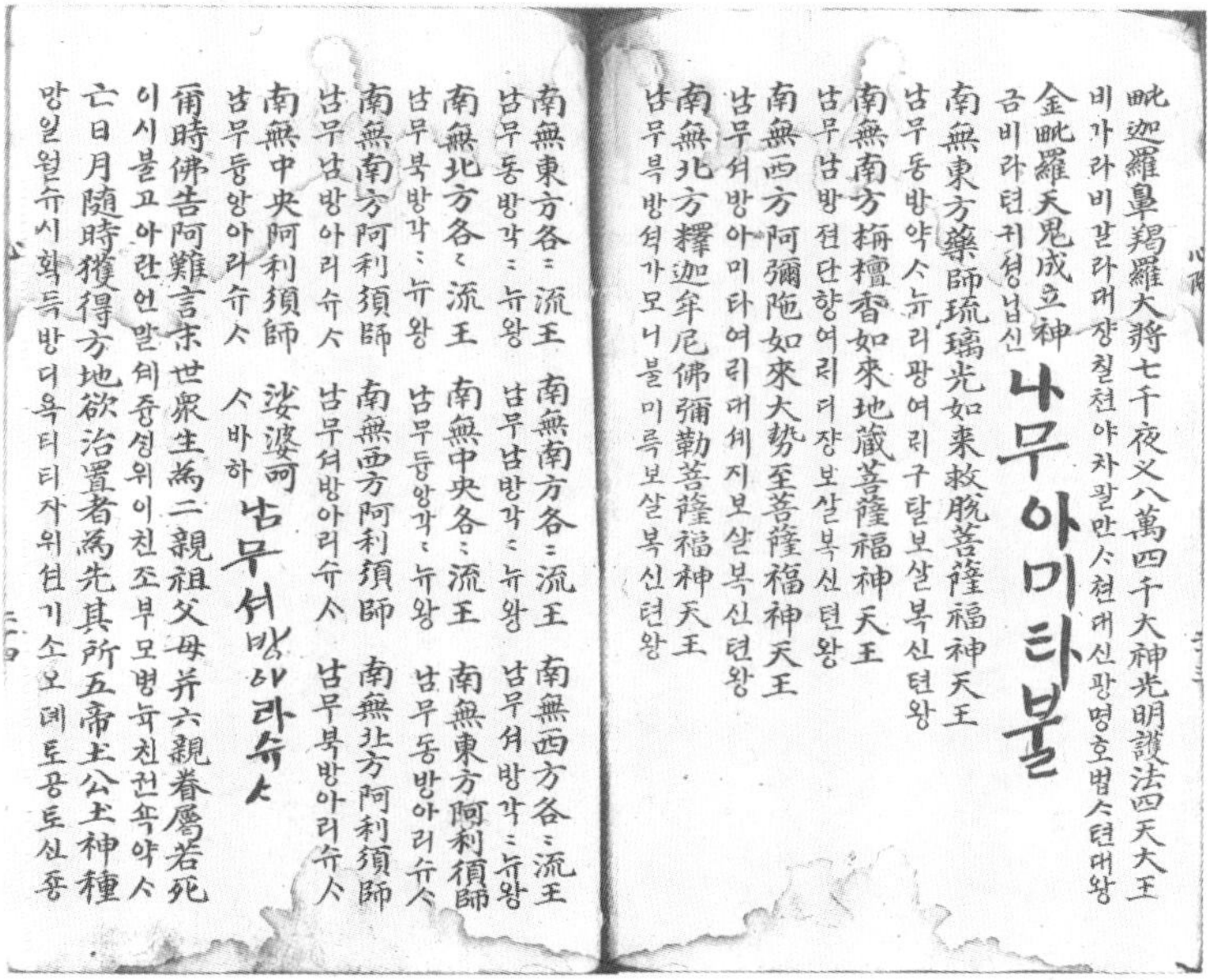

毗迦羅皐鷄羅大將七千夜叉八萬四千大神光明護法四天大王
비가라비갈라대장칠천야차팔만ᄉᆞ천대신광명호법ᄉᆞ텬대왕
金毗羅天鬼成立神　나무아미타불
금비라텬귀셩닙신
南無東方藥師琉璃光如来救脫菩薩福神天王
남무동방약ᄉᆞ뉴리광여리구탈보살복신텬왕
南無南方栴檀香如來地藏菩薩福神天王
남무남방젼단향여리디장보살복신텬왕
南無西方阿彌陀如來大勢至菩薩福神天王
남무셔방아미타여리대셰지보살복신텬왕
南無北方釋迦牟尼佛彌勒菩薩福神天王
남무북방셕가모니불미륵보살복신텬왕

南無東方各々流王　南無南方各々流王　南無西方各々流王
남무동방각々뉴왕　남무남방각々뉴왕　남무셔방각々뉴왕
南無北方各々流王　南無中央各々流王　南無東方阿利須師
남무북방각々뉴왕　남무듕앙각々뉴왕　남무동방아리슈ᄉᆞ
南無南方阿利須師　南無西方阿利須師　南無北方阿利須師
남무남방아리슈ᄉᆞ　남무셔방아리슈ᄉᆞ　남무북방아리슈ᄉᆞ
南無中央阿利須師　娑婆訶
남무듕앙아리슈ᄉᆞ　ᄉᆞ바하　남무셔방아라슈ᄉᆞ
爾時佛告阿難言末世衆生爲二親祖父母并六親眷屬若死
이시불고아란언말셰즁싱위이친조부모병뉵친권쇽약ᄉᆞ
亡日月隨時獲得方地欲治置者爲先其所五帝土公土神種
망일월슈시획득방디욕티티자위션기소오뎨토공토신죵

24オ　23ウ

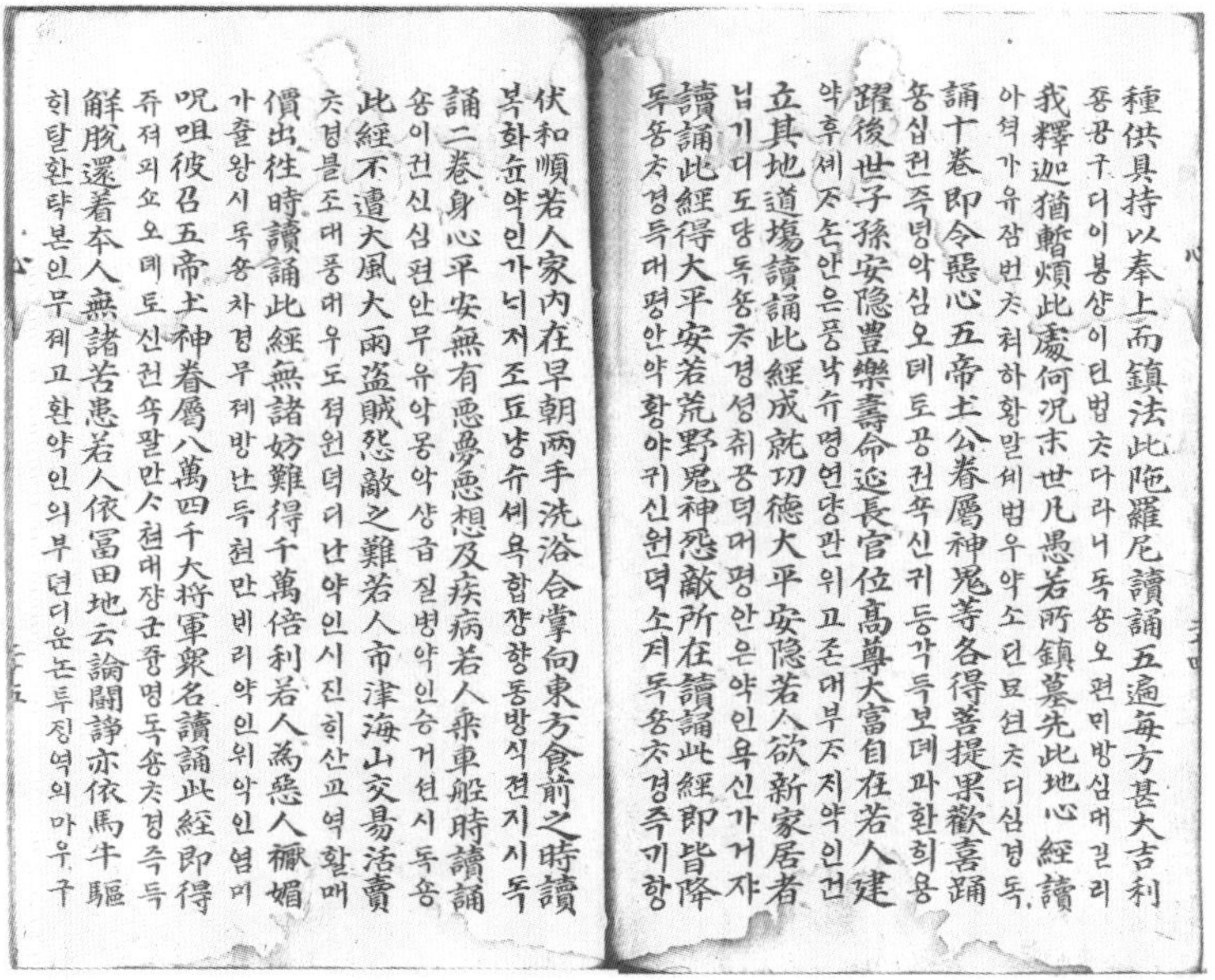

種供具持以奉上而鎭法此陁羅尼讀誦五遍每方甚大吉利
죵공구디이봉샹이딘법ᄎᆞ다라니독숑오편미방심대길리
我釋迦猶暫煩此處何况末世凡愚若所鎭墓先此地心經讀
아셕가유잠번ᄎᆞ쳐하황말셰범우약소딘묘션ᄎᆞ디심경독
誦十卷即令悪心五帝土公眷屬神鬼等各得菩提果歡喜踊
숑십권즉령악심오뎨토공권쇽신귀등각득보뎨과환희용
躍後世子孫安隱豊樂壽命延長官位高尊大富自在若人建
약후셰ᄌᆞ손안은풍낙슈명연댱관위고존대부ᄌᆞ지약인건
立其地道場讀誦此經成就功德大平安隱若人欲新家居者
닙기디도댱독숑ᄎᆞ경셩취공덕대평안은약인욕신가거쟈
讀誦此經得大平安若荒野鬼神怨敵所在讀誦此經即皆降
독숑ᄎᆞ경득대평안약황야귀신원뎍소재독숑ᄎᆞ경즉개항

伏和順若人家内在早朝兩手洗浴合掌向東方食前之時讀
복화순약인가닉재조됴냥슈셰욕합쟝향동방식젼지시독
誦二卷身心平安無有悪夢悪想及疾病若人乗車船時讀誦
숑이권신심편안무유악몽악샹급질병약인승거션시독숑
此經不遭大風大雨盗賊怨敵之難若人市津海山交易活賣
ᄎᆞ경블조대풍대우도적원뎍디난약인시진희산교역활매
價出往時讀誦此經無諸妨難得千萬倍利若人爲悪人禰媚
가츌왕시독숑ᄎᆞ경무졔방난득쳔만비리약인위악인염미
呪咀彼召五帝土神眷屬八萬四千大将軍衆名讀誦此經即得
쥬져피쇼오뎨토신권쇽팔만ᄉᆞ쳔대장군즁명독숑ᄎᆞ경즉득
解脫還着本人無諸苦患若人依富田地云論鬪諍亦依馬牛驅
히탈환탹본인무졔고환약인의부뎐디운논투징역의마우구

25オ　24ウ

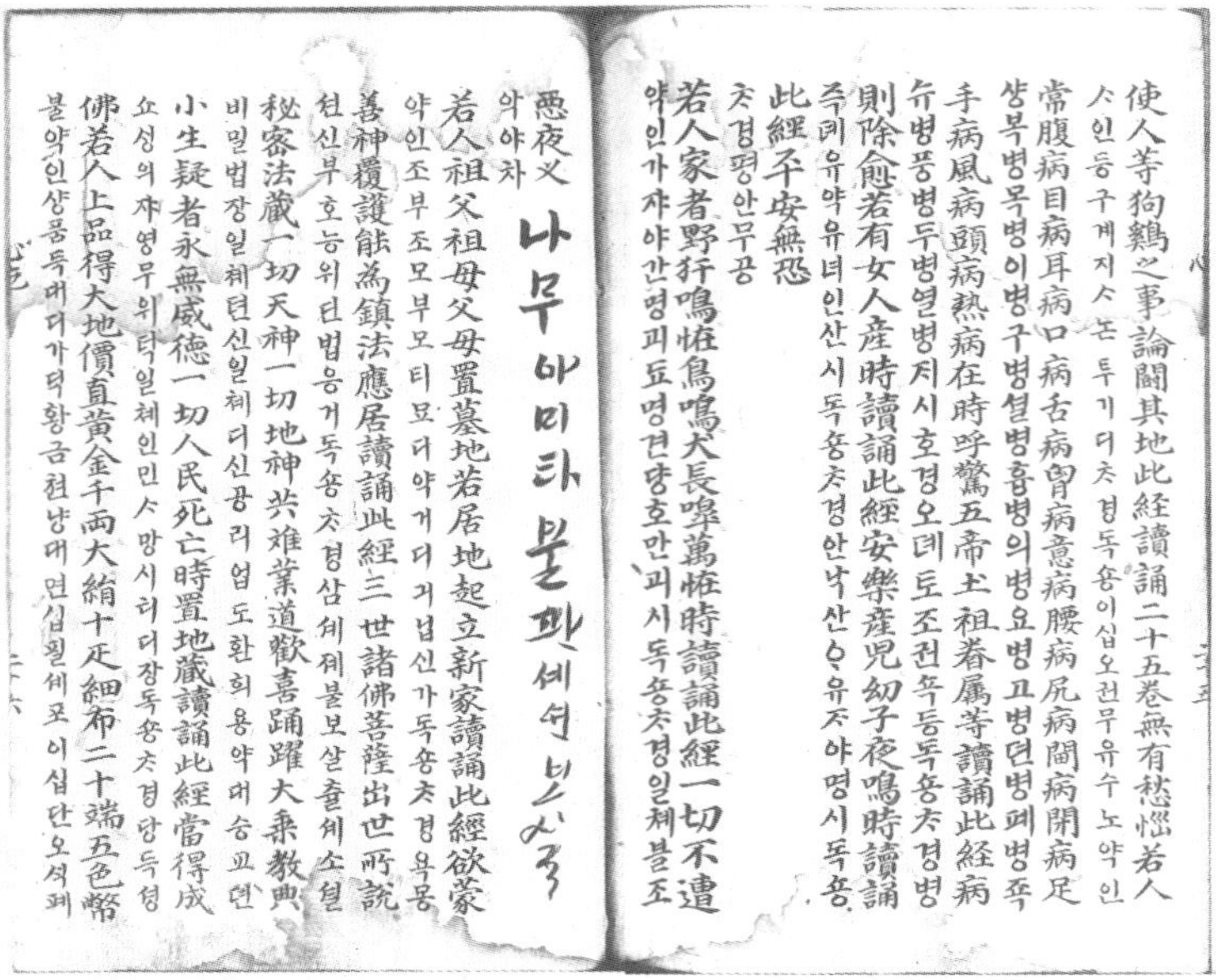

25ウ

26オ

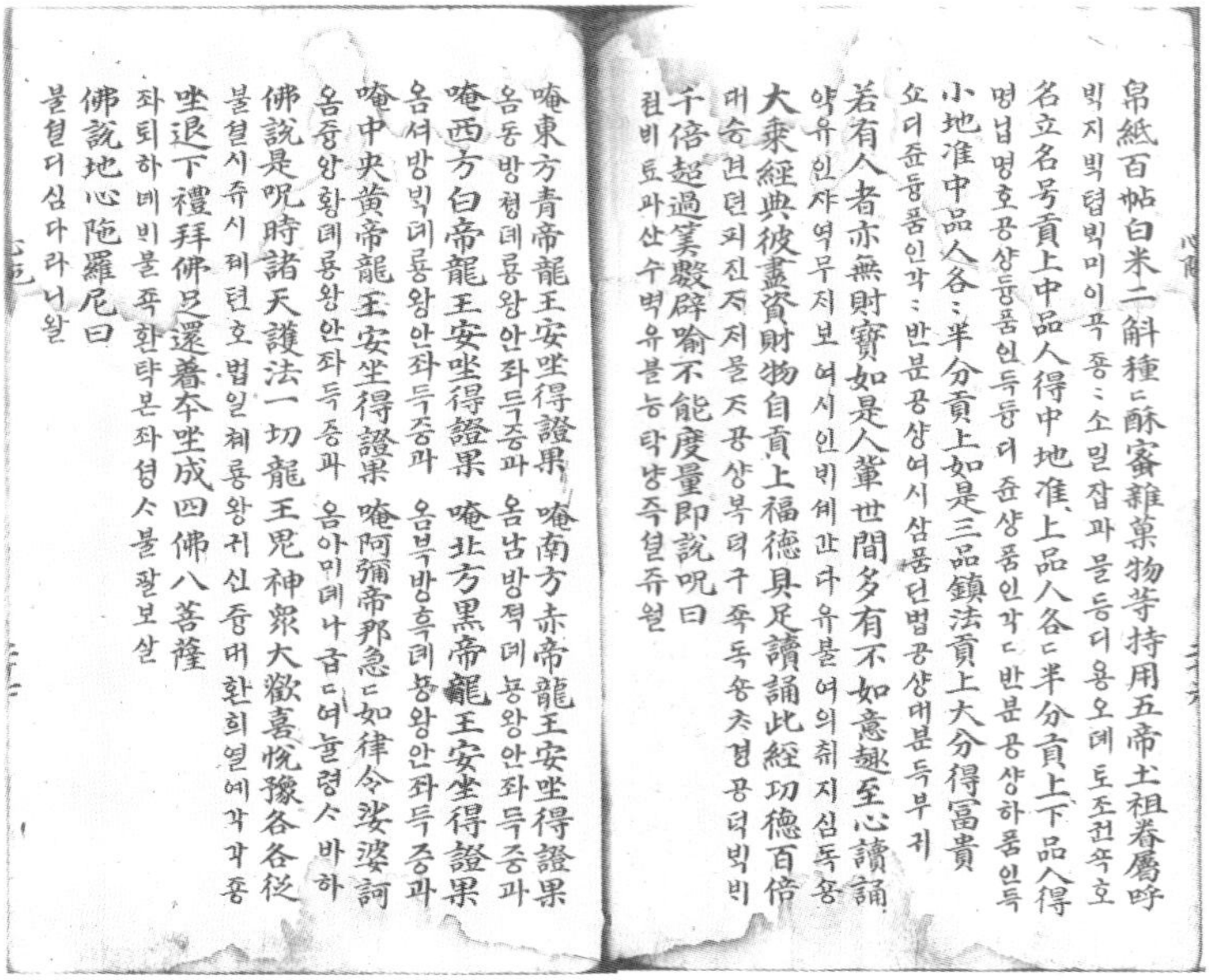

26ウ

27オ

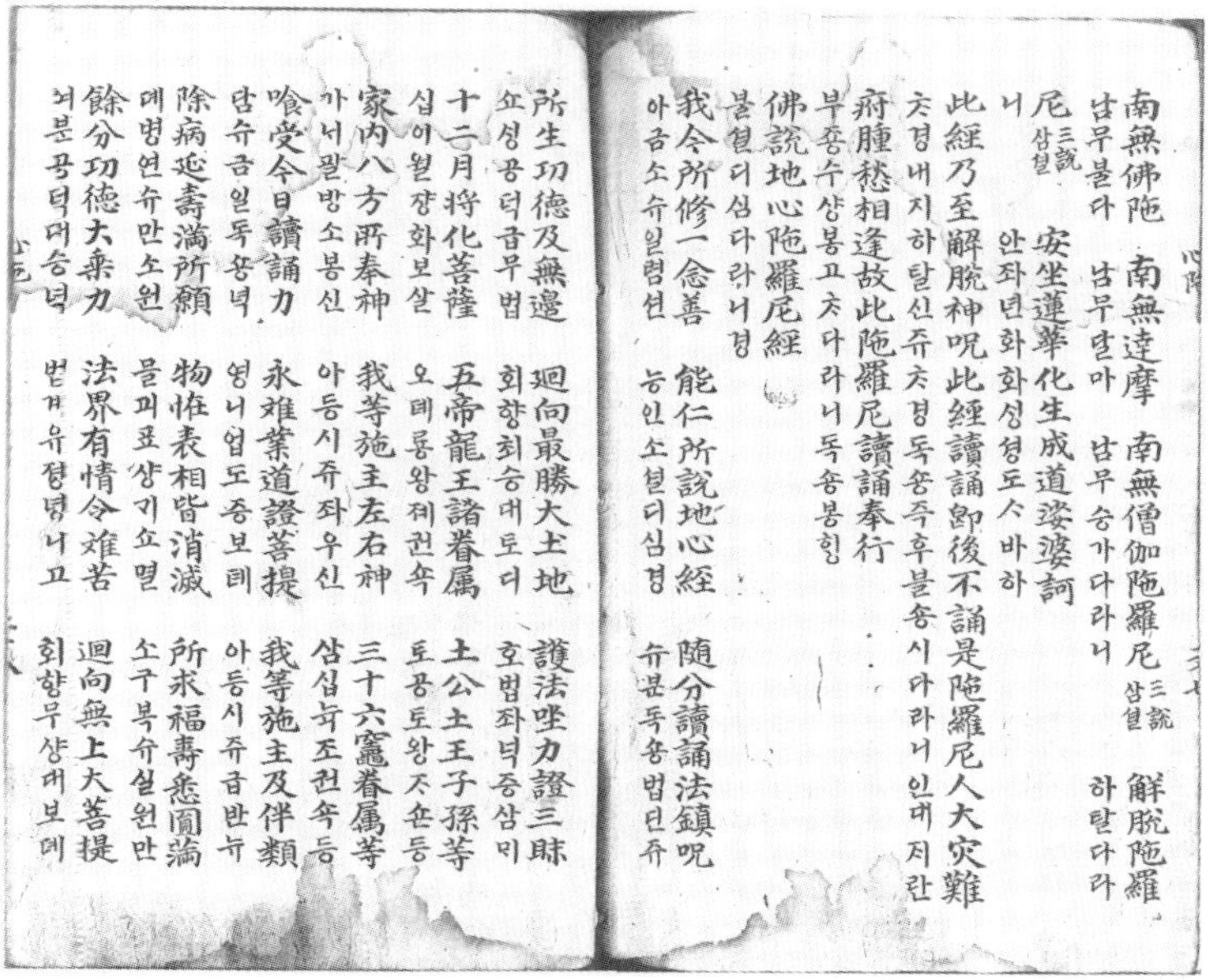
南無佛陁　南無達摩　南無僧伽陁羅尼三說　解脫陁羅
남무불다　남무달마　남무승가다라니삼셜　하탈다라
尼三說　安坐蓮華化生成道娑婆訶
니삼셜　안좌련화화성셩도ᄉᆞ바하
此經乃至解脫神呪此經讀誦卽後不誦是陁羅尼人大灾難
ᄎᆞ경내지하탈신쥬ᄎᆞ경독송즉후불송시다라니인대지란
府腫愁相逢故此陁羅尼讀誦奉行
부종수상봉고ᄎᆞ다라니독송봉힝
佛說地心陁羅尼經
불셜디심다라니경
我今所修一念善　能仁所說地心經　隨分讀誦法鎭呪
아금소슈일렴션　능인소셜디심경　슈분독송법딘쥬

所生功德及無邊　迴向最勝大土地　護法堅力證三昧
소싱공덕급무변　회향최승대토디　호법좌력증삼미
十二月將化菩薩　五帝龍王諸眷屬　土公土王子孫等
십이월장화보살　오뎨룡왕졔권쇽　토공토왕ᄌᆞ손등
家內八方所奉神　我等施主左右神　三十六竈眷屬等
가내팔방소봉신　아등시쥬좌우신　삼십뉵조권쇽등
飡受今日讀誦力　永離業道證菩提　我等施主及伴類
담슈금일독송녁　영니업도증보뎨　아등시쥬급반뉴
除病延壽滿所願　物恠表相皆消滅　所求福壽悉圓滿
뎨병연슈만소원　믈괴표상기쇼멸　소구복슈실원만
餘分功德大乘力　法界有情令離苦　迴向無上大菩提
여분공덕대승녁　법계유졍령니고　회향무상대보뎨

28
オ

27
ウ

佛說地心陁羅尼經
불셜디심다라니경
天地八陽神呪經序
텬디팔양신쥬경셔
佛說天地八陽神呪經者夫日月星宿明〃示於陰陽四節八部
불셜텬디팔양신쥬경쟈부일월셩슈명〃시어음양ᄉᆞ졀팔부
神將嚴〃顯於五行六甲明〃朗曜於虛空一切鬼魅殄滅於界
신장엄〃현어오힝뉵갑명〃낭요어허공일쳬귀미딘멸어계
外嚴〃列數於五方惡賊怨敵永息於家裡是故無礙菩薩欲
외엄〃녈수어오방악적원뎍영식어가니시고무애보살욕
興有爲法啓於長短諸事佛以解脫方便善無邊身菩薩欲除
흥유위법계어댱단졔ᄉᆞ불이하탈방편션무변신보살욕뎨

疑悔心請於經卷勝益佛以讚毀罪福說加又敬信人解脫諸
의회심쳥어경권승익불이찬훼죄복셜가우경신인하탈졔
過惡難消滅瘡腫受持者永離邪鬼横神致容富貴是故欲令
과악난쇼멸창죵슈디쟈영니사귀횡신티용부귀시고욕령
遠離縣官之繫執父母三途苦般若利刀欲令獲得殯葬之日時
원니현관지계집부모삼도고반약니도욕령획득빙장지일시
產生易速事死礙僊藥讀此經然後交會婚嫡不和姓氏男女
산싱이속ᄉᆞ무애션약독ᄎᆞ경연후교회혼뎍불화셩시남녀
當百歲和穆長遠作禮拜已竟成造墓田不問方地世福安吉祥
당ᄇᆡᆨ셰화목댱원작녜ᄇᆡ이경셩조묘뎐블문방디셰복안길상
家富人興今此經者斯乃天地諸聖所歸敬讓家神王所仰信也
가부인흥금ᄎᆞ경쟈ᄉᆞ내텬디졔셩소귀경양가신왕소앙신야

29
オ

28
ウ

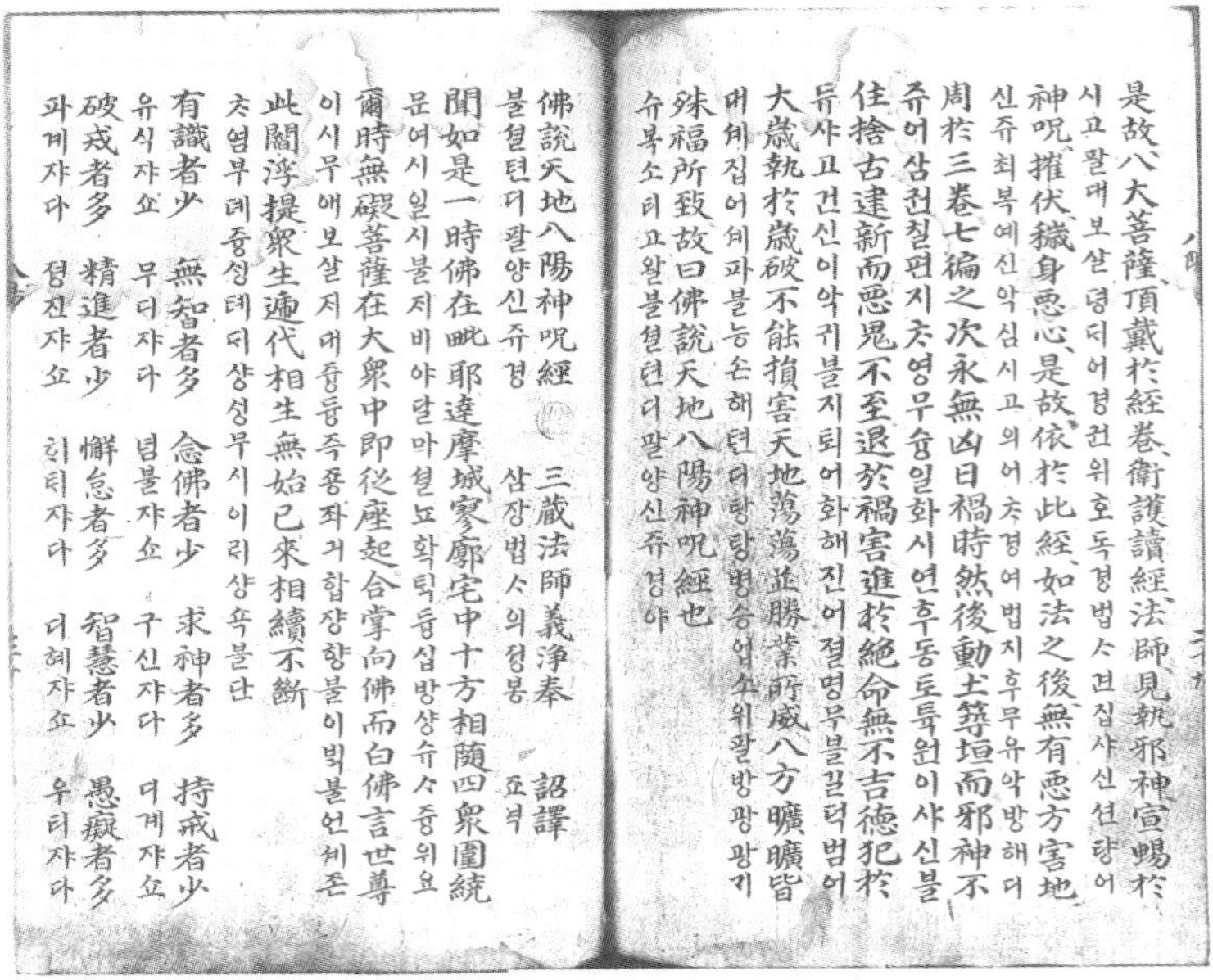

是故八大菩薩、頂戴於經卷、衛護讀經、法師、見執邪神、宣暢於
시고팔대보살뎡디어경권위호독경법ᄉ견집사신선댱어
神呪、摧伏、織身悪心、是故、依於此經、如法之後、無有悪方害地、
신쥬최복예신악심시고의어ᄎ경여법지후무유악방해디
周於三巻七編之次永無凶日禍時然後動土築垣而邪神不
쥬어삼권칠편지ᄎ영무흉일화시연후동토튝원이사신불
住捨古建新而悪鬼不至退於禍害進於絶命無不吉徳犯於
듀샤고건신이악귀불지퇴어화해진어절명무블길덕범어
大歳執於歳破不能損害天地蕩蕩並勝業所感八方曠曠皆
대셰집어셰파블능손해텬디탕탕병승업소위팔방광광기
殊福所致故曰佛説天地八陽神呪經也
슈복소티고왈불셜텬디팔양신쥬경야

29
ウ

佛説天地八陽神呪經　三藏法師義淨奉　詔譯
불셜텬디팔양신쥬경　삼장법ᄉ의졍봉　됴역
聞如是一時佛在毗耶達摩城寥廓宅中十方相隨四衆圍繞
문여시일시불지비야달마셩뇨확퇵듕십방샹슈ᄉ즁위요
爾時無礙菩薩在大衆中即從座起合掌向佛而白佛言世尊
이시무애보살지대즁듕즉죵좌긔합쟝향불이빅불언셰존
此閻浮提衆生遞代相生無始已來相續不斷
ᄎ염부뎨즁싱톄ᄃ샹싱무시이릐샹쇽블단
有識者少　無智者多　念佛者少　求神者多　持戒者少
유식쟈쇼　무디쟈다　념불쟈쇼　구신쟈다　디계쟈쇼
破戒者多　精進者少　懈怠者多　智慧者少　愚癡者多
파계쟈다　졍진쟈쇼　히티쟈다　디혜쟈쇼　우티쟈다

30
オ

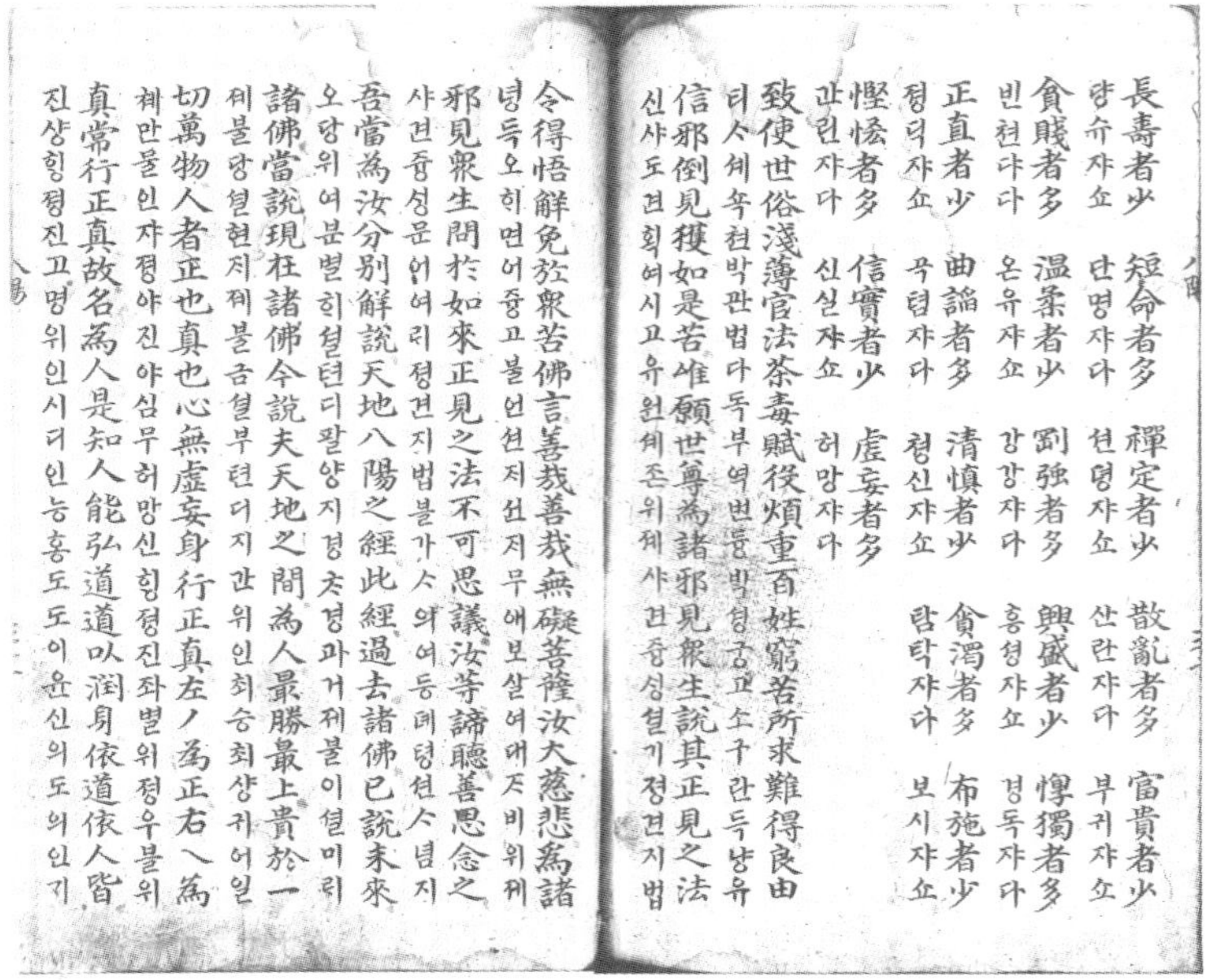

長壽者少　短命者多　禪定者少　散亂者多　富貴者少
댱슈쟈쇼　단명쟈다　션뎡쟈쇼　산란쟈다　부귀쟈쇼
貧賤者多　温柔者少　剛強者多　興盛者少　惸獨者多
빈쳔쟈다　온유쟈쇼　강강쟈다　흥셩쟈쇼　경독쟈다
正直者少　曲諂者多　清慎者少　貪濁者多　布施者少
졍딕쟈쇼　곡텸쟈다　쳥신쟈쇼　탐탁쟈다　보시쟈쇼
慳悋者多　信實者少　虚妄者多
간린쟈다　신실쟈쇼　허망쟈다
致使世俗淺薄官法荼毒賦役煩重百姓窮苦所求難得良由
티ᄉ셰쇽쳔박관법다독부역번듕빅셩궁고소구란득냥유
信邪倒見獲如是苦唯願世尊為諸邪見衆生説其正見之法
신사도견획여시고유원셰존위졔사견즁싱셜기졍견지법

30
ウ

令得悟解免於衆苦佛言善哉善哉無礙菩薩汝大慈悲為諸
령득오히면어즁고불언션지션지무애보살여대ᄌ비위졔
邪見衆生問於如來正見之法不可思議汝等諦聽善思念之
사견즁싱문어여래졍견지법불가ᄉ의여등뎨텽션ᄉ념지
吾當為汝分別解説天地八陽之經此經過去諸佛已説未來
오당위여분별히셜텬디팔양지경ᄎ경과거졔불이셜미릐
諸佛當説現在諸佛今説夫天地之間為人最勝最上貴於一
졔불당셜현지졔불금셜부텬디지간위인최승최샹귀어일
切萬物人者正也真也心無虚妄身行正真左丿為正右乀為
쳬만물인쟈졍야진야심무허망신힝졍진좌별위졍우불위
真常行正真故名為人是知人能弘道道以潤身依道依人皆
진샹힝졍진고명위인시디인능홍도도이윤신의도의인기

31
オ

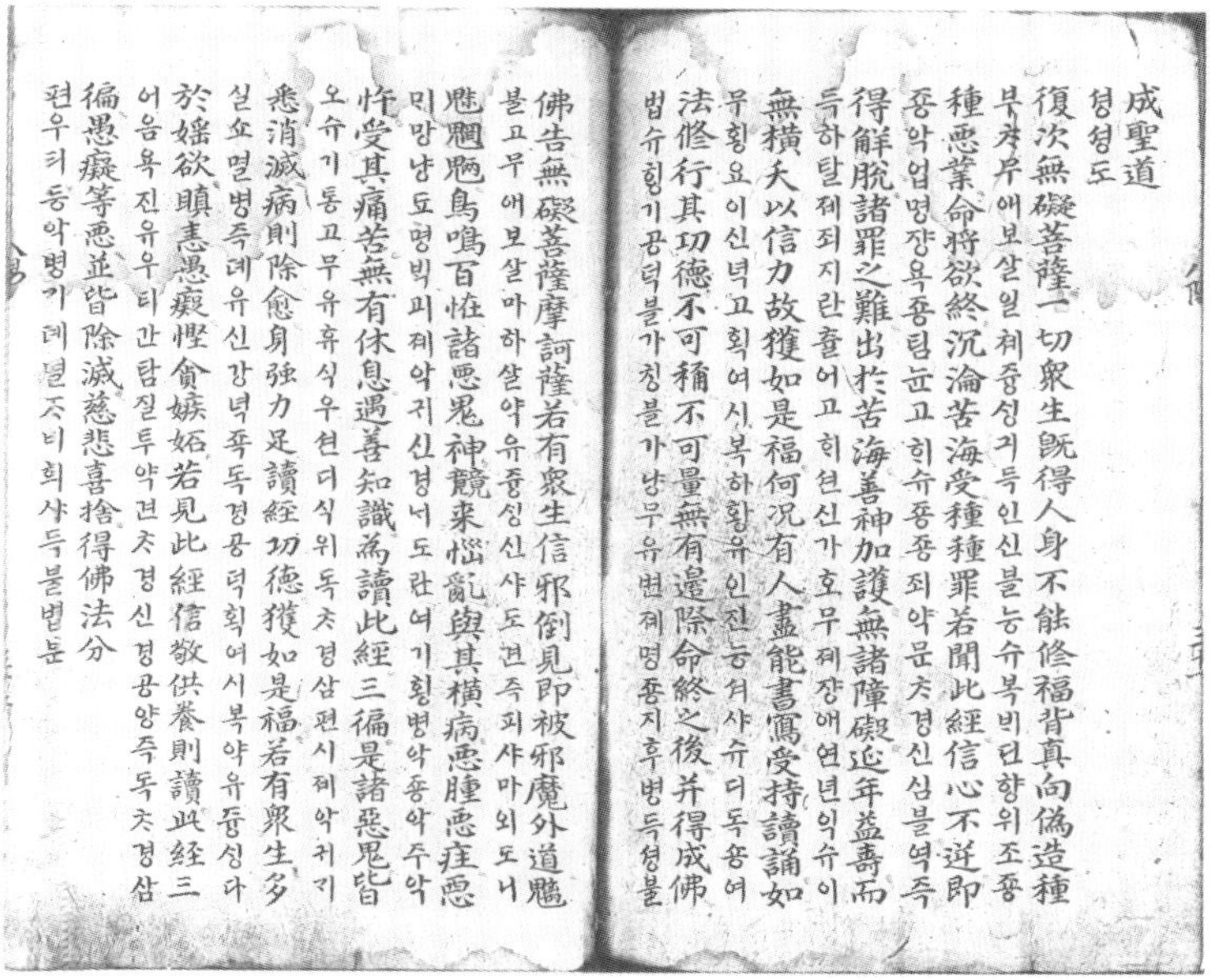

成聖道
셩셩도
復次無礙菩薩一切衆生既得人身不能修福背真向僞造種
부ᄎᆞ무애보살일쳬즁싱긔득인신블능슈복ᄇᆡ딘향위조죵
種悪業命將欲終沉淪苦海受種種罪若聞此經信心不逆即
죵악업명쟝욕죵팀뉸고히슈죵죵죄약문ᄎᆞ경신심블역즉
得鮮脱諸罪之難出於苦海善神加護無諸障礙延年益壽而
득히탈졔죄지란츌어고히션신가호무졔쟝애연년익슈이
無横夭以信力故獲如是福何況有人盡能書寫受持讀誦如
무횡요이신녁고획여시복하황유인진능셔샤슈디독송여
法修行其功德不可稱不可量無有邊際命終之後并得成佛
법슈힝기공덕블가칭블가냥무유변졔명죵지후병득셩불

31ウ

佛告無礙菩薩摩訶薩若有衆生信邪倒見即被邪魔外道魑
불고무애보살마하살약유즁싱신샤도견즉피샤마외도니
魅魍魎鳥鳴百怪諸悪鬼神競来惱亂與其横病悪腫悪疰悪
미망냥됴명빅괴졔악귀신경니뇌란여기횡병악죵악주악
忤受其痛苦無有休息遇善知識為讀此經三徧是諸悪鬼皆
오슈기통고무유휴식우션디식위독ᄎᆞ경삼편시졔악귀기
悉消滅病則除愈身强力足讀經功德獲如是福若有衆生多
실쇼멸병즉뎨유신강녁죡독경공덕획여시복약유즁싱다
於婬欲瞋恚愚癡慳貪嫉妬若見此經信敬供養則讀此經三
어음욕진유우티간탐질투약견ᄎᆞ경신경공양즉독ᄎᆞ경삼
徧愚癡等悪並皆除滅慈悲喜捨得佛法分
편우티등악병기뎨멸ᄌᆞ비희샤득불법분

32オ

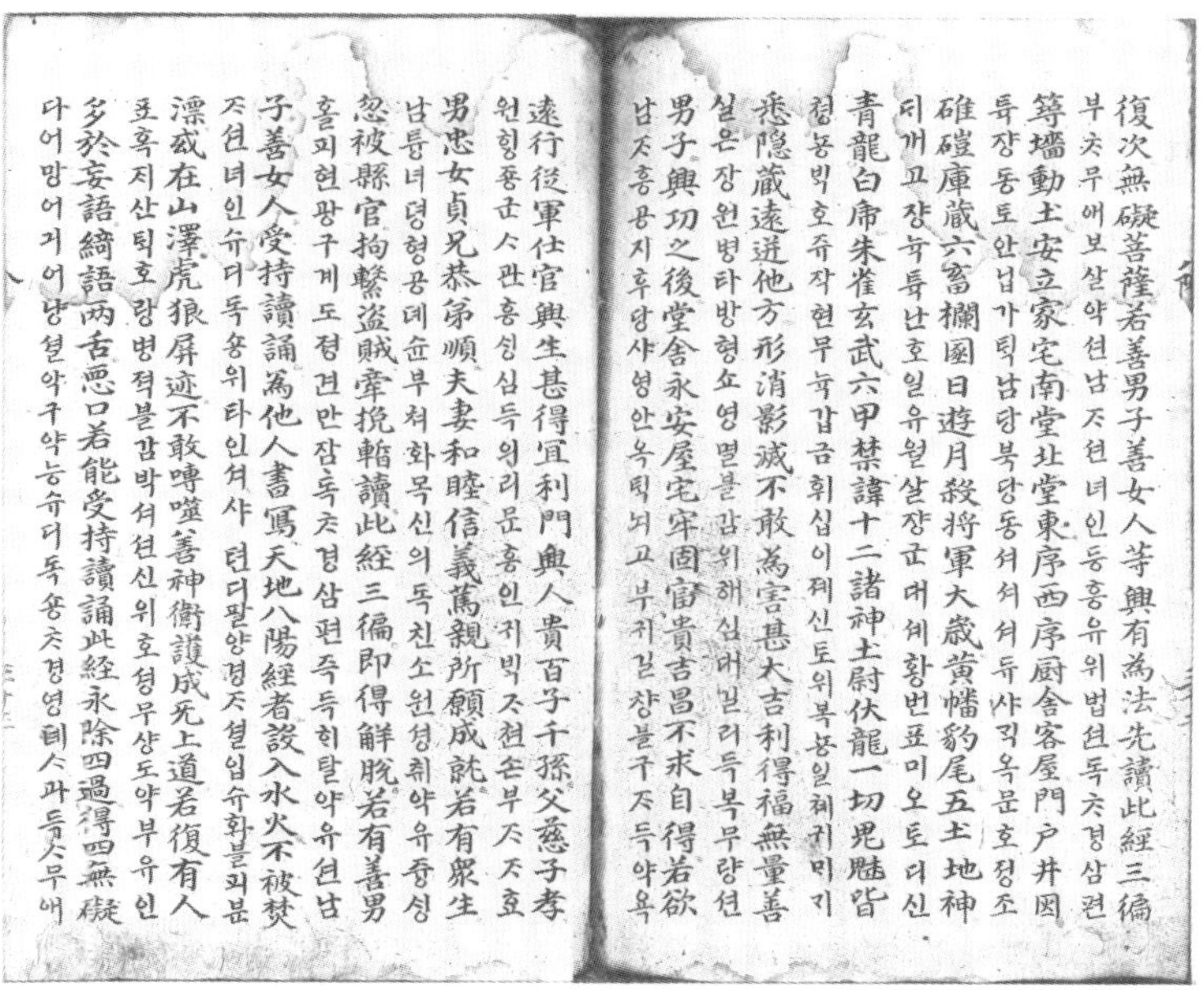

復次無礙菩薩若善男子善女人等興有為法先讀此經三徧
부ᄎᆞ무애보살약션남ᄌᆞ션녀인등흥유위법션독ᄎᆞ경삼편
築墻動土安立家宅南堂北堂東序西序厨舎客屋門户井竈
튝쟝동토안닙가퇵남당북당동셔셔셔듀샤긱옥문호졍조
碓磑庫蔵六畜欄圂日遊月殺將軍大歳黄幡豹尾五土地神
디개고장뉵튝난호일유월살쟝군대셰황번표미오토디신
青龍白虎朱雀玄武六甲禁諱十二諸神土尉伏龍一切鬼魅皆
쳥룡빅호쥬작현무뉵갑금휘십이졔신토위복룡일쳬귀미기
悉隠蔵遠迸他方形消影滅不敢為害甚大吉利得福無量善
실은장원병타방형쇼영멸블감위해심대길리득복무량션
男子興功之後堂舎永安屋宅牢固富貴吉昌不求自得若欲
남ᄌᆞ흥공지후당샤영안옥퇵뇌고부귀길챵블구ᄌᆞ득약욕

32ウ

遠行従軍仕官興生甚得宜利門興人貴百子千孫父慈子孝
원힝죵군ᄉᆞ관흥싱심득의리문흥인귀빅ᄌᆞ쳔손부ᄌᆞᄌᆞ효
男忠女貞兄恭弟順夫妻和睦信義篤親所願成就若有衆生
남튱녀뎡형공뎨슌부쳐화목신의독친소원셩취약유즁싱
忽被縣官拘繫盜賊牽挽輯讀此經三徧即得鮮脱若有善男
홀피현관구계도젹견만잠독ᄎᆞ경삼편즉득히탈약유션남
子善女人受持讀誦為他人書寫天地八陽經者設入水火不被焚
ᄌᆞ션녀인슈디독송위타인셔샤 텬디팔양경ᄌᆞ셜입슈화블피분
漂或在山澤虎狼屏迹不敢噂噬善神衛護成无上道若復有人
표혹지산퇵호랑병젹블감박셔션신위호셩무샹도약부유인
多於妄語綺語両舌悪口若能受持讀誦此經永除四過得四無礙
다어망어긔어냥셜악구약능슈디독송ᄎᆞ경영뎨ᄉᆞ과득ᄉᆞ무애

33オ

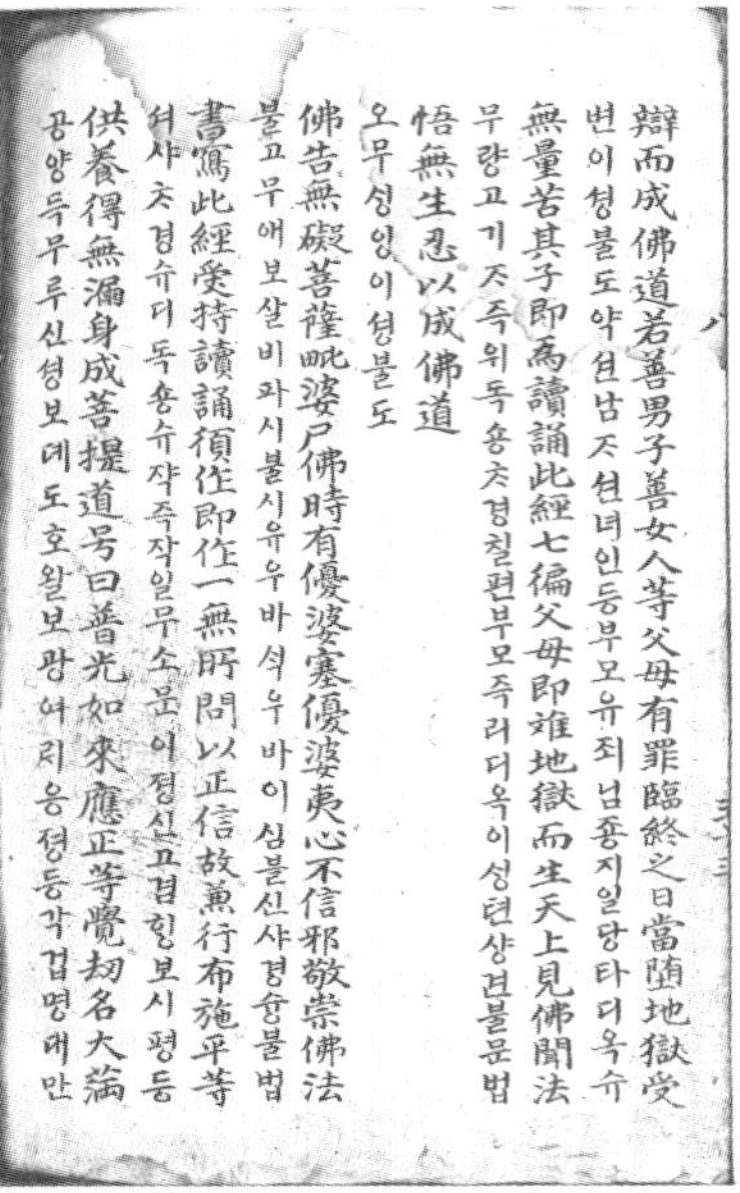

辯而成佛道若善男子善女人等父母有罪臨終之日當隨地獄受
변이셩불도약션남ᄌᆞ션녀인등부모유죄님죵지일당타디옥슈
無量苦其子即爲讀誦此經七徧父母即離地獄而生天上見佛聞法
무량고기ᄌᆞ즉위독용ᄎᆞ경칠편부모즉리디옥이싱텬샹견불문법
悟無生忍以成佛道
오무싱잉이셩불도
佛告無礙菩薩毗婆尸佛時有優婆塞優婆夷心不信邪敬崇佛法
불고무애보살비파시불시유우바식우바이심불신사경슝불법
書寫此經受持讀誦循作即作一無所問以正信故兼行布施平等
셔사ᄎᆞ경슈디독용슈쟉즉작일무소문이졍신고겸힝보시평등
供養得無漏身成菩提道号曰普光如來應正等覺劫名大滿
공양득무루신셩보뎨도호왈보광여리응졍등각겁명대만

33
ウ

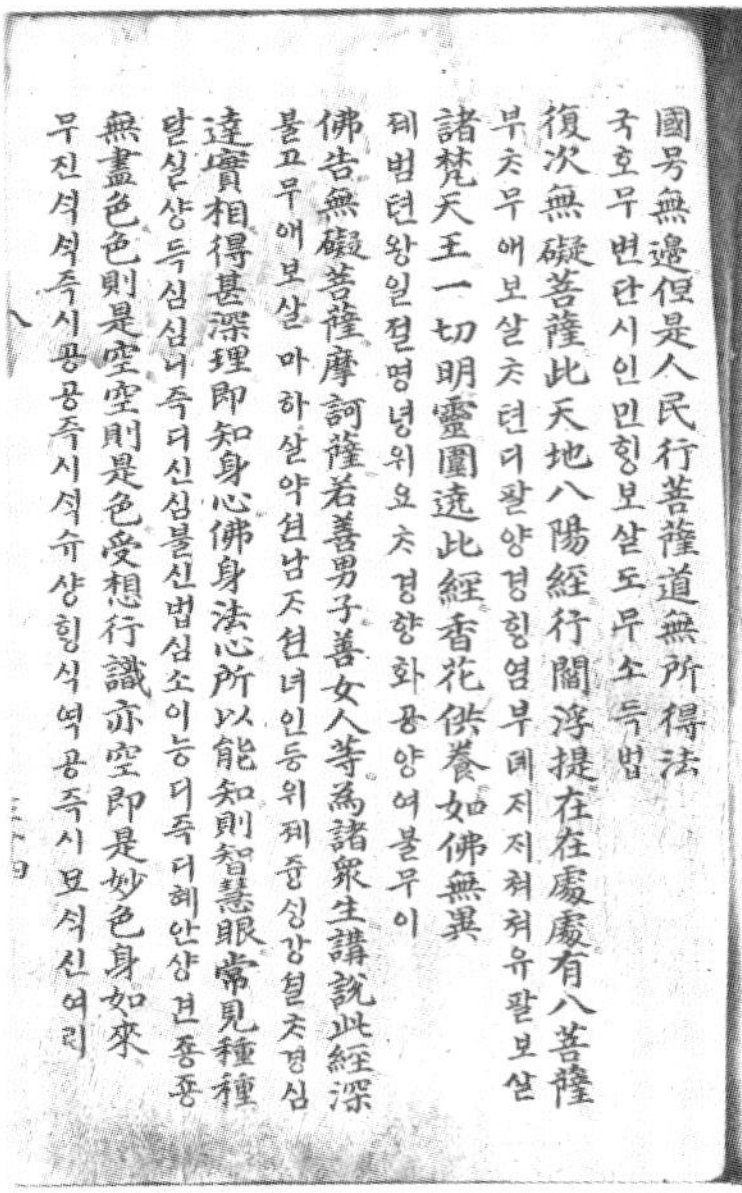

國号無邊但是人民行菩薩道無所得法
국호무변단시인민힝보살도무소득법
復次無礙菩薩此天地八陽經行閻浮提在在處處有八菩薩
부ᄎᆞ무애보살ᄎᆞ텬디팔양경힝염부뎨지지쳐쳐유팔보살
諸梵天王一切明靈圍遶此經香花供養如佛無異
졔범텬왕일절명녕위요ᄎᆞ경향화공양여불무이
佛告無礙菩薩摩訶薩若善男子善女人等爲諸衆生講說此經深
불고무애보살마하살약션남ᄌᆞ션녀인등위졔즁싱강셜ᄎᆞ경심
達實相得甚深理即知身心佛身法心所以能知則智慧眼常見種種
달실상득심심니즉디신심불신법심소이능디즉디혜안샹견죵죵
無盡色色則是空空則是色受想行識亦空即是妙色身如來
무진ᄉᆡᆨᄉᆡᆨ즉시공공즉시ᄉᆡᆨ슈샹힝식역공즉시묘ᄉᆡᆨ신여리

34
オ

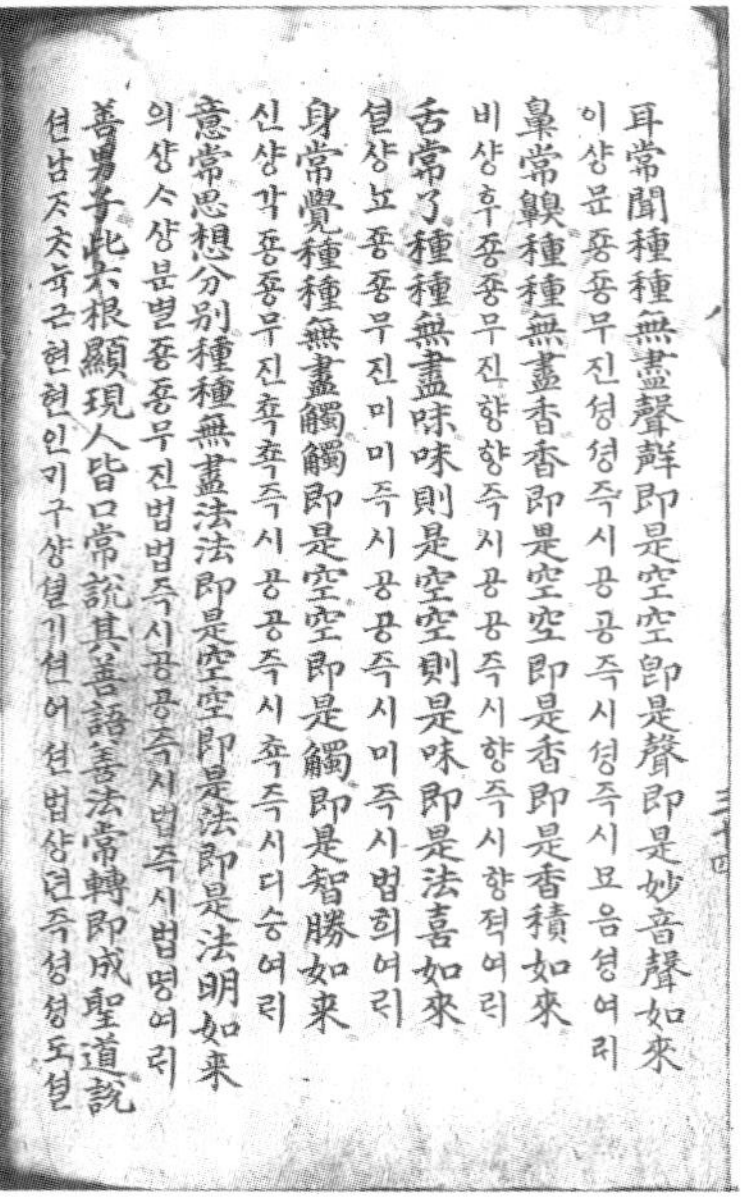

耳常聞種種無盡聲聲即是空空即是聲即是妙音聲如來
이샹문죵죵무진셩셩즉시공공즉시셩즉시묘음셩여리
鼻常齅種種無盡香香即是空空即是香即是香積如來
비샹후죵죵무진향향즉시공공즉시향즉시향적여리
舌常了種種無盡味味則是空空則是味即是法喜如來
셜샹뇨죵죵무진미미즉시공공즉시미즉시법희여리
身常覺種種無盡觸觸即是空空即是觸即是智勝如來
신샹각죵죵무진쵹쵹즉시공공즉시쵹즉시디승여리
意常思想分別種種無盡法法即是空空即是法即是法明如來
의샹ᄉᆞ샹분별죵죵무진법법즉시공공즉시법즉시법명여리
善男子此六根顯現人皆口常說其善語善法常轉即成聖道說
션남ᄌᆞᄎᆞ뉵근현현인기구샹셜기션어션법샹뎐즉셩셩도셜

34
ウ

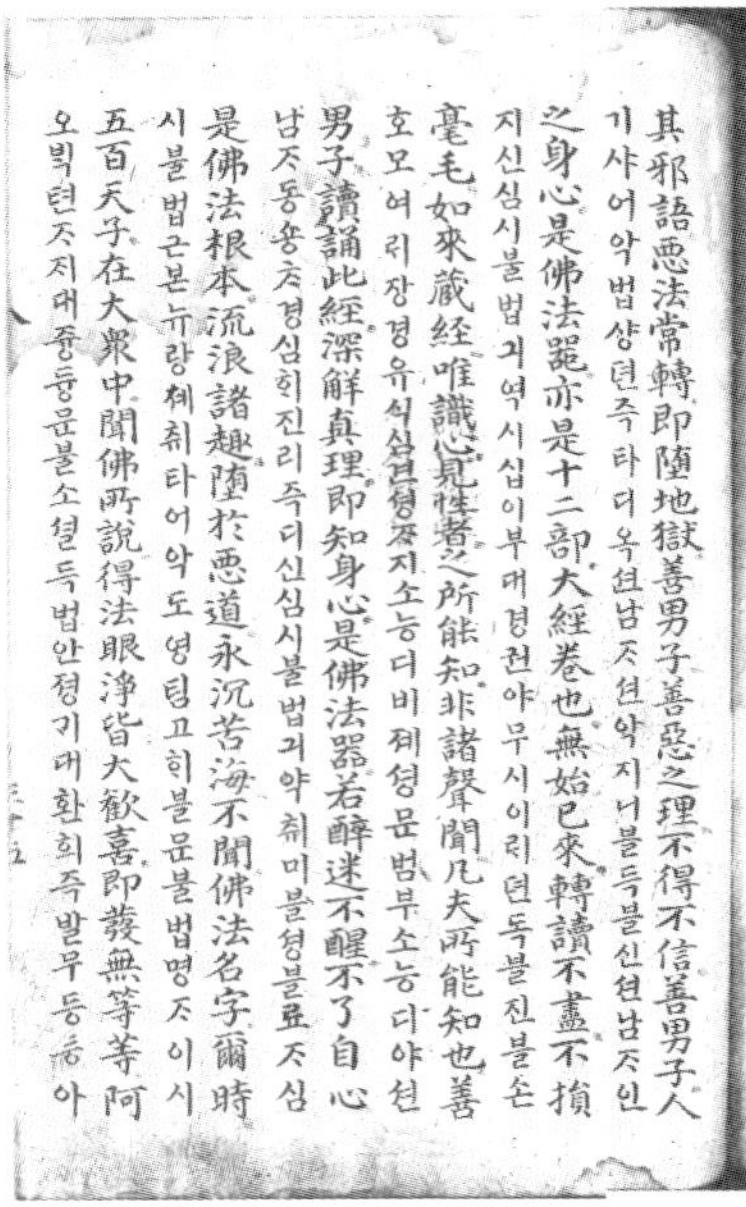

其邪語惡法常轉即隨地獄善男子善惡之理不得不信善男子人
기사어악법샹뎐즉타디옥션남ᄌᆞ션악지니불득불신션남ᄌᆞ인
之身心是佛法器亦是十二部大經卷也無始已來轉讀不盡不損
지신심시불법긔역시십이부대경권야무시이리뎐독불진불손
毫毛如來藏經唯識心見性者之所能知非諸聲聞凡夫所能知也善
호모여리장경유식심견셩쟈지소능디비졔셩문범부소능디야션
男子讀誦此經深解眞理即知身心是佛法器若醉迷不醒不了自心
남ᄌᆞ독용ᄎᆞ경심회진리즉디신심시불법긔약취미불셩불료ᄌᆞ심
是佛法根本流浪諸趣墮於惡道永沉苦海不聞佛法名字爾時
시불법근본뉴랑졔취타어악도영팀고히불문불법명ᄌᆞ이시
五百天子在大衆中聞佛所說得法眼淨皆大歡喜即發無等等阿
오ᄇᆡᆨ텬ᄌᆞ지대즁듕문불소셜득법안졍기대환희즉발무등등아

35
オ

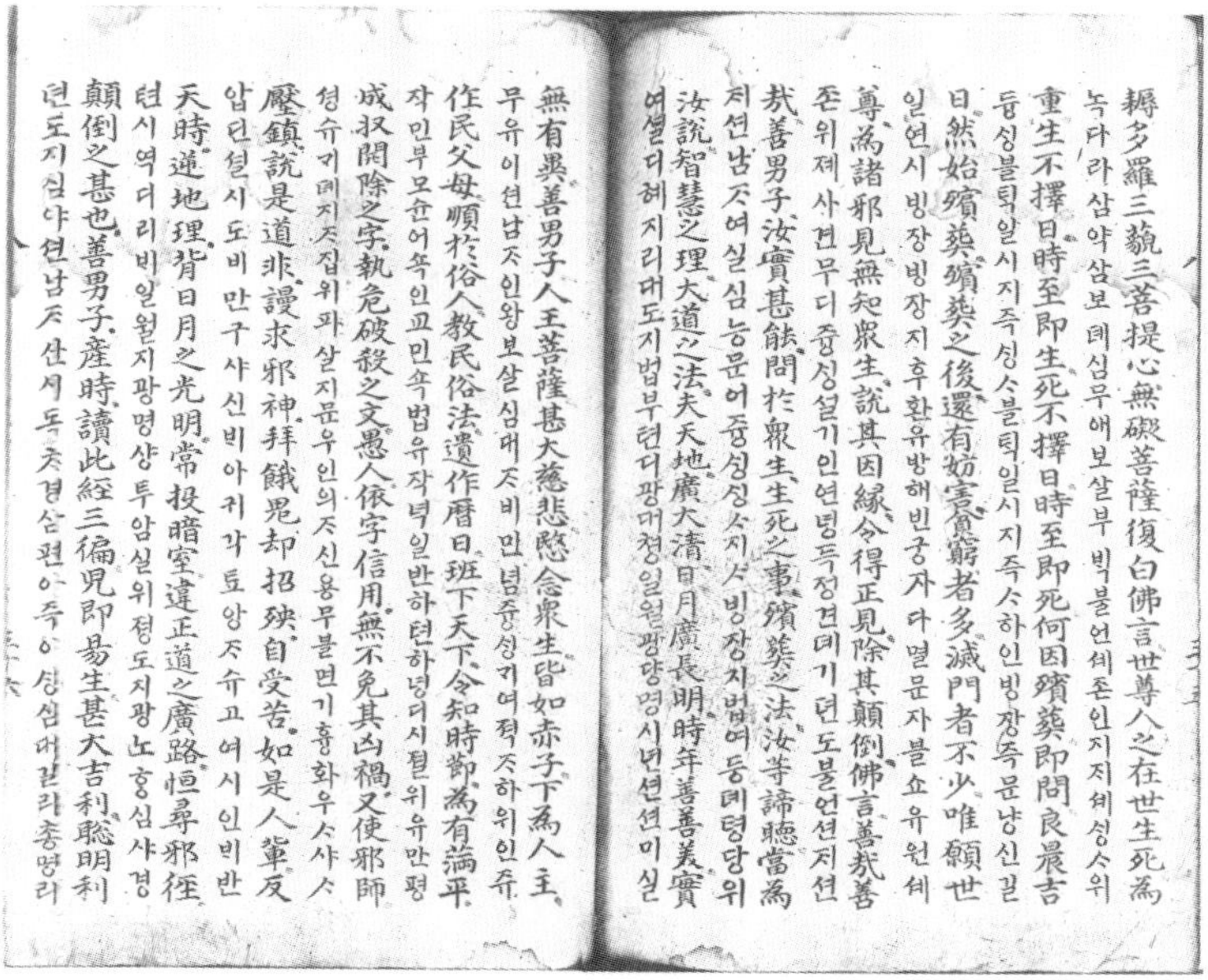
耨多羅三藐三菩提心無礙菩薩復白佛言世尊人之在世生死爲
녹다라삼약삼보뎨심무애보살부빅불언셰존인지지셰싱ᄉ위
重生不擇日時至即生死不擇日時至即死何因殯葬即問良晨吉
듕싱블튁일시지즉싱ᄉ블튁일시지즉ᄉ하인빙장즉문냥신길
日然始殯葬殯葬之後還有妨害貧窮者多滅門者不少唯願世
일연시빙장빙장지후환유방해빈궁자다멸문자블쇼유원셰
尊爲諸邪見無知衆生說其因緣令得正見除其顚倒佛言善哉善
존위제사견무디즁싱셜기인연령득졍견뎨기뎐도불언션지션
哉善男子汝實甚能問於衆生生死之事殯葬之法汝等諦聽當爲
지션남ᄌ여실심능문어즁싱싱ᄉ지ᄉ빙장지법여등뎨텽당위
汝說智慧之理大道之法夫天地廣大清日月廣長明時年善善美實
여셜디혜지리대도지법부텬디광대쳥일월광댱명시년션션미실

35
ウ

無有異善男子人王菩薩甚大慈悲憫念衆生皆如赤子下爲人主
무유이션남ᄌ인왕보살심대ᄌ비민념즁싱개여젹ᄌ하위인쥬
作民父母順於俗人教民俗法遺作曆日班下天下令知時節爲有滿平
작민부모슌어쇽인교민쇽법유작녁일반하텬하령디시졀위유만평
成収開除之字執危破殺之文愚人依字信用無不免其凶禍又使邪師
셩슈기뎨지ᄌ집위파살지문우인의ᄌ신용무불면기흉화우ᄉ샤ᄉ
壓鎮說是道非謾求邪神拜餓鬼却招殃自受苦如是人輩反
압딘셜시도비만구샤신비아귀각됴앙ᄌ슈고여시인비반
天時逆地理背日月之光明常投暗室違正道之廣路恒尋邪徑
텬시역디리비일월지광명샹투암실위졍도지광노흥심샤경
顚倒之甚也善男子産時讀此経三徧児即易生甚大吉利聡明利
뎐도지심야션남ᄌ산시독ᄎ경삼편아즉이싱심대길리춍명리

36
オ

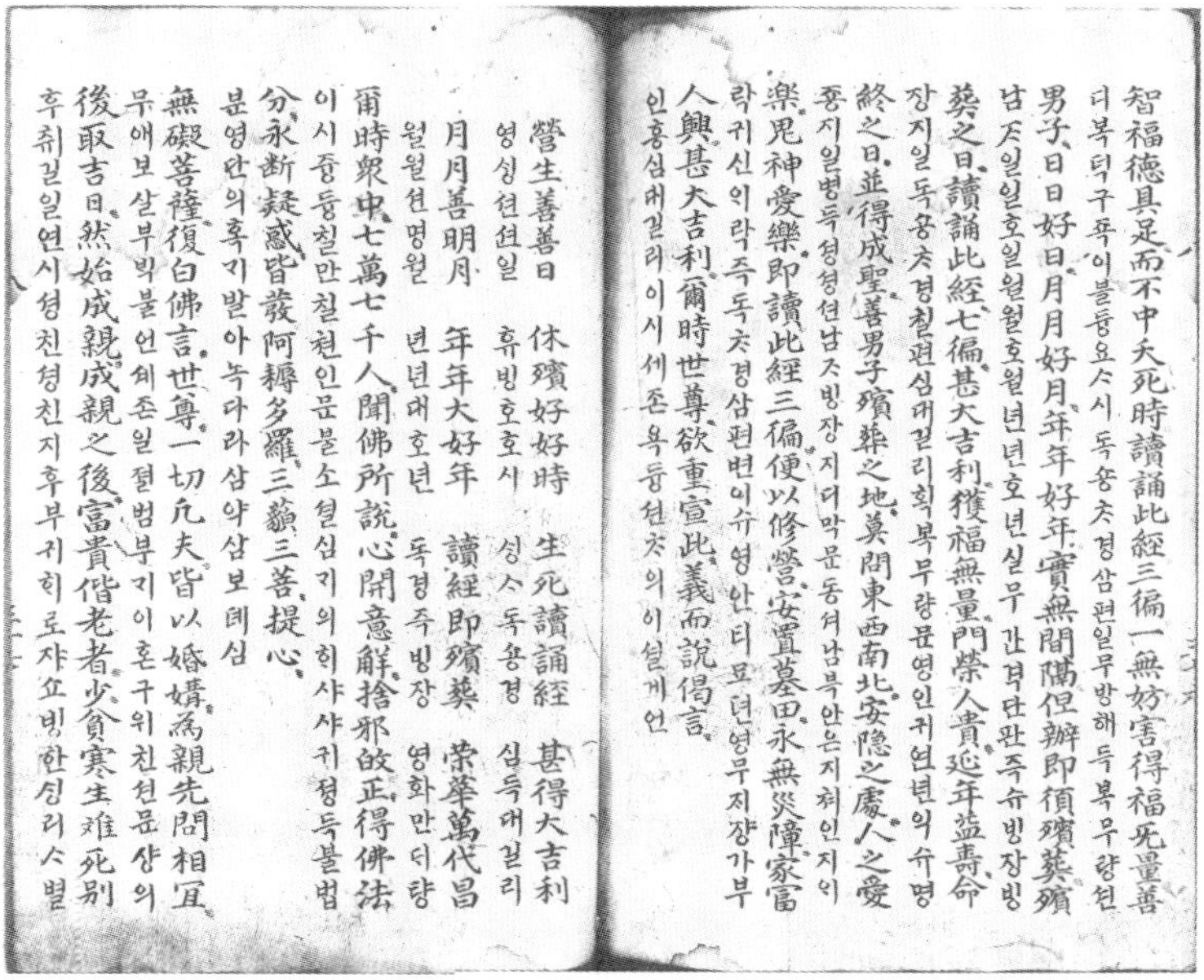
智福德具足而不中夭死時讀誦此經三徧一無妨害得福无量善
디복덕구족이블듕요ᄉ시독숑ᄎ경삼편일무방해득복무량션
男子日日好日月月好月年年好年實無間隔但辦即須殯葬殯
남ᄌ일일호일월월호월년년호년실무간격단판즉슈빙장빙
葬之日讀誦此經七徧甚大吉利獲福無量門榮人貴延年益壽命
장지일독숑ᄎ경칠편심대길리획복무량문영인귀연년익슈명
終之日並得成聖善男子殯葬之地莫問東西南北安隱之處人之愛
종지일병득셩셩션남ᄌ빙장지디막문동셔남북안은지쳐인지이
樂鬼神愛樂即讀此經三徧便以修營安置墓田永無災障家富
락귀신의락즉독ᄎ경삼편변이슈영안티묘뎐영무지장가부
人興甚大吉利爾時世尊欲重宣此義而說偈言
인흥심대길리이시세존욕듕션ᄎ의이셜게언

36
ウ

營生善善日　休殯好好時　生死讀誦經　甚得大吉利
영싱션션일　휴빙호호시　싱ᄉ독숑경　심득대길리
月月善明月　年年大好年　讀經即殯葬　榮華萬代昌
월월션명월　년년대호년　독경즉빙장　영화만디챵
爾時衆中七萬七千人聞佛所說心開意鮮捨邪故正得佛法
이시즁등칠만칠쳔인문불소셜심기의희샤샤귀졍득불법
分永断疑惑皆發阿耨多羅三藐三菩提心
분영단의혹개발아녹다라삼약삼보뎨심
無礙菩薩復白佛言世尊一切凡夫皆以婚嫁爲親先問相宜
무애보살부빅불언셰존일졀범부개이혼구위친션문샹의
後取吉日然始成親成親之後富貴偕老者少貧寒生难死別
후취길일연시셩친셩친지후부귀히로쟈쇼빙한싱리ᄉ별

37
オ

37ウ

者多一種信邪如何而有差別唯願世尊爲決衆疑
자다일죵신사여하이유차별유원세존위결즁의
佛言善男子汝等諦聽當爲汝說夫天陰地陽月陰日陽水陰火
불언션남ᄌᆞ여등톄텽당위여셜부텬음디양월음일양슈음화
陽男陰女陽天地氣合一切草木生焉日月交運四時八節明焉
양남음여양텬디긔합일쳬초목싱언일월교운ᄉᆞ시팔절명언
水火相承一切萬物熟焉男女允諧子孫興焉皆是天之常道自
슈화샹승일쳬만믈슉언 남녀윤히ᄌᆞ손흥언 기시텬지샹도ᄌᆞ
然之理世諦之法善男子愚人無智信其邪師卜問望吉而不
연지리셰톄지법션남ᄌᆞ우인무디신기사ᄉᆞ복문망길이불
修善造種種惡業命終之後復得人身者如指甲上土墮於地
슈션조죵죵악업명죵지후부득인신자여지갑샹토타어디

38オ

獄作餓鬼畜生者如大地土善男子復得人身正信修善者如指
옥작아귀튝싱자여대디토션남ᄌᆞ부득인신졍신슈션자여지
甲上土信邪造惡業者如大地土善男子欲結婚親莫問水火相
갑샹토신사조악업자여대디토션남ᄌᆞ욕결혼친막문슈화샹
剋胎胞相壓年命不同唯看祿命書即知福德多少以爲眷屬
극틱포샹압년명불동유간녹명셔즉디복덕다쇼이위권쇽
呼迎之日即讀此經三徧而以成禮此乃善〃相因明〃相屬門高
호영지일즉독ᄎᆞ경삼편이이셩톄ᄎᆞ내션〃샹인명〃샹쇽문고
人貴子孫興盛聰明利智多才多藝孝敬相承甚大吉利而無中夭
인귀ᄌᆞ손흥셩총명리디다재다예효경샹승심대길리이무듕요
福德具足皆成佛道時有八菩薩承佛威神得大摠持常處人間
복덕구족기셩불도시유팔보살승불위신득대춍디샹쳐인간

38ウ

和光同塵破邪立正度四生處八解而不自異其名曰
화광동딘파사닙졍도ᄉᆞ싱쳐팔히이불ᄌᆞ이기명왈
跋陁羅菩薩漏盡和　羅隣竭菩薩漏盡和　憍目兜菩薩
발다라보살누진화　라린갈보살누진화　교목도보살
漏盡和　那羅達菩薩漏盡和　須彌深菩薩漏盡和　因
누진화　나라달보살누진화　슈미심보살누진화　인
抵達菩薩漏盡和　和輪調菩薩漏盡和　無緣觀菩薩漏盡和
뎨달보살누진화　화륜됴보살누진화　무연관보살누진화
是八菩薩俱白佛言世尊我等於諸佛所受得陁羅尼神呪而今說之
시팔보살구빅불언세존아등어졔불소슈득다라니신쥬이금셜지
擁護受持讀誦天地八陽經者永無恐怖使一切不善之物不
옹호슈디독숑텬디팔양경쟈영무공포ᄉᆞ일쳬불션지믈불

38
ウ

得侵損讀經法師即於佛前而說呪曰
득침손독경법ᄉᆞ즉어불젼이셜쥬왈
阿佉尼　尼佉尼　阿比羅　曼隸　曼多隸
아거니　니거니　아비라　만예　만다예
世尊若有不善者欲來惱法師聞我說此呪頭破作七分如阿梨樹枝
세존약유불션쟈욕내뇌법ᄉᆞ문아셜ᄎᆞ쥬두파작칠분여아리슈지
爾時無邊身菩薩即從座起前白佛言世尊云何名爲天地八陽經
이시무변신보살즉죵좌긔젼빅불언세존운하명위텬디팔양경
唯願世尊爲諸聽衆解說其義令得覺悟速達心本入佛知見永斷疑悔
유원세존위졔텽듕히셜기의령득각오속달심본입불디견영단의회
佛言善哉〃〃善男子汝等諦聽吾今爲汝分別解說天地八陽之經
불언션지〃〃션남ᄌᆞ여등톄텽오금위여분별히셜텬디팔양지경

39オ

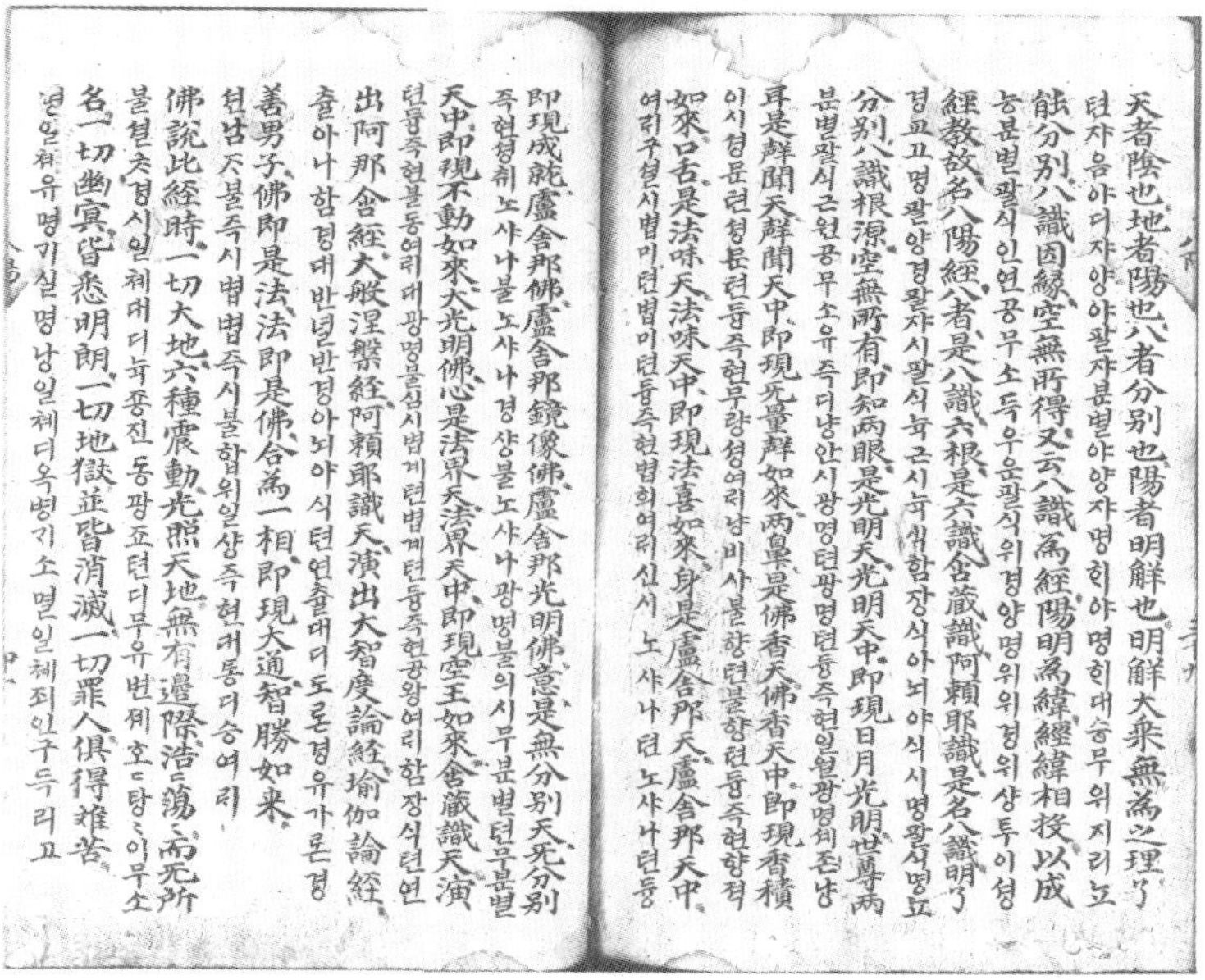

天者陰也地者陽也八者分別也陽者明解也明解大乘無爲之理了
텬쟈음야디쟈양야팔쟈분별야양쟈명히야명히대승무위지리뇨
能分別八識因緣空無所得又云八識爲經陽明爲緯經緯相投以成
능분별팔식인연공무소득우운팔식위경양명위위경위샹투이셩
經教故名八陽經八者是八識六根是六識含藏識阿賴耶識是名八識明了
경교고명팔양경팔쟈시팔식뉵근시뉵식함장식아뢰야식시명팔식명료
分別八識根源空無所有即知兩眼是光明天光明天中即現日月光明世尊兩
분별팔식근원공무소유즉디냥안시광명텬광명텬듕즉현일월광명셰존냥
耳是聲聞天聲聞天中即現无量聲如來兩鼻是佛香天佛香天中即現香積
이시셩문텬셩문텬듕즉현무량셩여래냥비시불향텬불향텬듕즉현향젹
如來口舌是法味天法味天中即現法喜如來身是盧舍那天盧舍那天中
여래구셜시법미텬법미텬듕즉현법희여래신시 노샤나텬 노샤나텬듕

即現成就盧舍那佛盧舍那鏡像佛盧舍那光明佛意是無分別天无分別
즉현셩취노샤나불노샤나경샹불노샤나광명불의시무분별텬무분별
天中即現不動如來大光明佛心是法界天法界天中即現空王如來含藏識天演
텬듕즉현부동여래대광명불심시법계텬법계텬듕즉현공왕여래함장식텬연
出阿那含經大般涅槃經阿賴耶識天演出大智度論經瑜伽論經
츌아나함경대반녈반경아뢰야식텬연츌대디도론경유가론경
善男子佛即是法法即是佛合爲一相即現大通智勝如來
션남ᄌ불즉시법법즉시불합위일샹즉현대통디승여래
佛說此經時一切大地六種震動光照天地無有邊際浩浩蕩蕩而无所
불셜ᄎ경시일쳬대디뉵종진동광죠텬디무유변제호〻탕〻이무소
名一切幽冥皆悉明朗一切地獄並皆消滅一切罪人俱得離苦
명일쳬유명기실명낭일쳬디옥병기소멸일쳬죄인구득리고

40
オ

39
ウ

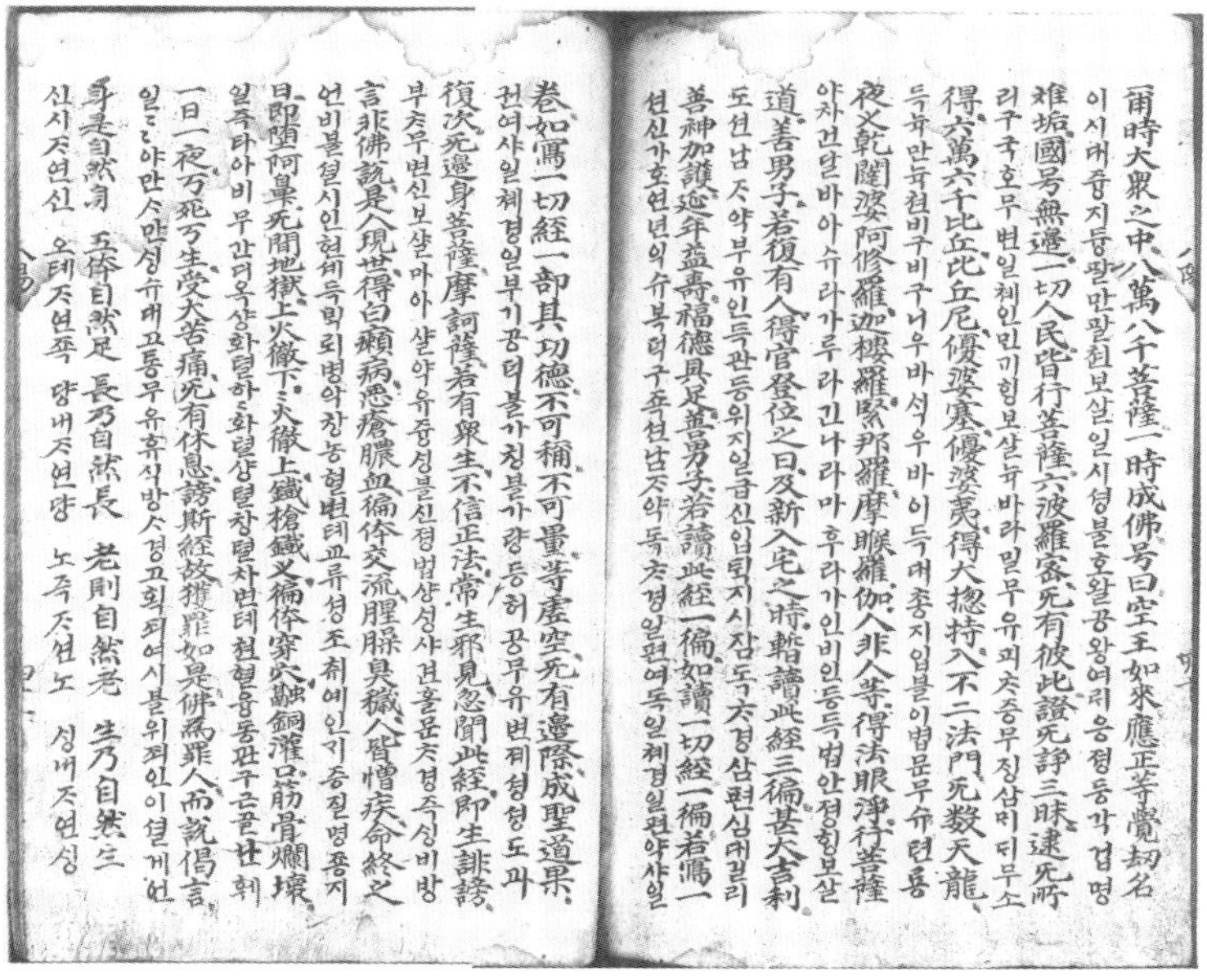

爾時大衆之中八萬八千菩薩一時成佛号曰空王如來應正等覺劫名
이시대즁지듕팔만팔쳔보살일시셩불호왈공왕여래응졍등각겁명
離垢國号無邊一切人民皆行菩薩六波羅密无有彼此證无諍三昧逮无所
리구국호무변일쳬인민기힝보살뉵바라밀무유피ᄎ증무징삼매톄무소
得六萬六千比丘比丘尼優婆塞優婆夷得大揔持入不二法門无数天龍
득뉵만뉵쳔비구비구니우바셔우바이득대춍지입불이법문무슈텬룡
夜叉乾闥婆阿修羅迦樓羅緊那羅摩睺羅伽人非人等得法眼淨行菩薩
야차건달바아슈라가루라긴나라마후라가인비인등득법안졍힝보살
道善男子若復有人得官登位之日及新入宅之時暫讀此經三徧甚大吉利
도션남ᄌ약부유인득관등위지일급신입퇴지시잠독ᄎ경삼편심대길리
善神加護延年益壽福德具足善男子若讀此經一徧如讀一切經一徧若寫一
션신가호연년익슈복덕구족션남ᄌ약독ᄎ경일편여독일쳬경일편약샤일

卷如寫一切經一部其功德不可稱不可量等虛空无有邊際成聖道果
권여샤일쳬경일부기공덕불가칭불가량등허공무유변졔셩셩도과
復次无邊身菩薩摩訶薩若有衆生不信正法常生邪見忽聞此經即生誹謗
부ᄎ무변신보살마하살약유즁싱블신졍법샹싱샤견홀문ᄎ경즉싱비방
言非佛說是人現世得白癩病惡瘡膿血徧体交流腥臊臭穢人皆憎疾命終之
언비불셜시인현셰득ᄇ뢰병악창농혈변톄교류셩조취예인기증질명죵지
日即墮阿鼻无間地獄上火徹下下火徹上鐵槍鐵叉徧体穿穴融銅灌口筋骨爛壞
일즉타아비무간디옥샹화텰하하화텰샹텰창텰차변톄쳔혈용동관구근골난회
一日一夜万死万生受大苦痛无有休息謗斯經故獲罪如是佛爲罪人而說偈言
일〻야만〻만싱슈대고통무유휴식방ᄉ경고획죄여시불위죄인이셜게언
身是自然身　五体自然足　長乃自然長　老則自然老　生乃自然生
신시ᄌ연신　오톄ᄌ연족　댱내ᄌ연댱　노즉ᄌ연노　싱내ᄌ연싱

41
オ

40
ウ

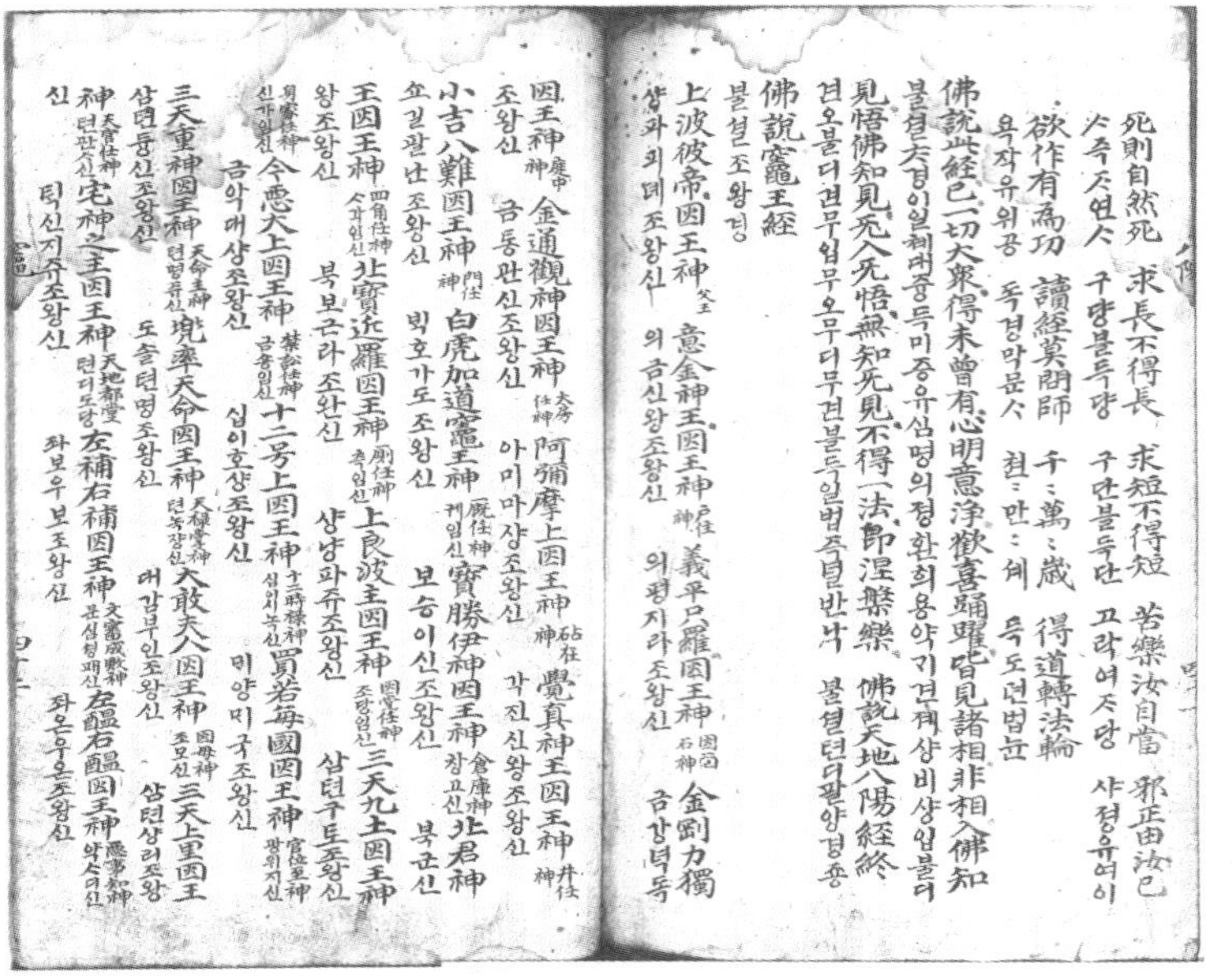
死則自然死 求長不得長 求短不得短 苦樂汝自當 邪正由汝己
사즉자연사 구댱불득댱 구단불득단 고락여자당 샤졍유여이
欲作有爲功 讀經莫䦕師 千〻萬〻歲 得道轉法輪
욕작유위공 독경막문사 쳔〻만〻셰 득도뎐법뉸
佛說此經已一切大衆得未曾有心明意淨歡喜踴躍皆見諸相非相入佛知
불셜차경이일쳬대중득미증유심명의정환희용약기견졔상비상입불디
見悟佛知見入悟無知見不得一法即涅槃樂 佛說天地八陽經終
견오불디견무입오무디견불득일법즉녈반낙 불셜텬디팔양경종
佛說竈王經
불셜조왕경
上波彼帝因王神 意金神王因王神 義平戶羅因王神 金剛力獨
상파피뎨조왕신 의금신왕조왕신 의평지라조왕신 금강녁독
因王神 金通觀神因王神 阿彌摩上因王神 覺眞神王因王神
조왕신 금통관신조왕신 아미마상조왕신 각진신왕조왕신
小吉八難因王神 白虎加道竈王神 寶勝伊神因王神 北君神
쇼길팔난조왕신 빅호가도조왕신 보승이신조왕신 북군신
王因王神 北寶近羅因王神 上良波主因王神 三天九土因王神
왕조왕신 북보근라조완신 상낭파쥬조왕신 삼텬구토조왕신
今悉天上因王神 十二号上因王神 買若每國因王神
금악대상조왕신 십이호상조왕신 미양미국조왕신
三天重神因王神 兜率天命因王神 大敢天人因王神 三天上里因王
삼련둥신조왕신 도솔텬명조왕신 대감텬인조왕신 삼텬상리조왕
神 宅神之主因王神 左補右補因王神 左醞右醞因王神
신 틱신지쥬조왕신 좌보우보조왕신 좌온우온조왕신

42オ　41ウ

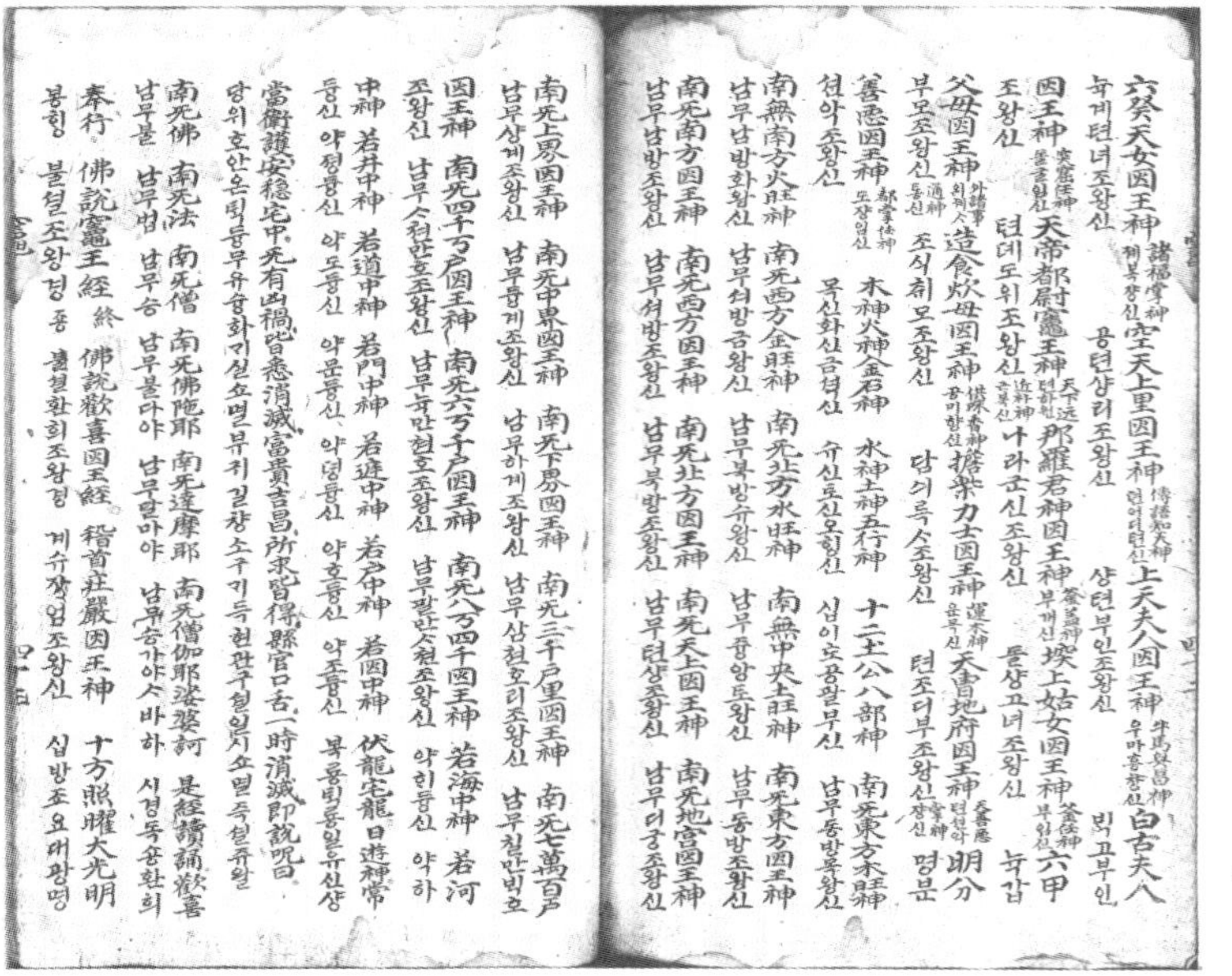
六癸天女因王神 空天上里因王神 上天夫人因王神 白吉夫人
뉵계텬녀조왕신 공텬상리조왕신 상텬부인조왕신 빅길부인
因王神 天帝都尉竈王神 那羅君神因王神 埃上姑女因王神 六甲
조왕신 텬뎨도위조왕신 나라군신조왕신 틀상고녀조왕신 뉵갑
父母因王神 造食炊母因王神 擔紫力士因王神 天書地府因王神 明分
부모조왕신 조식취모조왕신 담자력사조왕신 텬조디부조왕신 명분
善惡因王神 木神火神金石神 水神土神五行神 十二王公八部神 南无東方木旺神
션악조왕신 목신화신금셕신 슈신토신오힝신 십이왕공팔부신 남무동방목왕신
南無南方火旺神 南无西方金旺神 南无北方水旺神 南無中央土旺神 南无東方因王神
남무남방화왕신 남무셔방금왕신 남무북방슈왕신 남무중앙토왕신 남무동방조왕신
南无南方因王神 南无西方因王神 南无北方因王神 南无天上因王神 南无地宮因王神
남무남방조왕신 남무셔방조왕신 남무북방조왕신 남무텬상조왕신 남무디궁조왕신
南无上界因王神 南无中界因王神 南无下界因王神 南无三千戶里因王神 南无七萬百戶
남무상계조왕신 남무즁계조왕신 남무하계조왕신 남무삼쳔호리조왕신 남무칠만빅호
因王神 南无四千万戶因王神 南无六万千戶因王神 南无八万四千因王神 若海中神 若河
조왕신 남무ᄉ쳔만호조왕신 남무뉵만쳔호조왕신 남무팔만ᄉ쳔조왕신 약히증신 약하
中神 若井中神 若道中神 若門中神 若避中神 若戶中神 若園中神 伏龍宅龍日遊神常
증신 약졍증신 약도증신 약문증신 약피증신 약호증신 약원증신 복룡틱룡일유신상
當衛護安穩宅中无有凶禍皆悉消滅富貴吉昌所求皆得縣官口舌一時消滅即說呪曰
당위호안온틱중무유흉화개실쇼멸부귀길창소구개득현관구설일시쇼멸즉설쥬왈
南无佛 南无法 南无僧 南无佛陁耶 南无達摩耶 南无僧伽耶娑婆訶 是經讀誦歡喜
남무불 남무법 남무승 남무불다야 남무달마야 남무승가야ᄉ바하 시경독송환희
奉行 佛說竈王經 終 佛說歡喜因王經 稽首莊嚴因王神 十方照曜大光明
봉힝 불셜조왕경 죵 불셜환희조왕경 계슈장엄조왕신 십방조요대광명

43オ　42ウ

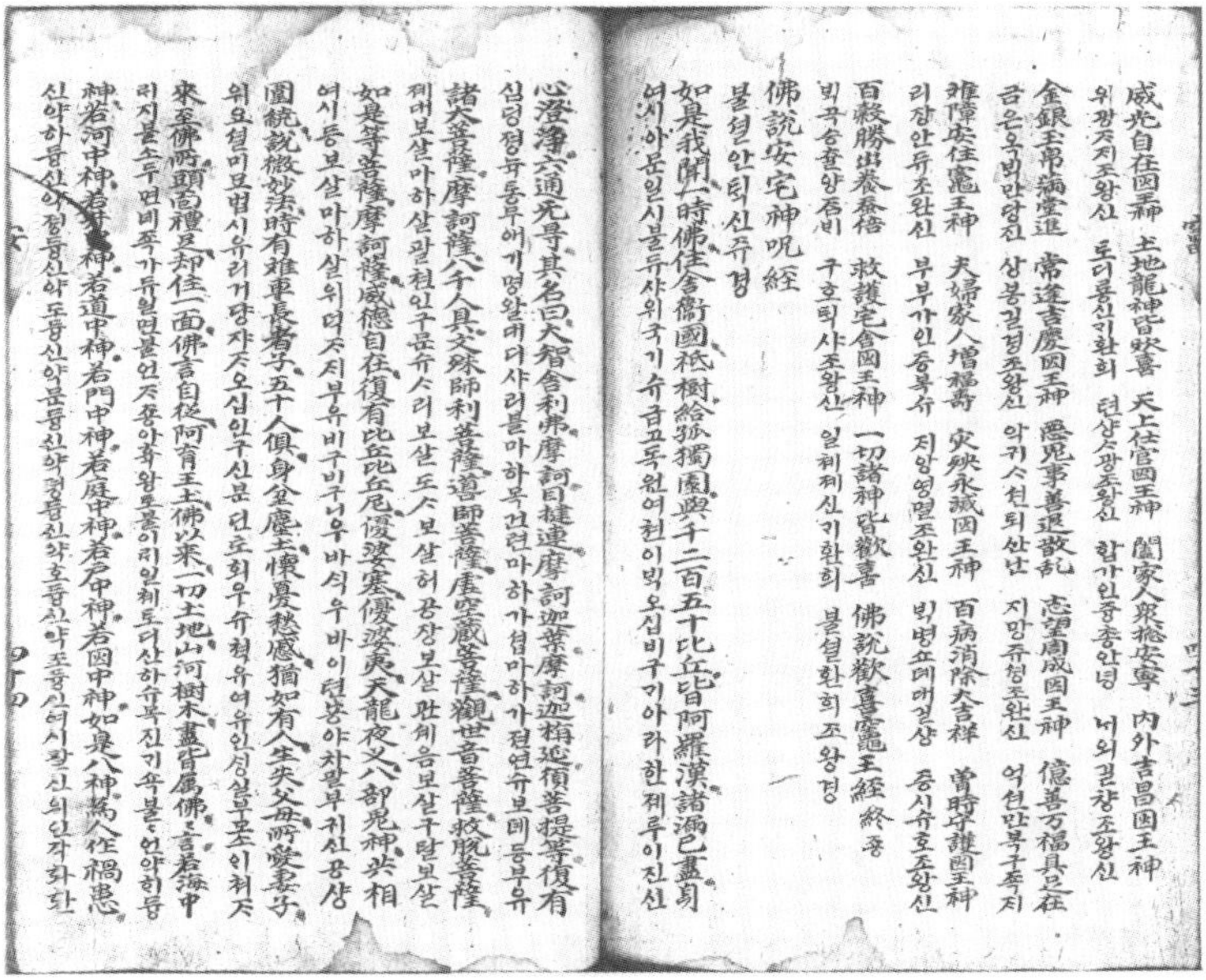

43ウ

44オ

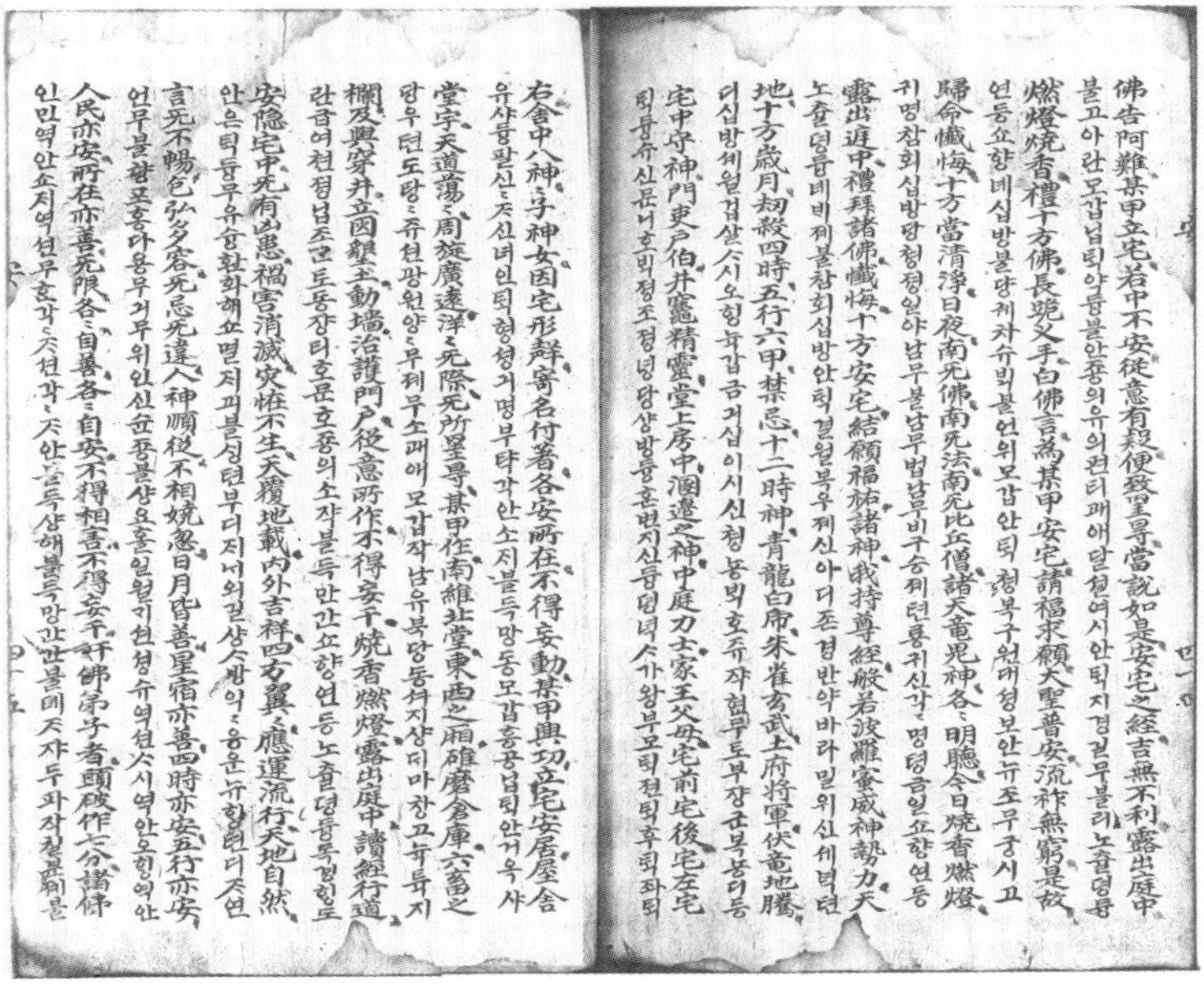

44ウ

45オ

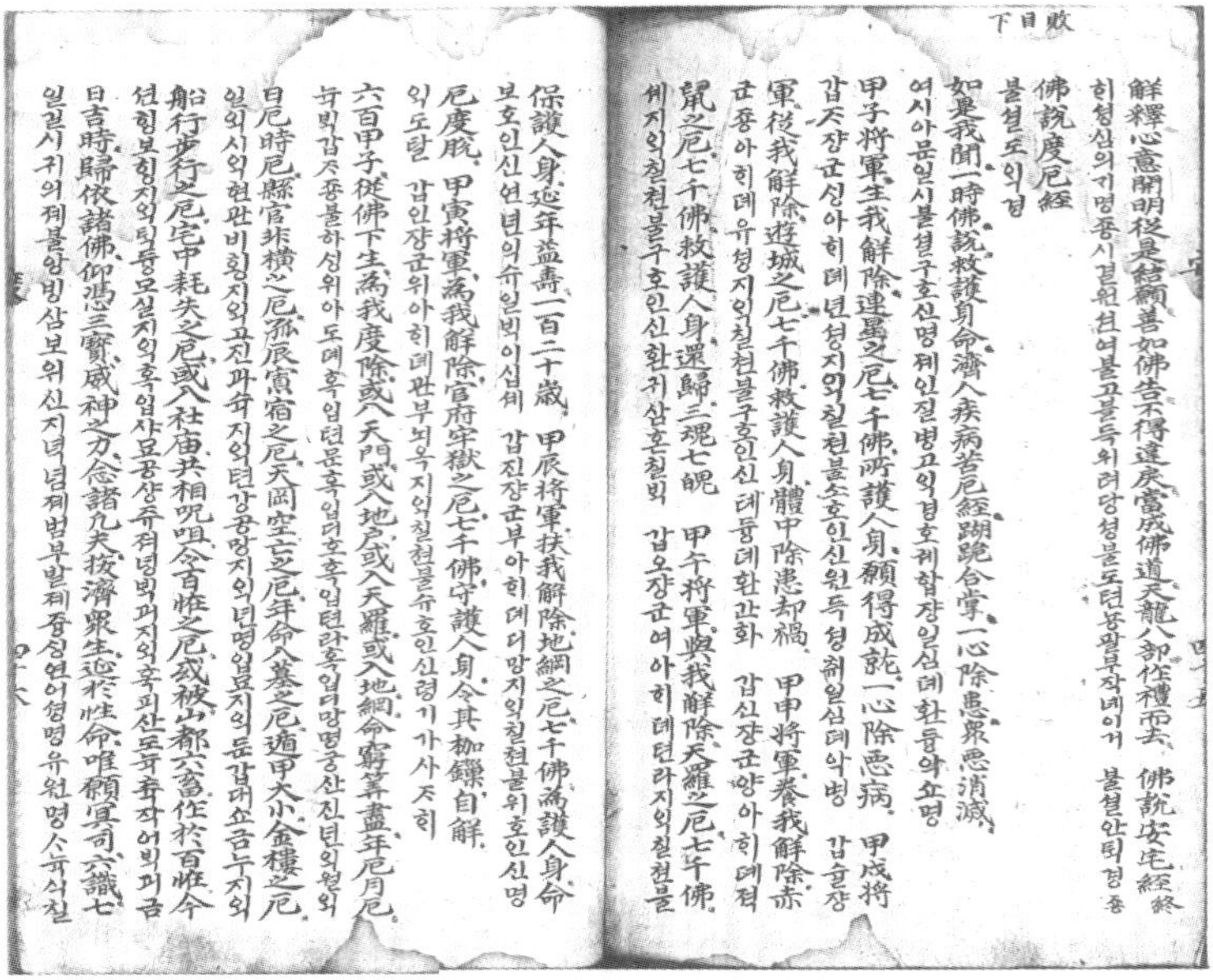

鮮釋心意開明從是結願善如佛告不得違戾當成佛道天龍八部作禮而去　佛說安宅經 終
히셕심의기명죵시결원션여불고부득위려당셩불도텬룡팔부작녜이거　불셜안퇴경 죵
佛說度厄經
불셜도익경
如是我聞一時佛說救護身命濟人疾病苦厄經蹦跪合掌一心除患衆惡消滅
여시아문일시불셜구호신명졔인질병고익경호궤합장일심뎨환듕악쇼멸
甲子將軍生我解除建墓之厄七千佛所護人身願得成就一心除惡病　甲戌將
갑ᄌ장군싱아히뎨건묘지외칠쳔불소호인신원득셩취일심뎨악병　갑술장
軍從我解除遊城之厄七千佛救護人身體中除患却禍　甲申將軍養我解除赤
군죵아히뎨유셩지익칠쳔불구호인신톄듕뎨환각화　갑신장군양아히뎨젹
鼠之厄七千佛救護人身還歸三魂七魄　甲午將軍與我解除天羅之厄七千佛
셔지외칠쳔불구호인신환귀삼혼칠ᄇᆡ　갑오장군여아히뎨텬라지외칠쳔불

保護人身延年益壽一百二十歲　甲辰將軍扶我解除地綱之厄七千佛爲護人身命
보호인신연년익슈일ᄇᆡᆨ이십셰　갑진장군부아히뎨디강지외칠쳔불위호인신명
厄度脫　甲寅將軍爲我解除官府牢獄之厄七千佛守護人身令其枷鏁自解
익도탈　갑인장군위아히뎨관부뢰옥지외칠쳔불슈호인신령기가ᄉᆡ자히
六百甲子從佛下生爲我度除或入天門或入地戶或入天羅或入地綱命窮算盡年厄月厄
뉵ᄇᆡᆨ갑ᄌ죵불하싱위아도뎨혹입텬문혹입디호혹입텬라혹입디강명궁산진년외월외
日厄時厄縣官非橫之厄孤辰寡宿之厄天罔空亡之厄年命入墓之厄遁甲大小金樓之厄
일외시외현관비횡지외고진과슉지외텬망공망지외년명입묘지외둔갑대쇼금루지외
船行步行之厄宅中耗失之厄或入社廟共相呪咀令百怪之厄或被山都六畜怪於百怪今
션힝보힝지외퇵듕모실지외혹입사묘공상쥬져령빅괴지외혹피산도뉵츅괴어ᄇᆡᆨ괴금
日吉時歸依諸佛仰憑三寶威神之力念諸凡夫拔濟衆生延於性命唯願冥司六識七
일길시귀의졔불앙빙삼보위신지녁념졔범부발졔즁싱연어셩명유원명ᄉᆞ뉵식칠

46オ　45ウ

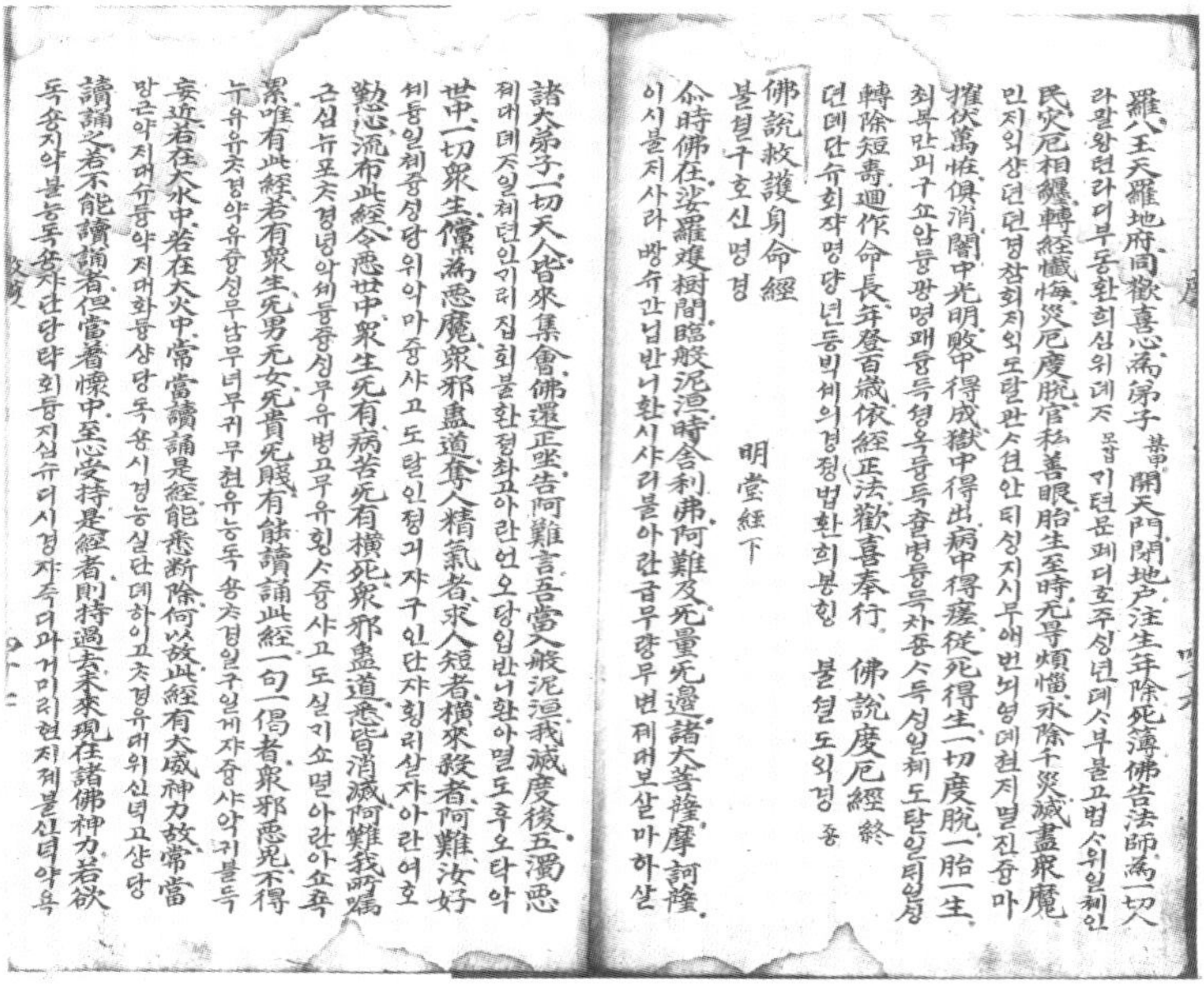

羅八王天羅地府同歡喜心爲弟子 某甲 開天門閉地戶注生年除死籍佛告法師爲一切人
라팔왕텬라디부동환희심위뎨ᄌ 모갑 기텬문폐디호쥬싱년뎨ᄉᆞ뎍불고법ᄉᆞ위일쳬인
民災厄相纏轉經懺悔災厄度脫官私善眼胎生至時死得煩惱永除千災滅盡衆魔
민지외샹뎐뎐경참회지외도탈관ᄉᆞ션안ᄐᆡ싱지시ᄉᆞ득번뇌영뎨쳔지멸진즁마
摧伏萬怪俱消闇中光明敗中得成獄中得出病中得瘥從死得生一切度脫一胎一生
최복만괴구쇼암듕광명패듕득셩옥듕득츌병듕득ᄎᆡ죵ᄉᆞ득싱일쳬도탈일ᄐᆡ일싱
轉除短壽迴作命長年登百歲依經正法歡喜奉行　佛說度厄經 終
뎐뎨단슈회작명쟝년등ᄇᆡᆨ셰의경졍법환희봉힝　불셜도외경 죵
佛說救護身命經　明堂經下
불셜구호신명경
爾時佛在娑羅雙樹間臨般涅槃時舍利弗阿難及無量無邊諸大菩薩摩訶薩
이시불지사라쌍슈간님반열반시사리불아난급무량무변졔대보살마하살

諸大弟子一切天人皆來集會佛還正坐告阿難言吾當入般涅槃我滅度後五濁惡
졔대뎨ᄌ일쳬텬인기ᄅᆡ집회불환졍좌고아난언오당입반열반아멸도후오탁악
世中一切衆生横爲惡魔衆邪盡道奪人精氣若求人短者横來殺者阿難汝好
셰듕일쳬즁싱횡위악마즁샤진도탈인졍긔약구인단쟈횡ᄅᆡ살쟈아난여호
勤心流布此經令悉世中衆生死有病苦死有横死衆邪盡道悉皆消滅阿難我所嘱
근심뉴포ᄎᆞ경령실셰듕즁싱ᄉᆞ유병고ᄉᆞ유횡ᄉᆞ즁샤진도실기쇼멸아난아쇼쵹
累唯有此經若有衆生死男死女死貴死賤有能讀誦此經一句一偈者衆邪惡鬼不得
누유유ᄎᆞ경약유즁싱ᄉᆞ남ᄉᆞ녀ᄉᆞ귀ᄉᆞ쳔유능독숑ᄎᆞ경일구일게쟈즁샤악귀부득
妄近若在大水中若在大火中常當讀誦是經能悉斷除何以故此經有大威神力故常當
망근약지대슈듕약지대화듕샹당독숑시경능실단뎨하이고ᄎᆞ경유대위신력고샹당
讀誦之若不能讀誦者但當着懷中至心受持是經者則持過去未來現在諸佛神力若欲
독숑지약불능독숑자단당착회즁지심슈지시경쟈즉지과거미ᄅᆡ현지졔불신력약욕

47オ　46ウ

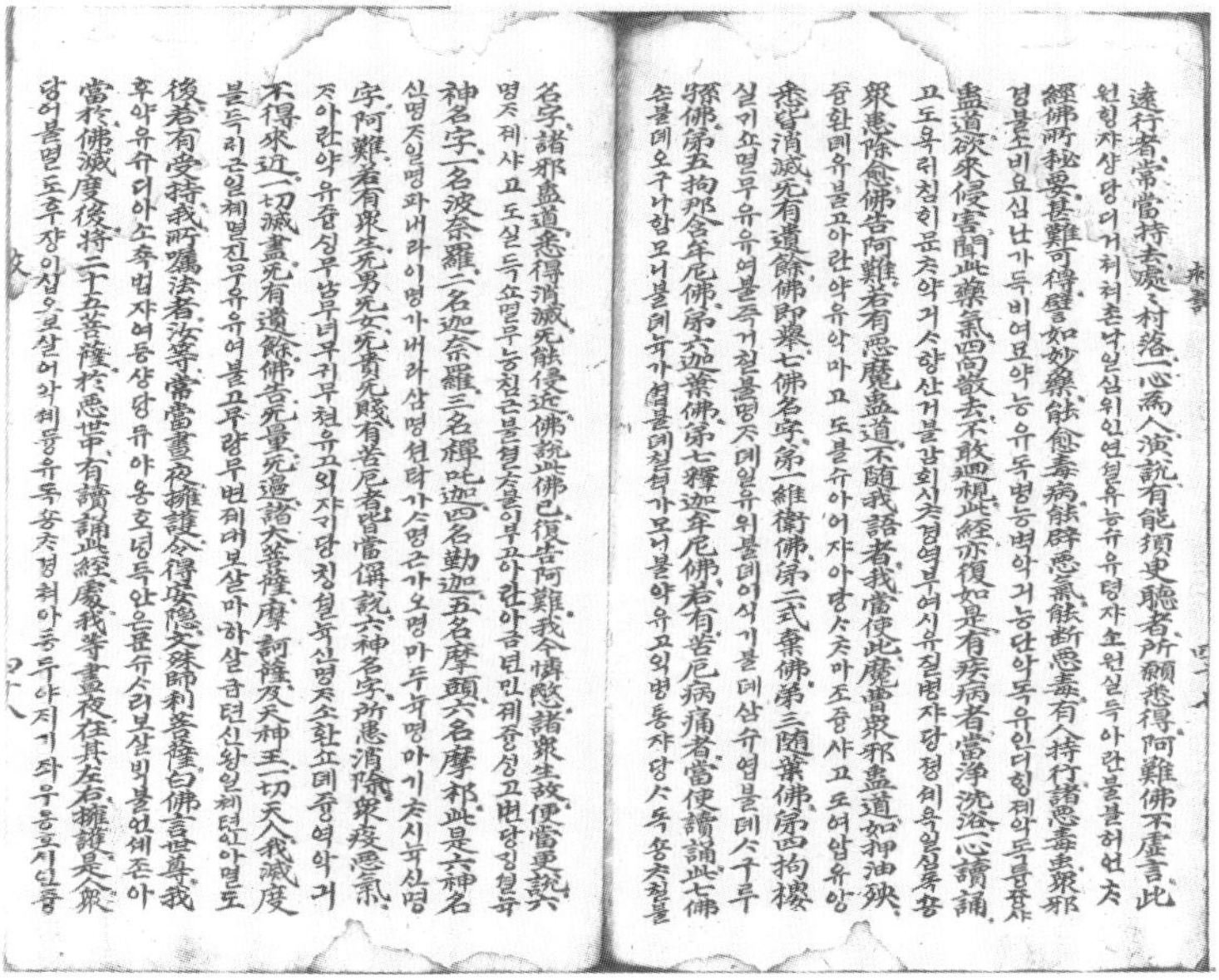

遠行者常當持去處處村落一心爲人演說有能須更聽者所願悉得阿難佛不虛言此
經佛所秘要甚難可得譬如妙藥能愈萬病能辟惡氣能斷惡毒有人持行諸惡毒蟲衆邪
蠱道欲來侵害聞此藥氣四向散去不敢姍視此經亦復如是有疾病者當淨洗浴一心讀誦
衆惡除愈佛告阿難若有惡魔蠱道不隨我語者我當使此魔眷衆邪蠱道如轉油殃
悉皆消滅無有遺餘佛即舉七佛名字第一維衛佛第二式棄佛第三隨葉佛第四拘樓
孫佛第五拘那含牟尼佛第六迦葉佛第七釋迦牟尼佛若有苦厄病痛者當使讀誦此七佛

47
ウ

名字諸邪蠱道悉得消滅無能侵近佛說此佛已復告阿難我今憐愍諸衆生故便當更說六
神名字一名波奈羅二名迦奈羅三名禪叱迦四名勒迦五名摩頭六名摩邪此是六神名
字阿難若有衆生無男無女無貴無賤有苦厄者皆當稱說六神名字所患消除衆疫惡氣
不得來近一切滅盡無有遺餘佛告無量無邊諸大菩薩摩訶薩及天神王一切天人我滅度
後若有受持我所囑法者汝等常當晝夜擁護令得安隱文殊師利菩薩白佛言世尊我
當於佛滅度後將二十五菩薩於惡世有讀誦此經處我等晝夜在其左右擁護是人與

48
オ

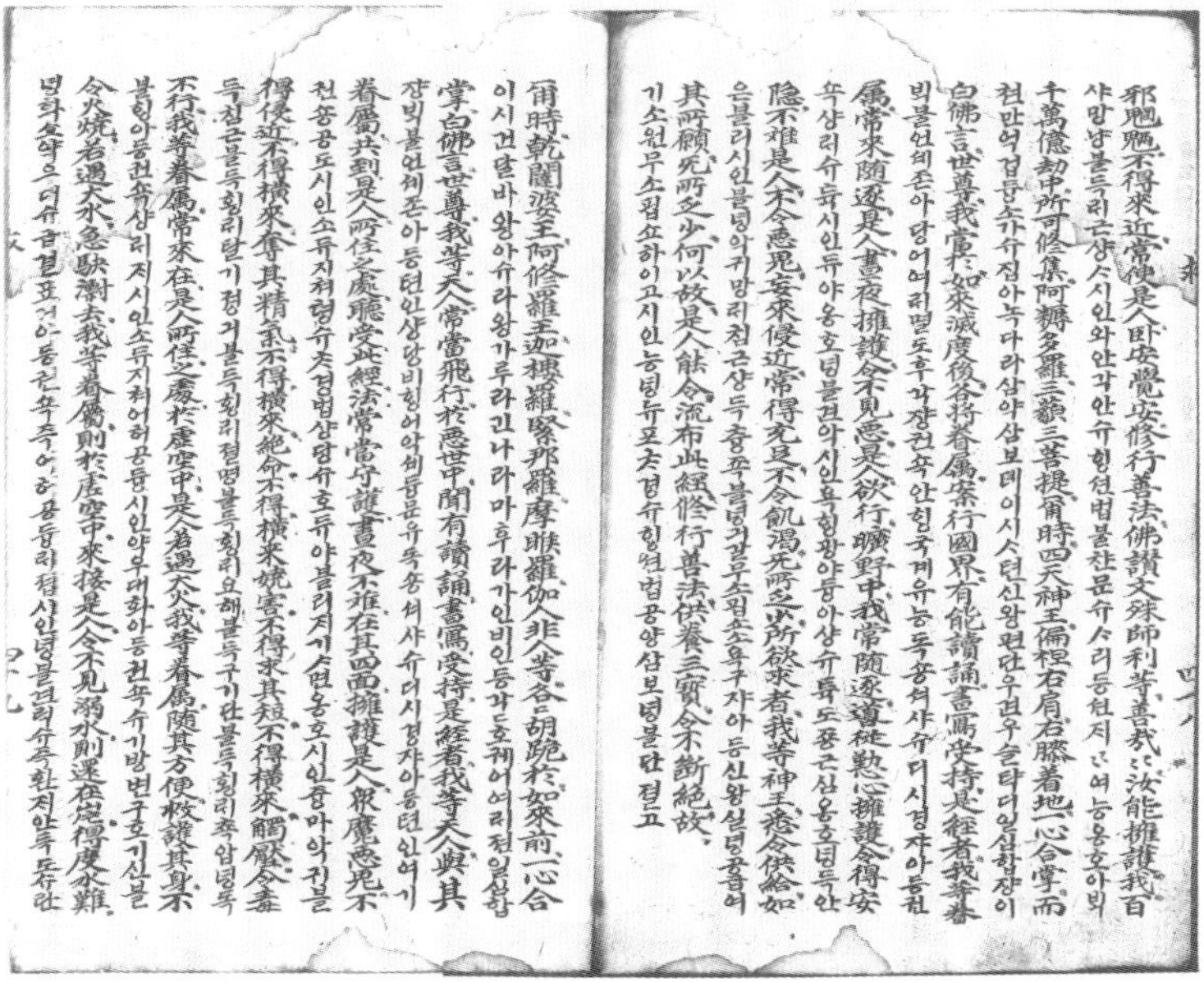

邪魍魎不得來近常使是人眠安覺安修行善法佛讚文殊師利等善哉善哉汝能擁護我百
千萬億劫中所可修集阿耨多羅三藐三菩提爾時四天神王偏袒右肩右膝着地一心合掌而
白佛言世尊我等於如來滅度後各將眷屬案行國界有能讀誦書寫受持是經者我等眷
屬常來隨逐是人晝夜擁護令不見惡是人欲行曠野中我常隨逐慇懃心擁護令得安
隱不難是人不令惡鬼妄來侵近常得充足不令飢渴無所乏少所欲求者我等神王悉令供給如
其所願無所乏少何以故是人能令流布此經修行善法供養三寶令不斷絕故

48
ウ

爾時乾闥婆王阿修羅王迦樓羅緊那羅摩睺羅伽人非人等各各胡跪於如來前一心合
掌白佛言世尊我等天人常當飛行於惡世中聞有讀誦書寫受持是經者我等天人與其
眷屬共到是人所住之處聽受此經法常當守護晝夜不離在其四面擁護是人與魔惡鬼不
得侵近不得橫來奪其精氣不得橫來絕命不得橫來燒害不得求其短不得橫來觸嬈令毒
不行我等眷屬常來在是人所住之處於虛空中是人若遇大火我等眷屬隨其方便救護其身不
令火燒若遇大水急駛漂去我等眷屬則於虛空中來接是人令不見溺水則還在處得度水難

49
オ

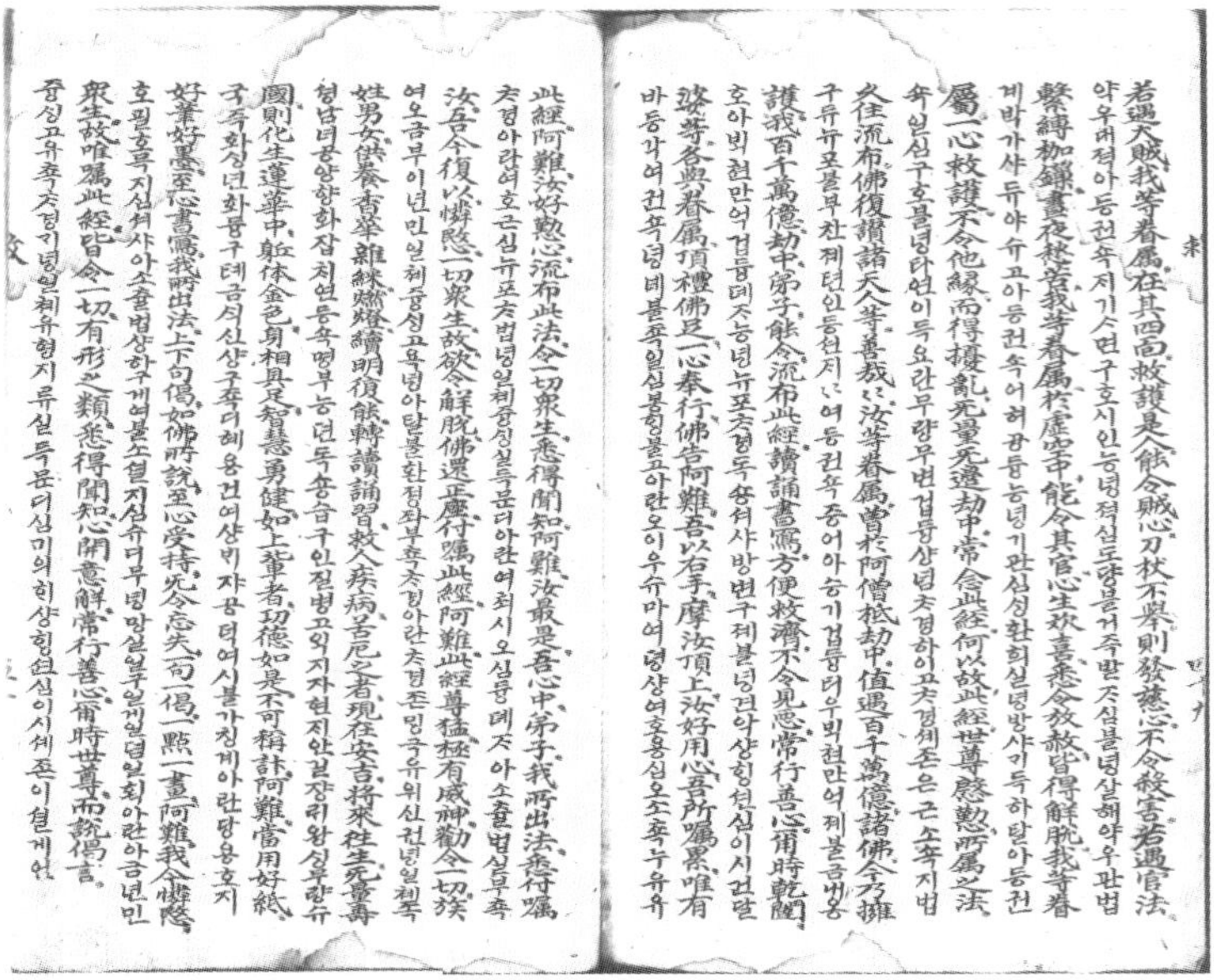

49 ウ

50 オ

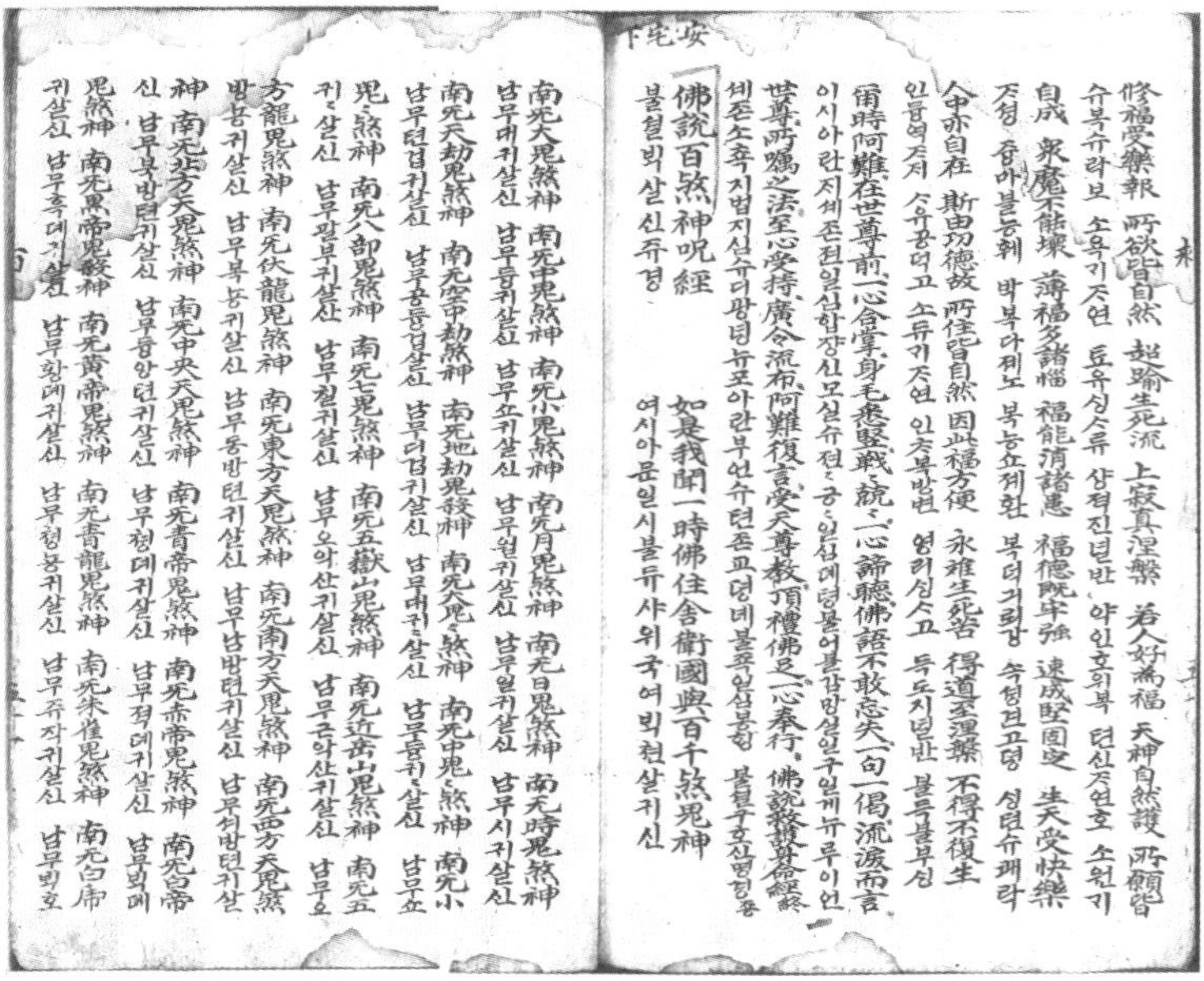

50 ウ

51 オ

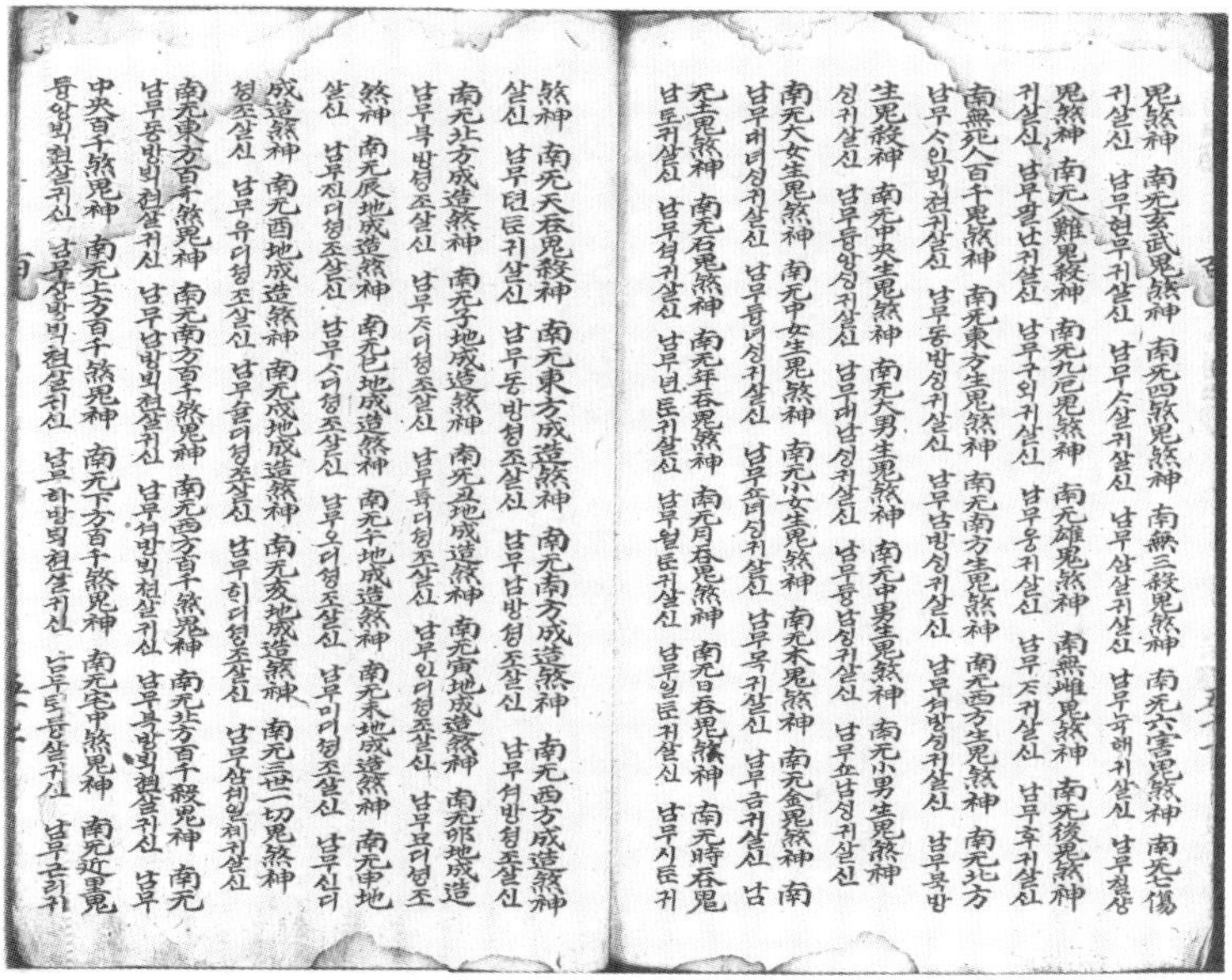
鬼煞神 南无玄武鬼煞神 南无四煞鬼煞神 南無三殺鬼煞神 南无六害鬼煞神 南无七傷
귀살신 남무현무귀살신 남무ᄉᆞ살귀살신 남무삼살귀살신 남무뉵해귀살신 남무칠상
鬼煞神 南无八難鬼殺神 南无九厄鬼煞神 南无雄鬼煞神 南無雌鬼煞神 南无後鬼煞神
귀살신 남무팔난귀살신 남무구외귀살신 남무웅귀살신 남무ᄌᆞ귀살신 남무후귀살신
南無死人百千鬼煞神 南无東方生鬼煞神 南无南方生鬼煞神 南无西方生鬼煞神 南无北方
남무ᄉᆞ인뵉쳔귀살신 남무동방싱귀살신 남무남방싱귀살신 남무셔방싱귀살신 남무북방
生鬼殺神 南无中央生鬼煞神 南无大男生鬼煞神 南无中男生鬼煞神 南无小男生鬼煞神
싱귀살신 남무듕앙싱귀살신 남무대남싱귀살신 남무듕남싱귀살신 남무쇼남싱귀살신
南无大女生鬼煞神 南无中女生鬼煞神 南无小女生鬼煞神 南无木鬼煞神 南无金鬼煞神 南
남무대녀싱귀살신 남무듕녀싱귀살신 남무쇼녀싱귀살신 남무목귀살신 남무금귀살신 남
无土鬼煞神 南无石鬼煞神 南无年呑鬼煞神 南无月呑鬼煞神 南无日呑鬼煞神 南无時呑鬼
무토귀살신 남무셕귀살신 남무년툰귀살신 남무월툰귀살신 남무일툰귀살신 남무시툰귀

煞神 南无天呑鬼殺神 南无東方成造煞神 南无南方成造煞神 南无西方成造煞神
살신 남무텬툰귀살신 남무동방셩조살신 남무남방셩조살신 남무셔방셩조살신
南无北方成造煞神 南无子地成造煞神 南无丑地成造煞神 南无寅地成造煞神 南无卯地成造
남무북방셩조살신 남무ᄌᆞ디셩조살신 남무튝디셩조살신 남무인디셩조살신 남무묘디셩조
煞神 南无辰地成造煞神 南无巳地成造煞神 南无午地成造煞神 南无未地成造煞神 南无申地
살신 남무진디셩조살신 남무ᄉᆞ디셩조살신 남무오디셩조살신 남무미디셩조살신 남무신디
成造煞神 南无酉地成造煞神 南无戌地成造煞神 南无亥地成造煞神 南无三世一切鬼煞神
셩조살신 남무유디셩조살신 남무술디셩조살신 남무히디셩조살신 남무삼셰일쳬귀살신
南无東方百千煞鬼神 南无南方百千煞鬼神 南无西方百千煞鬼神 南无北方百千殺鬼神 南无
남무동방뵉쳔살귀신 남무남방뵉쳔살귀신 남무셔방뵉쳔살귀신 남무북방뵉쳔살귀신 남무
中央百千煞鬼神 南无上方百千煞鬼神 南无下方百千煞鬼神 南无空中煞鬼神 南无近里鬼
듕앙뵉쳔살귀신 남무상방뵉쳔살귀신 남무하방뵉쳔살귀신 남무공듕살귀신 남무근리귀

52
オ

51
ウ

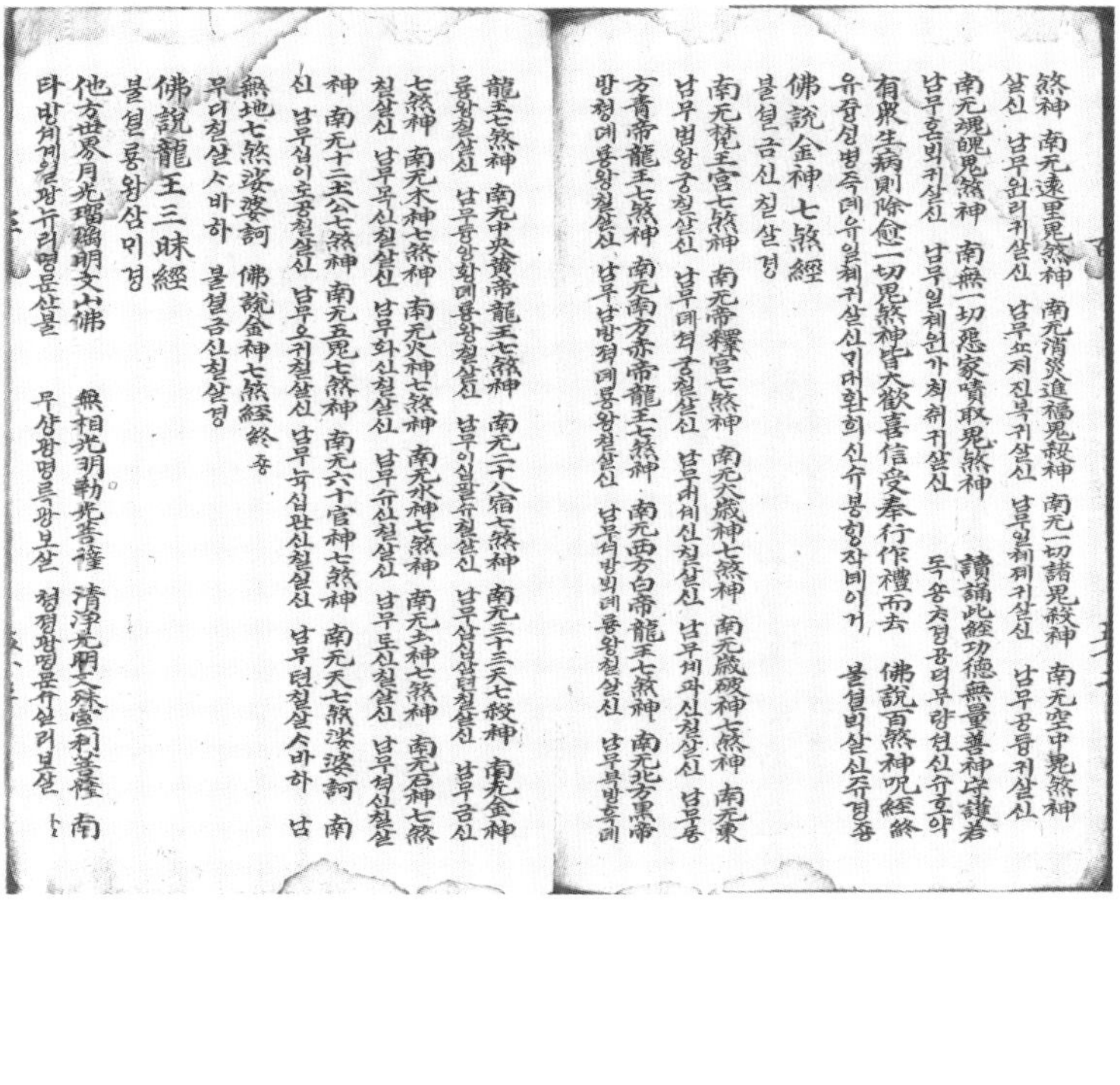
煞神 南无遠里鬼煞神 南无消災進福鬼殺神 南无一切諸鬼殺神 南无空中鬼煞神
살신 남무원리귀살신 남무쇼지진복귀살신 남무일체졔귀살신 남무공듕귀살신
南无魂魄鬼煞神 南無一切惡家噴取鬼煞神 讀誦此經功德無量善神守護若
남무혼뵉귀살신 남무일체원가쳑취귀살신 독송ᄎᆞ경공덕무량션신슈호약
有衆生病則除愈一切鬼煞神皆大歡喜信受奉行作禮而去 佛說百煞神呪經終
유즁싱병즉뎨유일체귀살신기대환희신슈봉힝작녜이거 불셜빅살신쥬경죵
佛說金神七煞經
불셜금신칠살경
南无梵王宮七煞神 南无帝釋宮七煞神 南无大歲神七煞神 南无歲破神七煞神 南无東
남무범왕궁칠살신 남무뎨셕궁칠살신 남무태셰신칠살신 남무셰파신칠살신 남무동
方青帝龍王七煞神 南无南方赤帝龍王七煞神 南无西方白帝龍王七煞神 南无北方黑帝
방쳥뎨룡왕칠살신 남무남방젹뎨룡왕칠살신 남무셔방뵉뎨룡왕칠살신 남무북방흑뎨

龍王七煞神 南无中央黃帝龍王七煞神 南无二十八宿七煞神 南无三十三天七殺神 南无金神
룡왕칠살신 남무듕앙황뎨룡왕칠살신 남무이십팔슈칠살신 남무삼십삼텬칠살신 남무금신
七煞神 南无木神七煞神 南无火神七煞神 南无水神七煞神 南无土神七煞神 南无石神七煞
칠살신 남무목신칠살신 남무화신칠살신 남무슈신칠살신 남무토신칠살신 남무셕신칠살
神 南无十二王公七煞神 南无五鬼七煞神 南无六十官神七煞神 南无天七煞娑婆訶 南
신 남무십이왕공칠살신 남무오귀칠살신 남무뉵십관신칠살신 남무텬칠살ᄉᆞ바하 남
無地七煞娑婆訶 佛說金神七煞經終 죵
무디칠살ᄉᆞ바하 불셜금신칠살경
佛說龍王三昧經
불셜룡왕삼미경
他方世界月光瑠璃明文山佛 無相光明勒光菩薩 清淨光明文殊室利菩薩 南
타방셰계월광뉴리명문산불 무상광명륵광보살 쳥졍광명문슈실리보살 남

53
オ

52
ウ

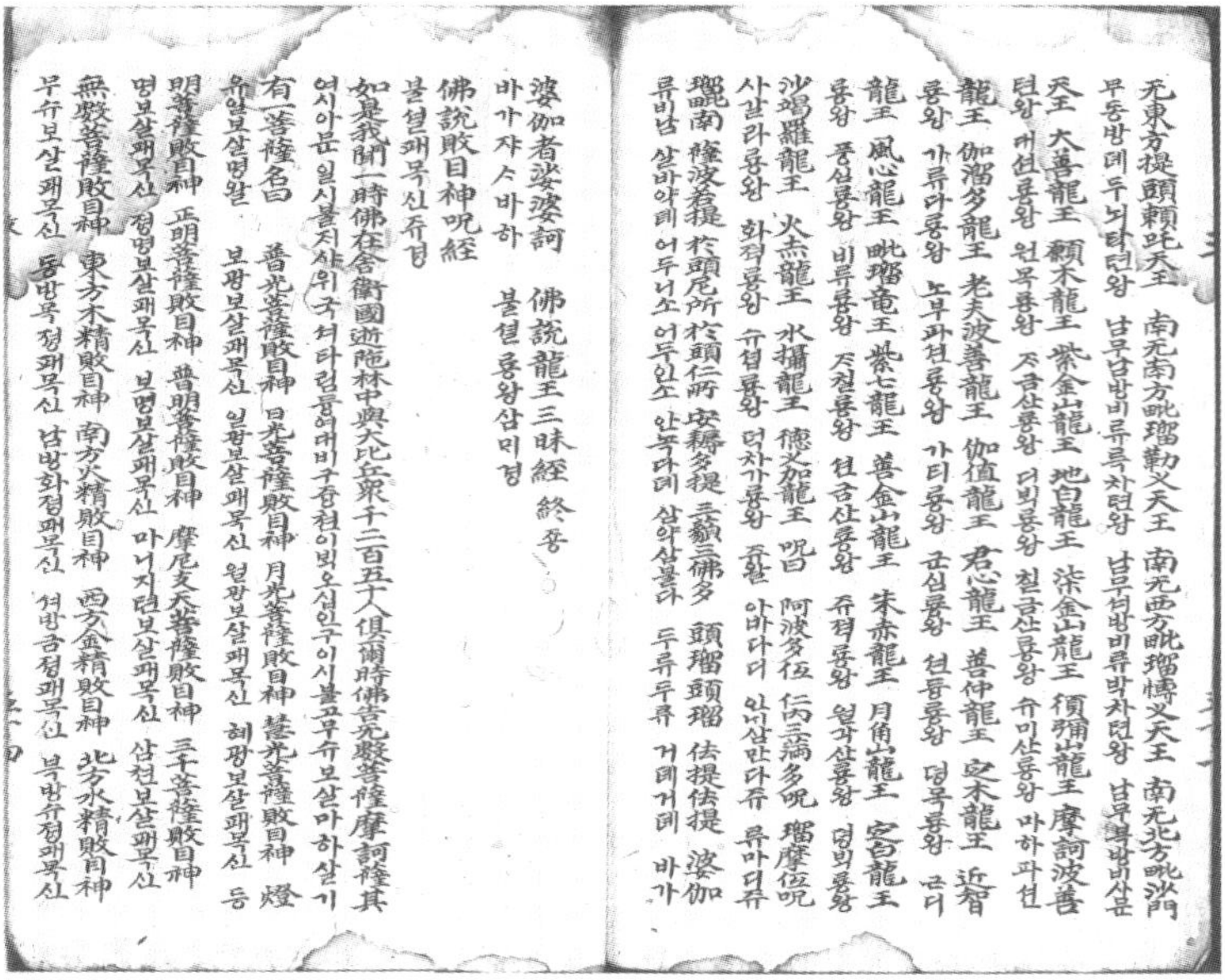

53
ウ

南无東方提頭賴吒天王　南无南方毗瑠勒叉天王　南无西方毗瑠博叉天王　南无北方毗沙門
무동방데두뇌타텬왕　남무남방비류륵차텬왕　남무서방비류박차텬왕　남무북방비사문
天王　大善龍王　願木龍王　紫金山龍王　地白龍王　柒金山龍王　須彌山龍王　摩訶波善
텬왕　대션룡왕　원목룡왕　자금산룡왕　디뵉룡왕　칠금산룡왕　슈미산룡왕　마하파션
龍王　伽瑠多龍王　老夫波善龍王　伽值龍王　君心龍王　善仲龍王　安木龍王　近智
룡왕　가류다룡왕　노부파션룡왕　가티룡왕　군심룡왕　션듕룡왕　안목룡왕　근디
龍王　風心龍王　毗瑠竜王　紫七龍王　善金山龍王　朱赤龍王　月角山龍王　安白龍王
룡왕　풍심룡왕　비류룡왕　즈칠룡왕　션금산룡왕　쥬젹룡왕　월각산룡왕　안뵉룡왕
沙竭羅龍王　火赤龍王　水攝龍王　德叉加龍王　呪曰　阿波多伍　仁丙三滿多呪　瑠摩伍呪
사갈라룡왕　화젹룡왕　슈셥룡왕　덕차가룡왕　쥬왈　아바다더　인비삼만다쥬　류마더쥬
瑠毗南　稜波者提　於頭尼所　於頭仁所　安耨多提　三藐三佛多　頭瑠頭瑠　佉提佉提　婆伽
류비남　살바야뎨　어두니소　어두인소　안녹다뎨　삼약삼불다　두류두류　거뎨거뎨　바가

54
オ

婆伽者婆婆訶　佛說龍王三昧經　終
바가자ᄉ바하　불셜룡왕삼미경　죵
佛說敗目神呪經
불셜패목신쥬경
如是我聞一時佛在舍衛國逝陁林中與大比丘衆千二百五十人俱爾時佛告无數菩薩摩訶薩其
여시아문　일시불지사위국셔다림듕여대비구즁쳔이뵉오십인구이시불고무슈보살마하살기
有一菩薩名曰　普光菩薩敗目神　日光菩薩敗目神　月光菩薩敗目神　慧光菩薩敗目神　燈
유일보살명왈　보광보살패목신　일광보살패목신　월광보살패목신　혜광보살패목신　등
明菩薩敗目神　正明菩薩敗目神　普明菩薩敗目神　摩尼支天菩薩敗目神　三千菩薩敗目神
명보살패목신　졍명보살패목신　보명보살패목신　마니지텬보살패목신　삼쳔보살패목신
無數菩薩敗目神　東方木精敗目神　南方火精敗目神　西方金精敗目神　北方水精敗目神
무슈보살패목신　동방목졍패목신　남방화졍패목신　셔방금졍패목신　북방슈졍패목신

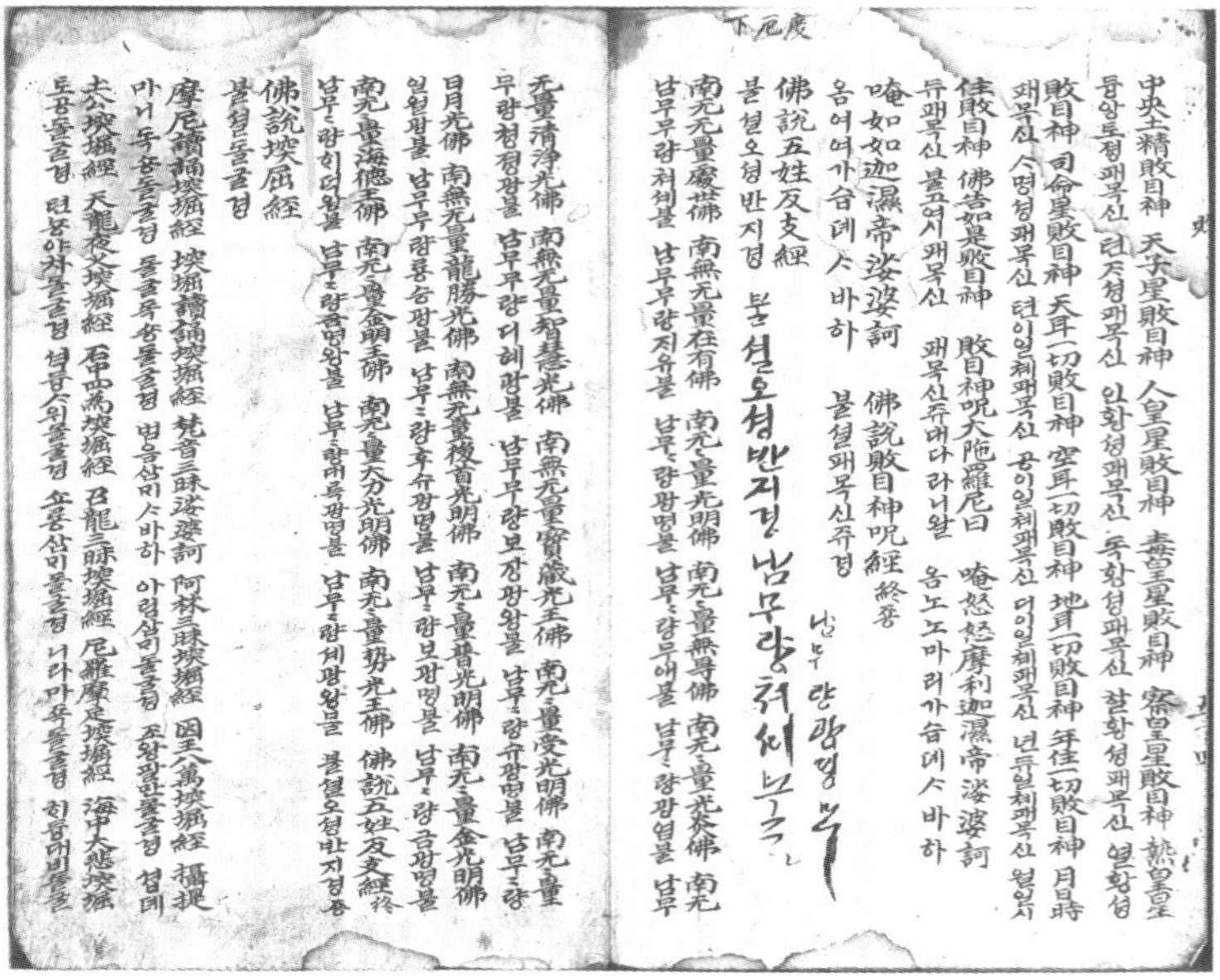

54
ウ

下厄慶

中央土精敗目神　天子星敗目神　人皇星敗目神　毒皇星敗目神　察皇星敗目神　熱皇星
듕앙토졍패목신　텬ᄌ셩패목신　인황셩패목신　독황셩패목신　찰황셩패목신　열황셩
敗目神　司命星敗目神　天耳一切敗目神　空耳一切敗目神　地耳一切敗目神　年住一切敗目神　月日時
패목신　ᄉ명셩패목신　텬이일쳬패목신　공이일쳬패목신　디이일쳬패목신　년듀일쳬패목신　월일시
住敗目神　佛告如是敗目神　敗目神呪大陁羅尼曰　唵怒怒摩利迦濕帝婆婆訶
듀패목신　불고여시패목신　패목신쥬대다라니왈　옴노노마리가습뎨ᄉ바하
唵如如迦濕帝婆婆訶　佛說敗目神呪經　終
옴여여가습뎨ᄉ바하　불셜패목신쥬경　죵
佛說五姓反支經　남무　량광명부
불셜오셩반지경　불셜오셩반지경　남무량처시부
南无无量壽佛　南無无量在有佛　南无量光明佛　南无量無导佛　南无量光炎佛　南无
남무무량쳐쉬불　남무무량지유불　남무량광명불　남무량무애불　남무량광염불　남무

55
オ

无量清淨光佛　南無无量智慧光佛　南無无量寶藏光王佛　南无量愛光明佛　南无量
무량쳥졍광불　남무무량디혜광불　남무무량보장광왕불　남무량유광명불　남무량
日月光佛　南無无量龍勝光佛　南無无量搜首光明佛　南无量普光明佛　南无量金光明佛
일월광불　남무무량룡승광불　남무무량후슈광명불　남무량보광명불　남무량금광명불
南无量海德王佛　南无量金剛王佛　南无量大力光明佛　南无量勢光王佛　佛說五姓反支經　終
남무량히덕왕불　남무량금강왕불　남무량대력광명불　남무량세광왕불　불셜오셩반지경　죵
佛說坱屈經
불셜앙굴경
摩尼積福坱掘經　坱掘積福坱掘經　梵音三昧婆婆訶　阿林三昧坱掘經　國王八萬坱掘經　攝提
마니뎍복앙굴경　앙굴뎍복앙굴경　범음삼미ᄉ바하　아림삼미앙굴경　국왕팔만앙굴경　섭뎨
太公坱掘經　天龍夜叉坱掘經　石中四萬坱掘經　召龍三昧坱掘經　尼羅摩足坱掘經　海中大悲坱掘
태공앙굴경　텬룡야차앙굴경　셕듕ᄉ위앙굴경　쇼룡삼미앙굴경　니라마죡앙굴경　히듕대비앙굴

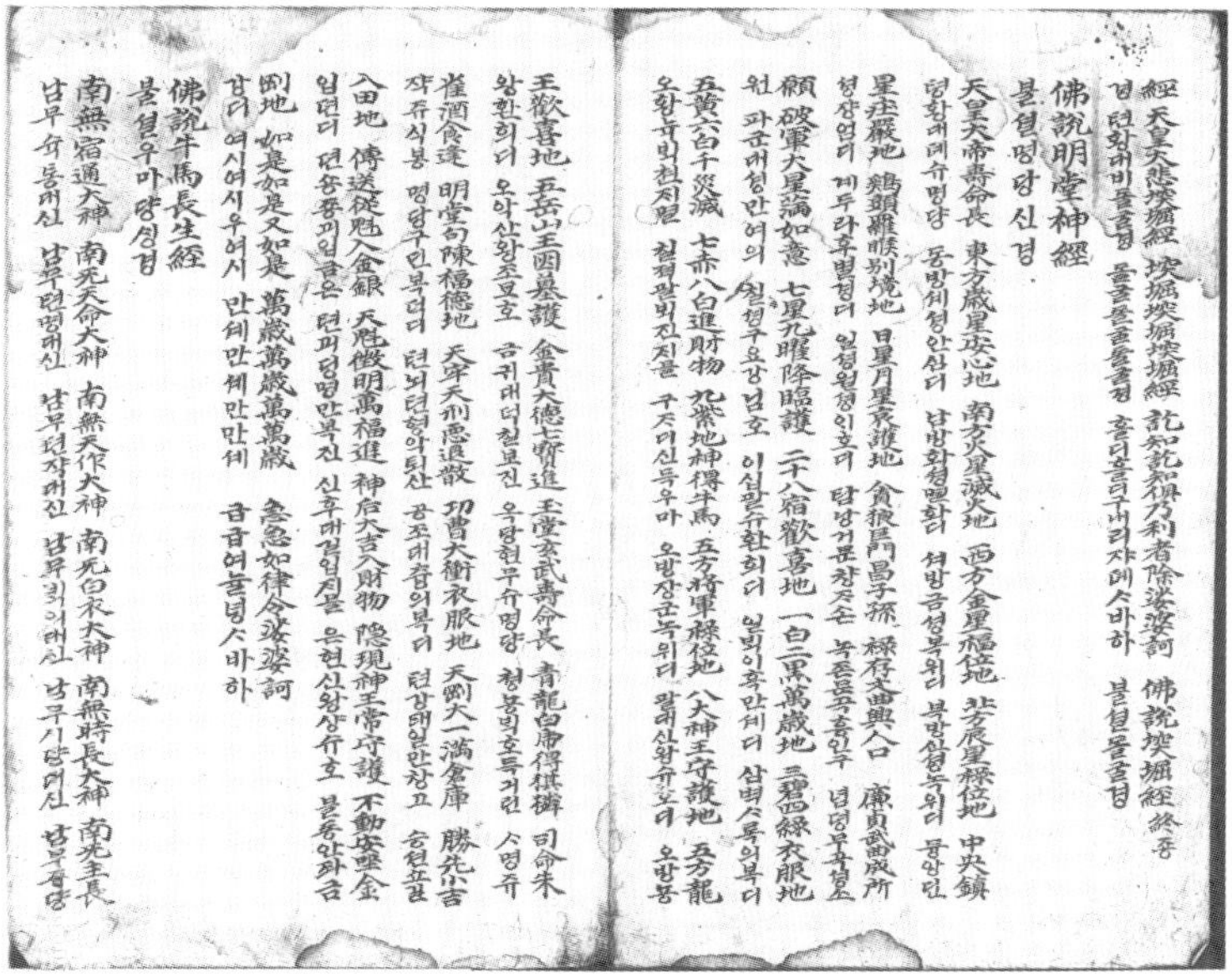

56 オ　　55 ウ

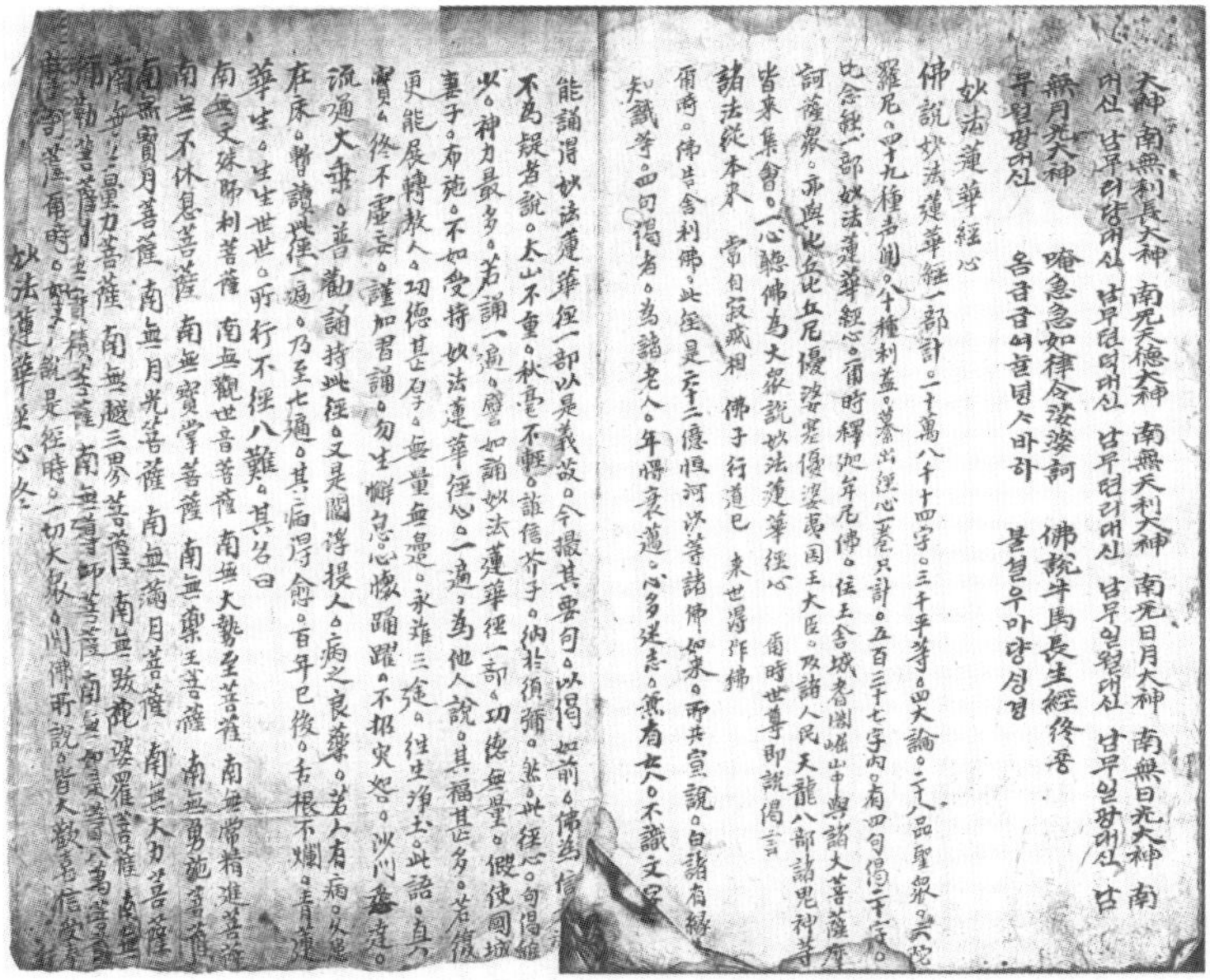

57 オ　　56 ウ

第十七章　朝鮮本『天地八陽神呪經』とその流傳

緒　言

高麗においては、十一世紀初期、顯宗の時代に契丹の侵入を契機に刻成された〈初雕大藏經〉を初めとして、十一世紀末に『新編諸宗教藏總錄』を編纂した大覺國師義天により、章疏類を集成した〈續藏經〉が刊行されたのに次いで、十三世紀中期、高宗の時には、蒙古撃退を祈願して〈再雕大藏經〉が完成した。[1] これは契丹本、初雕本に北宋敕版を對校したもので、〈高麗版大藏經〉と呼ばれるこの版本の精度は極めて高く、『大正藏』の底本ともなっている。[2]

高麗版大藏經には、基本的に中國撰述の疑僞經典類は收載されておらず、『大正藏』では、中野達慧主編『大日本續藏經』を踏まえながら、第八十五巻に〈古逸部・疑似部〉を立てて、今世紀初頭に敦煌から發見された多數の古寫本による翻刻をおさめた。[3]

だが朝鮮では、高麗から李朝時代を通じて、寺院を中心に諸種の擬僞經典類の板刻あるいは書寫が盛んに行なわれ、漢文にハングル譯を付したものや、插繪入りのものの他、詳細な刊記のあるものも多く、現在でも活版本が流通している。

現存する板本・版本や寫本の概要は、一九六八年に韓國國會圖書館司書局參考書誌課が編纂した『韓國古書綜合目錄』に、國内だけでなく、日本など海外所在のものや、個人所有のものまで、各典籍ごとに所藏先が明記されており、ほぼ全容を把握することができるが、諸種の目錄類を集成したものだけに、補訂を要する部分も少なくない。その後、一九七九年に、韓國精神文化研究院による板本類の總合調査の成果が、鄭亨愚・尹炳泰編『韓國冊板目錄總覽』にまとめられ、全道における板本上梓の動向が、地域ごとに概觀できるようになった。

さらに一九八七年には、文化財管理局によって行なわれた國内各地の寺院に現存する板木の悉皆調査の報告が、朴相國編『全國寺刹所藏木板集』として刊行され、豐富な圖版により、內容や體裁、插繪、刊記などに關する詳細な情報が提供されるに至った。

この他、國立中央圖書館や、李王朝の文庫を繼承するソウル大學内の奎章閣をはじめ、主要大學圖書館の古書目錄や解題も相次いで出版されており、(4) 韓國國内の現狀は、かなり明らかになりつつあるが、舊植民地時代を中心に日本をはじめ海外に「移出」されたものも、相當な數量にのぼる。(5)

日本における朝鮮本の主要なコレクションとしては、

天理圖書館・今西龍文庫(6)

大阪府立中之島圖書館・佐藤六石舊藏書(7)

京都大學附屬圖書館・河合弘民文庫(8)

東洋文庫・前間恭作舊藏書(9)

東京大學總合圖書館・阿川重郎文庫(10)

東京大學文學部・小倉進平文庫(11)

等があり、(12) 對馬宗家文庫、廣島市立圖書館・淺野文庫、西尾市立圖書館・岩瀬文庫、京都府立總合資料館、名古屋市蓬左文庫、宮内廳書陵部、國立公文書館内閣文庫、國立國會圖書館、大東急記念文庫、東北大學附屬圖書館などにも

多數傳存するが、[13] これらの中には漢籍に一括され、朝鮮本として區分されていないものも多く、總合的な調査はこれからの課題であろう。

道教や儒教あるいは民間信仰との相剋と融合のなかで撰述された疑僞經典の分析と、その受容形態の考察を通して、道佛儒三教の交渉と道教思想の傳播に關する新たな側面を照射し得ると考えているが、本章では、そうした基礎作業の試みとして、朝鮮で最も流布した疑僞經典の一つである『天地八陽神呪經』を取りあげたい。

一、朝鮮本『天地八陽神呪經』の諸本

中國の經録における『天地八陽神呪經』の初見は、唐の圓照が撰録した『貞元釋教録』[14]（八〇〇年成立）であり、經名や八菩薩名、呪言などの檢討によって、八世紀初期前後に成立したものと推定されている。[15]

その内容については、本書第五章でもふれたので、ここでは詳説しないが、[16] この經典を三遍讀誦すれば、惡鬼は消滅し、疾病は快癒し、愚癡は除滅するといい、以下、家屋新築の時に三遍讀誦すると、朱雀、玄武、青龍、白虎、六甲禁諱、十二諸神、土府伏龍など一切の鬼魅は、悉く隱れて害をなさぬことや、臨終する父母が、もし墮地獄の罪を犯していても、その子が七遍讀誦すれば、父母は罰を免れて天上に生まれ、成佛できること、また、出產、結婚、殯葬の時なども、この經文を三遍讀誦すれば、無事出產、子孫繁榮し、墓内に安置すると、永く災障はなく、任官の日や新宅入居の日にもこの經文を讀誦すれば、吉利甚大で、善神が加護して延年益壽、福德具足することなど、現世における人事の全般にわたる功德を縷述した典型的な疑僞經典で、「陰陽吉凶禳災除禍之法」[17] そのものといってよく、道教經典にも類似の内容をもつ『太上老君說安宅八陽經』（『正統道藏』洞眞部本文類、第三四一册所收）がある。

この經典は、中國周邊の諸地域に廣く流布し、敦煌藏經洞から百本近い古寫本が確認されているのをはじめ、漢文からウイグル（トルコ）語、モンゴル語、チベット語に翻譯され、チベット大藏經や蒙古大藏經にも譯本が收められたほか、日本でも奈良時代から平安時代にかけて、東密系の諸寺院を中心に書寫され、近世の寫本もいくつか傳存する。[18]

朝鮮においては、單獨で印刷されたものの他に、『安宅神呪經』や『救護身命經』『度厄經』など、類似する內容の疑僞經典類を多數合綴した『佛說廣本太歲經』や『六經合部』などに含まれて流布した側面をもつが、[19] 現存する單刊の古板本としては、次の諸本がある。[20]

〔1〕順治十四年（一六五七）　長興地・天冠寺開板
〔2〕英祖九年（一七三三）　寧邊・普賢寺開板
〔3〕乾隆三十四年（一七六九）　安東・鳳停寺開板
〔4〕乾隆五十六年（一七九一）　順天・松廣寺開板
〔5〕乾隆六十年（一七九五）　楊州・佛嚴寺開板
〔6〕嘉慶元年（一七九六）　同前重板
〔7〕嘉慶二年（一七九七）　同前重板
〔8〕嘉慶十二年（一八〇七）　昌原・熊津寺開板
〔9〕道光十三年（一八三三）　星州・雙渓寺開板
〔10〕道光十九年（一八三九）　鐵原・石臺庵開板
〔11〕咸豐六年（一八五六）　廣州・奉恩寺開板（江華・白蓮寺に移出）

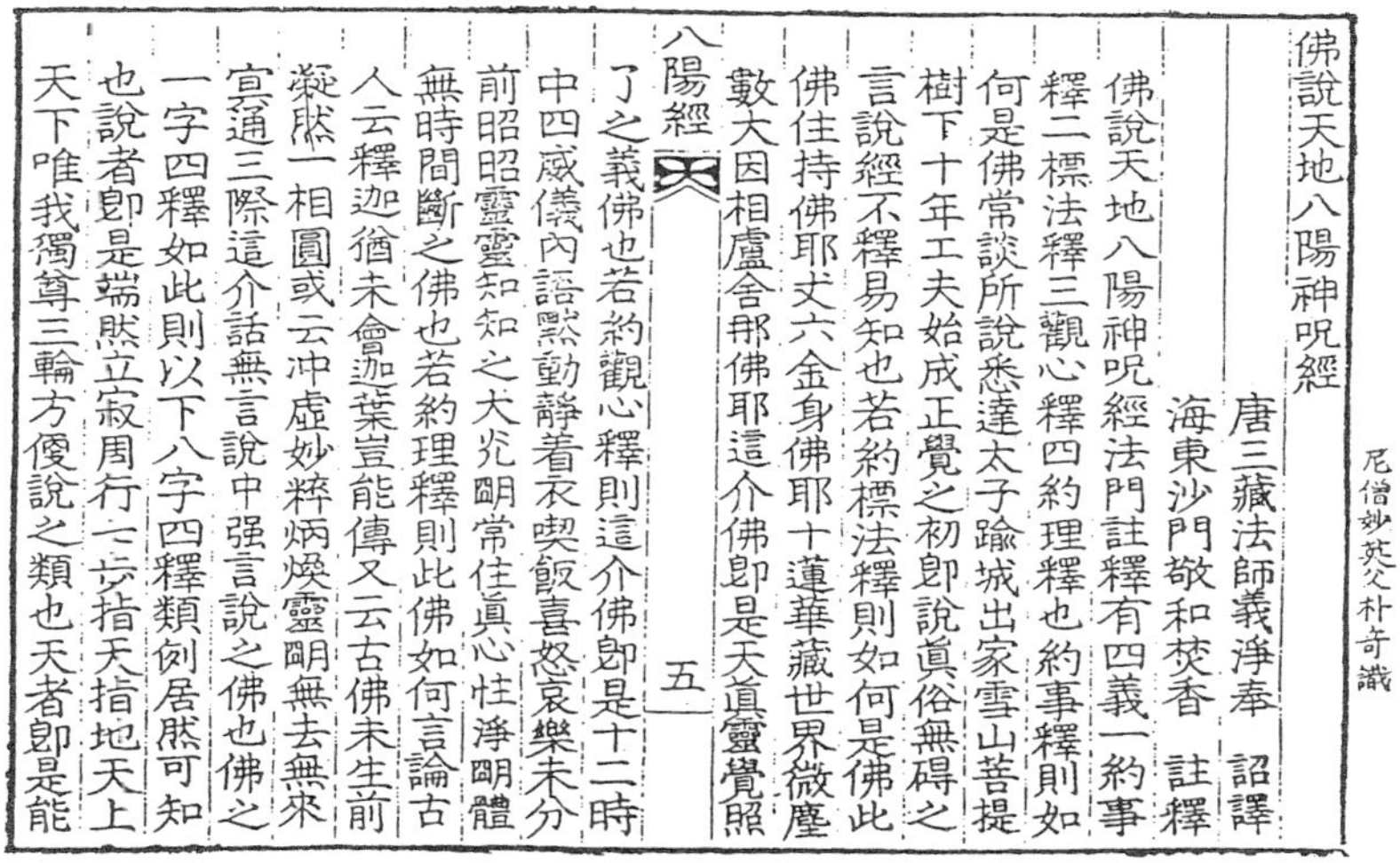
佛說天地八陽神呪經
唐三藏法師義淨奉　詔譯
海東沙門敬和焚香　註釋
佛說天地八陽神呪經法門註釋有四義一約事
釋二標法釋三觀心釋四約理釋也約事釋則如
何是佛常說所說悉達太子踰城出家雪山菩提
樹下十年工夫始成正覺之初卽說眞俗無碍之
言說經不釋易知也若約標法釋則如何是佛此
佛住持佛耶丈六金身佛耶十蓮華藏世界微塵
數大因相盧舍那佛耶這介佛卽是天眞靈覺照
八陽經　五
了之義佛也若約觀心釋則這介佛卽是十二時
中四威儀内語默動靜着衣喫飯喜怒哀樂未分
前昭昭靈靈知知之大光明常住眞心性淨明體
無時間斷之佛也若約理釋則此佛如何言論古
人云釋迦猶未會迦葉豈能傳又云古佛未生前
凝然一相圓或云冲虛妙粹炳煥靈明無去無來
宜通三際這介話無言說中强言說之佛也佛之
一字四釋如此則以下八字四釋類例居然可知
也說者卽是端然立寂周行七步指天指地天上
天下唯我獨尊三輪方便說之類也天者卽是能
尼僧妙英父朴奇識

圖１　釋敬和『佛說天地八陽神呪經註釋』（朴相國編『全國寺刹所藏木板集』、1831年刊）

〔12〕　咸豐十一年（一八六一）　清道・磧川寺開板
〔13〕　光緒七年（一八八一）　楊州・佛嚴寺重板
〔14〕　隆熙二年（一九〇八）　東菴信士姜在喜、重刻印施

この他、釋敬和（焚香）が道光十一年（一八三一）に撰述した『佛說天地八陽神呪經註』一卷[21]（廣州・奉恩寺藏板）（圖１）や、無刊記の板本や寫本も少なくない。

これらの内、日本においては、東洋文庫・前間恭作舊藏本に〔8〕と、〔4〕の同治元年（一八六二）の寫本、東京大學總合圖書館・阿川文庫に〔4〕、〔14〕と無刊記本、同・文學部・小倉文庫に〔3〕、龍谷大學大宮圖書館に〔14〕が二本とハングル寫本が、それぞれ所藏されている[22]。

なお、國會圖書館編『韓國古書綜合目錄』では、前述のように國內外の各種目錄を集成して、個人を含めた所藏先も典籍ごとに逐一注記しており、本經に關しては、〔2〕、〔4〕、〔5〕、〔10〕、〔14〕および無刊記本について記載がある。〔14〕と無刊記本の項にみえる「白嶽」文庫は、『李朝佛教』[23]や『朝鮮儒學大觀』[24]などの朝鮮宗教思想史研究で知られる高橋亨が、京城帝國大學退官後の昭和十六年に京城帝大附屬圖書館に譲渡した舊藏書のことで、[25] ソウル大學附屬圖書館に別置されている京城帝國大學舊藏書中に現存する。

また、無刊記本の項にみえる「眞珠莊」文庫は、滿洲國總務廳參事官、滿洲國立中央圖書館籌備處長、建國大學教授などを歴任し、『契丹佛教文化史考』[26]や『東方文化襍考』[27]などの著作がある神尾弌春の舊藏書である。その「眞珠莊藏朝鮮本佛書目錄」[28]によると、これは、『天地八陽神呪經』の他に、『安宅神呪經』『竈王經』『歡喜竈王經』『明堂神經』『壽生經』『十二摩訶般若波羅蜜多經』を合綴し、『六經合部』[29]と表題したものであるという。『天地八陽神呪經』には刊記を缺くものの、『壽生經』は「嘉慶丙申(辰)（一七九六）」年、『十二摩訶般若波羅蜜多經』は、「嘉慶丁巳（一七九七）」年に、ともに楊州の佛巖寺で刷った旨の刊記があるので、前掲の諸本の内、〔5〕もしくは〔6〕〔7〕と同板と考えられるが、[30] この眞珠莊本は、敗戰前後の混亂のなかで散佚したようである。[31]

諸種の疑僞經典を合綴した『佛說廣本太歲經』の内容にかなり異同があるのと同様に、『六經合部』と題する疑僞經集にも各種あったようだが、その板本としては、

〈1〉永樂二十二年（一四二四）　全羅道高山地・安心寺開板
〈2〉正統五年（一四四〇）　華嶽山永齋庵開板
〈3〉正統十年（一四四五）　清源寺住持・大禪師開悟刊
〈4〉天順六年（一四六二）　全羅道高山地・花岩寺開板
〈5〉天順七年(六カ)（一四六三）　晉州・見佛庵開板
〈6〉成化八年（一四七二）　金守溫刊

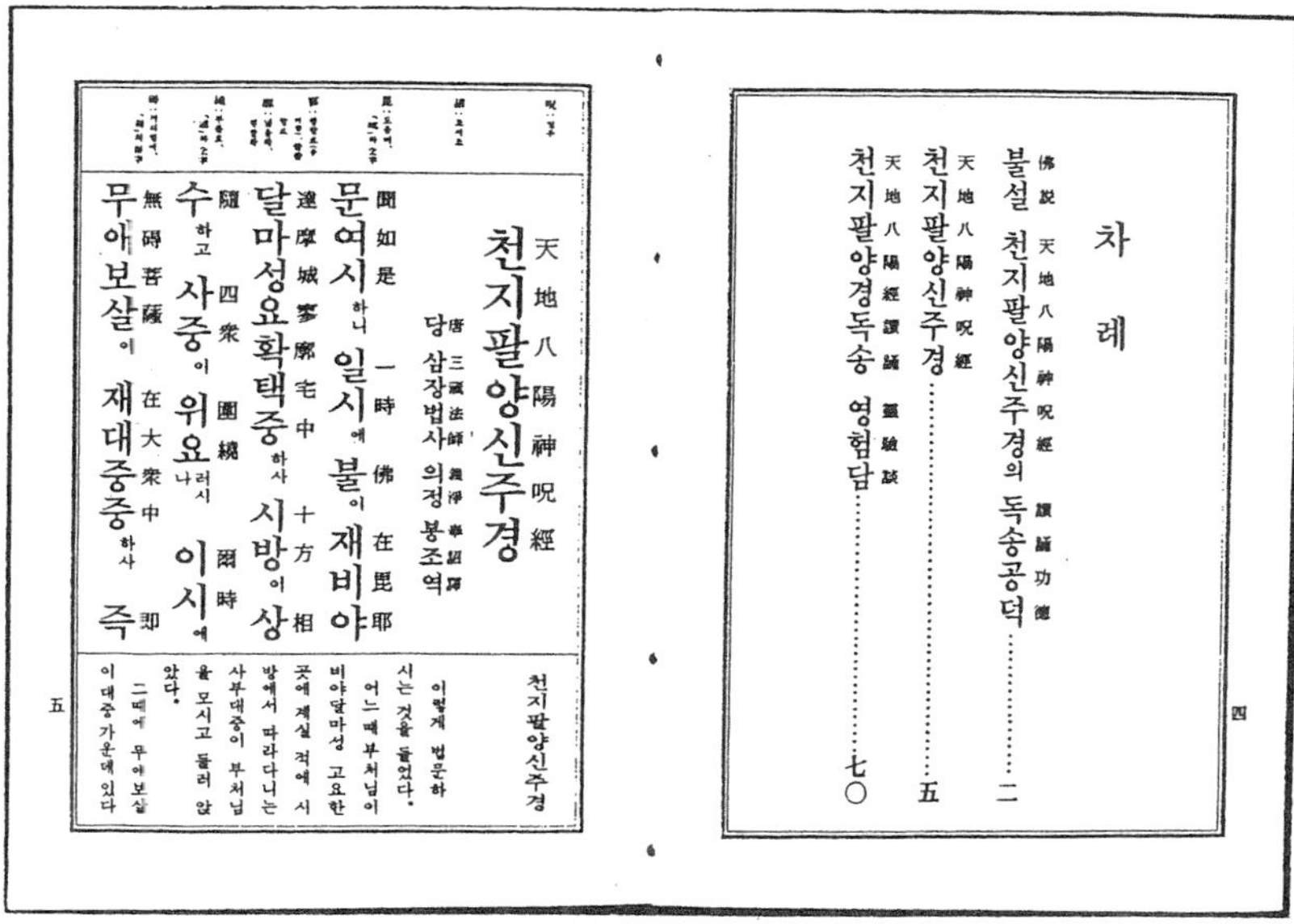

차례

佛說 天地八陽神呪經 讀誦功德
불설 천지팔양신주경의 독송공덕……二
天地八陽神呪經
천지팔양신주경……五
天地八陽經讀誦靈驗談
천지팔양경독송 영험담……七○

四

天地八陽神呪經
천지팔양신주경
唐 三藏法師 義淨 奉詔譯
당 삼장법사 의정 봉조역
聞如是 一時 佛 在毘耶
문여시하니 일시에 불이 재비야
達摩城 寥廓宅中 十方 相
달마성요확택중하사 시방이 상
隨 四衆 圍繞 爾時
수하고 사중이 위요러시니 이시에
無碍菩薩 在大衆中 即
무애보살이 재대중중하사 즉

천지팔양신주경
이렇게 법문하시는 것을 들었다.
어느 때 부처님이 비야달마성 고요한 곳에 계실 적에 시방에서 따라다니는 사부대중이 부처님을 모시고 둘러 앉았다.
그때에 무애보살이 대중 가운데 있다

五

圖２　現行本『天地八陽神呪經』（金愚聾譯註、1995年刊、寶蓮閣）

〈7〉 成化十九年（一四八三）　山人臣學祖刊

〈8〉 弘治元年（一四八八）　全羅道高山地・花岩寺重板

〈9〉 順治十七年（一六六〇）　澄光寺開板

〈10〉 嘉慶元年（一七九七）　楊州・佛巖寺開板

〈11〉 刊年不詳　黄海道瑞興地・慈悲嶺寺開板

などが確認できる。『佛說廣本太歲經』の現存本中、最も古い板本が、崇貞八年（一六三五）に泰仁の龍藏寺で開板されたものであることからみて、(32)『佛說廣本太藏經』は、『六經合部』をさらに增宏した輯本と考えることが出来るかも知れない。

ちなみに李朝時代を通じて、各地の寺院を中心に諸種の版本が上梓された『天地八陽神呪經』は、現在では、ハングルの譯註を附した活字本が廣く普及しており(33)（**圖２**）、寺院の布教堂で書寫されたものも見うけられる（圖3）(34)。

二、朝鮮本『天地八陽神呪經』の刊記

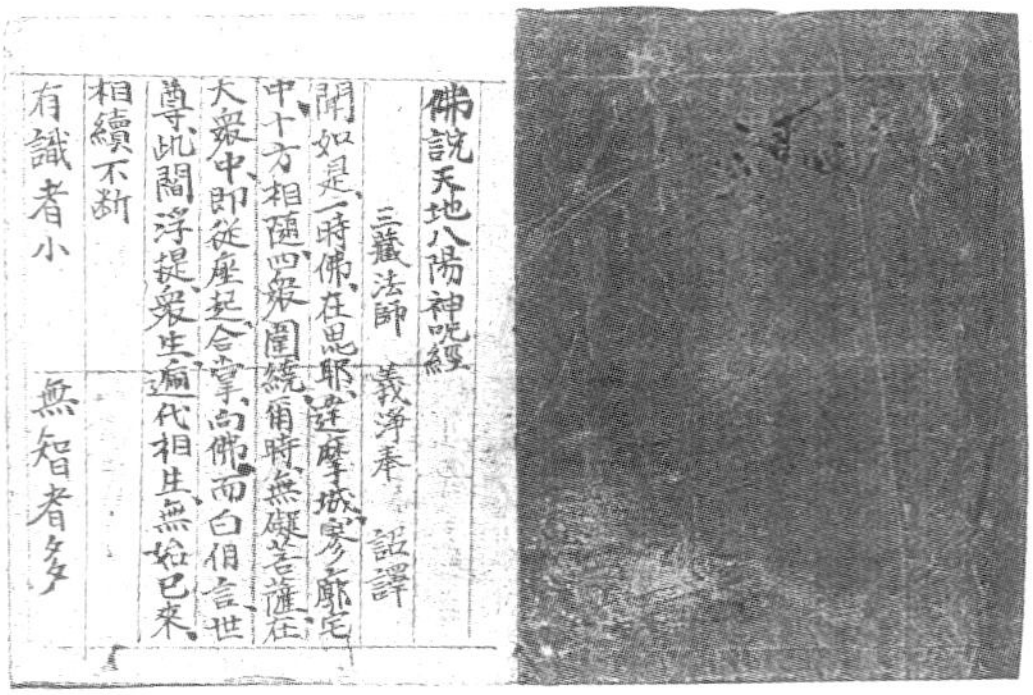
佛說天地八陽神呪經
三藏法師　義淨奉　詔譯
聞如是一時佛在毘耶達摩城寥廓宅
中十方相隨四衆圍繞爾時無礙菩薩在
大衆中即從座起合掌向佛而白佛言世
尊此閻浮提衆生遞代相生無始已來
相續不斷
有識者小　無智者多

圖３－１　『天地八陽神呪經』寫本、巻頭（於松廣寺、筆者架藏、1954年？）

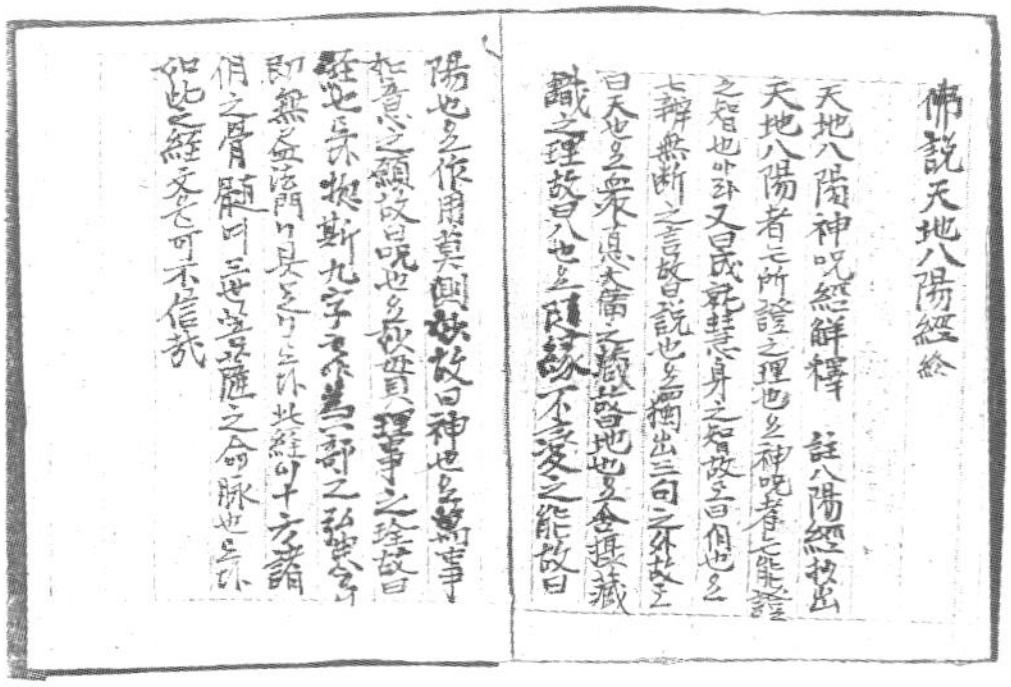
佛說天地八陽經

圖３－２　同前、巻末

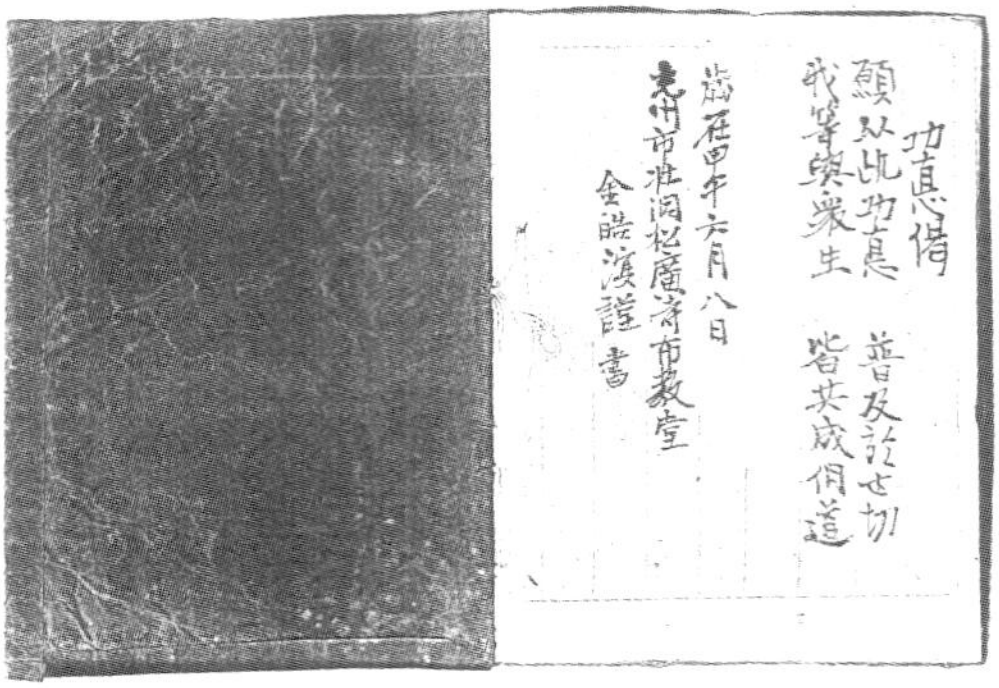
功德偈
願以此功德　普及於一切
我等與衆生　皆共成佛道
歲在甲午六月八日
光州市壯洞松廣寺布教堂

圖３－３　同前、識語

朝鮮においては、長く典籍が商品として市場に流通することがなかったため、佛書の大半は、大勢の篤信者が費用を寄進して寺院で開板、施印したものである[35]。李朝七代・世宗の天順五年（一四六一）に刊經都監が設置され、九代・成宗の成化七年（一四七一）までの前後十一年間、佛典の刊行を司ったり[36]、『六經合部』〈(6)〉を施印した金守溫[37]や、『天地八陽神呪經』〈(14)〉の他にも多数の施印を行った姜在喜のような個人の手になる例もあるが、全體に占める割合は小さい。

京城帝大で心理學を講ずる傍ら、朝鮮本の特に佛典の蒐集を續けた黑田亮は、その刊記の內容と形態について、次のような特色を指摘している[38]。

(1) 刊年及び刊行者名を含めた意味での刊記を有する佛典では、同時にその直前か稀に直後に、開板に關係した助緣の道俗氏名を列記し、多くの場合、それが半板（一頁）、時に全板（二頁）分を占める。

(2) 助緣道俗名の前に、王室の繁榮を祈願する「主上殿下壽萬歲・王妃殿下壽千秋・世子殿下壽齊年」等の文字を掲げるものもある。

(3) 刊年及び寺刹名を連記するものは、刊年の下に寺刹名を記し、それを一行に收める仕組になっているものが多いが、時には刊年と寺刹名とが、助緣者名簿を間に隔てて刻入された例もある。

(4) 刊年では、年號年數の外に、干支が併記され、月は大抵何月と明記されるが、日は殆ど掲げないで、月と日との間に一字分をあけて、「何月　日」と記すのが通例である。

(5) 寺刹名は、道名・郡名・邑名・山名・寺名を凡て掲げるものもあれば、道名や郡名を省略した例もある。

これまでに目睹し得た板本のうち、こうした刊記を有するものを、いくつか例示すると、圖4は、〈4〉の乾隆五十六年（一七九一）の松廣寺板[39]で、「大施主秩」には、正定以下二十名ほどの比丘、檀越の名が列擧された後に、彼ら

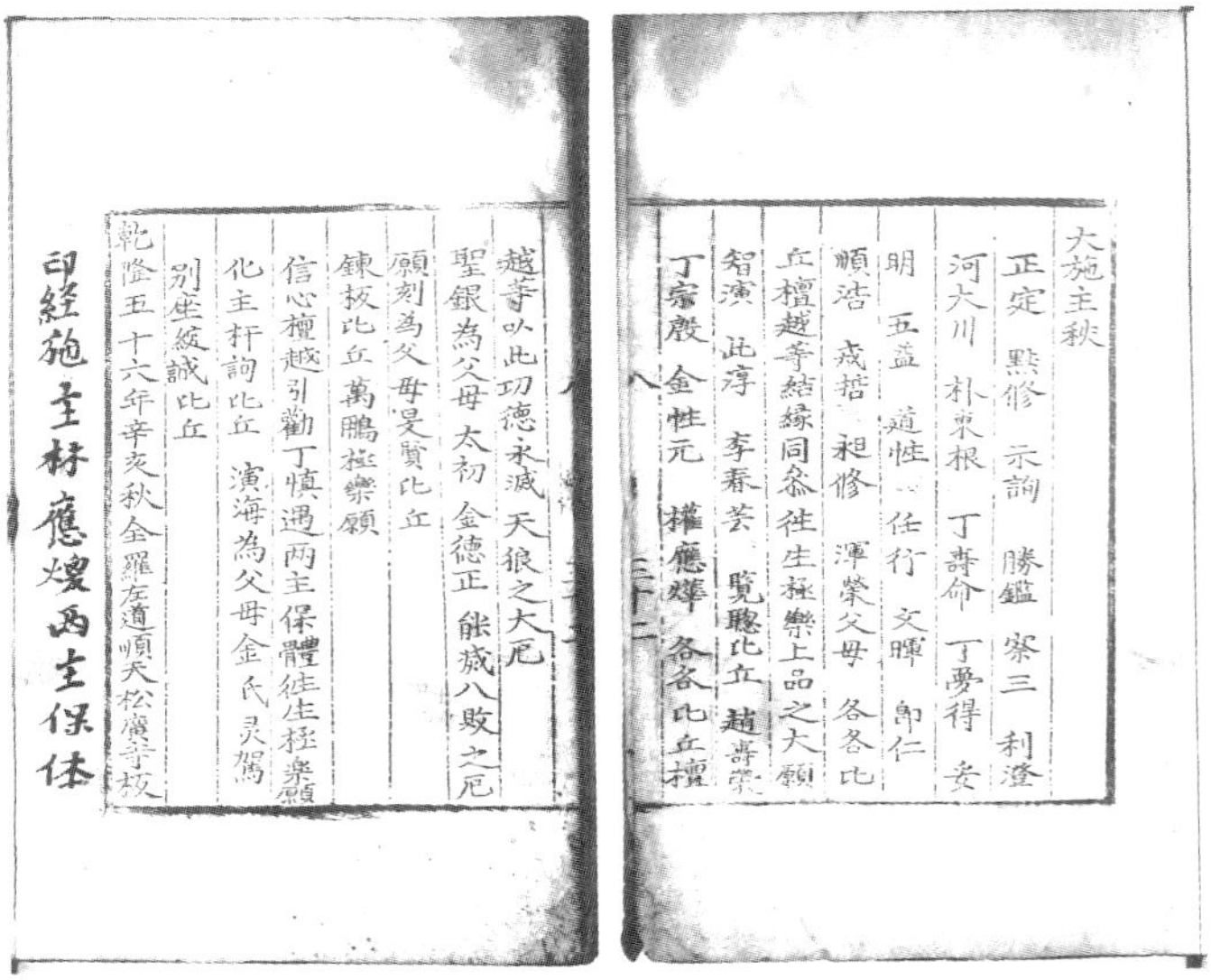
大施主秋
正定　默修　示詢　勝鑑　察三　利澄
河大川　朴東根　丁壽命　丁夢得
明　五益　道性　任行　文暉　帥仁
順浩　成哲　祖修　渾榮父母　各各比
丘檀越等結緣同參往生極樂上品之大願
智演　比丘　李春芸　覺聰比丘　趙壽榮
丁宗殿　金性元　權應燁　各各比丘檀
越等以此功德永滅　天狼之大厄
聖銀為父母　太初　金德正　能滅八敗之厄
願刻為父母是賢比丘
鍊扳比丘　萬鵬極樂願
信心檀越引勸丁慎遇兩主保體往生極樂願
化主圩詢比丘　演海為父母金氏靈駕
別坐紋誠比丘
乾隆五十六年辛亥秋全羅左道順天松廣寺板
印經施主林應煥兩主保体

圖4　松廣寺板『天地八陽神呪經』寫本刊記（東京大學總合圖書館、阿川文庫本、1791年刊）

の父母の往生極樂と上品の大願が祈願され、智演その他の比丘、檀越の名前に次いで、天狼の大厄の永滅を願うのをはじめ、兩主保體、極樂往生を重ねて祈念する。

圖5は刊年不詳だが、(40)ソウル大學校・奎章閣所藏本〔5〕の乾隆六十年（一七九五）佛嚴寺板（**圖6**）(41)と同板とみられる。**圖5**本を所藏する東大・阿川文庫の目錄に、「最後ノ一葉、古活字版デ補フ。尙卷首ニアル「佈主崔允福後時發願爲」ハ後ノ印記ナラン」と注記するように、結句の「得一法卽涅槃樂」以下、古活字版で刊記が組まれた末尾の一丁は、原板**圖6−2**の第十七丁を差し換えたものである。これは「主上殿下壬子生李氏　聖壽萬歲」以下六行に亙って王朝の繁榮を讚頌祈願し、江陵の崔允福とその長子崔德俊一族の兩主保體と、亡き父母の極樂往生を發願する。

原板である佛嚴寺板は、**圖6−3**の識語の八行目に記すように、『歡喜竈王經』『明堂神經』『安宅神呪經』との合綴で、開板に攜った全ての人々が「各種福田、生享安泰、死往極樂」を得られるよう願い、末尾の刊記では、

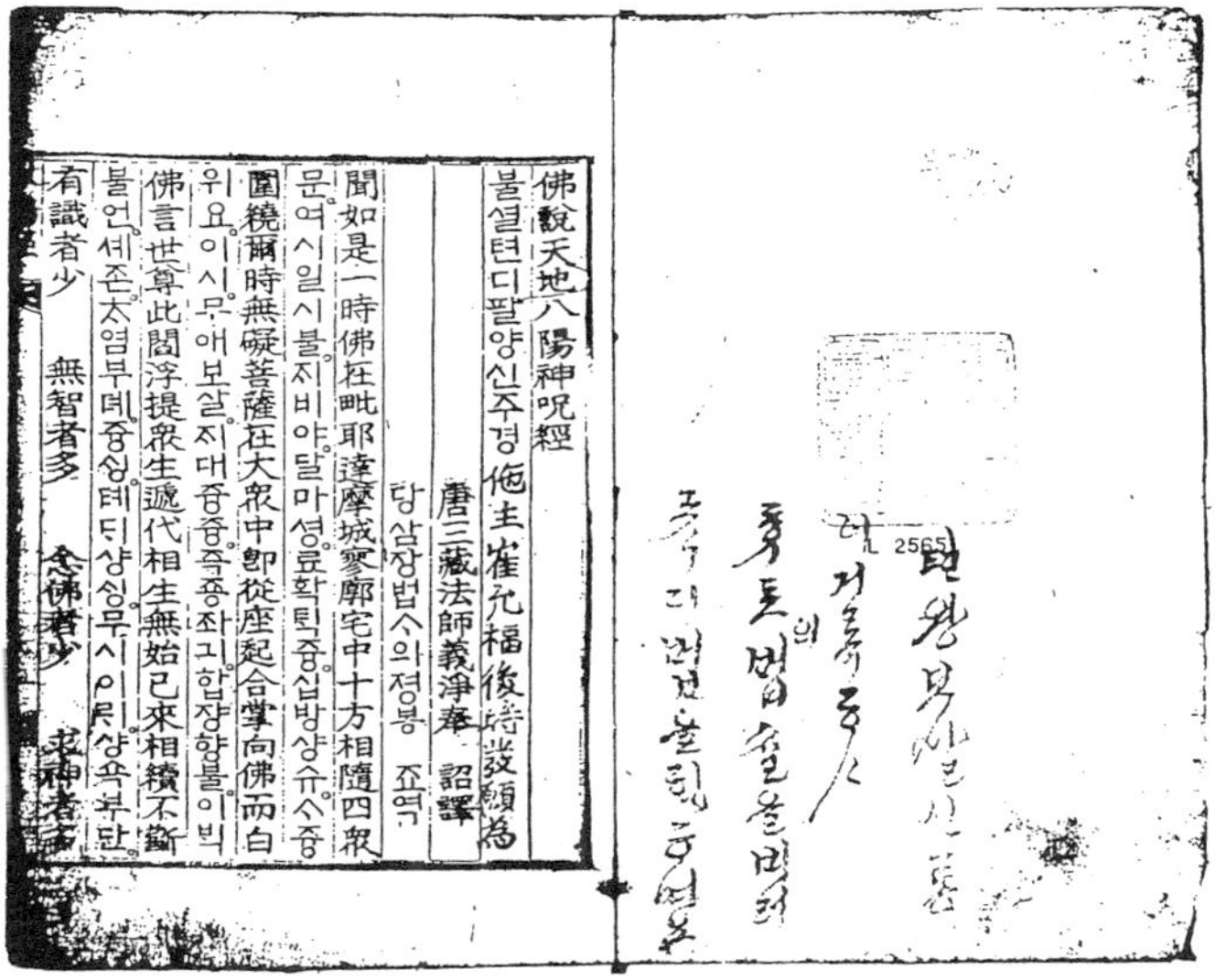

圖５－１　『天地八陽神呪經』（東京大學總合圖書館、阿川文庫本、刊年不詳）

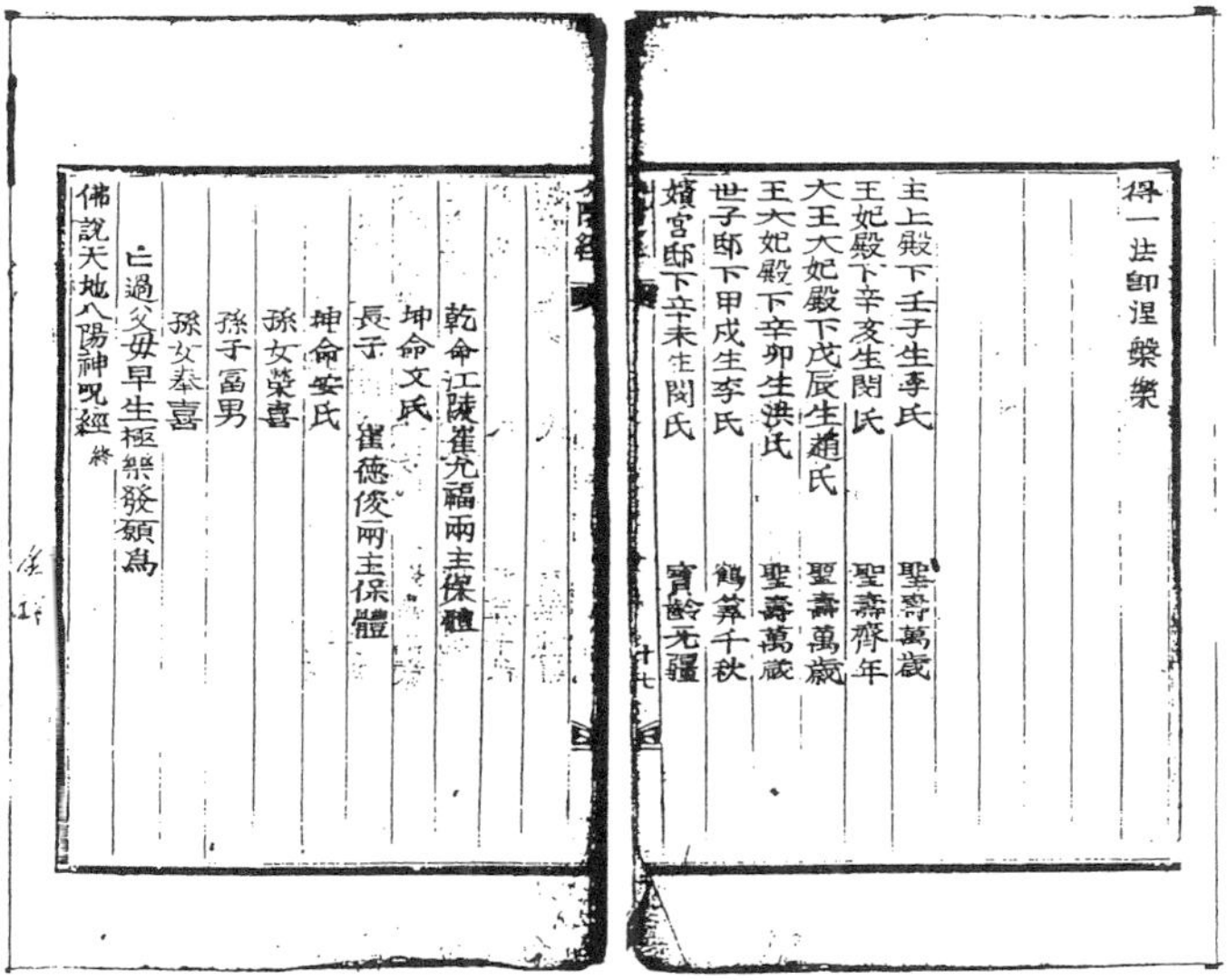

圖５－２　同前　刊記

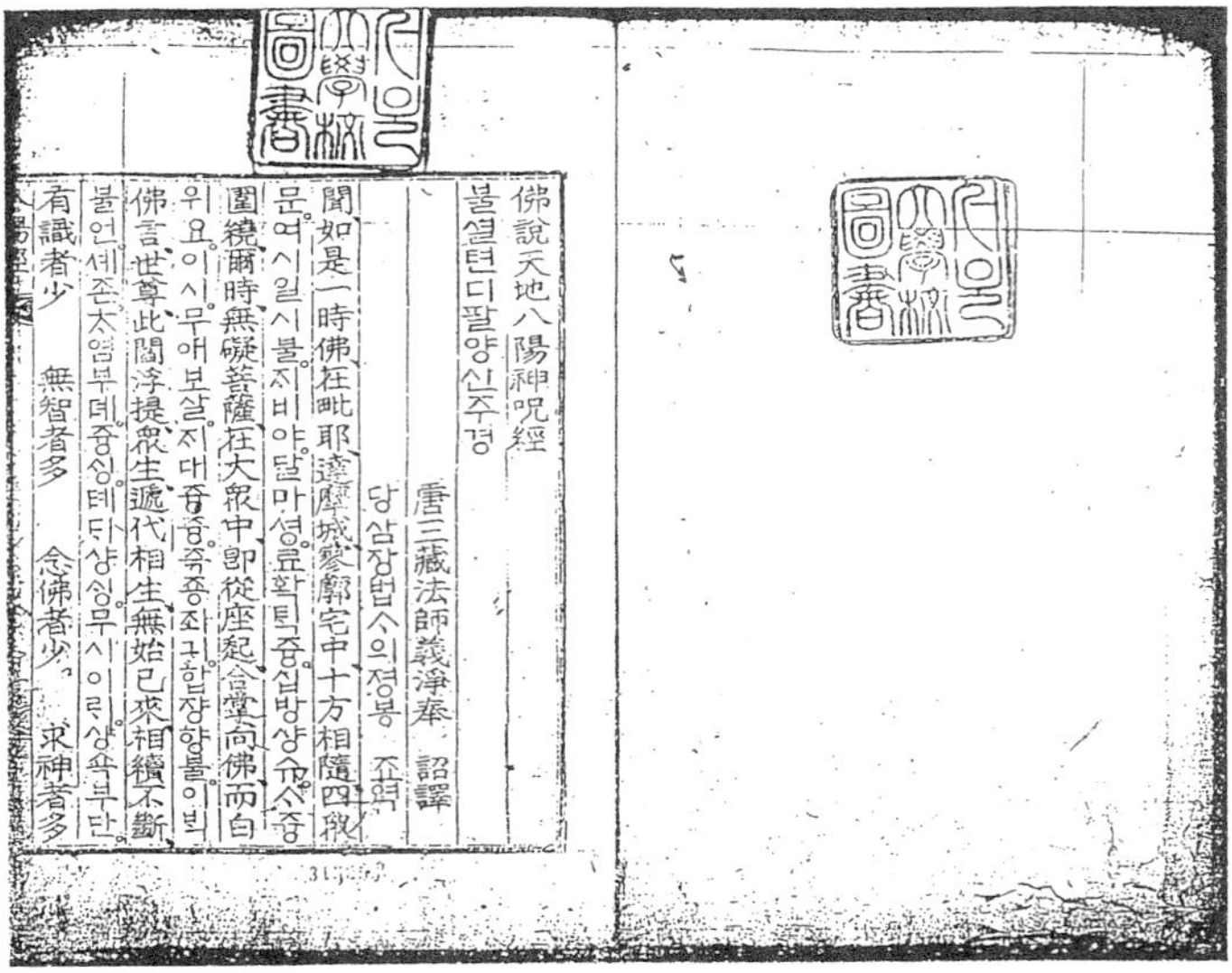
佛說天地八陽神呪經
불셜텬디팔양신주경
唐三藏法師義淨奉　詔譯
당삼장법ᄉᆞ의졍봉　조역
聞如是一時佛在毗耶達摩城寥廓宅中十方相隨四衆
문여시일시불ᄌᆡ비야달마셩료확ᄐᆡᆨ즁십방샹슈ᄉᆞ즁
圍繞爾時無礙菩薩在大衆中卽從座起合掌向佛而白
위요이시무애보살ᄌᆡ대즁즉종좌긔합쟝향불이ᄇᆡᆨ
佛言世尊此閻浮提衆生遞代相生無始已來相續不斷
불언세존ᄎᆞ염부뎨즁ᄉᆡᆼ톄ᄃᆡ샹ᄉᆡᆼ무시이ᄅᆡ샹쇽부단
有識者少　無智者多　念佛者少　求神者多

圖６－１　佛嚴寺板『天地八陽神呪經』（ソウル大學校、奎章閣本、1795年刊）

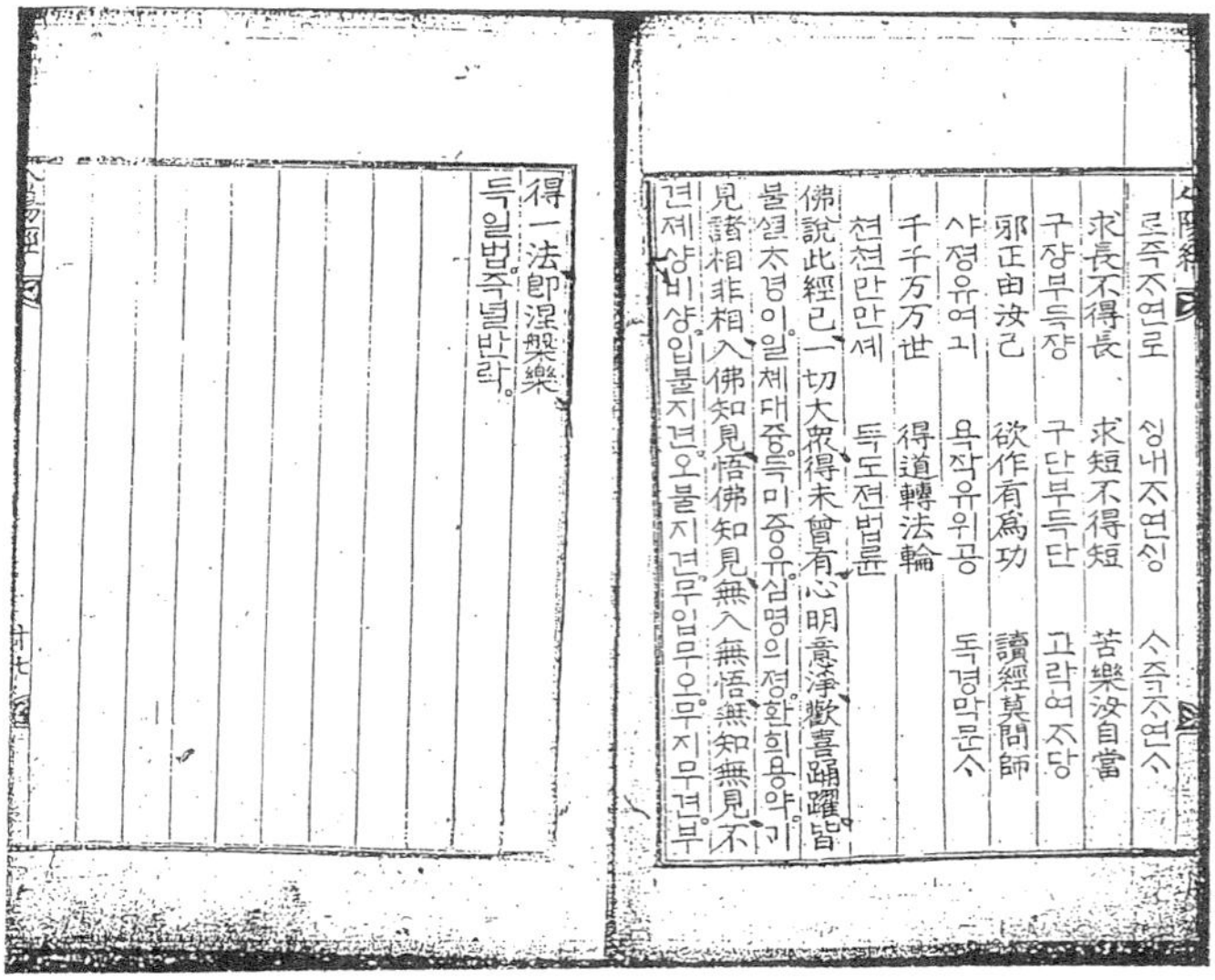
로즉ᄌᆞ연로　싱내ᄌᆞ연싱　ᄉᆞ즉ᄌᆞ연ᄉᆞ
求長不得長　求短不得短　苦樂汝自當
구쟝부득쟝　구단부득단　고락여ᄌᆞ당
邪正由汝己　欲作有爲功　讀經莫問師
샤졍유여긔　욕작유위공　독경막문ᄉᆞ
千千万万世　得道轉法輪
쳔쳔만만셰　득도젼법륜
佛說此經已一切大衆得未曾有心明意淨歡喜踊躍皆
불셜ᄎᆞ경이일체대즁득미증유심명의졍환희용약기
見諸相非相入佛知見悟佛知見無入無悟無知無見不
견제샹비샹입불지견오불지견무입무오무지무견부
得一法卽涅槃樂
득일법즉녈반락

圖６－２　同前　第17丁

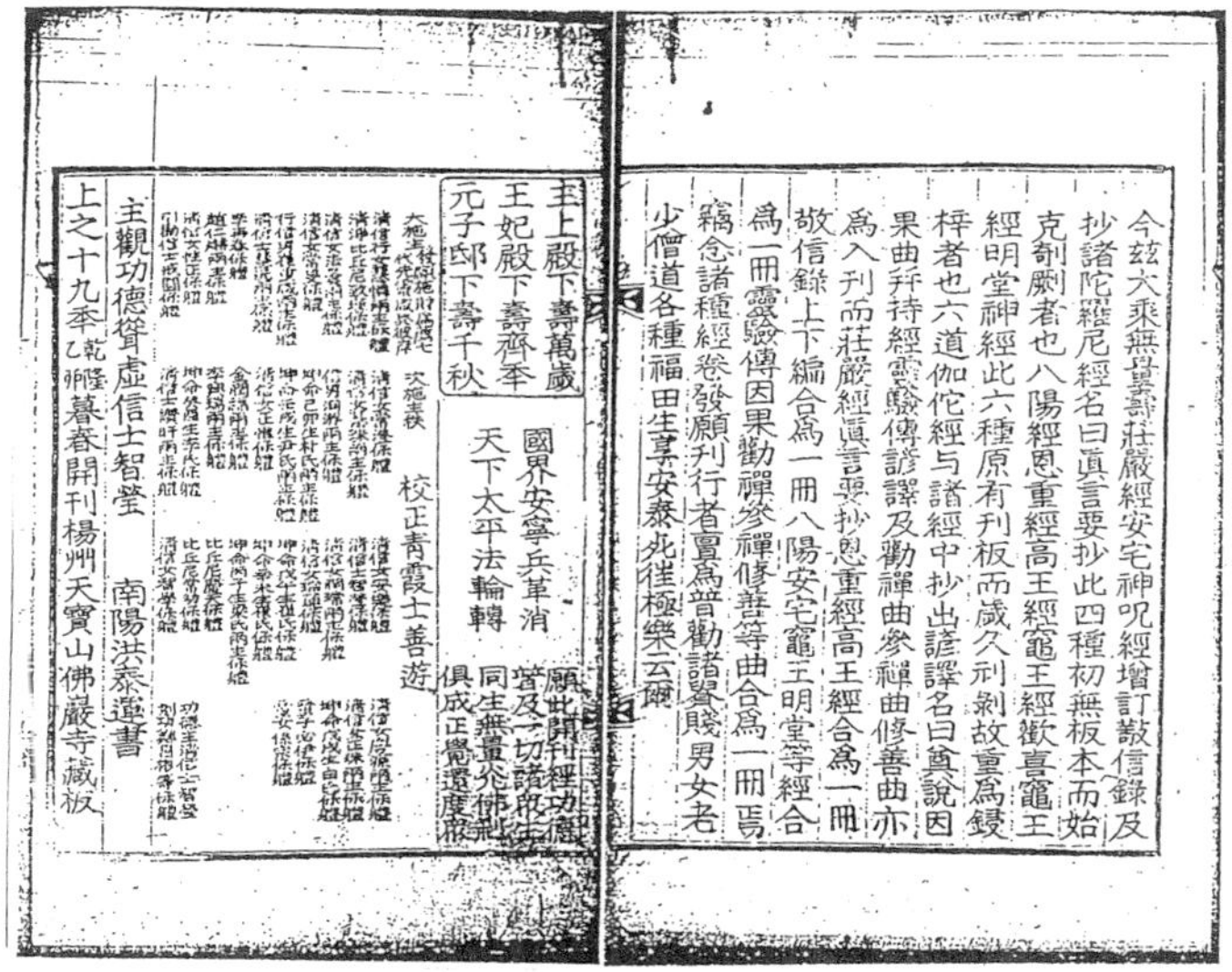

今玆大乘無量壽莊嚴經安宅神呪經增訂敬信錄及
抄諸陀羅尼經名曰眞言要抄此四種初無板本而始
克剞劂者也八陽經恩重經高王經竈王經歡喜竈王
經明堂神經此六種原有刊板而歲久刓刹故重爲鋟
梓者也六道伽陀經与諸經中抄出諺譯名曰眞說因
果曲并持經靈驗傳諺譯及勸禪曲參禪曲修善曲亦
爲入刊而莊嚴經眞言要抄恩重經高王經合爲一冊
敬信錄上下編合爲一冊八陽安宅竈王明堂等經合
爲一冊靈驗傳因果勸禪參禪修善等曲合爲一冊焉
竊念諸種經卷發願刊行者冀爲普勸諸聲聞男女老
少僧道各種福田生享安泰死往極樂云爾

主上殿下壽萬歲　國界安寧兵革消　願此開刊經功德
王妃殿下壽齊年　天下太平法輪轉　普及於一切諸衆生
元子邸下壽千秋　同生無量光佛刹　俱成正覺還度脱

大施主秩　校正青霞士善遊

主觀功德貧虚信士智瑩　南陽洪泰運書
上之十九年乙卯乾隆暮春開刊楊州天寶山佛巖寺藏板

圖6－3　同前　巻末、刊記

關係者を列擧するとともに、國界安寧の祈願も併記する。

圖7は〔8〕の嘉慶十二年（一八〇七）の熊津寺板(42)で、開板に關與した僧俗の名を役割ごとに列記した後、この功德が彼らと衆生に普く及び、共に佛道を成さんことを祈る。

圖8は〔14〕の隆熙二年（一九〇八）に、東菴信士姜在喜が重刻し、五百部を施印した内の一部(43)で、寺院における開板ではない。願文には、世の善男善女等が此の經を受持し讀誦する因緣功德により、皆、菩提心を發せられんことなどを祈念しており、やや異色に屬するものである。

このように朝鮮本の刊記には、父母の供養や一族の繁榮、あるいは王朝の隆盛などを祈願する例が多いが、百本近い古寫本が現存する敦煌寫本の識語の場合はどうか。池田溫が集成した『中國古代寫本識語集錄』(44)によれば、次のような願文を見出すことができる。

〈1〉甲戌年（九一四？）七月三日、清信　佛弟子兵馬使李吉順、兵馬使康奴子二人、奉　命充使甘州、久坐多時發心寫此八陽神呪經一卷。一爲先亡父母、神生淨土。二爲吉順等一行、無之灾彰（鄣）。病患得差、願早廻戈（國）、流傳

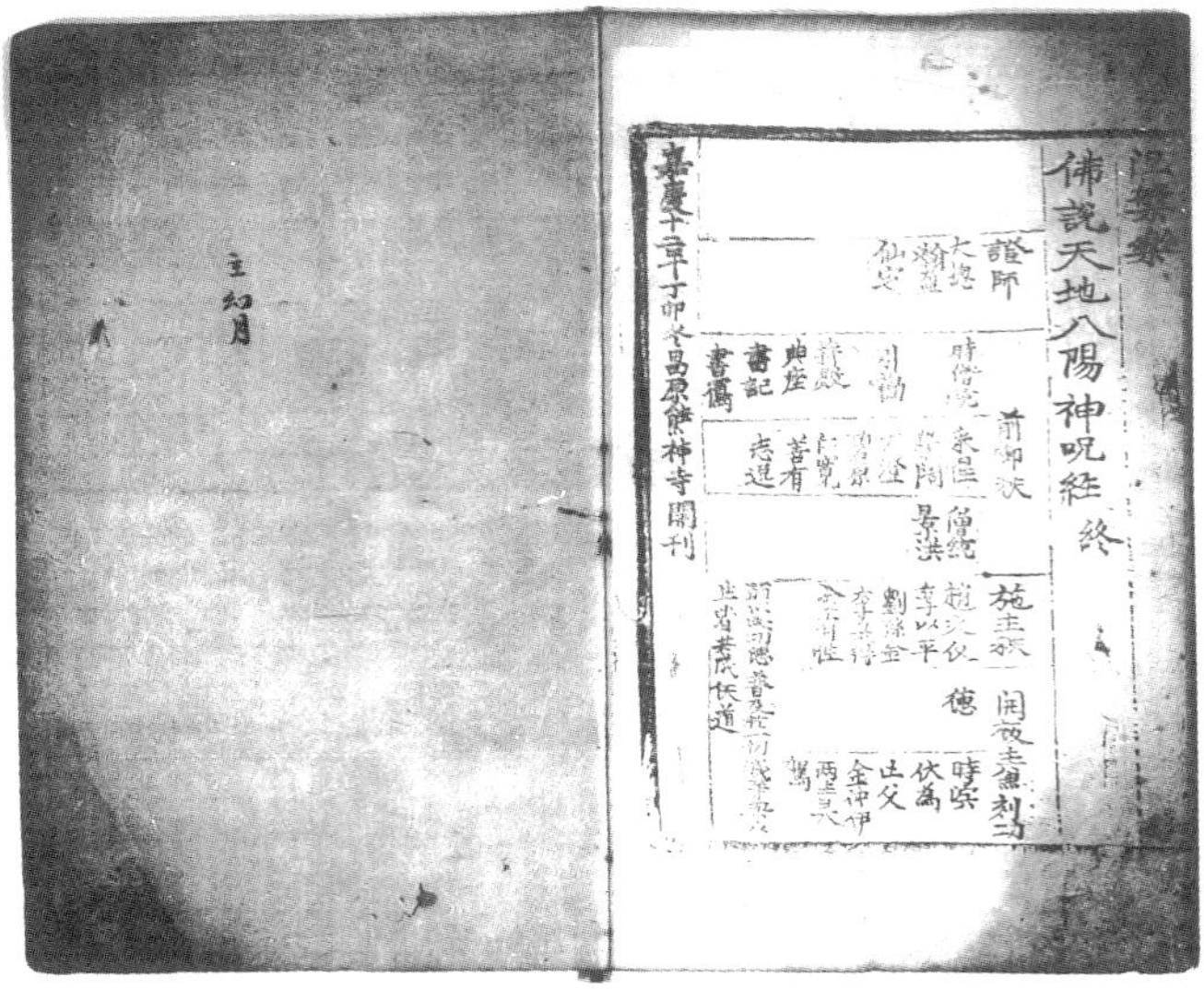

圖 7　熊津寺板『天地八陽神呪經』刊記（公益財團法人東洋文庫、前間恭作舊藏本、1807年刊）

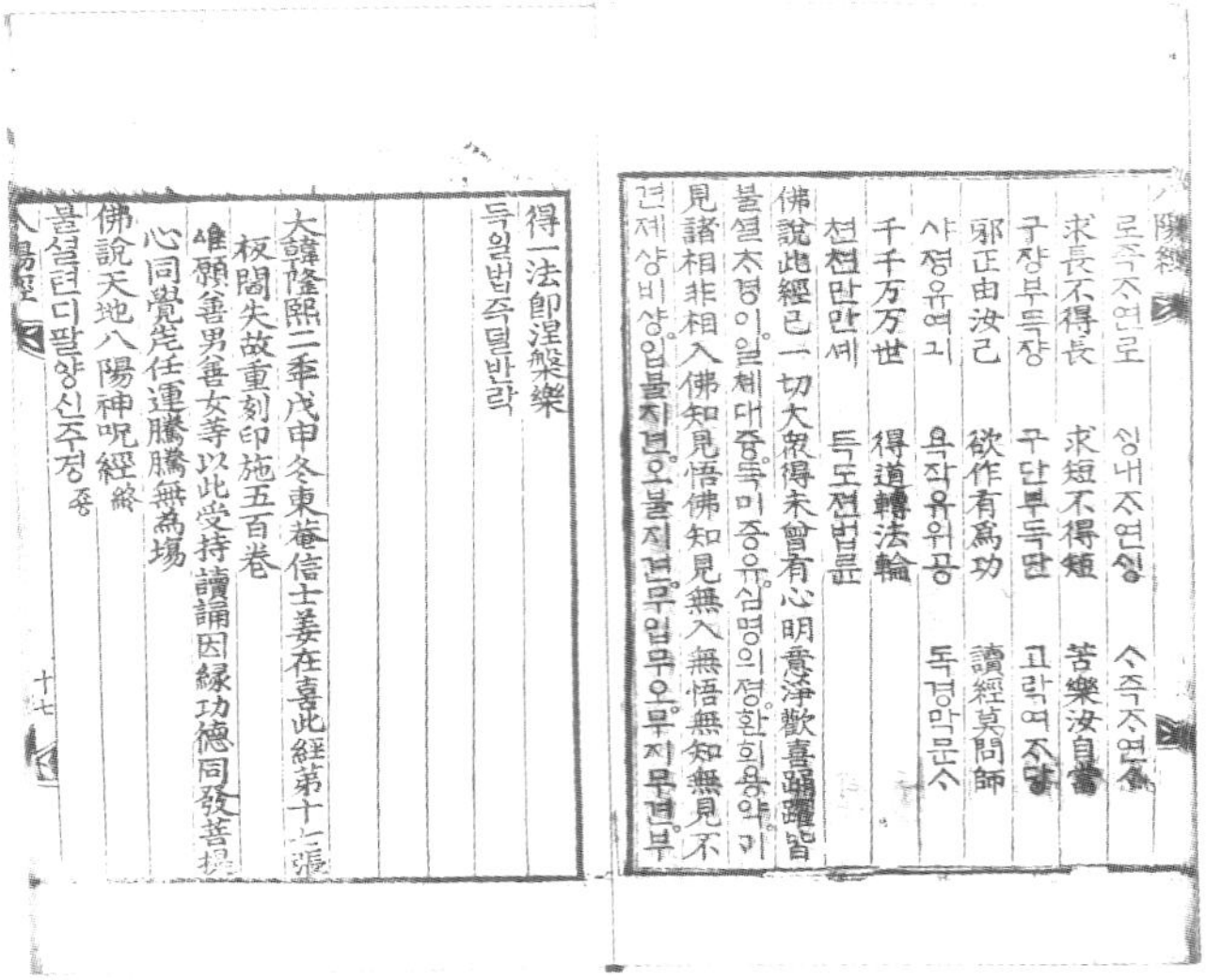

圖 8　姜在喜施印板（東京大學總合圖書館、阿川文庫本、1908年刊）

信士。（二一六六。[45] 北京大學圖書館藏、新六十八號）

兵馬使として甘州に赴いた李吉順らが、父母の供養と、自身の息災とを祈願したものである。

〈2〉于時同光（九二六）四年丙戌之歳四月四日、弟子畫（畫）寶員、一爲亡過父母作福、二爲合家大小天諸灾鄣、城皇（隍）役令敎、多與合家作福。寫此經者、於敎奉行。（二一二四。フランス國立圖書館藏、ペリオ請來文書、第二〇九八號）

畫寶員という人物が、父母の追善と、それぞれの一族の息災と招福を祈願したもので、〈1〉と類似の表現を含む。

〈3〉天福（九四二年）柒（七）歳在壬寅五月廿八日、蕤賓之月萌芽十五葉、弟子令狐富昌敬寫八陽經一卷。奉爲龍天八部、長爲助護。盲者聾者、願見願聞。跛者瘂者、能行能語。次願父母日增日盛、七過父母、不歷（三）塗（塗）之難、永充持念。（二二九九。大英博物館藏・スタイン請來文書、第六六六七號）

令狐富昌という人物が、天龍八部衆の加護により、さまざまな身體的障害を持つ人々の救濟と、父母の健勝、祖先の供養とを祈願したものである。[46]

〈4〉清信弟子　行者王、與先亡父母作福、奉寫八陽經一卷。現存合家眷屬、承生埩（淨）土、無經八難、護福長年、不歷三塗。（二四七七。臺北中央圖書館藏・第十七號）

年次不詳だが、十世紀頃のものと推定されている。行者王という人物が亡き兩親の追善のために寫經し、併せて親族の平穩無事を祈願したものである。

これらの願文の内容にほぼ共通するのは、亡き兩親の追善供養と親屬の息災祈念とであり、朝鮮本とも共通するが、兩者の間で異なるのは、朝鮮本に多く見られる王朝あるいは國家の安寧と繁榮とを祈願する言辭が、ほとんど見られないことである。

これは敦煌が、西域という地理的・政治的に王都から遠く離れた邊境に屬することや、朝鮮本は大半が、敦煌本のような個人的な寫經ではなく、多數の道俗が醵金し合って數百部を施印したものであることなどによると思われる。

それに對して、奈良時代に、おそらくは朝鮮半島を經てこの經典を受容した日本では、土を掘り動かして垣を築き、庭を造り、家を建てて竈や倉を構え、畜舍を設けるまでの、あらゆる災厄を禳去するのに功徳があるという、〈土地神〉の祭祀をめぐる側面がとくに信仰され、陰陽師や密教僧（とくに東密）による鎭祭の場で讀誦されたように[47]、その受容形態には、地域によって差異が認められることに注目したい。

三、『天地八陽神呪經』の受容相

朝鮮に『天地八陽神呪經』が傳來した時期は明らかではないが、この經典を含む疑僞經集『六經合部』が、李朝初期、十五世紀を通じて繰り返し刊行されていることからみて、高麗時代には、すでにかなり流布していたのではなかろうか。

高麗時代には道教が王室の尊崇を受けて、廣く信仰されたが、とくに十二世紀初期の睿宗の時代には、最初の道觀である福源宮が設置され、道士十餘名が置かれたのをはじめ、元始天尊や三淸などを祀る齋醮も盛んに行なわれた[48]。また、春四月八日の佛誕日を祝う燃燈會と竝ぶ國家的佛教儀禮として、新羅時代から行なわれてきた秋十一月中旬の八關會は、本來は入信者に八戒を授ける儀式であったが、高麗時代になると、天靈、五嶽、名山、大川、龍神などを祀る收穫祭に變貌し、道教的な民俗信仰との習合が顯著であることなど[49]を併せ考えると、『天地八陽神呪經』のような道教的要素の色濃い疑僞經典を受容する下地は充分に整っていたものと思われる。

李王朝の成立と同時に、高麗の道觀や醮所は統廢合され、わずかに昭格殿だけが存續となったが、それも縮小されて昭格署となり、何度かの停廢を經て十六世紀末には廢絶する。八關會も廢止となったように、儒教（朱子學）を國教とした李朝時代には、道佛二教は嚴しい統制下におかれた。

けれども、この時代には首府漢陽の名通寺を中樞として盲廳が置かれ、盲僧たちが祈雨儀禮や治病をはじめとする諸種の禳災儀禮に攜ったことが知られている。朝鮮宗教史研究の先驅者である李能和の考證によれば、盲僧は道流僧ともいうべき性格をもち、道教における雷神信仰の中心的經典の一つである『玉樞經』(50)をはじめ、『千手經』や『天地八陽神呪經』などの疑僞經典類を讀誦したが、その存在は高麗の制度を踏襲した可能性が高い、という(51)。

また、盲僧の他にも、民間では多くの讀經師が、日常的な諸災厄をめぐって、葬儀や埋棺、婚姻、出産、新宅移轉など、さまざまな場において祈禱儀禮を行なってきた。彼らが讀誦する經文類の多くも、やはり道教的な要素の強い疑僞經典だが、なかでも特に重視され、他の經文よりも多くの回數を繰り返し讀まれてきたのが『天地八陽神呪經』に他ならない(52)。

朝鮮の寺院においては、毎年舊暦の二月と十月の中三日間、その伽藍神のために大祭齋を設け、神衆壇の神將などの供養を行なう傳統があり、祭儀のなかで『天地八陽神呪經』の經文を讀誦するのが長い慣わしであったが(53)、明治四十三年（一九一〇）の日韓併合の翌年九月から施行された寺刹令(54)に基づく朝鮮總督府の宗教統制のなかで、僞妄亂眞を理由に讀誦が禁じられた、とされる(55)。

このような經典が寺院の齋會で讀誦され、繰り返し開板されてきた背景には、いくつかの要因が考えられるが、その一つは、寺院勢力が、朝鮮の社會に大きな影響力をもつ風水地理説(56)の唱える凶災を、佛教の修法と法力によって禳去し、吉祥を招くことができる、と强調してきたことによるだろう(57)。

さらには、この經典の刊記の多くに亡き父母や祖先の追善供養を願うものがみられることや、この經典とともに最も廣く流布した疑僞經典に、佛教における孝の理念を説く『大報父母恩重經』[58]があることなどから、とくに儒教的な祖先崇拜が形成された李朝初期以降においては[59]、それ以前から續いてきた佛道二教や民間信仰の諸要素を基調としながら、新たな祖先崇拜をも包攝し得るような內容と性格をもつ『天地八陽神呪經』が、さらに浸透したのではないか、と考えられるのである。

注

（1）高麗における大藏經雕造と目錄編成については、鄭駜謨『高麗佛典目錄研究』（一九九〇年、中央大學校、同博士華甲記念論文集編纂委員會）參照。

（2）これまでの諸研究については、野澤佳美編『大藏經關係研究文獻目錄』（一九九三年、立正大學東洋史研究室）に詳しい。

（3）一九三三年刊。主擔の矢吹慶輝による史料的研究は、『鳴沙餘韻』（影印篇、一九三〇年、解説篇、一九三三年、岩波書店）に集成されている。

（4）『國立中央圖書館古書目錄』全五卷（一九七〇～八〇年）、『藏書閣圖書韓國版總目錄』全二卷（一九七二～八一年、文化財管理局、一九八四年、韓國精神文化研究院）、『奎章閣圖書韓國本總目錄』全三卷（一九八一年、ソウル大學校出版部）、『國史編纂委員會古書目錄』（一九八三年）。以上の四部は、李相殷編『古書目錄』全二册（保景文化社）に再編所收。また、解題には、『奎章閣韓國本圖書解題』子部（一九七八年、ソウル大學校出版部）、『善本解題』全二卷（一九九二年、國立中央圖書館）がある。

（5）戰爭と圖書をめぐる諸問題を包括的に論究した近著に、松本剛『略奪した文化――戰爭と圖書――』（一九九三年、岩波書店）、岡村敬二『遺された藏書――滿鐵圖書館・海外日本國書館の歷史――』（一九九四年、阿吽社）などがある。

（6）原三七編『今西博士蒐集　朝鮮關係文獻目錄』（一九六一年、書籍文物流通會）。

（7）吉井良隆編『大阪府立圖書館藏　韓本目錄』（一九六八年、大阪府立圖書館）。

（8）目錄は未刊。稿本『河合文庫所藏圖書目錄』、ならびに今西龍編「河合弘民博士蒐集書籍目錄（一）〜（三十五）」（『朝鮮學報』五十四輯〜六十三輯、一九七〇年〜七二年連載）。

（9）前間恭作『古鮮册譜』全三册（一九四四、五六、五七年　東洋文庫）、『增補・東洋文庫朝鮮本分類目錄』（一九七九年）。

（10）目錄は未刊。稿本『阿川文庫目錄　朝鮮本』（東京帝國大學附屬圖書館）、『東京大學總合圖書館漢籍目錄』（一九九五年、東京堂出版）、ならびに藤本幸夫「總合圖書館藏、朝鮮本、特に阿川文庫に就いて」（東京大學附屬圖書館月報『圖書館の窓』二四卷五號、一九八五年）參照。

（11）目錄は未刊。檢索には東京大學總合圖書館のカード使用。主要書目は小倉進平『朝鮮語學史』（河野六郎、增訂補注、一九六四年、刀江書院）參照。

（12）上記六點を含む主要な目錄は、『日本所在韓國古文獻目錄』全四册（一九九〇年、ソウル、驪江出版社）に影印所收。

（13）藤本幸夫「東京教育大學藏朝鮮本について」（『朝鮮學報』八十一號、一九七六年）、同「大東急記念文庫藏朝鮮本について」（『かがみ』二十一、二十二號、一九七七、七八年）、同「宗家文庫藏朝鮮本について――『天和三年目錄』と現存本を對照しつつ――」（『朝鮮學報』九十九、一〇〇號、一九八一年）、沈隅俊『日本傳存韓國逸書研究』（一九八五年、一志社）、同『日本訪書志』（一九八八年、韓國精神文化研究院）、李俊杰『朝鮮時代日本과《と》書籍交流研究』（一九八六年、ソウル、弘益齋）などの他、韓國文化財管理局、文化財研究所による調査資料として『日本所在韓國典籍目錄』（一九九一年）がある。

（14）『大正藏』五十五卷、所收。

（15）牧田諦亮「中國における疑經研究序說」（『東方學報』（京都）三十五册、一九六四年、『疑經研究』前揭注（1）所收）、小田壽典「僞經本「天地八陽神呪經」の傳播とテキスト」（『豐橋短期大學研究紀要』三號、一九八六年）。

（16）初出は、道教文化研究會編『道教文化への展望』（一九九四年、平河出版社、本書、第五章所收）。なお、所在不明であった高山寺法鼓臺舊藏の古寫本が、袙谷直樹「高山寺法鼓臺舊藏「佛說天地八陽神呪經」について」（『築島裕博士古稀記念國語學論集』、一九九五年、汲古書院）に翻刻紹介された。

（17）『貞元釋教錄』卷二十八、僞妄亂眞錄（前揭注（14）所收）。

(18) 詳しくは、前稿（前掲注（16））參照。
(19) 拙稿「朝鮮本『佛説廣本太歳經』考――朝鮮における道教受容と疑僞經典――」（『第十屆中國域外漢籍國際學術會議論文集』一九九七年、臺灣、國學文獻館、本書、第十六章所收）參照。
(20) 前引の『韓國古書綜合目錄』、『韓國冊板目錄總覽』、『全國寺刹所藏木板集』の他、金斗鐘『韓國古印刷技術史』（一九八一年、ソウル、探求堂）、東國大學校佛教文化研究所編『韓國佛教撰述文獻總錄』（一九七六年刊、邦譯『韓國佛教書解題事典』一九八二年、國書刊行會）などの記事に基づく。
(21) 『韓國佛教全書』第十册〈朝鮮時代四〉（一九八九年、東國大學校出版部）に翻刻所收。この底本には、圓應戒定の序を附した鉛印本（一九一三年刊）を使用。
(22) なお、『大谷大學圖書館　和漢書分類目錄』（一九二四年刊）には「道光三年」刊の敬和の註釋が著錄されているが（二五四頁、餘大三六二八）、現在、所在不明とのことである。『韓國佛書解題辭典』二〇七～二〇八頁の「敬和」の項では、現存本に道光十三年本と同十九年本があり、卷首の自序は道光十一年仲春のものなので、大谷大學舊藏本も三年ではなく、十三年本であったと思われる。
(23) 一九二九年、寶文館刊（一九七三年、國書刊行會復刊）。
(24) 一九二七年、朝鮮史學會刊、朝鮮史講座の一册。
(25) 「白嶽文庫舊藏朝鮮本目錄」（『書物同好會會報』第十二號、一九四一年、後、一九六八年にソウル、寶蓮社、一九七八年に龍溪書舍から、全册復刻）。『朝鮮學報』（十四號、一九五九年）に「高橋亨先生年譜略」が載る。
(26) 昭和十二年（一九三七）、滿洲文化協會刊、一九八二年、第一書房復刊。
(27) 康德十年（一九四三）、滿洲新聞社刊、一九八二年、第一書房復刊。
(28) 『資料公報』三卷五號（一九四二年、滿洲國立中央圖書館籌備處）。
(29) 實際には七種だが、『竈王經』と『歡喜竈王經』を一本と見做したためであろう。
(30) 小倉進平『增訂補註　朝鮮語學史』（前掲注（11））二七一～二七二頁に紹介されている『六經合部』は、『天地八陽神呪經』

『歡喜竈王經』『明堂心經』『安宅神呪經』『長壽滅罪護諸童子陀羅尼經』『十二摩訶般若波羅蜜多經』の合綴で、『安宅經』に「乾隆乙卯（一七九五）」年、やはり楊州・佛巖寺の藏板によるという刊記があるので、この『天地八陽神呪經』も〔5〕と同板とみられる。

(31) 神尾弌春回想録『まぼろしの滿洲國』（一九八三年、日中出版）。その他、神尾が關係した滿洲民族學會については、川村湊『「大東亞民俗學」の虚實』（一九九六年、講談社）に、滿洲における日本語教育については、同『海を渡った日本語』（一九九四年、靑土社）に、また滿洲國立奉天圖書館と國立中央圖書館籌備委員會に關しては、岡村敬二『遺された藏書』（前掲注（5））に、それぞれ言及がある。

(32) 拙稿「朝鮮本『佛說廣本太歲經』考」（前掲注（19））參照。

(33) 金愚聾譯註『天地八陽神呪經』（一九九五年、寶蓮閣）他、類似のものが多數あり、一般書店や寺院などで販賣されている。

(34) **圖3**は、筆者がソウル市仁寺洞の古書店で入手した寫本で、

「歲在甲午六月八日
　光州市壯洞松廣寺布教堂
　　金皓溟　謹書」

という識語がある。タテ二十センチ、ヨコ三十四センチ程の韓紙を二ツ折りにした、袋とじ全十六丁の小册子で、界線は鉛筆書の質朴な寫本であり、書寫年の「甲午」は、一九五四年にあたると思われる。松廣寺は〔4〕の乾隆五十六年開板の板木を現藏する全羅北道の名刹である。韓國佛教研究院『松廣寺』（〈韓國의《の》寺刹・六〉、一九七二年、一志社）、泊勝美『韓國古寺發掘』（一九八〇年、六興出版社）他、參照。

(35) 黑田亮「書籍特に佛書の刊行から見た李朝文化の一面」、同「朝鮮佛書に就いての綜合的考察」（ともに『朝鮮舊書考』、一九四〇年、岩波書店所收）、江田俊雄「朝鮮語譯佛典に就いて」（『靑丘學叢』十五號、一九三四年）、同「佛書刊行より見た李朝佛教」（『印度學佛教學研究』四卷一號、一九五六年、ともに『朝鮮佛教史の研究』、一九七七年、國書刊行會所收）。

(36) 江田俊雄「李朝刊經都監と其の刊行佛典」（『朝鮮之圖書館』五卷五號、一九三六年、前掲注（35）所收）、神尾弌春「朝鮮

國刊經都監の刊行佛典」（『資料公報』三巻五號、前掲注（28）、『東方文化襍考』、前掲注（27）所收）に、現存書目の一覧が載る。

（37）江田俊雄、前掲注（36）によれば、金守溫は、天順七年（一四六三）に刊行された『法華經』の提調としてその名がみえ、刊經都監に籍を有した人物である。

（38）黑田亮、前掲注（35）、四十〜四十一頁。

（39）東京大學總合圖書館、阿川文庫本（C四〇―一二八一）。

（40）同前（C四〇―七七三）。

（41）奎章閣、第三一五二五五號（二九四―三三三―C四二二）。

（42）東洋文庫、前間恭作舊藏書（Ⅶ―三―一五八）。前間恭作『古鮮册譜』第三册（一九五七年、東洋文庫）一四一五頁には「此書は近刻本に合附せらるる『竈王經』『竈王歡喜經』は附せず、字體は宋時の書法を承けたるものなれば、古刻を覆板したりと覺ゆ」という注記がある。

（43）東京大學總合圖書館、阿川文庫本（C四〇―九五六）。

（44）東京大學東洋文化研究所叢刊　第十一輯、一九九〇年、大藏出版。

（45）以下、この番號は、前掲（44）の史料ナンバーである。

（46）牧田諦亮編『五代宗教史研究』（一九七一年、平樂寺書店）「後晉宗教史年表」九十頁にも翻刻・紹介がある。

（47）拙稿「日本古代における『天地八陽神呪經』の受容」（前掲注（16））に詳述した。

（48）車柱環（三浦國雄・野崎充彦譯注）『朝鮮の道教』（一九九〇年、人文書院）には、譯者による詳細な「朝鮮道教關係文獻解題」が付いている。

（49）二宮啓任「高麗の八關會について」（『朝鮮學報』九號、一九五六年）、里道徳雄「朝鮮佛教における八關齋會考」（西義雄博士頌壽記念『菩薩思想』、一九八一年、大東出版社）、同「高麗佛教に於ける八關會の構造」（東洋大學『東洋學研究』十七號、一九八二年）など。

(50)『正統道藏』には、『九天應元雷聲普化天尊玉樞寶經』一卷（洞眞部本文類、第二十五册）ならびに南宋の全眞教道士白玉蟾らの註釋四種を收めた『九天應元雷聲普化天尊玉樞寶經集註』二卷（洞眞部玉訣類、第五十册）があり、朝鮮本には數種類の板本が現存する。

(51)李能和『朝鮮道教史』（李鐘殷譯註、一九七七年、普成文化社。初版は『韓國道教史』、一九五九年、東國大學校）。

(52)赤松智城・秋葉隆『朝鮮巫俗の研究』（一九三八年、大阪屋號書店）、村山智順『朝鮮の巫覡』（一九三二年、朝鮮總督府、國書刊行會復刊）などの舊植民地時代の調査研究のうち、とくに總督府の委嘱のもとにまとめられた村山報告については、川村湊「朝鮮民俗論」（『思想』八三九號、一九九四年、岩波書店）、同『「大東亞民俗學」の虚實』（前揭注（31））に問題點の指摘がある。また、全羅南道珍島を主なフィールドとする伊藤亞人の文化人類學的研究の成果が「韓國の民間信仰における道教の傳統」（『朝鮮文化研究』一號、一九九四年、東京大學文學部朝鮮文化研究室）にまとめられている。

(53)洪潤植『韓國佛教儀禮の研究』（一九七六年、隆文館）。

(54)明治四十四年六月三日に公布（『朝鮮總督府官報』二二七號の制令）され、同年七月八日に施行規則が公示（『官報』二五七號の府令）された。その概要は、『朝鮮總督府施政年報　明治四十四年』第二章十八節「寺刹令」にものべられている。

(55)高橋亨「朝鮮墳墓の齋宮と天地八陽經」（『宗教研究』新八卷一號　一九三一年、ならびに『朝鮮佛教』八十一・八十二號、同年）。この論考は、朝鮮における『天地八陽神呪經』の受容に關する唯一の專論であり、多くの示唆を得た。

(56)村山智順『朝鮮の風水』（一九三一年、朝鮮總督府）、野崎充彦『韓國の風水師たち――今よみがえる龍脈』（一九九四年、人文書院）など。

(57)高橋亨、前揭注（55）。

(58)現存する板本は四十種以上にのぼる。牧田諦亮『疑經研究』（前揭注（1））に、嘉慶元年（正祖二十年、一七九六）の龍珠寺板の影印が載る。小川貫弌「大報父母恩重經の變文と變相」（『印度學佛教學研究』十三卷一號、一九六五年、『佛教文化史研究』、一九七三年、永田文昌堂）參照。

(59)崔吉城『韓國の祖先崇拜』（重松眞由美譯、一九九二年、お茶の水書房）が、從來の諸研究を總括しつつ、とくにシャーマニズムとの關係から詳細な分析を試みている。

第十八章　地神盲僧と朝鮮の經巫

緒　言

『佛説地神大陀羅尼經』（以下、『地神經』と略記）という經典がある。『金光明最勝王經』巻十八の堅牢地神品に、堅牢地神による國土と衆生の擁護を説くものとは內容が異なり、五行思想の影響が顯著な疑僞經典である。釋迦の入滅に際して信伏しなかった五龍王や堅牢地神などの廻心を願う高弟阿難陀らの要請に應えて、釋迦が再び棺中から起ち、大地をめぐる本末の因緣と受持の作法を説く。十干・十二支・七曜・九星・二十八宿などの諸要素が織り込まれており、やはり土地や家屋の安寧への功德を説いてアジア各地に廣く流布した『安宅神呪經』や『天地八陽神呪經』などとも類似する性格をもつが、中國での存在は確認されておらず、現在のところ中國撰述かどうかは判然としない。

日本では西日本とくに九州を中心に、琵琶を彈奏しながら家々の地神・水神・金神などの屋敷神を祀り、竈・荒神祓いを行なう盲僧によって、その釋文とともに現在も讀誦されている。

また、この經典は朝鮮半島で流布した『佛説廣本太歲經』という經文集の中にも『佛説地心陀羅尼經』として收められ、寺院の僧侶だけでなく、經巫《キョンム》（盲覡《パンス》、讀經師《トッキョンサ》、經文匠《キョンムンジャン》などともいう）のような民間の宗教者たちによっても長く讀誦されてきた。

本章では、日本と朝鮮でそれぞれに傳承されてきた『地神經』と、盲僧と經巫の性格の考察を通じて、東アジアにおける呪的信仰の宗教的重層性（シンクレティズム）の一端を明らかにしたい。

一、地神盲僧とその系譜

琵琶法師のことを記した史料としては、藤原實資の日記『小右記』が最も早く、寛和元年（九八五）七月十八日條に、

琵琶法師を召し、方藝を盡さしめて、少祿を給う。

と傳える。[1] ほぼ同じ頃、正暦元年（九九〇）に沒した平兼盛の家集『兼盛集』には、

びはのほふし

よつのをに　おもふ心を　しらべつつ　ひきあるけども　しる人もなし

の一首があって、遍歴する姿を詠んでいる。[2]

十一世紀前期に藤原明衡が、當時、都に集まったさまざまな藝能者たちの姿を活寫した『新猿樂記』の序には「琵琶法師ガ物語」も擧げられている。[3] この「物語」がどのような内容であったのかはわからないが、死者の鎮魂を業とした琵琶法師が語るものであるだけに、土地につく死靈や御靈にまつわる物語が中心であったと思われる。[4]

永長二年（一〇九七）正月に、大宰權帥として赴任中の父經信を喪った源俊頼は、九州で父の葬儀を濟ませて都へもどる際、博多に居留していた唐人たちの弔問を受けた後、葦津を出港し、博多灣から玄界灘に出て、鐘ヶ崎を經て蘆屋に寄港した。

あしやといふ所にて、びは法師のびはをひきけるをほのかにきさて、むかしを思ひいでらるる事ありて

ながれくる　ほどのしづくに　びはのおとを　ひきあはせても　ぬるる袖かな

と詠んだ『散木奇歌集』第六、悲歎部の一首[5]も、琵琶法師の奏でる音色と物語が、死者の靈魂と分ちがたく結びついたものであることを示す。

また建長四年（一二五二）頃に成立した『十訓抄』下、十の七十二には、次のような説話がある。[6] 出家した源顯基が上醍醐に籠居していた頃、[7] 醍醐の大僧正から、「老い先短かいこの老僧に、琵琶の三祕曲というものを聞かせていただけぬか」と懇請された。その願いを容れた顯基は「上玄石上流泉」「白子楊眞操」「啄木」の三曲を全曲彈奏したが、老師は途中、何度も欠伸をしたうえに、こういった。

あはれ、花園より詣で來る盲法師の、極樂の雨しただりの音とて、ひき侍るは、たふときものを。その曲をば傳へ給はぬにや。

自分が熱演した三祕曲には觸れずに、以前ある盲法師が「極樂の雨しただりの音」とのべて彈奏した曲は、とても尊い音色だった、といわれて顯基は二の句が繼げなかったという。

琵琶法師が全て盲目であったわけではないが、『十訓抄』にいうような「盲法師」は、鎌倉初期には、關東でも禁制の對象となるほどに數が增えていたようである。延應二年（仁治元年・一二四〇）二月二日付で北條泰時が出した「鎌倉中保々奉行存知す可き條々」という觸れ書では、[8] 鎌倉中で活動を停止させ、今後、固く禁遏すべきものとして、「盜人」「旅人」「辻盜」「惡黨」などとともに「辻々の盲法師」もあげられている。彼らが禁制の對象とされた理由は不明だが、この頃、すでに盲法師たちが琵琶を彈奏しながら讀誦していたとみられる『地神經』を、僞妄の教說として論難した一文が、十二世紀初期に清水寺別當の定深が著した『東山往來』六「地心經不用狀」にある[9]（以下もすべて『地心經』と記す）。日常生活の諸事についての質問狀に續けて回答狀を記すという往來物の形式をとり、「上啓　案内事」と始まる質問狀では、日頃、怪異が頻りに起るので、「占人」に問うたところ、「或いは云く地の祟り、或いは云く靈の强き也云々」という結果が出て、二十一日ばかり『地心經』を轉讀するのが最もよいと勸められたが、どうしたものか、と問う。

それに對して「請、仰事」と始まる回答狀では、まず「何ぞ眞を捨て僞に就くや」と斷言し、朝廷や公家には、「禍を轉じて福と爲す」のにふさわしい『仁王經』『金剛般若經』があり、「除災與樂の術を爲す」には『金光明經』などの正統的な佛典があるのだから、『地心經』のような僞經を用いるいわれはない。

仰、地心經は、日域凶人の佛教を哢らんが爲、利養を求めんが爲、自ら僞作なり。是の故に多く和言有り、三藏の聖文に非ず、多くの相違有り。

とのべた後、具體的な論據をあげながら批判する。まず「說處の相違」について。大乘・小乘佛典ではいずれも如來の焚身は倶尸那《クシナ》にあるが、『地心經』では佛の棺を須彌山の北の墓に置く。そして地神が釋迦に信伏しなかったので、再び棺中から起ってこの經を說くが、地神のために鹿野園において一日一夜、涅槃經を說いた云々などという說は、本經にはない。次に「同聞衆の相違」について。佛の十大弟子の一人である舍利弗は釋迦より先に亡くなったが、『地心經』では逆になっている。三番目に「說教の相違」について。佛は最上にして比類なき存在だが、『地心經』では、その佛が幣帛を捧げて南無五帝龍、三十六禽、二十八宿などに祈願する、と指摘し「その餘にも笑うべき事、勝計すべからず」と結ぶ。

最後に、その請來に關して次のように言及する。聖教（佛典）が單獨で海を渡って傳來するようなことはなく、必ず人によって運ばれるが、『地心經』を請來したという人はいない。ましてやどの經錄中にも、この經名は見出し得ない。先年、法耶《ほうや》聖人が入唐した折に、弟子が彼地にこの經典があるかどうか探索するよう依賴したところ、唐にはなかったという。だから佛を誹謗し、天魔の教えを説くような『地心經』を用いてはならない。

『東山往來』で定深がこれほど嚴しく『地心經』の僞妄性を非難した背景には、盲僧や陰陽師たちによって、この經典がすでに相當廣く流布していたことが窺える。こうした論難にもかかわらず、さらに浸透したようで、伏見宮貞成の日記『看聞御記』の應永三十年（一四二三）八月五日條[10]に、

　夜、朱一座頭を召して、地心經をひかしむ。未だ聽聞せざる間、祈禱かたがたこれを語らしめ、檀紙十、茶などをこれに賜う。

とあるように、當道座の明石覺一を祖とする一方《いちかた》流の座頭も、貴顯の邸第に招かれて平曲だけでなく『地心經』、も讀誦したことがわかる。

『平家物語』を語る座頭は、南北朝期頃から八坂・明石・筑紫などを據點にして形成された琵琶法師の座が全面的な組織に發展した當道座に屬していた。

一方、盲僧は、例えば大和では猿樂や白拍子などと共に〈七道者〉の一つに數えられ、興福寺管下の五箇所十座の唱門師により遊藝者として統轄されていたように、各地の有力寺社の保護のもとに、地方的な小集團である座や組合を組織した[11]。

盲僧と當道座とは中世後期から拮抗關係にあったが、江戸時代に入ると幕府權力を後ろ楯にした當道座は隆盛をきわめ、延寶二年（一六七四）には、盲僧は當道座との公事に敗れて、『地心經』を讀むことだけが許され、胡弓や三味線、筑紫箏、小歌、淨瑠璃など一切の遊藝を禁じられるとともに、院號や袈裟衣も停止された。以後、盲僧は次第に天台宗に接近し、天明三年（一七八三）に上野寛永寺末の久留米の高良大社と薩摩藩配下の者を除いた多くが、天台山門の三門跡の一つである青蓮院の配下に入ることで、その地位を保持した。

だが明治四年（一八七一）には、神佛分離政策の一環として盲官廢止令[12]が出されて當道座は解體し、盲僧も一般民籍に編入して神佛への祈禱を禁じられた。しかし復活請願運動が實を結び、明治八年（一八七五）からは天台宗に盲僧派として屬し、福岡の成就院を本據とする玄清法流と、鹿兒島の常樂院法流の二法流を中心に、現在までその命脈を保ってきたのである[13]。

二、地神盲僧の廻檀法要

盲僧は檀那寺の僧侶が管掌する葬儀と先祖供養には關與せず、竈祓いをはじめ、屋敷神や水神、金神などを祀るために、四季の土用を中心として檀家を一軒ずつ訪れて法要する。その他にも病氣祈禱や憑き物落し、八卦による易斷なども檀家の需めに應じて隨時行なう。さらに村落單位での雨乞いや蟲除け、治風など五穀豐穰を祈願する際にも缺かせない存在であった。

江戸後期の醫家、橘南谿は本草學や民間療法などの見聞を廣げるために諸國を巡歷し、旅で得た奇事異聞を豐富に交えながら、紀行文『東遊記』『西遊記』を著したが、天明三年（一七八三）正月に薩摩に至り、「琵琶の妙手」という一文を草した[14]。その一節に、

九州には琵琶法師というもの夥敷《おびただしく》有りて、琵琶を彈じ、路頭に立ちて米をもらう。其うた、其律、かまびすしくして聞くに堪えず。又、琵琶は地神經をひく。三味線法師などの賤しき者によわいすべきものにあらずなど、おこがましくいいのしりて、竈祓するも有り。薩摩、大隅の二國もっとも多し。

と記している。薩摩では、盲僧寺を統轄する總家督の常樂院から割り當てられた檀家を順に訪れて法要を行ない、門

付けなどはやらないのが普通であったが、この頃には、盲僧寺に屬さない遍歴の盲僧たちがいたのかも知れない。

盲僧が祀った地神は、『地神經』では障礙神《しょうげしん》であると同時に大地を領ずる神でもあって、とくに大地を犯作する際には五色の幣帛を捧げて祀らなければならないとされ、その性格は竈神や土公神、荒神などとも複雑に習合している。『地神經』の最後に近く、釋迦が阿難陀らに經典の功德を改めて説く部分には、[15]

此の經は名づけて地神陀羅尼と爲すも、亦、五龍王本末因縁とも名づけ、當に是の如く奉持せよ。若し、衆生ありて、卒塔婆、伽藍、宮殿、舍宅、或は宿を建立せんと欲せば、父母、四恩、六親眷屬の骸骨を置き、或は亦、山を崩し、岩を破り、井溝池を治め、河を塞ぎ、墻壁を修善し、或は柱を立て、棟を上げ、竈を塗り、是の如く重ねて地を犯さば、此の經を二十五遍讀誦せよ。或は亦、物恠の晝夜數々夢想に現れ、或は鬪諍、盜賊の火難を發せらる時も此經を讀誦せよ。或は田畑を耕作し、木を植え、木を伐り、萬の種を播く業作にも、此の經を讀誦せよ。若し萬病斷えず、常に腦亂し、若くは復た、萬事成就せざるも亦、此の經を二十五遍讀誦せよ。若くは五遍、若くは一遍、若くは眞言呪を遍く讀誦し、香を燒き花を散らし、妙供を備え、內外清淨にして、潔く三寶を禮拜せよ。

是の如く修行せる者は、この大地を縱橫に犯作すれども、地神王等、敢て忿心有る可からずして、常に安穩を得せしめん。乃至は末世の子孫、福壽增長にして、怖畏有る事無からんと。

とあり、土地と家だけでなく、生活の全般に亙る災厄の攘去に效力を發揮するという。これらの災厄は竈神や土公神、荒神などがもたらすとされる障礙とも共通しており、『地神經』の内容もまた、これらを防遏《ぼうあつ》するのに效力が大きいとされる『安宅神呪經』や『天地八陽神呪經』のような、陰陽五行説や道教的要素を多分に包含した中國撰述の疑僞經典[16]に、きわめて近い。

盲僧が廻檀法要で讀誦する經典には、『地神經』の他に『荒神經』（『佛說大荒神王施與福德圓滿陀羅尼經』）があり、筑前の玄清法流では、むしろこの經典の方を重視する。法要も〈荒神祓〉と稱して臺所や圍爐裏、あるいは荒神棚の前で、主に竈神を祀り、〈荒神琵琶〉とも呼ばれる。それに對して、薩摩の常樂院法流では『地神經』を中心に、座敷の床の間の前で家祈禱的な法要を行ない、(17)〈地神盲僧〉と呼ばれることが多い。玄清法流の荒神祓は次のような次第で進行する。(18)

○發願の座

① 發願文（各戶の荒神を祀る趣意をのべる）

② 灑水　護身法印

③ 五方の祓（誦經しながら東西南北と中央を祓う。錫杖を用い、終って契印）

④ 九條錫杖經誦經（終って九字を切る）

⑤ 佛說不動經誦經（聖不動經――不動三十六童子、不動祕密陀羅尼）

⑥ 祈願文

○中の座

⑦ 金光明最勝王經第十八堅牢地神品誦經

⑧ 地神經を琵琶の彈奏によって誦經

⑨ 祈願文

○結願の座

⑩ 法華經誦經（方便品・壽量品・普門品）

⑪　荒神經を琵琶の彈奏によって誦經
⑫　般若心經誦經
⑬　圓頓章
⑭　結願文
⑮　護身法印

これらは誦經の數も多く、かなりの時間を要する本格的な内容だが、琵琶を背に一日二十軒以上も歩く場合には、『荒神經』を中心とした簡略な構成となる。その廻檀の樣子は、大分縣國東半島の玄清法流明光院・高木清玄師の記錄映像と小澤昭一氏による聞き書きなどによって、よく知られているが、一九九六年三月に高木師が六十四歳で逝去したため玄清法流の盲僧琵琶は途絶えた(19)。

一方、薩摩の常樂院法流の地神盲僧については、昭和五十五年から翌年にかけて撮影された記錄映畫『薩摩盲僧琵琶』（監督＝諏訪淳、岩波映畫）に貴重な映像が殘されている(20)。以下、その内容を紹介しながら論述をすすめたい。

七月中旬、鹿兒島縣日置郡吹上町の中島常樂院に法流の盲僧たちが各地から集まる場面から、映畫は始まる。中島常樂院は所傳によると(21)、建久七年（一一九六）に島津忠久が薩摩、大隅、日向の守護に補任された際(22)、常樂院十九世の寶山檢校も島津氏の祈禱僧として忠久に隨從して下向し、伊作郷の田尻中島の地に常樂院を建立したという。それ以前の常樂院は地神盲僧の滿市坊が傳教大師最澄に就いて滿正院阿闍梨と稱し、大同三年（八〇八）に逢坂山に精舍を創建して妙音天を奉じた正法山妙音寺常樂院に始まり、滿正院阿闍梨が晩年に曲律を制定した妙音十二樂を傳えてきた、とするが、この傳承は江戸前期に當道座との公事に敗れた地神盲僧が、天台宗との關係を深めた頃に形成されたものと思われる。

その後、永祿七年（一五六四）に第三十二世住職となった家村大光院の時に、薩摩と大隅を統一した島津貴久によって創建以來歷代の忠勤を讚えられ、薩摩、大隅、日向三國の盲僧の總家督に任じられたという。盲僧には屋敷が與えられ、島津一門以下、四民全てに對して「土用經讀經と廻檀祈禱」を永代勤めるよう通達が下されたといい、この頃から常樂院を據點とする盲僧の組織化が進んだものとみられる[23]。

次いで元和五年（一六一九）に、島津家久によって常樂院は田尻中島から鹿兒島城下に移され、寛永五年（一六二八）には、洲崎大門口濱で妙音天の濱下りがあり、妙音十二樂が奏されて、家久をはじめ諸臣が列席した[24]。この頃から薩摩藩による庇護のもとで地神盲僧としての活動が活發化してきたようだが、鹿兒島常樂院は第二次世界大戰の空襲で僧籍簿と住職の印鑑だけを殘して全て灰燼に歸し、昭和二十四年からは第四十五世江田俊了師に師事した柳田耕雲師により、自坊の宮崎縣日南市板敷の長久寺で寺務を兼ねている[25]。

妙音十二樂は現在では開山法要として毎年十月十二日に中島常樂院で、地神供、妙音十二樂[26]を奏した後、笛と太鼓で開祖の寶山檢校の墓參をし、荒神祓、追善供養、施餓鬼などを行なう。十二樂は琵琶役、笛役、太鼓役など八種の樂人で構成され、その他に釋文役がいて『地神經』の釋文を讀誦する。釋文には地神の本地を說く「はんごん釋」「勝負わけ」をはじめ、說話的な「釋迦の段」「琵琶の釋」の他、比較的短かい「うちまき」「年號」「妙音の巻」「わたまし」「本經」「夢の段」「星の段」「回向」を合せて全てで十二種あるが[27]、通しで讀誦すると長時間を要するので、部分的に「とりよみ」をする。

七月中旬に盲僧たちが中島常樂院に集まるのは、その練習のためであった。映畫では初心者に琵琶を指導する主人公役を福貴島《ふきしま》順海師がつとめた。大正五年生まれ、三歳で失明し、十五歳で得度受戒、七年間修行の後に獨立して初めて檀家をもった。撮影當時は六十代の半ばで、映畫の中でも紹介されているように點字で經文集や教本を作成するなど、精力的に後進の指導にあたったが、平成七年暮に七十八歳で亡くなっている。
福貴島師が柔和な表情で手を添えながら琵琶の構造を教える場面では、四絃の一の絲は阿彌陀如來、二の絲は觀音菩薩、三の絲は藥師如來、そして四の絲は改心した鬼の髪の毛だという。盲僧琵琶の由來は釋文「琵琶の釋」により詳しく語られるが、琵琶が單なる樂器ではなく、佛神が宿ることを説くこの印象的な言葉は、映畫の最後に流れる主題歌「盲僧琵琶を追いかけろ」（作詞は監督の諏訪淳、歌は北原ミレイ）にも、次のように歌い込まれている。

春の花よ　應えなさい
私が　ばらばらにこわして捨てた　琵琶の絃
一の絲が　阿彌陀如來だとは　知りませんでした
だが……草に根があれば
　　草に莖があれば
一輪の花を咲かせる大地を下さい
なぜ　春の花は　默っているのですか

夏の花よ　應えなさい
私が　人間の群になげつけた　琵琶の絃
二の絲が　觀音菩薩だとは　知りませんでした（後略）

この後、三番、四番では、それぞれ「秋の花よ」「冬の花よ」と呼びかけて、「三の絃が藥師如來だとは」「四の絃が鬼の髪の毛だとは　知りませんでした」……それをなぜ默っているのかと難じ、結びに「オンアミリティ　ウンパッ

タ　じしんしょうじょう……」と呪文を唱えるのだが、十餘年前にこの歌を聴いて驚倒したという詩人の天澤退二郎は、「藝道の奥の深さと宗教的感情に一種悪魔《デモン》的な魅力が不可分にからみあう、超絶的な歌詞である」と評している。(28)

次の場面では、夏の檀家廻りの様子を丁寧にたどる。薩摩の地神盲僧は四季の土用を中心に、集落から集落へと一日十數軒歩き、五百軒から千軒にのぼる檀家を廻る。青々と勢いよく伸びた稲田が續く道を、琵琶を背にした順海師が行く。古い農家の庭先に立つと、夫婦が出迎え、挨拶を交した後、茶の間で一息入れながら世間話をした後に座敷へ移る。床の間の前に祭壇が設けられ、席の正面には米を滿たした一升桝と、鹽、水を入れた器を竝べた膳が置かれている。地神供の作法は、

①　右手に笹の葉を持ち、數回灑水する。
②　呪文を唱えながら彈指の法を行なう（兩手の親指、人差指、中指を彈くように三回ずつパッと開く）。
③　表白文をのべ、般若心經を讀誦する。
④　地神經を讀誦する。
⑤　琵琶を彈奏しながら釋文をのべる。
⑥　觀音經を讀誦する。
⑦　國家安穩、萬民隆昌、一族和合、家内安全の願文をのべる。
⑧　最後に呪文を唱え彈指の法を行ない、悪魔を攘う。

というような順序で、三十分から四十分程度をかけて進められる。(29)供養が終ると一升桝の供米を布施として受け取り、布袋に入れると頭上に載せたり、肩に下げて次の家へと向かう。薩摩の場合、布施米は冬と春は米、夏は麥、秋は籾が多く、集落ごとに提供される定宿（家督宿）に預けておき、後日、回收した。盲僧はその布施米を賣却して收入を

得たが、現在では現金で支拂われることが多い。

十月十二日の開山法要〈妙音十二樂〉が終ると、秋の土用から再び廻檀法要が始まる。

映畫では日置郡東市來町の薩摩燒の宗家である沈壽官家を訪れ、登り窯に火入れをする前に荒神祓を行なう場面や、薩摩燒酎の釀造元の仕込みに先立って、工場の釜場の前で讀經する順海師の姿をうつす。途中に順海師の住む菱刈町荒田に傳わる太鼓踊り(30)や、春と秋の田の神祭《タノカンサー》の光景や、夜、定宿の圍爐裏端で、その家族たちに昔話を語る場面(31)などを織り交ぜながら進行する。

次の場面は、毎年決まった日に家の守護を祈願する氏神祭祀である。農家の座敷で五色の人形《ひとがた》をした御幣を鮮やかな手捌きで用意する様子をうつしながら、ナレーションは、薩摩では廢佛毀釋の時に常樂院を一時、祓戸神社と改稱し、盲僧を神主身分にしたので、それ以來の名殘かも知れない、と語る。

出來あがった五色の人形の御幣を順にうつしながら、神が宿るのにふさわしい、それぞれに異なる形狀の說明がなされる。水神は水をたたえやすいように頭部に窪みが作られ、荒神は火の劍が空に向かうように頭部を尖らせ、氏神は家が榮えるように光明を表わす細いひだがたくさん作られている。これらを座敷に竝べて讀經してから、その家の當主と共に屋敷の五方に（青は東、赤は南、黃は中央、白は西、黑は北）、地神の御幣をそれぞれ立てて祭祀は終る。

畫面は刈り入れが全て終った晩秋の光景に變る。次の集落に向かう順海師は、村人と挨拶を交しながら村境まで來たところで足を止め、今來た集落の方を振り返る。路傍で讀經を行なって、その村の安寧を一心に祈る。

そしてクライマックスは正月七日の鬼火焚（左義長）。激しく火の粉を上げて燃えさかるやぐらの前で、陀羅尼呪を唱え、最後に大音聲で「鬼や惡魔は、山へ退散せよ！」と命ずる順海師の姿に重なるように、北原ミレイの迫力のこもった低い歌聲の「盲僧琵琶を追いかけろ」が響いてくる――。

戦後の高度經濟成長期を通じて、著しく變容した農村社會において、急速に失なわれていった民俗傳承や藝能を豊富に織り込みながら、薩摩の風景の中に地神盲僧たちの息遣いを傳える、貴重な映像が殘された。

この映畫が撮影された昭和五十年代半ばには、常樂院法流に屬する盲僧は十七名を數えたが、一九九九年の春、日南市の長久寺（常樂院事務所）に柳田耕雲師（八十六歳）をお訪ねして伺ったところでは、法流に所屬する三十七名の大半は晴眼者で、盲僧は十名に滿たない。映畫を撮影した頃には、福貴島順海師の他にも、串木野市の上野淨徳師（大正四年生）や、西都市の壱岐巡教師（大正九年生）のように、琵琶を彈じて釋文を全曲讀む盲僧がいたが、現在それが出來るのは延岡市の永田法順師（昭和十年生）ただ一人だけである、とのことであった。

翌日、鹿兒島大學の高松敬吉氏に同道していただき、宮崎縣延岡市の淨滿寺で永田法順師（六十三歳）にお會いすることが出來た。延岡驛から徒歩で十分程の小高い丘の上にある淨滿寺は、貞享二年（一六八五）に延岡藩主の有馬永純が祈禱寺として創建した盲僧寺で、法順師は第十五世の住職である。二歳で失明し、十三歳の時に淨滿寺に入山、先代の兒玉定法師から琵琶と釋文を傳授された。昭和二十六年に常樂院（日南市、長久寺）で得度。兒玉師の死去により昭和五十八年から住職を勤めており、現在、約千軒の檀家を一人で琵琶を背に廻っている。以前は檀信徒の家に泊まりながら廻檀法要を續け、自坊に歸るのは月に一、二回程度だったが、十年程前に結婚してからは、數日毎に歸るようにしているという。

永田法順師の廻檀法要は春と秋に行なわれるが、その作法は次の通りである。

① 床の間の前で灑水と散米をして淨める（灑水には笹か南天の葉を用いる）

② 護身の印を結ぶ（祓の時だけ。普通の廻檀では九字を結ぶのみ）

③ 祈願

④　六根の祓
⑤　五方の祓
⑥　三寶荒神の祓
⑦　三字の祓（五方・十二方の祓）
⑧　般若心經の讀誦
⑨　釋文
⑩　地神經の讀誦
⑪　荒神祕密經の讀誦
⑫　眞言
⑬　祈願

これらを四十五分から五十分程かけて行なうが、⑨の釋文では、地神經の來歴を説いた「釋迦の段」の他、いわゆる五郎王子譚を通じて四季土用の由來を説く「王子の釋」「四方立て」「しょうぞく立て」や、「神名帳」を適宜、讀誦する。その詞章は、どちらかというと薩摩の常樂院法流よりは、筑前の玄清法流の方に近く、琵琶も筑前琵琶に近い形をしている。

この廻檀法要の他に行なう祭祓としては、

○地鎭祭（主に金光明最勝王經の堅牢地神品と大荒神經を讀誦する。家の新築後、入居前に行なう場合も同じだが、安鎭、安宅とはいわない）

○家祓い（年に一回

圖１　永田法順師

○當主の厄祓い（二月四日の節分の日の大祭〈三寶荒神の星祭り〉の時に一緒にすることが多く、觀音經と不動經を讀誦して祈禱する）

などが主なものであり、各家庭の臺所から竈（久土）が無くなっても、火を司る三寶荒神を祀ることは從來と變りがない、という。本尊の三寶大荒神を安置する本堂は、千軒に及ぶ檀家の協力を得て、數年前に改築が濟んだばかりである。

　庫裡で以上のようなお話を伺った後、本堂で釋文の一部を語っていただいたが、その撥捌きの自在さもさることながら、長年に亙って鍛えぬかれた太く低い聲は、哀調を帶びた節回しで聽く者の心を深く搖り動かし、靈魂をも招き寄せるかのように、堂内一杯に響きわたった（圖1）。眼をつむって凝っと耳を傾けていると、身體全體を包み込むような心地良い聲と、釋文の語りの面白さとで、陶然とした氣分になってくるのだった。初めて間近かに聽いてから時間が經った今でも、他に類をみないその聲と琵琶の音色は、はっきりと耳に殘っている。

　現在、唯一人の地神盲僧というだけでなく、傑出した技量は、多くの注目を集めつつある。平成三年（一九九一）秋の、國立劇場二十五周年記念〈邦樂鑑賞・琵琶の會〉をはじめ、全國各地の民俗藝能大會に招かれ、CDが製作され[32]、テレビ[33]や雜誌[34]でその活動が紹介される機會もふえたが、法順師は「藝能」として「鑑賞」されるのは本意ではなく、あくまで宗教者として廻檀法要を續けるのがつとめであり、「床の間の前で一生を終われれば滿足」だと語る。

その表情は嚴しさをたたえながらも穩やかであった。

戰後、盲人をめぐる社會的環境は大きく變化し、盲僧を志す人の數は激減した。玄清法流では大正時代から既に晴眼者を受け入れており、常樂院法流では、天台宗盲僧派に屬する僧侶としての立場を重んずる一方、戰前には「藝能」的な琵琶の彈奏と修行を斥けた時期もあっただけに、技藝の傳承は、きわめて困難な状況にある。「晴眼者でも良いから、寺に養子を迎えて、何とか琵琶と釋文を傳えたい」という法順師の願いは、千軒を超える檀信徒だけでなく、一度でもその琵琶と釋文を聽いた者には、痛切に響く。

三、盲僧の起源傳承と朝鮮

『地神經』の傳來と盲僧の起源については、數多くの盲僧縁起が書かれてきた(35)。例えば中山太郎『日本盲人史』に翻刻された『盲僧由來』(36)の冒頭には、次のような傳承がある。

抑、地神經ノ盲僧、天台宗ト成ル因縁ヲ尋ルニ、先ツ本朝ニテ盲僧ノ最初ハ、人王三十代欽明帝ノ御宇、日向ノ國宇渡ニ祐教禮子ト申ス人アリ、其先祖ハ先朝ノ時、左遷セラレタル官家ノ末ナリ。此人幼少ヨリ盲人ニテ、家業不叶故ニ僧形トナル。其性質正直ニテ甚ダ堅固ノ信心者ナリ。

或時異人來テ告テ云、汝生盲ニシテ產業ナク常ニ衣食ニ苦ム、然レ共信心堅固ナルニ依テ、土神ヲ祭ルノ法ヲ授クベシ。習傳テ地神行者トナラバ、普ク世間ヲ利益シテ、汝亦衣食ノ憂ヘナカルベシト。禮子悦テ教ノ如クス。此時筑紫九國ノ盲人共悉ク此人ノ弟子トナリ、其國々ニ於テ地神祭祀ノ事ヲ以テ家業トス。是ヨリ九州ハ勿論、中國マデモ、盲僧ヲ以テ地神ヲ祭ルノ行者トス。兼テ天下國家ノ災難ヲ祓フ事、後代ノ祈禱者ノ如クナレリ。

地神盲僧の日本への傳來を欽明朝のこととするのは、むろん佛教公傳に倣ったものであり、左遷された官家の末裔にあたる祐教禮子という盲人が、日向の宇渡で最初の地神行者になったというのは、いわゆる貴種流離譚の一種とみられる。映畫『薩摩盲僧琵琶』の監修者でもある村出熈によって最近紹介された常樂院文書「地神盲僧根元」は、江田俊了『常樂院沿革史』の原史料の一つとみられるが、[37] その所傳では、

欽明帝ノ御宇、神祇太政大臣ノ御子一人盲目トナリ給ヒ、其名ヲ遊教靈師ト申ス。日向ノ國鵜戸ノ岩屋ニ流サレ給フ。其時唐土ヨリ盲僧來朝シテ遊教靈師ニ地神陀羅尼經及土公神ノ法、琵琶ノ妙音曲ヲ授與セリ。

となっており、傍線部の內容や表記が前掲の『盲僧由來』とは異なる。さらに『常樂院沿革史』では、盲僧が來たのは「唐土」ではなく「百濟」からで、「地神陀羅尼經及び土荒地神の祕法」を傳授されたとする。

細部に多少の異同は認められるものの、これらの傳承は盲僧と『地神經』が中國、朝鮮半島と深いつながりを持つことを示唆する。

とくに荒木博之によって、韓國の讀經師《トッキョンサ》が使用する『地心經』が、日本の地神盲僧の用いるものとほぼ同一であることが指摘されてからは、[38] 改めて朝鮮文化との關連が注目を集めてきた。

荒木が取り上げた韓國の『地心經』は、全羅南道の珍島《チンド》で伊藤亞人が採錄したもので、李準容《イジュニョン》という讀經師が保持していた經文集の中から見出された。この經文集は全四冊からなる筆寫本で、大小合せて二百篇にのぼる經文を收錄する。[39]

九州の盲僧が傳えてきた『地神經』と李準容所藏寫本とを對比した荒木は、とくに常樂院所傳本が朝鮮本と構成や內容に共通する點が多いことから、この二種のテクストが分かちもつ構造が『地神經』の原型的なもので、兩者は過去においてきわめて密接な關わりをもっていたことを推定している。

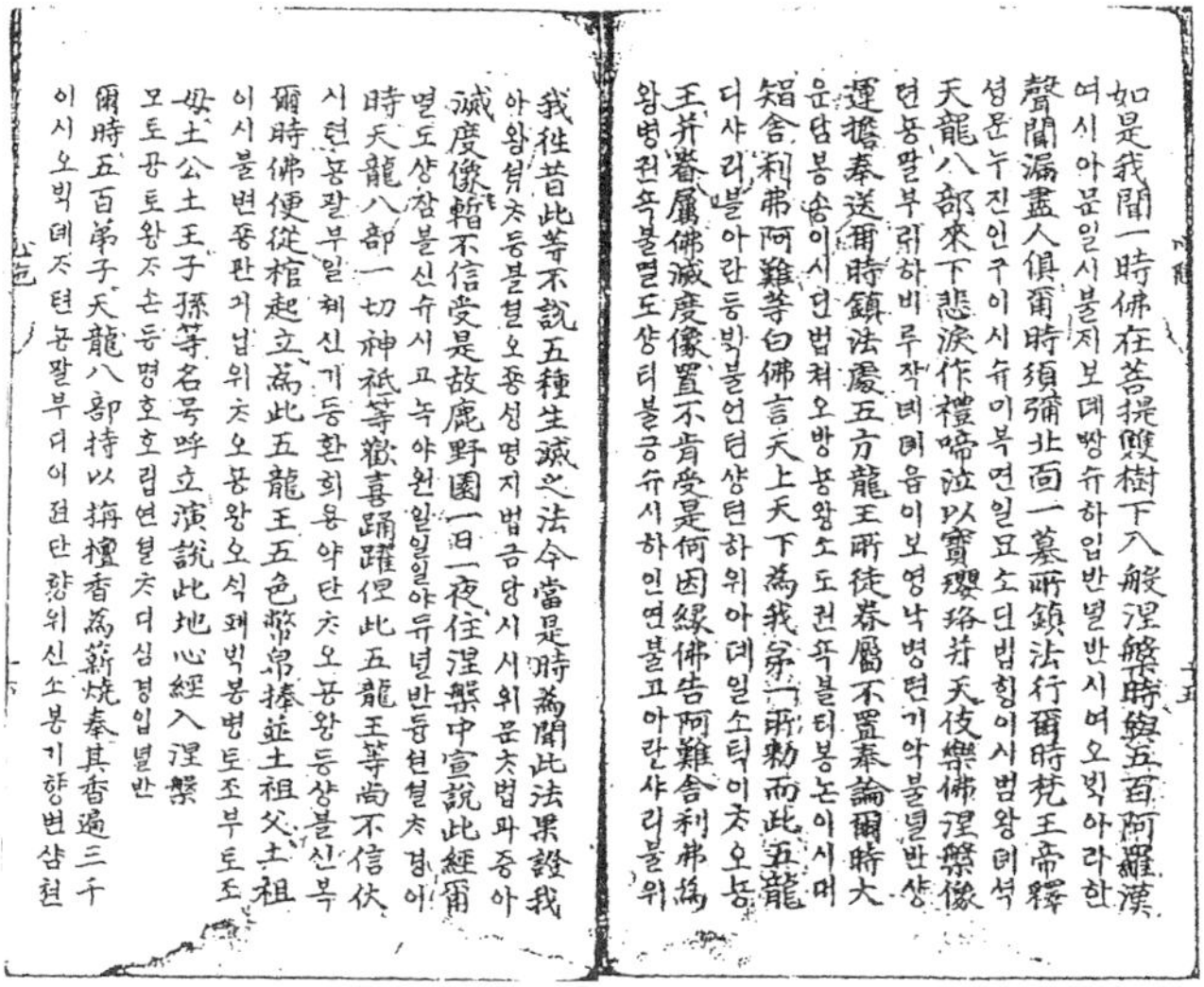

圖２　朝鮮本『佛說地心陀羅尼經』冒頭部
（韓國國立中央圖書館所藏『佛說廣本太歲經』15丁裏、16丁表）

ちなみに李準容所傳本の表題は『佛說地心陀羅尼經』となっているが、本章の第一節で紹介した『東山往來』や『看聞御記』など、早い時期にこの經典に言及した史料でも、『地神經』ではなく『地心經』となっていることや、『東山往來』の著者定深が、その僞妄性を逐條的に指摘した論據は、いずれも朝鮮本の冒頭部（圖２）の内容にほぼ一致することなどから、平安時代後期までに朝鮮から請來された『佛說地心陀羅尼經』が、日本で流布する過程で徐々に變容し、表題も『佛說地神大陀羅尼經』へと改變されたものと考えてよいだろう。

なお、朝鮮半島と北九州との間に位置する對馬と壱岐の盲僧が、やはり『地神經』を持ち傳えていたこと[40]も、こうした推定の裏付けとなる。

四、朝鮮の經巫と『地心經』

日本の盲僧と朝鮮との關係を考えるうえで、まず注目されるのは『三國遺事』巻二にみえる〈琵琶居士〉の傳承である。

新羅第三十代の文虎（武）王の時代（六六一～六八一）に、王が庶弟の車得公を召して、宰相となるよう傳えたところ、車得公はその前に民情や内政の實狀を視察する機會が欲しい、と答えた。王の許しを得た車得公は、緇衣《しえ》をまとい、琵琶を手に持ち、剃髪しない在俗の佛教信者である居士の姿で都を發って、各地を巡歴したという。

新羅時代には、銅伶僧、念佛僧、歌舞僧などの職業的な僧侶や、民間の琵琶居士、香徒、緣化輩など、さまざまな宗教者たちが諸國を遍歴し、佛教説話を語り歩いていたことが知られている(41)。琵琶居士も、この車得公のように盲人ではない場合もあったと思われるが、實態は不詳である。また彼らが用いたという琵琶も、その後、朝鮮ではあまり發達しなかったようだが、この新羅の琵琶居士は、日本の地神盲僧の先蹤と見做し得るのではなかろうか。

朝鮮の盲僧については、『高麗史』巻二十九、忠烈王六年（一二八〇）五月壬子條に、盲僧を聚めて雨を禱《いの》らせたとあり、同書巻百三十、金俊傳の高宗四十五年（一二五八）條には、盲僧に吉凶を卜占させたというように、高麗中期から史料上にその存在を確認することが出來るが、實際にはさらに溯り得るものと忠われる。

李朝時代になると、『李朝實錄』太宗二年（一四〇二）七月條に、瞽者《こしゃ》を明通寺《ミョントンサ》に聚めて雨を禱らせたとあるのをはじめとして、盲僧が明通寺を中心に組織化され、國家の鎭護を旨とした讀經や祈禱を行なったことが記録されている。

成俔の『慵齋叢話』(42)や李圭景の『五洲衍文長箋散稿』(43)などを踏まえながら、諸文獻を博捜した李能和『朝鮮道教史』(44)では、盲僧は高麗時代に制度化され、明通寺では剃髪した彼らを禪師と呼び、國内に旱災あれば祈雨を、疫疾があれば祈禱を、主に讀經によって行なったが、それは道教的な要素が濃厚で、盲僧は「道流僧」としての性格をもつという。

さらに民間において「修造家宅、動土犯煞、飲食衣服、憑鬼急患之時」に、降神儀禮である〈賽神《クッ》〉を行なうのは巫堂《ムーダン》（巫女）で、盲僧は專ら讀經によって驅逐するところに本質的な差異があると指摘する。

また、盲僧たちが讀誦した經典には『千手經』や『佛說天地八陽神呪經』などの他に、『九天應元雷聲普化天尊說玉樞寶經』（『玉樞經』）(45)のような道教經典も含まれ、算命賣卜のような術數の業にも携っていたとみて、『玉樞經』の流通を物語る史料に言及している。

一九三〇年から三三年にかけて、京城帝國大學法文學部の宗教學社會學研究室が行なった朝鮮全土のシャーマニズムの現地調査報告である赤松智城・秋葉隆編『朝鮮巫俗の研究』(46)では、朝鮮の巫者を、歌舞によって降神を行なう巫《ムー》女《ダン》と、讀經によって祈禱や卜占を行う盲覡《パンス》に大別する。そして後者には盲人の男性が多く、とくに讀經を中心とする者を經文匠《キョンムンジャン》、經匠《キョンジャン》、經客《キョンゲク》、經師《キョンサ》などと呼ぶのに對して、主に卜占を行なう者を卜師《ボクサ》、術客《スルゲク》、占師《チョムサ》、問卜匠《ムンボクジャン》、占匠《チョムジャン》などと呼ぶ、という。

徐大錫「經巫攷」(47)は、この分野に關する數少ない專論だが、ここでは巫者の性別や入巫過程は別にして、職能や性格を基準に、降神を主とする賽神巫《セシンム》（巫女・花郎・神房・萬神など）、讀經を主とする經巫《キョンム》（盲巫・經客・經師・神將・逐邪・經文匠など）、兩者の中間形態の巫事を行う雜巫《チャゲム》（聖人・七星妓・三神妃・法師・菩薩など）の三分類とし、占卜は全ての巫者が何らかの形で行なうので、分類の基準にはしていない。

いずれにしても巫女と經巫との區分は、賽神《クッ》の有無にあるとみてよい。歌舞を伴なう降神儀禮を行なわない經巫の巫具や裝束は巫女に較べると簡略で、太鼓や銅鼓、搖鈴と、卜筮《ぼくぜい》用の算筒、神將棒を用いる程度であり、裝束も特別なものは用意しない（圖3）。

徐大錫の所說によれば、賽神《クッ》では多くの食物を鬼神に供え、盛んに歌舞を行なって鬼神を愉しませることにより、病の原因である鬼神の怒りを解こうとする。それに對して經巫の讀經は、鬼神を脅威するような恐しい呪詞を唱えるものであって、彼らの祝願や奉安經類は、病の原因となる鬼神に祈るのではなく、自分たちが祀る神都や神明（主に玉皇上帝や七元星君、山靈などの道教的神將）を使って鬼神を驅逐するためのものであるという。

經巫の讀經は大よそ次のような形式で行なわれる。まず病魔の正體を占卦《せんけ》で明らかにし、讀經で治療すべきものならば吉日を擇んで經堂を設營する。經堂は房であれ大廳であれ後園であれ、經を讀む場所をいい、經堂內では神將篇にある神將名を障子紙に明記したものを呪辭として壁に貼り、主な自己神都の符を貼った壁の前に祭床を置く（圖４）。祭床に供える食物は蒸甑餠、供養米、三色實果、脯《ほしにく》、玉水などの簡單なもので、この他に香爐を置く。

こうして經堂の準備が出來ると、太鼓を吊って巫經を唱え始め、三日から長ければ七日にわたり、經の度が滿ちるまで唱え、度が滿ちると鬼神を捕えることが出來るようになるので、神將竿と邪鬼竿の使い手と經巫の三人が共同して鬼神を捕える。神將竿には東へ伸びた桃枝や松枝を使用する場合もあるが、物差し程度の棒に障子紙を紐狀に折ったものを結んで作り、邪鬼竿は繩の先端に紅い布切れを垂らしたものを使う。

鬼神捕りを行なう際、經巫は神將竿に神將が降臨するよう、最も適した內容の經文を讀誦し、神將竿が搖れたならば、神將が下降し應身したものと認定する。そしてどの神將が降臨したのかを問うと、病魔である鬼神を捕えて來るよう命令する。鬼神を捕えようとして神將竿で四方を叩き廻ると、經巫は續けて『玉樞經』や『玉匣經』『搏殺經』『鐵鋼經』などの巫經を唱えて、早く捕えてくるよう催促する。漸く鬼神が捕えられたら、神將竿を砧板やまな板に何度となくぶつけ、鬼神の氣がある程度ひるんだと考えられる頃合いに、邪鬼竿でしっかり押えつける。邪鬼竿と神將竿の使い手に鬼神が取り憑いて激しい攻防を繰り廣げた後、鬼神の元氣がなくなったら、粘土や小麥粉を練って作った豆のように小さな塊りに鬼神を乗り移らせ、燒酎の瓶や丸太に穴を掘るか溝を刻んでつまみ入れて固く封じ込めるのである。こうして身動きのとれなくなった鬼神たちは縄で縛られ、定められた方向の土中に埋められてしまう。

最後にさまざまな神將の協力に謝禮し、祖土神や地神などの家神に、福德を請願して經巫による讀經は終了する。

このように經巫の讀經は鬼神を外に驅逐するものであり、鬼神を慰撫して鎭送する女巫《ムーダン》らの賽神とは、根本的な差異が認められるという。

ここでは地神は最後に登場するが、年中行事としての地神祭は四季ごとに行なわれた。前引の『朝鮮巫俗の研究』にみえる一九三〇年代前期の事例では、十月の秋祭が最も代表的な季節的家祭で、多くは主婦が祭主となり、丹骨巫《タンゴル》

圖3　全羅北道・南原の經匠
（『朝鮮巫俗の研究』より）

圖4　京城の經巫による祈禱（『朝鮮巫俗の研究』より）

を招いて行なう。庭の土地自體が地神と考えられ、それは主婦の守護神であって、地母を祀る行事に續けて、廚房の竈王、大門の守門將、軒端の乞粒、後間の厠神等を祀り、井戸のある家では井戸端に龍神への供物をなし、また門の外に一歩出て洞里の神である府君大監を祀る家もある。こうした收穫期の安宅祭は朝鮮全土にみられた。

ほぼ同時期に、讀經と卜占を主とする經巫（盲覡・卜術）が行なう安宅救命《クミョン》は、彼らが行なう諸儀禮の中では最も重要な位置を占める。半島の北東部、咸鏡北道の會寧の民家では、次のように行なわれた。

室内に設けた神壇に七星、度厄、家宅、三災の四神位を祀り、新穀の粟と餅、布や絲、水と酒を豐富に供えて神前に紙幕、紙網を張る。前には天水床を供え、主人を始め男性の家族がその室に坐る。鄰室には神壇の正面に向って經巫三人が控え、廚房のオンドルには、主婦を中心に女性の家族が坐る。土間の上方天井近くに神棚があって、供物を捧げ、燈明を點すと、正面に控えた經巫が一種獨得の調子と訛りとをもった讀經を始め、左右の經巫がヤンプンと稱する鍮器と大鼓を打ち鳴らす。

讀經の最初に眞言を唱える際、主人以下、男性家族が年齢順に焼香禮拜を行ない、次に主婦を始めとする女性家族も同樣に焼香する。その後に淸水床を捧げ、『千手經』を讀んで家族の息災と祖靈の冥福を祈り、『開天門經』によって神路を開いて神々を招請し、『明堂經』『度厄經』『安宅經』によって家宅の安寧と家族の幸福を祈る。それから淸水床を廚房に運んで、經巫が雜鬼を呼ぶ發題辭を唱えるうちに、主婦は色とりどりの布切を切り裂き、梯子に攀って天井裏に近い神缸の中にこれを供える。また新穀を炊いて七星神に供え、『北斗延生經』を誦んで雜鬼の鎭壓を祈り、『逐邪經』によって雜鬼を祓い、『地心陀羅尼經』によって家宅地神の災を防ぎ、『解送經』によって諸神を奉送する。最後にヤンプンを鳴らしながら神紙などを燒き、屋外に出て供物の一部を雜鬼に投げ與え、神刀を用いて雜鬼を祓う散中という作法を行なって終了する。

經巫たちは、この安宅救命の他にも、豫防、延壽、成造、喪門殺、招魂など諸種の救命を行なうが、それらの祭儀でも、この安宅救命のように、さまざまな經文が目的に應じて次々と讀誦される。

こうした經文類は、救護を求めようとする神格を列擧しただけのものもかなりあるが、『玉樞經』や『北斗延生經』のような『道藏』所收の道經の他に、道佛二經と民間信仰の習合による疑僞經典で、敦煌出土の古寫本などの翻刻が『大正藏』八十五卷〈古逸部・疑似部〉や『大日本續藏經』などに収められている『安宅神呪經』『天地八陽神呪經』『救護身命經』のようなものも多數含まれる。(48)

これらの經典は中國の歷代の經錄で僞妄を理由に排斥され、入藏しなかったが、朝鮮では、早くから經名に「佛說」の二字を冠して單獨で刊行された他、家宅や土地祭祀に關わる『安宅神呪經』『天地八陽神呪經』『竈王經』『地心陀羅尼經』『明堂神經』などを合綴して『六經合部』と表題したものも、多數流布した。さらに二十數種の疑僞經典を收載した『佛說廣本太歲經』と題する經文集も作られ、ほぼ全道の有力寺院を中心に十七世紀前期以降、諸種の板本が流通している。(49)各地の經巫たちが傳承する經文集も、こうした『佛說廣本太歲經』のような輯本をもとにして適宜、增補や改變が加えられたものとみてよいだろう。

經文の多くが神格の羅列や神兵の結陣、鬼神の捉擒《そくきん》などを主な内容とするのに對して、主に巫女による賽神《クッ》で唱えられる巫歌《プリ》は、德談や讚歌、神の由來歌が多く、經文の内容を踏まえながら、口語を用いてその要點をわかりやすく具體的に說いた釋文ともいうべき性格をもち、巫女だけでなく必要に應じて經巫もこれを用いることがある。(50)

金泰坤編『韓國巫歌集』には、次の三名の巫女が傳承する〈地神プリ〉を收載する。(51)

①　尹乙得（六十一歲、降神巫。江原道高城郡土城面海山里(52)）

②　金也燕（六十歲、世襲巫。全羅北道淳昌郡淳昌面南溪里(53)）

③　裵成女（七十九歳、世襲巫。全羅北道高敞郡海面里金平里）(54)

いずれも方言や訛りが強く、長年口承を重ねてきたものだけに翻字と判讀が困難な部分も少なくないが、①では、

エイアー　地神を拜もう

金氏　明堂の　五方地神に

アー　地神を拜もう

地神　地神を　行って踏んでみよう

アー　地神を拜もう

土地や　地神様　坐定する時や

アー　地神を拜もう　五方諸神に　制度判官

と唱え、以下、五方諸神を順に「南方だから赤帝地神」「北方だから黑帝地神」のように呼びかけて「雜鬼雜神を追い拂う」ことを祈願する。續く〈地神祝願〉では、去る運を呼びこみ、來る運を大きくし、子孫長成、富貴公明、安過太平を、重ねて希求している。

それに對して②では地神の姿を、

地神様は　どこに居るのでしょうか

庭の眞ん中　礎の下に

地神様は　いらっしゃる

背は五十尺で　頭は童子の形

額はさいづち　頬は赤色

鼻は二尺で　耳はペチャンコ
手は鵞鳥　足は黃牛のようで
格好悪く　おしゃれではなくても
福をたくさん增やしてくれる地神大將軍で
いらっしゃる

とユーモラスに描寫し、福德を讃える。その後、②と③ともに、地神がもたらしてくれる惠みを具體的に列擧していく。田畑や家敷、家の中では各部屋に家具や寢具、衣服をたくさん、臺所には調理用具や食糧などをふんだんに與えてくれる地神に感謝し、子孫が皆健やかに育つことを願う內容になっている。この②と③は語り口も柔和で、各家庭での四季の地神祭を主婦が主宰してきたことを如實に示すような、女性の視點からの現實的な福德のありようが詳述されているが、本來の『地神經』の內容に近いのは①の方である。

徐大錫によれば、朝鮮における經巫は、固有の巫俗に中國の驅疫形式が浸透し、ある程度系譜化された道教の神が接續して、佛壇や經籍をはじめ陰陽五行や逐鬼・逐邪・祈願などの諸要素を加味しつつ佛典の體裁に倣った經文が作られ、讀經という巫儀を形成した、と考えられる。

朝鮮では高麗時代に福源宮のような道觀が設けられ、國家的な齋醮も行なわれたが、道教の教團が組織されることはなかった。だが、道士の代りに經巫たちが、經堂や神堂と呼ばれる道觀的な施設を據點に、獨自の宗教活動を續けてきたのである。(55)

結　語

日本の地神盲僧は、朝鮮の經巫のようにさまざまな經文を讀誦することはせず、『地神經』の他には『荒神經』と『般若心經』を用いた程度だが、琵琶を彈奏しながら、物語性に富んだ多彩な釋文を語り續けてきた。朝鮮では釋文的な要素をもつ巫歌《ブリ》が主な經文に合せて生み出され、太鼓を打ち鳴らしながら、地方色豐かに唱えられてきた。この點では兩者の違いは大きいが、經巫の讀經が、鬼神を慰撫して鎭送する女巫らの賽神とは異なって、鬼神を外界に驅逐するものである點は、盲僧とも共通する。

中國においては今のところ『地神經』の存在は確認されていないが、陰陽五行說を中心とする思想的基調が中國に淵源することは言うまでもない。

地神盲僧の釋文では、〈ばんご大王〉から大地と四節を分與された五王子が日本の地主神とされ、とくに四季の土用を司る五郎の王子を信奉して、盲僧が土用に竈祓と荒神祓を行なうようになった由緣を語る。これは日本では地神盲僧の他に、土佐のいざなぎ流の大土公祭文や、備後の弓神樂をはじめ、陰陽道や修験道とも習合しながら各地に傳わる〈五行神樂〉(56)の詞章にも共通するが、これと類似する民俗藝能が中國山西省にも存在するという報告がある。(57)

諏訪春雄氏によると、曲沃縣任庄村で舊暦の正月十四日から十六日にかけて行われる扇鼓儺戲という、中國農村の典型的な惡魔祓いの追儺儀禮で、三日目に演じられる〈坐后土〉と呼ばれる神話劇が、日本の五行神樂と同一の內容をもつ。〈坐后土〉とは、后土聖母娘娘が高堂上におられるという意味で、この祭りの主神である女神が、森羅萬象の全てを支配していることを示す。

女神の誕生日の祝いに、女神の命令を受けた使臣王成の迎えで參上した長男、次男、三男、四男の四人の子は、春夏秋冬と東西南北の支配をまかされるが、參上しなかった五男は、四季から十八日ずつを抜き出した七十二日の土用の日と、中央の支配を委ねられるという筋立てになっている。

最高神の名が母神である后土聖母娘娘であり、兄弟間の戰闘場面がないことや、土用品を選定する人物が文選博士ではなく母親の女神であることなど、いくつかの相違點は認められるものの、四季を五行にあてはめて土用を設けるという基本テーマは一致している、という。

中國で撰述された疑僞經典の中には『安宅神呪經』や『天地八陽神呪經』をはじめとして、『地神經』の内容と密接な關連をもつものが少なくない。東アジア各地に流布したこれらの經典は、長い流傳の過程で、寺院の僧侶だけでなく、それぞれの地域の性格も多様な宗教者たちによって、新たな經文や釋文、巫歌を生みながら、廣く民間に浸透してきたのである。

注

（1）『花鳥餘情』八〈明石〉所引逸文（大日本古記録『小右記』十一、一九八六年、岩波書店、二〇頁）。
（2）三十六人集の一つ（『新編　國歌大觀』第三卷、一九八五年、角川書店、一一八頁）。
（3）川口久雄譯注『新猿樂記』（一九八三年、平凡社東洋文庫）。
（4）兵藤裕己「平家琵琶溯源」（『國文學　解釋と鑑賞』五十二卷三號、一九八七年三月、至文堂）。
（5）『新編　國歌大觀』第三卷（前揭注（2））四四三頁。永井彰子「盲僧琵琶の道」（〈音と映像と文字による大系日本歴史と藝能〉第六卷『中世遍歴民の世界』、一九九〇年、平凡社）。
（6）新編日本古典文學全集『十訓抄』（淺見和彦譯注、一九九七年、小學館）。

（7）　大原で出家したのは、長元九年（一〇三六）のこととされる。

（8）　『吾妻鏡』第三十三（新訂增補國史大系版、後篇、二五六～二五七頁）。ただし、この箇所は島津家所藏寫本による補訂の部分である。梶原正昭「琵琶法師の生活・二　東國と琵琶法師」（『古典遺産』、一九六〇年十月）、兵藤裕己、前揭注（4）參照。

（9）　續群書類從第十三輯下（卷第三百五十九）所收。岩橋小彌太「盲僧考」（『社會史研究』十卷一、二號、一九二三年）、同『日本藝能史――中世歌舞の研究』（一九五一年、藝苑社）、同『藝能史叢說』（一九七五年、吉川弘文館）。

（10）　續群書類從・補遺二所收。上卷四〇一頁。

（11）　岩橋小彌太、前揭注（9）。

（12）　太政官布告第五六八號「盲人ノ官職自今被廢候事」（『法令全書』明治四年版）。

（13）　加藤康明『日本盲人社會史研究』（一九七四年、未來社）、永井彰子「近世における筑前の盲僧」（『福岡縣史』近世研究篇、福岡藩㈢、一九八五年、西日本文化協會）、中野幡能編『盲僧　歴史民俗學論集二』（一九九三年、名著出版）に再錄、永井彰子編著『福岡縣史』文化史料篇〈盲僧・座頭〉（一九九三年、西日本文化協會）などに詳しい。

（14）　宗政五十緖校注『東西遊記』（一九七四年、平凡社東洋文庫）のうち、『西遊記』卷之一、所收。

（15）　筑前の玄清法流所傳の『佛說地神大陀羅尼經』は、『日本庶民生活史料集成』第十七卷〈民間藝能〉（五來重編、一九七二年、三一書房）に、また薩摩の常樂院法流所傳本は、江田俊了『常樂院沿革史』（一九三二年、常樂院）、柳田耕雲『續常樂院沿革史』（一九九〇年、常樂院寺務所）に所收。兩者に大きな異同はない。

（16）　これらの經典については、牧田諦亮『疑經研究』（一九七六年、京都大學人文科學研究所、臨川書店復刻）、拙稿「日本古代における『天地八陽神呪經』の受容」（道教文化研究會編『道教文化への展望』、一九九四年、平河出版社、本書、第五章所收）參照。

（17）　西岡陽子「地神盲僧」（『講座日本の民俗學』七〈神と靈魂の民俗〉、一九九七年、雄山閣）。

（18）　佐々木哲哉「筑前地方の荒神と荒神祭り」（『福岡の民俗文化』、一九九三年、九州大學出版會）、永井彰子編著『福岡縣史』

文化史料篇〈盲僧・座頭〉（前掲注（13））。これは小川行舜師による荒神祓の例である。

（19）「國東の盲僧」（〈音と映像と文字による大系日本歴史と藝能〉第六巻『中世遍歴民の世界』前掲注（5））、小澤昭一「諸國藝能旅鞄——〈國東に琵琶を聽く〉の巻」（『太陽』、一九七三年三月）、同『日本の放浪藝』（一九七四年、番町書房、のち角川文庫所收）、永井彰子「盲僧琵琶　高木清玄さんに聞く」（『部落解放史ふくおか』八十五號、一九九七年、福岡部落史研究會）。

（20）一九九九年三月に鹿兒島大學（當時）の高松敬吉氏に同道して中島常樂院を訪れた折、吹上町教育委員會の佐土原伸也氏のご好意により、一時間四十分に及ぶ全編を上映していただくことができ、高松氏によってデジタル錄畫も行なわれた。兩氏に改めてお禮申し上げたい。

（21）江田俊了『常樂院沿革史』（前掲注（15））。

（22）薩摩島津莊の總地頭であった島津忠久の薩摩・大隅守護職補任は建久八年（一一九七）のことで、日向守護職はその後の追任。承久三年（一二二一）には越前守護となった。

（23）村田熙「薩摩盲僧の檀家制度」（『どるめん』四號、一九七四年）、『村田熙選集　一〈盲僧と民間信仰〉』（一九九四年、第一書房）。

（24）村田熙「地神樂（妙音十二樂）の資料」（前掲注（23））。

（25）長久寺所藏の史料については、荒木博之、西岡陽子編『地神盲僧資料集』（一九九七年、三彌井書店）所收。

（26）十二樂曲目は次の通りである。「松風」「村雨」「杉の森」「軒《のき》の水」「五調子」「忘れ撥」「七つ撥」「八つ橋」「六調子」「盤渉」「鳳の聲」「後生樂」。

（27）五來重編『日本庶民生活史料集成』第十七巻〈民間藝能〉（前掲注（15））、柳田耕雲『續常樂院沿革史』（前掲注（15））、荒木博之、西岡陽子編『地神盲僧資料集』（前掲注（25））、『鹿兒島民俗』一一〇號〈特集・薩摩盲僧資料〉（一九九六年、鹿兒島民俗學會）等に翻刻がある。拙稿「『地神經』と〈五郎王子譚〉の傳播」（『日本文學』四十七巻七號、一九九八年、本書、第九章所收）參照。

（28）天澤退二郎「詩から詞へ」（『朝日新聞』一九九九年十一月十三日〈夕刊〉コラム）。

（29）以下は『入來町誌』所載の伊集院に在住する小吹廷寛師（大正七年生）が傳える作法だが、映畫の福貴島順海師とは二歳違うだけで、作法も同じである。成田守『盲僧の傳承』（一九八五年、三彌井書店）參照。

（30）豊臣秀吉による朝鮮出兵の際、島津義弘の戰勝祈願として行なったのが起源とされる民俗藝能。

（31）薩摩では地神盲僧のことを「カトク（家督）どん」と呼ぶことも多く、廻檀の際の定宿も家督宿と呼ばれた。有馬英子「カトクさんの昔話」（『鹿兒島民俗』一一〇號、前揭注（27））には、福貴島順海師からの聞き書きと遺影を收める。

（32）CD『今を生きる琵琶盲僧の世界』（企畫・制作・解説　川野楠己、一九九七年、茶圓製作所）ほか。

（33）NHK教育テレビ「琵琶法師にあったことがありますか」（一九九九年十一月十五日放送）。

（34）守田梢《こみ》路「現代の肖像　永田法順」（『AERA』一九九九年八月三十日號、朝日新聞社）など。

（35）水井彰子編著『福岡縣史』文化史料篇〈盲僧・座頭〉（前揭注（13））の「解說」五五九～五六〇頁には、玄清法流の所傳を中心に十九種の寫本を記錄するが、この他にも成田守『盲僧の傳承』（前揭注（29））に中島常樂院文書の「フッセツ盲傳」、村田熙によって、やはり常樂院文書の「地神盲僧根元」と鯵坂家文書の「地神座頭根元」が『鹿兒島民俗』一一〇號（前揭注（27））に、日南の長久寺文書「佛說盲僧元祖緣起」が荒木博之、西岡陽子編『地神盲僧資料集』（前揭注（25））に、それぞれ翻刻されている。また、青森、岩手、宮城地方の盲僧の始祖傳承の紹介が石井正己「盲僧と盲巫の始祖傳承」（『口承文藝研究』十二號、一九八九年、日本口承文藝學會）にある。

（36）岩橋小彌太を通じて京都大學文學部所藏寫眞を翻刻したという。「正安三（一三〇一）辛丑年三月望日　眞如院受山謹記」という識語をもつが、永井彰子（前揭注（13））によれば、受山（受三・壽讃とも書く）大德を開基とする博多の臨江山妙音寺の緣起を加味した一本で、筑前、筑後、豊前地方に流布した盲僧緣起の中には、妙音寺の創建年に因んで緣起の紀年を正安三年もしくは同元年とするものが多いという。

（37）『鹿兒島民俗』一一〇號（前揭注（27））。同誌の村田熙「薩摩盲僧資料序說」によると、日南市の長久寺（常樂院寺務所）に殘っていたパンフレット樣の印刷物で、表紙に「常樂院」の寺名が印刷されており、『常樂院沿革史』（昭和七年刊）の編纂に用いられた史料を本篇とは別に刷ったもので、原本は戰災で燒失したと考えられる。

（38）荒木博之「盲僧の傳承文藝」（『講座・日本の民俗宗教』七〈民間宗教文藝〉、一九七九年、弘文堂）。
（39）伊藤亞人「韓國の民間讀經師」（『週刊朝日百科　日本の歴史〈中世Ⅰ―五〉』、一九八六年五月）、同「韓國の民間信仰における道教の傳統」（『朝鮮文化研究』一號、一九九四年、東京大學文學部）など。
（40）折口信夫「雪の島」（『古代研究』第三巻、一九三〇年、大岡山書店、『折口信夫全集』第三巻）。同「壱岐民間傳承採訪記」（『民俗學』一巻三號～二巻四號、一九二九～三〇年、『折口信夫全集』第十八巻）、村山道宣「對馬盲僧のサワリ落とし」（『國文學　解釋と鑑賞』四十六巻八號、一九八一年）、兵藤裕己「平家琵琶溯源」（前掲注（4））、西岡陽子「盲僧傳承の古層」（『御影史學論集』十六號、一九九一年、御影史學研究會）など參照。
（41）金東旭「新羅行者念佛の説話」（『震檀學報』二十三輯、一九六二年、韓國、震檀學會）、永井彰子「韓國の盲僧集團」（『部落解放史ふくおか』七十七號、一九九五年、福岡部落史研究會）。
（42）十五世紀末期の成立、全十巻。『大東野乘』巻一所收。野崎充彦「『慵齋叢話』――十五世紀朝鮮士大夫の視野と語りについて」（『人文研究（大阪市立大學文學部紀要）』四十六巻八分册、一九九四年）參照。
（43）十九世紀前期の成立、全六十巻。初刊は一九五九年、ソウル、東國文化社。三浦國雄編『五洲衍文長箋散稿索引』（一九九〇年、中文出版社）がある。李圭景については鄭聖哲『朝鮮實學思想の系譜』（邦譯版、一九八二年、雄山閣）に詳しい。
（44）初刊本は『韓國道教史』（一九五九年、韓國、東國大學校）、李鍾殷によるハングル譯版（付、漢文原文）は、原題の『朝鮮道教史』で、一九七七年、普成文化社。第二十二章「道教與盲人之關係」に詳細な論述がある。
（45）『道藏』洞眞部本文類、所收。涵芬樓版、第二十五册。洞眞部玉訣類、第五十册には宋代の白玉蟾による註釋などが收められている。臺灣などの齋醮では現在でも『北斗經』『三官經』とともに重用されている。大淵忍爾編『中國人の宗教儀禮』（一九八三年、福武書店）參照。朝鮮本『玉樞經』については、車柱環『朝鮮の道教』（三浦國雄、野崎充彦譯注、一九九〇年、人文書院）の譯者による「朝鮮道教關係文獻解題〈十一〉玉樞經」參照。
（46）全二巻、京城、一九三七年、大阪屋號書店。
（47）徐大錫「經巫攷」（『韓國文化人類學』一輯、一九六八年、韓國文化人類學會）、同『韓國巫歌の研究』（一九八〇年、文學

思想社）。この論考の譯讀については、一橋大學大學院の三ツ井崇氏のご助力をいただいた。記してお禮申し上げたい。

(48) 伊藤亞人「韓國の民間信仰における道教の傳統」（前掲注（39））。拙稿「朝鮮の北斗信仰と所依經典」（『豐田短期大學研究紀要』四號、一九九三年、本書、第十五章所收）、同「朝鮮本『天地八陽神呪經』とその流傳」（『東京成德大學研究紀要』四號、一九九七年、本書、第十七章所收）など。

(49) 拙稿「朝鮮における道佛二教と巫俗の交渉――付、朝鮮本『佛說廣本太歲經』影印」（『東京成德大學研究紀要』五號、一九九八年、本書、第十六章所收）、永井彰子「韓國盲僧の語り――物語以前」（『口承文藝研究』二十二號、一九九九年）など。

(50) 永井彰子「韓國盲僧の語り――物語以前」（前掲注（49））。

(51) 『韓國巫歌集』全四卷（一九七一～七九年、集文堂）。〈地神プリ〉の譯讀については、橫濱國立大學の須川英德・金範洙氏にご助力をいただいた。記してお禮申し上げたい。

(52) 『韓國巫歌集』一、一六五～一六九頁。

(53) 同前書、二、六十三～六十六頁。

(54) 同前書、三、三五二～三五三頁。

(55) 現在の韓國では、大韓盲人易理學會という組織を中心に、かつての盲僧の集團としての性格は薄れたものの、占卜業と讀經を專業とする盲人の職能集團に、その傳統は繼承されている。永井彰子「韓國の盲僧集團」（前掲注（41））參照。

(56) 石塚尊俊「五行神樂の分布と源流」（本田安次博士古稀記念會編『藝能論纂』、一九七六年、錦正社）、鈴木正崇「弓神樂と土公祭文」（『民俗藝能研究』三號、一九八一年、民俗藝能學會、『神と佛の民俗』、二〇〇一年、吉川弘文館）、拙稿「『地神經』と〈五郎王子譚〉の傳播」（前掲注（27））など。

(57) 諏訪春雄『日中比較藝能史』（一九九四年、吉川弘文館）第六章「日本の神樂と中國の民間祭祀」。

〔附記〕

成稿後、福田晃・荒木博之編『巫覡・盲僧の傳承世界』第一集（荒木博之「盲僧の始源」、高松敬吉「盲僧の漢字表記の「釋

文」について」などの諸論收載。一九九九年、三彌井書店）、野崎充彦「パンス試論――朝鮮盲僧の占卜・呪詛・祈雨について」（『人文研究』五十二巻四分册、二〇〇〇年、大阪市立大學文學部）、川野楠己『琵琶盲僧　永田法順』（二〇〇一年、NHK出版）、永井彰子『日韓盲僧の社會史』（二〇〇二年、葦書房）、高松敬吉「靑蓮院の盲僧文書『華頂要略附錄』（第卅六、盲僧支配）について」（『櫻文論叢』五十五巻、二〇〇二年、日本大學法學部）などが刊行された。

終章　ベトナムにおける僞經と善書の流傳
——佛道儒三教と民間信仰の交渉をめぐって——

緒　言

ベトナムは漢字・漢文文化圏に屬し、中國とインドの文化が交錯する地域として、獨自の宗教的展開をみた。本章ではハノイに現存する漢文と字喃《チュノム》の宗教文獻に含まれる僞經と善書に注目し、中國宋代以降、アジア諸地域に廣まった佛道儒三教一致の思想と、ベトナムの民間信仰との習合形態について考察する。

インドシナ半島の東岸部に位置するベトナムは、北部の首都ハノイを中心とする紅河《こうが》デルタと、中部の舊都フエとダナン周邊の小平野、南部のホーチミン（舊サイゴン）を中心とするメコンデルタを除くと、山地が國土の七割以上を占める。この三つの地域は長く侵攻と融合を相互に重ねてきたが、とくに北部と中部北境では十世紀中期までの約千年間に渉り、中國の領土として直接支配を受けたため、中國文化の影響が色濃い。北屬期と呼ばれるこの時期には中國とインドの雙方から佛教が傳わり、中國からはさらに道教や儒教も傳播して、民間信仰との習合が進んだ(1)。文字表記は漢字の構成要素を獨自に組み替え、その讀音をベトナム語の表記に適合させた字喃が十三世紀末頃に成立するまでは、專ら漢字を使用してきたが、字喃は十四世紀以降、典籍・文書や史料などを通して廣く普及した(2)。

ベトナムの漢字と字喃による文獻史料は、北屬期以後の各王朝において收集と活用が圖られてきたが、とくに一八〇二年から一九四五年まで阮《グエン》朝の首都となった中部のフエには、六つの書院が順次設置され、保存や印刷の中樞を擔った。その間、十九世紀中期から二十世紀後期にかけての、フランス、中國、日本、アメリカの相次ぐ侵攻による激しい戰火に曝されながらも、辛うじて焼失を免れた古典遺産の多くは、現在では、ハノイの社會科學院・漢喃研究院と第一公文書館の所藏となり、國際的な調査研究や收集が續けられている(3)。

これらの漢喃文獻類に關しては、フランスとベトナムの雙方でいくつかの目錄が作られているが、近年、中國福建省を介して歷史的にも關係の深い臺灣の中央研究院により、詳細な書誌情報を備えた『越南漢喃文獻目錄提要』全二巻四冊が、〈中國文哲研究所圖書文獻專刊〉七・八として刊行され、その全容に接することが可能となった(4)。本章ではこの目錄を手がかりに、ハノイに現存する漢喃文獻の中に見出せる僞經と善書の特質について、同じく漢字・漢文文化圈に屬する朝鮮と日本との對比も視野に置きつつ、小考を試みたい。

一、ベトナムとの往還――佛哲・平群廣成・阿倍仲麻呂――

日本とベトナムの往還は八世紀前期、天平年間から始まる。『續日本紀』天平八年(七三六)八月二十三日條には、入唐副使の中臣名代が「唐人三人、波斯《はし》一人」を伴って歸國したとあるが、三人の唐人とは唐僧の道璿《どうせん》、波羅門《バラモン》僧の菩提僊那と林邑《りんゆう》僧の佛哲(徹)で、波斯はペルシャ(現在のイラン)人の李密翳《りみつえい》をさす。この內、林邑はインドシナ半島のメコン河下流域で、ベトナム南部にあたる。大安寺の修榮が神護景雲四年(七七〇)に撰錄した「南天竺波羅門僧正碑幷序」(5)や『東大寺要錄』巻二供養章所引「大安寺菩提傳來記」(6)、虎關師錬『元亨釋書』巻十五「南天竺菩提」、「林巴國佛哲」(7)等によると、中國・五臺山における文殊菩薩の靈驗を聞いて修行を志し、南天竺から入唐した菩提僊那が、遣唐使多治比廣成らの要請を受けて來日することになり、佛哲も道璿とともに同行した。一度渡海に失敗し、大使の多治比廣成らに一年遅れて到着したが、佛哲は菩提僊那とともに大安寺に止住し、林邑樂の教習にあたった。彼らが來日した際、難波津に出迎えた行基は、東大寺の盧舍那大佛の完成直前に死去したため、天平勝寶四年（七五二）四月の開眼供養會では菩提僊那が導師を務め、佛哲の傳えた林邑樂が奏された。林邑樂はその後大佛佛頭修理供養の無遮大會や朝廷の饗宴、寺院の齋會などで演奏され、雅樂寮が傳習した。

林邑から唐を經て來日した佛哲とは逆に、唐からの渡航に失敗して林邑に漂着し、再び唐と渤海を經て歸還したのが平群廣成である。平群廣成は多治比廣成、中臣名代らと同じく天平五年四月に出發した遣唐使の判官で、この一行は同六年十月に四隻同時に蘇州を出航して歸途についたが、暴風雨のため、平群廣成ら一一五名の乘った一隻は「崑崙國」に漂着した。しかし賊兵に襲われて捕えられ、殺されたり逃亡した者も出た他、惡疫のために死亡した者も九十餘名にのぼった。生き殘ったのは廣成ら僅かに四名だけで、崑崙王に見《まみ》えて食料等を得たが、翌七年に唐の嶺南道欽州（現在の廣西壯族自治區欽州縣）の「熟崑崙」らの船に密かに乘り込んで再び入唐した。そして唐王朝に仕えていた阿倍仲麻呂の計らいで玄宗皇帝から船と食料を與えられて渤海を目指した。天平十年（七三八）三月に登州を發ち、五月に渤海に入ったところ、ちょうど渤海王の大欽茂が日本に第二回目の遣使する船に、同乘できることになった。途中、渤海の大使の乘船は沈沒したが、廣成らの船は、翌十一年七月に出羽國に無事到着した[8]。

『續日本記』の同年十一月三日條には、「平群臣廣成ら拜朝《みかどをがみ》す」と記した後、歸國に五年を費し、七年ぶりに歸還した彼らの苦難に滿ちた足取りを、以上のように詳記している。一行が漂着した「崑崙國」は、中國の西戎の部族名（『書經』禹貢）のほか、黃河源流の玉を產出する山脈と佛典の須彌山を同一視する例もあるが、この場合はメコン河下流域以南の林邑（チャンパ）を指す[9]。宋の李昉らが編纂した『文苑英華』巻四七一、翰林制詔・蕃書四に載る玄宗皇帝の「勅日本國書」[10]には、天平六年十月に蘇州を出航した四隻の遣唐使船の、それぞれの結末が記されているが、平群廣成らの船は「漂いて林邑國に至る」と述べた後、

既に異域に在り、言語不通にして、竝に劫掠され、或いは殺され或いは賣らる。言念と災患は、聞くに忍びず。

と傳える。さらに近年、林邑諸國は唐に朝貢するところが多いので、安南都護を通して、もし漂着船があれば唐に送還し、待機中も撫養するように勅令で告示した、という。

ちなみに平群廣成の一行が渤海經由で歸國の途につけるよう手配した阿倍仲麻呂は、養老元年（七一七）に吉備眞備や玄昉らと共に入唐してから、既に二十年を閲しており、大使の多治比廣成らと一緒に歸國することを希望したものの、玄宗に重用されていたため許可が得られなかった。長年の希望が漸く叶ったのは十五年後の天平勝寶五年（七五三）十一月のことで、前年入唐した藤原清河の一行に同船して蘇州の黃泗浦を出航した。この時の第一船には大使藤原清河と阿倍仲麻呂、第二船には副使大伴古麻呂と鑑眞、第三船には副使として再度入唐した吉備眞備、第四船には判官の布施人主らが分乗していたが、第一船と第二船は阿兒奈波嶋（沖繩）に前後して着いたものの、清河と仲麻呂が乗った第一船は座礁し、行方不明となった。鑑眞が乗る第二船は、吉備眞備の第三船と同じく益《や》久《く》嶋を經て無事歸着し、途中火災を起して遲れた第四船も四月に薩摩に到着した。

第一船は奄美嶋を目指したが南方に流され、安南に漂着した。『續日本記』寶龜十年（七七九）三月四日條には、藤原清河に從二位を追贈する記事に續けて、次のように記す。

清河は贈太政大臣房前の第四子なり。勝寶五年、大使として唐に入る。廻《かへ》る日逆風に遭ひて、唐國の南邊驩州《くわんしゆう》に漂着す。時に土人《くにひと》に遭ひ、及《また》船を合せて害《そこな》はる。清河、僅に身を以て免れて、遂に唐國に留り、歸《かへ》朝ること得ず。後十餘年に、唐國に薨じぬ。

また阿倍仲麻呂が三十五年ぶりの歸國を前にして、明州（後の寧波）で詠んだという『古今和歌集』巻九・羇旅に載る著名な望鄉歌、

天の原　ふりさけ見れば　春日なる　三笠の山に　いでし月かも

について藤原仲實の『古今和歌集目錄』（『群書類從』第十六輯所收）の阿倍仲麻呂傳には、漂着後、群盗に襲われ、一行一七〇餘名の内で生き殘った者は僅かに十餘名であった、という一節もある。

二人はともに長安において唐王朝に仕え、彼の地で生涯を終えたが、仲麻呂の後半生はさらに數奇な經歴を辿った。玄宗に續いて肅宗にも重んじられた仲麻呂は、唐・上元元年（七六〇）に鎭南都護となった。唐は二年前に安南都護府を鎭南都督府に改めて節度使を置き、ベトナムへの直接支配を強化していたが、仲麻呂は代宗の永泰二年（七六六）には、安南節度使となり、德化・龍武二州の宣撫にあたっている。この年、鎭南都督は再び安南都護に改められ、仲麻呂が長安に歸着したのは、その翌年のことであった。(11)

二、ベトナムにおける佛道儒三教と民間信仰

（1）北屬期の佛教

佛哲の故地であり、平群廣成が漂着した林邑國は二世紀後期頃にチャム人が後漢の支配から獨立した民族國家で、やはり一世紀中期に獨立したクメール人の扶南とともに、早くからインドの佛教文化が傳わっていた。この二つの地域に鄰接するベトナム北部には、前漢末期に交趾《こうし》など三郡が置かれ、南海交易の據點となっていたが、インドの影響はこの地域にも及んでいた。しかしインドシナ半島の他の民族國家とは異なり、千年間にわたって中國の直接支配を

受けたベトナム北部から中部にかけては、中國文化圏に屬する地域として、中國とインド雙方からの佛教文化が交錯しつつ、獨自の展開をみた。

三世紀前期に呉の孫權は、交趾・合浦・九眞・日南を交州とし、南海・蒼梧・桂林を廣州と區畫して、嶺南地域への新たな統治を圖った。ベトナム王朝の正史である『大越史記全書』(12)には、北屬期における中國支配に對する反亂を數多く傳えるが、一方で林邑の交州侵攻と、交州を足場とした中國の林邑攻撃も繰り返されており、交州と林邑の境界は中國とインドの文化勢力の角逐の場でもあった(13)。

七世紀初頭に隋の文帝は林邑の都を陷落させ、多數の佛典や財寶などを略奪したが、交州のベトナム人に對するような壓政を強いることはなかった。だが唐代になると交州支配はさらに强化され、七世紀後期に高宗は交州を龍編《ロンビエン》と改稱して安南都護府を置き、朝鮮の安東都護府とともに南と東の植民地として位置づけた。これを契機としてベトナム佛教に中國の影響が顯著になる。

西域を經由して中國に入った佛教が江南に達する前に、交州にはインドから海路を經て佛教が傳わり、寺院の建立や僧侶の得度、譯經などが行われていたが、その中心となったのは禪宗であった。中でも南天竺の婆羅門の出身で六世紀末に交州に來た毘尼多流支《ティニダルウチー》（ヴィニータルチ）が法雲寺に入り、『象頭精舍經』や『大乘方廣總持經』などを漢譯してインドの禪を傳え、ベトナムにおける禪宗の最初の法脈を形成したとされる。さらに九世紀初頭には廣州出身の無言通《ヴォーゴントン》によって馬祖道一《ばそどういつ》が大成した南宋禪が傳えられ、毘尼多流支派と無言通派は、北屬期以後、最初の長期政權となった李朝の末期にあたる十三世紀初頭まで、法脈を保った。

この兩派については、無言通派第八世にあたる通辨《トンビエン》の言行を記錄した『照對錄』や、同書に基づいて十四世紀頃に編纂された『禪苑集英』などの禪宗史書に依據するところが大きいが、その實態に關しては不明な點が少なくない。

ただ主に用いられた經典については、無言通派の場合、禪宗と華嚴宗の影響が強い中國撰述の僞經である『圓覺經』をとくに重んじており、注釋書も多數撰錄されている。『華嚴經』や『法華經』の他、陀羅尼を重視する傾向が顯著だが、山川草木などの自然に眞理を見出し、悟境を示す偈に詠み込む點では毘尼多流支派も一致することが指摘されている。[14] 九七三年には華閭《ホアルー》に地獄の亡者を救濟するために『佛頂尊勝陀羅尼』を刻んだ石柱が一〇〇基建てられたように、密教も定着しつつあり、無言通派の僧侶の中には、密教や淨土教を兼學する者もあらわれた。

（2）獨立初期の佛教・道教・儒教

唐が九〇七年に滅ぶと、中國は五代十國時代に入り、周邊諸國への壓力は弱まった。ベトナムでは九三七年に吳《ゴ》權《クエン》が擧兵して廣東の南漢軍を破り、翌年、王位に就いて古螺《コーロア》に都を定めた。吳朝に續く丁《ディン》朝、黎《レ》朝はいずれも短命に終ったが、佛教とともに道教も保護された。この時期に特筆されるのは、黎朝の太祖黎《レ》桓《ホアン》が刊行間もない宋版大藏經（開寶藏）を一〇〇五年に下賜されたことである。第三代黎《レ》鋌《ディン》も一〇〇九年に大藏經と儒教の九經を得ているが、その一方で、僧侶に對する迫害が行なわれており、背景には外交儀禮的要素もあったと見られている。

一〇一〇年に建國された李《リー》朝は、最初の長期政權となったが、太祖の李《リ》公蘊《コンウアン》は幼少時に古《コ》法《ファップ》寺の僧の養子となり、毘尼多流支派の萬行《ヴァンハイン》禪師のもとで修行した時期もあったため、佛教の振興に努めた。各地で寺院の建立や修復を行なう一方、僧服を與え、宋版大藏經の書寫を奬勵した。以後、李朝の皇帝は重ねて宋版大藏經を入手して流布を圖り、自ら禪僧となった例も少なくない。

李朝では佛教と同時に道教も保護され、太祖は各地で道觀の修復を行なった。ベトナムへの道教の傳來は五世紀まで溯り、この頃既に交州には後漢の張道陵に始まる天師道が入っている。[15] 唐代には二十一に上る道觀が建てられ、丁朝では九七〇年頃に道士を道官として官僚組織に組み込んでおり、道士の人數は統制を必要とする程であったことが窺える。

李朝太祖は一〇一一年に首都昇龍《タンロン》（現ハノイ市街北部）の城内に道觀太清宮《ダイタイン》を萬歳寺《ヴァントゥエ》と左右對稱に造營し、一〇一八年には宋に對して大藏經とともに、道教經典を集大成した道藏の下賜も求めている。[16] さらに李朝中期の四代仁宗《ニャントン》以降になると、北宋道教の影響による景靈宮、五嶽觀、延生殿などの道觀が相次いで造營され、行幸や齋醮（道教儀禮）が、しばしば催された。太清宮や景靈宮は次代の陳朝《チャン》（一二二五～一四〇〇）にも繼承され、とくに太清宮には天尊が祀られて國家的齋醮が行なわれた。また一二七六年に南宋の福建から同門の道士らと渡來した許宗道は通聖觀を據點として布教した。一二八四年から八八年にかけての元軍侵攻に際しては陳朝軍と行動を共にし、死者供養のための黄籙齋や投龍簡などの齋醮・科儀を催行している。

李朝には儒教の積極的な導入も進められた。十一世紀中期の三代聖宗《タイントン》の治世には孔子と周公を祀る文廟が造建され、四代仁宗《ニャントン》の一〇七五年には儒教式の官吏登用試驗である科擧を始め、國子監を創設して官僚の育成に努めた。佛教と儒教・道教に關する三教試も行なわれ、合格者から僧錄や僧統などが任じられた。一一〇九年に釋惠興が撰錄した『天福寺洪鐘銘《ティエンフック》』[17]には、『法華經』の讀誦と本心を悟る禪の修行に、儒教的國家觀と道教的世界觀が盛り込まれており、[18] この時期の宗教思想の性格を集約する。

陳朝《チャン》においては、太宗が國學院を建てて四書五經の講義を行なうとともに、禪の振興がさらに進められた。無言通派第十七世の慧忠《トエチユン》に師事した三代仁宗《ニャントン》は退位後に出家して安子山《イエントゥ》に入り、竹林大士《チュクラムダイシー》と稱した。『禪林鐵嘴語錄』などの著作があり、法螺《ファップロア》と玄光《フェンクアン》禪師に繼承された法流は、無言通派に臨濟宗の禪風を加味したもので、この三者は竹林三祖と呼ばれ、その言行を記した『三祖實錄』は現代に至るまで重んじられている。

陳朝では元の侵攻を受けたこともあって、法螺らが繰り返し大藏經の書寫を呼びかけ、王族らも率先して協力しているが、これは高麗における大藏經の編纂と刊行の背景とも共通する點が多い。「大治丙午年（一三六六）」という陳朝の紀年をもつ『吳氏家碑』には、隱元という道士に「符水之功」があり、『玉帝經』ならびに『大悲經』を受持していたと記されており、[19]道士と符水信仰の關係や、玉皇上帝と觀音菩薩に關する經典を携えていた點など、この時期の道佛二經と民間信仰の關係を考える上で注目すべき內容を持つ。[20]

また十三世紀末頃から十四世紀初期にかけて成立した字喃は、佛教文獻にも盛んに用いられるようになるが、それは佛教の地方への浸透や女性信者の增加をも促す結果となった。

（3）　黎朝以後の三教と民間信仰

陳朝が滅んだ後、一四一三年から三七年にかけて明の永樂帝による侵攻と支配が續いた時期には、四書五經と佛典の普及を圖る一方で、僧侶と道士の統制を強め、歷代王朝の史書や地理書、詩文集などを大量に沒收して金陵（南京）に運んだ。しかし一四二八年に黎利《レロイ》が明を擊退して卽位し、國號を大越《ダイヴィエット》と改めると、五經博士を置いて儒教を奬勵したのに對して、佛教は統制の對象となり、禪宗は儒教色を強めた。また道教との習合もすすみ、祈禱や呪詛が流行した側面もみられる。政權の分裂と抗爭が續いた十六世紀には佛教は一時衰退するが、一五七八年に建立された高陽寺の『三經像碑銘竝敍』には、同寺に釋迦・孔子・老子の三尊像を合祀したことが記されており、[21]三教交涉の樣相を具體的に物語る。

十七世紀に入ると佛教はやや勢力を回復する。福建出身の臨濟僧で、拙公《チェットコン》和尙とも呼ばれた拙拙禪師は、カンボジアを經てベトナムに入り、中部から北部にかけて二十年にわたって布教した。佛教の五戒と儒教の五常の一致を唱え、儒教を星、道教を月、佛教を太陽に譬えて三教の優劣を説いたことでも知られる。

また拙公の弟子である明行は中國江西省の出身で、ベトナムで拙公と出會って師事し、中國から將來した佛典を佛跡寺に納めて、一部は版刻に付した。拙公が晩年に止住した寧福《ニインフック》禪寺を據點として活動を續け、皇帝に供奉して「成等覺大禪師化身菩薩」とまで賞揚された。現在、ハノイを中心とする北部の寺院では、諸佛を道場に奉請する儀式に先立って、拙公と明行を奉請するのが通例となっているが、それはこの地域の佛教が、兩者によって培われたという認識を示す(22)。

一八〇二年にベトナム最後の王朝となった阮《グエン》朝が成立すると、儒教が國教とされたのに對して、佛教は迷信と位置づけられた。民間に浸透した佛教は、黎朝後期を通じて精靈信仰や祖先信仰などとの混淆を深めたのに加え、道教との習合もさらに進んだ。この時期には僧侶が道士を自稱して、驅邪や治病・祈雨などを目的とする雷法を行なったり、無緣佛を供養する施餓鬼會である水陸會において、法會の中心を道士が占め、佛呪ではなく道呪によって執行した事例も知られている。これは徒らに道佛二教の混融を進めようとした譯ではなく、それぞれの儀禮や祭祀の主旨と方法を尊重し、正確に實踐した結果と考えられる(23)。

ベトナムの道教においては、玉皇上帝とその配下の北斗・南曹の星辰をはじめ、竈神などの諸神が特に重視された他、道教と密教の混融した呪法を驅使する符水師《フートゥイ》や、童骨《ドンコット》と總稱される男女の靈媒による聖母道《タインマウ》、あるいは風水卜占などの活動も盛んに行なわれたが(24)、その背景には、度重なる戰亂や災害による苦難に滿ちた生活からの脫却を、強く希求した人々の眞情が如實に看て取れる。

三、漢文・字喃佛教文獻にみる僞經

前節では主に北屬期以後における佛道儒三教と民間信仰との重層的展開をめぐって、先學の研究を祖述する形で概觀したが、本節ではさらに現存する漢文・字喃佛教文獻にみられる僞經を中心に、その様相を具體的に考察したい。

冒頭で言及した『越南漢喃文獻目錄提要』の子部〈佛教〉には三一四部を著錄するが、その內譯は、

	漢文書	喃文書	中國重抄重印本	合計
經	六	二〇	六四	九〇
律	二	一	二二	二五
註疏	一	三	二四	二八
論述	七四	一六	八一	一七一

となっており、一見して中國典籍の重抄・重印本が高い比率を占めることがわかる。また經典は漢文に較べて喃文の方が多いのは、布教の必要から譯經が行われた結果であろう。經典には『華嚴經』（目錄番號二六一一、以下同じ）、『妙法蓮華經』（二六二一）、『金剛般若波羅蜜經』（二六三八他）、『大般涅槃經』（二六三四）、『大乘無量義經』（二六三九）、『大方等大集經』（二六四三）、『大方廣佛華嚴經』（二六四四）、『阿彌陀經』（二六四六他）、『仁王護國般若波羅蜜多經』（二六五二）、『佛說長阿含經』（二六五九）、『佛本行集經』（二六六五）、『金光明最勝王經』（二六七三）、『金剛壽命經』（二六七五）、『維摩詰所說經』（二六八七）、『增一阿含經』（二六八九）、『藥師經』（二六九二他）、『護諸童子陀羅尼經』（二六九四）、など、護國や攘災等の功驗を說く基本的なものが竝ぶが、以下のように僞經とされるものも少なくない。[25]

（1）『佛説救苦眞經』（二六〇八）抄本、漢文と喃文。
敦煌出土スタイン本四四五六號に「救苦観世音經」一卷があり、五道大神や閻羅王による審判や無量壽國への往生などを說く。地獄に墮ちた亡者を救濟する道教の神格である救苦天尊を祀り、疫疾や攘災などを祈願する齋醮で用いる懺文とも關連するか。[26]

（2）『觀音過海經』（二六一二）一八九八年刊、香蹟寺観音閣藏版、漢文。
觀音菩薩に對する修行、除災の功德などを說く。

（3）『地母經』（二六一八）印本、喃文。
衆生の濟度に關する佛尊の頌歌からなる。

（4）『佛說目蓮救母經演音』（二六二四）印本二種、喃文。
釋迦十大弟子の一人、目蓮が地獄に墮ちた母を救う話を敍述する。同類の經典として次の三種がある。

『目蓮經』（二六五五）一七三七年、順安府沂江社大光寺刊、中國重抄印本。

『目蓮懺法經』（二六五六）印本二種、中國重抄重印本。その抄本として『慈悲道場目蓮懺法』（一八二九、興慶寺住持の序文）もある。

『壽命鴻名盂蘭』（二六八八）中國重抄重刊本で、『金剛壽命經』『鴻名寶懺儀式』『盂蘭盆經』の合刊本。

（5）『三千佛名經』（二六三八）印本三種（海陽省大心寺、河内靈光寺、北寧省靈光寺刊）。中國重抄重印本。各種經典中から佛名、佛典を抽出・列擧し、それらの名號を誦持すれば除災招福が得られると說くもので、本書は『佛說佛名經』『現在賢劫千佛名經』『未來星宿劫千佛名經』を包括する。

（6）『萬佛名經』（二六八三）印本、一八四六年、維仙縣龍隊山寺刊、中國重抄重刊本。

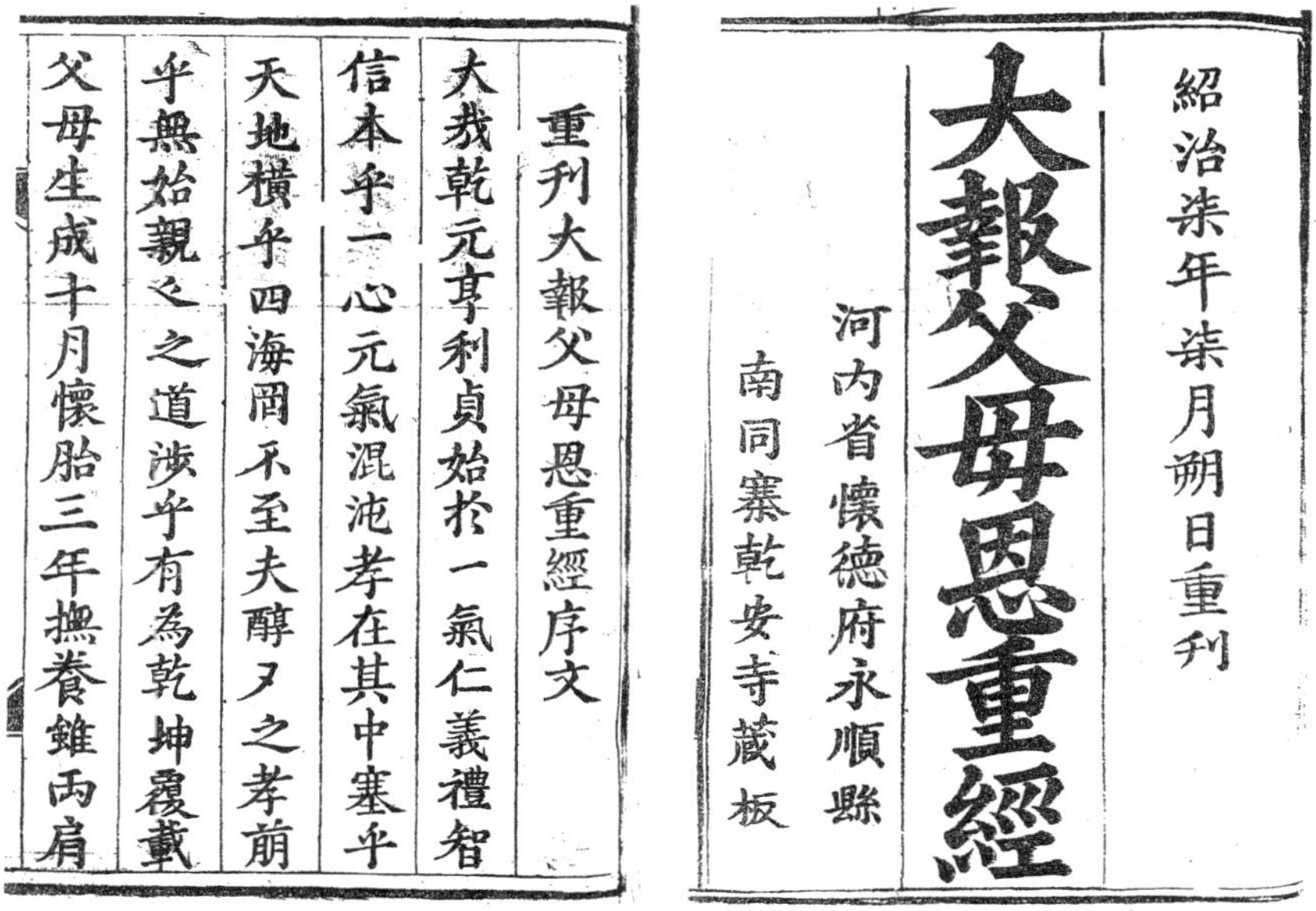

圖1　『大報父母恩重經』　扉（右）、序文（左）（以下、提出史料は全て漢喃研究院所藏）

（7）**『大報父母恩重經』**（**圖1**）（二六四九）印本、一八四七年、河内南同寨乾安寺刊、中國重抄重印本。父母の乳哺養育の恩と子の報恩を説くもので、孝思想を取り入れた代表的な僞經。八世紀初期に道經の『太上老君説報父母恩重經』と前後して成立し、敦煌や朝鮮、日本など中國周邊の諸地域に廣く流布した。『大報説報父母恩經』はその增宏本で、繪入本も少なくない[27]。

（8）**『高王觀世音眞經』**（二六七八）印本、一八七五年、興福寺刊。中國重抄重印本。

本經は唐の道宣が六六四年に撰錄した『大唐内典錄』巻十「歷代衆經應感興敬錄[28]」に初見するが、『魏書』巻八十四・盧景裕傳によって、東魏の高歡（後の北齊高祖武帝）の名を冠して『觀世音經』に擬定されたことが判明する僞經。七三〇年に智昇が撰錄した『開元錄』以後は「爲妄亂眞錄[29]」に記載されてきたが、日用讀誦の經文として現在に至るまでアジア諸地域に廣く流布している[30]。本書には儀式、頌、偈、讃、呪と應驗記を附載する。また次の別本がある。

『感應高王觀世音經』（二六八四）印本二種。

一八八三年、河内玉山祠刊、一九四二年、南定省勸善堂刊。中國重抄重印本。本書は『感應觀世音經』『般若波羅蜜多心經』と『佛說高王觀世音經』の三部合本。

また（1）の『佛說救苦眞經』とも關連する次の別本二種もある。

（9）**『觀音解劫救苦感應高王般若眞經』**（二六九六）、中國重抄重印本。一九二五年、興安省積善堂刊。觀音圖と在家修行法を附載する。「觀音解劫救苦感應般若眞經」は錦江縣龍宮殿刊。

（10）**『消災延壽命經』**（二六七七）印本二種。

一九〇七年、河内玉山祠刊。中國重抄重印本。北斗九星による攘災を説き、讃と偈を附載するが、一本には道經『南北斗經』（『南斗延壽度人妙經』と『太上玄靈北斗本命延生眞經』の合訂本で、『目錄提要』「道教」の二九九二に四部收錄）を合綴する。

（11）**『大方廣圓覺修多羅了義經』**（二六四五）

印本、太平省建昌府眞雲寺刊。中國重抄重印本。序、挿圖、頌、偈、供錢・印行者名有り。

いわゆる『圓覺經』は一切衆生が本來有しながら悟入できずにいる如來の圓《まど》かな覺りを主題とする。文殊・普賢など一二菩薩の問いに釋迦が答える構成をとり、如來藏思想に立つ。『大乘起信論』の影響が強い。

北印度の佛陀多羅が中國最初の寺院である洛陽の白馬寺で唐代に漢譯したと傳えるが、智昇の『開元釋經錄』には「此の經近く出づるも、何の年なるやを委しくせず」とし、當時すでに眞僞をめぐる論議があったことを記す。唐の華嚴宗第五祖・宗密が華嚴經學と禪を兼修して『圓覺經』に沈潛し、『圓覺經大疏』三卷、『圓覺經大疏釋義抄』十三卷や『圓覺經道場修證義』十八卷など大部な注釋書を著して以來[31]、廣く行なわれた[32]。

朝鮮には宗密の註疏が早くから傳わったが、半島の華嚴宗は主に新羅の義湘・元曉らの系統に據ったため、義天の『新編諸宗教藏總錄』の「海東有本言行錄」などからみて、流通は高麗後期から朝鮮王朝時代にかけて著しくなったようである。

日本では平安初期の入唐八家の將來經をまとめた『諸阿闍梨眞言祕密部類總錄』（『八家祕錄』）や、平安後期の『東域傳燈目錄』等には記載が無い。しかし鎌倉時代に入ると道元が南宋の寶慶年間（一二二五～二七）に天童山で如乘（淨とも）に師事した時期の記錄である『寶慶記』（岩波文庫、『道元禪師全集』下卷などに所收）に、道元が『圓覺經』と『首楞嚴經』の內容から、その眞僞を問うと、如乘は『首楞嚴經』には以前から僞撰の疑いがあり、先代の祖師がこれをみた形迹も無いが、『圓覺經』もこれと構成や內容が酷似している、と答えたことを記すのが注目される。その後、元寇の直後の弘安五年（一二八二）に執權北條時宗が無學祖元[33]を開基として圓覺寺を創建し、〈圓覺會〉も行なわれるようになって、徐々に弘通したが、日本では臨濟宗の一部に留まる。

（12）**『首楞嚴經』**（二六七六）印本二種。一九四九年、河內太平洋印刷廠刊、中國重抄重印本。『首楞嚴經』と略稱される二經の內、鳩摩羅什譯『首楞嚴經三昧經』二卷はインドで流布し、後漢の支婁迦讖《しるかせん》以來、諸種の譯經がある。もう一種の『大佛頂如來密因修證了義諸菩薩萬行首楞嚴經』十卷は、如來藏思想に基づく禪定を說き、密教思想も包攝する。早くから禪宗では重んじられたが、成立期や內容に疑問が多く、中國撰述の僞經とされる。（11）の『圓覺經』とも密接な關係を持つが、宋代以降、禪の發展に伴なって流布し、明代には〈頓悟漸修〉を基礎付ける經典として重視された。朝鮮でも『圓覺經』とともに弘通し、日本では現在も禪宗の諸法會で用いられる〈楞嚴呪〉が、後者の卷七の陀羅尼の別行として知られる。

次いで註疏をみると、これらの僞經に關するものが多數含まれており、その流通ぶりを物語る。

(13)「**大方便佛報恩經注義**」[34]（二七二六）印本三種。一八四五年、海陽省錦江縣覺靈寺刊。一八五六年、河内含靈寺刊。中國重抄重印本。沙門・釋法専の序がある。『報恩經』は慈悲博愛の道と、父母による養育の恩を説き、『盂蘭盆經』や『父母恩重經』などとも關係が深い孝經典の一つで、唐初以降、アジア諸地域に流布した。

(14)『**佛說目蓮問戒律中五百輕重事經新疏**』[35]印本、一六六九年、武江縣扶朗社永福寺刊。中國重抄重印本。

(15)『**高王經註解**』[36]（二七四一）印本。一九一九年、河内玉山祠刊。中國重抄重印本。清の道光乙巳年（一八四五）、江寧の鐵仙・王政治の序があり、若干の靈驗故事をのせる。卷末には「玉山祠經書藏板目錄」を附載するが、この史料については次の四節を參照のこと。

(16)『**大方廣圓覺了義經略疏**』[37]（二七二九）印本、中國重抄重印本。撰者・宗密と裴休の序があり、挿圖を含む。別本に一八八三年、至靈縣安寧社永慶寺の刊本があり（二七四五）、誦辭や偈辭などを含む。

(17)『**圓覺經近釋**』[38]二卷、（二七四四）印本二種。永慶寺無住重印本と至靈縣安寧社永慶寺刊本が傳わる。明の通潤が天臺教學の立場から懇切な注釋を加えたもので、よく讀まれた。

(18)『**楞嚴正脈**』[39]十卷（二七四六）印本、一七三八年、沙門性廣の序と、一八四一年、補陀寺の沙門慧空の再版序がある。中國重抄重印本。

(19)『**梵網經合註**』[40]（二七四二）印本、一八五九年、北寧省興福寺刊。中國重抄重刊本。呉の智旭による注釋で、崇禎十年（一六三七）の序と跋がある。『華嚴經』の菩薩戒思想を發展させ、『瑜伽師地論』とともに菩薩戒の中核的位置を占めたが、現在では僞經とみられている。日本では新羅の太賢による『梵網經古迹記』をはじめ、多くの註疏が讀まれた。

續く論述の部では竹林禪派の陳の仁宗、法螺、玄光の行狀や言行を記した、

○『三祖實錄』（二七五一）、一七六五年、安子山懶洞寺刊本以下、印本四種、漢文書や、禪宗の系譜を跡づけた、

○『大南禪苑傳燈集錄』（二七五四）一八五一年、蓮尊寺刊、印本一種、漢文書。

をはじめとして、『大道源流諸祖大法王傳全書』（二七五六）、『竹林宗旨原聲』（二七六九）、『禪苑集英』（二八一一）、『禪苑傳燈錄』（二八一二）その他多數の禪籍や、孔明空・覺海・徐道行の事跡に關する[41]『三祖演陀羅尼經』（二七五三）、や『大悲懺法』（二八四七）、『大悲心懺』（二八四八）、『金剛解厄眞經』（二八八〇）、『金剛經因果象註』（二八八一）などの密教關係書、また『淨土會元』（二八八五）、『淨土日誦』（二八八六）、『淨土晨鐘』（二八八七）、『淨土禮懺行願儀』（二八八八）、『淨土十疑淨土或問』（二八八九）ほか多くの淨土教關係書の中に、次の一部がある。

（20）**『彌勒度世眞經』**（二八一七）印本、一九三八年、河内・陳氏長重刻、漢文書。彌勒佛による濟度を説く經文で、偈と讚に挿圖もあるが、他の史料に經名がみえず、ベトナムにおける抄出本か、撰述本の可能性もある。

なお、『水陸全集』（二七五九）や『水陸科略解』（二七六一）、『蒙山寶臺謝過水陸諸科』（二八〇四）や、『八關齋法』（二八四三）、『慈悲道場血盆懺法』（二八九八）などの、道教とも深く關連する水陸會・八關齋や血盆經などに混って、次の僞經も載るが、これは（20）とともに、「經」に收めるのが妥當だろう。

（21）**『天地八陽經』**（圖2）（二八六〇）印本。一九二六年、建安・隴仙寺刊。中國重抄重印本。

この經典の初見は唐の圓照撰『貞元釋經錄』[42]で、類似の經名や内容をもつ諸經との對比から、ほぼ八世紀前半頃の成立とみられる。この經を誦持すれば、人の出生からその死までの人生の萬事に吉利が得られ、殯葬に際して三遍讀誦すれば子孫は繁榮し、墓内に安置すれば永く安寧が保たれると説く。文中には四神、六甲禁諱、十二諸神などをめぐる文言が竝び、圓照が『貞元錄』卷二十八の〈僞妄亂眞錄〉で指摘したように「陰陽吉凶禳災除

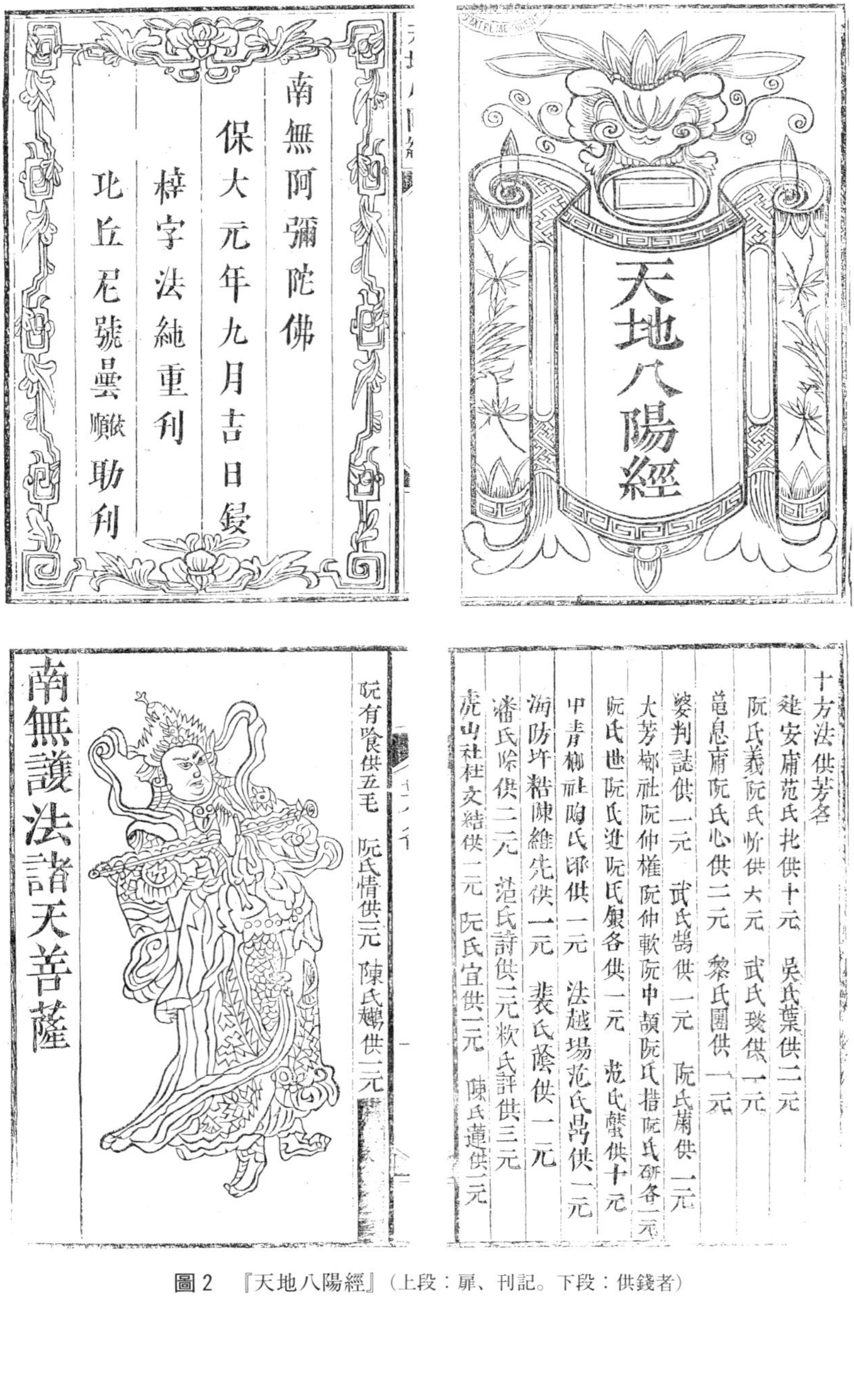

圖 2　『天地八陽經』（上段：扉、刊記。下段：供錢者）

禍之法」そのものといってよい。そのため、歴代の大藏經に入藏することはなかったが、中野達慧主編『大日本續藏經』に續いて、矢吹慶輝氏により『大正藏』第八十五卷〈古逸部・疑似部〉に收められてから、他の僞經と同様にその存在と內容が廣く知られるようになった。

敦煌寫本だけで百本近くを數え、漢文からウイグル（古代トルコ）語、モンゴル語、チベット語にも翻譯され(43)、チベット大藏經や蒙古大藏經には譯本が收められたほか、朝鮮ではハングル譯文と漢文を併記したものが現在まで繰り返し版梓されるなど、アジア各地に早くから傳播した。日本へは奈良時代に傳わり、正倉院文書に書寫の記録が殘る。平安時代以降は、主として密教系の寺院で書寫され、修法の場などで讀誦されてきた(44)。

以上のように、ベトナムに現存する佛典とその註疏類は、中國の宋代以降に著しい佛道儒三教交渉と民間信仰の重層的習合を反映した內容であることが明瞭に看取できるが、これは朝鮮の場合と、きわめて類似する傾向をもつ事(45)に注目したい。

四、道經・勸善書の刊行と玉山祠

『越南漢喃文獻目錄提要』では「道敎與俗信」の部に、「佛敎」よりも七十八部多い、三九二部を著錄するが、その內譯は次の表の通りである。

この內、明代の『道藏』や淸代の『道藏輯要』、近年の『藏外道書』などに道敎經典として收載されているものは、『太上老君淸靜經』（二九四九・八六）、『太上妙始經』（二九五〇）、『妙武眞經』（『元始天尊說北方鎭武妙經』と『鎭武靈應護世消災滅罪寶懺』から成る）（二九五三）、『太陽太陰星君聖經』（二九八七）、『玉皇骨髓眞經』（二九九〇）、『玉皇本行經』

	漢文書	喃文書	中國重抄重印本	合計
道教（經）	二四	六	二四	五四
降筆文	四五	六九	五〇	一六四
神敕	二六			二六
其の他	九七	二五	二六	一四八

（二九九一）、『南北斗經』（二九九二）、『洞眞太上素靈洞元大有妙經』（二九九三）、『眞武妙經附救劫寶章』（二九九五）、『高上玉皇普度尊經』（二九九六）、『黃庭眞經』（『上清黃庭外景經』に『陰符經註』を附す）（三〇〇〇、三〇〇一）の他、「其の他」の部に、『欽天解厄經』（三二五五、三二六一）、『龍王眞經』（三一七一）、『玉樞寶經』（三三一六）、『玉皇經』（三三一七）など、一部に留まる。

その中で多くを占めるのは、以下のような善書である。『陰騭文《いんしつもん》』（二九六一）あるいは『文昌帝君陰騭文』（二九八〇）とその注解『陰騭文注』（二九六二）、同『註證』（二九九七）、同『詩箋』（二九九八）、字喃譯本『陰騭國語』（二九七五）、『太上感應篇』（二九八一）とその注釋『太上感應篇贅言』（二九八二）、同『集註』（二九八三）、同『說定』（二九八五）や、同『圖說』（二九六九、二九八四）、また字喃譯本として『太上感應篇金音』をはじめ、同『解音』（二九七二）、同『誦式』（二九七三）、同『演國音』（二九七六）、同『解音』（二九七七）などがある。

とくに部數が多いのは關聖帝君と文昌帝君に關するもので、前者は明王朝から關聖帝君の尊號を奉られた三國時代・蜀の關羽に假託される『關聖帝君警世文』（三一一一）以下、『關聖帝君救劫勸世寶訓演音』（三一一二）、『關帝寶君象註』（三一一一）、『關聖帝君覺世眞言』（三一五六）、『關帝明聖經』（三一五七）など十二部を數える。

後者の文昌帝君は學問や科擧のことを司る神格で、とくに宋代以降、官吏登用のための科擧の實施に伴なって、知識層を中心に廣く信仰されるようになった。『文帝全書』五十卷（三一二二）をはじめ、『文昌帝君孝經』（三一一九）、同『正文』（三一二〇）、『文昌帝君養性文』（三一二三）など十部に上る。

その他、全眞教の宗祖の一人で、文字による卜占を行なう扶乩《フーチー》とも關係の深い仙人の呂洞賓に假託した『呂祖師訓世文』（三一四〇）など三部や、道德的實踐を勸めるために善行（功）と悪行（過）の基準を示した『校訂功過格輯編』（三一四七）など多岐にわたる。

こうした善書は勸善書とも呼ばれるように、あらゆる階層、年齢の人々に男女の別なく道德的生活の實踐を勸めるもので、宋代以降に顯著となった三教一致の傾向を反映する[46]。

ベトナムでは朝鮮と同じく近代以前には書肆が發達せず、こうした典籍の刊行は、信者が親族や祖先の供養や禳災招福をめぐる祈禱をはじめとする、さまざまな機會に淨財を寄進し、新たに版木を起したり、刊記の部分を新刻して增刷したものを、無償で緣者や知人などに配布することが多かった。

『目錄提要』に著錄された典籍の多くは十七世紀から二十世紀にかけて刊行されたものだが、中國重抄重刊本をもとに字喃譯本が作成されたものも少なくない。

佛書は各地の寺院が版木を所藏して施印していたが、道書はハノイ市に現存する鎭武觀をはじめ玄眞觀や玄武觀などの道觀、關聖廟や三聖廟のような祠廟や、勸善壇、樂宣善壇あるいは文山堂、松善堂といった堂壇など、さまざまな場で印梓された。その中で、刊記から知られるだけでも五十種を上回る藏版で他を壓するのは玉山祠（宣）である。

玉山祠はハノイ市の中心部に位置する還劍《ホアンキエム》湖の玉山《ゴックソン》という小島に設けられた祠廟で、古來、景勝地として知られる。現在では橋で結ばれており、文昌帝君・關帝・呂祖と、翁童というベトナムの靈媒が祀る陳朝の名將・陳興道（國峻）を合祀する（圖3）[47]。

圖3　ホアン・キエム湖（上）と玉山祠（下）

ベトナム社會科學委員會の編纂した『ハノイ碑文選集』[48]に載る「玉山帝君祠記」と「重修文昌帝君碑記」によると、その起源は明らかではないが、十九世紀初頭の阮朝成立以前、すでに玉山に關帝廟が建立されていたものの、嘉隆年間（一八〇二〜二〇）になると荒廢してきた。そこでハータイ省東北部の蕐渓社の信齋という老翁が修築し、紹治二年（一八四二）には、科擧合格者の組織する嚮善會が奉納した文昌帝君を祀る殿舍が增設されたという。

玉山祠で行なわれた出版活動に關しては、前述のような道書や佛書の刊記、ならびに次の藏版目錄二種によって、その概要を知ることができる。一點は『各寺經版玉山善書略抄目錄』（一九九一）と題する寫本で、書寫年代は不詳だが[49]、諸寺と玉山祠の藏版を、各省毎に寺院別に整理したもので、二十丁四十頁に及び、ベトナムにおける宗教文化の様相を具體的に物語る史料として重要である（圖4）。

もう一點は、一九一九年に重刻された『高王經註解』（一七四一）の巻末に附載する『玉山祠經書藏板目錄』で、四丁にわたって、道經と『文帝全書』、『關聖經』『呂祖全書』をはじめとする大部な善書や醫書など、二〇〇餘部を列擧する。豊富な財力と人脈に支えられた玉山祠の出版活動を傳える史料として、これも貴重である（圖5・6）。

結　語

ベトナムの宗教は、一千年に及んだ北屬期以後も、さまざまな形で中國の影響を受けたが、とくに宋代以後の佛道儒三教一致と民間信仰の重層的な融合は、その基本的性格を形成するうえで大きな役割を果した。

幾多の戰火をくぐり抜けて首都ハノイに現存する、漢文と字喃による宗教文獻の中には、こうした動向を反映して數多くの僞經や善書類を見出すことができるが、これはベトナムにおける宗教の本質に關わる問題である。その內容は敦煌や朝鮮、日本など中國周邊の諸地域とも類似する點が少なくないが、とりわけ朝鮮との共通性が多いことは注目に値する。それは中國の東端と南端に境を接する地理的位置に加えて、政治支配や外交などの密接な關係が長期にわたって續いてきたことに起因する部分が大きいだろう。その上それぞれの地域に根差した符水師や童骨、聖母道、あるいは巫俗などとの習合を重ねた結果、獨自の宗教文化を形成している。

今回紹介した諸史料は、そうしたベトナム宗教の歷史的展開を具體的に物語るものである。

注

（1）以下、ベトナムの佛教については、久野芳隆「安南の佛教」（佛教研究會編『南方圏の宗教』、一九四二年、大東出版社）、川本邦衛「ヴェトナムの佛教」（〈アジア佛教史〉中國編Ⅳ『東アジア諸地域の佛教』、一九七六年、佼成出版社）、石井公成「ベトナムの佛教」（〈新アジア佛教史〉十『漢字文化圈への廣がり』、二〇一一年、佼成出版社）、道教と民間信仰に關しては、大西和彦「ベトナムの禳星儀禮」（『ベトナムの社會と文化』一號、一九九九年六月、風響社）、同「ベトナムの道觀・道士と唐宋道教」（〈講座道教〉第六巻『アジア諸地域と道教』、二〇〇一年、雄山閣）、同「ベトナム道教研究史小論」（『ベトナムの社會と文化』四號、二〇〇三年三月）、同「十八世紀ベトナム佛教儀禮文書集に見える佛僧の道士としての役割」（同前誌第七號、二〇〇七年三月）をはじめとする一連の論考によるところが大きい。

（2）字喃を含む、アジア諸地域における文字の成立とその史的意義については、李成市〈世界史リブレット〉七『東アジア文化圈の形成』（二〇〇〇年、山川出版社）參照。

（3）グエン・ティ・オワィン「漢字・字喃研究院所藏文獻――現狀と課題」（『文學』隔月刊六巻六號〈特集＝東アジア――漢文文化圈を讀み直す〉、二〇〇五年十一月、岩波書店）參照。

（4）劉春銀・王小盾・陳義主編、中央研究院中國文哲研究所刊。上卷は目錄（經部一四七種、史部五七六種、子部一五二七種、集部一六八四種、總計五〇二三種の書誌）と索引の二冊からなり（二〇〇二年二月、一一九九頁）、下卷は同前書補遺として目錄（神敕四一一件、神蹟五六八件、俗例六四七件、地簿五二六件、古紙二十一件、社誌一〇九件、總計二二八二件の書誌）と、索引、附錄などを收める（二〇〇四年十二月、一〇三九頁）。

（5）『群書類從』傳部（巻六十九）・第六輯（續群書類從完成會）、竹内理三編『寧樂遺文』下卷（一九六二年訂正版、東京堂出版）、『大日本佛教全書』第七十二巻（一九七二年、講談社）所收。藏中しのぶ『奈良朝漢詩文の比較文學的研究』（二〇〇三年、翰林書房）、藏中しのぶ他「『南天竺婆羅門僧正碑幷序』注釋」（『水門』二十一號、二〇〇九年六月、勉誠出版）に詳細な考證がある。

（6）筒井英俊編『東大寺要錄』（一九四四年、全國書房、一九七一年、國書刊行會復刊）。『續々群書類從』第十一輯所收。

（7）『國史大系』第三十一巻、『國譯一切經』和漢撰述部・史傳部二十所收。

（8）增村宏『遣唐使の研究』（一九八八年、同朋舍）などのほか、上野誠『天平グレート・ジャーニー――遣唐使・平群廣成の數奇な冒險――』（二〇一二年、講談社）は、この一行をめぐる創作。

（9）桑田六郎「南洋崑崙考」（『臺北帝國大學文政學部史學科研究年報』一號、一九三四年五月）、松田壽男「崑崙國攷」（『國學

院雜誌』四十七卷一號、一九四六年一月）など。

（10）この敕書は起草者・張九齡の文集『曲江集』ならびに『全唐文』にも載る。茂在寅男・西嶋定生・田中健夫・石井正敏編『遣唐使研究と史料』（一九八七年、東海大學出版會）參照。

（11）元のベトナム侵攻に際して連行された黎崱《レタック》が中國で『舊唐書』や『新唐書』、『册府元龜』などを踏まえて著した『安南史略』に載る「朝衡」關係記事や、『文苑英華』に「胡衡」作として載る漢詩「命を銜《うけたまは》りて日本國に使す」等の紹介と考證が、杉本直治郎『阿倍仲麻呂傳研究』（育芳社、一九四〇年初版。勉誠出版、二〇〇六年補訂版）ならびに、川本邦衛『ベトナムの詩と歴史』第四章（一九六七年、文藝春秋社）にある。

（12）陳荊和編校『校合本大越史記全書』全三卷（一九八四～八六年、東京大學東洋文化研究所附屬東洋學文獻センター）。

（13）交州と林邑の相剋については、川本邦衛、前揭注（1）參照。

（14）石井公成、前揭注（1）。第二節はこの論考に負うところが大きい。

（15）以下、大西和彦「ベトナムの道觀・道士と唐宋道教」、前揭注（1）による。

（16）宋代には一〇一九年に『天宮寶藏』四五六五卷が編纂されたが現存せず、その精華を撰んだ張君房の『雲笈七籤』一二〇卷（『道藏』太玄部、第六七七册～第七〇二册）が現存する。雕版『道藏』は徽宗の政和年間（一一一一～一八）に完成した『萬壽道藏』が最初である。

（17）潘文閣、蘇爾夢主編『越南漢喃銘文匯編』第一集・北屬時期至李朝（一九九八年、巴黎《バリ》、河内《ハノイ》、遠東學院（フランス極東學院）、漢喃研究院）所收。

（18）石井公成、前揭注（1）による。

（19）前揭注（17）、第二集・陳朝（上・下）（二〇〇二年、漢喃研究院、臺灣中正大學文學院）所收。

（20）大西和彦「ベトナム道教研究史小論」前揭注（1）參照。

（21）ディン・カック・トゥアン編『莫朝碑文』（一九九六年、漢喃研究院）。この史料についても、大西和彦前揭注（20）參照。

（22）石井公成、前揭注（1）による。

(23) 大西和彦「十八世紀ベトナム佛教儀禮文書集に見える佛僧の道士としての役割」、前掲注（1）による。
(24) 大西和彦「ベトナムの禳星儀禮」、同「ベトナム道教研究史小論」、ともに前掲注（1）。
(25) 僞經の概念とその成立や流傳に關しては牧田諦亮『疑經研究』第一章「中國佛教における疑經の研究」（一九七六年、京都大學人文科學研究所、一九八九年、臨川書店復刊）に總合的な考察がある。
(26) 遊佐昇「唐代に見られる救苦天尊信仰について」（『東方宗教』七十三號、一九八九年、日本道教學會）參照。
(27) 牧田諦亮、前掲注（25）參照。なお、同書の口繪には繪入本（朝鮮本）の全册影印も載る。
(28) 『大正藏』五十五卷、三三八頁以下。
(29) 『大正藏』五十五卷、六七四～六七五頁。
(30) 牧田諦亮「高王觀世音經の出現」、前掲注（25）所收。
(31) 鎌田茂雄『宗密教學の思想史的研究』（一九七五年、東京大學出版會）。
(32) 中國をはじめ朝鮮・日本における『圓覺經』の流通については『佛書解說大辭典』の關係項目（會津榮嶽執筆）參照。
(33) 無學祖元の師である無準は周琪の『圓覺經夾頌集解講義』に跋文を書いている。
(34) 『大方便佛報恩經』七卷（失譯）は、『大正藏』三卷所收。
(35) 『目蓮問戒律中五百輕重事』一卷（失譯）と別本『――百輕重事』一卷（失）は、『大正藏』二十四卷所收。
(36) 清の智敬撰錄『高王觀世音經註釋』。『大日本續藏經』一輯九十三套五所收。
(37) 『大正藏』三十九卷所收。
(38) 『大日本續藏經』一輯十六套一册所收。
(39) 明の眞鑑による『首楞嚴經正脈疏』。『大日本續藏經』一輯十八套二～五册所收。
(40) 明の智旭による『梵網經合註』（『梵網經菩薩心地品合註』ともいう）は『大日本續藏經』一輯六十套四册所收。
(41) 徐道行の密教僧的性格とその傳承については、櫻井由躬雄・大西和彦「ベトナムの佛教――徐道行と佛跡山天福寺を中心として」（〈シリーズ・東アジア佛教〉一『東アジア佛教とは何か』、一九九五年、春秋社）參照。

（42）『大正藏』五十五卷。

（43）小田壽典『佛說天地八陽神呪經一卷トルコ語譯の研究』（二〇一〇年、法藏館）。

（44）拙稿「日本古代における『天地八陽神呪經』の受容」（道教文化研究會編『道教文化への展望』、一九九四年、平河出版社、本書、第五章所收）。

（45）朝鮮では十一世紀末に大覺國師義天が『新編諸宗教藏總錄』を編纂したのを初めとして、十六世紀後期以降、各地に所在する版木の記錄をまとめた諸種の〈冊板目錄〉が作られた（鄭亨愚・尹炳泰編『韓國冊板目錄總覽』、一九七九年、韓國精神文化研究院。同編『韓國の冊板目錄』全三卷、一九九五年、延世大學校國學研究院、保景文化社）。また現存する板本・版本や寫本については韓國國會圖書館司書局參考書誌課編『韓國古書綜合目錄』（一九六八年）をはじめとして、同樣の目錄により順次、增訂されている。

ここでは、國內全域の諸寺院に散在する佛典類の板木と版本を悉皆調查した朴相國編『全國寺刹所藏木板集』（一九八七年、韓國文化財管理局）によって、以下にその概要を摘記しておく。

『高王觀世音經』（一六三一年、慶尙道奉佛庵開刊、以下四種）。

『佛說廣本太歲經』（一六三五年、泰仁・龍藏寺開刊、以下三種）、諸種の僞經や陀羅尼の合綴本。

『楞嚴經』（一三七二年、安城・靑龍寺開刊、以下十五種）。

『大悲心陀羅尼』（一四八四年、公山・圓通庵開板、以下七種）。

『大目蓮經』（一五三六年、全羅道・烟起寺開刊、以下六種）。

『大方廣圓覺修多羅了義經』（一五七〇年、全羅道・安心寺重刊、以下十種）。

『大報父母恩重經』（一四四三年、全羅道・花岩寺開板、以下四十一種）。

『梵網經盧舍那佛說菩薩心地戒品』（一六八八年、全羅道・屛風庵開板、以下四種）。

『水陸無遮平等齋儀撮要』（一五一四年、全羅道順天府・大光寺開板、以下十九種）。

『佛說預修十王生七經』（一四五四年、平安道平壤府・天明寺開板、以下七種）。同『齋儀纂要』（一五六六年、平安道成川・靈泉開板、安國寺留鎭、以下七種）。
『天地冥陸水陸雜文』（一五七一年、全羅道・無爲寺開板、以下三種）。
『天地冥陽水陸齋儀纂要』（一五三八年、慶尙道安東・廣興寺開刊、以下十五種）。
『天地八陽神呪經』（一六五七年、長興・天冠寺開板、以下十一種）。

なお、拙稿「朝鮮における道佛二教と巫俗の交渉」（『東京成徳大學紀要』五號、一九九八年、本書、第十六章所收）、同「朝鮮の北斗信仰と所依經典」（『豐田短期大學研究紀要』四號、一九九四年、本書、第十五章所收）などでも若干言及した。

（46）主な善書の成立過程とその思想、普及の様相等については、酒井忠夫『中國善書の研究』（一九六〇年、弘文堂、『酒井忠夫著作集』第一、二卷、一九九九、二〇〇〇年、國書刊行會）に詳しい。

（47）玉山祠については、大西和彦「玉山祠」（『道教事典』、一九九四年、平河出版社）參照。

（48）ベトナム社會科學委員會編『ハノイ碑文選集』第二卷（一九七八年）所收。
Ban Hán Nôm-Ủy ban khao học Xã hội Việt Nam (viết tắt là BHN) 1978, *Tuyển tập văn bia Hà nội* (Nhà xuất bán khoa học Xã hội, Hà Nội) I, II.）本書の閲讀については、日本貿易振興機構・アジア經濟研究所圖書館のお世話になった。

（49）本書の九丁裏の第一行目に「乙未年　玉山善書簿」とあるが、『玉山祠經書藏板目錄』を附載する版本『高王經註解』が一九一九年の重刻なので、これより早い「乙未年」とすれば、一八九五年か三五年にあたるか。なお、久野芳隆氏が第二次世界大戰中に執筆した「安南の佛教」（前揭注（1））に、本書の内容がすでに紹介されている。

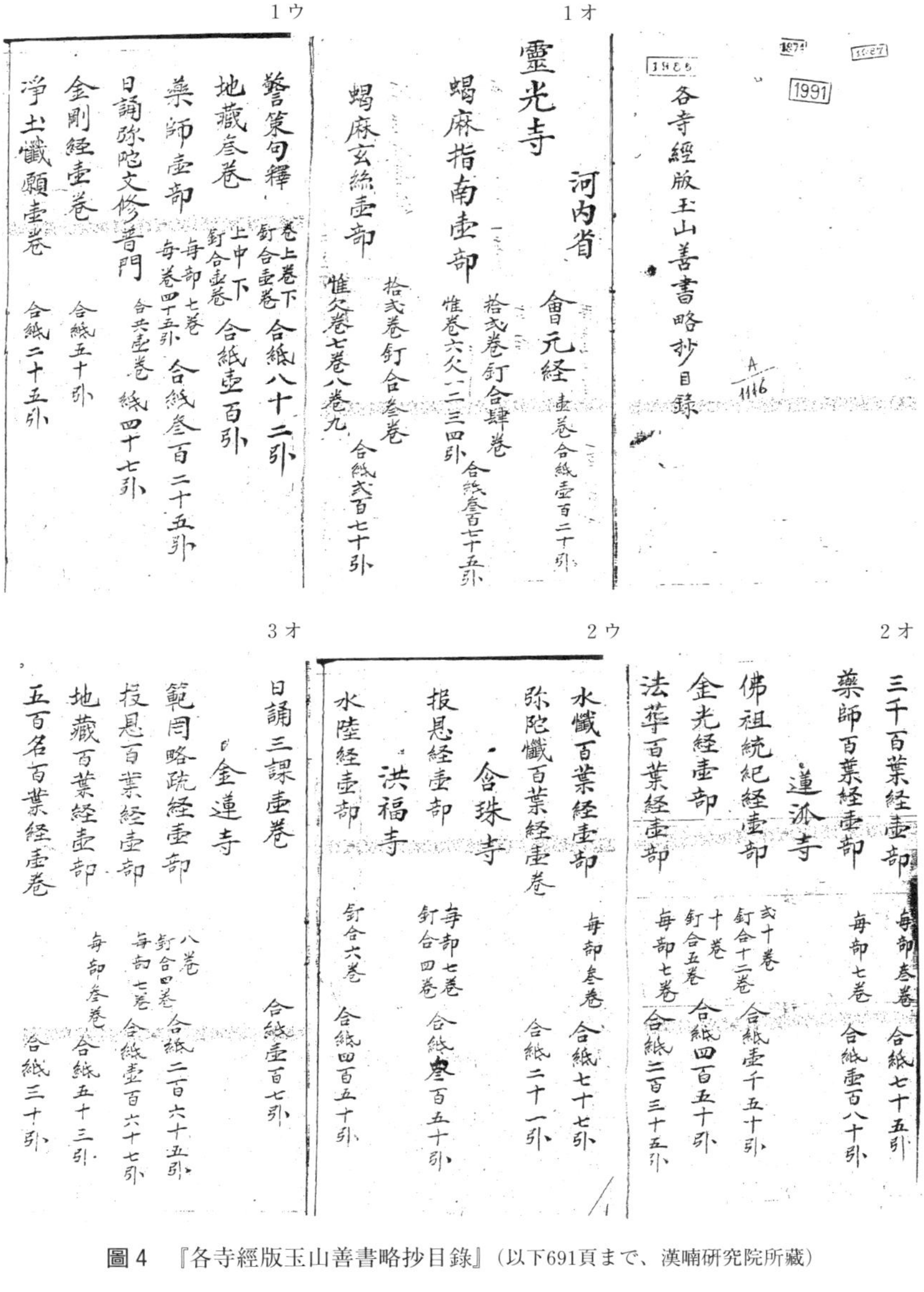

圖４　『各寺經版玉山善書略抄目錄』（以下691頁まで、漢喃研究院所藏）

3ウ

・貧慶寺
比丘戒経壹巻　合紙壹百二十五引
菩薩戒経壹巻　合紙七十五引
日誦禅家経壹巻　合紙九十五引
・靈朝寺
梁皇百葉経壹部　毎部十巻　合紙二百九十引

4オ

溪廻寺
五百経壹巻　合紙五十五引
緇門経壹部　毎部十巻 釘合三巻　合紙二百七十引
・報國寺
三経経壹巻　合紙九十引
多寶寺

4ウ

沙彌経壹部　毎部二巻 釘合一巻　合紙壹百引
・河南省　隊山寺
護法論壹巻　合紙四十五引
禅林寶訓壹部　毎部四巻 釘合二巻　合紙壹百七十引
萬佛百葉経壹部　毎部十二巻　合紙三百四十引
・濟川寺

5オ

往生経壹巻　合紙壹百引
四分重治壹部　毎部十巻 釘合四巻　合紙三百五十五引
龍舒経壹部　毎部十巻 僧補一巻　合紙二百引
・海防同戒寺
大律経壹部　毎部六十巻 釘合二十巻　合紙壹千八百五十引
賢愚経壹部　毎部九巻 釘合三巻　合紙二百七十五引

5ウ

・海陽省 安寧寺
仁王護國百葉経壹部　毎部二巻　合紙四十引
・北寧省 永嚴寺
彌陀疏鈔経壹部　毎部四巻 事義四十八問一巻　合紙五百二十五引
戒尼経壹巻　合紙壹百二十引
彌沙尼式义経壹巻　合紙四十引

6オ

彌陀要鮮経巻壹　合紙六十引
・新福寺
四分戒本経壹部　毎部十二巻 釘合四巻　合紙四百二十五引
發隠経壹部　毎部五巻 釘合四巻　合紙三百三十五引
・春雷寺
範圍合住壹部　毎部八巻 釘合四巻　合紙三百六十引

6ウ

雜蕉諸科壹部　每部五巻　供文壹巻　合紙五百九十引
心囊壹部　每部三巻　合紙二百十引
善本壹部　每部三巻　合紙二百十引
・大壮寺
課虛経壹部　每部三巻　合紙四十引
竹窓経壹部　每部三巻　合紙二百八十引

7オ

海上醫書壹部　每部六十二巻　惟欠十一巻　合紙三千二百引
・補陀山寺
楞嚴正脉壹部　每部十巻　釘合七巻　合紙六百三十引
戒壇尼集壹巻　合紙壹百五引
歸元合論壹部　每部三巻　合紙二百六十引
西方合論壹部　每部二巻　合紙壹百六十引

7ウ

・亭錦寺
法華白文経壹部　每部七巻　合紙五百十引
・善提寺
華嚴経壹部　每部六十四巻　釘合十八巻　合紙壹千九百五十引
倢範経壹部　每部四巻　合紙二百六十五引
日誦壹部　每部二巻　合紙二百九十五引

8オ

一光明寺
普門出相百葉経壹巻　合紙二十六引
・河内　盛烈寺
六道経壹部　每部二巻　合紙二百十引
・黄梅寺
梁皇経壹部　每部十巻　釘合五巻　合紙三百七十引

8ウ

水懺経壹部　每部三巻　釘合一巻　合紙一百二十引
仉中寺
無量壽百葉経　壹巻　合紙二十五引

9オ

計開真價
令紙壹百引　價銀七毛
示紙壹百引　價銀六毛
本紙壹百連引　價銀八毛
大承紙壹百引　價銀弍元

9ウ

乙未年　玉山善書簿
八陣藥方一部　共五十三板内一面五板　紙一百一部
陰隲文註證一部　共三十二板内一面一板　紙六十三張
感應篇觧音一部　共梓板　紙十六張
暗室燈一部　共九十一板　紙一百八十二部
覺世輯要一部　共五十五板　紙一百十部
陰隲文註書一部　共九十九板内一面八板　紙一百九十部
孝悌類編一部　共七十枚内一面一板　紙一百三十九部

10オ

三官經一部　共十板内一面一板　紙十九部
暗室燈觧音一部　前護身共三十八板目録五冊　帝君寳誥内一面一板　紙七十五部
丹桂籍一部　共一百八十二板内一面五板　紙三百五十九部
呂祖分類功過一部　共三十二板　紙六十四部
關聖垂訓寳文一部　共三十六板内一面一板　紙七十一部
求福集一部　共一百四十八板内一面二十板　紙二百七十六部
文武救刼消歌一部　共二十三板内一面一板　紙四十三部
勸懲切要一部　共三十五板　紙七十部

10ウ

音隲觧音一部　共三十一板　紙六十二部
重刊明聖經一部　丁亥新刊　共二十三板　紙四十六部
呂祖藥籤一部　共五十一板　紙一百二部
敬灶一部　内雜家訓八部　共二十板　紙四十部
灶王經一部　共十九板　紙三十四部
灶神靈籤一部　共二十板内一面四板　紙三十六部
敬信録一部　共九十板内一面十三板　紙一百六十七部
返性圖一部　共三百五板并撿字十板内一面二十板　紙六百十部

11オ

日月圖一部　大幅　、敬字一大板　、遠色賦一大板
、禍福賦一大板　文帝全書一部
關帝寳訓一部　四巻共一百七十六板四一面三十板　紙三百二十二部
普渡濟良方一部　共六十板　紙一百二十部
明聖經註釋一部　辛巳所　乙丑　共四十六板内一面八板　紙八十四部
二帝靈籤二部　共七十板　紙一百四十部
王母消刧寳懺一部　共梓板　紙六十部
元始天王一部　共七十板四一面二板　紙二十部

11ウ

呂祖全書巻五十　金丹種子目　共十三板四一面三板　紙二十三部
玄天上帝寳録一部　共七板　紙十四部
南北斗經一部　共十一板　紙二十二部
文武救刼真經正文一部　共九板　紙十八部
普門經一部　共九板　紙十八部
桃園明聖經一部　共二十板内一面一板　紙三十九部
二帝訓士子文一部　附字典諱五部　共十四板　紙二十八部
太上感應觧音一部　第一頁文昌陰隲文　共四板　紙八部

12オ

孝諧曉世心經演音一部　共十四板内一面二板　紙二十部
達生編一部　共二十板内一面二板　紙四十一部
桂宮惜字一部　共二十七板内畫通一板　紙五十三部
奉聖鮮刧法并救飢救産救縣符咒一部　共九板　紙二十八部
返性圖觧音一部　共十六板内一面二板　紙三十部
遂生福幼一部　共二十八板内一面二板　紙五十三部
覌音濟度本愿一部　共六十五板内一面二板　紙一百二十八部
陰隲文詩箋一部　共二十板内一面一板　紙三十九部

12ウ

孝誥心經演音一部　共十三板　紙二十六副
高王經一部　共十三板　紙二十六副
文武二帝救刼真經演義一部　共十一板　附大洞纂　紙二十二副
孚佑帝君真經一部　共十六板　紙三十二副
文昌帝君解厄宝帖一部　共十六板　紙三十二副
玉皇救刼一部　共十五板　紙三十副
大生要旨一部　共五十三板　紙一百六副
吉祥花一部　共七十二板　日一面五板　紙一百三十九副

13オ

聖帝覺世一天板　戒淫一長板　勸孝一長板

13ウ

各寺經板
三聖寺以下
人生必讀書擇要
太陽經
文昌帝君孝經正文
功過格
金剛因果像註
玉曆鈔傳警世
太陰經
南天列女寔錄
返性圖
戒殺放生

14オ

觀音書
陰隲文
延年廣嗣圖説
石音夫功過格
西方公據
秀淵寺以下
懺願經
呂祖書
鮮懺文
大悲陀羅尼咒
般若心經註釋
劉香

14ウ

靈山寺以下
欽天經
淵鑑畧編
珠龍寺以下
六道集
金蓮寺 在宜蠶坊 以下
梵網畧疏
啟童說約
華嚴感應經起傳

15オ

金剛經
懺悔文
監橋科
觀音經
彌勒經
弘恩寺 在廣布坊 以下
阿含經
報恩經
金文
監科首
地藏經
彌陀經疏鈔
雜阿含經

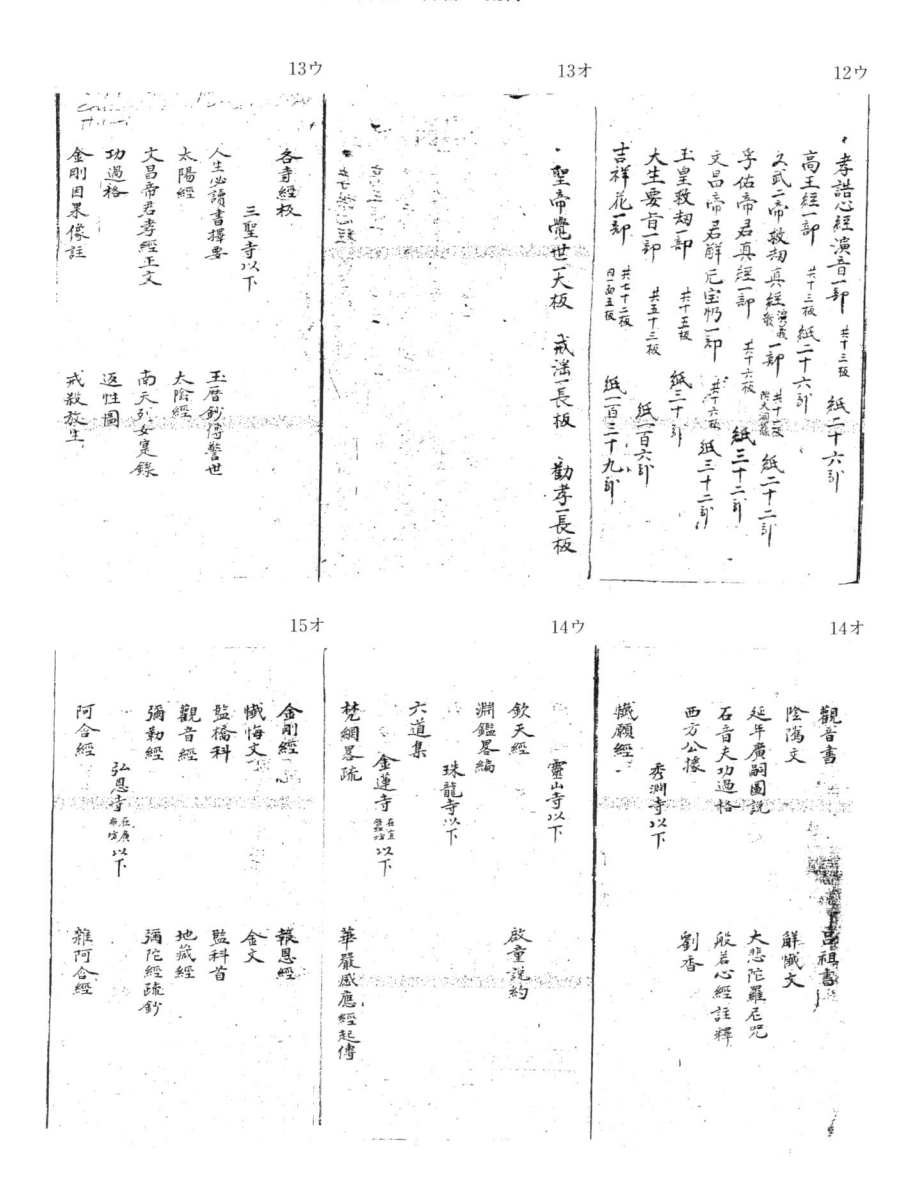

15ウ

金剛經釋解理
地靈寺 西湖坊以下
顯密圓通成佛心要集
菩提要義
闡法寺以下
三昧造像經
金剛般若經

妙法蓮花經解
無量壽經
拾物
六祖壇經
金剛經論

16オ

藥師經
護童子經
五百名經
普門品經
彌陀因果經演音
五王出家經演音
十六觀經演音

目錄經
大悲出相
三皈五戒經
因果回陽
目連經演音
布施功德經演音

16ウ

玉山祠以下
文帝全書
二帝救刼眞經
暗室燈演歌
孔氏三出辨
五倫紀
桂宮惜字文

關帝寶訓繡像
求福集
消刼寶懺
經籍格言
陰隲文註證
玉皇救刼經

17オ

高王經
元始天王經
文帝解厄懺
斗光神咒
奉聖解刼法
十行垂訓
關帝警世文

吉祥花
玄天寶錄
金丹種子
灶王經
孝誥心經演音
解刼眞經
呂祖功過格

17ウ

古錄訓文
南北斗經
太上感應圖說
玉皇骨髓經
傳家至寶
四十八孝詩畫
遇灶神傳

勸懲切要
三官經
朱子小學畧編
呂祖醒心經
好生救刼
聖諭十條演歌
玉樞寶經

18オ

明聖經
治家格言
色遠賦 大板
戒淫文 大板
敬字文 大板
靈光寺 漆移以下
三千佛名

闕里
關帝寶文 大板
覺世經 大板
勸孝文 大板
淨土會元

18ウ　19オ　19ウ

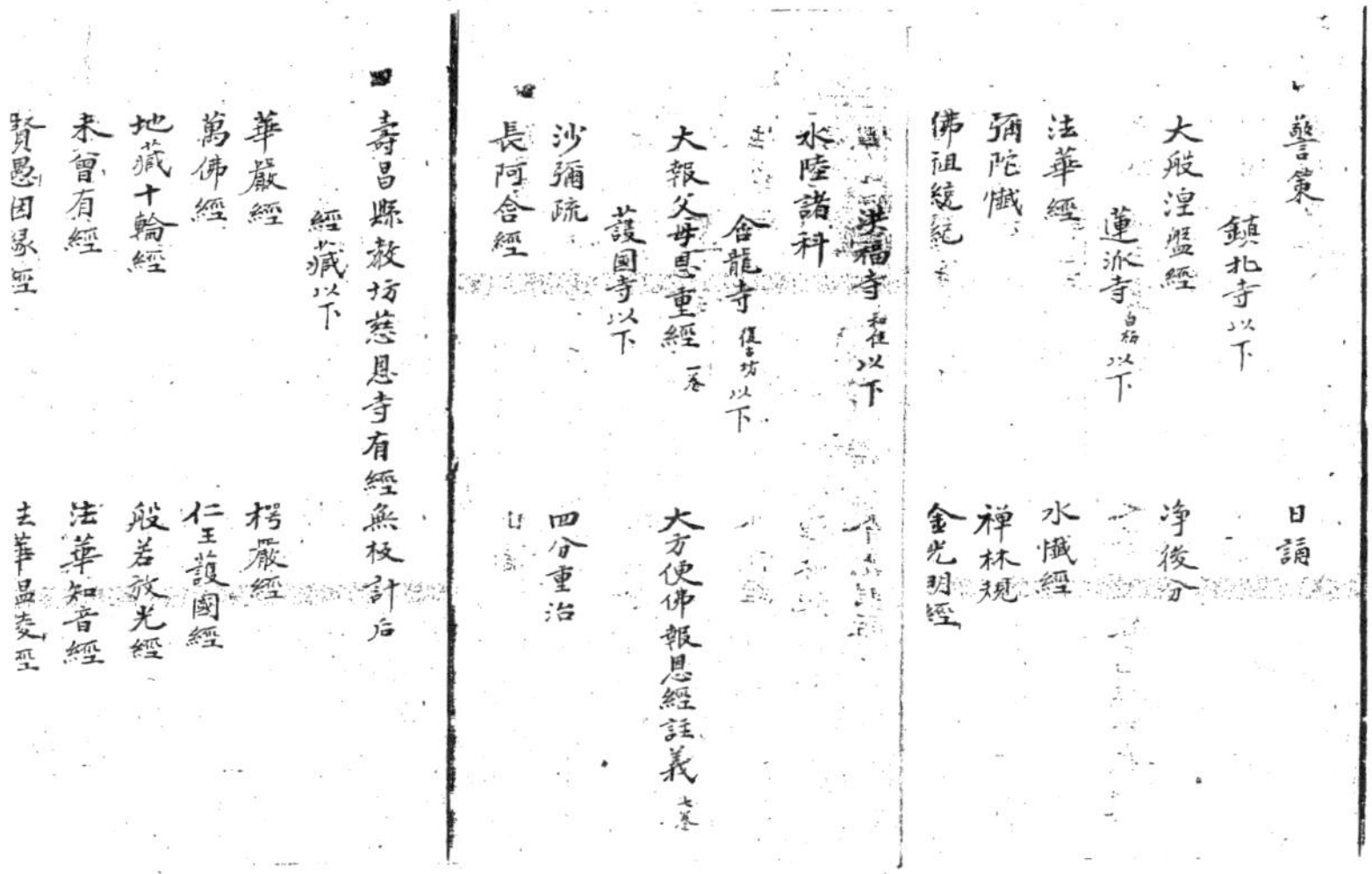

警策　日誦
鎮北寺以下
大般涅槃經　淨發分
蓮派寺白梅以下
法華經　水懺經
彌陀懺　禪林規
佛祖統紀　金光明經
洪福寺和往以下
水陸諸科
舍龍寺復古坊以下
大報父母恩重經一卷　大方便佛報恩經註義七卷
護國寺以下
沙彌疏　四分重治
長阿含經
壽昌縣教坊慈恩寺有經無板計后
經藏以下
華嚴經　楞嚴經
萬佛經　仁王護國經
地藏十輪經　般若放光經
未曾有經　法華知音經
賢愚因緣經　法華品經

20オ　20ウ

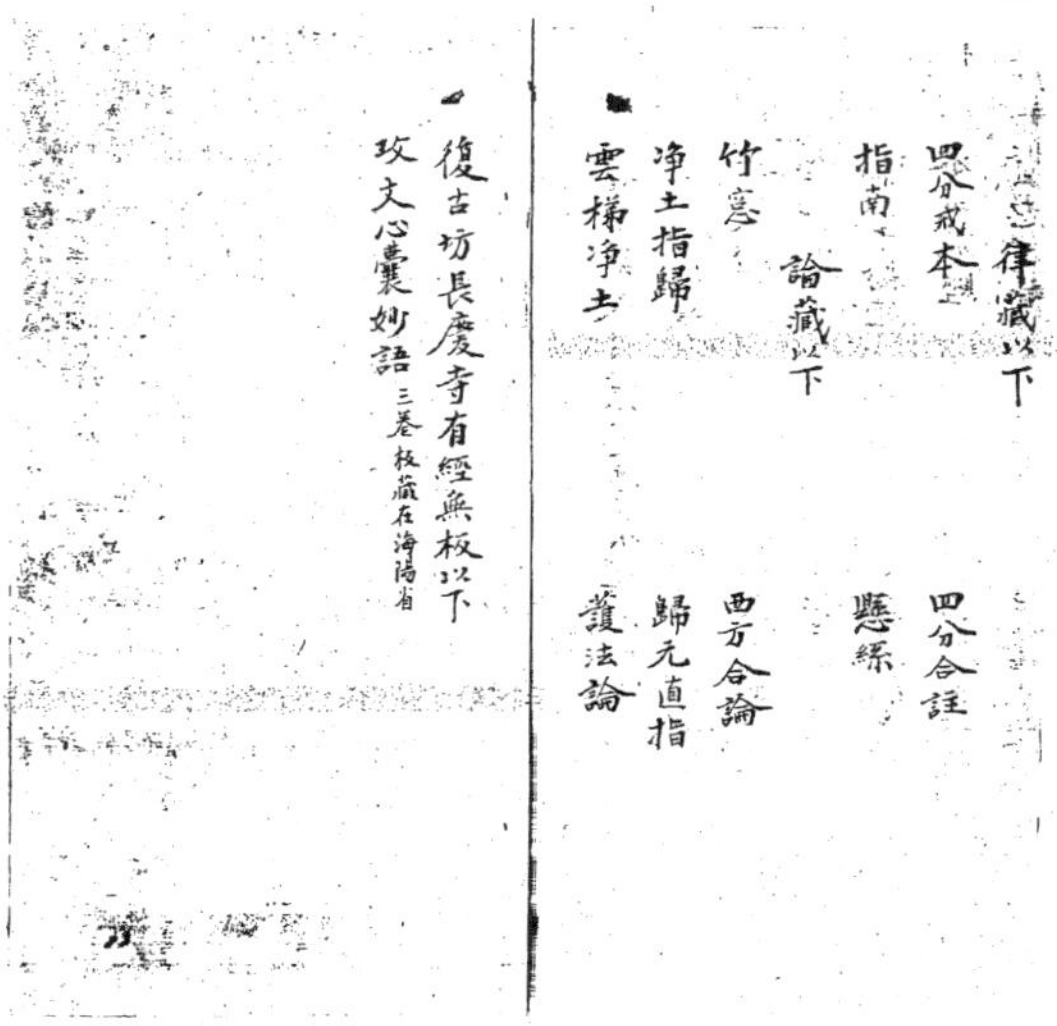

律藏以下
四分戒本　四分合註
指南　懸綵
論藏以下
竹窓　西方合論
淨土指歸　歸元直指
雲梯淨土　護法論
復古坊長慶寺有經無板以下
攻文心囊妙語三卷板藏在海陽省

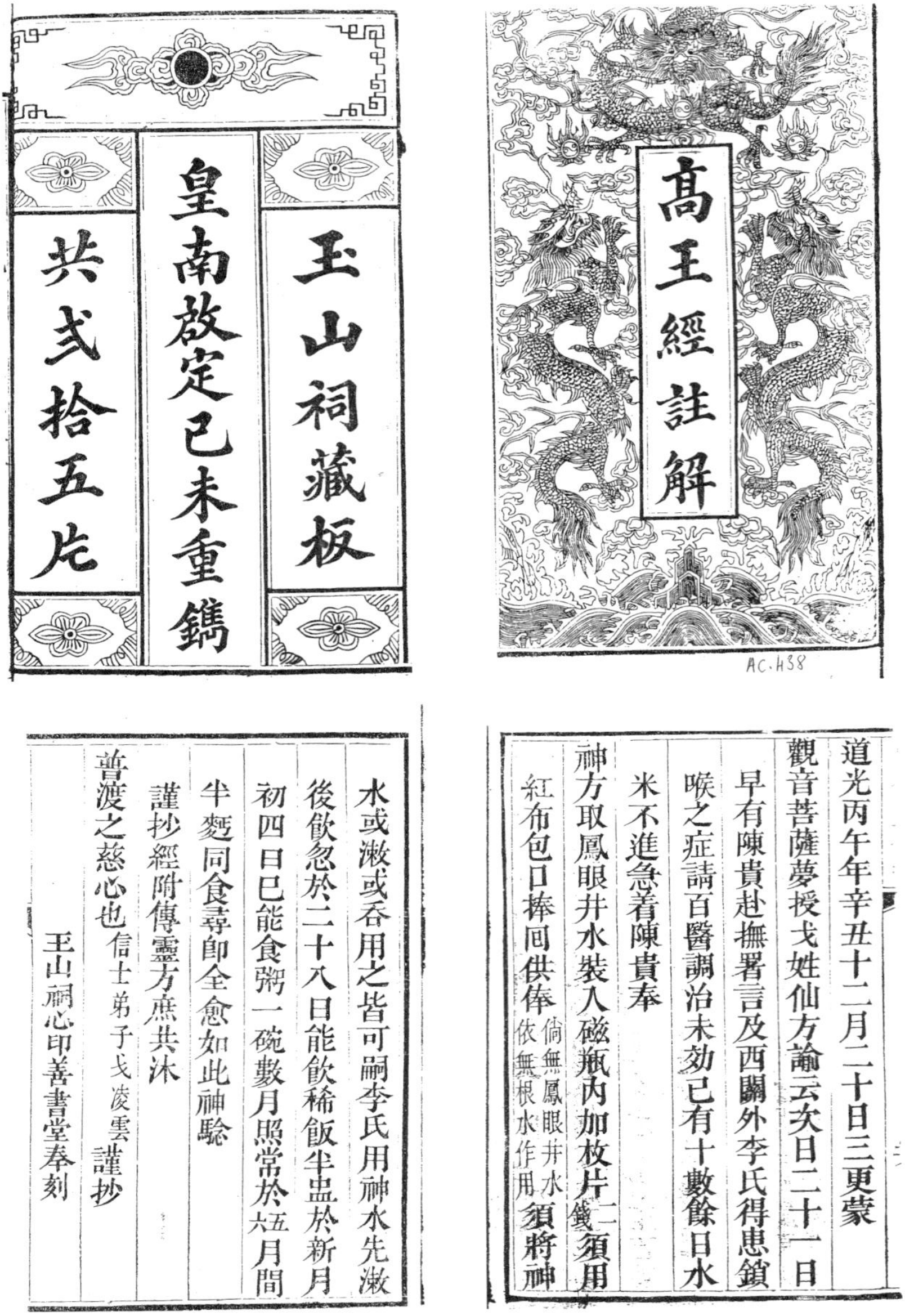
高王經註解

玉山祠藏板
皇南啟定己未重鐫
共弍拾五片

道光丙午年辛丑十二月二十日三更蒙
觀音菩薩夢授戈姓仙方諭云次日二十一日
早有陳貴赴撫署言及西關外李氏得患鎖
喉之症請百醫調治未効已有十數餘日水
米不進急着陳貴奉
神方取鳳眼井水裝入磁瓶內加枚片二錢須用
紅布包口捧回供奉倘無鳳眼井水依無根水作用須將神
水或漱或吞用之皆可嗣李氏用神水先漱
後飲忽於二十八日能飲稀飯半盅於新月
初四日已能食粥一碗數月照常於五六月間
半甦同食尋卽全愈如此神驗
謹抄經附傳靈方庶共沐
普渡之慈心也信士弟子戈凌雲謹抄
玉山祠心印善書堂奉刻

圖５　『高王經註解』（漢喃研究院所藏）

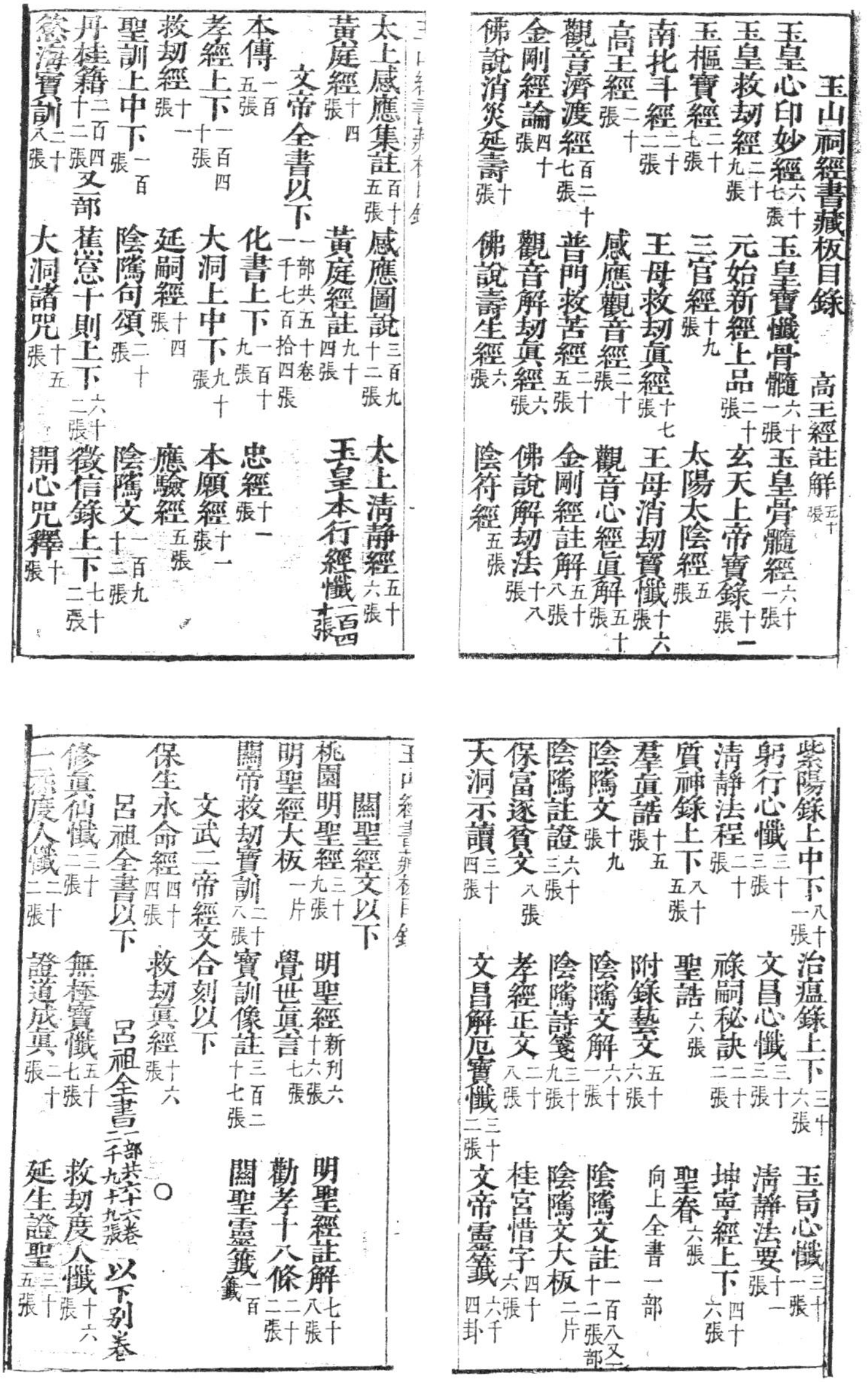

1オ

玉山祠經書藏板目錄　高王經註解五十張
玉皇心印妙經六十七張　玉皇寶懺骨髓六十一張　玉皇骨髓經六十一張
玉皇救刧經二十九張　元始新經上品二十張　玄天上帝寶錄十一張
玉樞寶經二十七張　三官經十九張　太陽太陰經五張
南北斗經二十二張　王母救刧眞經十七張　王母消刧寶懺十六張
高王經二十張　感應觀音經二十張　觀音心經眞解五十張
觀音濟渡經百二十七張　普門救苦經二十五張　金剛經註解五十八張
金剛經論四十張　觀音解刧眞經六張　佛說解刧法十八張
佛說消災延壽十張　佛說壽生經六張　陰符經五張

1ウ

太上感應集註百十五張　感應圖說三百九十二張　太上清靜經五十六張
黃庭經十四張　黃庭經註九十四張　玉皇本行經懺一百四十張
文帝全書以下一部共五十卷一千七百拾四張
本傳一百五張　化書上下一百十九張　忠經十一張
孝經上下一百四十張　大洞上中下九十張　本願經十一張
救刧經十一張　延嗣經十四張　應驗經五張
聖訓上中下一百張　陰隲句頌二十張　陰隲文一百九十二張
丹桂籍二百四十二張又一部　蕉窓十則上下六十二張　徵信錄上下七十二張
慾海寶訓二十八張　大洞諸咒十五張　開心咒釋十張

2オ

紫陽錄上中下八十一張　治瘟錄上下三十六張　玉司心懺三十一張
躬行心懺三十三張　文昌心懺三十三張　清靜法要十一張
清靜法程二十張　祿嗣秘訣二十二張　坤寧經上下四十六張
質神錄上下八十五張　聖誥十六張　聖眷十六張
羣眞誥十五張　附錄藝文五十六張　向上全書一部
陰隲文十九張　陰隲文解六十一張　陰隲文註一百八十二張又二部
陰隲註證六十三張　陰隲詩箋三十九張　陰隲文大板二片
保富逐貧文八張　孝經正文二十八張　桂宮惜字四十六張
大洞示讀三十四張　文昌解厄寶懺三十二張　文帝靈籤六十四卦

2ウ

關聖經文以下
桃園明聖經三十九張　明聖經新刊六十六張　明聖經註解七十八張
明聖經大板一片　覺世眞言七張　勸孝十八條二十二張
關帝救刧寶訓二十八張　寶訓像註三百二十七張　關聖靈籤一百籤
文武二帝經文合刻以下
保生永命經四十四張　救刧眞經十六張
呂祖全書以下　呂祖全書一部共六十六卷二千九十九張　○以下別卷
修眞仙懺三十二張　無極寶懺五十七張　救刧度人懺十六張
一乘度人懺二十二張　證道成眞二十張　延生證聖三十五張

圖6　『玉山祠經書藏板目錄』（漢喃研究院所藏）

3オ

儒道同源 十七張　訓世文 四十八張　忠孝誥 七十八張
廣化眞經 四十八張　廣慧超刼 五十張　勸孝戒淫 三十一張
十戒十行 二十五張　醒心經 四十八張　金丹種子 二十二張
語錄會粹 七十五張　羣言會粹 二十三張　往生錢恩例 十五張
福報指南 三十八張　手光救刼救苦滌㥥四兒 十八張
藥籤 男科婦人科兒科眼科外科 共一百一張
羣眞訓文以下
返性圖 五百八十八張　覺世輯要 一百二張　敬信錄 百七十四張
暗室燈 五十六張　開帝訓 訓文古錄 合刻六十七張　功過格校編 百五十六張

3ウ

閨門功過格 八十一張　敬惜字紙 七張　敬祖宗文 九張
五殿閻羅天子 五十四張　玉曆至寶 一百九張　世傳寶訓 壹百弍張
金光秘註 十五張　王天君破胆經 十四張　灶王經 三十張
灶王靈籤 三十七張　乩正灶神經文 四十二張　遇灶神記 三張
天后聖母經 二十六張　勸孝文大板 一片　敬字文大板 一片
會眞編 五十三張　戒淫 文大板 一片　遠色賦大板 一片
聖賢書籍以下
孝經繹說 八十二張　闕里全部 六百十三張　孔氏三出辯 十二張
小學略編 一百五十張　治家格言排律 四十四張　經籍格言 十張

4オ

求福集 二百七十二張　福田言行錄 四十八張　孝悌類編 一百三十五張
傳家至寶 一百十七張　讀書格言 一百三十八張　吉祥花 一百三十六張
好生救刼 六十五張　勸懲切要 六十八張　磨崖紀功文 草字式廿二板
淵鑑類函略編 五百卌張　鳳山祠誌略 五十二張　桑滄錄 一百十四張
敬童說約 四十五張　四十八孝詩畫 五十五張　四十八孝畫長板 五片
醫書以下
醒醫六書 一百十二張　新方八陣 一百張　普濟良方 一百二十張
大生要旨 一百張　遂生福幼 五十張　達生編 三十九張
衞生寶鑑 三十三張　鴉煙斷癮奇方 一張　又有經驗良方在敬信錄末

4ウ

經文演音以下
太上感應篇 二十張　感應功過列註 二十一張　感應合廻狂文 十六張
文帝寔錄 五十一張　陰隲文 六十張 又一部　文帝救刼眞經 十三張
二帝救刼眞經 文二部 四十三張　關帝警世文 十二張　關帝勸孝十八條 三十二張
桃園降筆經 八張　呂祖勸孝戒淫 三十一張　呂祖孝誥心經 二十五張
暗室燈 七十四張　返性圖 六十八張　神化金册 四十二張
曉世文 合刻孝誥心經 二十五張　灶君歌 三張　灶神錄淨意記 十八張
聖諭十條 二十七張　聖母醒迷賦 七張　五倫紀 十二張
行参官家訓 九張　大南國語 七十六張

DAOISM IN JAPAN

DESCRIPTION

The arrival of Chinese culture in Japan is usually dated to the fifth century C.E. It is documented in inscribed mirrors and swords that were fashioned by immigrants from the mainland yet nevertheless showed a specifically Japanese character. These were distinctly different from the auspicious spells and magical incantations carved on objects, which were earlier imported from China and Korea. In the sixth century, a more organized adaptation of religion and artistry from the mainland commenced. Scholars of the Five Classics 五經博士 from Paekche 百濟 transmitted Confucian doctrines, while masters of the Northern Wei—again most likely after having passed through Paekche—brought Chinese medicine, divination, calendar sciences and the Buddhist religion.

There are no clear records concerning the earliest transmission of Daoism into Japan. According to a story recorded in the *Nihonshoki* 日本書紀 (Chronicle of Japan, dat. 720), a man named Tajima Mori 田道間守 spent decades of his life searching for the elixir of immortality and eventually managed to get to the Eternal Land (*tokoyo no kuni* 常世國), from where he brought back the "fragrant fruit that grows out of season" (Aston 1956, 1: 186), which he wished to give to his ruler. Upon returning he found that the emperor had already died, sighed deeply and followed him into death. About the country visited by Tajima the text says: "This Eternal Land is no other than the mysterious

*Translated by Livia Kohn

realm of gods and immortals to which ordinary mortals cannot attain" (ch. 6, Suinin 99; Aston 1956, 1: 186). Scholars have identified it as the immortals' isles of Penglai 蓬萊, and the "fragrant fruit" as the mandarin orange which grew in the Chinese south and was alien to Japan at the time (see Nakamura 1983; Kohn 1995).

Another story in the *Nihonshoki* concerns Mizunoe no Urashimako 瑞江浦島子, a man from Yosa 余社 district in the ancient land of Tamba 丹波, northwest of modern Kyoto. Going out to fish in the sea, he caught a giant turtle who transformed into a woman. Startled and delighted, Urashima made her his wife, and together they went into the sea to visit the isles of Penglai, where he met with numerous immortals (Masuo 1997). A version of the same tale in the *Man'yô-shû* 萬葉集 (Collection of a Thousand Leaves), which adds luster and embellishments to it, makes Urashima into an immortal officer of the Eternal Land who rejoiced in the celestial splendor and lost all count of time. Eventually returning to his home in Japan, he received a jade box from his immortal lady. As soon as he opened it, his hair turned white and his skin wrinkled, and he died shortly thereafter (see Shimode 1972b). Other versions appear in fragments of the *Tango no kuni fûdoki* 丹後國風土記 (Local Record of Tango Country), found in the *Shaku nihongi* 釋日本紀 (Chronicle of Japan Explained), in the *Urashimako den* 浦島子傳 (Biography of Master Urashima), its supplement and a number of other early and medieval texts. These document an increasing adaptation and embellishment of the story which is now a popular folk tale.

While these are highly legendary accounts that may or may not have been transmitted in a Daoist context, other early evidence of the religion includes the adaptation of its methods by yin-yang diviners and esoteric Buddhist monks as well as the use of its spells and talismans in Shintô and Shugendô. A number of Daoist texts, from the *Daode jing* through talismanic manuals to major religious documents, made it into Japan and played a role in different historical periods. In addition, more recent practices involving observing the

Kôshin vigil and calculating merits and demerits on the basis of morality books can be described as forms of Daoism in Japan.

History

ANTIQUITY: SCHOLARS' THEORIES ON THE TRANSMISSION OF DAOISM. The first inkling of the presence of Daoism in Japan appeared in the Edo period, in works by leading scholars of Chinese history, literature and philosophy, such as Hirata Atsutane 平田篤胤 (1775-1843; see Hammitsch 1936; Kohn 1995) and Ôe Bunpa 大江文坡 (1730-90; see Asano 1964). After them it was only in the early twentieth centry that the topic was raised again, different scholars looking at different texts and presenting a variety of views on how Daoism came to be transmitted and what role it played.

The first among them, heir of the Edo Scholars and a major forerunner of modern studies, was **Tsuda Sôkichi** 津田左右吉 who in a 1920 article argued that the expression *tennô* 天皇 for the Japanese emperor, which was first used in the eighth-century chronicles to replace the ruler's title *ôkimi* 大王, was a sign of strong Chinese, and particularly Daoist, influence. He found evidence for the Chinese use of the term in a number of texts, including the *Chunqiu wei* 春秋緯 (Apocryphal Interpretation of the Spring and Autumn Annals). In its chapter "Hecheng tu" 合誠圖 (Matching Sincerity), we find the following: "The great emperor and heavenly sovereign (*tennô*) is the star of the North Culmen." Similar statements about the central deity of the cosmos, including the Great One (Taiyi 太一), in relation to a northern constellation and the appellation *tennô*, also appear in the *Shiji* 史記 (Historical Records, chs. 27-28) and in the *Jinshu* 晉書 (History of the Jin Dynasty, ch. 6) among official documents, as well as in the more Daoist/popular *Zhenzhong shu* 枕中書 (Pillowbook; dat. 5th c.) and *Shenyi jing* 神異經 (Classic of Spirit Marvels; dat. 6th c.). Tsuda argues that the appellation developed from a basic title of the cosmic ruler through a link with a northern constellation. The belief in immortality then

developed into an active religious cult, and was as such introduced into Japan and associated with the ancient emperor (Tsuda 1920).

Later scholars followed Tsuda's lead and, on the basis of inscriptions found in the central hall of the ancient Hôryûji 法隆寺 Temple and on a statue of Yakushi nyorai 薬師如来, the Medicine Buddha, concluded that the usage of *tennô* for the Japanese emperor was already in vogue in the seventh century, under Emperors Temmu (673-686) and Jitô (690-697). The term carries both astrological and Daoist connotations and may have been transmitted in the *Zhenzhong shu* and *Shenyi jing*, which reached Japan in the mid-seventh century, at the time of the Tang ruler Gaozong (see Ôyama 1997; Fukunaga 1978).

A different approach to the problem of Daoist transmission into Japan is found in the work of **Kuroita Katsumi** 黒板勝美 (1923), who focuses on a *Nihonshoki* entry under Emperor Yûryaku (456-479). This states that *dôkan* 道觀 or "Daoist abbeys" were erected on Mounts Katsuragi 葛城山 and Ikoma 生駒山 in the ancient land of Yamato 大和 (modern Nara prefecture). In addition, the Futatsuki no miya 兩槻宮 on Mount Tônomine 多武峰 was also described as a *kan* or *dôkan*. This understanding of the institutions erected at the time was countered by Naba Toshisada 那波利貞 (1952; 1954) and Shimode Sekiyo 下出積與 (1972a), who claimed that the *dôkan* were not Daoist abbeys but rather astronomical observatories—a view that has since prevailed among scholars (see Fukunaga 1987; 1989). They generally follow the extensive work by Shimode (1968; 1972b; 1975; 1997), in which he filters out bits and pieces of Daoist ideas and metaphors in ancient Japanese documents.

Nevertheless, even without formal organization, certain elements of organized Daoist belief and practice did reach ancient Japan. The first scholar to present a survey of these was **Tsumaki Jikiryô** 妻木直良 in a series of lectures presented in 1911-12 and published in 1933. A Pure Land priest, he undertook an extensive study of Buddhist and other religious materials from China, Korea and Japan and, comparing their various elements, focused on pieces of Daoism apparent especially in the Heian and Edo periods. In the former, he found

that the major bibliography of Chinese texts, the *Nihonkoku genzaisho mokuroku* 日本國見在書目錄（Bibliography of Books Currently Available in Japan）by Fujiwara no Sukeyo 藤原佐世 of the ninth century, listed 17,160 scrolls of texts in a total of 1,588 wrappers. Many of these bore a relation to Daoism, but only a few represented religious scriptures; the vast majority dealt with longevity techniques and self-cultivation, and thus could also be classified as medical (see also Sakade 1989).

Another venue of Daoist entry into Japan was through the transmission of esoteric（Tantric）Buddhist doctrine of the Tendai 天台 and Shingon 眞言 schools. In the early Heian period altogether eight leading monks went to China to obtain Buddhist sutras, including the well-known Annen 安然, Saichô 最澄 and Kûkai 空海. The works they brought back were listed in the *Hakka hiroku* 八家祕錄（Secret Record of the Eight Monks）; among them are many works concerning spells and talismans, protection of residences, the cult of Mount Tai and other, Daoist-inspired arts and beliefs (see Tsumaki 1933).

Yet another line of Daoist influence is found in the widespread spell "Swiftly, swiftly, in accordance with the statutes and ordinances" (*jiji ru lüling* 急急如律令), a classical formula of the Celestial Masters. This spell has been in use in Japan, especially in Shugendô, from the earliest times to the present day (see below). Then again, there are the treatises on good and bad deeds, patterned on the *Ganying pian* 感應篇（On Impulse and Response, CT 1167）, as well as morality books (*shanshu* 善書), both highly popular in the Edo period and directly influenced by Daoism (see below). Tsumaki points out all of these elements, then supplements his discussion with a list of Daoist texts available in Japan and/or translated into Japanese. This makes his study a highly valuable resource for later scholars. Indeed, most later studies follow his lead when he says: "Daoist ideas transmitted to Japan in ancient and Heian times first came under the umbrella of esoteric Buddhism and yin-yang divination, then spread into the wider populace," expanding the picture he painted without altering its basic tenets.

HEIAN: YIN-YANG DIVINATION AND ESOTERIC BUDDHISM. In the late seventh and early eighth centuries, the legal and administrative system of China was imported into Japan. Among others, a special Bureau of Yin and Yang (Onmyôryô 陰陽寮) was set up to handle affairs in the four areas of yin-yang cosmology, astronomy, calendar calculation and time keeping (with the clepsydra). Officials there observed the rising of the ethers and the movements of the stars, divining good and bad fortune and setting both annual and daily time. In the tenth century, this state-sponsored form of divination spread among the aristocracy to include personal fortunes and was merged with rituals and spells that would dispel dangers and unlucky tendencies. The result was a religious practice known as *Onmyôdô* 陰陽道 or yin-yang divination.

Around the same time esoteric (**Tantric**) **Buddhism**, which had been transmitted from India into Tang China in the early eighth century and moved into Japan in the ninth, became stronger. A branch of Mahâyâna Buddhism, it placed little importance on future existences or transmigration, but instead emphasized the possibility of becoming enlightened in this life. Esoteric Buddhism was not merely a practice limited to celibate monks, but offered spells, talismans and rituals to householders for a variety of concrete situations. In this way it strongly resembled Daoism, whose elements it also incorporated. This is evident from the many Tantric texts in Chinese that describe the recitation of *dhârani* and the performance of efficacious rituals (see Misaki 1991). Through the mediation of esoteric Buddhism elements of Daoist belief and practice therefore made their way into Japan, where they in turn merged with popular yin-yang divination, another Daoist-inspired activity.

Kûkai, the founder of the esoteric Shingon school in Japan, in the late eighth century wrote a work called *Sangô shiiki* 三教指歸 (Pointers to the Three Teachings; see Hakeda 1972) in which he contrasts and compares Buddhism, Daoism and Confucianism. He finds Buddhism highest and places it at the top, ranks Daoism second as a religious practice that also addresses the common

people, and has Confucianism third, seeing it mainly as a moral and social teaching (see Fukunaga 1982; 1985). This shows that he was aware of Daoism and had a strong respect for it.

Another major text showing Daoist awareness within esoteric Buddhism is the *Gorin kuji hishaku* 五輪九字祕釋 (Secret Formula of the Five Chakras and Nine Words) of the twelfth century. This work describes secret mantras and mudras in a mystical body practice based on the five organs as understood both in Chinese medicine and Daoism. It shows that the monks of the late Heian were conversant with a number of religious techniques as well as with divination, spells, talismans and rituals that had both Buddhist and Daoist origins (see Tanaka 1984; Nakamura 1990; Misaki 1991).

The **gods worshiped** in yin-yang divination included both Daoist and popular Chinese deities, such as the Great One (Taiyi), the Lord of Thunder (Leigong 雷公), the Dunjia 遁甲 (gods of divination) and the Liuren 六壬 (gods of time; see Kosaka 1986). The practice focused on the observation of eclipses, comets and other planetary phenomena, assessing in each case the potential good or bad fortune indicated. Specialists then drew up appropriate reports for the imperial court and wrote manuals for their own use. Once the practice had spread into wider ranges of society, popular yin-yang diviners appeared, many of whom were also esoteric monks, offering charms and rites to protect people and alleviate their anxiety. Two widespread works used by such monks were the *Sukuyôkyô* 宿曜經 (Book of Planets and Constellations), a divination text of an Indian esoteric background, and the *Futenreki* 符天暦 (Calendar Matching the Sky), which focused on the telling of individual fortunes (see Yamashita 1996). Their methods were slightly different from those practiced by yin-yang specialists, but like them they made use of such Daoist notions as the star of one's birth (*benming* 本命), the constellation of origin (*yuanchen* 元辰) and others.

Another commonly practiced method in yin-yang divination was the avoidance and/or **purification of the directions**. The belief here was that there were

several malevolent deities located in the eight directions, including figures such as the Great General (Daishôgun 大將軍), the Planet Venus (Taihaku 太白), the Heavenly One (Ten'ichi 天一) and the Metal God (Konjin 金神). They all were said to consist of the celestial essence of metal that accumulated in the various directions. To protect oneself against them and prevent disasters coming from them, one had to cast spells, perform rituals and observe taboos related to the various directions (Yamashita 1996). The practice gained a strong foothold among Heian aristocrats, who became especially fond of purification rituals to prevent ills—a kind of ritual commonly associated with Shintô and shrines that may have entered the latter through yin-yang divination.

One way in which this purification was performed was by casting a doll on the last day of the lunar month. Directed by imperial orders, the yin-yang master would take a prefashioned doll, breathe energy into it, stroke it several times and cast it into the Brook of Seven in the capital. Taking its name from this, the ritual became known as the Seven Brook Purification (*shichise no harai* 七瀬祓). Later it also spread into the outlying areas where it was performed on the banks of rivers and became known as the Riverbank Purification (*karin no harai* 河臨祓). Esoteric monks further developed the ceremony by adding a six-word mantra, adopting it into Buddhism and changing it into the Riverbank Rite of the Six Words (*rokuji karin no hô* 六字河臨法). It then included a formal fire ritual (*goma* 護摩; see Strickmann 1983) offered to the Enlightened King of the Six Words (Rokuji myôô 六字明王) on a boat floating down the river. After reciting the formal prayer of purification addressed to the celestial ministers (*nakatomi no harai* 中臣祓), the officiating priest would throw a doll into the river, thereby joining Shintô activities with yin-yang divination and Daoist spells under an esoteric Buddhist umbrella (see Shimode 1997).

Protective measures were also taken during the construction of temples, shrines or residences to ensure the safety and success of the undertaking and

cast supportive spells on the location. The rite was typically centered around Daoist deities and notions, including the Northern Dipper and the Eight Trigrams and consisted of the ritual circumambulation of the construction site. It was accompanied by the voicing of spells that would expel all influences of baleful stars and strengthen the beneficience of all good powers. Again, this took up certain aspects of yin-yang divination and was commonly performed by esoteric monks.

Beginning in the tenth century, rituals undertaken by yin-yang diviners also increasingly took over Shintô rites for local protection and the expulsion of pestilence. This used a more Chinese venue that included the wearing of animal skins and multi-colored robes by the officiating priest, as well as the invocation of increasing numbers of star gods. Japanese worship of the latter is traceable to Chinese models in all cases, to Han sources that speak of the celestial rulers in the North Culmen and Northern Dipper. These had developed by the Tang into particular Daoist forms of astral worship. The Heian Japanese took over the latter and mixed them early on with esoteric beliefs and practices. They soon acquired particularly Japanese forms, such as that in Myôken 妙見, Miakashi 御燈 and Kôshin 庚申 (see below). These appear in the ninth century as part of yin-yang divination and are worshiped in the tenth as part of esoteric Buddhist rites (see Yamashita 1996).

In the late Heian (11th–12th c.), finally, two further **Daoist beliefs** became popular in Japan: that in the Lord of Mount Tai (Taizan fukun 泰山府君), and that in the celestial administration of the underworld run by a multitude of hierarchically organized deities. Following ancient Chinese beliefs, the Lord of Mount Tai was thought to reside in the sacred mountain of the east and serve as the ruler of fate, longevity and good fortune, controlling the resisters of life and death. He was a key subject for prayers for the avoidance of disasters and extension of life (see Sawada 1968). Heian texts also mention other life-giving gods, including general officers such as the heavenly administrators, the departments of Earth and Water, the rulers of Fates and Emoluments and

the heads of the Six Departments, and specific deities such as the Northern Emperor, the gods of the Five Realms and the stars of the Northern Dipper. A total of twelve groups of gods were offered silk and coins and prayed to for support in life and the extension of longevity (see Hirohata 1965).

Beyond this, special occasions, such as war, natural catastrophes and epidemics warranted further ceremonies of protection and avoidance of disaster. Again the Lord of Mount Tai served as one of the most efficacious deities, joined closely by the officials of the Department of Earth. These various rites and offerings, too, were conducted by esoteric monks who were also yin-yang diviners, following a complex mixture of medieval beliefs and practices that included a strong Daoist influence.

KAMAKURA: SHINTÔ AND SHUGENDÔ. Shintô 神道 has long been recognized as the indigenous religion of Japan. It was particularly singled out in the nineteenth century with the rise of nationalism and became the key political doctrine in the early twentieth century, then known as State Shintô (see Hardacre 1989). Today, much as in the middle ages, another form prevails, highly localized and focused on popular welfare and commonly called Shrine Shintô. It involves the worship of *kami* 神 or "gods," personified forces of nature. These holy, pure and benevolent powers are found in all sorts of natural locations. In the early period, worship of the *kami* was closely integrated with Buddhism, so that shrines were usually also temples (institutions that have been called multiplexes; see Grapard 1992a) and served as locations of a variety of popular rituals. Ideologically, the integration was justified in the belief that ordinary *kami* were local spirits that served as protectors and helpers of Buddhism, while more famous ones were thought of as localized manifestations of buddhas or bodhisattva (*suijaku* 垂迹; for typical examples, see Kleine and Kohn 1999).

In the Kamakura, around the time of the failed Mongol invasion (1281), two new forms of Shintô, Ise Shintô and Yoshida Shintô, arose that did away with the protective helper doctrine. They saw *kami* as individualized special powers

that had their own virtues and needed their own offerings, prayers and worship. Both created new rites and doctrines and in their own way incorporated Daoist influences.

Ise Shintô 伊勢神道 is documented first in a twelfth-century text known as the *Shintô gobusho* 神道五部書 (Five book on Shintô), which is part of Watarai Ieyuki's 度會家行 *Ruiju jingi hongen* 類聚神祇本源 (Origins of the Manifold Gods). Here, for the first time, *kami* are distinguished according to function, including those who created heaven and earth, those who represent certain places and those closer or more distant to human beings. The text includes numerous citations from proto-Daoist works, including the *Yijing*, texts on yin and yang and Han-dynasty apocrypha, showing that its worldview depended to a large degree on Chinese concepts. Moreover, the first chapter of the work on the "Creation of Heaven and Earth" cites the *Daode jing* and some of its commentaries as well as the *Wuxing dayi* 五行大義 (Great Meaning of the Five Phases; see Kalinowski 1991) and the *Yijing* (see Takahashi 1977).

Yoshida Shintô 吉田神道 developed slightly later than Ise Shintô and under the latter's influence, intensifying its vision of *kami* and even more strongly opposing the protective helper doctrine. It not only makes ample use of the *Daode jing* and the *Zhuangzi*, but also relies on the *Beidou benming yansheng jing* 北斗本命延生經 (Scripture of Extending Life with the Help of the Birth Star and the Northern Dipper, CT 622). This form of Shintô developed particularly in the Muromachi period by Yoshida Kanetomo 吉田兼倶 (1435-1511; see Grapard 1992b), and strongly opposed the contemporaneous doctrine of the integration of Buddhism and Confucianism, as proposed by the Five Mountains system of Zen Buddhism (see Collcutt 1981). It created a completely new form of Shintô doctrine, as documented especially in Yoshida's *Yuiitsu shintô myôhô yôshû* 唯一神道名法要集 (Essential Collection of Key Methods of the One and Only Shinto), a work that shows heavy Daoist influence.

Written late in the fifteenth century, it presents a systematic exposition of doctrine and ritual that is based to a large extent on the *Beidou benming*

yansheng jing. Furthermore, the text concludes with a list of fifty-seven "numinous talisman methods" (*xuanling fufa* 玄靈符法), which has sets of spells, talismans and sacred seals. The *Jingidô reifuin* 神祇道靈符印 (The *Kami's* Talismanic Seal of Numinous Dao-Power) found here is a prominent protective charm that goes directly back to Daoist sources and has remained prominent in Shintô practice to the present day. In addition, Yoshida Kanetomo linked his system with the old yin-yang divination practice by identifying a number of specific deities, such as the gods of earth, water, stove and the souls, with the ten-partite division of deities used in the Heian and with ancestors of his own clan, such as Yoshida Urabe 吉田卜部. In both doctrine and practice he thereby created a new version of Daoist-Shintô integration that took a specifically anti-Buddhist stance and helped pave the way for later Shintô developments (see Sakade and Masuo 1991).

Besides Shintô, Daoism also exerted a great deal of influence on another form of popular religious practice in Japan: **Shugendô** 修験道. Originally a practice of shamanic and ascetic mountain worship, this integrates esoteric Buddhism, Shintô, yin-yang divination and Daoist elements into a single organized system. It began in the seventh century with the legendary En no Ozunu 役小角, who lived on Mount Katsuragi in the ancient Yamato area. A practitioner of asceticism and the working of spells, he controlled even Buddhist deities with his powers and served to protect the state from harm (see Miyake 1993; Shimode 1997). Other early figures following the same path were centered on Mounts Yoshino 吉野山 and Kumano熊野山 in the same region (south of modern Nara). Their deeds and religious activities, which included numerous supernatural powers as well as the collection and ingestion of immortality herbs, are recounted in the *Honchô shinsenden* 本朝神仙傳 (Biographies of Spirit Immortals of Our [Heian] Dynasty; see Kleine and Kohn 1999) and in the *Honchô hokke genki* 本朝法華験記 (Record of "Lotus" Miracles from Our Dynasty; see Tsumaki 1933).

Between the twelfth and fifteenth centuries, the practice of Shugendô spread

from the three mountains in western Japan (Kumano, Ômine 大峰山 and Yoshino) to three further peaks in the northeast (Mounts Haguro 羽黒山 [see Earhart 1970], Gassan 月山 and Yudono 湯殿山) as well as to Mount Hiko 英彦山 in Kyushû. In the process it split into three different strands and lineages. Between the sixteenth and eighteenth centuries, Shugendô was linked with Buddhism and further divided into two major groups: an esoteric lineage of Tendai, associated with the Shôgoin 聖護院 Temple (the so-called Honzan lineage 本山派), and a lineage of Shingon, with headquarters in the Sampôin 三寶院 Temple of Daigoji 醍醐寺 (known as the Tôzan lineage 當山派; see Miyake 1993). Since that time it has spread widely among the populace and today has come to exert considerable influence on the new and new-new religions.

Shugendô practitioners are known as **yamabushi** 山伏. They undergo ascetic practices in the mountains to acquire supernatural powers and learn to divine good and bad fortune. Their practice focuses on fortune-telling, faith-healing and praying against calamities, as well as on the weaving of *dhârani*-spells and the writing of protective talismans. They are called upon to perform rituals that heal, invite good fortune and repose the souls of the dead. Much of what they do goes back to Daoist sources. For example, one of their key rites is a protective ceremony performed before entering the mountains that follows a formula already found in Ge Hong's 葛洪 *Baopuzi* 抱朴子 (Book of the Master Who Embraces Simplicity, CT 1185, ch.17) of the fourth century. Common elements include the wording of the spells, the ritual procedures, the gods worshiped and the practice of abstaining from grains. The main difference is that the *Baopuzi* intended its rite for the solitary mountain entry of a single Daoist, while yamabushi undertake their practice in groups, believing that they will become buddhas in this life.

Then again, not unlike the *fangshi* of ancient China, many Shugendô practitioners make a living concocting and selling medicines, which they moreover call *dan* 丹, the term used for the cinnabar elixirs concocted by Chinese alche-

mists. Famous examples include the Mankintan 萬金丹 (Cinnabar Worth Ten Thousand Pieces of Gold) from Mount Asama 朝熊山 in Ise, the Furôtan 不老丹 (Cinnabar Against Old Age) from Mount Hiko and the Hankontan 反魂丹 (Cinnabar for Returning the Soul) from Mount Tateyama 立山 in Ecchû 越中. Their talismans also integrate the Daoist-based formulas used by yin-yang diviners and their ritual movements follow the ancient Daoist *Yubu* 禹步 or "Pace of Yu." Among their key spells is the Celestial Masters' formula "Swiftly, swiftly, in accordance with the statutes and ordinances," which is found on talismans, sacred banners and roof tiles even today (Maeda 1989; Miyazawa 1994). Finally, they make use of the so-called *kuji kiri* 九字切, a demon-dispelling spell of nine characters that first appears in the *Baopuzi* (17.7a). It runs: *Rin pyôtôsha kai jinretsu zaizen* 臨兵闘者皆陣列在前 or "Come down, soldiers and fighters, and line up before me!" It is often arranged graphically in a grit of five vertical and nine horizontal characters (see Miyake 1993; Kubo 1962; see Fig. 1).

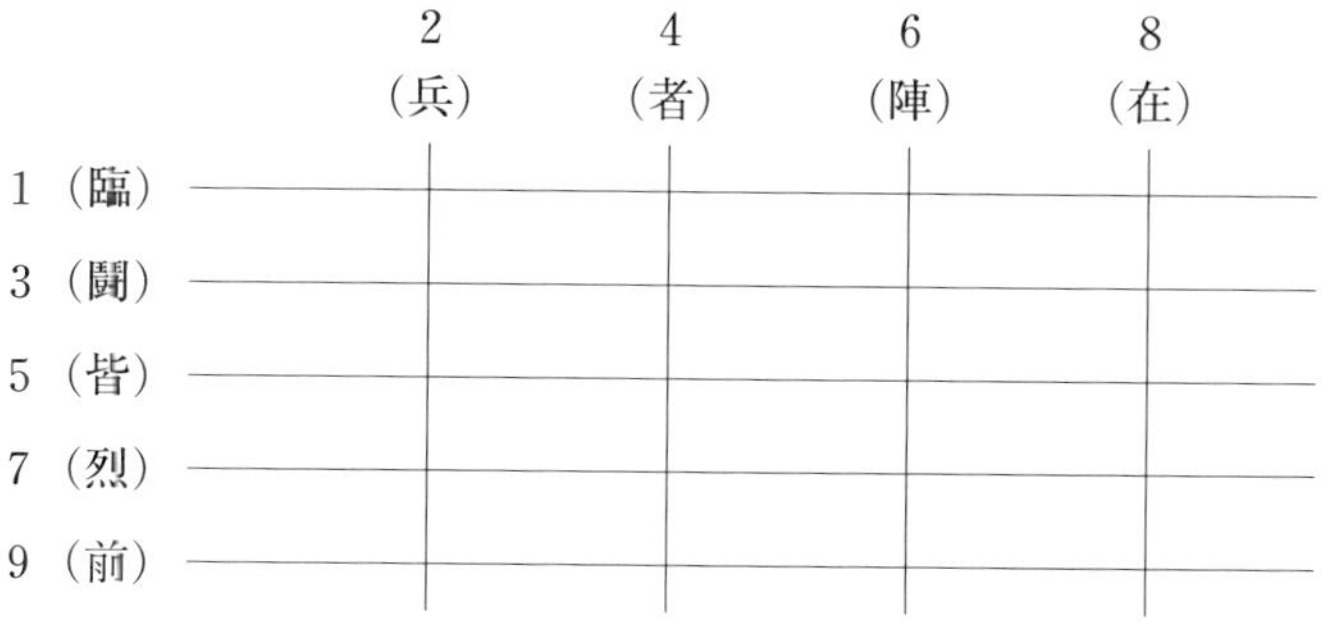

Figure 1

While Shugendô thus integrates many Daoist elements from a variety of backgrounds, the exact nature of the transmission is not clear. As likely as not Daoism entered Japanese mountain worship not via organized lineages of patriarchs but rather through the activities of individual practitioners, emigrés and exiles from the mainland who brought their creeds and tech-

niques with them. One, rather tentative, example is the case of a Japanese practitioner of the early eighth century who set himself up on Mount Togakushi 戸隠山 in Shinshû 信州 (modern Nagano), erected a statue of Lord Lao and recited the *Daode jing*. Condemned by the court for some sort of improper conduct, he was exiled to the far-off Isles of Eight Fathoms (Hachijôjima 八丈島), to the south of modern Tokyo.

Texts

There are practically no sources that describe the transmission of Daoist texts in ancient Japan. The *Kojiki* 古事記 (Chronicle of Ancient Affairs) and the *Nihonshoki* of the early eighth century, as noted earlier, show traces of Daoist influence in their records and stories, but the actual texts cited in them are not specifically Daoist. Rather, they are literary works, poems, encyclopedias and collections such as the *Yiwen leiju* 藝文類聚 (Classified Collection of Artistic Writings) and the *Chuxue ji* 初學記 (Record of Initial Learning).

THE *DAODE JING*. Recent archaeological evidence, unearthed at the site of the Fujiwara palace, erected in 694, shows that Daoism was present at the time. Wooden tablets contain the first line of the *Daode jing*, "The Dao that can be told is not the eternal Dao," but it remains unclear whether this is part of a complete copy of the text or just one line, cited from oral or other sources. It was not from any official use of the text, since the lists of texts necessary for official study under the Chinese legal system introduced in the seventh century did not contain it. Nevertheless, the text was widely known among Japanese intellectuals. For example, the *Kaifûsô* 懐風藻 (Verses on Bosom Feelings) and other poetic works contain any number of allusions and partial citations from the text, using, interestingly enough, its edition by Heshang gong 河上公. Unlike other major editions, such as that of Wang Bi 王弼 or the *Xianger zhu* 想爾注, this version of the *Daode jing* places a great emphasis on longevity techniques and makes clear statements about political techniques,

such as ruling the state as one would cultivate oneself (*zhishen zhiguo* 治身治國). It also appears that all actual copies of the *Daode jing* circulating in Japan were of the Heshang gong edition (see Masuo 1997), which was of central importance in the middle ages and also a key text of later Ise Shintô.

WORKS ON PERSONAL PROTECTION. According to the *Nihonshoki*, on the last day of the twelfth month of 651 (Hakuchi era) the capital was moved from one site to another (see Takahashi 1991). To protect the good fortune of the venture, two texts were recited, the *Antakukyô* 安宅經 (Scripture on Building a Safe Home) and the *Dosokukyô* 土側經 (Scripture on Following the Rules of the Earth). While the former remained extant in various versions, the latter was lost early on, but it may be related to a text called *Anbokyô* 安墓經 (Scripture on the Protection of Graves), which has been rediscovered recently among a cache of texts found at the Nanatsudera 七寺 Temple in Nagoya (see Ochiai 1991; Makita and Ochiai 1994–99). Both texts are highly similar in nature, providing ritual formulas and ceremonies for the construction of all sorts of structures, from residences and utility buildings to gates, gardens and stoves.

In all cases, the spirits of the earth, such as the gods of the four directions and the Six Jia deities of time, are disturbed by the building procedures and must be properly pacified if good fortune is not to be lost. In format and content, the texts go back to medieval Daoist scriptures, composed on the basis of a mixture of Buddhism, popular religion, Confucianism and Daoism. These also have parallels among apocryphal Buddhist sûtras which, being apocryphal and thus not genuine (Indian), have been cast aside and ignored by scholars for far too long (see also Buswell 1990). This dimissive attitude is quite contrary to the evidence which suggests that the texts were extremely well-known and widely used among monks and laymen alike. They are found, for example, in a variety of versions in Dunhuang and were copied numerous times in Japan, where one finds them in the Shôsôin 正倉院 (Treasure House) of the Tôdaiji 東大寺 Temple in Nara and in a number of ancient Kyoto

temples. Numerous manuscripts here can be matched, more or less closely, with texts in the Daoist canon (see Masuo 1998).

A prominent example is the ***Tenchi hachiyô shinjukyô*** 天地八陽神咒經 (Scripture of Sacred Spells [to Pacify] the Eight Yang Energies of Heaven and Earth), which contains methods of salvation as explained by the Buddha to a bodhisattva called Non-Obstruction. Reciting the text three times will get rid of demons, heal diseases and liberate from foolishness. In addition, when chanted at the time of construction of a new building, it will pacify the gods of the four directions, the Six Jia, the twelve major deities and the dragons of the earth. When chanted seven times at the deathbed of one's father or mother, the text will assure that they will become buddhas and enter paradise even if they have committed a mortal sin during life. Other occasions for the text's chanting include childbirth, marriage, funerals and moving into a new home—in all cases, it will assure good fortune, protect from evil influences and increase health and longevity (Masuo 1998).

After its compilation in the seventh century, the text spread widely, so that over one hundred manuscript copies were found at Dunhuang. Later it was rewritten into a Daoist version, the *Anzhai bayang jing* 安宅八陽經 (Scripture on Building a Safe Home [without Offending] the Eight Yang Energies, CT 634), dat. 1008–16 (Ren and Zhong 1991, 456), and translated from the Chinese into Uighur, Mongolian, Tibetan and Korean Hangul versions. It is still in common use in East Asia today. As it moved from one country to another, its application changed; the basic purpose of the text, to avoid any offenses to the spirits of yin and yang, was first mixed in China with the filial piety owed to one's parents, then joined ancestor worship and the practice of fengshui in Korea, only to be merged with offerings to earth *kami*, merit accumulation and the spells and soul-prayers of yin-yang diviners in Japan.

Another text of this kind is the ***Jiuhu shenming jing*** 救護身命經 (Sûtra on the Salvation and Protection of Body and Life). It was first composed in the late sixth century, it describes how, after the nirvâna of the Buddha, the five

defilements (*wuzhuo* 五濁) will spread in the world, allowing demons, spectres and *gu* poisons to steal people's vital energy and cause them to die. All these dangers will be greatly alleviated or even avoided through the recitation of this scripture. The idea contained in the text that evil can be dissolved through the accumulation of merit and the proper chanting of sûtras reached China from India. However its understanding of the nature and form of evil originates largely in the Qin and Han, when fear of demons and the *gu* poison was widespread (see Harper 1985). By the Tang, it had also been transformed into a Daoist text of the Lingbao school. It is found twice in the Daoist canon today, under its original title in CT 356, and as *Jiuku hushen miaojing* 救苦護身妙經 (Wondrous Scripture on the Salvation from Suffering and the Protection of the Body) in CT 351.

Then there is the ***Yisuan jing*** 益算經 (Sûtra on the Prolongation of Life), also known as the *Qiqian foshen fujing* 七千佛神符經 (Talismanic Scripture of the 7,000 Divine Buddhas). It contains a large number of spells and talismans that serve to dissolve bad fortune and increase health and longevity. These are made efficacious by the Six Jia gods, the 7,000 buddhas and the seven gods of the Northern Dipper. Variously changed and edited over the centuries, it appears in the Daoist canon in two versions, the *Changsheng yisuan miaojing* 長生益算妙經 (Wondrous Scripture of Prolonged and Eternal Life, CT 650) and the *Yisuan shenfu miaojing* 益算神符妙經 (Wondrous Scripture of Divine Talismans for the Prologation of Life, CT 672).

The ***Zhaohun jing*** 招魂經 (Scripture of Calling Back the Soul) was composed in the late fifth century. It is based on the ancient Chinese mortuary practice of calling back the soul and describes how to recover the lost souls of Buddhist followers and extend their lifespans. It also integrates popular ideas and practices as well as Daoist gods and constellations, claiming that knowing and writing down the demons' names will expel all evil and bad fortune. Human souls, moreover, are not one or two in number as in ancient Confucianism, but a set of three *hun* 魂 and seven *po* 魄, as described in Daoist texts. In Japan,

it was used by yin-yang diviners who too practiced rites for recovering people's souls.

The DAOIST CANON, as edited in the Zhengtong reign of the Ming dynasty (1445) and its supplement, the *Xu daozang* 續道藏 of the seventeenth century, were both transmitted to Japan under the Tokugawa. The Chinese edition contained a total of 5,485 scrolls of texts, many of which arrived in Japan through the Nagasaki trade route. The *Shôhaku sairai shomoku* 商舶載來書目 (Catalog of Books Imported by Merchant Vessels) of 1695 is the first to catalog it. It appears next in 1770, when the collection was made part of the library of Feudal Lord of the Saeki 佐伯 clan, Môri Takasue 毛利高標, from where it entered into the Imperial Palace. The Daoist collection present here is not the complete canon as printed in China and contains a total of 4,115 scrolls of texts (see also Barrett 1994).

A separate edition of the canon was reprinted in Shanghai in 1923-26 on the basis of woodblocks stored at the Baiyun guan 白雲觀 in Beijing, which contained the Ming canon in a nineteenth-century reedition. This edition was further amended and variously supplemented and has become the standard basis of Daoist scholarship today, also being used frequently in Japan. Still, there are three major versions of Daoists texts: the Ming canon as present in the Imperial Palace library, the Baiyun guan reprint and the manuscripts found at Dunhuang. Further research is needed on their interconnections and differences (see Kubo 1955).

PRACTICES

In more recent centuries certain Daoist practices have taken root in Japan and are flourishing among the wider populace. The most important among them are the Kôshin cult and the adaptation of Chinese morality books, both of which rose to prominence under the Tokugawa.

The KÔSHIN CULT 庚申信仰 is based on the belief that there are three

worms or "corpses" (*sanshi* 三尸) in the human body which, once in every sixty-day cycle, on the *kôshin* (*gengshen*) day, ascend to heaven to report on the person's sins and receive celestial instructions for punishments, such as sicknesses, bad fortune and early death. The three worms, an upper one residing in the head, a middle one residing in the torso and a lower one controlling abdomen and legs, can only leave when the person is asleep. To prevent them from leaving and making their detrimental report, people on the eve of the Kôshin day take ritual precautions and make an effort to stay awake. The belief is that three such vigils on the Kôshin night will severely weaken the worms; if they are prevented from leaving seven times, they will perish—together with all sickness and bad fortune, thus allowing for the extension of life and happiness (see Kohn 1993-95; Kubo 1998).

The notion of the three worms appears first in the *Baopuzi* (6.4b; see Ware 1966, 115-16), and is then found in Tao Hongjing's 陶弘景 (456-536) *Zhen'gao* 眞誥 (Declarations of the Perfected, CT 1016) and Duan Chengshi's 段成式 *Youyang zazu* 酉陽雜俎 (Miscellanea of Youyang). Among religious Daoist texts, it is specified in the *Chu sanshi jiuchong baosheng jing* 除三尸九蟲保生經 (Scripture on Preserving Life by Removing the Three Worms and Nine Parasites, CT 871) of the late Tang and its abbreviated version, the *Sanshi zhongjing* 三尸中經 (Central Scripture of the Three Worms, *Yunji qiqian* 81).

The belief in the worms coupled with the vigil on the critical night is first documented in Tang China, but it is not entirely clear when it was first transmitted to Japan. Ennin 圓仁, the Great Master Jikaku 慈覺大師, describes it in an entry under the year 838 in the record of his Chinese travels, the *Nittô guhô junrei kôki* 入唐求法巡禮行記 (Travel Record of the Pilgrimage to the Tang in Search of Buddhist Teachings; trl. Reischauer 1955). Similarly, brief notes under the years 834 and 836 in the *Shoku nihon koki* 續日本後紀 (Supplementary Latter Chronicle of Japan) mention a Kôshin assembly and banquet. It seems, therefore, that the practice was known and active in ninth-century Japan.

However, the Kôshin cult was not entirely the same as in China, where the vigil had been a spiritual event that included abstention from sexual activity and a taboo on eating meat as well as purifications through baths and meditations. In Japan, by contrast, participants engaged in extravagant banquets, drank wine, ate meat, made music, watched dance performances and played chess and other social games. In short, they made the vigil into a party rather than a spiritual undertaking. As this practice was transmitted from the Heian aristocracy to the samurai leaders of the Kamakura period, it was further adopted by yin-yang diviners and esoteric monks. They added the worship of certain deities, the most popular being Shômen kongô 青面金剛, the Blue-faced Vajrapani (see Yoshioka 1967; Kohn 1993-95).

A Japanese Koshin scripture, the *Rôshi shukôshin guchôsei kyô* 老子守庚申求長生經 (Laozi's Scripture of Observing Kôshin and Extending Life), appeared in the eleventh century. It was compiled in close similarility to the *Yunji qiqian* text by a monk of the Onjôji 園城寺 Temple who followed the lineage of Enchin 圓珍, Great Master Chishô 智證大師. Later in the same century the text was amended and expanded by the Tendai monk Jôjin 成尋, who had traveled to Song China in search of authentic Buddhist teachings. By the mid-fifteenth century a number of specifically Buddhist elements had been added to the text and, for the first time, there were also *Kôshin engi* 庚申縁起 (Origin Stories) that described local events related to the cult and specified its taboos, ritual observances and merits (Kohn 1993-95; Kubo 1998). Buddhist deities were increasingly involved in the cult at this time, including Manjusri, Yakushi nyorai, Sâkyamuni, Amitâbha, Kannon and Fudô. The cult was increasingly localized, becoming an established part of popular Japanese religion.

In the Tokugawa, esoteric monks and yamabushi adopted it and began to give Kôshin lectures throughout the country. Many local temples erected special Kôshin halls or pagodas for the practice, and even Shintô shrines became active participants, linking the cyclical sign of Kôshin with its symbolic animal, the monkey (*saru*), and establishing an association with the

Shintô god Sarutahiko 猿田彦. The cult is active to the present day: Kôshin halls at temples in Ôsaka and Nara hold fairs on the relevant day, while various local Kôshin associations meet for vigils.

MORALITY BOOKS (*shanshu* 善書) are the other major form that Daoist practice took in Japan. They were first imported in the Tokugawa period as part of a major absorption of Chinese and especially Neo-Confucian culture, and strongly reflected the Song pattern of harmonizing and integrating the three teachings (see Ôba 1967). Among the earliest texts, first apparent in 1620, is the *Ganying pian jingzhuan* 感應篇經傳 (Scriptural Commentary on the Treatise on Impulse and Response). This is an annotated edition of Li Changling's 李昌玲 (fl. 1127–1150) expositon on the rewards and punishments of good and evil deeds (see Hervouet 1978, 370–71), which was extremely popular in China and underwent numerous reprints (see Bell 1992).

This was further supplemented in the eighteenth century by Japanese editions and translations of the *Yinzhi wen* 陰騭文 (Text of Secret Blessings) and the *Zizhi lu* 自知錄 (Record of Self-Examination), which served to spread morality books widely among the populace. A systematic commentary (*kunchû* 訓註) of the *Ganying pian* published in 1719, and a scriptural version of the text of 1733, not only merged the three teachings of China into one system, but also integrated Japanese Shintô and newly developed Japanese Confucian theories. Further texts appeared in the 1770s, including the *Waji kôka jichi roku* 和字功過自知錄 (Japanese Record of Self-Examination of Merit and Demerit) and the *Wago yinshitsu roku* 和語陰騭錄 (Japanese Record of Secret Blessings). These defined the good fortune that accrued on the basis of good deeds in both Shintô and Buddhist terms and presented a uniquely Japanese interpretation of the Daoist works. In 1791, moreover, the *Kansei teikun kakusei shinkyô reiôken* 關聖帝君覺世眞經靈應篇 (Record of the Numinous Effects and Worldly Awareness of the Imperial Lord Guandi) appeared. This collection of records on the belief in the god of war and wealth, Guandi, in the late Ming and early Qing, also contained morality books such as the *Kakusei kyô* 覺世經

(Scripture of Worldly Awareness).

A major compiler of such texts was Ôe Bunpa 大江文坡 (1730–1790), a major scholar of Daoism who left behind numerous works on starry deities, bodhisattvas, the god Zhenwu and many aspects of Daoist belief. They include his *Kimen reiken mibu shatenden* 鬼面靈驗壬生謝天傳 (Record on Ghostly Appearances, Miracles, Extending Life and Thanking Heaven), his *Hokushin myôken bosatsu reiôhen* 北辰妙見菩薩靈應篇 (Numinous Effects of the Boddhisattva Myôken of the Northern Sky) and writings on the three worms, such as the *Taijô keimin kôkô hiroku* 太上惠民甲庚祕錄 (Highest Secret Record of Benefiting People on the Days *Jia* and *Geng*) and the *Kôkô reifu sankyô hiroku* 甲庚靈符三教祕錄 (Secret Record of the Numinous Talismans of the Three Teachings Effective for the Days *Jia* and *Geng*). He also wrote about the secret chart of the five sacred mountains, various methods of casting spells and producing talismans, ways of becoming immortal and the proper observances for the sending of petitions to the otherworld. He was widely learned in diverse fields and tended to create a thorough mix of Daoism, Buddhism and Shintô in his various works. They may not contain an accurate presentation of organized Daoist beliefs and rituals, but they certainly are relevant documents for the practice of popular religion in Tokugawa Japan, which was greatly influenced by Daoism (see Asano 1964).

In the late eighteenth century, the *Lüzu quanshu* 呂祖全書 (Complete Book of Patriarch Lü, 33j.), a compendium of Complete Perfection, and the *Wendi quanshu* 文帝全書 (Complete Book of Wenchang, 50 j.) were introduced to Japan. Both contained morality texts side by side with devotional and literary materials and exerted a serious influence on Japanese religion. The *Wendi quanshu* made its way into the hands of Hasegawa Ennen 長谷川延年, an Ôsaka townsman, in 1823. He studied it avidly and linked it with the *Ganying pian* and other morality books, and he organized reprints and wide distribution of them all. The nineteenth century saw further developments that were more independently Japanese, as is documented in the *Wakan inshitsu den* 和漢陰騭

傳 (Japanese and Chinese Records of Secret Blessings), which reflects the title of the traditional Chinese *Yinzhi wen* but is completely different in contents and outlook. It is a completely Japanese morality book and shows the degree to which this aspect of Chinese and Daoist culture had become part of Japanese religion.

Morality books were widely used among the common people, but their influence was by no means restricted to them. The intellectual elite also made use of the books and paid serious attention to Daoism. For example, Nakae Tôju 中江藤樹 (1608-48), a Confucian scholar of the Wang Yangming 王陽明 tradition, wrote a preface to the *Taiyi shenjing* 太乙神經 (Spiritual Scripture of the Great Unity) in which he noted that he worshiped this Daoist deity himself. Miura Baien 三浦梅園 (1723-89), following the example of Tao Hongjing, called himself a "grotto immortal" (*dongxian* 洞仙) and wrote several Daoist-inspired works, including the *Yôjôkun* 養生訓 (On the Cultivation of Life) and the *Genkiron* 元氣論 (On Primordial Energy). Hirata Atsutane, a senior representative of national learning, undertook a detailed reading of the *Yunji qiqian* and made ample use of devotional and meditational Daoist scriptures in his discussion of Shintô and the origins of Japanese culture. Finally, Aoki Hokkai 青木北海 (1783-1865) of Toyama 富山 was seriously concerned with Daoist spells, talismans and ritual dances and, studying the *Baopuzi* and other early works, compiled a work on the Pace of Yu, the *Uho senketsu* 禹歩僊訣 (Explanation of the Pace of Yu). All of these show that Daoist practice was widespread among both the popular and the elite segments of Tokugawa society. They employed organized Daoist notions and yet in all cases adapted them so as to create something specifically Japanese.

References in Japanese and chinese

Asano Sanpei 浅野三平. 1964. "Ôe Bunpa no shôgai to shisô." In *Kinseichuki shôsetsu no kenkyû*, 195-211. Tokyo: Ôfûsha. Reprinted in Noguchi et al. 1996,

3: 170-86.

Fukunaga Mitsuji 福永光司, Senda Minoru 千田稔 and Takahashi Tôru 高橋徹, eds. 1987. *Nihon no dôkyô iseki*. Tokyo: Asahi shimbunsha.

Fukunaga Mitsuji et al. 1978. *Dôkyô to kodai tennôsei*. Tokyo: Tokuma shoten.

Fukunaga Mitsuji. 1982. *Dôkyô to Nihon bunka*. Kyoto: Jimbun shoin.

Fukunaga Mitsuji. 1985. *Dôkyô to Nihon shiso*. Tokyo: Tokuma shoten.

Fukunaga Mitsuji, ed. 1989. *Dôkyô to higashi Ajia—Chûgoku, Chôsen, Nihon*. Kyoto: Jimbun shoin.

Hirata Atsutane 平田篤胤. 1911-18. *Hirata Atsutane zenshû*. 15 vols. Tokyo: Meicho Shuppan.

Hirohata Sukeo 廣畑輔雄. 1965. "Nihon kodai ni okeru hokushin sûhai ni tsuite." *Tôhôshûkyô* 25: 36-50.

Kosaka Shinji 小坂眞二. 1986. "Onmyôdô no rikujin chokusen ni tsuite." *Kodai bunka* 7: 27-37; 8: 28-39; 9: 31-42.

Kubo Noritada 窪德忠. 1955. "Kunaichô shoryôbu shozô no dôzô." *Tôhôshûkyô* 7: 72-75.

Kubo Noritada. 1998 [1961]. *Kôshin shinkô no kenkyû*. Tokyo: Daiichi shobô.

Kubo Noritada. 1962. "Dôkyô to shugendô." *Shûkyô kenkyû* 173: 25-48.

Kuroita Katsumi 黑板勝美. 1923. "Waga jôdai ni okeru dôka shisô oyobi dôkyô ni tsuite." *Shirin* 8.1. Reprinted in *Kyoshin bunshû*. vol. 3. Tokyo: Yoshikawa kôbunkan, 1940; Noguchi et al. 1996, 1: 39-48.

Maeda Ryôichi 前田良一. 1989. "Kyu kyu nyo ritsuryô o saguru." In *Dôkyô to higashi Ajia*, edited by Fukunaga Mitsuji, 101-25. Kyoto: Jimbun shoin.

Makita Tairyô 牧田諦亮 and Ochiai Toshinori 落合俊典. 1994-99. *Nanatsudera kyôten kenkyû sôsho*. Tokyo: Daitô.

Masuo Shin'ichirô 增尾伸一郎. 1997. *Man'yô-kajin to Chûgoku shisô*. Tokyo: Yoshikawa kôbunkan.

Masuo Shin'ichirô. 1998. "Nihon kodai no dôkyô juyô to gigi kyôten." In *Dôkyô no rekishi to bunka*, edited by Yamada Toshiaki 山田利明 and Tanaka Fumio 田中文雄, 297-320. Tokyo: Yûzankaku.

Misaki Ryôshû 三崎良周. 1991. "Chûgoku, Nihon no mikkyô ni okeru dôkyôteki yôso." In *Nihon, Chûgoku no shûkyô bunka no kenkyû*, edited by Sakai Tadao 酒井忠夫, Fukui Fumimasa 福井文雅, and Yamada Toshiaki 山田利明. Reprinted in Noguchi et al. 1996, 2: 178-214.

Miyake Hitoshi 宮家準. 1993. "Shugendô to dôkyô." *Tôhôshûkyô* 81: 22-42. Reprinted in Noguchi et al. 1996, 2: 286-306.

Miyazawa Masayori 宮澤正順. 1994. "Kyu kyu nyo ritsuryô ni tsuite: Chû-Nichi girei no kôsatsu." *Girei bunka* 20: 14-35.

Mizuta Norihisa 水田紀久. 1968. "Hasegawa ennen." *Shakai bunka shigaku* 4: 39-47. Reprinted in Noguchi et al. 1996, 3: 201-17.

Naba Toshisada 那波利貞. 1952-1954. "Dôkyô no Nihon e no ruden ni tsuite." *Tôhôshûkyô* 2: 1-22 (Part 1); 4/5: 58-122 (Part 2).

Nakamura Shôhachi 中村璋八. 1983. "Nihon no dôkyô." In *Dôkyô*, edited by Fukui Kôjun et al., 3: 3-47. Tokyo: Hirakawa.

Nakamura Shôhachi. 1990. "Onmyôdô ni okeru dôkyô no juyô." In *Chûgoku gaku ronshû*, edited by Numajiri Masataka 2-23. Tokyo: Kyûko shoin Reprinted in Noguchi et al. 1996, 2: 145-63.

Noguchi Tetsurô 野口鐵郎, Sakai Tadao 酒井忠夫, Nakamura Shôhachi 中村璋八, Kubo Noritada 窪德忠, and Masuo Shin'ichirô 增尾伸一郎. 1996. *Dôkyô to Nihon*. 3 vols. Tokyo: Yûzankaku.

Ôba Osamu 大庭脩. 1967. *Edo jidai ni okeru tôsen mochi watarisho no kenkyû*. Osaka: Kansai daigaku tôzai gakujutsu kenkyûjo.

Ôyama Seiichi 大山誠一. 1997. *Nagayaôke mokkan to kinsekibun*. Tokyo: Yoshikawa kôbunkan.

Ren Jiyu 任繼愈 and Zhong Zhaopeng 鍾肇鵬, eds. 1991. *Daozang tiyao*. Beijing: Zhongguo shehui kexue chubanshe.

Sakade Yoshinobu 坂出祥伸 and Masuo Shin'ichirô 增尾伸一郎. 1991. "Chûsei Nihon no shintô to dôkyô." In *Nihon, Chûgoku no shûkyô bunka no kenkyû*, edited by Sakai Tadao, Fukui Fumimasa, and Yamada Toshiaki, 53-80. Tokyo: Hirakawa.

Sakai Tadao 酒井忠夫. 1991. "Chûgoku shûkyô bunka no nihon e no denpa to juyô." In *Nihon, Chûgoku no shûkyô bunka no kenkyû*, edited by Sakai Tadao, Fukui Fumimasa, and Yamada Toshiaki, 27-52. Tokyo: Hirakawa.

Sawada Mizuhô 澤田瑞穗. 1968. *Jigoku hen*. Kyoto: Hôzôkan.

Shimode Sekiyo 下出積與. 1968. *Shinsen shisô*. Tokyo: Yoshikawa kôbunkan.

Shimode Sekiyo. 1972a. "Saimeiki no Futatsuki no miya ni tsuite." In *Zoku nihon kodaishi ronshû*, edited by Sakamoto Tarô hakase kinenkai 坂本太郎博士記念會, 293-324. Tokyo: Yoshikawa kôbunkan. Reprinted in Noguchi et al. 1996, 1: 171-96.

Shimode Sekiyo. 1972b. *Nihon kodai no jingi to dôkyô*. Tokyo: Yoshikawa kôbunkan.

Shimode Sekiyo. 1975. *Dôkyô to nihonjin*. Tokyo: Kôdansha.

Shimode Sekiyo. 1997. *Nihon kodai no dôkyô: Onmyôdô to jingi*. Tokyo: Yoshikawa kôbunkan.

Takahashi Miyuki 高橋美由紀. 1977. "Ise shintô no keisei to dôka shisô—kami-kan o chûshin to shite." *Tôhoku daigaku Nihon bunka kenkyûjo kenkyû hôkoku* 13: 19-44. Reprinted in Noguchi et al. 1996, 3: 33-62.

Takahashi Toru 高橋徹. 1991. *Dôkyô to Nihon no kyûto*. Kyoto: Jimbun shoin.

Takigawa Masajirô 瀧川政次郎. 1970. "Ritsuryô to Onmyôdô." *Tôhôshûkyô* 35: 1-19.

Tanaka Fumio 田中文雄. 1984. "Kakuban 'Gorin kuji hishaku' no haikei shisô." *Buzan kyôgaku taikai kiyô* 12: 91-104. Reprinted in Noguchi et al. 1996, 2: 164-77.

Tsuda Sôkichi 津田左右吉. 1920. "Tennôkô." *Tôyô gakuhô* 10.3: 99-121. Reprinted in *Tsuda Sôkichi zenshû*, 3: 474-91 (Tokyo: Iwanami, 1963); Noguchi et al. 1996, 1: 25-38.

Tsumaki Jikiryô 妻木直良. 1933. "Nihon ni okeru dôkyô shisô." *Ryûkoku gakuhô* 306: 23-44; 308: 71-85. Reprinted in Noguchi et al. 1996, 1: 49-74.

Yamashita Katsuaki 山下克明. 1996. *Heian jidai no shûkyô bunka to Onmyôdô*. Tokyo: Iwata shoin.

Yoshioka Yoshitoyo 吉岡義豐. 1967. "Shômen kongô to kôshin shinkô." *Dôkyô kenkyû* 2: 237–92.

WORKS IN WESTERN LANGUAGES*

Aston, W. G. 1956 [1896]. *Nihongi: Chronicles of Japan from the Earliest Times to A.D. 697.* London: George Allan & Unwin.

Barrett, T. H. 1994. "The Taoist Canon in Japan: Some Implications of the Research of Ho Peng Yoke." *Taoist Resources* 5.1: 71–78.

Bell, Catherine. 1992. "Printing and Religion in China: Some Evidence from the *Taishang Ganying Pian.*" *Journal of Chinese Religions* 20: 173–86.

Bock, Felicia. 1970. *Engi-shiki: Proceedings of the Engi Era.* 2 vols. Tokyo.

Bock, Felicia. 1985. *Classical Learning and Taoist Practice in Early Japan.* Tucson: Arizona State University Press.

Buswell, Robert E., Jr., ed. 1990. *Chinese Buddhist Apocrypha.* Honolulu: University of Hawaii Press.

Collcutt, Martin. 1981. *Five Mountains: The Rinzai Monastic Institution in Medieval Japan.* Cambridge, Mass.: Harvard University Press.

Earhart, H. Byron. 1970. *A Religious Study of the Mount Haguro Sect of Shugendô.* Tokyo: Sophia University Press.

Grapard, Allan G. 1992a. *The Protocol of the Gods: A Study of the Kasuga Cult in Japanese History.* Berkeley and Los Angeles: University of California Press.

Grapard, Allan G. 1992b. "The Shintô of Yoshida Kanemoto." *Monumenta Nipponica* 47: 27–58.

Hakeda Yoshito S. 1972. *Kûkai: Major Works.* New York: Columbia University Press.

Hammitzsch, Horst. 1936. "Hirata Atsutane, ein geistiger Kämpfer." *Mitteilungen der deutschen Gesellschaft für Natur-und Völkerkunde Ostasiens* 28.

*Added by the translator

Hardacre, Helen. 1989. *Shintô and the State, 1868–1988*. Princeton: Princeton University Press.

Harper, Donald. 1985. "A Chinese Demonography of the Third Century B.C." *Harvard Journal of Asiatic Studies* 45: 459–98.

Hervouet, Yves, ed. 1978. *A Sung Bibliography; Bibliographie des Sung*. Hong Kong: The Chinese University Press.

Kalinowski, Marc. 1991. *Cosmologie et divination dans la Chine ancienne. Le Compendium des Cinq Agents*. Paris: Ecole Française d'Extrême-Orient.

Kleine, Christoph, and Livia Kohn. 1999. "Daoist Immortality and Buddhist Holiness: A Study and Translation of the *Honchô shinsenden*." *Japanese Religions* 24.2: 119–96.

Kohn, Livia. 1993–95. "Kôshin: A Taoist Cult in Japan." *Japanese Religions* 18.2: 113–39 (Part 1), 20.1: 34–55 (Part 2), 20.2: 123–42 (Part 3).

Kohn, Livia. 1995. "Taoism in Japan: Positions and Evaluations." *Cahiers d'Extrême-Asie* 8: 389–412.

Kohn, Livia. 1999. "Daoism in Japan: A Comprehensive Collection." *Japanese Religions* 24.2: 197–208.

Kubo Noritada. 1959. "Introduction of Taoism to Japan." In *Religious Studies in Japan*, edited by the Japanese Association for Religious Studies, 457–65. Tokyo: Maruzen.

Kubo Noritada. 1974. "Taoist Belief in Okinawa—With Special Emphasis on the Kitchen God Belief." *Acta Asiatica* 27: 100-17.

Ochiai, Toshinori. 1991. *The Manuscripts of Nanatsudera*. Kyoto: Italian School of East Asian Studies.

Reischauer, Edwin O. 1955. *Ennin's Travels in T'ang China*. New York: Ronald Press.

Sakade Yoshinobu. 1989. "Longevity Techniques in Japan: Ancient Sources and Contemporary Studies." In *Taoist Meditation and Longevity Techniques*, edited by Livia Kohn, 1-40. Ann Arbor: University of Michigan, Center for Chinese Studies.

Strickmann, Michel. 1983. "Homa in East Asia." *Agni. The Vedic Ritual of the Fire Altar,* edited by Frits Staal, 2: 418-55. Berkeley: University of California Press.

Ware, James R. 1966. *Alchemy, Medicine and Religion in the China of A.D. 320.* Cambridge, Mass.: MIT Press.

初出一覧

序章　「日本古代の道教受容と疑僞經典」（山田利明、田中文雄編『道教の歴史と文化　日米道教研究會議論文集』、一九九八年五月、雄山閣、二九七～三二〇頁）

第一章　「日本古代の宗教文化と道教」（遊佐昇、野崎充彦、増尾伸一郎編『アジア諸地域と道教〈講座道教〉第六巻』、二〇〇一年、雄山閣、二五六～二八四頁）

第二章　「日本古代の呪符木簡、墨書土器と疑僞經典――『佛說七千佛神符經』もしくは『佛說益算經』の受容――」（『東洋の思想と宗教』十三號、一九九六年三月、早稲田大學東洋哲學會、七十八～一〇四頁）

第三章　「〈天罡〉呪符の成立――日本古代における北辰北斗信仰の受容過程をめぐって――」（『信濃』三十六巻十二號、一九八四年十二月、信濃史學會、二十一～四十三頁）

第四章　「古代〈人形〉呪儀とその所依經典――『呪媚經』の受容をめぐって――」（『延喜式研究』十三號、一九九七年三月、延喜式研究會、一～二十九頁）

第五章　「『救護身命經』の傳播と〈厭魅蠱毒〉――敦煌、朝鮮の傳本と七寺本をめぐって――」（牧田諦亮監、落合俊典編『七寺古逸經典研究叢書』第二巻〈中國撰述經典（其之二）〉、一九九六年二月、大東出版社、八一五～八五一頁）

「日本古代における『天地八陽神呪經』の受容」（道教文化研究會編『道教文化への展望』、一九九四年三月、平河出版社、三六一～四〇六頁）

第六章　「『壽延經』の行方――疑僞經典の受容と密教修法――」（菅原信海編『神佛習合思想の展開』、一九九六年一月、汲古書院、二六三～三二四頁）

第七章　「日本における『招魂經』の受容――東密の延命招魂作法と陰陽道の招魂祭を中心に――」（牧田諦亮監、落合俊典編『七寺古逸經典研究叢書』第二巻〈中國撰述經典（其之二）〉、一九九六年二月、大東出版社、八五三～八八五頁）

第八章　「七寺本『三星大仙人所説陀羅尼經』成立考――妙見信仰・尊星王法との關連をめぐって――」（牧田諦亮監、落合俊典編『七寺古逸經典研究叢書』第四巻〈中國・日本撰述經典（其之四）漢譯經典〉、一九九九年二月、大東出版社、七二七～七五六頁）

第九章　「『地神經』と〈五郎王子譚〉の傳播――地神盲僧の語り物と土公神祭文・五行神樂の古層――」（『日本文學』四十七巻七號、特集〈僞書〉の中世、一九九八年七月、日本文學協會、三十三～四十四頁）

第十章　「古寫經の跋文と道教的思惟――坂上忌寸石楯供養經を中心に――」（井上辰雄他編『古代史研究の課題と方法』、一九八九年十月、國書刊行會、一九五～二三四頁）

第十一章　「深智の儔は内外を覯る――『日本靈異記』と古代東アジア文化圈――」（『古代文學』三十八號、特集〈古代文學の世界性〉、一九九九年三月、古代文學會、十二～二十七頁）

第十二章　「永劫の寶地――七寺本『安墓經』とその周邊――」（『アジア遊學』三十八號、特集〈死をめぐる習俗〉、二〇〇二年四月、勉誠出版、七十七～八十九頁）

第十三章　「『日本靈異記』の女性觀にみる『父母恩重經』の投影――〈疑僞經典〉受容史の一面――」（『東方宗教』六十九號、一九八七年五月、日本道教學會、二十四～四十三頁）

第十四章　「『源氏物語』の〈死〉の表現と延命招魂法――事相書と疑僞經典を手がかりにして――」（物語研究會編『新・物語研究5　書物と語り』、一九九八年三月、若草書房、一三一～一五一頁）

第十五章　「朝鮮の北斗信仰と所依經典――朝鮮本『太上玄靈北斗本命延生眞經』考――」（『豐田短期大學研究紀要』四號、一九九四年三月、豐田短期大學、一～二十一頁）

第十六章　「朝鮮における道佛二教と巫俗の交渉――附、朝鮮本『佛説廣本太歲經』影印――」（『東京成德大學研究紀要』五號、一九九八年三月、東京成德大學、一～四十一頁）

第十七章　「朝鮮本『天地八陽神呪經』とその流傳」（『東京成德大學研究紀要』四號、一九九七年三月、東京成德大學、一八一～一九六頁）

第十八章　「地神盲僧と朝鮮の經巫　『地神經』の流傳と盲僧の起源傳承をめぐって」（斎藤英喜編『呪術の知とテクネー』、二〇〇三年五月、森話社、二三三～二七四頁）

終章　「ベトナムにおける僞經と善書の流傳――佛道儒三教と民間信仰の交渉をめぐって――」（『アジア遊學』一六一號、「僞」なるものの「射程」　漢字文化圏の神佛とその周邊　二〇一三年三月、勉誠出版、五十六～八十六頁）

英文　「日本の道教」Masuo Shin'ichirô. 2000. "Daoism in Japan." translated by Kohn Livia, in Kohn Livia ed. *Daoism Handbook*. (Handbuch der Orientalistik. Vierte Abteilung, China, 14. Bd.) Leiden; Boston; Köln: Koninklijke Brill NV, Leiden, The Netherlands. pp. 821-842.

あとがき――増尾伸一郎さんの道教研究――

丸　山　宏

増尾伸一郎さんは二〇一四年七月二十五日に五十八歳で急逝された。コロラド大學でセミナーに參加していた私に電子メールで知らせが入り、驚き信じられなかった。最後に會って話したのは、二〇一三年の十一月に早稲田大學で道教學會があった時に、私から夏のお盆の時に病氣で入院していたと聲をかけると、增尾さんは私より長い期間にわたり病氣の入院治療をしたということを話してくれた。このような互いに病氣をいたわり合うという遣り取りがあった。それが最後の會話になるとは想像できなかった。

歸國後に奧樣に連絡して橫濱のご自宅にうかがい、遺影に手を合わせた時は感極まるものがこみ上げてきた。その時に、もし出版豫定の遺稿があれば、お手傳いできないかと考えた。近刊豫定ということを承知していた本書『道教と中國撰述佛典』が出版に向けてどこまで進んでいるかが氣になったからである。汲古書院の小林詔子さんにたずねると、すでに印刷用の組版ができていて、本人による初校が少しはじまったところまで進んでいるが、そこで中斷していることがわかった。日本の宗教文化について無知な私の能力でうまくできるかどうか大きな不安もあったが、道教にかかわる部分は何とかできるかもしれないと考え、これまで增尾さんからお世話になったことをさまざま想い起こし、出版までの作業をお手傳いしたい氣持ちが強くなり、何とか出版までの作業をしてみようと決心した。增尾さんの親友の岐阜大學の早川万年さん、汲古書院の小林詔子さんとともに御宅にうかがい、奧樣のご配慮のもと、本書にかかわる修正補足の加えられた原稿、メモ書き、抜き刷り、圖版として利用された寫眞などを書架や卓上から選び取り、校正に利用できるように準備させていただいた。また勤務先の東京成德大學の增尾さんの研究室に行き關連資料を選んで利用可能にさせていただいた。

本書の校正にあたっては、書き下ろし原稿は基本的に含まれていないこともあり、もとになった既刊論文の樣態によりながら、各章の初刊の際の內容をきちんと復元することを第一の目標とした。もし初刊の內容に對して本書のためになされた增尾さんによる加筆がある場合は、それらをできるだけ反映できるように留意し、持ち歸ったメモなどからゲラに補足をした。しかし增尾さん本人が意圖した加筆などをすべて網羅できたかどうかは自信がない。利用された史料の寫眞が見つけられた場合には、可能な範圍で印刷ゲラの文字を寫眞の文字で校正する作業も行なった。寫眞との校合は、漢文史料では比較的に多く實現できた面もあったが、日本史史料については十分にできていない。また各章の章末の注における表記は長い期間にわたって執筆された論文に基づくために體裁が必ずしも統一されておらず、編集上これを統一することを試みた。しかし本文、注、圖版の說明およびその他の箇所の文字編集において、初刊の際の體裁を保留したままのところも多い。

本書は、增尾さんが序章で述べるように、東アジアの日本と朝鮮を中心とする宗教文化の展開過程に占める道教の意義について佛教との重層性に注目しながら考察するものである。增尾さんによれば、古代日本では道士、道觀の存在は確認できず、請來された道教經典の數も限られ、道教の體系的傳來はなかった。しかし道教を構成する諸要素は、さまざまな形で受容された。傳來が確實ないくつかの中國撰述佛典について注目し、經名と符を手がかりに『道藏』にあたり、原據の道經を見出して、それが符を佛教的に改變し、かつ本文は道經から拔粹したものであることを確認し、また題名の類似する道經を見出して、道經と密接な關連のもとに成立したことを想定できるとする。道教を道教として直接に受容したのではなく、道教的な中國撰述佛典を通じて、古代日本は道教を受容したというのが本書の根幹をなす學説である。道教的な中國撰述佛典は、單純なものではなく、中國において儒佛道三教および民間信仰の交渉が進む過程で、相剋と融合を經て、複數の思想の要素を包攝して撰述されている面があり、中國において經典成立時にその內容はすでに重層性を持っていた。しかもこれらが日本古代の基層信仰とかかわる時にも互いに諸要素を包攝し融合することによって重層性を示しながら獨自の展開を見たと論じる。これは、通常の道教研究のように單純に現前に道教として存在する事象を直接に扱うというのでなく、必ずしも道教それ自體として存在してはいないが、確實に道教につながると考えられる事象について、複雑な應用問題を解きほぐそうとするような次元の研究といえるであろう。

各章の初出年次によれば、最も早い一九八四年の論文から最も晩い二〇一三年の論文まで、およそ三十年の時を隔てる。その中でも一九九五年から二〇〇〇年までに發表された論文が十篇以上もあり、增尾さんの學問の營みの流れの中では、本書に關わるテーマは九〇年代後半から二〇〇〇年代の初頭までにおいて集中的に探究されたものである。本人のメモによれば、早くも九〇年代末頃に、『東アジアの疑經と道教』、『道教思想の傳播と疑僞經典』、『道教受容と中國撰述佛典』といった題を付して、書籍出版を構想していた。これらの假題は、最終的に本書の題名『道教と中國撰述佛典』となった。增尾さんは、旺盛な知的探究心から、二〇〇〇年以降には古代東國佛教史、比較説話傳承、朝鮮民譚、朝鮮佛教説話、寺院緣起、繪卷などに研究範圍を廣げていくが、そうした中であっても、自己の手がけた最も重要なテーマにかかわる諸論考を收める本書の完成に向けての努力を續けた。ご自身の健康の不調をしのぎながら、滿を持してこの大著を準備してきて、組版まで目にしていたのに、完成を見ずに急逝されてしまった。その無念さは他人の想像を絶するものであろう。

私なりに、本書に込められた問題意識をあらためてたどるならば、つぎのようにいえるのではないかと考える。前著の『萬葉歌人と中國思想』（一九九七年、吉川弘文館）の序に見えるように、『萬葉集』をはじめとする日本古代の文學作品において中國思想・文化がどのように受容されたかという課題の探究が始まりであろう。そこで中國の典籍の傳來と普及が鍵になり、古代知識人が依據した漢籍の範圍について學界での探究が、思想の原典、詩文集、類書にまで、また佛教典籍でも總集、類書にまで擴大していると見ており、このような範圍擴大の先端に定位する、意義深いが未解明であるジャンルとして、增尾さんは道教的な中國撰述佛典に着目して、自己の課題設定をしたと思われる。ここに增尾さんの獨創性を見ることができる。

前著の序に日本古代における基層文化と外來の（中國からの）宗教思想は、どのような重層性を持つのか、道教に關する部分を考察したいとすでに書いていたが、それを本書では十全に開花させた。本書において中國撰述佛典に對してなされた作業には、『大正新脩大藏經』や『正統道藏』のみならず、日本の七寺、東寺などの寺院の古寫本、敦煌本、朝鮮本、ベトナム本の閲覽と比較を行うという壯大さがともなっている。しかも及ぶ限り現地の各所藏機關を訪問し史料收集を行っている。歷史學者として、時代性と地域性に對しても配慮し、經典本文のみでなく、跋文、刊記、連綴の狀況に注目する。中國を研究範圍とする佛教研究者が中國撰述佛典を扱えば、中國内部での關連する事象に限定された探究になるであろうが、增尾さんの場合は、中國撰述佛典を扱っても、その探究は廣域にわたり、特に日本の古代から近世までの射程で、祭文や儀禮書を調査しつつ、陰陽道系祭祀、密教儀禮などにおける當該經典の運用と傳承のされ方、また現代における釋文の歌唱のフィールドワークにまで及ぶ。

本書のⅠからⅣの四部構成について、以下にその要綱を記したい。Ⅰ「道術符禁と所依經典」では、『七千佛神符經』、天罡符呪、『呪媚經』、『救護身命經』を取りあげ、呪符木簡、墨書土器、木製人形などに施された方術や儀禮が依據した道教的な中國撰述佛典を檢討する。Ⅱ「密教と陰陽道の修法」では、『天地八陽神呪經』が陰陽道系祭祀に、『延壽經』が東密儀禮に、『招魂經』が陰陽道祭文に、それぞれ取り入れられたこと、『三星大仙人所說陀羅尼經』は、密教と道教的星辰信仰の組み合わせを示し、『地神經』には五行思想がみられ、その釋文には日本國内で地域性をともなった獨自の展開があったとする。Ⅲ「佛教と道教の重層性」では、佛教の古寫經の跋文に含まれる道教の思想を示すほか、景戒の『日本靈異記』に中國撰述佛典と同質の特徵をさぐり、『父母恩重經』の母性および女性の重視と同質な點があることを指摘し、その意義を社會變化と女性の立場とをかかわらせて考察する。また『招魂經』を手がかりに『源氏物語』の背後に宗教の重層性があることを論じる。Ⅳ「朝鮮における道佛二教と巫俗の交渉」では、朝鮮の經巫が用い、寺刹が刊行した經典の中に、道教經典や中國撰述佛典が多く存在し、日本の道教受容の特質を考える際に非常に示唆的であると提起する。北斗信仰の所依經典である『太上玄靈北斗本命延生眞經』、本書で章を分けて論じられた中國撰述佛典を合綴する『佛說廣本太歲經』、典型的な中國撰述佛典の一つである『天地八陽神呪經』を取りあげて、朝鮮に存在する複數の寫本と版本を博捜し、刊記などによりながら經典の時代性、地域性を論じる。

Ⅳの最後には、朝鮮の『地心經』と同類とされる日本の『地神經』の釋文に注目し、宮崎縣の永田法順師のもとにたずねてゆき、師に實演していただき、師の忘れがたい聲に全身全靈で聞き入るという體驗的調査を增尾さんが遂行したことを述べる内容もある。中國撰述佛典に關わる事象を、アジアの廣域の時空に置くのみでなく、現代に生きている樣態を現場で直接の感覺として體認することをもって本書のしめくくり部分に到達することになる。大著をここまで讀み進んだものにとって、この部分は壓卷であろう。本書で扱われた歷史的な中國撰述佛典も、今は聽くことはかなわないにしても、往時には宗教者たちによってその音聲により誦經されたであろうことを思わせるからである。

終章は最新の二〇一三年の論考であり、ベトナムの中國撰述經典と善書に論及し、それらの存在が敦煌、朝鮮、日本などの中國周邊諸地域とも類似し、特に朝鮮との共通性が多いと述べ、今度は讀む者を遙かな東アジア空間にいざなう。英文の論文は日本の道教の全體像を示すが、その中でWorks on Personal Protectionの項において、本書で論じた多くの中國撰述佛典を說明している。

本書は、大著であり、內容はきわめて豐富で多岐にわたるが、しかし一貫性がある。道教的色彩の濃厚な中國撰述佛典にかかわる基本問題、すなわち各經典の存在の確認からはじまり、異本間の比較對照、主要內容の提示と特徵の檢討、時代性や地域性をともなう儀禮的實踐への編入や應用のされ方などの相關する問題について、先行研究や史料を驅使して、一貫して實證的に論じている。增尾さんの視野の廣さ、用意の周到さ、探究の情熱を感じ取ることができる。

本書の題名が最終的に『道教と中國撰述佛典』とされた理由を憶測するなら、日本という語を題名に入れていないのは、日本という近代國民國家的方向性にのみかかわる狹隘な問題を扱っているわけでは全くなく、日本のみならず、敦煌、朝鮮、ベトナムが廣域的に問題になるからであろう。また道教という語が、何故に中國撰述佛典という語の前に置かれるのかについては、いくつかの中國撰述佛典は道教を運ぶ容れ物になっているだけであり、そこに盛られている內容の精髓は、佛教というよりは道教である。道教という內容が第一義的に重要であり、佛教はそれを運んできたにすぎないという構圖からすれば、道教という語をこそ題名のはじめに置かねばならない。また疑經、僞經、疑僞經典という語は本文中ではかなり自由に用いているが、それらでなくて、中國撰述佛典の語を題名に用いたのは、疑や僞という佛教側の原理的な基準からの價値判斷よりも、道教さえ包攝する肯定的積極的な創作の意義を示す撰述という語を選んだ結果と思われる。

本書で想定されている道教とは何であろうか。個別の章を超えて多出する用語に注目してあえて整理すると次のようになるであろう。延年益壽、延壽、長命、延命、消災を主な目的としており、基盤にある思想は、陰陽思想、五行思想、讖緯思想、神仙思想である。北斗、北辰、星宿に對する信仰がある。皇天上帝、三極大君以下、日月神、方角神、時辰神、山神、土地神などの神、およびさまざまな具象性をもった鬼が存在する。人には三魂七魄があるという靈魂觀を持つ。これら神、鬼、魂魄は、符、呪、人形という手段を通じて働きかけることができる。官僚的な儒教思想や寺院佛教の高度な教理とは異なり、民衆獨自のものとはいえない面もあるが、しかし民衆の志向に卽應した内容を持ち、民衆への姿勢が手厚く、とりわけ母性や女性を重視する。

以上は羅列的であるが、やや立體的に表現し直せば、これは、人の生命とその維持に對する強い志向や欲望のもとに、人の内外の時空に神、鬼、魂魄を設定して、體系的な宇宙論、世界觀、生命觀を基盤にしつつ、符、呪、人形を使う術により、神、鬼、魂魄に對して力を行使し、ときに民衆や女性の切實な問題に積極的に配慮し對處しようとする、仕組みであろう。およそこのような仕組みおよびそこに含まれる諸要素が、中國撰述佛典の内部において、佛教色を施された形であるにせよ、明確に述べられている場合があることについて本書では重點的に注目している。

ここで注意したいのは、次の二點である。第一に、中國社會にすでに道教はあったけれども、日本に傳來した中國撰述佛典の中に、および古代日本の關連する同時代史料に、道教という語そのものの實際の用例をほぼ見出せないことである。このことは、佛典があえて道教の語を出さないのは當然であるし、また體系としての道教が傳來していない以上、社會的政治的に認められた、實體をともなう現實的な制度としての道教がなかったこととも關係するであろう。第二に、上述の仕組みを、かりに道教とは別の傳統、中國文化に通底する世界觀や儀禮傳統一般、あるいは單に術數というような概念で捉えてしまうと、古代日本の道教受容は、中國撰述佛典に包攝された道教の要素を受容したのであるという明快な學說を主張しにくいことである。これらの點を考慮してみるなら、上述の仕組みや諸要素を道教という語で名付ける立場を本書は打ち出しているように思う。

もしも別の脈絡で問題を考察している研究者がいれば、このような道教觀に必ずしも同意するとは限らない。上述の仕組みは道教ではないと主張する人もあるであろう。上述の仕組みのいくつかの要素は、狭義の道教、たとえば天師道、靈寶經系道教、上淸經系道教などによって共有されたことが確かにあるが、しかし中國社會に歴史的に實在した狹義の道教は、それぞれに獨自の束をなす語彙で表現された時間論、世界論、神鬼論などを有し、それらをもとに特色ある儀禮や修養の理論的根據および實踐方法を備え、個別の體系的な典籍群を持っていたのであって、中國撰述佛典に見えるような內容とは一線を畫すという考えもあり得る。中國撰述佛典に類似する道經は、道教側が撰述したことに間違いないとしても、また內容がいかに切實であったとしても、狹義の道教の中心から見れば、教えを社會に廣めるには役に立つが、しかし周邊的な存在と評價されるかもしれない。また一方で、道教とは別の諸傳統から取られた內容を道教が持った場合に、それは起源的に道教のものとはいえないが、しかし道教が取り入れて自己の一部として長期に使っているものであれば、道教との結びつきは認められ、道教の持ちものであるので、これを道教に屬するものと論じることを完全に排除するのは合理的でないという立場もあり得る。このように見解が分岐してくるのは、各研究者が何を重視し、どのような學說をどのような脈絡で主張するかによって起こることであろう。

次に增尾さんが本書で展開した論點については、歐米の研究者によって參照され、また共通する課題や考え方が前後して展開されている事實に言及したい。すなわち增尾さんの研究はすでに國際的に海外の學界に貢獻し共鳴しつつあることを述べたい。

密教と道教を同じ深さで研究できた故ミシェル・ストリックマン氏は、中國において儀禮に印章を使うことは道教が早くに行ったことであると指摘する中で（Michel Strickmann. ed.by Bernard Faure. 2002. *Chinese Magical Medicine.*

Stanford University Press.pp.192-193.）、次のように議論を展開する。以下に要約しつつ紹介したい。五世紀半ばの中國撰述佛典である『灌頂經』がその事例であるが、われわれの考えの中で道教に結びつけられる多くの特徴や實踐は、事實上、最初に佛教側の經典において記述されることがある。こうした佛教經典は、いわゆる聖典とは認められない經典であり、中國において直に漢語で撰述されたものである。道教が早くに實踐を始めたが、それに相當する內容をまず先に經典の中で述べたのは佛教の方だった。佛教と道教は、邪鬼や病氣に抗うために同じ方法を互いに持ち、しかもそれを相手と區別できるやり方で複合的なものにした。印章と符の合一、およびその印刷化という變化には、それらの上にかぶさる母型があり、それは中國の儀禮にかかわる原因と效果の固有の構造であって、宇宙の法則についての想像力に基礎づけられ、佛教徒をも道教徒をも統べていた、という。ここでは佛教經典が道教よりも先に道教的な儀禮實踐の內容を述べることがあること、佛教と道教を超えた、汎用され、かつ上位にあるところの、儀禮の枠組みが想定できることをストリックマン氏は示唆する。これらの論點は增尾さんの本書での議論と關係が深いものであろう。

中國中世道教研究者のクリスチヌ・モリエ氏は、敦煌文書に基づきながら、互いに向かい合う佛道二教を研究對象とする著書を刊行した。その中において本書でも扱われた『呪媚經』、『益算經』、北斗信仰などを論じており、參考文獻には增尾さんの研究成果（本書第四章にあたる一九九六年の初出論文）を掲示する。以下にその序論から主な論點を要約して示したい（Christine Mollier. 2008. *Buddhism and Taoism Face to Face Scripture, Ritual, and Iconographic Exchange in Medieval China*. University of Hawai'i Press. pp.19-22.）。佛道雙方にとって類似した儀禮を、たとえ相手陣營からこっそりでなくてよく見える形で借りてくるとしても、それは教團の强化と信者の獲得のために最善の方法とされたこと、佛道雙方で類似する儀禮がなされる領域は、延命と不死、現世と來世の救濟、邪鬼と病氣への豫防對抗などであり、儀禮自體は變化せずに、異なった經典環境に容易に吸收されたこと、儀禮技法では、符呪、人形、聖像を利用することが共通していたことなどを提起している。類似した儀禮方法は、佛道に包括されたところの、特定の諸傳統の核心的要素を形成しているとし、その符呪は原型を變えずに、同一準則にしたがい、佛道の雙方に有益な目的を達成したとし、佛道とは異なる儀禮の傳統を想定している。こうした傳統は、占いと治療をする世俗的な術士の中で利用され續け、佛道からは分離して、敦煌の魔術的宗教的（マルク・カリノウスキ Marc Kalinowski 氏のいう術數）遺產の一部になったとする。增尾さんが明らかにした日本古代で言えば、中國撰述佛典のある部分が、佛教から分離して陰陽道系祭祀に轉化していった道筋と似ているかもしれない。モリエ氏は、佛教に對して道教は非常に多くを負っていることがこれまで長い間に認識されてきたという現狀があるけれども、この著書で檢討した佛教經典はその逆の方向に作用した影響、すなわち道教から佛教への影響の存在を明らかに示し、いくつかの場合には、佛教側が道教の井戶の水を飲んだのであると論じる。このモリエ氏の議論の仕方には、いくつかの佛典には道教から取り入れられた內容があり、研究においてその意義を特に研究主題という次元にまで高めて重視するという視點がある。佛教經典に存在するような道教の要素のその後の展開をモリエ氏は敦煌社會で追究したが、增尾さんは古代日本社會で追究したと言える。モリエ氏の視點には本書における增尾さんの視點と共通するところが多くある。

近世史から古代史へと關心をひろげている日本史研究者のヘルマン・オームス氏は、增尾さんの研究成果（『萬葉歌人と中國思想』、一九九七年、吉川弘文館および本書の序章にあたる二〇〇一年の初出論文）を注記に引用し、增尾さんの研究を參照しながら、日本古代の中國文化受容が朝鮮半島の百濟の中國文化受容の在り方と同じだったことについて、陰陽にかかわる知識のみでなく、道教をも運んだ佛教の役割に觸れながら、およそ次のように述べる（Herman Ooms. 2013. “Ying-yang’s Changing Clientele. 600-800”. *Cahiers d'Extrême-Asie.* 21: 21-42. pp.22-24.）。六〇〇年代の隋唐中國へのヤマトによる直接的な使者派遣の前において、陰陽とそれに關わる分野の知識、たとえば暦の作成、占い、星占い、道教さえ含む知識を運ぶことにおける佛教の役割は、朝鮮の諸王國側のいろいろな文化的資源を佛教が内包していたことに關わる。この諸實踐のひとそろいを、我々はいとも簡單に別々の制度上の單一宗教のアイデンティティーに割り當ててしまうが、六世紀、七世紀にそれらがヤマトにとどいた樣相は、それらを百濟が中國から獲得した樣相によく似ていた。つまり佛教を通じてである。宗教としての、また宗派としての道教は、百濟にもヤマトにも存在していなかったが、佛教は、佛教の經典や佛陀の教えを上回るものを明らかに提供した、という。オームス氏の論のこの部分は、中國文化受容を日本だけで考えず、朝鮮半島の中國文化受容の樣相と日本の樣相が重なること、道教それ自體は社會に存在しないが、道教を含む諸文化資源を佛教が運んだことを提示し、これによって本書の研究の出發點となる初期的歴史狀況を再確認することができる内容となっている。オームス氏の論文では陰陽の知識が、次第に國家により獨自の領域として設定され、さらに貴族の日常でも用いられるようになるという段階的な變遷を論じ、道教の要素を主題化するわけではない。增尾さんは、古代日本で道教が獨自の領域として設定されることがないという條件下で、佛教が運んできた道教的な中國撰述佛典およびその中の道教の要素の運用のされ方を主要對象とし、その後の展開を追跡していった。

增尾さんの道教研究の特徵を總括的にとらえるとき、以下のように述べることができると思う。ひとつの地域だけを見るのでなく、鄰接し交渉を持った地域などを含む大きな廣がりを意識しながら、ある文化的資源や知識の要素を單一の宗教に簡單には同定できない中で研究する時、どのような情報の收集を行い、またどのような用語や論じ方の枠組みを使えるのか。このような課題に取り組むことは、非常に勞の多い挑戰的な試みである。一つの地域に限って、しかも同定が可能な單一の宗教を研究するのとは全く違うといってもよいからである。增尾さんは、このような試みのために日本、韓國、中國、臺灣、ベトナムなど複數の國の膨大な關連する先行研究と一次史料を博捜し、また議論においては、たとえば包攝および重層という用語をしばしば使っている。増尾さんの道教研究は、日本古代における道教の要素が置かれた歴史的様相に卽しつつ、關連事項の廣く且つ深い理解に到達するために遂行された研究であって、非常に挑戰的な道教研究であるといえよう。

増尾さんは、自己の課題にとって必要だったからかもしれないが、道教だけを研究しているような私も氣づいていない日本はもとより中國や臺灣の道教研究の動向を先んじて知っているような人であった。あるいは道教研究の全體的動向を自己の認識對象として明確に設定していたようにも思える。そうした知的な力量が結晶化された實例は、野口鐵郎先生、酒井忠夫先生、中村璋八先生、窪德忠先生と分擔編集された『選集・日本と道教』全三巻（一九九六〜一九九七年、雄山閣）、および野口鐵郎先生が編集代表になられた『講座道教』全六巻（一九九九〜二〇〇一年、雄山閣）であろう。いずれも體系的な講座であって、企畫發案から刊行までに増尾さんの果たした基盤的貢獻は大きかった。これらの書籍の出版時期が九十年代後半から二〇〇〇年代初頭までであり、本書の主要論考の執筆時期とほぼ重なることにも驚かされる。

増尾さんは多くの學會の會員になられていたが、とりわけ日本道教學會の理事として、大會の運營や會誌『東方宗教』の編集において、老若を問わず皆がとても頼りにする存在であった。増尾さんの研究分野は、道教だけではないから、他の學會でも活躍されたであろうが、日本道教學會での活動にはとりわけ力を注がれていた。

私も少しお手傳いできたので忘れられないことがあり、ここに記させていただきたい。それは、二〇〇五年に逝去された前田繁樹さんが病を得た際に、増尾さんが前田さんに著書の出版を強く勸め、それが契機になって『初期道教經典の形成』（二〇〇四年、汲古書院）の出版を實現したことである。そこには増尾さんの友人を大切にするあたたかい情けと友人の學問成就への支援の情熱があった。病を得た友人をただかたわらで心配するだけでなく、多くの人にも聲をかけて協力できるように計らい、出版にまでこぎ着けてしまう增尾さんの力は本當にすばらしいと感動した。

私自身も、自著出版に際して增尾さんのお世話になった。往時に、仲間とともに道教文化研究會を始めた頃に會に參加しませんかと聲を掛けたこと、ともに論文集や本を出版したこと、研究會の後で友人たちとお宅まで押しかけ朝まで議論したこと、學會參加をかねて韓國旅行に同行したことなどをありありと想起することができる。增尾さんに様々な形でご厚誼を受けたことに心から感謝申し上げたい氣持ちである。本書が刊行されることで、增尾さんが精魂込めて考察された内容が大著の姿で永續的に殘り、多くの人が讀むたびに增尾さんから教えられ對話できることになる。增尾さんが許してくれるような形になったか自信がない面もあるが、本書刊行の實現を仙界の增尾さんも喜んでくれると思う。本書の校正作業にあたり、汲古書院の三井久人社長、小林詔子さんには大變にお世話になった。ここに御禮を申し上げたい。

平成二十九年十月

索　　引

＊本索引は單漢字50音順による。
＊論考内では文脈から『　』「　」〈　〉などの符號を使用しているが、本索引の掲出では書名に『　』を、資料名に「　」を使うにとどめた。
＊論考内では符號が付されていなくとも、書名である場合には『　』を、資料名である場合には「　」を付したものがある。
＊論考内における事項名、書名などの略稱、異稱についても索引の項目として立てたものを含む。

タ行

Daoism and Buddhist Scriptures Composed in China

by

Shin'ichiro MASUO

2017

KYUKO-SHOIN

TOKYO

著者略歴

増尾伸一郎（ますお　しんいちろう）

1956年、山梨縣に生まれる。1986年、筑波大學大學院博士課程歴史・人類學研究科單位取得。日本學術振興會特別研究員、大阪女子短期大學專任講師、豐田短期大學專任講師、東京成德大學人文學部教授を歴任。2014年、逝去。

著書に、『萬葉歌人と中國思想』（吉川弘文館、1997年）、『日本古代の典籍と宗教文化』（吉川弘文館、2015年）がある。共編の著書に、『選集・道教と日本　第1卷　道教の傳播と古代國家』（雄山閣出版、1996年）、『講座道教　第6卷　アジア諸地域と道教』（雄山閣出版、2001年）、『道教の經典を讀む』（大修館書店、2001年）、『環境と心性の文化史』上・下（勉誠出版、2003年）、『新羅殊異傳　散逸した朝鮮說話集』（平凡社、2011年）、『知のユーラシア5　交響する東方の知　漢文文化圈の輪郭』（明治書院、2014年）、『寺院緣起の古層―注釋と研究―』（法藏館、2015年）、『『酒飯論繪卷』影印と研究　文化廳本・フランス國立圖書館本とその周邊』（臨川書店、2015年）等がある。

道教と中國撰述佛典

平成二十九年十二月二十二日　發行

著　者　増　尾　伸　一　郎
發行者　三　井　久　人
整版印刷　富　士　リ　プ　ロ　㈱

發行所　汲　古　書　院
〒102-0072　東京都千代田區飯田橋二-五-四
電　話　〇三（三二六五）九七六四
ＦＡＸ　〇三（三二二二）一八四五

ISBN978 - 4 - 7629 - 2891 - 8　C3014

KYUKO-SHOIN, CO., LTD. TOKYO.